PREMIER CYCLE UNIVERSITAIRE

GRAND AMPHI ÉCONOMIE

MACROÉCONOMIE

DIRECTEUR D'OUVRAGE

MARC MONTOUSSÉ

J.-L. BAILLY

G. CAIRE

C. LAVIALLE

J.-J. QUILÈS

Bréal 1, rue de Rome - 93561 - Rosny Cedex

AUTRES OUVRAGES D'ÉCONOMIE AUX ÉDITIONS BRÉAL

COLLECTION « GRAND AMPHI »
Microéconomie, M. Montoussé (dir.)

COLLECTION « AMPHI »
Théories économiques, M. Montoussé

COLLECTION « LEXIFAC ÉCONOMIE »
sous la direction de Philippe Raimbourg, professeur à l'université Paris I

Microéconomie Tome I : *Consommateurs et producteurs,* J. Hubler, G. Tchibozo
Tome II : *Les marchés,* J.-N. Ory

Macroéconomie Tome I : *Concepts,* C. Monjal
Tome II : *La monnaie,* V. Lelièvre
Tome III : *Croissance et déséquilibres,* A. Bourgain, V. Lelièvre

Probabilités pour l'économie, C. Crapsky
Statistiques pour l'économie, J. Hubler
Mathématiques financières, C. Deffains-Crapsky
Comptabilité générale, C. Deffains
Comptabilité analytique, G. Melyon
Gestion financière, G. Melyon

COLLECTION « 100 FICHES »

100 fiches pour comprendre les sciences économiques, D. Chamblay, M. Montoussé

50 fiches pour comprendre les débats économiques actuels, D. Chamblay, M. Montoussé, G. Renouard

100 fiches de lecture - Les livres qui ont marqué le XXe siècle en économie, sociologie, histoire et géographie économique, M. Montoussé (dir.)

50 fiches de lecture - Les œuvres majeures de l'Antiquité au XIXe siècle en économie, sociologie, histoire économique, M. Montoussé (dir.)

Couverture : Joëlle Parreau
Composition : Insolencre

Dépôt légal : septembre 1999.
ISBN 2 84291 448 1

LES AUTEURS

Jean-Luc BAILLY — Maître de conférences à l'université de Bourgogne

Gilles CAIRE — Maître de conférences à l'université de Poitiers

Christophe LAVIALLE — Maître de conférences à l'université d'Orléans

Jean-José QUILÈS — Professeur de chaire supérieure au lycée Montaigne à Bordeaux

AVANT-PROPOS

Les sciences économiques rencontrent un grand succès parmi les étudiants. La réussite de ceux-ci repose sur la connaissance et la méthode. L'une ne va pas sans l'autre : il est vain d'opposer savoir et savoir-faire. C'est ce constat qui sert de guide à la présente collection.

Les auteurs ont donc voulu mettre à la disposition des étudiants à la fois l'essentiel des connaissances à acquérir et un instrument de travail permettant de se familiariser avec les principaux exercices qui leur sont demandés à l'université (commentaires de documents, exercices d'application, questions de réflexion). Notre objectif est de réaliser un manuel de référence complet composé d'un cours clair et accessible (qui n'utilise l'outil mathématique que lorsque c'est nécessaire) et d'apports méthodologiques indispensables ; connaissances et exercices dialoguent ainsi dans leur complémentarité. Rédigé par une équipe d'éminents spécialistes, à la fois économistes, chercheurs et enseignants expérimentés passionnés par leur métier, cet ouvrage est un outil commode pour la révision des examens et des partiels.

Le bon usage de ce livre réside dans l'articulation des connaissances avec les applications proposées aux lecteurs, dont on attend qu'ils prennent une part active à la démarche. En plus du cours, chaque chapitre comprend un QCM, des documents à étudier, des exercices et des questions de réflexion. Ces différentes applications sont corrigées ou simplement proposées (avec toutefois les conseils pour la démarche, et les résultats). Ainsi, après avoir travaillé sur des applications corrigées, l'étudiant pourra s'essayer sur les exercices proposés et acquérir progressivement la maîtrise des mécanismes et des enjeux de la macroéconomie.

Ce manuel comprend d'abord un chapitre introductif présentant le modèle néoclassique et la critique keynésienne. La première partie examine les différentes composantes de la demande ; la deuxième partie expose les équilibres et déséquilibres macroéconomiques, tandis que la troisième analyse l'arbitrage inflation/chômage et la politique conjoncturelle. Enfin, la dernière partie présente le renouveau de la macroéconomie.

Cet ouvrage est d'abord destiné aux étudiants de premier cycle de sciences économiques et d'AES, mais il pourra aussi être utilisé avec profit par les étudiants de second cycle qui, à l'occasion d'un concours ou d'une réactivation de leurs connaissances, ont besoin de travailler de nouveau les fondements de l'analyse macroéconomique. Les étudiants pourront examiner, pour approfondir connaissances et mécanismes, les livres plus spécialisés que nous proposons dans les bibliographies de chapitre. Nous espérons avoir ainsi réalisé un guide intéressant et opérationnel.

Marc Montoussé
Directeur d'ouvrage

SOMMAIRE

TABLE DES NOTATIONS

Dans cet ouvrage, les conventions de notation suivantes ont été adoptées.

P (ou p) : prix ;

p^a : prix anticipé

P (ou p) : prix

p^a : prix anticipé

Q : quantité

Q^D ; quantité demandée

Q^O : quantité offerte

Y : niveau de production et revenu national

Y_{PE} : revenu de plein-emploi

Y^T : revenu transitoire

Y^P : revenu permanent

N : emploi

L : travail

L^D : quantité de travail demandée

L^O : quantité de travail offerte

w : salaire nominal

w/p : salaire réel

I : investissement

I_0 : investissement autonome

D : demande

DG : demande globale

O : offre

OG : offre globale

K : capital

i : taux d'intérêt

i_M : taux d'intérêt maximum

i_m : taux d'intérêt minimum

r : taux d'intérêt réel

c : propension marginale à consommer

S : épargne

s : propension marginale à épargner

G : dépenses publiques

G_0 : dépenses publiques autonomes

T : impôts

T_0 : impôts autonomes

t : taux marginal d'imposition

X : exportations

X_0 : exportations autonomes

M : importations

M_0 : importations autonomes

m : propension marginale à importer

M^D : demande de monnaie

M^O : offre de monnaie

e : taux de change

BP : balance des paiements

BTC : balance des transactions courantes

BK : balance des mouvements de capitaux

U : chômage

* ou $_E$ signifient valeur d'équilibre : ainsi P* est le prix d'équilibre ou Y_E est le revenu d'équilibre.

Une barre au-dessus d'une notation signifie que celle-ci est constante. Ainsi $\bar{Q}$: quantité constante.

Un point au-dessus d'une variable désigne la dérivée par rapport au temps (c'est-à-dire le taux d'accroissement de cette variable). Ainsi, $\dot{P}$: taux d'inflation.

1

LE MODÈLE CLASSIQUE ET LA CRITIQUE KEYNÉSIENNE

La macroéconomie émerge en tant que discours distinct au sein de la théorie économique à l'occasion de la parution, en 1936, de l'œuvre majeure de John Maynard Keynes, intitulée *Théorie générale de l'emploi, de l'intérêt et de la monnaie*. Elle apparaît alors comme une approche critique de la conception générale de l'économie que véhicule la tradition classique, c'est-à-dire de la représentation que celle-ci se fait du mécanisme de fonctionnement spontané de nos systèmes économiques (*cf.* rappel, page 13).

Cette tradition classique (*cf.* partie A) se représente les économies dans lesquelles nous vivons sous les traits d'économies réelles d'échange, dans lesquelles la monnaie ne joue pas de rôle spécifique (en dehors de celui d'être un expédient technique des échanges), et où les marchés sont conçus comme des « lieux », autorisant, par le jeu des mouvements de prix, la mise en cohérence de la multitude des décisions économiques. Il en résulte un **discours apologétique** sur ce système d'économie de marché, discours selon lequel cette économie, libérée de toute entrave (en particulier de tous les obstacles que pourrait opposer l'État à sa bonne marche), fonctionne de manière harmonieuse, autorisant l'émergence spontanée d'un équilibre général de marché, qui est aussi un optimum collectif. **Cette tradition classique est donc celle qui fonde rationnellement le libéralisme** et la doctrine du « laissez-faire ». En outre, cet équilibre optimal n'est bien, pour cette tradition, que le résultat de la mise en cohérence mécanique des seuls comportements individuels : la compréhension de nos économies peut donc entièrement se résoudre dans la compréhension de ces comportements individuels et du mécanisme (de marché) qui les concilie : **l'essence de cette approche est donc fondamentalement microéconomique.**

Keynes (*cf.* partie B) oppose à cette vision un discours *a priori* strictement alternatif, qui doit, dans son esprit, lui permettre au contraire de fonder, de manière tout aussi rationnelle, la légitimité d'une intervention de l'État dans la régulation de nos économies. Ce discours consiste à se représenter nos systèmes économiques sous la forme **d'économies monétaires de production**, dans lesquelles le niveau d'emploi, en particulier, ne résulte pas de la confrontation symétrique d'une offre et d'une demande de travail sur un marché capable de les ajuster l'une à l'autre, mais résulte des seules décisions de production des entrepreneurs. Plus généralement, pour Keynes, nos économies ne sont pas, au sens où l'entendent les classiques, des économies « de marché » : les marchés n'ont pas la vertu d'ajuster les comportements individuels les uns aux autres, pour les rendre compatibles à l'équilibre. La coordination des activités économiques se fait d'ailleurs moins sur le marché qu'au travers de la circulation de la monnaie, et elle ne prend pas la forme d'un ajustement progressif et harmonieux. La monnaie joue donc aux yeux de Keynes un rôle tout à fait spécifique dans les économies modernes, et les comportements monétaires de « préférence pour la liquidité » sont au centre de la dynamique d'ensemble de ces économies. Finalement, **l'approche développée par Keynes est une approche critique des économies « libérales »**, qui souligne que le fonctionnement « normal » (spontané) de ces économies conduit à des « équilibres » où le sous-emploi est massif. Les causes du mal ne sont pas à attribuer à un comportement inadéquat des agents individuels, mais tiennent à des éléments qui ne peuvent se réduire aux seuls individus, en particulier au rôle de l'incertitude dans la prise de décision économique, incertitude liée pour l'essentiel au caractère décentralisé de nos économies : son approche n'est donc pas microéconomique, mais **fonde une démarche macroéconomique**, qui considère « qu'on a commis des erreurs graves en étendant au système pris dans son ensemble des conclusions qui avaient été correctement établies en considération d'une seule partie du système prise isolément » (Keynes [1936], préface à l'édition française, p. 6). Cela conduit Keynes, et puisque le mal vient de l'excessive décentralisation du système, à plaider en faveur d'une « re-centralisation » de celui-ci, sous forme de l'application par l'État de politiques économiques devant améliorer ce fonctionnement « spontané » et résoudre la question cruciale du chômage.

La macroéconomie apparaît donc bien, à l'origine, comme un discours qui se veut strictement alternatif à la microéconomie d'inspiration (néo)classique, sur le plan de l'objet (elle se préoccupe essentiellement du problème de la détermination du niveau d'activité et d'emploi dans une économie libérale, et non de sa répartition), du contenu analytique (elle appréhende différemment les mécanismes de coordination de l'activité économique) et de la méthode (elle se situe volontairement « au niveau du système pris dans son ensemble », sans considération pour une étude approfondie des comportements individuels). **Les économistes n'auront de cesse de gommer cette fracture au sein de la théorie économique**, en recherchant à concilier les résultats de Keynes (sur le chômage et les moyens de le résoudre) et l'analyse (néo)classique : le mouvement démarrera, dès l'année suivant la parution de la *Théorie générale*, par la publication, par John Hicks[1], de l'article fondateur du célèbre **modèle IS/LM** (Hicks, J.R. [1937], « Mr Keynes and the Classics : A Suggested Interpretation », Econometrica, vol. 5, 147-59). Il se poursuivra jusqu'à aujourd'hui au travers de la recherche permanente des « fondements microéconomiques de la macroéconomie », des comportements dont elle traite et des équilibres qu'elle décrit.

Nous présenterons volontairement, dans ce chapitre, le modèle classique et sa critique par Keynes dans leur présentation respective la plus « radicale », de manière à bien signifier les points de rupture essentiels entre les deux traditions, et afin de permettre au lecteur de bien comprendre, dans les chapitres suivants, en quoi et dans quelle mesure le modèle IS/LM et la macroéconomie keynésienne « standard » qu'il a inspiré effectuent bien une « synthèse » entre les deux discours.

1. John Hicks (1904-1989) : un économiste anglais, qui a joué un rôle essentiel dans la théorie économique contemporaine, à la fois en microéconomie (son ouvrage de référence est *Value and Capital : An Inquiry Into Some Fundamental Principles of Economic Theory*, Clarendon Press, 1939, trad. Franc. Dunod) où il œuvre à la réhabilitation de la théorie de l'équilibre général, dans une perspective proche de celle de Léon Walras, et en macroéconomie, puisque c'est lui qui a proposé en 1937 le modèle IS/LM, tentative de conciliation entre la pensée de Keynes et le cadre analytique d'équilibre général, et sur la base duquel se sont effectués la plupart des développements de la macroéconomie contemporaine.

RAPPEL

L'objet de la théorie économique

Si l'on s'interroge sur ce qui fonde, au-delà de la diversité des courants qui la composent, l'unité de la théorie économique, il est possible d'admettre que c'est son objet, la question qu'elle se pose, et que tous les économistes, donc, se posent en commun. Cette question est double :

– quel est le mécanisme de fonctionnement spontané (hors de toute intervention extérieure) de nos économies, lesquelles ont la particularité d'être décentralisées (les décisions économiques y sont prises indépendamment les unes des autres par des agents autonomes et poursuivant *a priori* leur seul intérêt personnel) ? Ce fonctionnement, en particulier, est-il harmonieux ou génère-t-il des crises ?
– quelles leçons en tirer quant à la nécessité pour l'État d'intervenir dans ce mécanisme ?

Au cœur de ce questionnement, à partir duquel, bien entendu, peuvent se décliner ensuite toute une série de questions plus spécifiques, se trouve la question de la **coordination** des décisions économiques individuelles : toutes ces décisions, prises indépendamment les unes des autres, peuvent-elles finalement se révéler mutuellement compatibles ? Et dans l'affirmative, par quel processus (quel est l'instrument de cette coordination) ?

Fondamentalement, c'est autour de cette interrogation centrale que se cristallise le débat entre économistes, entre ceux qui pensent que l'économie est spontanément harmonieuse, car y existent des mécanismes automatiques de coordination, et qu'il est donc inutile voire nuisible que l'État vienne interférer avec ce fonctionnement optimal ; et ceux qui ont au contraire une approche plus critique, soulignant les facteurs de crise inhérents à un tel fonctionnement décentralisé, les difficultés de coordination qui ne manquent pas de s'y révéler, et l'incapacité des économies, en dehors d'une intervention publique, d'y remédier.

BIBLIOGRAPHIE DU CHAPITRE

Ouvrages généraux (présentation de l'opposition classiques/Keynes)

BEAUD, M. & DOSTALER, G. (1993), *La pensée économique depuis Keynes*, Paris, Le Seuil : prologue et chap. 1 et 2.
Présentation de l'opposition classiques/Keynes sous l'angle de l'histoire de la pensée économique.
KEBADJAN, G. (1991), *Les modèles théoriques de la macroéconomie*, Paris, Dunod.
Présentation de l'opposition sous l'angle de la comparaison, dans un même cadre comptable des modèles « classique » et « keynésien ».
SNOWDON, B., VANE, H. & Wynarczyk P. (1994), *A Modern Guide to Macroeconomics : An Introduction to Competing Schools of Thought*, Londres, Edward Elgar. Trad. franç. : *La pensée économique moderne : guide des grands courants de Keynes à nos jours*; Édiscience International, 1997. Chapitre 2.
Ouvrage très didactique, présentant de manière complète les différentes théories macroéconomiques, avec une bibliographie complète et des entretiens avec les principaux « protagonistes » du débat.

Ouvrages défendant la particularité de Keynes face au modèle « classique »

BARRERE, A. (1990), *Macroéconomie keynésienne : le projet économique de John Maynard Keynes*, Paris, Dunod.
CARTELIER, J. (1995), *L'économie de Keynes*, Louvain-La-Neuve, De Boeck Université.

Théorie classique et néoclassique : ouvrages fondateurs

SMITH, A. (1776) *Recherches sur la nature et les causes de la richesse des Nations*, Gallimard, 1990.
SAY, J.B. (1803), *Traité d'économie politique ou simple exposition de la manière dont se forment, se distribuent et se consomment les richesses*, Calmann - Lévy, 1972.
RICARDO, D (1817), *Des principes de l'économie politique et de l'impôt*, Flammarion, 1993.
WALRAS, L. (1874), *Éléments d'économie politique pure ou théorie de la richesse sociale*, Economica, 1988.
MARSHALL, A. (1890), *Principes d'économie politique*, Gordon & Breach, 1971.
PIGOU, A.C. (1933), *La théorie du chômage.*

Œuvre de Keynes : texte fondateur

KEYNES J.M. (1936), *Théorie générale de l'emploi, de l'intérêt et de la monnaie*, Paris, Petite Bibliothèque Payot, 1982.

A

L'APPROCHE CLASSIQUE

En macroéconomie, il est usuel depuis Keynes de regrouper sous le nom de théorie « classique » le courant de pensée qui va d'Adam Smith (*Recherches sur la nature et les causes de la richesse des nations*, 1776), Jean-Baptiste Say (*Traité d'économie politique*, 1803) et David Ricardo (*Des principes de l'économie politique et de l'impôt*, 1817), jusqu'à Alfred Marshall (*Principes d'économie politique*, 1890) et Arthur Cécil Pigou (*La Théorie du Chômage*, 1933), prédécesseurs de Keynes à Cambridge (Royaume-Uni).

On associe donc, en dépit de ce qui par ailleurs les oppose (sur la théorie de la valeur et de la répartition notamment), les auteurs classiques « proprement dits » (Smith, Ricardo, Say) et les auteurs généralement qualifiés de néo-classiques (Marshall, Pigou, Walras).
Les conceptions de ces derniers, issues de la révolution marginaliste des années 1870, constituent en effet, pour l'essentiel et du point de vue qui nous intéresse ici, une radicalisation et une affirmation de la problématique fondamentale qui est commune à tous ces auteurs.

Nous montrerons que **trois principes majeurs sont à la base de cette théorie (néo)classique :**

- **le principe général consiste à analyser les économies contemporaines comme des économies de marché**, au sens évoqué plus haut, **et à en inférer leur capacité spontanée à s'autoréguler** (idée qui apparaît avec Smith et sa parabole de la « main invisible » (*cf.* encadré page suivante), puis est définitivement affirmée au travers de la théorie néoclassique des prix et de la représentation du marché comme mode de coordination) ;
- **la loi des débouchés** qui exprime que l'offre crée toujours sa propre demande, de sorte que l'économie ne peut jamais connaître de surproduction (version faible). Associée à l'hypothèse de flexibilité des prix et d'ajustement des marchés, elle garantit que le niveau d'activité sera en outre toujours maximal (version forte). L'économie capitaliste, définie comme économie de marchés satisfait donc spontanément à ce que Walras (1874) appelait la condition d'abondance. Cette loi n'est donc que l'expression de la vision classique de l'équilibre. Sa validité repose sur le rôle subordonné conféré à la monnaie. C'est ce qu'exprime la dernière idée ;
- **la théorie quantitative de la monnaie**, selon laquelle la monnaie n'a pas d'effets réels, mais affecte seulement le niveau général des prix, repose, au fond, sur l'idée que la monnaie n'est pas demandée pour elle-même (constance de la vitesse de circulation de la monnaie).

Au total, selon cette approche, le niveau d'activité, pour peu qu'on accepte de laisser fonctionner librement les marchés, sera toujours optimal, et cela en particulier parce que la monnaie n'a aucun rôle spécifique à jouer, en dehors de celui d'instrument technique destiné à faciliter l'occurrence des échanges.

La parabole de la main invisible. Dans son ouvrage *Recherches sur la nature et les causes de la richesse des nations*, Smith utilise la métaphore suivante : « chaque individu met sans cesse tous ses efforts à chercher, pour tout le capital dont il peut disposer, l'emploi le plus avantageux; il est bien vrai que c'est son propre bénéfice qu'il a en vue, et non celui de la société; mais les soins qu'il se donne pour trouver son avantage personnel le conduisent naturellement, ou plutôt nécessairement, à préférer précisément ce genre d'emploi même qui se trouve le plus avantageux à la société.[...] en dirigeant cette industrie de manière que son produit ait le plus de valeur possible, il ne pense qu'à son propre gain; en cela, comme dans beaucoup d'autres cas, il est conduit par une main invisible à remplir une fin qui n'entre nullement dans ses intentions; et ce n'est pas toujours ce qu'il y a de plus mal pour la société, que cette fin ne rentre pour rien dans ses intentions. Tout en ne cherchant que son intérêt personnel, il travaille souvent d'une manière bien plus efficace pour l'intérêt de la société que s'il avait réellement pour but d'y travailler». Cette métaphore exprime donc l'idée fondamentale qu'il n'existe aucune contradiction entre recherche de l'intérêt individuel d'une part et satisfaction du bien de la communauté de l'autre. Il n'y a donc pas besoin d'une main *visible* (celle de l'État) pour tempérer les égoïsmes individuels, de manière à les rendre conciliables, puisqu'il y a une main *invisible* qui fait que, spontanément, l'intérêt individuel se conjugue avec l'intérêt commun, et que de la rencontre des individus dans l'échange résulte un ordre économique. Depuis, cette métaphore est devenue une référence centrale des économistes, notamment des économistes (néo)classiques, chez qui elle est devenue une autre manière de désigner le mécanisme des prix : la main invisible est donc celle du marché.

1 - La conception générale de l'économie

a. La nature de l'économie : une économie réelle d'échange

Les systèmes économiques dans lesquels nous vivons sont conçus par les économistes néoclassiques comme :

– des économies **d'échange,**
– des économies **réelles,**
– des économies **certaines.**

• **des économies d'échange.** Cela signifie :

– **que toute activité économique peut y être appréhendée comme une activité marchande.** En particulier, l'analyse de la production est le simple prolongement du principe de l'échange. Elle est conçue comme une activité qui démarre par un échange, sur des marchés appropriés, de facteurs de production (ou de services producteurs); ensuite ces facteurs de production sont combinés au sein de la firme, pour produire des biens qui seront à leur tour échangés. En dehors de la réalisation en amont et en aval d'un échange, l'activité de production n'est donc qu'une simple activité technique de combinaison de facteurs de production : elle est une « voie à sens unique » qui va des facteurs vers les biens produits. Aucune grandeur économique n'y est déterminée : ni les revenus, ni les quantités échangées des facteurs de production (qui sont déterminés sur les marchés des facteurs), ni les prix , ni les quantités échangées de biens (qui sont déterminées sur les marchés des biens);

– **que la coordination des activités économiques, la conciliation entre intérêts individuels et optimum social s'y effectue sur des marchés**, qui plus que de simple lieux de transaction, sont donc des lieux d'ajustement, de mise en cohérence des décisions économiques. Les décisions économiques de chaque agent ne dépendent que du système de prix qu'il perçoit, et c'est par les ajustements de prix que les décisions prises au niveau individuel vont être rendues compatibles au niveau macroéconomique.

Les fonctions de la monnaie : les trois fonctions traditionnellement reconnues à la monnaie sont celle d'intermédiaire des échanges (moyen de paiement), de moyen de réserve et d'unité de compte. Au regard de la tradition classique, des trois fonctions de la monnaie, c'est celle d'intermédiaire dans les échanges qui est la plus caractéristique, car il existe d'autres moyens de réserve que la monnaie (titres financiers, par exemple), et n'importe quel bien dont le prix n'est pas nul peut servir de numéraire, c'est-à-dire à exprimer les prix relatifs des autres biens.

Incertitude exogène et endogène : l'incertitude « exogène » à laquelle est confrontée un agent économique est celle résultant des phénomènes aléatoires pouvant survenir dans le futur et affecter la réalisation de ses plans. Cette première forme d'incertitude découle donc de phénomènes extérieurs à la société. L'incertitude « endogène » est due au comportement des autres agents économiques, et découle par conséquent de la décentralisation du système économique : elle est donc générée par les interactions sociales et les agents la provoquent en même temps qu'ils la subissent.

• **des économies réelles**. Cela signifie :

– que **la monnaie est considérée comme étant un simple instrument d'échange**, n'intervenant qu'au moment des transactions pour en faciliter l'occurrence, mais ne faisant de la sorte que revêtir d'un « voile monétaire » des grandeurs de nature exclusivement réelle : en ce sens, **la monnaie est « neutre »** ;

– que par conséquent, **la monnaie n'est jamais demandée pour elle-même** : les agents, rationnels, ne sont victimes d'aucune « illusion monétaire », et ne demandent de la monnaie que pour un motif de transaction. Finalement, parmi les *fonctions traditionnellement reconnues à la monnaie**, seule celle d'intermédiaire des échanges est reconnue comme spécifiquement monétaire.

• **des économies certaines**. Cela signifie :

– qu'**il n'y a pas d'*incertitude exogène** qui ne soit probabilisable** : une distribution de probabilité peut être affectée aux situations futures ; le futur est donc risqué, mais pas incertain ;

– qu'**il n'existe pas d'*incertitude endogène**** : les préférences individuelles sont entièrement révélées sur les marchés par les co-échangistes, et diffusées : l'information est donc parfaite, les échanges ne se réalisant qu'une fois les préférences révélées et ajustées.

b. L'objet de l'analyse : l'équilibre général des échanges

Selon l'approche néoclassique, dans nos économies, le mécanisme essentiel qui permet de coordonner les décisions des agents économiques est donc le marché : c'est en ce sens que nos économies sont décrites comme des économies « de marché ». L'objet de l'analyse est donc la représentation de ce mécanisme d'ajustement marchand, puis la recherche des conditions de réalisation de l'équilibre général des marchés, et de sa stabilité.

Le marché, lieu d'ajustement et de mise en cohérence des décisions individuelles est évidemment un lieu purement fictif (même s'il peut parfois prendre des formes concrètes, telle une bourse des valeurs, et que ces formes concrètes peuvent inspirer notre représentation théorique « du » marché). C'est une abstraction théorique qui permet de représenter comment se réalise la confrontation entre les décisions économiques, comment des décisions prises à un niveau individuel vont pouvoir se rencontrer et être rendues cohérentes à un niveau global. L'idée sous-jacente à cette représentation stylisée est alors que toutes ces décisions économiques, même si elles sont prises, dans nos économies, indépendamment les unes des autres (nos économies sont décentralisées et les agents qui les composent sont autonomes et libres de poursuivre leur seul intérêt personnel), ont toutes en commun de se révéler sur des marchés, c'est-à-dire de prendre la forme d'un achat ou d'une vente, d'une demande ou d'une offre, qui peuvent alors être confrontées les unes aux autres, et ajustées par le biais des variations de prix. C'est ce mécanisme d'ajustement qui permettra de rendre des décisions égoïstes, *a priori* incompatibles, finalement mutuellement cohérentes.

La représentation schématique du fonctionnement d'un marché est alors la suivante (*cf.* fig.1).

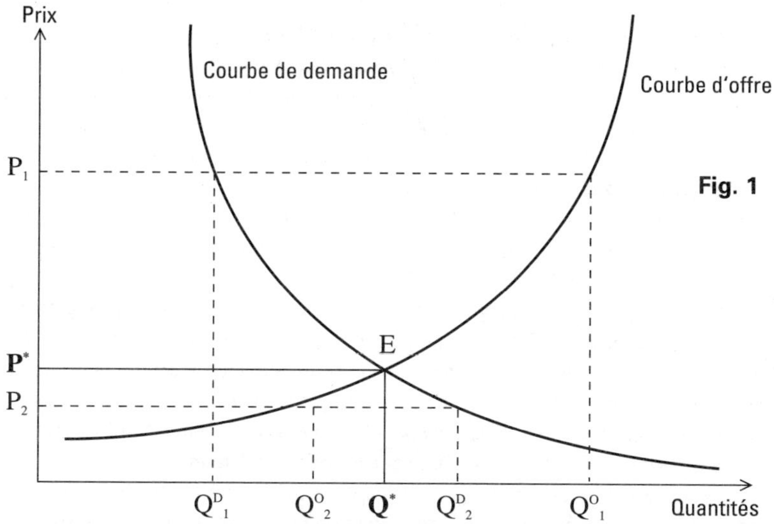

Fig. 1

Un marché est conçu comme un lieu sur lequel (ou un ensemble de dispositifs par lesquels) les acheteurs et les vendeurs entrent en contact pour échanger des « marchandises », que ce soient des biens physiques, des facteurs de production (il existe un « marché » du travail), de la monnaie ou des actifs financiers. Sur ce marché, il va résulter ensuite de la confrontation entre l'offre (croissante avec les prix : l'offre augmente lorsque le prix s'élève) et la demande (décroissante avec les prix : la demande diminue lorsque le prix s'élève) de la marchandise, une quantité échangée et un prix d'équilibre (point E sur la figure 1).

À l'équilibre, il n'y a aucun agent rationné, et chacun est satisfait de la situation économique qui prévaut, puisqu'il réalise au regard des prix en vigueur, les transactions qu'il souhaitait opérer : au point E, la quantité (Q*) échangée au prix d'équilibre (P*) égale à la fois la quantité offerte et la quantité demandée à ce prix. **Dans la conception (néo)classique, les marchés remplissent donc tous la même fonction économique : ils déterminent des prix tels que la quantité que les acheteurs souhaitent acquérir soit égale à celle que les vendeurs désirent offrir.** L'économie « de marché » est donc bien à même de faire émerger, de manière spontanée (sans qu'on ait besoin de faire autre chose que de la laisser librement fonctionner) une situation d'équilibre en prix et en quantité, qui est en même temps un optimum collectif.

Selon cette conception, sous l'hypothèse que les courbes d'offre et de demande ont bien la forme voulue, l'équilibre E existe nécessairement (il existe un point de croisement entre les deux courbes d'offre et de demande), il est unique, et stable (si l'on s'écarte du point E, le processus d'ajustement par les prix nous y ramène : les prix changent en fonction de l'écart entre l'offre et de la demande). Signalons à ce propos que le processus d'ajustement de l'offre à la demande suppose implicitement une structure assez particulière des marchés, dans laquelle il soit possible de centraliser toutes les offres et les demandes, d'interdire les transactions en dehors de l'équilibre et de faire varier les prix sans qu'aucun participant au marché n'ait à le faire (c'est une des conditions de la **concurrence** sur le marché : les agents doivent être preneurs de prix). Finalement cette représentation abstraite du fonctionnement marchand fait bien penser à une bourse des valeurs, et suppose implicitement la présence d'un organisateur de marché, d'un « **crieur** » pouvant ordonner le « **tâtonnement** » sur les prix (*cf.* encadré page suivante).

Concurrence pure et parfaite, stabilité de l'équilibre et tâtonnement walrasien. La concurrence « pure et parfaite », comme son nom l'indique, est conçue comme un cas « idéal », celui vers lequel il faudrait tendre, ou, à défaut, celui en comparaison duquel il conviendrait de juger de « l'imperfection » du monde économique réel. La **pureté** de la concurrence est associée à l'idée d'une égalité des chances, au départ du moins, entre les participants au jeu marchand. Elle requiert trois conditions : l'atomicité (il doit exister un grand nombre d'offreurs et un grand nombre de demandeurs de petite taille, chacun exerçant en conséquence une influence négligeable sur le marché, et en particulier sur les prix qui y seront pratiqués : les agents économiques sont des « preneurs de prix ») ; l'homogénéité des produits (les biens échangés sur un même marché sont identiques, et parfaitement identifiables) et des agents qui transactent (il y a anonymat des relations marchandes) ; enfin, il doit y avoir libre entrée, et libre sortie, sur le marché, pour que ne se constituent pas des situations acquises. La **perfection** de la concurrence, elle, requiert la transparence du marché (acheteurs et vendeurs doivent être parfaitement informés, à tout moment, de l'état réel de l'offre et de la demande et des conditions de prix). La traduction, dans les modèles formels, de cette définition a conduit à préciser les conditions sous lesquelles elle était effective. Les plus importantes sont : (1) que chaque bien de l'économie ne peut avoir qu'un prix unique, connu de tous, et considéré comme une donnée par chacun des intervenants sur le marché ; (2) qu'il n'y ait pas de transactions directes entre les agents, de manière à ce que les offres et demandes soient confrontées globalement et que la position de chaque agent ne dépende pas du hasard des rencontres bilatérales. Il résulte de ces deux conditions une représentation extrêmement centralisée des relations marchandes : la concurrence a besoin d'être organisée, sans pouvoir l'être par aucun des participants. Il faut qu'une instance extérieure au jeu annonce le prix de chaque bien (pour que chaque agent connaisse le prix, que ce prix soit unique, et qu'il n'ait été décidé par aucun agent en particulier), recense les offres et demandes individuelles, et n'autorise finalement les transactions qu'au regard de la situation globale de l'offre et de la demande (soit en décidant d'un schéma de rationnement en cas d'inégalité, soit en interdisant les échanges tant que le prix équilibrant l'offre et la demande globales du marché n'a pas été trouvé). Cette représentation rappelle ce qui se passe dans certains marchés centralisés du type des marchés boursiers, et ne correspond pas à l'idée que nous pourrions avoir du fonctionnement d'une économie marchande **décentralisée**, sauf à considérer que le caractère « décentralisé » tient au seul fait que chaque agent prend sa décision d'offre ou de demande de manière autonome (égoïste) sur la base de la seule information véhiculée par les prix. Finalement elle prend toute son expression dans la figure dite du « tâtonnement » walrasien (car utilisée en premier par Walras), dans laquelle l'occurrence de l'équilibre de marché et sa stabilité étaient censées être garanties par l'intervention d'un commissaire-priseur (un « crieur de prix » selon l'expression de Walras), élément central non marchand essentiel donc à la formation d'un équilibre concurrentiel de marché.

Toutes ces conditions sont évidemment très fortes : elles ont donné, et donnent lieu encore à de très nombreuses recherches pour tenter de s'en affranchir. Considérons ici qu'elles définissent, dans la conception classique, les conditions de fonctionnement idéal d'une économie de « marché », conditions vers lesquelles toute économie « réelle » devrait tendre, pour assurer une régulation harmonieuse. Retenons finalement qu'au titre de ces conditions figure, évidemment, la parfaite flexibilité à la hausse, comme à la baisse, des variables prix.

2 - Les deux principes fondamentaux de la macroéconomie (néo)classique

a. La loi des débouchés

La loi des débouchés, ou comme on la nomme dans la littérature de langue anglaise, la loi de Say (car on doit à l'économiste français Jean-Baptiste Say de l'avoir pour la première fois formulée de manière explicite et d'en avoir fait un principe essentiel de l'école classique), affirme, en fait plus qu'elle ne démontre, que toute production trouve nécessairement une demande qui lui est équivalente : « Le fait seul de la formation d'un produit ouvre, dès l'instant même, un débouché à d'autres produits » (Jean-Baptiste Say, *Traité d'économie politique*). Dès lors, toute crise de surproduction est impossible au niveau macroéconomique : s'il existe des capacités de production et de la main-d'œuvre en excès, alors elles peuvent être à l'origine de nouvelles productions, qui sont elles-mêmes, selon la loi, source de nouvelles demandes : le niveau d'activité peut être porté à son maximum (correspondant au plein-emploi des ressources productives), sans craindre une insuffisance des débouchés, lesquels se créent mécaniquement. **Dans la pensée classique, il ne peut pas y avoir de problèmes de débouchés pour les biens produits : ce n'est pas la demande de biens qui pose problème par son insuffisance, mais c'est l'offre de biens elle-même qui peut être limitée à un moment donné**. Les modèles classiques seront donc des **modèles d'offre**, et les politiques libérales qu'ils inspireront des **politiques orientées vers l'amélioration des conditions de l'offre**, et non vers le soutien à la demande.

Quels sont les arguments en faveur de cette loi? Say l'explique de la façon suivante : « Lorsque le dernier producteur a terminé un produit, son plus grand désir est de le vendre, pour que la valeur de ce produit ne chôme pas entre ses mains. Mais il n'est pas moins empressé de se défaire de l'argent que lui procure sa vente, pour que la valeur de l'argent ne chôme pas non plus. Or, on ne peut se défaire de son argent qu'en demandant à acheter un produit quelconque » (Jean-Baptiste Say, *ibid.*). On comprend donc que la loi repose sur une double idée :

- **le but ultime d'un producteur, d'un entrepreneur, en réalisant la production de son bien, est d'acquérir d'autres biens** (pour produire : il acquerra des biens de production, des matières premières ; ou pour consommer) : il vend pour acheter avec la monnaie qu'il percevra comme produit de sa vente. La production d'un bien est donc, au niveau global (macroéconomique), *ipso facto*, la création d'un débouché pour d'autres produits, pour d'autres entrepreneurs : même s'il existe un problème de débouchés au niveau de certaines productions, parce que, à un moment donné, la structure de production ne correspond pas à la structure de la dépense (mais ce sera de manière temporaire : les ajustements de prix sur les marchés feront finalement leur œuvre pour restaurer l'équilibre sur chaque micro-marché), au niveau macroéconomique, l'offre de biens dans une économie égale toujours, en vertu de cette loi, la demande de biens ;
- **par conséquent, la monnaie n'est jamais demandée pour elle-même** : on voit bien dans le raisonnement de Say, que l'offre ne crée sa propre demande au niveau macroéconomique, qu'à la condition que le producteur soit « empressé de se défaire de l'argent que lui procure sa vente ». La loi de Say n'est donc avérée que dans une économie où la monnaie est un simple intermédiaire des échanges, et ne peut être demandée que pour le seul motif de réaliser des transactions : elle est donc bien cohérente avec la conception classique de l'économie comme économie réelle d'échanges.

Identité comptable : égalité *ex post* toujours vérifiée, et qui est retracée dans les comptes des agents ou les comptes nationaux. Elle ne préjuge donc ni de la causalité entre les variables se situant de part et d'autre du signe « identité » (≡) (par exemple une identité comptable *ex post* entre l'offre globale et la demande globale de biens et services ne signifie en elle-même rien sur le fait de savoir si c'est l'offre qui détermine la demande ou la demande qui limite l'offre) ni du fait de savoir si cette identité représente ou non un « équilibre » (l'offre globale et la demande globale ont-elles été ajustées sous l'effet des variations du niveau général des prix des biens ?). Autrement dit, une identité comptable est une « donnée » commune à tous les discours économiques, qui se distinguent ensuite par les explications théoriques sous-jacentes qu'ils lui trouvent.

La vitesse de circulation de la monnaie : *v*, égale, par définition, à (P.Q/M), exprime le nombre de fois ou un signe monétaire a été utilisé dans les transactions : plus la monnaie « circule vite », moins il est besoin de signes monétaires pour réaliser un même montant de transactions. *v* est donc un paramètre d'ajustement : plus la valeur des transactions (P.Q) est grande relativement au stock de monnaie disponible (M), plus *v* doit augmenter : la monnaie circule plus vite pour que des échanges plus nombreux puissent être réalisés. À l'inverse, si la vitesse de circulation de la monnaie est donnée, l'ajustement doit se faire soit par une variation adéquate de la quantité de monnaie (en proportion des échanges à réaliser), soit par une variation du revenu nominal (des prix et/ou des quantités) en proportion du stock de monnaie disponible.

Pour le dire d'une autre manière, la loi de Say implique que l'économie monétisée qui est la nôtre se comporte comme une économie de troc (la monnaie est neutre sur son fonctionnement) ; dans une économie de troc, en effet, la loi des débouchés est par nature vérifiée : toute offre au marché est en même temps une demande d'un autre bien, puisque les échanges se font bien contre bien. La loi de Say continuera d'être vérifiée en économie monétisée qu'à la condition que l'introduction de la monnaie, et la rupture de la transaction de troc « bien contre bien » en deux demi-transactions successives « bien contre monnaie », puis « monnaie contre bien » ne perturbe pas le fonctionnement « réel » de l'économie, qui doit demeurer similaire à celui d'une économie de troc généralisé. Cela exige que la monnaie, précisément, ne soit qu'un moyen d'échange et que les agents, conscients de ce fait, ne la demandent qu'à cette seule fin.

La loi de Say est donc bien une expression synthétique de la conception classique de l'équilibre, et de la vision apologétique que les tenants de cette approche fournissent de l'économie de marché. On comprend qu'elle ait été l'objet de grands débats, et de critiques successives d'auteurs classiques (Malthus, Sismondi) ou plus hétérodoxes (Marx, Keynes).

On comprend finalement que l'adhésion des classiques à la loi de Say est étroitement liée à leur conception en matière monétaire, laquelle prend la forme de l'adoption de la théorie quantitative de la monnaie.

b. La théorie quantitative de la monnaie

Littéralement, **la théorie quantitative de la monnaie exprime qu'il existe un lien direct entre la quantité de monnaie en circulation dans l'économie au cours d'une période, et le niveau général des prix de cette économie** : plus le stock de monnaie en circulation est important, plus le niveau général des prix est élevé.

Cette théorie s'appuie sur une idée ancienne, qui a notamment pris forme au XVIe siècle après la découverte de l'Amérique et l'afflux de métaux précieux en Europe qui en a résulté. La coïncidence de cet afflux de matières monnayables et d'une hausse importante des prix dans les pays qui en bénéficiaient suscitèrent les réflexions de nombreux auteurs, et en particulier de Jean Bodin (1530-1596), qui, engagé dans une désormais fameuse controverse avec M. de Malestroit sur les causes de l'inflation, voulut voir dans cette coïncidence une relation de cause à effet, relation à laquelle les auteurs classiques ont cherché par la suite à donner un contenu plus précis.

Finalement, l'explication moderne de cette relation, et donc la version moderne de la théorie quantitative de la monnaie a été fournie par Irving Fisher (*Le pouvoir d'achat de la monnaie,* 1911).

Le point de départ de cette explication est un constat, celui d'une *identité comptable** entre, d'une part la valeur totale nominale (en monnaie) des biens échangés dans une économie pendant une période de temps donnée (c'est-à-dire, en fait, le revenu nominal) et, d'autre part, la valeur totale de la dépense globale en monnaie, soit :

$$\text{REVENU NOMINAL} \equiv \text{DÉPENSE TOTALE}$$

Par la suite, et puisque :

- la dépense totale est le produit du stock total de signes monétaires disponibles dans l'économie, M, par la *vitesse de circulation de la monnaie**, *v* ;
- le revenu nominal total est le produit de la production vendue en volume (en termes réels), Q, par le niveau général des prix, P ;

on a :

$$\text{REVENU NOMINAL} \equiv \text{DÉPENSE TOTALE}$$
$$\Leftrightarrow$$
$$P \times Q \equiv M \times v$$

Pour que l'on puisse dériver de cette identité comptable (par définition toujours vérifiée) une théorie causale de la détermination du niveau général des prix par le stock de monnaie, il faut y adjoindre deux hypothèses selon lesquelles :

– la vitesse de circulation de la monnaie, v, est un paramètre constant : $v = \bar{v}$;

– le volume de production Q échangé est déterminé avant la réalisation effective des transactions, dans la sphère réelle, et donc est insensible au déroulement des échanges monétaires : $Q = \bar{Q}$.

On peut alors écrire :

$$M \times \bar{v} = P \times \bar{Q}$$

et en déduire que $\Delta M \Rightarrow \Delta P$: toute variation du stock de monnaie se répercute par un lien direct sur le niveau général des prix.

On comprend donc que **la théorie quantitative est bien plus que la simple mise en évidence de cette relation causale, et qu'elle est en fait une expression synthétique de la pensée monétaire classique, pensée selon laquelle** :

– **la monnaie, simple intermédiaire des échanges, n'est jamais demandée pour elle-même** (il n'y a pas de préférence pour la liquidité), mais uniquement au motif qu'elle permet de réaliser les transactions. C'est une condition essentielle de validité de la loi des débouchés ; c'est aussi ce qui conduit à penser que le paramètre v est constant : la vitesse de circulation de la monnaie étant la conséquence du comportement des agents vis-à-vis de la monnaie (plus ceux-ci veulent en conserver par-devers eux et plus cette vitesse diminue), et celui-ci étant un comportement entièrement associé à la nécessité de réaliser des transactions, ce paramètre n'a aucune de raison de varier dans le court terme (il dépendra des habitudes de paiement des agents et du développement des modalités de paiement, autant de données qui ne varient que dans la moyenne et longue période). Pour le dire autrement, la constance de la vitesse de circulation de la monnaie n'est rien d'autre que la manifestation de la constance de la demande de monnaie, qui est une demande de monnaie de transaction ;

– **la monnaie n'est qu'un voile posé sur les grandeurs réelles** : elle recouvre d'une apparence nominale des grandeurs en fait réelles, lesquelles sont déterminées dans le secteur réel de l'économie, et ne sont pas susceptibles de varier sous l'effet de l'introduction de la monnaie. En d'autres termes, déjà employés, la monnaie est neutre : elle n'a aucun effet sur le niveau des échanges dont elle facilite l'occurrence. C'est d'ailleurs précisément ce qu'exprime finalement la théorie quantitative : les variations de la masse monétaire n'ont qu'une influence nominale (variation dans le niveau général des prix) mais aucune influence réelle (constance du volume de production).

Les théories quantitatives de la monnaie. La théorie quantitative de la monnaie recouvre en fait trois versions différentes :

1 - La version primitive a été mise définitivement en forme par **Irving Fisher** (1911), et se veut une théorie explicative du niveau général des prix par l'offre de monnaie. Elle s'écrit :

$$P = \frac{M^O . \bar{v}}{Q}$$

où M^O est exogène (c'est le cas dans toute la tradition classique), v est un paramètre constant et Q est déterminée préalablement par le secteur réel (Q est donc indépendante de M^O).

La signification de l'équation est alors celle-ci : **P s'ajuste de manière à réaliser l'identité des échanges**; les variations de P sont expliquées par les seules variations de M^O, c'est-à-dire d'une variable exogène. Son interprétation normative est que toute variation de l'offre de monnaie est sans effet sur les grandeurs réelles (déjà déterminées), mais cause des perturbations nominales sous la forme d'inflation du niveau général des prix.

2 - La deuxième version est celle correspondant à « **l'équation de Cambridge** » et est principalement due à **Alfred Marshall et Arthur-Cécil Pigou. Elle sert à déterminer, non les prix, mais les besoins de monnaie pour « motif de transaction », c'est-à-dire la demande d'encaisses monétaires.** Au lieu de prendre en compte un paramètre « vitesse de circulation de la monnaie », on raisonne alors sur un coefficient, lui aussi paramètre, mesurant la part de la richesse qui doit être conservée sous une forme monétaire pour assurer les échanges. En fait, ce paramètre, k, est logiquement égal à l'inverse de la vitesse de circulation de la monnaie. L'équation de Cambridge s'écrit alors :

$$M^D = \bar{k} \times P \times \bar{Q}$$

3 - Une troisième version sera proposée ultérieurement par **Milton Friedman**. Elle aura pour objet, également, de déterminer une demande de monnaie. Mais dans cette formulation « monétariste », v ou k ne constitueront plus des paramètres fixés *a priori*, mais des variables, exprimant, précisément, les comportements de demande de monnaie et dont il s'agira de démontrer la stabilité. **L'équation quantitative exprimera alors l'équilibre entre une demande de monnaie stable et l'offre de monnaie exogène :**

$$M^D = k(=\frac{1}{v}) = \frac{\bar{M}^O / P}{Q} = \text{constante}$$

3 - La structure d'un modèle d'inspiration classique

cf. exercices 1.1 et 1.2

On considère une économie fermée à trois agents (une firme représentative, un ménage représentatif et l'Administration) et quatre macro-marchés (du travail, du bien, des titres financiers et de la monnaie). On admet la spécialisation suivante des agents : les firmes produisent et investissent; les ménages consomment, épargnent et offrent leur travail; l'Administration est un agent « non marchand » qui effectue des dépenses publiques pour le compte de la collectivité, qu'il finance soit par les impôts, soit (en cas de déficit budgétaire) par la création monétaire (l'Administration inclut donc les autorités monétaires), ou l'émission de titres publics auprès du secteur privé. L'économie est statique et on se situe à court terme : les capacités de production sont fixes et le travail est le seul facteur variable.

En vertu de **la loi de Walras** (*cf.* encadré ci-contre), on ne modélise explicitement que trois marchés sur quatre : le modèle classique choisit en général de ne traiter que les seuls marchés du travail, des titres et de la monnaie, les comportements et les conditions d'équilibre sur le marché des biens restant induits ou implicites.

Dans ce cadre, le modèle classique se caractérise comme un **modèle d'offre** (les seules contraintes se situant du côté de l'offre : marché du travail et fonction de production), et un **modèle dichotomique** (le secteur monétaire n'ayant aucune influence sur le niveau réel des grandeurs économiques).

La loi de Walras. Cette loi établit une relation entre les demandes nettes (demandes moins offres), d'un individu ou d'une économie, lorsqu'elles sont toutes formulées sur la base d'un même système de prix (et, pour le cas d'une économie, lorsqu'elles peuvent être toutes agrégées) : elle ne vaut donc que dans le cadre très centralisé associé à l'idée de concurrence pure et parfaite. Elle se déduit des contraintes budgétaires des agents : elle est donc une simple identité comptable entre emplois et ressources, et ne spécifie donc pas une relation « d'équilibre ». La « loi » énonce que la somme des valeurs des demandes nettes globales de tous les agents de l'économie est nulle : ceci est vrai, quels que soient les comportements d'offre et de demande des agents, pourvu qu'ils respectent leur contrainte budgétaire (laquelle n'est objective que si prix et salaire sont uniques et que les agents sont « preneurs » de prix). De cette relation, on déduit en particulier que si les demandes nettes sur tous les marchés, sauf un, sont nulles (les marchés sont en équilibre sauf l'un d'entre eux), alors la demande nette du bien restant est également nulle (le dernier marché est en équilibre). Finalement cela revient à dire qu'un système de n équations qui définit un équilibre ne contient que $(n-1)$ équations indépendantes : la modélisation de ces $(n-1)$ relations suffit à le définir. Dans un modèle macroéconomique à quatre marchés, seuls trois ont besoin d'être explicitement modélisés, car lorsque trois marchés seront simultanément en équilibre, le quatrième le sera par définition (si les prix sont uniques et connus de tous, les offres et demandes agrégées et si chacun respecte sa contrainte budgétaire).

a. La détermination du niveau d'activité et d'emploi : marché du travail et fonction de production

L'analyse du marché du travail a pour but de fixer simultanément le niveau d'emploi et le taux de salaire (réel) d'équilibre. **Selon l'approche classique, le niveau d'emploi dans l'économie se détermine** par conséquent **sur le seul marché du travail.** À l'instar des marchés microéconomiques, la fixation du prix et de la quantité sur ce marché est analysée comme le produit de la confrontation d'une courbe d'offre et d'une courbe de demande de travail, qui dépendent toutes deux du *taux de salaire réel**.

Le fait de faire dépendre les deux fonctions, d'offre et de demande, des ***salaires réels*** (déflatés) et non pas des salaires nominaux, tient à l'hypothèse déjà mentionnée d'absence d'illusion monétaire de la part tant des ménages salariés que des entreprises qui s'intéressent à leur rémunération réelle (respectivement au coût réel du travail), et non pas à leur rémunération nominale (respectivement au coût nominal).

La demande de travail est déduite des conditions techniques de la production et de l'hypothèse de rationalité des entreprises.

Les conditions techniques représentent une contrainte pour l'entreprise et sont données par une fonction de production macroéconomique de court terme :

$$Q^O = \bar{A} \times F(L^D, \bar{K}) \quad F' > 0,\ F'' < 0$$

L'équation nous dit que le niveau d'offre des firmes (Q^O) est fonction de la quantité de facteurs de production mise en œuvre (travail (L) et capital (K)), et d'un résidu pouvant intégrer l'effet du progrès technique et des gains d'efficacité dans l'utilisation des facteurs (terme A). Puisque nous sommes à court terme, on suppose le stock de capital invariant ($K = \bar{K}$), ainsi que l'absence de progrès technique et d'efficience ($A = \bar{A}$). Il existe donc une relation univoque, croissante ($F' > 0$) entre le niveau d'emploi et le niveau de production. Comme nous sommes au stade de la formulation par les agents de leurs plans optimaux, cette fonction prend la forme d'une contrainte pour la firme, qui sait que son niveau d'offre doit être en relation avec sa demande de travail selon une relation très précise, spécifiée par la fonction de production F.

On suppose que le marché des produits est un marché concurrentiel : les prix des biens, en particulier, s'imposent aux entreprises.

Sur cette base, la demande de travail des entreprises se déduit de leur comportement de maximisation du profit, qui les conduit à égaliser à la marge le bénéfice attendu de l'embauche d'un travailleur supplémentaire et le coût marginal que cette embauche induit, soit, respectivement, la productivité marginale physique du travail (Pm_L) et le taux de salaire réel unitaire (w/P).

$$PM_L = \frac{w}{P} \Leftrightarrow \frac{\delta Q}{\delta L^D} = \frac{w}{P} \Leftrightarrow F'_L(L^D) = \frac{w}{P}$$

(F'_L représente la dérivée première de la fonction de production par rapport aux quantités de travail : elle est donc la formulation algébrique de la productivité marginale physique du travail : c'est le supplément de production induit, à la marge, par la variation d'une unité de la demande de travail).

La fonction de demande de travail est donc, si l'on suppose la fonction de production inversible :

$$\boxed{L^D = F'^{-1}\left(\frac{w}{P}\right)}$$

Cette fonction est décroissante (puisque $F'' < 0$, alors $F''^{-1} < 0$) en raison de la décroissance de la productivité marginale du facteur variable qu'est le travail.

L'offre de travail est, elle, une fonction croissante du taux de salaire réel. Elle résulte d'un arbitrage de la part des ménages entre consommation (et donc travail) et loisirs. Lorsque le taux de salaire réel s'élève, le coût d'opportunité du loisir s'élève : chaque heure passée à ne pas travailler devient plus coûteuse (on perd une opportunité de gain) ; cela doit conduire à substituer du travail au loisir, et donc à augmenter l'offre de travail. Mais, cet **effet de substitution** se conjugue à **un effet de revenu** qui joue en sens contraire : l'augmentation du salaire réel rémunère mieux les heures déjà travaillées, et, si le loisir est un bien normal, doit conduire à une augmentation du temps qui lui est consacré (et donc une diminution du temps de travail). La théorie néoclassique privilégie en général, de manière à avoir les « bonnes courbes » (en l'occurrence une courbe d'offre de travail croissante), l'hypothèse de dominance de l'effet de substitution sur l'effet de revenu. On a donc :

$$\boxed{L^O = L^O\left(\frac{w}{P}\right) \ (L^O)' > 0}$$

Finalement, la pression exercée symétriquement sur le marché du travail par les fonctions d'offre et de demande de travail établit **un équilibre** pour un taux de salaire réel $(w/p)^*$ et un niveau d'emploi (N), équilibre qui est en outre supposé compatible avec l'équilibre général de marchés (même si le raisonnement suivi ici a été mené en termes d'équilibre partiel) (*cf.* fig. 2).

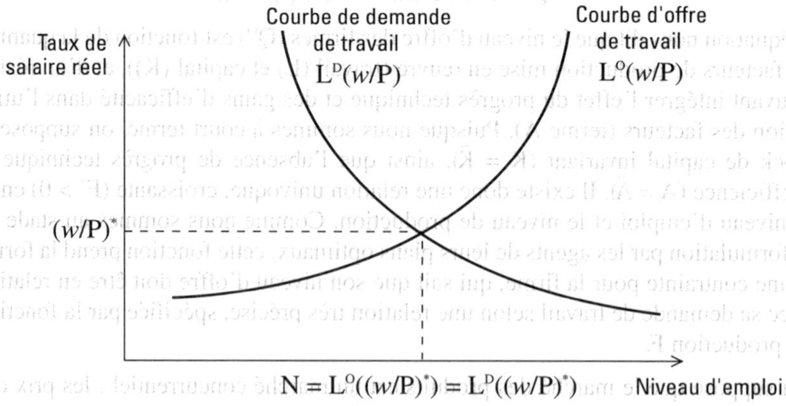

Fig. 2 : La détermination du niveau d'emploi

Côté court* et *côté long : le côté « court » d'un marché est celui qui n'est pas rationné : l'offre si l'offre est inférieure à la demande (l'offre est plus « courte »), la demande dans le cas inverse. Dans notre exemple, l'offre de travail est inférieure à la demande : les ménages sont du côté « court » du marché, et peuvent donc imposer leurs vues dans les négociations salariales : le prix (taux de salaire réel) s'ajuste ainsi en fonction de l'état de l'offre et de la demande.

On comprend que si le taux de salaire réel effectif est inférieur au taux de salaire réel d'équilibre, il y a excès de la demande de travail de la part des firmes, et les salaires monétaires, vont, sous l'effet de la concurrence et la pression exercée par les ménages qui se situent du *côté « court »** du marché, augmenter. Le niveau général des prix étant inchangé, les salaires réels vont donc augmenter, réduisant la demande de travail et augmentant l'offre de travail. Le processus se poursuivra jusqu'à ce que, de proche en proche, le taux de salaire réel qui équilibre le marché soit restauré : il n'y aura alors plus aucune incitation à modifier la situation obtenue. Évidemment un processus similaire à la baisse du taux de salaire réel se met en œuvre si le taux de salaire réel effectif est, à un moment donné, supérieur au taux de salaire réel d'équilibre, de telle manière que l'offre de travail des ménages excède en ce point la demande de travail émanant des firmes.

Sous ces hypothèses (extrêmement fortes, puisqu'elles représentent le cas idéal d'un marché en concurrence pure et parfaite : *cf.* encadré page 18), le niveau d'emploi obtenu N est donc un niveau de plein-emploi, en ce sens que tous ceux qui désirent travailler au taux de salaire réel en vigueur peuvent le faire : il n'y a pas de rationnement. À l'équilibre du marché, on a donc :

$$L^O = L^D = N$$

Une situation de chômage involontaire durable est donc, dans ce cadre, inconcevable : soit les mécanismes du marché peuvent fonctionner, et ce chômage involontaire sera résorbé par une baisse des salaires réels (à l'équilibre du marché, seul le chômage volontaire des ménages arbitrant en faveur du loisir et en défaveur du travail demeurera) ; soit il ne se résorbe pas, et cela ne peut être dû qu'à unc rigidité des salaires qui interdit l'ajustement : c'est alors cette rigidité qu'il convient d'éliminer pour résoudre le problème du chômage. C'est le sens des propositions libérales face au chômage, favorables à la recherche d'une plus grande « flexibilité » du marché du travail, et notamment des rémunérations. On confirme logiquement que, puisque le niveau d'emploi, dans ce modèle, se détermine sur le seul marché du travail, c'est sur ce marché qu'il faut rechercher les causes (et donc les remèdes) aux situations de sous-emploi.

Finalement, au niveau d'emploi déterminé sur le marché du travail correspond, par la *fonction de production**, un niveau d'offre de bien (Q^O) : *cf.* fig. 3.

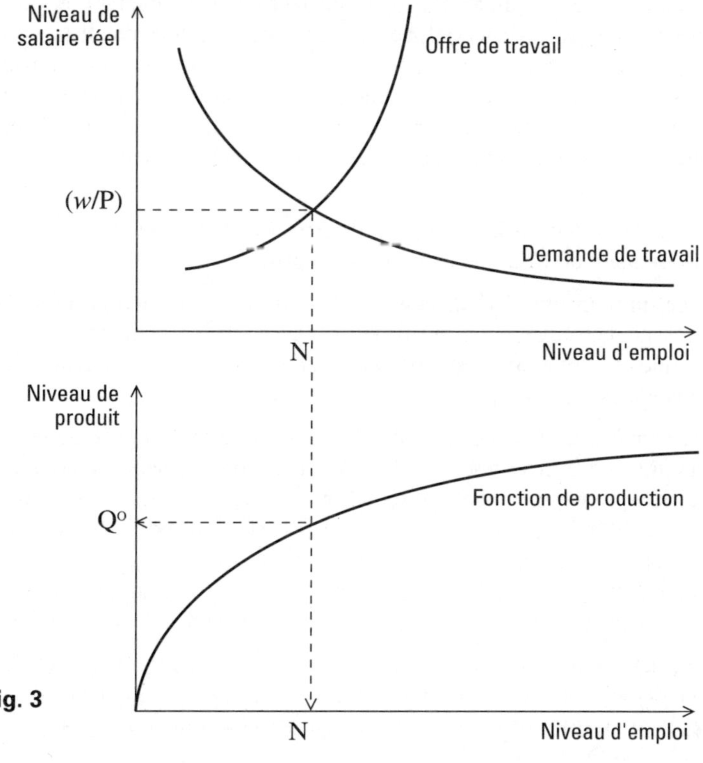

Fig. 3

Fonction de production : la fonction de production établit la relation entre des quantités de facteurs de production (travail, capital physique), appelés *inputs* et la production maximale de biens (*output*) qui peut être obtenue à partir de leur combinaison, selon les techniques disponibles. À court terme, le seul facteur de production variable (dont on puisse modifier les quantités) étant le travail, la fonction de production établit une relation croissante entre quantités de travail (niveau d'emploi) et quantité de bien produit (production globale). Cette fonction est à pente décroissante en raison de la décroissance de la productivité marginale du travail.

Pour les classiques, le marché du travail fixe le niveau de l'emploi ($N = L^O = L^D$) et le salaire réel (*w*/P, et non pas *w* et P), et, par conséquent le niveau de production ($Q^O = F(N)$) . On comprend par conséquent que le niveau d'emploi ne sera effectivement N, que si les entrepreneurs sont par ailleurs assurés d'écouler la production qu'ils réalisent avec cette quantité de travail (Q^O). **La conception classique de la détermination du niveau de l'emploi ne vaut donc que moyennant l'acceptation de la loi de Say qui évacue les problèmes de débouchés.**

b. La détermination de la structure de la production : le marché du capital de prêt

Le marché du capital de prêt (ou marché des fonds prêtables) met en relation les épargnants désirant placer leurs fonds et, d'une part les entreprises désirant emprunter en vue d'investir et d'autre part l'Administration souhaitant financer son déficit budgétaire : il permet donc l'ajustement des capacités de financement des ménages aux besoins de financement. Il est souvent modélisé sous la forme d'un marché des titres, sur lequel l'offre de titres financiers correspond à une demande de fonds (pour combler un besoin de financement), et la demande de titres à une offre de fonds (pour utiliser une capacité de financement). Le libre fonctionnement du marché va, comme dans le cas du marché du travail, fixer une quantité échangée d'équilibre et un prix (réel) d'équilibre, en l'occurrence un taux d'intérêt (réel) d'équilibre.

L'offre de capital de prêt (demande de titres) des ménages est dérivée des règles supposées de comportement individuel. En l'occurrence, on admet que cette offre est le résultat d'une procédure d'optimisation intertemporelle des ménages entre consommer aujourd'hui et consommer demain. Dans ces conditions, **le taux d'intérêt va apparaître comme une récompense de l'abstinence de consommation.** On suppose, ici intuitivement, que plus le taux d'intérêt (réel) est élevé, plus les épargnants voudront prêter des fonds sur leur épargne courante (et donc voudront acquérir des titres financiers). Là encore cela résulte d'une hypothèse de dominance d'un effet de substitution (l'augmentation des taux d'intérêt conduit à substituer de l'épargne à la consommation courante) sur un effet de revenu (l'augmentation des taux d'intérêt, rémunérant davantage l'épargne déjà placée sous forme de titres financiers autorise d'augmenter la demande de tous les biens normaux, et donc la consommation courante).

Du côté de **la demande de capital de prêt** (offre de titres), on doit distinguer le comportement de l'État de celui des entreprises :

- en ce qui concerne l'État, puisque la demande de capital de prêt résulte de la nécessité de trouver les moyens de financer le déficit budgétaire, on peut supposer que ce comportement est indépendant du niveau de taux d'intérêt : la demande est inélastique ;
- en ce qui concerne la demande de capital de prêt des entreprises, elle est le fait des entreprises qui investissent : elles est donc, précisément, déterminée par leurs décisions d'investissement. Puisque l'investissement est décroissant avec le niveau des taux d'intérêt (on égalise, comme pour la demande de travail, en vertu de l'objectif de maximisation du profit, la productivité marginale du facteur, ici du capital physique, laquelle est décroissante, au coût marginal de ce facteur qu'est ici le taux réel de l'intérêt), il en sera de même de la demande de capital de prêt.

La caractérisation que nous venons de rappeler des fonctions d'offre et de demande de capital de prêt semble devoir alors assurer l'existence d'un **équilibre en prix et en quantités** sur le marché qui les confronte (*cf.* fig. 4).

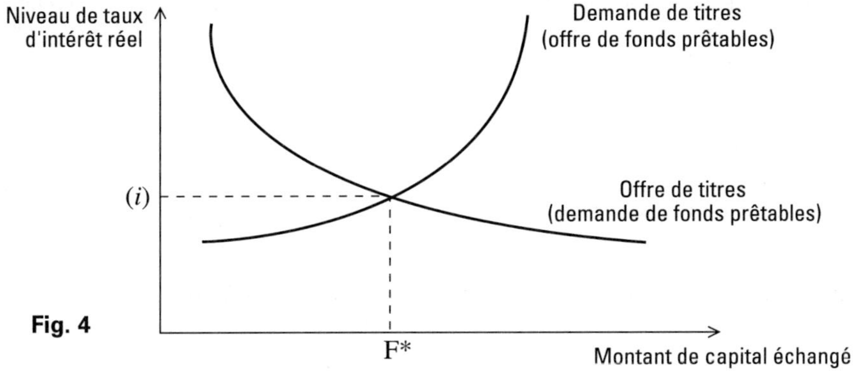

Fig. 4

On fait par ailleurs évidemment, concernant le marché du capital de prêt, les mêmes hypothèses (discutables, même si elles peuvent être éventuellement plus « réalistes » dans ce cas) concernant la **stabilité** de l'équilibre de marché.

Finalement, l'équilibre du marché du capital de prêt n'a aucune influence sur le niveau de produit global, et ne fait qu'influencer sa répartition entre bien de consommation et bien d'investissement, Q étant fixé. Cela tient à l'hypothèse de courte période qui conduit à admettre un stock de capital fixe: les décisions d'épargne (offre de capital de prêt) et d'investissement (demande de capital de prêt) n'ont d'influence à court terme que sur la **composition** de la demande qui s'adresse aux entrepreneurs, mais n'influencent pas le niveau d'offre qui dépend entièrement de ce qui se passe sur le marché du travail. Ce n'est qu'à long terme (précisément, lorsque le montant de capital physique n'est plus fixe) que les investissements réalisés agissent sur ce niveau, en augmentant les capacités de production, en introduisant du progrès technique, bref en modifiant les conditions techniques d'offre.

Remarquons enfin que dans ce cadre une hausse de l'épargne ne réduit pas le niveau de production et d'emploi, mais ne fait que réduire la production de biens de consommation au profit de la production de biens d'investissement: sans pénaliser l'activité à court terme, elle est facteur de croissance à long terme.

c. La détermination du niveau général des prix: le marché de la monnaie

Les grandeurs réelles se trouvent déterminées par le jeu des deux marchés précédents (bloc « réel ») : le marché du travail fixe le taux de salaire réel d'équilibre, le niveau d'emploi et, étant donné les conditions techniques de production, le niveau de produit global; le marché du capital de prêt fixe le taux d'intérêt réel d'équilibre, le montant de capital échangé et donc la répartition de la production globale entre production de biens d'investissement et production de biens de consommation.

L'introduction de la monnaie a donc pour seul fonction de fixer les grandeurs nominales, et par suite, le niveau général des prix. On dit à cet égard du modèle classique qu'il est un modèle dichotomique (le secteur réel et le secteur monétaire de l'économie étant disjoints, et la monnaie étant neutre sur le niveau des variables réelles).

Pour expliquer la détermination de ces grandeurs nominales, les classiques adoptent la **théorie quantitative de la monnaie.** Nous retiendrons, dans la présentation que nous faisons de la théorie classique, l'équation de Cambridge (*cf.* encadré page 22). Elle nous fournit **une équation de demande de monnaie :**

$$M^D = \frac{1}{v}.P.Q$$

Théorie quantitative et loi de Say : l'expression de la théorie quantitative de la monnaie suppose donc d'admettre implicitement la loi de Say. Celle-ci n'étant avérée à son tour que moyennant l'adoption de la théorie quantitative de la monnaie, et de la conception de la monnaie qu'elle véhicule, on comprend que les deux principes classiques sont étroitement imbriqués : contester l'un implique logiquement de contester l'autre.

En fait, puisque la variable Q (niveau de production nette en termes réels), en tant que telle, n'apparaît pas dans notre modèle, on est obligé d'admettre que $Q = Q^O$ (*loi de Say**). On admet par ailleurs que la vitesse de circulation de la monnaie est constante ($v = \overline{v}$) On a donc :

$$M^D = \frac{1}{\overline{v}}.P.Q^O$$

L'offre de monnaie, elle, est considérée comme exogène et sous le contrôle exclusif des autorités monétaires

Finalement, **l'équilibre sur le marché de la monnaie** résulte de la confrontation entre la demande de monnaie et l'offre (exogène) de monnaie, soit :

$$\overline{M}^O = M^D = \frac{1}{\overline{v}}.P.Q^O$$

On en déduit que : $P = \frac{\overline{M}^O \times \overline{v}}{Q^O}$.

On confirme que la seule variable endogène dont le niveau est déterminé par le marché de la monnaie est le niveau général des prix, P.

Graphiquement, la résolution du modèle est celle représentée dans les figures de la page suivante.

d. Les effets d'une régulation macroéconomique

Optimum de Pareto : à un optimum de Pareto, il n'est pas possible d'améliorer la situation d'un agent économique sans détériorer la situation d'au moins un autre agent dans une proportion au moins aussi grande. Cette définition normative de l'affectation « optimale » des ressources d'une économie parmi les agents qui la composent est due à l'économiste italien Vilfredo Pareto, successeur de Walras à la chaire d'économie politique de l'Université de Lausanne.

L'équilibre classique que nous venons de décrire est un *« optimum » au sens de Pareto** : à chaque équilibre de marché, l'ensemble des agents est satisfait, que chaque agent particulier soit ou non en situation de transactant. Il n'est par conséquent pas possible d'améliorer la situation de qui que ce soit, sans pénaliser au moins un autre agent. Évidemment cette propriété nourrit clairement l'intuition que **la politique économique est inutile** : si le fonctionnement spontané de l'économie capitaliste, conçue comme économie de marchés, est harmonieux, pourquoi s'embarrasser de déterminer et d'appliquer des politiques économiques ? Il suffit de laisser faire librement les marchés, qui, en vertu de leurs qualités autorégulatrices, et au travers de l'ajustement des variables-prix, élimineront progressivement les éventuels déséquilibres se faisant jour, au fur et à mesure que échanges et accumulation se développent.

Bien plus, on va logiquement retrouver ce que Smith, le premier, avait souhaité établir : dès lors que le mécanisme de fonctionnement spontané de l'économie de marché est harmonieux, toute volonté, aussi bien intentionnée soit-elle, d'intervention extérieure dans ce mécanisme ne peut que le perturber, et introduire des déséquilibres qui en étaient *a priori* absents. En l'occurrence, ces déséquilibres vont uniquement se manifester dans le secteur monétaire (marché de la monnaie) et financier (marché des titres) ; l'intervention de l'État n'affectera en rien l'équilibre du marché du travail, et donc n'affectera en rien le niveau d'emploi et d'activité réelle : une politique économique visant à soutenir le niveau d'activité économique n'aura éventuellement d'effet que sur les grandeurs nominales, en conduisant à une élévation du niveau général des prix, mais jamais aucun effet sur les grandeurs réelles. Elle pourra aussi avoir comme défaut de se substituer par un « effet d'éviction » à l'intervention privée. Enfin la tentation d'instaurer des réglementations (en particulier sur le marché du travail) ne peut qu'empêcher le système libéral de fonctionner correctement : les déséquilibres, qui n'auraient pu être que temporaires vont alors se pérenniser puisque le mécanisme d'ajustement ne joue plus.

Résolution graphique du modèle classique

Fig. 5 : Marché du travail — **Fig. 6 : Marché du capital de prêt**

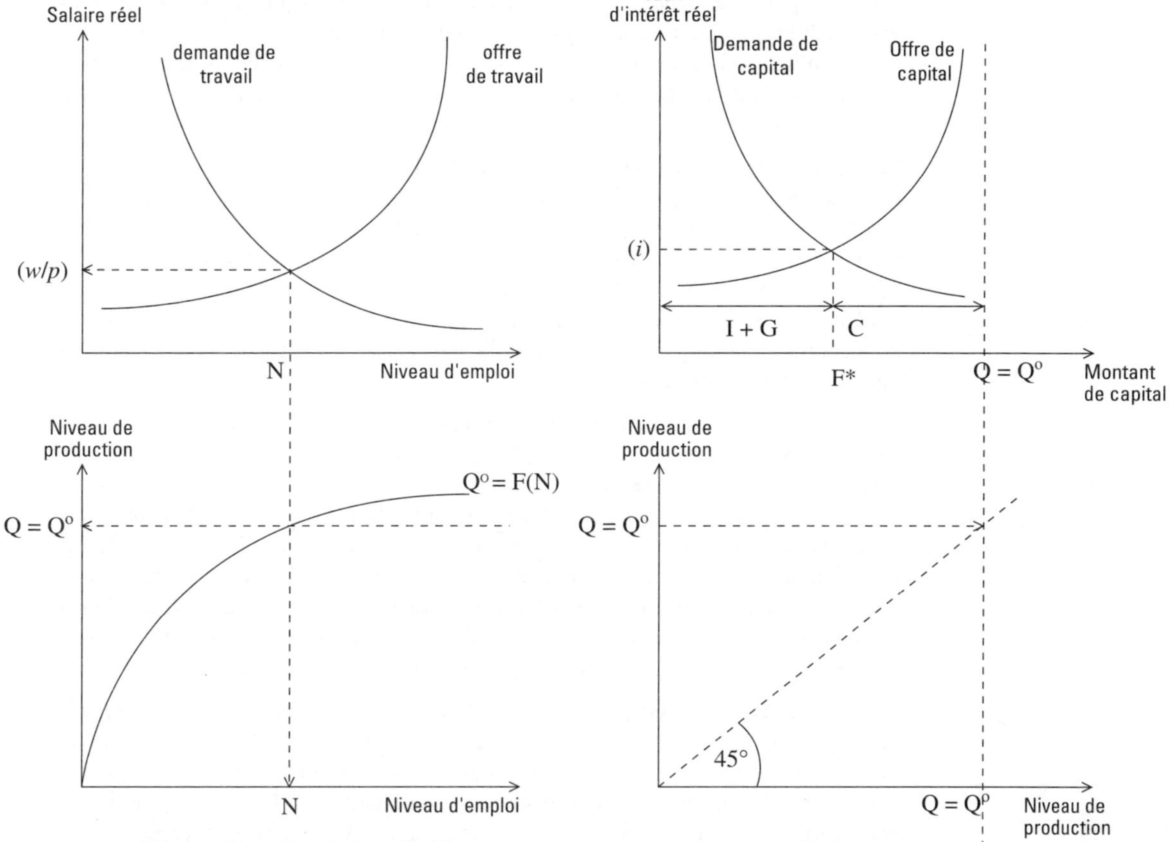

Fig. 7 : Fonction de production — **Droite de report**

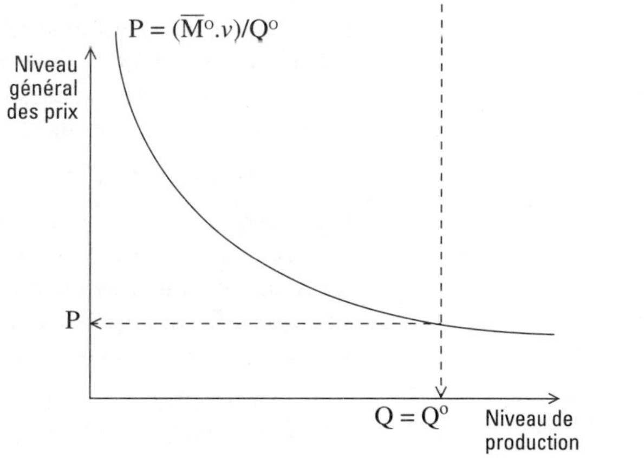

Fig. 8 : Marché de la monnaie

-le marché du travail détermine le niveau d'emploi et le taux de salaire réel, et par la fonction de production, le niveau de produit global, et ce indépendamment du niveau de la demande : on a bien **un modèle d'offre** ;

- le marché du capital détermine le taux réel de l'intérêt et le montant de capital échangé, et en conséquence la répartition du produit global entre consommation et investissement (privé et public) : le **modèle est de court terme** ;

- le marché de la monnaie détermine ensuite, pour ce niveau de produit global, le niveau général des prix, et donc les valeurs nominales des variables du modèle : **le modèle est dichotomique**.

• ***L'inefficacité de la politique monétaire***

Une politique monétaire « pure » (non couplée à une politique budgétaire), consiste dans ce qu'on appelle une politique d'« open market » : on accroît, dans le cas d'une politique expansive, (respectivement, dans le cas d'une politique restrictive, on diminue) la masse monétaire, en achetant (respectivement, en vendant) des titres publics, et donc en diminuant (respectivement, en augmentant) le nombre de titres en circulation. Ceci conduit à maintenir le respect de la contrainte budgétaire de l'administration.

Les seuls marchés qui sont éventuellement affectés sont ceux des titres et de la monnaie. **Sur le marché de la monnaie**, en vertu de l'équation quantitative, à niveau d'activité (en volume) inchangé, la création monétaire (dans le cas d'une politique monétaire expansionniste) entraîne une **hausse du niveau général des prix**. Cette hausse du niveau général des prix augmente la valeur des transactions à réaliser, et donc la demande de monnaie : logiquement, le respect des contraintes budgétaires de notre économie exige qu'à une hausse de l'offre de monnaie corresponde une hausse des encaisses.

Une telle politique ne peut avoir aucun effet sur le marché du travail et sur le volume des échanges réels, puisque les prix relatifs (en l'occurrence, le taux de salaire réel) ne sont pas modifiés, pas plus que les comportements : **l'équilibre sur le marché du travail reste identique, et donc le niveau de production.** Plus exactement, la hausse du niveau général des prix conduit à une baisse des salaires réels. La demande de travail augmente, tandis que l'offre diminue, et par conséquent le marché se retrouve en situation de demande excédentaire. Les salaires nominaux augmentent donc et augmenteront jusqu'à ce que l'équilibre soit restauré, pour le même niveau de salaire réel et le même niveau d'emploi.

Sur le marché du capital (des titres), la politique d'open market entraîne une baisse de la demande de titres (si les ménages respectent leur contrainte budgétaire, et puisque leur montant d'épargne n'a aucune raison d'avoir été modifié, la hausse des encaisses monétaires doit correspondre à une baisse de la demande de titres), correspondant à la baisse de l'offre de titres publics. **Le taux de l'intérêt d'équilibre ne se modifie donc pas, mais les volumes de titres échangés sont plus faibles.**

Au total, la politique monétaire n'a fait que créer de l'inflation (des prix et salariale) et n'a, logiquement dans le cadre d'un modèle dichotomique, eu aucun effet sur les grandeurs réelles (prix relatifs, niveau d'emploi et d'activité, niveau d'épargne et d'investissement).

• ***L'inefficacité de la politique budgétaire et fiscale***

On va retrouver dans ce cas des résultats équivalents : l'action de l'État sera sans effet sur le niveau d'activité et d'emploi (qui, de toute manière, dans la perspective classique, et sous l'hypothèse d'une parfaite flexibilité des prix, est un niveau optimal). Elle va cette fois cependant modifier la structure de la demande globale de biens, à niveau d'activité inchangé.

Plus exactement, une politique budgétaire expansionniste (hausse des dépenses gouvernementales) aura un effet différent suivant le mode de son financement.

Une politique budgétaire financée par impôts (hausse des dépenses gouvernementales accompagnée d'une hausse identique des impôts) pèsera sur les ménages, qui verront leur revenu disponible réduit. **L'équilibre sur les marchés du travail, du capital, de la monnaie et des biens sera inchangé.** La hausse des dépenses gouvernementales, à niveau d'activité inchangé, sera rendue possible par **une diminution équivalente de la consommation des ménages** (sous l'effet de l'alourdissement de la fiscalité) ; en effet, dans la perspective classique, la consommation est un résidu : c'est la partie du revenu disponible qui n'est pas épargnée. Ici, le revenu disponible décroît, l'épargne des ménages reste inchangée : la consommation doit donc s'ajuster à la baisse.

Une politique budgétaire financée par endettement (émission de titres publics) n'a toujours aucun effet réel, mais elle modifie l'équilibre sur le marché du capital. L'émission supplémentaire de titres publics conduit à élever les taux d'intérêt (puisque l'offre globale de titres augmente et devient excédentaire), et par conséquent à réduire l'investissement privé et à augmenter l'épargne des ménages. Finalement la politique budgétaire, cette fois, évince et une partie de la consommation des ménages (puisqu'à revenu inchangé, ils épargnent davantage), et une partie de l'investissement des entreprises. Comme précédemment, c'est la condition pour que, à niveau d'activité inchangée, la demande publique de biens soit satisfaite.

Une politique budgétaire financée par création monétaire n'a, encore une fois aucun effet sur l'activité et l'emploi, mais conduit, en raison de la hausse de l'offre de monnaie, à une inflation des variables nominales, et à une éviction de la consommation, condition pour que la demande publique soit satisfaite (les ménages augmentent leur demande de monnaie dans un contexte inflationniste ; puisque leur demande de titres reste inchangée, le respect de leur contrainte budgétaire exige qu'une part plus grande de leur revenu ne soit pas consommée).

B

LA CRITIQUE KEYNÉSIENNE

1 - La conception générale de l'économie

a. Le projet de Keynes : l'étude des variations de la production et de l'emploi

cf document commenté

La *Théorie générale de l'emploi, de l'intérêt et de la monnaie* n'est pas une théorie de tous les phénomènes économiques, c'est, comme son titre l'indique, essentiellement une théorie de l'emploi : il s'agit de mettre en lumière les processus qui président à la détermination du niveau de cette grandeur macroéconomique particulière. En l'occurrence, **Keynes veut y démontrer que le fonctionnement spontané des économies capitalistes n'est pas harmonieux, qu'il débouche sur des situations de sous-emploi massif des facteurs, en particulier sur un chômage involontaire de la main-d'œuvre. Dans les termes classiques, Keynes veut démontrer que le « marché » du travail peut se clore dans une situation où demeure du chômage involontaire, et ce en dépit d'une flexibilité des salaires réels** (qui devrait donc autoriser, selon la vision classique, un ajustement entre offre et demande de travail).

Cela revient donc à affirmer que l'ajustement sur le « marché » du travail n'est pas opératoire (le chômage involontaire ne se résorbe pas spontanément sous l'effet des forces du marché), et ce, non pas en raison d'un blocage des prix (en l'occurrence des salaires réels), mais en raison de ce que le « marché » du travail n'est pas un « marché » (au sens classique du terme), dont l'équilibre résulterait de la confrontation symétrique des comportements d'offre et de demande de travail. En l'occurrence, Keynes veut démontrer que l'offre de travail n'est pas en mesure de peser sur le niveau d'emploi : celui-ci résulte des seules décisions unilatérales des entrepreneurs.

Dans le cadre de la théorie économique, une telle situation (où les entrepreneurs n'augmentent pas leur demande de travail, alors même que les salariés sont prêts à accepter des baisses de salaire réel) ne peut se concevoir qu'à la condition que les entrepreneurs ne soient par ailleurs pas assurés de leurs débouchés : c'est à cette seule condition que leur désir de maximiser le profit ne les poussera pas à augmenter l'emploi. **La véritable attaque de Keynes concernera donc la loi de Say.** Tant que celle-ci, selon laquelle il n'y a jamais de problèmes de débouchés, est valide, le plein-emploi est assuré et résulte de la confrontation marchande d'une offre et d'une demande de travail. En l'occurrence, la maximisation du profit des entreprises passe par la seule égalisation du salaire réel et de la productivité marginale physique du travail. Face à des salaires réels qui baissent sous l'effet de l'offre excédentaire de travail des ménages, les entrepreneurs rationnels doivent donc augmenter l'emploi, et ce jusqu'à ce que tout chômage involontaire soit éliminé (et que les salaires réels ne baissent plus). Donc pour fonder la démonstration voulue par Keynes, il faut admettre que les entrepreneurs ne sont pas certains de leurs débouchés : il ne leur sert alors à rien d'accroître l'emploi, si le supplément de production qui en découle ne peut pas être vendu. Une situation de chômage involontaire, en dépit d'une flexibilité des salaires réels n'est donc envisageable que moyennant l'invalidation de la loi de Say.

À son tour, cette invalidation de la loi de Say devra conduire logiquement à remettre en cause la théorie quantitative de la monnaie (et l'idée sous-jacente que la monnaie est neutre et n'est jamais demandée pour elle-même, idée qui permet de fonder la loi de Say) et la vision classique du marché du capital (des fonds prêtables), du rôle qu'y joue le taux de l'intérêt, et de la manière dont se réalise l'égalité épargne-investissement. **Finalement, la théorie générale de l'emploi sera une théorie générale de l'emploi, de l'intérêt et de la monnaie, et décrira les économies dans lesquelles nous vivons sous une forme éloignée de la vision classique.**

b. La nature de l'économie : une économie monétaire de production

La critique de la théorie classique par Keynes le conduit à substituer à la vision classique de nos systèmes économiques (conçus comme des économies réelles d'échange, au sens rappelé *supra*) une vision alternative où ils sont conçus comme :

– des économies de **production ;**
– des économies **monétaires ;**
– des économies **incertaines.**

• **des économies de production**. Cela signifie :

– que **l'activité économique s'organise autour de la mise en œuvre, par les entrepreneurs, de la production,** qui est un acte économique spécifique qui ne se réduit pas à un acte marchand (achat de facteurs et vente de produits). Les niveaux de production et d'emploi et leur variation sont déterminés par les seuls entrepreneurs, sur la base de leurs anticipations, à court terme, de la demande globale qui leur sera adressée (voir plus loin le principe de la demande effective). **Le marché, dans ce cadre, a un statut théorique différent de celui du marché classique** : il n'est que le lieu où se confirment, ou s'infirment, les anticipations des entrepreneurs. Mais il n'est pas un lieu où peuvent s'ajuster les différentes décisions économiques : lorsqu'il se tient, ces décisions sont déjà prises et leur incompatibilité éventuelle avérée (ce qui implique que les prix ne permettent pas l'ajustement entre les décisions d'offre et de demande) ;

– que **l'économie n'est donc pas une économie « de marché »** au sens précis, où l'entendent les (néo)classiques d'une économie dotée naturellement de « lieux », « d'institutions », où pourraient s'ajuster mécaniquement les décisions économiques. Il n'existe pas en particulier de « marché » du travail, où les décisions d'offre de travail des ménages et les décisions de demande de travail des firmes pourraient s'ajuster les unes aux autres par l'intermédiaire des variations, dans le sens indiqué par le signe de la demande excédentaire, des salaires réels. Même si le contrat salarial a l'aspect d'une relation marchande dans laquelle le salaire semble tenir le rôle du prix de la transaction, les « offreurs » de travail, les salariés, n'ont aucun moyen de peser sur les décisions d'emploi qui découlent des seules décisions de production des entrepreneurs, et les salaires réels, mêmes s'ils sont flexibles, ne sont pas des variables d'ajustement de l'offre et de la demande de travail.

• **des économies monétaires.** Cela signifie :

– que **la monnaie est davantage qu'un simple instrument des échanges.** Elle est d'abord l'unité de compte des transactions (étalon des valeurs) : l'ensemble des contrats marchands, de dette, salariaux, sont libellés en unités monétaires. Keynes ne distingue donc pas entre grandeurs réelles et grandeurs nominales, la monnaie ne faisant que donner aux premières l'apparence des secondes : il n'y a pour lui que des grandeurs monétaires, les grandeurs économiques ne pouvant pas exister en dehors de leur expression monétaire (la monnaie est, à ce titre, le lien social fondamental). **Keynes rompt donc avec la dichotomie classique.** La monnaie est ensuite moyen de paiement, c'est-à-dire le moyen privilégié de transférer des quantités d'unité de compte. À ce titre, elle se voit dotée du caractère de liquidité par excellence : elle seule permet de payer, immédiatement et sans coût, d'éteindre une dette, d'honorer un contrat. C'est pourquoi elle est aussi le moyen de détention privilégié de la richesse : **il y a logiquement, dans une économie monétaire ainsi définie, une préférence pour la liquidité.** La monnaie est donc demandée pour elle-même autant sinon davantage que dans le seul dessein de réaliser des échanges ;

– **finalement la monnaie n'est, logiquement, plus neutre**. En raison de l'absence de dichotomie, les comportements vis-à-vis de la monnaie (dont celui de préférence pour la liquidité) vont influencer le niveau de l'ensemble des grandeurs économiques, en particulier ceux de la production et de l'emploi. L'existence d'une préférence pour la liquidité, en particulier, va rompre le lien entre offre globale et demande globale et peut être facteur de crise. Mais le comportement de préférence pour la liquidité est un comportement irréductible, car en grande partie associé à l'incertitude inhérente à l'activité économique dans un système décentralisé.

• **des économies incertaines.**

– **l'activité économique se déroule dans un monde caractérisé par l'existence d'une incertitude radicale (non probabilisable)**, essentiellement liée au caractère décentralisé d'un système économique dans lequel une décision économique peut être mise en œuvre indépendamment et préalablement à toute mise en cohérence avec l'ensemble des autres décisions économiques (incertitude endogène) ;

– **les anticipations jouent dès lors un rôle essentiel**. Elles revêtent une forme souvent conventionnelle, les agents ayant tendance à conformer leurs décisions à celle de l'opinion commune telle qu'ils se la représentent. Le degré de méfiance des agents envers leurs propres anticipations rendent celles-ci volatiles, ce qui est une cause majeure de l'instabilité du système économique.

Finalement, **cette vision générale du fonctionnement de nos économies s'exprime dans l'invalidation des deux principes fondamentaux de la macroéconomie classique**. L'invalidation de la loi de Say remet en avant l'incertitude dans laquelle sont les firmes quant à leurs débouchés et justifie que l'emploi ne se détermine pas sur un « marché » du travail, mais découle des décisions de production des seuls entrepreneurs. Le rôle joué par la monnaie et les comportements qu'elle suscite conduisent à un rejet de la théorie quantitative de la monnaie. **La construction positive de Keynes leur substitue respectivement le principe de la demande effective et le principe de la préférence pour la liquidité.**

2 - Les deux principes fondamentaux de la macroéconomie keynésienne

a. Le principe de la demande effective : la critique de la loi de Say

Dans la construction positive de Keynes, **les volumes de la production et de l'emploi** ne se déterminent donc pas comme résultat du fonctionnement du marché du travail, mais **sont déterminés par les entrepreneurs en fonction de leurs anticipations de débouchés.**

En fait, les entrepreneurs, pour décider du niveau de leur activité (et donc du niveau d'emploi) comparent les **recettes attendues** de la mise en œuvre d'un certain volume d'emploi et les **coûts certains** que cette mise en œuvre implique. Les coûts sont appréhendés sous la forme de ce que Keynes appelle le **« prix de l'offre globale »**, défini comme le niveau minimum de recettes exigé par les entrepreneurs pour chaque volume de production et donc d'emploi : ce prix de l'offre globale doit ainsi permettre de couvrir les coûts de production (essentiellement, au niveau agrégé, les coûts en facteur travail) et garantir une marge de profit minimale sur ces coûts (marge en deçà de laquelle les entrepreneurs jugeraient qu'il ne vaut pas la peine de courir le risque de produire). Les recettes attendues, elles, définissent **un prix de la demande globale**, sommes des recettes attendues de consommation (qui obéissent à une loi psychologique selon laquelle « lorsque le revenu croît, la consommation croît aussi, mais dans une mesure moindre » : la *propension marginale à consommer** est positive et inférieure à un) et d'investissement.

La ***propension marginale à consommer*** désigne le rapport entre la variation de la consommation et la variation du revenu.

Ces deux grandeurs, monétaires, que sont le prix de l'offre globale et le prix de la demande globale, s'élèvent à mesure que l'emploi (et donc les revenus) augmente. Elles ne sont égales qu'en un seul point constitué par l'intersection des deux courbes qui les représentent. Ce point est le point de la demande effective (*cf.* encadré ci-après). Il est, selon l'expression de Keynes, « le point où l'espoir de profit des entrepreneurs a été porté à son maximum ».

La détermination du niveau de l'emploi selon le principe de la demande effective.

Fig. 9

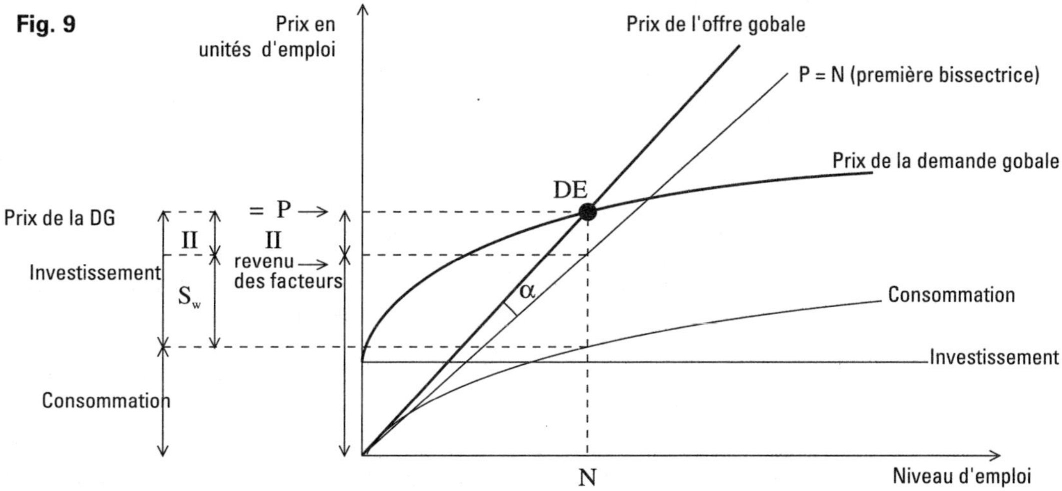

Dans la figure 9, toutes les grandeurs sont exprimées en quantités d'emploi, c'est-à-dire déflatées par le taux de salaire nominal (sinon, nous l'avons dit, toutes les grandeurs peuvent être exprimées en grandeurs monétaires).

Détermination du prix de l'offre globale : le prix de l'offre globale (Z) représente les coûts de mise en œuvre d'un certain volume d'emploi. Il est la somme des coûts en facteurs (essentiellement dépenses en salaires) et de la masse des profits exigés pour ce volume d'emploi (le profit, constitué à partir de l'application d'une marge sur les coûts, est donc lui-même considéré comme un coût de production). On a donc : $Z = W + \Pi = N \times w + \Pi = N \times w\,(1 + \alpha)$, où W est la masse des salaires, N est le niveau de l'emploi, w est le taux de salaire, π est la masse des profits, et α est la marge de profit sur les coûts considérée comme « normale ».

Si l'on souhaite exprimer le prix de l'offre globale, non plus en unités monétaires, mais en « quantités d'emploi », il suffit donc de diviser les deux membres de l'équation par w ; on obtient le prix de l'offre globale en unités d'emploi (P) :

$$P = Z/w = N(1 + \alpha)$$

Si je connais α, je peux alors représenter la droite du prix de l'offre globale : elle s'écarte de la première bissectrice d'un plan (N,P) en fonction de l'angle défini par α. On voit que le prix de l'offre globale est croissant avec le niveau d'emploi et s'écarte toujours davantage de la première bissectrice : c'est que la masse des profits augmente lorsque l'emploi augmente.

Détermination du prix de la demande globale : le prix de la demande globale représente les recettes attendues par les entrepreneurs. Il est la somme des recettes attendues d'investissement et de consommation. Les recettes d'investissement sont certaines (puisque ce sont des sommes dépensées par des entrepreneurs auprès d'autres entrepreneurs) et indépendantes du niveau d'emploi courant : elles sont donc représentées, exprimées en quantités d'emplois (I/w) par une droite horizontale dans le plan (N,P). Les recettes de consommation sont issues des dépenses de consommation sur salaires (on suppose que les profits ne sont pas consommés) et obéissent à la loi psychologique énoncée plus haut. La fonction de consommation keynésienne s'écrit donc, les grandeurs étant exprimées en quantités d'emploi :

$$\frac{C}{w} = c' \times \frac{w.N}{w} \Leftrightarrow C = c' \times N$$

avec c', propension marginale à consommer inférieure à 1 et positive. Graphiquement, elle est représentée par une courbe qui s'écarte de la première bissectrice à raison de la valeur de c' (la première bissectrice donnant pour chaque niveau d'emploi, la masse des salaires exprimée en quantités d'emplois : $\frac{N \times w}{w} = N$).

L'équilibre global est donné au point DE (demande effective) où le prix de la demande globale (recettes attendues de la mise en œuvre d'une certaine quantité d'emploi) égale le prix de l'offre globale (coûts de mise en œuvre d'une certaine quantité d'emploi). Le point DE est le point qui porte à son maximum l'espoir de profit des entrepreneurs. On en déduit le niveau de l'emploi (qui peut ne pas être de plein-emploi), et les grandeurs d'équilibre global : revenu, consommation, investissement (égal par construction à la somme des profits, π, et de l'épargne salariale, S_w).

Finalement le niveau d'emploi n'a aucune raison d'être un niveau de plein-emploi : la volonté des offreurs de travail n'est pas intervenue dans tout le processus que nous venons de décrire. Le sous-emploi involontaire est provoqué par des anticipations de la demande globale à un niveau insuffisant. L'ajustement de l'offre et de la demande globale de produits est réalisé lorsque les anticipations contenues dans la demande effective sont confirmées par les comportements des agents : il peut donc se réaliser à un niveau de sous-emploi et se maintenir en laissant subsister un chômage involontaire chronique.

b. Le principe de la préférence pour la liquidité : la critique de la théorie quantitative de la monnaie

Finalement, **le principe de la demande effective laisse le niveau d'emploi et d'activité dépendant du niveau d'investissement et de ses variations.** En effet, trois « variables » peuvent influencer, dans le schéma de détermination que nous venons de rappeler, le niveau d'activité décidé par les entrepreneurs, et donc le niveau d'emploi. Ce sont :

- le niveau de consommation anticipé, qui dépend principalement de la propension marginale à consommer de la communauté, telle que la perçoivent les entrepreneurs; or, dans la problématique keynésienne, ce paramètre est considéré comme stable, dépendant pour l'essentiel d'un comportement psychologique qui ne se modifie pas à court terme;
- la marge minimale de profit exigée par les entrepreneurs : on comprend que plus celle-ci est importante, plus le prix de l'offre globale sera élevé, et moins le niveau d'emploi sera élevé; mais là encore, il s'agit d'une convention stable à court terme, et en particulier difficile à influencer de la part des autorités;
- le niveau d'investissement. Seule donc cette dernière variable est susceptible de varier dans la courte période, en même temps qu'elle est susceptible d'être influencée par les autorités. Finalement, l'insuffisance de l'emploi peut être attribué prioritairement à une insuffisance de l'investissement.

À son tour, l'investissement résulte de la comparaison, par les entrepreneurs qui investissent, de deux taux : celui de l'efficacité marginale du capital (qui révèle notamment les anticipations, à long terme cette fois, des recettes nettes induites par la mise en œuvre d'un projet d'investissement) et celui de l'intérêt. Finalement, **la théorie générale de l'emploi se doit donc d'être une théorie générale de l'emploi et de l'intérêt**.

Chez Keynes, la vision de taux de l'intérêt, de sa nature et de son rôle dans le schéma de détermination des grandeurs macroéconomiques est, elle aussi, strictement alternative à celle des classiques. Pour lui, en effet :

• **Le taux de l'intérêt n'est pas le prix de la renonciation à la consommation**. Ceci est évidemment cohérent avec son principe de la demande effective : dans cette optique keynésienne, on comprend que le niveau d'activité et d'emploi sont d'autant plus élevés que la communauté consomme une part importante de son revenu. Au contraire, épargner, renoncer à la consommation, est néfaste. Dans ces conditions, faire du taux de l'intérêt le prix, la récompense de la renonciation à la consommation, n'a aucun sens : cela reviendrait à ôter toute légitimité à la pratique même de l'intérêt, qui serait une incitation, pour les agents, à se comporter à l'inverse de ce que le bien commun exige. Dans la construction positive de Keynes, en l'occurrence, le partage consommation/épargne de la communauté ne dépend pas du taux de l'intérêt, mais découle de ce seul comportement psychologique, tel qu'il est révélé finalement par la propension marginale à consommer, et que nous avons déjà évoqué.

• **Le taux de l'intérêt n'est pas une variable d'ajustement, sur un marché du capital (des fonds prêtables), entre une offre (d'épargne), et une demande (d'investissement)**. D'une part parce que, nous venons de le rappeler, le taux de l'intérêt n'est pas un argument de la décision d'épargner ; d'autre part parce que, au niveau macroéconomique l'épargne disponible ne constitue pas une contrainte sur la décision d'investissement : celle-ci ne dépend que de la comparaison entre des recettes nettes attendues (actualisées) et un coût immédiat ; elle sera mise en œuvre sur la base de l'octroi de crédit bancaire, et donc à partir d'une création monétaire *ex nihilo*, et c'est l'investissement qui par le niveau de revenu qu'il contribue à dégager, suscitera l'épargne nécessaire pour le financer *ex post*. On a finalement coutume de dire que l'égalité épargne-investissement ne se réalise pas, dans le système keynésien, par le biais des variations du taux de l'intérêt, mais par celles du revenu global : elle n'est donc pas une relation d'équilibre de marché, mais exprime, à sa façon, l'équilibre macroéconomique entre offre globale et demande globale.

En revanche, pour Keynes :

• **Le taux de l'intérêt est le prix de la renonciation à la liquidité.** C'est qu'en fait il existe selon Keynes deux décisions vis-à-vis du temps : la première, que nous avons évoquée, consiste dans le partage consommation/épargne : elle résulte d'un comportement psychologique, et ne fait pas intervenir le taux de l'intérêt comme argument ; mais, une fois cette décision prise (les montants respectifs de l'épargne et de la consommation décidés), une autre doit intervenir, quant aux modalités de transfert de cette épargne, du présent vers le futur. De ce point de vue, il existe dans l'esprit de Keynes, une alternative rigoureuse entre détention de l'épargne sous forme liquide (thésaurisation de monnaie) et détention de l'épargne sous forme de titres financiers (tous, à des degrés plus ou moins divers, non liquides). Or, dans une économie monétaire, la communauté fait montre, nous l'avons évoqué, d'une préférence pour la liquidité : elle préfère toujours détenir son patrimoine sous forme de monnaie. Il faut donc, si l'on veut l'inciter à se défaire de ses encaisses liquides pour placer son épargne sous forme de titres financiers (et c'est de l'intérêt des entreprises qui doivent assurer le financement final de leur activité, notamment de leurs décisions d'investissement), les rémunérer pour ce faire : le taux de l'intérêt, qui est payé sur les titres, et non sur les encaisses monétaires, est le prix de cette « renonciation à la liquidité ».

• **Le taux de l'intérêt est donc la variable (monétaire) qui ajuste l'une à l'autre la préférence pour la liquidité** (la demande de monnaie pour elle-même résultant des *motifs de précaution et de spéculation**) et **la quantité de monnaie disponible** (découlant de la politique d'open market de la banque centrale).

Finalement, **la théorie générale de l'emploi et de l'intérêt sera bien une théorie générale de l'emploi, de l'intérêt et de la monnaie**, et la monnaie sera introduite, dès le début du raisonnement, en amont du processus de détermination des grandeurs économiques (*cf.* encadré page suivante)

Ainsi, **la volonté de Keynes de fonder théoriquement la possibilité d'une situation d'équilibre de sous-emploi involontaire, en dépit d'une flexibilité du salaire réel, l'a bien conduit, de proche en proche, à réfuter l'ensemble de l'édifice classique** : loi de Say, représentation classique du marché du capital et du rôle du taux de l'intérêt, théorie quantitative de la monnaie. Plus généralement, c'est la définition classique de nos économies comme économies de marché qui se trouve questionnée : le niveau d'emploi ne se détermine pas sur un « marché du travail » ; le niveau d'investissement ne se détermine pas sur un « marché du capital » ; le « marché des biens » n'est pas un marché au sens traditionnel : les prix, en particulier, ne jouent pas le rôle de variable d'ajustement entre offre globale et demande globale.

les motifs de demande de monnaie : suite aux analyses de Keynes, on estime qu'il est possible de détenir de la monnaie en raison de trois motifs différents : (1) le motif de transaction, qui s'explique par le fait que la monnaie est le moyen de réaliser les échanges ; (2) le motif de précaution, qui s'explique par la nécessité de parer à des dépenses futures imprévues ; (3) le motif de spéculation qui résulte de la volonté de conserver de la monnaie plutôt que de la placer, de manière à profiter d'une occasion qui se présenterait (hausse de la rémunération des titres financiers, par exemple). Le motif de transaction constitue les encaisses « actives » et faisait seul sens pour les auteurs classiques. Les deux autres motifs constituent les encaisses « oisives » et découlent de ce que la monnaie est la liquidité par excellence et qu'existe une « préférence pour la liquidité »

Le processus de détermination des grandeurs macroéconomiques.

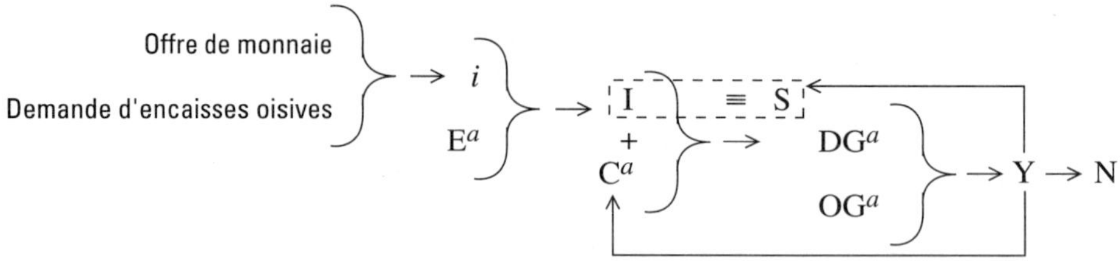

Notations : i : taux d'intérêt (ici nominal); E : efficacité marginale du capital; I : niveau d'investissement; C : niveau de consommation; DG : (prix de la) demande globale; OG : (prix de l') offre globale; Y : niveau de produit (nominal : P.Q); N : niveau d'emploi; S : niveau d'épargne (somme des profits et de l'épargne salariale). Toutes les grandeurs sont monétaires, et l'exposant (a) signifie qu'il s'agit d'une variable anticipée, et rappelle que la détermination du niveau de produit se fait sur la base des anticipations des entrepreneurs.

Cette vision strictement alternative du mécanisme de fonctionnement de nos économies, le conduit logiquement à une vision également différente quant à la nécessité d'interventions d'origine étatique : puisque, spontanément, l'économie n'est pas à même d'assurer le plein-emploi, il convient de l'y aider par la mise en œuvre de politiques économiques destinées à soutenir le niveau de demande globale, puisque le mal vient d'une insuffisance de la demande globale anticipée. Cette conclusion est logique : puisque le mal vient de l'excessive décentralisation du système, et de l'incertitude qu'elle nourrit, il convient de le « recentraliser » : cet élément central qui se surajoute au fonctionnement de l'économie est représenté par l'État. Pour autant, cette « recentralisation » ne doit pas être totale : c'est essentiellement pour faire en sorte que le niveau de l'activité économique soit suffisant pour garantir le plein-emploi des capacités productives que l'État doit intervenir. Pour le reste (en particulier l'allocation des ressources), les vertus traditionnellement prêtées à l'économie « de marché » sont reconnues par Keynes. **Keynes est un défenseur de l'économie « libérale », qui, au nom de cette défense, plaide pour l'implication massive des États dans le fonctionnement économique.** Ce qui pouvait apparaître comme éminemment paradoxal en son temps, ne l'est plus aujourd'hui, tant les idées de Keynes, popularisées et diffusées sous la forme remaniée du modèle IS/LM (qui reprend les résultats de Keynes dans un cadre moins radicalement opposé à la conception classique), ont depuis lors fait leur chemin.

QUESTIONS À CHOIX MULTIPLES

(Pour chaque question, il y a une ou plusieurs réponses.)

1 - Dans la théorie « classique », la monnaie :

a. est neutre sur l'activité économique.

b. n'est demandée que pour réaliser les transactions.

c. est essentiellement une réserve de valeur.

2 - La parabole de la « main invisible » signifie :

a. que les économies de marché sont spontanément harmonieuses.

b. que l'individualisme est un danger pour les sociétés.

c. qu'il faut « laisser-faire, laisser-passer ».

3 - La loi de Say implique :

a. qu'il ne peut pas y avoir de crise de surproduction.

b. que le niveau d'activité économique est toujours suffisant.

c. que l'État doit soutenir la demande globale pour qu'elle égale l'offre globale.

4 - La théorie quantitative de la monnaie :

a. est une théorie de la détermination du niveau général des prix par l'offre de monnaie.

b. exprime l'influence de la monnaie sur les grandeurs réelles (emploi, production).

c. est étroitement associée à la loi de Say.

5 - Pour les classiques, les variations des prix :

a. permettent d'ajuster entre elles l'offre et la demande sur les marchés.

b. permettent de rendre compatibles les différentes décisions individuelles.

c. doivent être combattues.

6 - Le modèle classique est :

a. un modèle d'offre.

b. un modèle de demande.

c. un modèle dichotomique entre le secteur réel et le secteur monétaire.

7 - La politique économique, chez Keynes

a. est un moyen de concilier les intérêts privés.

b. est un moyen de sauvegarder le capitalisme.

c. n'est qu'une étape vers la socialisation complète de l'économie.

8 - Pour Keynes, l'activité économique se déroule dans un environnement :

a. radicalement incertain.

b. risqué.

c. certain.

9 - Chez Keynes, le taux de l'intérêt :

a. est le prix de la renonciation à la consommation.

b. est le prix de la renonciation à la liquidité.

c. est un prix qui ajuste l'une à l'autre l'offre et la demande de fonds prêtables.

10 - Pour Keynes, le niveau d'emploi est :

a. déterminé par la confrontation marchande d'une offre et d'une demande de travail.

b. déterminé unilatéralement par les seuls entrepreneurs.

c. en règle générale, le niveau de plein-emploi.

(Les réponses se trouvent en fin d'ouvrage, page 413.)

EXERCICE CORRIGÉ 1.1

Le modèle classique (A, 3)

On considère une économie à trois agents : une firme représentative, un ménage représentatif et l'État, et à trois marchés : les biens, le travail et les actifs financiers. On admet l'habituelle spécialisation des agents : la firme produit et investit, le ménage consomme, épargne et offre sa force de travail.

On considère le modèle suivant :

$Q = F(L) = A.L^{\alpha}$		(1)	$I = I(i)$	$I'(i) < 0$	(6)
$L^D = L_0\left(\frac{w}{P}\right)^{-\sigma}$	$\sigma > 0$	(2)	$G = \bar{G}$		(7)
$L^O = L_1\left(\frac{w}{P}\right)^{\theta}$	$\theta > 0$	(3)	$S = I + \bar{G}$		(8)
$N = L^D = L^O$		(4)	$C = Q - S$		(9)
$S = S(i)$	$S'(i) > 0$	(5)	$P = \bar{P}$		(10)

Q est la production, C la consommation, I l'investissement, G les dépenses publiques, S l'épargne, N l'emploi, w le salaire nominal, p le niveau général des prix, i le taux d'intérêt. Les variables exogènes sont surmontées d'une barre. L^O représente la fonction d'offre de travail, L^D la fonction de demande.

1 - Commenter les différentes équations

2 - Expliquer pourquoi ce modèle peut être analysé comme une représentation simplifiée du modèle macroéconomique classique.

3 - Pourquoi le modèle classique peut-il être qualifié de modèle d'offre ?

4 - Quel est l'effet dans ce modèle :

a. d'une augmentation exogène *ex ante* de l'investissement ?

b. d'une augmentation exogène *ex ante* de l'épargne du ménage ?

c. d'une augmentation exogène du salaire nominal ?

d. d'une augmentation du niveau général des prix ?

On ajoute à présent les équations suivantes ; concernant le marché de la monnaie.

$$M^D = \bar{k}P.Q \qquad h46$$

capital : le travail est donc le seul facteur variable, et la fonction de production représente le lien entre ce facteur et le montant de produit, pour le montant initial de capital

Équations (2), (3) et (4) : ce sont les équations représentatives du marché du travail. L'emploi est obtenu par l'équilibre sur le marché entre offre et demande de travail (équation (4)) ; la demande de travail découle du comportement de maximisation du profit des entreprises, et se révèle décroissante avec le salaire réel, en raison de la décroissance de la productivité marginale du facteur travail (équation (2)). L'offre de travail (équation (3)), elle, découle du comportement de maximisation d'utilité sous contrainte des ménages, qui procèdent à un arbitrage entre travail et loisirs. L'offre de travail est croissante avec le niveau de taux de salaire réel, ce qui revient à supposer que, dans les effets induits par une hausse du salaire réel, l'effet de substitution (qui conduit à substituer du travail, dorénavant mieux rémunéré, aux loisirs, dont le coût d'opportunité a augmenté) l'emporte sur l'effet de revenu (qui conduit, en rémunérant mieux les heures travaillées, à augmenter la consommation de tous les biens « normaux », et donc les loisirs).

On remarque qu'offre et demande de travail ont comme argument le taux de salaire réel, et non pas le taux de salaire nominal (monétaire) : les agents ne sont donc victimes d'aucune illusion monétaire, et sont parfaitement informés des prix relatifs.

À l'équilibre du marché, on détermine la quantité de travail échangée (quantité d'emploi) et le taux de salaire réel d'équilibre : il n'y a pas de chômage autre que volontaire, puisque l'équilibre ainsi établi satisfait, au taux de salaire réel alors en vigueur, à la fois les offreurs et les demandeurs.

Équations (5) à (9) : elles représentent la modélisation des équilibres et de la hiérarchie entre marché des titres (du capital) et marché des biens.

L'équation (5) exprime que l'épargne est une fonction croissante du taux d'intérêt (réel). Le comportement d'épargne résulte d'un arbitrage du ménage entre consommation présente et consommation future. C'est le montant d'épargne qui est défini en premier, en fonction du niveau du taux de l'intérêt : la consommation est le reliquat non épargné du revenu disponible (équation 9). On peut faire les mêmes remarques que précédemment : la croissance de la fonction suppose que l'effet de substitution (une hausse du taux d'intérêt conduit à substituer de l'épargne à la consommation) l'emporte sur l'effet revenu (une hausse des taux, rémunérant davantage l'épargne déjà constituée, augmente les revenus, et conduit à augmenter la consommation de tous les biens « normaux », et donc la consommation présente). L'argument de la fonction est le taux d'intérêt réel : il n'y a pas d'illusion monétaire, et les prix relatifs sont parfaitement connus. On remarque enfin que le taux d'intérêt est bien ici le prix de la renonciation à la consommation.

L'équation (6) exprime que l'investissement est une fonction décroissante du taux d'intérêt réel, en liaison avec la décroissance de la productivité marginale du capital physique.

Étant donné le montant, exogène, des dépenses publiques (les dépenses publiques constituent à ce titre un levier de politique économique) (équation (7)), l'équilibre sur le marché du bien se réalise par des variations adéquates du taux de l'intérêt, qui égalise, sur le marché du capital, l'épargne privée et la somme de l'investissement public et privé (équation (8)).

Enfin, l'équation (10) nous montre que les prix sont donnés.

2 - Ce modèle est bien un modèle « classique » : la modélisation du marché du travail est bien celle d'un marché permettant d'équilibrer, par les variations adaptées du taux de salaire réel, une offre et une demande de travail déterminées l'une et l'autre en fonction du niveau de ce salaire réel. Le niveau de l'emploi est donc déterminé sur le seul marché du travail. Ceci implique que les firmes ne soient pas confrontées à des problèmes de débouchés, et que l'intégralité du produit résultant de l'embauche du montant d'emploi d'équilibre, puisse être écoulé. Ceci est garanti par l'adhésion à la loi de Say (selon laquelle « toute offre crée sa propre demande »), dont la validité est garantie par les variations adéquates du taux de l'intérêt sur le marché du capital, qui équilibre épargne et investissement, et donc offre et demande de biens. Finalement, la hiérarchie de ce modèle est bien la hiérarchie classique : le marché du travail détermine le niveau d'emploi, et par le biais de la fonction de production, le niveau de produit d'équilibre. Le marché du capital (des titres) détermine le partage consommation/investissement du produit d'équilibre, sans influence sur son niveau. Le marché du bien est équilibré par application de la loi de Walras, qui prend ici la forme de la loi de Say. Les ajustements successifs s'opèrent par les prix.

3 - Le modèle est un modèle d'offre en raison de l'application de la loi de Say qui fait qu'il ne peut pas y avoir de contrainte du côté de la demande. Par conséquent, les seules contraintes effectives pour l'économie sont les contraintes d'offre, telles qu'elles se manifestent sur le marché du travail (productivité du travail, préférences des ménages, degré d'ajustement des salaires réels) et dans les conditions techniques de production (fonction de production). C'est pourquoi c'est bien le marché du travail qui détermine le niveau des principales grandeurs macroéconomiques : niveaux d'activité économique et d'emploi.

4 - a. Une hausse *ex ante* de l'investissement signifie une volonté d'augmenter le niveau d'investissement pour tout niveau de taux d'intérêt, et se représente donc, graphiquement, par un déplacement de la courbe d'investissement, parallèlement à elle-même, vers la droite, dans le plan (I, *i*) Le niveau de production, qui se détermine dans le bloc « offre » (marché du travail-fonction de production) demeurera inchangé : l'ajustement se fera donc par une baisse de la consommation des ménages (les dépenses publiques demeurant d'un montant inchangé), qui compensera exactement la hausse d'investissement. À cet égard, l'équilibre est restauré sur le marché du capital par l'intermédiaire d'une hausse du taux d'intérêt : en conséquence, l'accroissement effectif *ex post* de l'investissement sera moins élevé que l'accroissement désiré *ex ante*.

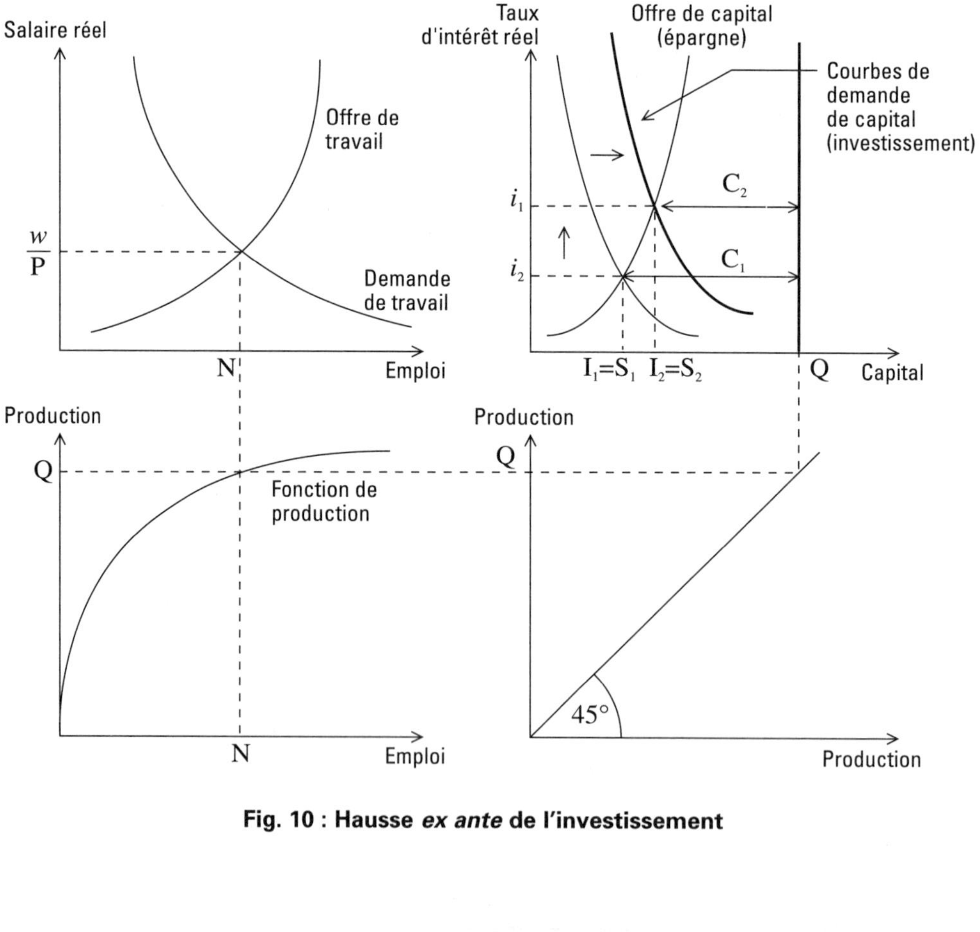

Fig. 10 : Hausse *ex ante* de l'investissement

b. Une augmentation exogène *ex ante* de l'épargne a un effet identique, mais de sens opposé à celui de l'augmentation *ex ante* de l'investissement : baisse du taux de l'intérêt, hausse de l'investissement (une hausse d'épargne conduit donc à une hausse d'investissement), pas d'effet sur la production et l'emploi. L'épargne est donc un comportement positif dans le cadre du modèle classique : elle conduit à soutenir l'investissement (et donc l'amélioration des conditions d'offre à moyen et long terme), sans pénaliser l'activité à court terme.

c. La hausse de salaire nominal conduit, puisque le niveau des prix est fixe, à une hausse du salaire réel : les niveaux d'emploi et de production diminuent en conséquence. Si la hausse du salaire nominal est due à une intervention extérieure, on constate l'apparition de chômage involontaire : le marché du travail se clôt en dehors de l'équilibre en raison de l'introduction d'une rigidité dans l'ajustement des prix ; si la hausse du salaire nominal est due, en revanche, à une modification dans les préférences individuelles (déplacement de la courbe d'offre de travail : les ménages offrent moins de travail pour tout niveau de salaire, et l'équilibre se restaure par une hausse du salaire nominal), le marché du travail reste en équilibre, et le chômage est du chômage volontaire.

d. Les agents ne subissant aucune illusion monétaire, une hausse du niveau général des prix n'aura aucune influence sur le niveau des grandeurs réelles : l'équilibre se restaurera sur le marché du travail par une hausse du taux de salaire nominal, et la restauration du même taux de salaire réel d'équilibre. Le niveau d'emploi est donc inchangé, ainsi que le niveau de production. Même raisonnement sur le marché du capital : une hausse du taux nominal restaurera le taux d'intérêt réel d'équilibre, et les quantités échangées seront inchangées.

Ce résultat est une expression de la structure dichotomique du modèle classique : une inflation des prix ne génère que l'inflation des variables nominales et n'a aucune influence sur les grandeurs réelles et les prix relatifs.

5 - L'équation (11) est une équation de demande de monnaie : elle est l'expression dite « de Cambridge » de l'équation quantitative. Elle exprime l'idée que la monnaie n'est demandée qu'à des fins de réalisation des transactions. L'équation (11) signifie que l'offre de monnaie est exogène (elle est un levier de politique économique). L'équation (13) est l'équation d'équilibre sur le marché de la monnaie.

6 - Le niveau de production Q étant déterminé dans le secteur réel de l'économie (sur le marché du travail et étant donné les conditions techniques de production), le paramètre k étant donné, la seule variable endogène déterminée sur le marché de la monnaie est le niveau général des prix P : il faut donc lever l'hypothèse d'exogénéité du niveau général des prix, et donc supprimer l'équation (10).

$$M^O = M^D \Leftrightarrow \bar{M} = \bar{k}.P.Q \Leftrightarrow P = \frac{\bar{M}}{\bar{k}.Q}$$

Ce résultat est une autre manifestation de la dichotomie classique ; le marché de la monnaie n'a aucune influence sur les grandeurs réelles (voir question 4-d.), et ne fait que déterminer les prix nominaux : la monnaie recouvre d'un voile nominal les grandeurs réelles de l'économie.

7 - Les politiques économiques n'auront aucune efficacité sur les grandeurs réelles (production et niveau d'emploi). Une politique d'expansion monétaire pure (hausse de l'offre de monnaie par le biais de rachat de titres publics) conduit à une hausse du niveau général des prix (inflation), mais n'influence pas le comportement des agents qui ne sont pas victimes d'illusion monétaire. Le bouclage se réalise par une modification du portefeuille des ménages, qui réduisent leur épargne financière (ce qui correspond à la baisse de l'offre de titres : le taux d'intérêt reste inchangé) et augmentent leur détention d'encaisses monétaires (de manière à maintenir le niveau de leurs encaisses réelles). Une politique d'expansion budgétaire n'aura pas d'efficacité non plus sur le niveau de production, mais suscitera en conséquence un effet d'éviction : pour que les dépenses soient effectives, il faut qu'une partie de la production nationale soit réorientée en leur faveur, au détriment de la dépense privée. L'effet d'éviction peut jouer différemment suivant les modalités de financement de la politique budgétaire.

EXERCICE PROPOSÉ 1.2

Modèle classique de court terme (A,3)

On considère une économie à trois agents (les firmes, les ménages et l'État), comportant quatre marchés (marché des biens, de la monnaie, du travail et des titres). On suppose que l'État finance ses dépenses par l'emprunt ou la création monétaire uniquement. Les conventions de notations habituelles sont utilisées. Les relations suivantes définissent les comportements et les équilibres caractéristiques de cette économie. On suppose que H > 0 représente un paramètre qui affecte (favorablement) la productivité du travail, que $v > 0$ est la vitesse de circulation de la masse monétaire, et que L_0 est le niveau de la population active.

(1) $Q = H\sqrt{N}$

(2) $L^D = \left(\frac{H^2}{4}\right)\left(\frac{w}{P}\right)^{-2}$

(3) $L^O = L_0$

(4) $L^O = L^D = N$

(5) $I = -2\,000i + 1\,000$

(6) $S = 8\,000i - 400$

(7) $G = \bar{G}$

(8) $S = I + G$

(9) $M^D = \frac{1}{v} \times P \times Q$

(10) $M^O = \bar{M}$

(11) $M^O = M^D$

1-Rappeler brièvement les fondements des différents comportements représentés ci-dessus.

2-Écrire la contrainte budgétaire de l'État. Pour quelle raison le marché des titres a-t-il été éliminé ici ?

3-Quelles sont les variables endogènes principales de ce modèle ?

4-Étudier l'équilibre du marché du travail, et déterminer le niveau de salaire réel, de l'emploi et de la production d'équilibre de cette économie. Quelles sont les variables exogènes qui influencent l'équilibre de ce marché ?

5-Étudier l'équilibre du marché de la monnaie et déterminer le niveau général des prix de cette économie ? Quelles sont les variables exogènes qui influencent l'équilibre de ce marché ?

6-Étudier l'équilibre du marché des biens et déterminer le taux d'intérêt de cette économie. Quelles sont les variables exogènes qui influencent l'équilibre de ce marché ?

7-Supposons qu'initialement, $H = 40$, $v = 3$, $L_0 = 40\,000$, $G = 200$ et $M^O = 2\,000$. Déterminer l'ensemble des grandeurs caractéristiques de cette économie.

8-Étudier l'incidence sur l'équilibre macroéconomique d'une augmentation de dépenses publiques de + 400 financée par emprunt.

9-Étudier l'incidence sur l'équilibre macroéconomique (a) d'une hausse de la masse monétaire de + 200 à l'open market (politique monétaire pure) ; (b) d'une hausse de la vitesse de circulation de la masse monétaire de + 1.

10-L'État fixe le taux de salaire réel à un niveau plancher de 0,2. Quelles en seront les conséquences pour l'économie ?

DÉMARCHE

Cet exercice ne présente aucune difficulté particulière par rapport au précédent qui relevait d'une approche plus générale. Il doit être vu comme une application numérique permettant, si les grands principes ont été saisis, de savoir faire fonctionner le modèle. Vous pourrez illustrer vos démonstrations graphiquement.

RÉSULTATS

1 - Équations (1) à (4) : bloc marché du travail-fonction de production, avec (1) fonction de production de court terme ; (2) demande de travail ; (3) offre de travail (fixe ici, égale à la population active) ; (4) équilibre sur le marché du travail.

Équations (5) à (8) : bloc marché des biens, avec (5) équation de demande d'investissement ; (6) équation d'offre d'épargne ; (7) dépenses publiques (exogènes) ; (8) équilibre sur le marché des biens.

Équations (9) à (11) : marché de la monnaie, avec (9) demande de monnaie (équation de Cambridge) ; (10) offre de monnaie (exogène) ; (11) équilibre sur le marché de la monnaie.

2 - $G = M^O + B^O_A$, avec B^O_A : offre de titres publics (il n'y a pas d'impôts dans ce modèle). Le marché des titres peut être éliminé en raison de la loi de Walras (interprétation générale), et, plus spécifiquement ici (approche classique) car il est redondant avec l'équilibre décrit du marché des biens.

3 - w, P, i, N, Q, S, I.

4 - $\left(\frac{w}{P}\right) = \frac{H}{2} \times \frac{1}{\sqrt{L_0}}$; $N = L_0$; $Q = H \times \sqrt{L_0}$.

Les variables exogènes qui influencent l'équilibre de ce marché sont : le paramètre de productivité (H) et le niveau de la population active (L_0)

5 - $P = v.\frac{\overline{M}}{Q}$; $M = \overline{M}$

L'équilibre du marché de la monnaie, à Q donné, n'est affecté que par les modifications d'une seule variable exogène, $\overline{M}$.

6 - $i = 0{,}14 + \frac{\overline{G}}{10\,000}$; $S = I + \overline{G} = 720 + \frac{4}{5}.\overline{G}$

L'équilibre sur le marché des biens est influencé par une seule variable exogène, le niveau des dépenses publiques.

7 - $(w/P) = 0{,}1$; $Q = 8\,000$; $N = 40\,000$; $P = 0{,}75$; $i = 16\,\%$; $S = 880$; $I = 680$; $w = 0{,}075$

8 - Une hausse des dépenses publiques n'aura aucun effet sur le niveau des grandeurs réelles. Elle conduira simplement, puisqu'elle est financée par emprunt, à une modification de l'équilibre S = I + G. On aura finalement $i = 20\,\%$; S = 1 200 ; I = 600 : le taux d'intérêt a crû de 4 points, l'épargne a augmenté de 320 (donc baisse de la consommation : effet d'éviction), et l'investissement a décru de 80 (effet d'éviction). La dépense privée a donc diminué de 400 (320 + 80) pour permettre l'augmentation de la dépense publique.

9 - (a) Une politique monétaire pure n'aura aucun effet sur les grandeurs réelles, ni sur la structure du produit. Son effet, conformément à la structure dichotomique du modèle sera purement inflationniste. Le nouvel équilibre sera M = 2 200, P = 0,825. (b) le nouvel équilibre du marché de la monnaie sera M = 2 000, P = 1 : l'augmentation de la vitesse de circulation de la monnaie entraîne des effets inflationnistes, sans modifier l'équilibre réel.

10 - L'imposition d'un salaire réel minimum, supérieur au salaire réel d'équilibre va perturber l'ajustement sur le marché du travail. En l'occurrence, avec $(w/P) = 0{,}2$ (>0,1), on a $L^O = 40\,000$; $N = L^D = 10\,000$: il y aura donc du chômage involontaire ; Q = 4 000 : le niveau de production diminue, l'ajustement portant exclusivement sur la consommation, le niveau d'épargne restant inchangé alors que le niveau de revenu diminue.

Document commenté

La *théorie générale* et les postulats de l'école classique

En intitulant ce livre la *Théorie générale de l'emploi, de l'intérêt et de la monnaie*, nous tenons à souligner le mot « générale ». Nous avons choisi ce titre pour faire ressortir l'opposition de nature existant entre nos arguments et conclusions et ceux de la théorie classique, laquelle a été la base de notre formation et qui, tant sur le plan pratique que sur le terrain doctrinal, gouverne dans la présente génération la pensée économique des milieux dirigeants et universitaires, comme elle l'a gouvernée au cours des cent dernières années.

Nous démontrerons que les postulats de la théorie classique ne s'appliquent qu'à un cas spécial et non au cas général, la situation qu'elle suppose étant à la limite des situations d'équilibre possibles. Au surplus les caractéristiques du cas spécial auquel cette théorie s'applique se trouvent ne pas être celles de la société économique où nous vivons réellement. Son enseignement ne peut donc être que trompeur et néfaste, si on prétend appliquer ses conclusions aux faits que nous connaissons. [... Ainsi], si la théorie classique n'est applicable qu'au cas du plein emploi, il est évidemment trompeur de l'appliquer aux problèmes du chômage involontaire, à supposer qu'une pareille chose existe (et qui le niera ?) Les théoriciens de l'école classique ressemblent à des géomètres euclidiens qui, se trouvant dans un monde non euclidien et constatant qu'en fait les lignes droites qui semblent parallèles se coupent fréquemment, reprocheraient aux lignes leur manque de rectitude, sans remédier autrement aux malencontreuses intersections qui se produisent. En vérité, il n'y a pas d'autres remède que de rejeter le postulatum d'Euclide et de construire une géométrie non euclidienne. Une opération de ce genre est aujourd'hui nécessaire dans le domaine de la science économique. [Or], c'est l'hypothèse de l'égalité entre le prix de demande de la production dans son ensemble et son prix d'offre qui doit être regardée comme le « postulatum d'Euclide » de la théorie classique. Cette hypothèse une fois admise, tout le reste en découle ; les avantages sociaux de l'épargne privée et nationale, l'attitude traditionnelle vis-à-vis du taux de l'intérêt, la théorie classique du chômage, la théorie quantitative de la monnaie [...] et beaucoup d'autres choses que nous devrons mettre en doute.

John Maynard Keynes, *Théorie générale de l'emploi, de l'intérêt et de la monnaie*, 1936.
Petite Bibliothèque Payot (1982), pp. 29, 42, 46-47.

Présenter le document

La *Théorie générale* est l'ouvrage principal de John Maynard Keynes. Il est le résultat d'un long processus intellectuel mené par Keynes durant l'entre-deux-guerres. Ce processus peut, schématiquement, être décomposé en trois points.

Sur le plan personnel, tout d'abord, Keynes s'est progressivement convaincu de la nocivité des politiques économiques menées dans la plupart des pays industrialisés au lendemain de la Première Guerre mondiale, et face à la crise économique. C'est d'ailleurs par le biais de ses pamphlets contre les pratiques de politique économique que Keynes s'est rendu célèbre, tant auprès des économistes et hommes politiques que de l'opinion publique. Parmi ses ouvrages, on cite traditionnellement *Les conséquences économiques de la paix*, publié en 1919, et dans lequel Keynes dénonce le traité de Versailles qui clôt la Première Guerre mondiale, et tout particulièrement les conditions économiques qui sont réservées à l'Allemagne vaincue ; *Les conséquences économiques de M. Churchill* (1925), dénonce, lui, les politiques déflationnistes imposées par le gouvernement britannique (et son ministre des finances, Winston Churchill) dans le cadre de sa volonté de restauration de l'étalon-or. Plus généralement, c'est toute une série d'articles ou d'allocutions radiodiffusées, où ce point de vue s'affirme, dont certains ont été réunis dans *Essais sur la monnaie et l'économie (Payot, 1971).*

Sur le plan analytique, l'itinéraire de Keynes est celui d'une évasion progressive des conceptions de l'école classique, ce dont il témoigne lui-même dans le passage à commenter. Cet itinéraire est marqué par la publication successive du *Tract sur la réforme monétaire* (1923), du *Traité sur la monnaie* (1930), et, donc, de la *Théorie générale de l'emploi, de l'intérêt et de la monnaie* (1936). Cette dernière est d'ailleurs pour partie le résultat d'un travail de relecture critique du *Traité sur la monnaie* mené par Keynes et de jeunes économistes de Cambridge (Royaume Uni) au cours des années 1930-1936.

Sur le plan méthodologique, enfin, la *Théorie générale* est aussi le résultat de la conviction qu'il faut, pour espérer influer sur le cours des choses, œuvrer dans le cadre de la théorie économique classique, conçu comme un langage formel, afin de s'efforcer de modifier les représentations que les économistes se font du fonctionnement réel des économies, plutôt que de tâcher de reconstruire de manière plus radicale la théorie économique.

Le passage à commenter reproduit l'intégralité du premier chapitre de la *Théorie générale* et un extrait du deuxième. Il précise l'objet qui est celui de Keynes, et la démarche qu'il entend adopter pour l'atteindre.

ANALYSER LE DOCUMENT

Dans ce passage, Keynes aborde trois thèmes successifs :

– l'objet de son étude : il s'agit de traiter du chômage involontaire;

– la manière dont il positionne sa propre théorie (qu'il qualifie de « générale ») par rapport à la théorie « classique », dans l'appréhension de cet objet d'étude;

– la méthode qu'il entend adopter pour prouver la « généralité » de sa démarche analytique.

COMMENTER LE DOCUMENT

Pour commenter efficacement ce document, il faut s'efforcer de reprendre les trois points traités, en les articulant logiquement.

I - UNE THÉORIE GÉNÉRALE DE L'EMPLOI...

A - Une théorie de l'emploi

La théorie de Keynes ne sera pas une théorie de tous les phénomènes économiques. Elle est avant tout une théorie d'un phénomène économique particulier : le chômage. Pour le dire d'une autre manière, cet ouvrage ne veut pas traiter de la question de la détermination de toutes les grandeurs économiques, mais du seul processus de détermination du niveau de l'emploi.

Plus précisément encore, l'objet de Keynes est de traiter du chômage **involontaire**, car c'est à la fois ce phénomène qu'il est le plus urgent de comprendre et de traiter au moment où la *Théorie générale* est rédigée (1936), et c'est aussi celui dont le traitement par la théorie classique s'avère le plus inapproprié, soit qu'elle ne permette pas d'en rendre compte, soit qu'elle le fasse en préconisant des remèdes de politique économique que Keynes désapprouve (baisse des salaires), et dans l'application desquels il voit une cause majeure de la persistance des difficultés économiques du moment.

Remarquons, en passant, que le chômage involontaire n'est pas une « réalité » dont la perception va de soi : si tel était le cas, la théorie classique, incapable d'en rendre compte, serait invalidée *de facto*; plus généralement d'ailleurs, toute démarche théorique serait superflue si la « réalité » se révélait directement; en fait, elle ne le fait qu'au travers des grilles de lecture, des langages formels que les économistes construisent et qui nous la rendent intelligibles. Il faut donc construire une théorie, une représentation de la réalité, qui traduise l'idée que le faible niveau d'emploi constaté au cours des années 30 correspond effectivement à du chômage **involontaire**... « et qui le niera ? »

B - Une théorie générale

Pour Keynes, dans son appréhension du processus de détermination du niveau de l'emploi, la théorie qu'il propose est « générale » : alors que la théorie classique ne peut traiter, en dehors de toute hypothèse *ad hoc* (du type rigidité des salaires réels), que du plein-emploi (situations de chômage **volontaire**), la sienne autorise à rendre compte des situations de sous-emploi involontaire. Pour autant, cela ne veut pas dire que la théorie classique est **valable** au plein-emploi, et qu'elle constituerait à ce titre un cas particulier de la théorie générale de Keynes : les deux théories s'opposent, tant au niveau des arguments que des conclusions, et semblent donc, clairement irréconciliables. La théorie classique, dont l'enseignement est « trompeur et néfaste » est disqualifiée face à la théorie générale qui lui est **opposée**. Ce n'est généralement pas cette interprétation qui est retenue, et l'ambiguïté de Keynes à ce propos, n'a pas été sans entretenir la confusion. La pensée macro-économique standard (celle développée dans le cadre de la synthèse) relativisera cette « opposition de nature » entre théorie classique et théorie de Keynes, et retiendra la première interprétation : la théorie classique est le cas particulier d'une théorie « synthétique », qui englobe aussi les cas de chômage involontaire privilégiés par Keynes; en l'occurrence, la théorie classique sera associée à l'hypothèse de parfaite flexibilité des prix, le keynésiannisme étant alors associé au cas inverse de présence de rigidités. Cette interprétation semble être en porte-à-faux de la position de Keynes, qui a clairement la volonté d'invalider la théorie classique comme représentation pertinente du processus de formation du niveau de l'emploi.

Cette invalidation passera principalement par la réfutation de la loi de Say.

II. ... DE L'INTÉRÊT ET DE LA MONNAIE

A - La réfutation de la loi de Say

Pour invalider la théorie classique (ou pour débloquer les représentations qu'elle autorise du monde sensible), il faut repérer le « postulat d'Euclide » qui lui interdit de traiter des droites parallèles qui se coupent, c'est-à-dire du chômage involontaire. Ce postulat est la loi de Say, selon laquelle « toute offre crée sa propre demande » et qui est le socle de toute la construction classique, socle sur lequel tout le reste de l'argumentaire peut se fonder, et qui empêche de se représenter des situations de chômage involontaire en l'absence de rigidité des salaires réels.

En effet, la loi de Say, qui élimine toute contrainte de demande implique :

- « les avantages sociaux de l'épargne » : plus précisément la loi de Say n'est vérifiée que si l'épargne ne signifie pas une fuite dans le circuit des revenus, mais si l'épargne est réinvestie « sur le champ »; si la loi de Say est admise, alors l'épargne ne pourra jamais être défavorable au niveau d'activité, et n'aura que l'avantage d'augmenter les possibilités d'investissement (dans la perspective classique, une hausse de l'épargne consiste à privilégier l'investissement au détriment de la consommation) et donc les capacités d'offre (qui, en vertu de la loi de Say, constituent la seule contrainte effective) ;
- l'attitude traditionnelle vis-à-vis du taux de l'intérêt : si l'on admet que l'épargne est finalement un bienfait social, alors il devient légitime de voir dans le taux d'intérêt le prix qui incite à l'épargne : la tradition classique voit donc dans le taux d'intérêt le prix de la renonciation à la consommation ;
- la théorie classique du chômage : s'il n'y a pas de problèmes de débouchés, le chômage ne pourra provenir que d'une situation spécifique du marché du travail : soit chômage volontaire à l'équilibre concurrentiel du marché du travail; soit chômage involontaire en cas de rigidité à la baisse des salaires réels. En aucun cas, il ne sera associé à un dysfonctionnement global du système, c'est-à-dire à une incapacité de l'économie de marchés à s'ajuster automatiquement ;
- la théorie quantitative de la monnaie : la loi de Say ne peut être vérifiée que si l'économie avec monnaie se comporte comme une économie de troc (dans laquelle, effectivement, toute offre est une demande) : il faut donc que la monnaie soit « neutre », ce qu'exprime la théorie quantitative de la monnaie.

B - Le principe d'équivalence

Inversement, pour Keynes, l'existence de chômage involontaire sera donc associée à une insuffisance de la demande globale (invalidation de la loi de Say) : c'est ce que l'on peut appeler « le principe d'équivalence ». Et de la même manière que la loi de Say fondait tout l'édifice classique, le principe de la demande effective qui lui sera substitué conduira à ce que Schumpeter appelle « le préjugé anti-épargne » :

- l'épargne n'a plus les bienfaits que la théorie classique lui reconnaît si elle signifie une réduction de la consommation et que c'est précisément l'insuffisance de la demande de biens par où le bât blesse ;
- le taux de l'intérêt ne peut plus être interprété comme le prix de la renonciation à la consommation : Keynes y verra le prix de la renonciation à la liquidité ;
- car, enfin, la théorie quantitative de la monnaie n'est plus valide : la monnaie peut être demandée pour elle-même, dès lors qu'elle est une assurance contre l'incertitude de l'activité économique. Inversement, la détention d'encaisses oisives explique pourquoi une économie monétaire ne se comporte plus comme une économie de troc, et pourquoi, si la loi de Say est vérifiée dans la seconde, elle ne l'est plus nécessairement dans la première. Ceci explique aussi pourquoi il faut récompenser (par l'intérêt) la renonciation à la liquidité.

Finalement, la théorie générale de l'emploi est conduite logiquement à être aussi une théorie de l'intérêt et de la monnaie car elle est basée sur la réfutation de la loi de Say.

DOCUMENT PROPOSÉ

La démarche critique de Keynes

Nous nous partageons en deux groupes. Qu'est-ce qui est responsable du clivage qui nous divise ?

D'un côté il y a ceux qui croient que le système économique existant est, à long terme, un système auto-équilibrant, bien qu'avec des craquements, [...]

De l'autre côté du gouffre sont ceux qui rejettent l'idée que le système économique existant est, en aucun sens raisonnable, auto-équilibrant [...]

La puissance de l'école de l'équilibre stable provient de ce qu'elle a derrière elle pour ainsi dire le corps entier de la réflexion et de la doctrine économique organisée des cent dernières années. Ceci représente un pouvoir formidable [...]

Par conséquent si les hérétiques de l'autre côté du gouffre veulent démolir les forces de l'orthodoxie du XIXe siècle, ils doivent les attaquer dans leur citadelle. Aucune attaque n'a encore réussie. Les « hérétiques d'aujourd'hui » croient que l'observation courante suffit à montrer que les faits ne se conforment pas au raisonnement orthodoxe. Ils proposent des remèdes que leur suggèrent l'instinct, le flair, [...] mais ils n'ont pas impressionné la citadelle [...]

Or, je me range quant à moi parmi les hérétiques. Je pense que leur flair et leur instinct les conduisent vers la bonne conclusion. Mais j'ai été élevé dans la citadelle et je reconnais sa force et sa puissance. Une grande part du corps établi de la doctrine économique - je ne puis que la reconnaître comme largement correcte. Je ne la mets pas en doute. C'est pourquoi, pour moi, je ne serai pas satisfait tant que je n'aurai pas mis mon doigt sur la faille dans cette partie du raisonnement orthodoxe qui conduit aux conclusions que je trouve, pour diverses raisons, inacceptables.

John Maynard KEYNES, *Collected Writings*, vol. XIII, pp. 486-489.

PRÉSENTER LE DOCUMENT

Ce document est un extrait d'une allocution radiodiffusée de Keynes, publiée dans *The Listener*.

Keynes y traite de sa démarche méthodologique en utilisant la fameuse métaphore de la citadelle à assiéger. Cette question de la démarche méthodologique utilisée par Keynes dans la *Théorie générale*, et de sa signification a été, et demeure, l'objet de très nombreux débats.

ANALYSER LE DOCUMENT

Quatre points principaux, organisés en deux thèmes, sont abordés :

La première partie de la citation intervient sur le plan analytique.

Keynes y distingue une *summa divisio* dans la théorie économique entre deux grandes familles d'économistes, la rupture s'organisant autour des vertus à accorder au système économique dans sa capacité à coordonner harmonieusement les comportements économiques ; on trouve d'un côté des économistes (les classiques) qui croient au caractère « auto-équilibrant » du système ; de l'autre côté de ce que Keynes analyse comme un « gouffre », des économistes « hérétiques » (au regard de la théorie classique) qui adoptent la position inverse, pour qui « le système économique existant n'est en aucune manière auto-équilibrant ».

Remarquons que Keynes ne qualifie pas ce système économique autrement que comme « système économique existant » : il ne le qualifie notamment pas « d'économie de marché », précisément car ce qualificatif, désormais communément admis, véhicule implicitement la conception d'une économie recelant potentiellement des mécanismes d'ajustement : *cf.* cours p. XX ; remarquons aussi que Keynes parle d'un « gouffre » : c'est toute la question, qui s'imposera comme objet central de discussion des macroéconomistes, du « no bridge » : peut-on jeter des « passerelles » entre théorie classique et théorie de Keynes, et plus généralement théorie microéconomique et théorie macroéconomique ? La synthèse keynésienne, puis la recherche des fondements microéconomiques de la macroéconomie seront autant de tentatives de jeter de telles passerelles au-dessus du gouffre.

Puis Keynes fait un constat : celui de la puissance de la théorie classique. Cette puissance lui vient à la fois du fait qu'elle domine la théorie économique depuis les « cent dernières années », mais aussi de ce qu'elle est une « doctrine économique organisée ».

La seconde partie de la citation intervient alors sur le plan méthodologique : comment ébranler (impressionner) la « citadelle » ? Comment mettre en doute, aux yeux de ceux qui ont été « élevés dans la citadelle », la justesse de sa représentation du monde sensible.

Keynes part d'un constat : l'intuition ne suffit pas, ni le flair. Précisément, la réalité ne se laisse saisir de manière légitime et pertinente qu'au travers de la construction de « doctrines économiques organisées ». Le point de vue libéral en économie se fonde sur la rationalisation qui lui est fournie par la théorie classique ; les hérétiques doivent opposer la raison, et non pas l'intuition, à la raison.

Finalement, comment établir cette « doctrine économique organisée » alternative ? Keynes considère qu'il vaut mieux œuvrer « à l'intérieur de la citadelle », à la fois car il ne s'agit pas de remettre en cause toute la théorie classique (« Une grande part du corps établi de la doctrine économique je ne puis que la reconnaître comme largement correcte. Je ne la mets pas en doute »), et car Keynes adhère à une démarche qui relève de la logique formelle, selon laquelle il suffit de mettre son « doigt sur la faille dans cette partie du raisonnement orthodoxe qui conduit aux conclusions que [l'on] trouve, pour diverses raisons, inacceptables », de repérer donc l'hypothèse minimale à lever pour réorienter le discours dans un sens jugé plus acceptable.

COMMENTER LE DOCUMENT

Pour commenter efficacement ce document, il faut s'efforcer de reprendre les quatre points traités, en les articulant logiquement comme dans l'exemple qui suit.

I - LA POSSIBILITÉ DE METTRE EN CAUSE LES CONCEPTIONS CLASSIQUES...

A - AU CONTENU ET À LA PUISSANCE DE L'ORTHODOXIE CLASSIQUE...

– le contenu : l'optimalité du système économique conçu comme économie de marchés ;

– la puissance : liée à l'empire exercé depuis plus de cent ans sur les esprits et les conceptions, elle repose aussi sur le caractère de « doctrine économique organisée » qu'a su se forger cette école.

B - ... LES « HÉRÉTIQUES » N'ONT À OPPOSER SOUVENT QUE LEUR INTUITION.

– la conception hérétique : le système économique n'est pas auto-équilibrant ;

– l'absence de discours alternatif constitué, et l'expérience personnelle de Keynes (qui n'a pas réussi, en l'absence de la construction de ce discours rationnel alternatif, à « impressionner » par la seule force de ses convictions, lui qui depuis l'après Première Guerre mondiale « se range parmi les hérétiques »).

II - ... DÉPEND DE LA CAPACITÉ À METTRE EN ŒUVRE UNE DÉMARCHE MÉTHODOLOGIQUE EFFICACE

A - OPPOSER LA RAISON À LA RAISON

La théorie générale comme aboutissement de cette volonté.

B - ET PRIVILÉGIER UNE DÉMARCHE DE CRITIQUE (LOGIQUE) INTERNE

La théorie générale comme aboutissement de cette démarche « pragmatique ».

QUESTION DE RÉFLEXION COMMENTÉE

L'État est-il a l'origine des crises économiques, ou peut-il au contraire permettre d'en sortir ?

ANALYSER LA QUESTION

Définir précisément la question posée

Le sujet pose une question explicite, mais dont on voit qu'elle peut recouvrir deux interrogations qu'il convient de traiter : (1) l'économie est-elle susceptible de connaître des crises économiques ? ; (2) quelle est la responsabilité de l'État face à une telle éventualité ?

Plus précisément encore, cette double interrogation est en fait la suivante : (1) l'économie est-elle susceptible de connaître des crises économiques lorsqu'elle fonctionne en dehors de toute intervention de l'État, c'est-à-dire de manière que nous pourrions qualifier de « spontanée » ? (2) quelle est la responsabilité de l'État face à l'occurrence de crises économiques ?

On voit que cette double interrogation fait référence au double questionnement qui est celui des économistes : (1) quel est le mécanisme de fonctionnement spontané du système économique présent ? En particulier : est-il harmonieux ? (2) peut-on améliorer son fonctionnement ? Ce rythme binaire devra logiquement se retrouver dans le plan.

On comprend aussi que les deux questions sont reliées. Si au (1), on répond que le système économique est spontanément à l'abri des crises économiques, alors on en conclue au (2), soit que l'intervention de l'État est inutile, soit que, puisque des crises économiques sont avérées, c'est que la responsabilité de l'État est engagée dans le déclenchement de cette crise : l'État est « à l'origine des crises »; ce sera la position des classiques. Au contraire, si l'on affirme que le fonctionnement « spontané » du système économique conduit à des crises économiques, la responsabilité de l'État peut être d'y remédier : l'État « peut permettre d'en sortir »; ce sera la position des keynésiens.

Délimitation du sujet

La question posée est atemporelle (le sujet n'est pas, par exemple : l'État est-il à l'origine de la crise actuelle ou peut-il permettre d'en sortir?) et sans dimension spatiale (le sujet n'est pas, par exemple : l'État est-il à l'origine de la crise actuelle au Japon ou peut-il permettre d'en sortir?). Il conviendra donc de rester au niveau des « principes » généraux, de la conception globale du fonctionnement de nos systèmes économiques, dans ce qu'ils ont d'invariant (dans le temps et l'espace), et de la caractérisation globale de ce qu'est une « crise économique ».

Contenu à mobiliser

Dans le cadre de la théorie macroéconomique telle qu'elle a été exposée dans ce chapitre, le sujet pourra être traité en « convoquant » les économistes libéraux (théorie macroéconomique classique) et les économistes « keynésiens » (dans le cadre de ce chapitre, Keynes lui-même), pour lesquels le rôle de l'État est donc envisagé dans des conditions radicalement différentes. Dans un cadre plus général, on aurait pu associer les conceptions marxistes sur le rôle de l'État.

Les idées suivantes seront développées :

Selon les théoriciens « classiques » (définir le terme), les mécanismes de marché, sous l'hypothèse de concurrence pure et parfaite) conduisent à un équilibre général spontané (principe de la main invisible; étude néoclassique du mécanisme de marché et du rôle des prix dans l'ajustement des plans économiques individuels). Les crises économiques sont donc impossibles, si on laisse fonctionner spontanément l'économie : celle-ci vérifiera à la fois la condition d'abondance (le niveau d'activité sera toujours celui de plein emploi des ressources productives) et celle de bonnes proportions (l'allocation des forces productives et des richesses sera optimale). Cette conception se manifeste en particulier, au niveau macroéconomique, par l'adhésion à la loi de Say, et renvoie à une vision très particulière du mécanisme de fonctionnement de l'économie (monnaie neutre, économie de marchés).

Dans un tel cadre, l'intervention de l'État ne peut donc être qu'inutile, voire perverse, en empêchant le mécanisme de marché d'opérer librement : distorsion du calcul économique, déséquilibre entre l'offre et la demande, effets désincitatifs de la fiscalité, inflation et effet d'éviction...

Selon Keynes, au contraire, le mode de formation spontané de notre système économique est la crise : le libre fonctionnement de ce système ne conduit pas à une parfaite coordination des plans économiques, ce qui se manifeste en particulier par l'existence d'un chômage involontaire incompressible. Ceci n'est pas à rattacher à un blocage d'un potentiel spontané d'ajustement (rigidité des prix n'autorisant pas la constitution de l'équilibre de marché), mais à un défaut intrinsèque du système, lié à son excessive décentralisation, et auquel aucun mécanisme d'ajustement n'est susceptible de remédier (l'économie n'est pas une économie de marché au sens classique du terme). Ce constat implique l'intervention d'un élément régulateur non marchand, recentralisateur : l'État. Concrètement, et puisque l'existence des crises et du chômage est à relier à l'insuffisance de la demande effective (invalidation de la loi de Say), la responsabilité de l'État dans la sortie de crise est de soutenir le niveau de demande par des politiques économiques appropriées. C'est essentiellement la condition d'abondance qu'il a en charge de satisfaire, la condition de bonnes proportions étant correctement atteinte par le fonctionnement spontané du jeu marchand. Dans cette approche, l'État n'est donc pas responsable du dysfonctionnement de l'économie, mais au contraire l'unique remède à la situation de crise économique et de chômage qui est « l'état normal des affaires ».

CONSTRUIRE UNE RÉPONSE

INTRODUCTION

L'introduction à trois fonctions essentielles : elle doit présenter le sujet (c'est-à-dire la manière dont vous allez l'appréhender : quelles sont les questions auxquelles ce sujet invite à répondre ?), exposer la problématique (quelle sera votre démonstration, et quelles seront les articulations logiques qui la structureront ?) et annoncer le plan qui décline cette problématique.

Elle peut se construire de la manière suivante.

1 - Accroche : citation ou actualité.

2 - Présentation du sujet et de la question choisie

C'est la partie fondamentale de l'introduction : il faut énoncer le sujet, préciser la question exacte que l'on va se poser (l'aspect du sujet que l'on a choisi de traiter), le borner (en précisant les termes, éventuellement les périodes historiques que le sujet concerne (ce n'est pas le cas ici)...) ; bref, définir les frontières de son enquête.

3 - Présentation du plan

Exemple :

« Chaque individu, dans sa position particulière, est beaucoup mieux à même de juger [de l'emploi de son capital] qu'aucun homme d'État ou législateur ne pourra le faire pour lui. L'homme d'État qui chercherait à diriger les particuliers dans la route qu'ils ont à tenir pour l'emploi de leurs capitaux, non seulement s'embarrasserait du soin le plus inutile, mais encore il s'arrogerait une autorité qu'il ne serait pas sage de [lui] confier, autorité qui ne serait jamais être plus dangereusement placée que dans les mains de l'homme assez insensé et assez présomptueux pour se croire capable de l'exercer » (Smith, *Recherches sur la nature et les causes de la richesse des nations*). Depuis Smith, la question du marché est devenue celle du libéralisme, et le débat et la réflexion économique se sont organisés autour de la réflexion sur le rôle de l'État et sa responsabilité dans la régulation des systèmes économiques. Cette question, que l'on croyait réglée à l'issue de la crise des années 30, et devant l'expérience des Trente Glorieuses, pendant lesquelles la prospérité des pays développés à économie de marché a été associée au rôle prépondérant des politiques économiques, a resurgi à l'occasion du déclenchement de la crise économique du milieu des années 70. Plus précisément, le débat soulevé a trait à la responsabilité de l'État face à la crise économique : en est-il à l'origine, ou bien permet-il au contraire d'en sortir ?

Cette question, et la réponse que l'on peut y apporter, est en fait logiquement articulée à une interrogation, plus fondamentale encore, sur les capacités d'autorégulation des systèmes économiques actuels. L'État ne peut logiquement apparaître un recours que si les mécanismes spontanés de fonctionnement de nos économies sont déficients et générateurs de crise économique ; au contraire, il ne peut apparaître comme un obstacle, lui-même fauteur de troubles et de dysfonctionnements, que si l'on affirme la capacité spontanée des économies à ajuster les uns aux autres les différents comportements économiques, opérant ainsi une coordination harmonieuse de l'activité économique. Ce débat fondamental constitue en fait la *summa divisio* de la théorie économique, qui oppose ceux des économistes, classiques, qui considèrent que le système est fondamentalement harmonieux, et fondent ainsi rationnellement le point de vue libéral, opposé à toute intervention de l'État, vue comme illégitime et déstabilisante ; et, « de l'autre côté du gouffre » (l'expression est de Keynes), ceux qui considèrent au contraire que la crise économique est le mode de fonctionnement normal de l'économie, lorsqu'elle est laissée libre de fonctionner, et plaident pour une intervention salvatrice des autorités publiques.

Pour présenter ce débat fondamental, nous verrons dans un premier point que les économistes s'opposent sur la compréhension du mécanisme de fonctionnement spontané de nos économies et sur les vertus à accorder aux marchés dans les capacités d'ajustement du système. La seconde partie nous montrera qu'il en dérive des positions évidemment opposées sur l'opportunité d'interventions extérieures (étatiques) dans le « jeu marchand ».

PROPOSITION DE PLAN

I - La compréhension du mécanisme de fonctionnement spontané de nos économies

a. Une approche classique apologétique.

b. Une approche keynésienne critique.

II - … Conditionne le jugement porté sur l'opportunité d'une intervention d'origine étatique dans ce mécanisme

a. L'apologie du système capitaliste fonde rationnellement le plaidoyer libéral…

b. … tandis que sa critique légitime le recours aux politiques économiques.

CONCLUSION

La conclusion a deux fonctions : elle fait le bilan du devoir en répondant à la question posée, et elle propose un élargissement du sujet.

Par exemple :

« La position finalement adoptée sur la question normative de la responsabilité globale de l'État dans la crise économique dépend donc de la réponse apportée, au préalable, sur celle, positive, des modalités de fonctionnement spontané de nos systèmes économiques. L'État, extérieur à ce fonctionnement spontané, apparaîtra comme fauteur et facteur de crise économique, à la condition de juger ce fonctionnement harmonieux et nos systèmes économiques capables de s'auto-équilibrer, et d'éliminer « naturellement » les déséquilibres qui pourraient se faire jour. Il apparaîtra au contraire comme un élément essentiel de sauvegarde de nos systèmes économiques et de leur régulation globale si l'on considère que, spontanément, ils ne sont pas à même de s'ajuster de la sorte, et que le mode normal de leur fonctionnement est celui de la crise économique.

C'est donc au niveau de la conception globale de la nature de nos systèmes économiques que le débat doit être tranché : le détour analytique est ici incontournable. Pour autant, ce débat ne recouvre pas celui, qui pourrait se situer en aval, sur les modalités d'intervention de l'État dans l'activité économique, et sur les conditions à réunir pour que son action s'avère efficace. Une telle interrogation pourrait peut être ouvrir la voie à des positions moins tranchées, pour lesquelles l'intervention de l'État dans l'activité économique ne s'avérerait pas bonne ou mauvaise par nature, mais au regard des formes institutionnelles qui lui donnent sens.

Question de réflexion proposée

Dans *La fin du laissez-faire*, John Maynard Keynes déclarait « qu'il est nullement correct de déduire des principes de l'économie politique que l'intérêt personnel dûment éclairé œuvre toujours en faveur de l'intérêt général ».

Commentez cette citation en vous intéressant particulièrement à la question du chômage.

ANALYSER LA QUESTION

Définir précisément la question posée

L'idée contenue dans cette citation est relative à l'étude des conséquences sociales de l'individualisme, et consiste à remettre en cause le principe classique de la main invisible selon lequel « la poursuite par chacun de son intérêt égoïste conduit pour le mieux au bien-être commun » : le libre empire des égoïsmes individuels ne débouche pas sur le bien-être collectif.

Puisque l'on sait que le principe de la main invisible et l'idée d'harmonie des systèmes économiques décentralisés qu'elle véhicule ont finalement trouvé comme fondement rationnel la représentation (néo)classique du fonctionnement d'une économie de marchés et des vertus auto-équilibrantes à lui accorder, sa contestation doit à son tour reposer sur une réfutation de cette représentation particulière. La question posée est donc, fondamentalement, celle de la capacité de nos systèmes économiques à coordonner les décisions économiques individuelles de manière à les rendre finalement mutuellement compatibles.

Délimitation du sujet

Le sujet invite à s'intéresser plus particulièrement au thème du chômage. La question des échecs de coordination et des conséquences néfastes du « laissez-faire » doit donc se traiter autour de la question de la détermination du niveau de l'emploi. Elle oppose les classiques, qui considèrent que l'emploi se détermine sur le marché du travail à l'issue d'une confrontation marchande entre offreurs de travail (ménages) et demandeurs de travail (firmes), confrontation que viennent arbitrer les variations du niveau du salaire réel, et qui débouche sur un équilibre qui est aussi un optimum et qui élimine toute possibilité de chômage involontaire.

Au contraire, l'existence d'une telle situation de chômage involontaire témoigne à rebours, aux yeux de Keynes, que le principe de détermination du niveau de l'emploi n'obéit pas à cette logique d'harmonie marchande. Toute sa construction positive consistera alors à démonter qu'en vertu du principe de la demande effective, qu'il oppose à la loi de Say, le niveau de l'emploi dépend des décisions unilatérales des entrepreneurs, et n'a par conséquent aucune raison de correspondre au plein-emploi de la main-d'œuvre salariée.

Pour corriger une telle situation, il conviendra que l'État intervienne (puisque le libre exercice des égoïsmes individuels, le « laissez-faire », ne conduit pas au bien-être social), et qu'il le fasse, précisément, en imposant des mesures se heurtant ou limitant l'exercice de l'intérêt égoïste d'une partie au moins des agents privés : politique fiscale de redistribution des revenus (pour soutenir la propension à consommer) se heurtant à l'intérêt des hauts revenus, politique monétaire accommodante se heurtant à l'intérêt des détenteurs de créances et de revenus du capital, ...même si, au final, cette action de l'État, en poussant la demande effective, aboutit à relancer l'activité économique et bénéficie finalement à tous, y compris ceux qui, dans un premier temps, ont pu pâtir de l'intervention publique, on comprend que la solution au problème du chômage n'a pu être trouvée, dans un premier temps, qu'au travers d'une limitation volontariste de l'exercice des « passions individuelles » : la main visible de l'État est venue au secours d'une main « invisible » défaillante.

RECENSER LES ASPECT À ÉTUDIER

Les théories alternatives de détermination du niveau de l'emploi chez les classiques et dans la *Théorie générale* de Keynes.

Les visions alternatives des modalités de coordination des égoïsmes individuels dans les deux approches.

DÉFINIR LES ARTICULATIONS

Bien mettre en évidence que la question du chômage, et des réponses à lui apporter, n'est qu'une expression d'une interrogation plus large sur les capacités d'autorégulation de nos systèmes économiques, qui oppose traditionnellement, et de manière récurrente, les économistes classiques et néoclassiques (et la macroéconomie qui s'en inspire) et les économistes keynésiens. Cette question à son tour relève d'une interrogation traditionnelle de philosophie politique, relative aux conséquences sociales de l'individualisme, à la compatibilité entre le libre exercice des passions individuelles et la constitution de l'ordre social.

La *Théorie générale* est donc bien davantage qu'une théorie de l'emploi.

PARTIE 1

LES COMPOSANTES DE LA DEMANDE

Les biens et services qui résultent de l'activité économique reçoivent deux affectations. Les uns sont destinés à la consommation et sont utilisés immédiatement afin de satisfaire les besoins des ménages, sous la forme de biens et services marchands ou des services collectifs fournis gratuitement ou subventionnés par les collectivités publiques. Les autres sont mis en réserve et assignés à l'investissement (public ou privé) afin de concourir à un accroissement ultérieur de la production.

La consommation et l'investissement apparaissent ainsi comme les éléments moteurs du circuit économique. Ils contribuent tous deux à déterminer le niveau de l'activité économique à un moment donné, **en tant que composantes fondamentales de la demande globale** (du moins tant que l'on raisonne dans le cadre d'une économie fermée comme ce sera le cas dans cette première partie).

L'analyse macroéconomique débute donc traditionnellement par l'étude des variables économiques pouvant contribuer à la formation des dépense de consommation et d'investissement. **À l'image de la démarche suivie par Keynes dans la *Théorie générale*, l'objectif est alors d'aboutir à la construction de fonction macroéconomiques**. En s'appuyant à la fois sur un raisonnement théorique et des faits empiriques, il s'agit ainsi de dégager au niveau global une relation simple et suffisamment stable -d'où le terme de fonction- entre une (ou quelques) variables(s) explicative(s) et la variable à expliquer, i.e. la consommation totale des ménages ou l'investissement national.

Dans une optique keynésienne, **les déterminants de la consommation**– le revenu national et les habitudes liées aux modes de vie– confèrent à celle-ci un caractère relativement rigide. Cependant cette hypothèse de stabilité de la fonction de consommation sera par la suite partiellement remise en cause, et constitue encore aujourd'hui un des enjeux principaux du débat théorique en macroéconomie (chapitre 2 : la fonction de consommation).

À l'inverse, l'investissement apparaît comme un phénomène particulièrement fluctuant. Il est certes dépendant du niveau des taux d'intérêt et de l'évolution de la demande, mais son comportement est marqué par une instabilité extrême, instabilité provenant de l'incertitude radicale devant laquelle se trouvent les entrepreneurs dans leurs prévisions concernant la conjoncture économique future (chapitre 3 : la fonction d'investissement).

2

LA FONCTION DE CONSOMMATION

L'approche néoclassique de la consommation est fondée sur l'étude **microéconomique** des **comportements individuels du consommateur**. La thématique centrale est la suivante : comment, pour un **revenu donné**, le consommateur représentatif choisit-il entre les différents biens offerts par le marché ? S'il adopte une attitude rationnelle, il réglera ses achats de telle façon qu'il y ait égalisation des utilités marginales pondérées par les prix (le dernier franc d'achat de chacun des produits apporte exactement le même degré de satisfaction au consommateur). L'analyse privilégie ainsi les relations **prix-quantité,** appelées **fonctions de demande.**

Par extension, l'analyse néoclassique de l'épargne examine les choix entre la consommation de **biens présents** et la consommation de **biens dans le futur.** L'épargne est ainsi conçue comme un désir de consommation différée. La variable déterminant ce partage entre consommation et épargne est là encore un prix, le **taux d'intérêt**, prix d'équilibre du marché du capital.

De plus, l'acte de consommation est très souvent dénigré par les économistes libéraux. C'est une activité de « destruction d'utilité » pour Jean-Baptiste Say, ou encore selon John Richard Hicks : « la consommation, c'est ce que l'on peut dépenser sans s'appauvrir » (il est d'ailleurs symptomatique à cet égard que l'étymologie de « consommer » et de « consumer » soit la même). Inversement, l'épargne est une vertu à encourager car en tant que source de financement de l'accumulation de capital, elle est l'unique **facteur permettant l'accroissement de la production.**

La perspective keynésienne se situe quant à elle aux antipodes de la démarche néoclassique. Elle se veut d'emblée **macroéconomique**, en se centrant sur la **consommation agrégée** de l'ensemble des ménages. Pour John Maynard Keynes, le facteur déterminant de cette **fonction de consommation** est le **revenu** (les **prix** étant par ailleurs considérés comme **rigides** en période de sous-emploi).

Concernant l'épargne, elle n'est pas, selon Keynes, le résultat d'une volonté de transfert de consommations vers le futur, mais fondamentalement une **renonciation à la consommation.** Elle relève d'un paramètre **macropsychologique**: la propension à épargner, très peu dépendante du taux d'intérêt, et au sujet de laquelle la rationalité des consommateurs peut parfois être mise en doute.

L'acte d'épargne est alors « **un vice collectif** » car il se traduit par une fuite dans le circuit économique. L'excès d'épargne est le facteur principal de **la faiblesse de la croissance** et se trouve à la source du problème structurel de sous-emploi du capitalisme. Symétriquement, la consommation des ménages est économiquement absolument indispensable car elle constitue la composante majoritaire de la demande globale (représentant en moyenne les 2/3 du PIB).

En conséquence, suite à la parution de la *Théorie générale* en 1936 (notée *T.G.* lors des citations), un des enjeux principaux du débat théorique en macroéconomie a été la discussion de cette fonction de consommation keynésienne. La question centrale reste depuis inchangée, et peut se résumer de la façon suivante : **la consommation est-elle ou non sensible aux variations du revenu courant, et si oui, quel est le degré de cette sensibilité ?**

BIBLIOGRAPHIE DU CHAPITRE

L'ouvrage de référence (CHAPITRES 8 ET 9) EST :
KEYNES J. M., *La Théorie générale de l'emploi, de l'intérêt et de la monnaie,* Payot (traduit en 1939, publié en France en 1942).

Certains points peuvent être complétés par la lecture du chapitre 2 de :
ABRAHAM-FROIS G., *Dynamique économique,* 4e édition, Dalloz, Paris, 1993.

Pour en savoir plus :
VILLIEU P., *Macroéconomie, consommation et épargne,* La découverte, Repères n° 215, 1997.

Concernant les aspects microéconomiques de la consommation, se reporter à :
MONTOUSSÉ M. (dir.), *Microéconomie,* collection Grand Amphi, Bréal, 1999.

A

LA « LOI PSYCHOLOGIQUE FONDAMENTALE »

« La loi psychologique fondamentale sur laquelle nous pouvons nous appuyer en toute sécurité, à la fois *a priori* en raison de notre connaissance de la nature humaine et *a posteriori* en raison des enseignements détaillés de l'expérience, c'est qu'en moyenne et la plupart du temps, les hommes tendent à accroître leur consommation à mesure que leur revenu croît, mais non d'une quantité aussi grande que l'accroissement du revenu. En d'autres termes, *C_s étant le montant de la consommation* et R_s celui du revenu** (mesurés tous deux en unités de salaires), ΔC_s est de même signe que ΔR_s, mais d'une grandeur moindre, *i.e.* dC_s/dR_s est positif et inférieur à l'unité » (*T.G.*, chapitre 8, section 3).

Cette loi, dont le « flou artistique » suscite diverses interprétations (section 1), s'appuie donc selon Keynes à la fois sur des facteurs psychologiques propres *« à la nature humaine »* (section 2) et sur *« les enseignements détaillés »* des faits économiques (section 3).

R_s et **C_s** sont « virtuellement interchangeables » (*T.G.*) avec le revenu réel et la consommation réelle.

Remarque : la veille de la publication de la *Théorie générale*, Keynes inaugure le Cambridge Arts Theatre dans lequel il a investi personnellement l'équivalent de 5 millions de francs actuels.

Définition de la consommation finale. La Comptabilité nationale classe en consommation finale des ménages (par distinction avec les consommations intermédiaires des entreprises), l'ensemble de leurs dépenses en biens et services, à l'exception des achats de logements, comptabilisés commes des dépenses d'investissement. Les services non marchands (*i.e.* gratuits) dont bénéficient les ménages sont quant à eux retracés en consommation finale des administrations :

Consommation finale des ménages	**Marchande**	Biens (durables, semi-durables et non-durables) Services marchands Prestations en nature (1) Autoconsommation (2)
	Non marchande	Services domestiques (3) Paiements partiels des services collectifs individualisables produits par les administrations (4)
Consommation finale des administrations (valorisée au coût des facteurs)		Services collectifs individualisables (5) Services collectifs non individualisables (6)

(1) Certaines prestations sont dites « en nature » car elles ont pour objet de réduire la dépense consacrée à la consommation de certains biens ou services (remboursements de la Sécurité sociale, allocation logement...).
(2) Autoconsommation de produits alimentaires (produits de jardins familiaux) et de services (loyers « fictifs » des logements habités par leur propriétaire).
(3) Nourrices, employés de maison, concierges et gardiens d'immeubles.
(4) Droits de scolarité, forfait journalier hospitalier...
(5) Enseignement, santé, action sociale, services récréatifs culturels et sportifs (la somme de cette catégorie et de la consommation finale des ménages correspondant à la consommation élargie).
(6) Justice, police, défense nationale.

1 - Le « flou » sur la nature de la propension à consommer

En conformité avec la citation de la page précédente, la relation macroéconomique entre le revenu courant (que nous noterons Y) et la consommation nationale (C) peut être interprétée sous la forme de trois fonctions de consommation différentes (*cf.* fig. 1).

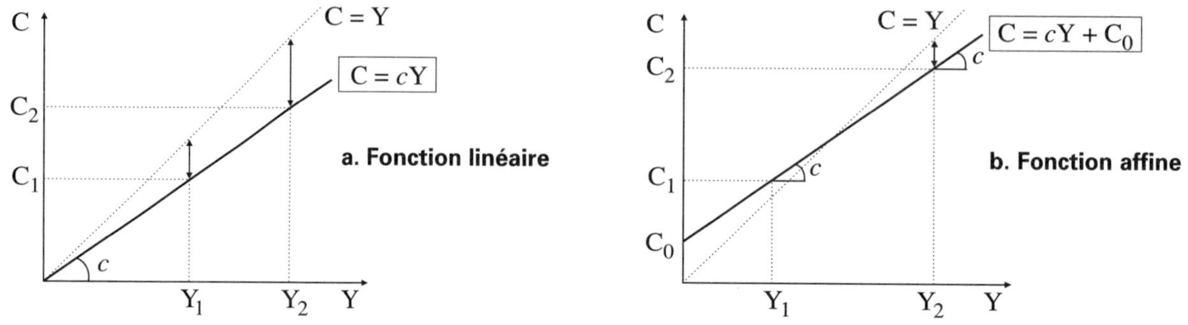

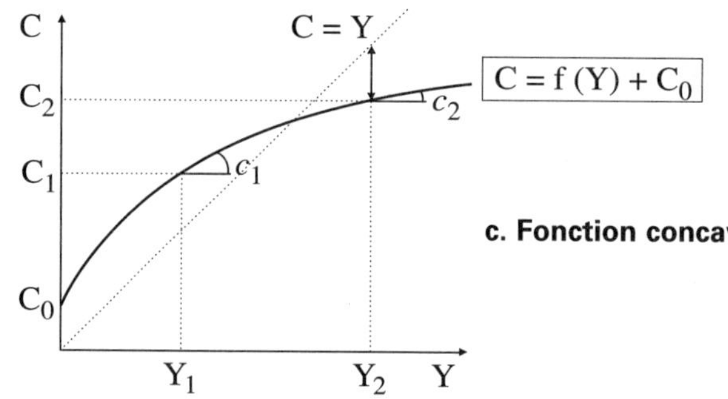

Fig. 1 :
Les trois interprétations de la « loi psychologique fondamentale »

Graphiquement, dans les trois cas de figure, un accroissement de revenu engendre toujours une augmentation de la consommation, mais d'un montant plus faible. Autrement dit, il existe **un écart croissant** au plan national entre la consommation et le revenu (représenté par la distance entre la fonction de consommation et la bissectrice d'équation C = Y). Cependant ce problème majeur de débouché est d'importance variable :

– l'écart est strictement proportionnel au revenu pour la fonction linéaire ($1 - c$ %) ;
– il augmente plus que proportionnellement pour la fonction affine (mais il converge progressivement vers $1 - c$ %, voir exercice 2.1) ;
– il croît exponentiellement pour la fonction concave.

Algébriquement, ces trois possibilités se traduisent par des *propensions** moyennes et marginales à consommer différentes.

Propension : penchant, inclination à faire quelque chose *(Petit Larousse)*.

La propension moyenne à consommer se définit comme le rapport de la consommation totale au revenu, soit C/Y (graphiquement, il s'agit de la pente de la droite reliant l'origine au point considéré).

La propension marginale à consommer mesure l'accroissement de consommation (dC) suite à une *variation infinitésimale du revenu** (dY), soit dC/dY (graphiquement, il s'agit donc de la pente de la droite ou de la pente de la tangente à la courbe).

Remarque : il est commode d'assimiler la ***variation infinitésimale du revenu*** à une variation de 1 franc.

Pour Keynes, « cette quantité est d'une importance considérable, parce qu'elle va nous indiquer comment le prochain accroissement de production [identique au revenu national Y] se partagera entre la consommation et l'épargne » (*T.G.*, chapitre 10, section 1).

Dans le cas linéaire (fig. 1 a), les deux propensions sont égales et constantes, quel que soit le niveau du revenu : $\frac{C_1}{Y_1} = \frac{C_2}{Y_2} = \frac{dC_1}{dY_1} = \frac{dC_2}{dY_2} = c$

Dans le cas de la fonction affine (fig. 1 b), la propension marginale est constante ($dC/dY = c$) et la propension moyenne est décroissante ($C_2/Y_2 < C_1/Y_1$) mais converge progressivement vers c ($C/Y = c + C_0/Y$, *quand* $Y \to +\infty$, $C_0/Y \to 0$).

Dans le cas de la fonction concave (fig. 1 c), les deux propensions sont décroissantes (la propension marginale plus rapidement), soit :

$$\frac{C_2}{Y_2} < \frac{C_1}{Y_1} \text{ et } c_2 < c_1 \text{ (car } \frac{d^2C}{dY^2} < 0)$$

Keynes dans la *Théorie générale* ne tranche jamais clairement entre ces trois possibilités. Parfois il semble même brouiller (volontairement ?) les pistes en paraissant confondre propensions moyenne et marginale. Cependant, dans le chapitre 10, mais pour la seule fois dans tout l'ouvrage, il affirme une position qui correspond au 3e cas de figure envisagé : « la propension marginale à consommer n'est pas la même quel que soit le niveau de l'emploi et il est probable qu'en règle générale elle tend à diminuer quand l'emploi augmente ; autrement dit lorsque le revenu réel augmente, la communauté ne désire consommer qu'une proportion graduellement décroissante de son revenu » (*T.G.*, chapitre 10, section 3).

C'est en vertu de cette unique phrase que **la plupart des économistes postérieurs en ont déduit que la propension à consommer était décroissante** et ont opté, pour des raisons de commodité, pour le second cas rectiligne à titre d'approximation tolérable.

Concernant **la fonction d'épargne,** Keynes affirme : « dans le tourbillon des acceptations divergentes, il est agréable de découvrir un point fixe. Autant que nous le sachions, personne ne conteste que l'épargne soit l'excès du revenu sur la dépense pour la consommation » (*T.G.*, chapitre 6, section 2).

Définition de l'épargne. En Comptabilité nationale, l'épargne brute des ménages (y compris des entrepreneurs individuels) a deux composantes :
- l'épargne financière (avoir liquides, placements) ;
- l'épargne non financière (acquisitions de logements, achats de biens d'équipement par les entrepreneurs individuels).

L'épargne est dite nette lorsque l'on déduit l'amortissement du capital des entrepreneurs individuels (appelé aussi consommation de capital fixe).

On appelle taux d'épargne des ménages le rapport de l'épargne brute au revenu disponible brut.

En conséquence, l'épargne (S) peut s'écrire : $S = Y - C$. La somme des propensions moyennes à consommer (C/Y) et à épargner (S/Y) est donc égale à 1. De même, puisqu'un franc supplémentaire de revenu est forcément consommé ou épargné, la somme des propensions marginales à consommer (c) et à épargner (s) est également forcément égale à 1 (d'où $s = 1 - c$).

La fonction d'épargne peut alors facilement se tracer dans les 3 cas précités (*cf.* fig. 2).

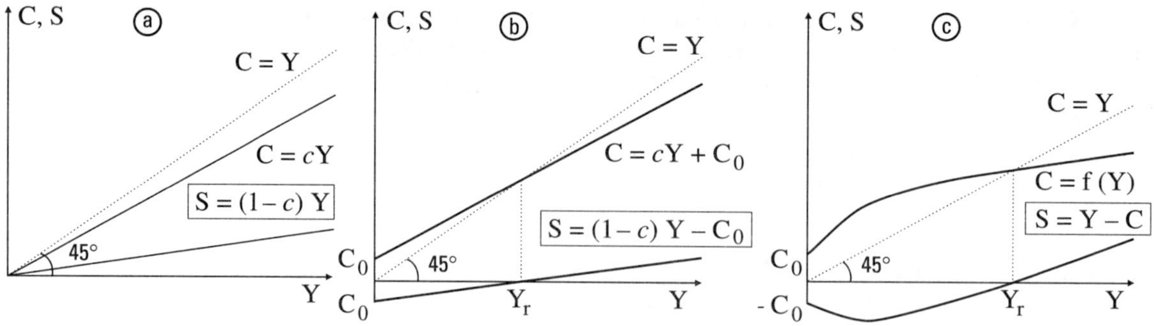

Fig. 2 : Les trois formes de fonctions d'épargne

Sur les figures 2b et 2c, il apparaît un niveau de revenu Y_r pour lequel l'intégralité du revenu est consommée, et donc où l'épargne est nulle (pour la fonction linéaire $Y_r = 0$). Ce revenu Y_r correspond à **un seuil de rupture** car il marque le passage de la désépargne (S < 0) à l'épargne (S > 0). Keynes justifie ce seuil par le fait que : « les motifs à épargner n'acquièrent une force réelle qu'au moment où un certain niveau de confort est atteint ».

Au niveau individuel, la désépargne correspond, soit à un prélèvement sur un patrimoine antérieurement constitué, soit à un emprunt. Au plan collectif, la nation peut désépargner en vendant des devises ou en empruntant à l'étranger. Dans ce cadre, la constante C_0 est alors parfois qualifiée de **consommation incompressible,** au sens où il s'agit en quelque sorte d'un minimum de subsistance.

Une fois ces principes généraux posés (repris dans les exercices 2.1 et 2.2), Keynes s'interroge sur les ressorts psychologiques qui sont à la source de cet écart croissant entre ressources et dépenses des ménages.

Remarque : la symétrie n'est pas respectée côté consommation puisque Keynes n'évoque que ***6 mobiles*** : « le goût du plaisir, l'imprévoyance, la générosité, l'irréflexion, l'ostentation et la prodigalité ».

2 - Le poids des « forces subjectives et sociales »

Pour Keynes, les motifs d'épargne et donc de renoncement à la consommation immédiate relèvent de « l'état d'esprit de la communauté », dominé par un certain « puritanisme ambiant ». Il résume cette propension à l'abstinence par l'énumération de *huit motifs** (*T.G.,* chapitre 9, section 1) détaillés dans le tableau ci-dessous.

Motifs subjectifs d'épargne des ménages	Explications de Keynes	Commentaires
« Précaution »	« se constituer une réserve pour parer à des éventualités imprévues »	Maladie, chômage, accident…
« Prévoyance »	« se prémunir en vue d'événements futurs, tels que la vieillesse, l'éducation de ses enfants ou l'entretien de personnes à charge »	Contrairement au motif précédent, il s'agit ici d'événements relativement prévisibles.
« Calcul »	« bénéficier d'une consommation différée plus abondante » grâce « aux versements d'intérêts et à la réalisation de plus-values »	On est proche ici du calcul microéconomique intertemporel du consommateur dans son arbitrage entre consommation présente et consommation future (*cf.* partie C, premier encadré)

Motifs subjectifs d'épargne des ménages	Explications de Keynes	Commentaires
« Ambition »	Les hommes préfèreraient « une dépense progressivement croissante [...] plutôt qu'une diminution graduelle de leur niveau de vie, même si leur faculté de jouir tend à s'affaiblir ».	Il critique la rationalité d'un tel comportement, puisque selon lui les besoins diminueraient avec l'âge.
« Indépendance »	« jouir d'une sensation d'indépendance et du pouvoir d'agir, même si l'on n'a pas une idée nette de ce qu'on fera »	Keynes sait de quoi il parle puisque, lorsqu'on l'interrogeait sur sa richesse, il déclarait qu'il était « soucieux d'acquérir l'indépendance que donne la fortune ».
« Initiative »	« s'assurer une masse de manœuvre pour réaliser des desseins spéculatifs et commerciaux »	Là aussi Keynes est directement concerné, puisqu'il fut un spéculateur particulièrement avisé (à sa mort il disposait d'un patrimoine de plus de 400000 £ soit environ 20 millions de F actuels).
« Orgueil »	« léguer une fortune »	Ce motif sera un des arguments essentiels de la théorie du cycle de vie (*cf.* partie C, section 2).
« Avarice »	« une répulsion irraisonnée mais obsédante pour tout acte de dépense en tant que tel »	Motif psychanalytique...

Comme nous le verrons plus loin, la plupart de ces motifs vont être repris et développés dans le débat postérieur sur la validité de la théorie keynésienne de la consommation.

Keynes affirme ensuite : « la force de tous ces motifs varie énormément suivant les institutions et l'organisation de la société économique, suivant les habitudes dues à la race, à l'éducation, aux conventions, à la religion et à la moralité courante, suivant les espérances actuelles et l'expérience passée, suivant l'importance et la perfection de l'équipement en capital, suivant la répartition existante de la richesse et des niveaux de vie établis » (*T.G.*, chapitre 9, section 1).

La propension à consommer relève donc à ce niveau des institutions économiques et sociales, et notamment de l'existence ou non d'un système de redistribution des richesses type Sécurité sociale (*cf.* chapitre 4, partie C). Elle est donc spécifique à chaque société et historiquement déterminée (point que n'aurait pas renié Marx). Encore aujourd'hui, malgré des niveaux de vie relativement proches, on constate ainsi de fortes différences de taux d'épargne entre les divers pays industrialisés (*cf.* exercice 2.3).

Taux d'épargne des ménages (en % du revenu disponible brut)

	France	États-Unis	Japon	Allemagne	Italie	Royaume-Uni
1997	13,9 %	5 %	15,9 %	11,5 %	13 %	9,7 %

L'épargne des entreprises et de l'État. Pour Keynes, la « loi psychologique fondamentale » ne s'applique pas qu'aux consommateurs. Concernant les entreprises et les administrations publiques, le choix n'est pas entre consommation et épargne, mais entre dépenses dans le cycle de production et constitution de réserves financières pour les motifs suivants :

1 - *« motif d'entreprise » :* afin de disposer de ressources en vue de l'autofinancement futur d'un investissement nouveau ;

2 - *« motif de liquidité » :* pour faire face « aux accidents, aux difficultés et aux crises » ;

3 - *« motif d'amélioration » :* dans le but de pouvoir verser des dividendes croissants (ou concernant les administrations pour diminuer les impôts en vue d'une élection ?) ;

4 - *« motif de prudence financière et souci de dominer les affaires » :* souvent sous la forme d'une hausse des provisions d'amortissement.

Même s'il ne justifie pas cette « incartade » hors du champ de la consommation, on peut néanmoins interpréter ce rapprochement (ces 4 motifs étant semblables aux motifs précédents, respectivement de prévoyance, de précaution, d'ambition et d'initiative) de la façon suivante : l'administration et l'entreprise ne sont que des «coquilles vides», des personnalités morales, mais à leur tête se trouvent des êtres humains qui sont soumis au même «état psychologique» que les consommateurs.

3 - L'INFLUENCE DES « CIRCONSTANCES ÉCONOMIQUES OBJECTIVES »

Keynes recense également quatre variables plus directement économiques susceptibles d'agir à court terme sur la propension à consommer (*T.G.*, chapitre 8, section 2).

Les principaux facteurs objectifs	Explications de Keynes	Commentaires
« Les changements dans les prévisions concernant le rapport entre les revenus futurs et les revenus présents »	« ce facteur peut agir fortement sur la propension à consommer d'un individu pris isolément, mais ses effets dans la communauté toute entière tendent sans doute à se compenser »	Modification des anticipations sur les revenus futurs (croissance économique, progression du taux de salaire par avancement...).
« Les variations imprévisibles des valeurs en capital n'entrant pas dans le calcul du revenu net »	« la consommation de la classe possédante peut être extrêmement sensible aux variations imprévues de la valeur nominale de ses biens »	Plus ou moins-values latentes (non encore réalisées) sur les divers actifs de patrimoine (immobilier, actions, obligations, devises).
« Les variations du taux auquel on escompte le temps, c'est-à-dire du taux auquel les biens présents s'échangent contre les biens futurs »	« à titre d'approximation il peut être assimilé au taux d'intérêt ». « Mais les variations de courtes périodes du taux de l'intérêt ne sont pas de nature à exercer directement sur le montant de la dépense une influence sensible dans un sens ou dans l'autre ».	Égalisation du taux de préférence pour le présent et du taux d'intérêt. *Cf.* partie C de ce chapitre, premier encadré.
« Les variations de la politique fiscale »	« Les impôts sur le revenu, notamment lorsqu'ils sont discriminatoires contre les revenus non gagnés [...] peuvent, au moins dans les prévisions, exercer de l'influence sur la formation de l'épargne »	Aujourd'hui en France : CSG, droits de successions, impôt sur les plus-values boursières ou immobilières (inversement la TVA favorise l'épargne).

Pour Keynes, les deux premiers facteurs n'auraient qu'une importance secondaire sur le court terme, car les anticipations sur les gains futurs (salariaux ou financiers) sont beaucoup trop incertaines pour affecter notablement la consommation courante. De plus, au niveau global, l'optimisme de certains consommateurs est au moins en partie compensé par le pessimisme d'autres agents économiques. Enfin, concernant plus spécifiquement les gains boursiers, ils ne concernent qu'une petite minorité de la population, « la classe possédante », dont les dépenses ne représentent qu'une assez faible part de la consommation totale.

De même, les variations de taux d'intérêt n'ont qu'un effet négligeable sur la propension à consommer : « rares sont les personnes qui modifient leur train de vie parce que le taux de l'intérêt baisse de 5 à 4 %, si leur revenu global reste le même ». Par contre, et Keynes insiste fortement sur ce point, une hausse du taux d'intérêt aura un effet dépressif sur la quantité d'épargne réelle (la hausse du taux d'intérêt engendre une diminution de l'investissement qui aura pour effet de réduire le revenu national et donc la quantité épargnée). Il s'agit là d'un rejet catégorique de la théorie néoclassique du taux d'intérêt fixant l'équilibre du marché du capital entre épargne et investissement (*cf.* chapitre 4 de ce livre, partie B, section 2).

Seule finalement la dernière variable envisagée, la *structure d'imposition** est selon Keynes en mesure d'agir à court terme sur la propension à consommer, mais il s'agit là d'un paramètre exogène au système de marchés puisqu'il est du ressort de l'État.

Structure d'imposition : le montant total des prélèvements obligatoires n'est ici pas en cause car il donne lieu à des dépenses publiques et à une redistribution de revenu.

Au final, les **facteurs subjectifs,** « sans être immuables, ont peu de chances de subir un changement notable en un court laps de temps sauf *circonstances anormales** ou révolutionnaires » (*T.G.,* chapitre 8, section 1). De même, les **facteurs objectifs,** « sans pouvoir être négligés, ont peu de chances d'agir beaucoup dans les circonstances ordinaires ». **En conséquence, la propension à consommer devrait être un paramètre relativement stable sur le court terme.**

Circonstances anormales : Keynes pense vraisemblablement ici aux périodes de guerre, aux phénoménales plus-values boursières réalisées durant les années 20, ou à la grande dépression issue de la crise de 1929.

C'est sur ces bases que Keynes va ensuite établir une liaison entre l'investissement et le revenu par le mécanisme du multiplicateur (*Cf.* chapitre 4 de ce livre). Pourtant, il semble parfois avoir un doute sur la stabilité de la propension à consommer : « le train de vie des individus a généralement la priorité dans l'emploi de leurs revenus et ils ont tendance à épargner la différence qui apparaît entre leurs revenus effectifs et la dépense correspondant à leur train de vie habituel ; ou bien, s'ils ajustent leurs dépenses aux variations de leur revenu, ils ne peuvent le faire qu'imparfaitement dans l'espace de courtes périodes. Aussi la hausse du revenu est-elle associée à un accroissement plus marqué de l'épargne (et la baisse du revenu à une diminution plus marquée de l'épargne) aussitôt après son apparition qu'au cours de la période ultérieure » (*T.G.,* chapitre 8, section 3). Et c'est cette intuition sur l'instabilité de la fonction de consommation sur le court terme qui va en fait se révéler juste dans les travaux empiriques ultérieurs.

B

DOUTES EMPIRIQUES ET PREMIÈRES REFORMULATIONS DE LA FONCTION DE CONSOMMATION

Au lendemain de la Seconde Guerre mondiale, la plupart des pays industrialisés mettent en place des *systèmes de comptabilité nationale**. Dès lors, ces premières constructions de séries statistiques cohérentes et homogènes vont permettre de tester l'hypothèse keynésienne de relation causale entre le revenu national et la consommation totale des ménages. Les vérifications économétriques aboutiront cependant à des résultats contradictoires (section 1) qui vont conduire à des reformulations de la fonction de consommation prenant en compte la répartition des revenus (section 2) et l'inertie due aux habitudes (section 3).

Keynes n'y est pas étranger, puisqu'il participe et influence les travaux anglais d'***élaboration de comptes nationaux*** menés entre 1940 et 1943.

1 - Une réalité peu conforme à l'hypothèse keynésienne ?

Afin de valider ou non la « loi psychologique fondamentale », deux types de tests sont envisageables :

- **sur séries temporelles.** On observe sur des périodes successives (mois, trimestres ou années) la relation entre les agrégats nationaux de consommation finale et de *revenu disponible brut** ;
- **en coupe instantanée.** À un instant donné, on étudie les montants de consommation de ménages aux niveaux de revenus disponibles différents.

En matière de séries temporelles, sur données américaines (1869-1938), *Kuznets** publie en 1946 les premières tentatives de vérifications de la théorie de la fonction de consommation de Keynes (*National Product since 1869*). Il aboutit à la conclusion suivante : **sur le long terme, la propension moyenne à consommer est constante** (il estime sa valeur à 0,86) et approximativement égale à la propension marginale, ce qui correspond à la première interprétation graphique (fonction linéaire, *cf.* figure 1 a). Aujourd'hui encore, le constat reste inchangé. Ainsi, dans le cas de la France, la « droite de consommation » passe par l'origine (*cf.* fig. 3). Une simple régression (sur les données 1949-1997) permet d'estimer que la propension moyenne (la pente de la droite) est d'environ 0,84 (soit une valeur très proche de celle calculée par Kuznets 50 ans plus tôt sur un autre pays).

Revenu disponible brut : c'est le montant des revenus qui reste à la disposition des ménages pour consommer et épargner. À partir du revenu primaire (salaires, bénéfices des entrepreneurs individuels, revenus financiers et immobiliers), on l'obtient en soustrayant les impôts directs et les cotisations sociales et en ajoutant les prestations sociales reçues.

Simon Kuznets : économiste américain (1901-1985), né en Russie, Prix Nobel d'économie en 1971 pour ses travaux d'interprétation de la croissance économique et du développement.

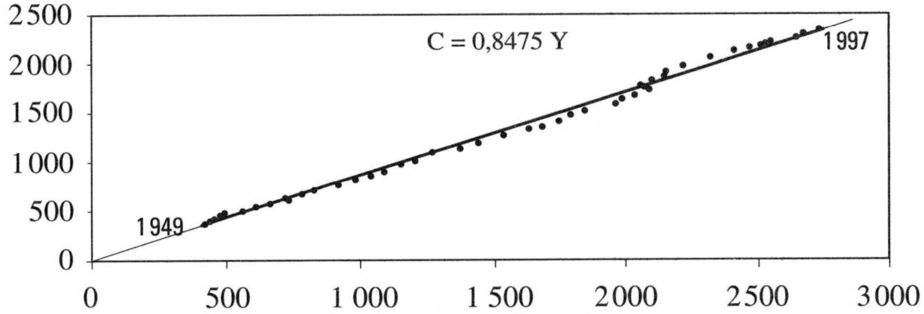

Fig. 3 : Relation consommation finale des ménages / revenu disponible brut
(en milliards de francs 1980)

En revanche, sur le court terme (séries trimestrielles sur une dizaine d'années), **la propension moyenne à consommer est décroissante** et la propension marginale lui est sensiblement inférieure, ce qui correspond grossièrement à la figure 1.b (fonction affine ne passant pas par l'origine).

Remarque : la propension moyenne à épargner (ou taux d'épargne) fluctue donc entre un ***maximum de 21 %*** en 1977 et un ***minimum de 11 %*** en 1987-1988.

Mais surtout la qualité prévisionnelle de l'estimation n'est pas bonne. La propension moyenne est relativement instable (*cf.* fig. 4). En France, elle remonte ainsi fortement de *près de 10 points entre 1978 et 1987** avant de s'affaiblir quelque peu depuis.

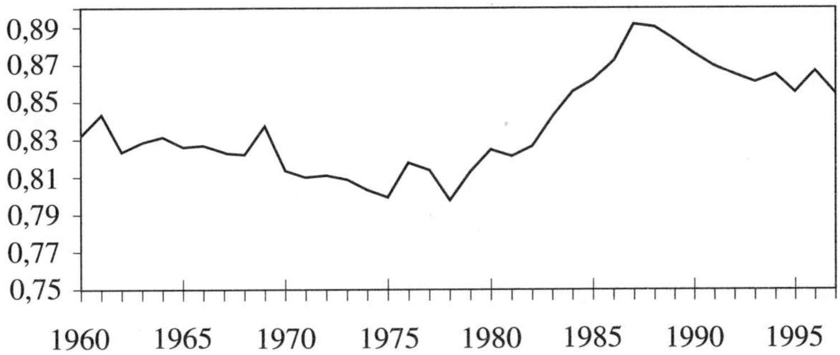

Fig. 4 : Évolution de la propension moyenne à consommer

De plus, **la propension marginale est très volatile** et devient particulièrement erratique depuis la fin des années 80 (*cf.* fig. 5 ; on remarquera que la propension marginale à consommer peut être ponctuellement supérieure à 1, ce qui signifie que la croissance de la consommation est supérieure à la croissance du revenu).

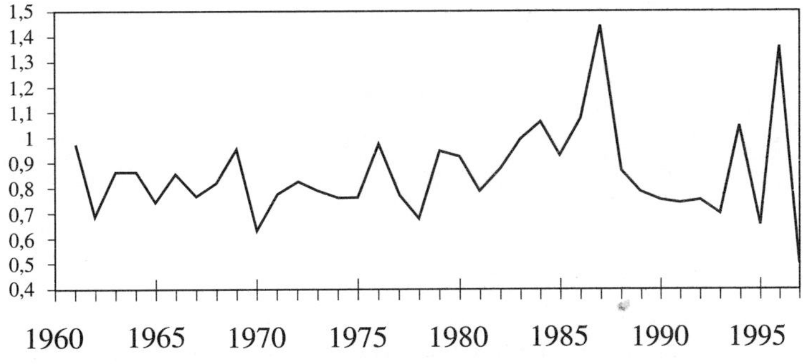

Fig. 5 : Évolution de la propension marginale à consommer

Enfin, **en coupe instantanée** (par tranche de revenu), **à un moment donné, lorsque l'on progresse dans l'échelle des revenus, les propensions moyenne et marginale à consommer sont tendanciellement décroissantes,** ce qui correspond à peu près à la figure 1. c (fonction concave ; *cf.* par exemple l'exercice 2.4). Les ménages « riches » consomment proportionnellement (au revenu) moins que les ménages « pauvres ». Vers le milieu de l'échelle sociale, la propension marginale à consommer serait ainsi d'environ 0,75, ce qui signifie qu'à un instant donné si l'on compare deux ménages dont la différence de revenu est de 1 franc, la différence de consommation n'est, quant à elle, que de 75 centimes.

Ces résultats, qui couvrent donc les trois interprétations précitées, posent deux problèmes au regard de l'hypothèse de Keynes :
- comment les rendre compatibles ?
- comment expliquer l'instabilité de la propension à consommer sur le court terme, sans pour autant renoncer au message keynésien ?

2 - La prise en compte de la répartition des revenus

Afin d'expliquer les divergences de résultats entre données transversales et temporelles, Duesenberry élabore en 1949 une théorie socio-économique de la fonction de consommation, qui repose sur l'idée que les ménages déterminent leurs choix de consommations en imitant les modes de vie de la couche sociale immédiatement supérieure (*Income, Saving and the Theory of Consumer Behavior*).

Consommation et sociologie. Cette idée de désirs socialisés de consommation apparaît dans l'ouvrage de 1899 de Thorstein Veblen intitulé *La théorie de la classe de loisir.* Elle sera reprise par de nombreux sociologues, dont le Français Jean Baudrillard (notamment dans son livre de 1972, *Pour une critique de l'économie politique du signe*). Pour lui, la consommation n'est pas seulement « privée, atomisée et passive », elle est également « sociale, relationnelle et active ». L'achat d'un bien est à la fois un signe de volonté de communication (d'intégration dans un groupe social et corollairement de distinction vis-à-vis des autres groupes sociaux), et un signe psychosomatique de volonté de transgression, de recherche d'évasion (de surcompensation).

Cet « **effet de démonstration** » du voisinage social pousse à consommer proportionnellement plus. En effet, les agents économiques ne définissent plus leur niveau et leur structure de consommation uniquement en fonction du montant de leur revenu personnel (« revenu absolu ») mais également par référence aux dépenses, et donc aux revenus des catégories qui leur sont socialement les plus proches. Cette théorie du **« revenu relatif »** va permettre de concilier les constats obtenus sur données transversales et données chronologiques.

Supposons qu'il n'existe pour simplifier que deux groupes sociaux : les « pauvres » (i) et les « riches » (j) qui se partagent le revenu national Y en deux parts (a % pour la classe de revenu i, $1 - a$ % pour la classe j ; avec évidemment $a \% < 50 \%$). Du fait des comportements d'imitation, les pauvres ont une propension moyenne à consommer plus élevée que les riches, soit : $c_i > c_j$. La fonction de consommation nationale, somme des consommations des deux catégories sociales, peut alors s'écrire :

$$C = C_i + C_j = c_i a Y + c_j (1 - a) Y$$

Ainsi, **sur données transversales,** la propension moyenne est décroissante avec le revenu (fonction affine $C_{(dt)}$ sur la figure 6 ci-contre). Par contre, **sur série chronologique** (fonction linéaire $C_{(sc)}$), elle demeure constante et égale à :

$c = (ac_i + (1 - a)c_j)$ (à condition que restent identiques la répartition des revenus et les propensions à consommer de chaque catégorie sociale, *i.e.* a, c_i, c_j constants).

Concrètement, ceci se traduit par une sorte « d'escalier roulant » de la consommation : lorsque leur revenu augmente, les « pauvres » rattrapent progressivement le niveau de consommation antérieur des « riches » qu'ils cherchaient à imiter, et pourraient donc revenir à une propension à consommer « normale ». Mais ces derniers, dont les revenus ont également augmenté, ont parallèlement accru leur consommation, notamment du fait de leur volonté de se différencier « de la masse » (l'esprit de distinction cher au sociologue français Bourdieu). Et les pauvres sont donc contraints (psychologiquement) de continuer à « sur-consommer ».

Paradoxalement, une réduction des inégalités de richesses pourrait alors conduire à une diminution de la propension moyenne nationale à consommer puisque ce jeu simultané d'imitation et de différenciation n'aurait plus la même importance (*cf.* exercice 2.6).

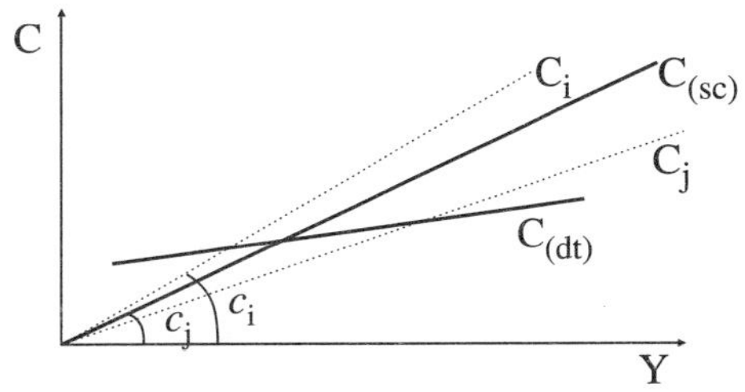

Fig. 6 : Articulation des fonctions de consommation sur données transversales, $C_{(dt)}$ **et sur séries chronologiques,** $C_{(sc)}$

Consommation et partage salaires / profits. Dans un esprit de synthèse keynésiano-marxiste, **Kaldor** construit un modèle assez semblable mais aux conclusions quelque peu différentes. Les parts du revenu national sont constituées du total des salaires (a) et du total des profits ($1 - a$). Les « riches » sont alors les capitalistes qui ont les moyens de consommer mais des besoins insuffisants (ils sont proches du seuil de satiété). Leur propension à consommer (c_j) est donc faible. À l'inverse, les salariés (prolétaires) ont des besoins mais pas suffisamment de ressources. Leur propension c_i est proche de 1 (*cf.* exercice 2.5). Dans ce cadre, en revanche, une réduction des inégalités, par une politique volontariste de redistribution (*cf.* chapitre 4, partie C), pousserait à la hausse la propension à consommer.

3 - Le poids des habitudes

Le second défi pour les économistes post-keynésiens est d'expliciter l'instabilité de la propension à consommer sur le court terme.

Vraisemblablement, et Keynes l'avait déjà noté, les ajustements de la consommation aux modifications du revenu courant ne sont pas immédiats, mais plutôt décalés dans le temps. **Ces retards sont à la fois volontaires,** le consommateur s'étant habitué à un certain niveau de consommation, **et contraints,** car certaines dépenses sont incompressibles à court terme (par exemple le remboursement d'un emprunt-logement). Cette relative inertie des comportements se retrouve parfaitement dans l'évolution de la consommation des Français.

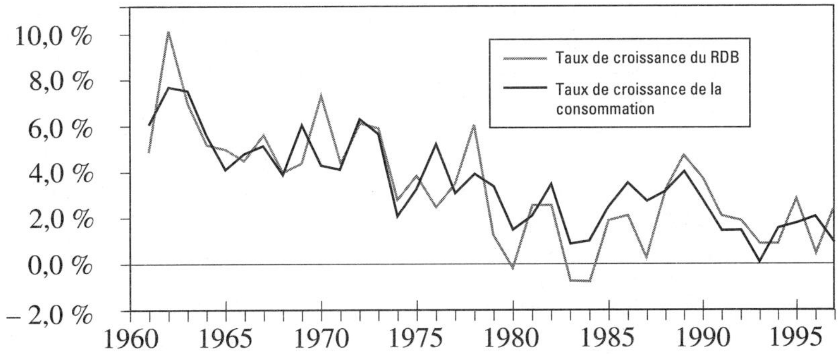

Fig. 7 : Taux de croissance de la consommation et du RDB (en termes réels)

Deux phénomènes apparaissent assez nettement sur la figure 7 :

– les fluctuations de la consommation sont en général atténuées par rapport à celles du revenu. Quand le taux de croissance du revenu augmente, celui de la consommation s'élève, mais plus faiblement. Inversement, quand la croissance du revenu se ralentit, la consommation s'affaiblit, mais dans des proportions inférieures ;
– la consommation réagit souvent avec un certain retard aux variations du revenu. La courbe de consommation est très légèrement décalée par rapport à celle du revenu.

Duesenberry en 1948 modélise ces faits sous la forme d'une fonction de consommation dont les variables explicatives sont le revenu courant (Y_t) et le revenu maximal (Y_M) atteint par le passé : $C_t = C(Y_t, Y_M)$.

Lors d'une baisse de ses revenus présents, le ménage essaie de maintenir — autant que possible — son niveau de consommation antérieur. Il ajuste sa consommation par rapport à Y_M, ce qui se traduit par une diminution de la proportion épargnée sur le revenu courant. On a là une sorte d'**effet de cliquet,** qui rend impossible tout retour en arrière du montant de la consommation. Inversement, lorsque le revenu augmente, Y_M joue un rôle de frein sur la consommation et le ménage a tendance à épargner proportionnellement plus.

L'évolution **sur le court terme** de la propension moyenne à consommer (C_t/Y_t) est alors contracyclique : elle augmente en période de diminution de revenu, elle baisse en période d'expansion. Mais **sur le long terme,** la propension moyenne est constante car du fait du développement économique, revenu maximal et revenu courant sont alors égaux.

Cependant cette construction est vite apparue comme étant trop rigide car elle repose sur une totale irréversibilité des comportements. En conservant le même cadre d'analyse, Thomas Brown en 1952 élabore une version « atténuée » de ce type de fonction de consommation sous la forme :

$$C_t = cY_t + aC_{t-1} + b \text{ où } 0 < a < 1$$

La consommation dépend toujours du revenu courant (Y_t), et cette fois-ci de la consommation de la période antérieure (C_{t-1}) et non du revenu maximal du passé. Les consommateurs ont ici un comportement inertiel : plus a est élevé, plus l'effet de mémoire est important (ce qui correspond à l'intégration d'un degré d'autorégressivité).

Sur le court terme, l'ajustement de la consommation au revenu sera partiel car C_{t-1} freine les modifications de la consommation tant à la hausse qu'à la baisse. Et la propension marginale à consommer est alors $dC/dY = c$.

Sur le long terme, lorsque la consommation est stationnaire, cette même propension marginale à consommer sera par contre plus élevée et égale à $c/(1-a)$; (la consommation est dite stationnaire lorsque $C_t = C_{t-1} = C_{t-2} = \ldots$ On a donc $C = cY + aC + b$, soit $(1-a)C = cY + b$ et $dC/dY = c/(1-a)$. Et comme $0 < a < 1$, alors $c/(1-a) < c$).

Cette introduction de comportements inertiels procure donc une source séduisante d'éclaircissement des énigmes empiriques. Mais cette prise en compte des événements du passé constitue également un élément d'affaiblissement de la théorie keynésienne dans lequel va « s'engouffrer » la contre-attaque néoclassique menée par Milton Friedman.

C

CHOIX INTERTEMPORELS ET DÉBAT SUR LES FONDEMENTS MICRO-ÉCONOMIQUES DE LA FONCTION DE CONSOMMATION

Une des critiques couramment adressées à la théorie de Keynes est de négliger les variables de stock. En particulier, la consommation dépend uniquement d'un flux, le revenu courant, et ne prend pas en compte le « stock » de richesses accumulées par les agents économiques. Or, vraisemblablement, le ménage détermine sa consommation, certes en fonction de son revenu présent, mais aussi au regard de son **patrimoine actuel** (constitué sur la base de ses propensions à épargner passées) et de ses prévisions sur ses **revenus futurs.** L'acte de consommation s'insère ainsi au sein d'un comportement de planification — d'optimisation — des ressources et des dépenses sur plusieurs périodes.

C'est ce cadre d'analyse qui va successivement donner lieu à une attaque frontale contre la théorie keynésienne (section 1), à l'élaboration d'une construction faisant la synthèse entre les approches néoclassique et keynésienne (section 2) et enfin plus récemment à un certain retour aux sources de la *Théorie générale* (section 3).

Le modèle intertemporel du consommateur. Les trois théories de cette partie s'appuient sur le modèle microéconomique intertemporel du consommateur, formalisé notamment par Irving Fisher en 1930. Lorsqu'on limite le calcul à deux périodes, le consommateur cherche à maximiser son utilité $U(C_0,C_1)$, où C_0 est sa consommation présente et C_1 sa consommation future (toutes deux exprimées en valeur). À chaque niveau d'utilité, correspond une courbe d'indifférence (parmi lesquelles U_e sur le graphique).

Le consommateur va alors arbitrer entre les deux consommations, présente et future, en opérant des transferts de ressources, du présent vers l'avenir (épargne qui lui rapportera un revenu financier, le taux d'intérêt réel r) ou de l'avenir vers le présent (emprunt qu'il devra alors rembourser à la période 1 au taux r). S'il dispose d'un revenu présent Y_0 et qu'il anticipe un revenu futur Y_1, les deux contraintes budgétaires périodiques peuvent s'écrire :

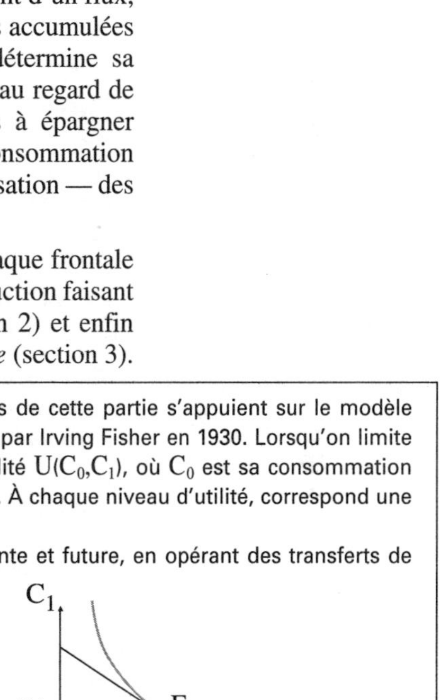

- en 0 : $C_0 + S = Y_0$ où S est positif en cas d'épargne et négatif en cas d'emprunt ;
- en 1 : $C_1 = Y_1 + (1 + r)S$.

Les deux contraintes peuvent être regroupées en une seule, appelée contrainte budgétaire intertemporelle (ici exprimée à la période 0 en tirant S de la seconde équation) :

$$C_0 + \frac{C_1}{1+r} = Y_0 + \frac{Y_1}{1+r} \equiv W$$ où **W est la richesse totale actualisée du ménage** (*i.e.* la somme maximale dont le ménage peut disposer pour consommer en 0 s'il renonce à toute consommation en 1).

À l'équilibre, il y a égalisation du taux de préférence pour le présent γ ($1 + \gamma$ est le taux marginal de substitution en E) et du taux d'intérêt, ce qui détermine sur la période 0 une situation d'épargne (cas du graphique) ou d'emprunt (le point A correspondant à la situation où il n'y a pas de transfert de ressources, *i.e.* $C_0 = Y_0$ et $C_1 = Y_1$).

1 - Le rôle des anticipations : la théorie du revenu permanent

Milton Friedman : économiste américain (Université de Chicago), né en 1912, Prix Nobel en 1976 pour ses travaux sur l'analyse de la consommation et sur l'histoire et la théorie monétaire.

La publication en 1957 de l'ouvrage *A Theory of the Consumption Function* de *Milton Friedman** constitue une étape marquante de la science économique.

Sur le plan positif, Friedman se propose d'opérer le lien entre la théorie microéconomique des choix intertemporels (telle qu'elle est présentée plus haut), et la fonction macroéconomique de consommation. **Sur le plan normatif,** il s'ensuit une remise en question de l'efficacité des politiques interventionnistes de relance keynésienne.

Selon Friedman, le consommateur dissocie au sein de son revenu effectif ($Y_t = Y_t^P + Y_t^T$), ce qu'il juge comme étant de nature durable (dénommé **« revenu permanent »** Y_t^P), de ce qu'il considère comme ayant un caractère temporaire ou accidentel (qualifié de **« revenu transitoire »** Y_t^T), comme des plus-values inattendues, des heures supplémentaires inhabituelles…

De même, sa consommation globale ($C_t = C_t^P + C_t^T$) est composée de deux éléments, une composante « pure », permanente (C_t^P), et une composante transitoire (C_t^T).

Enfin, Friedman considère que la seule relation stable existante est entre revenu permanent et consommation permanente, soit : $C_t^P = kY_t^P$. La part transitoire du revenu est quant à elle plutôt mise de côté (épargne transitoire), mais également en partie consommée (consommation transitoire) au gré des humeurs et des opportunités, **sans qu'il n'y ait de règles préétablies.** Le montant de la consommation observée C_t qui intègre cette consommation transitoire, aléatoire et imprévisible, devient alors instable dans sa relation avec le revenu courant Y_t. Autrement dit, *la propension à consommer fluctue** en fonction des anticipations optimistes ou pessimistes des agents économiques.

Remarque : inversement ***la fonction de demande de monnaie est stable*** pour Friedman et ***instable*** selon Keynes.

Afin de tester son hypothèse, Friedman choisit d'estimer le revenu permanent par une **formule d'anticipations adaptatives.** L'agent révise ses calculs de revenu permanent ($Y_t^P - Y_{t-1}^P$) en prenant en compte une fraction λ de l'écart non prévu entre le revenu actuel constaté Y_t et le revenu permanent anticipé en $t - 1$ pour cette même période Y_{t-1}^P, soit : $Y_t^P - Y_{t-1}^P = \lambda\,(Y_t - Y_{t-1}^P)$ avec $0 < \lambda < 1$. Implicitement, le consommateur considère *a priori,* qu'une proportion λ de l'écart provient d'une erreur de prévision commise à la période précédente sur son revenu permanent, et qu'une proportion $1 - \lambda$ correspond à un revenu transitoire.

L'équation peut également se réécrire : $Y_t^P = \lambda Y_t + (1 - \lambda)\,Y_{t-1}^P$, et en remplaçant dans la relation précédente entre consommation permanente et revenu permanent ($C_t^P = kY_t^P$), on a : $C_t^P = k\lambda Y_t + (1 - \lambda)\,kY_{t-1}^P$, et l'on obtient alors une fonction de consommation sous la forme :

$$C_t^P = k\lambda Y_t + (1 - \lambda)\,C_{t-1}^P$$

La formule est pratiquement équivalente à celle de Brown ($C_t = cY_t + aC_{t-1} + b$), l'unique différence (mais fondamentale) étant ici l'*absence d'un terme constant**. Cette construction permet de résoudre les divers paradoxes soulevés par les travaux empiriques :

Remarque : dans la suite de son ouvrage, Friedman propose ***d'assimiler*** consommation ***permanente*** C^P et consommation ***effective*** C (en excluant les biens durables de consommation).

- **sur le long terme,** les grandeurs effectives rejoignent les grandeurs permanentes (*cf.* l'encadré ci-après), et l'on a donc **une fonction de consommation linéaire** ($C = kY$), et donc une propension moyenne k constante et égale à la propension marginale ;
- **sur le court terme, les propensions à consommer sont instables** car dépendantes des anticipations que font les agents sur le caractère permanent ou non de

la hausse (ou de la baisse) de leur revenu. Ainsi, la propension marginale à consommer est plus faible sur le court terme que sur le long terme ($k\lambda < k$), et la **fonction de consommation est alors affine** ;

– de plus, **en coupe transversale,** si l'on considère que les « pauvres » sont des personnes dont le revenu transitoire est négatif et les « riches » ceux disposant d'un fort revenu transitoire positif, alors la propension moyenne à consommer des pauvres (qui empruntent de façon transitoire) est plus forte que celle des riches (qui font de l'épargne transitoire), et l'on a ainsi une justification de **la fonction de consommation affine** sur données transversales (tous ces points sont développés dans l'exercice 2.7).

Revenu permanent et transformation dite de Koyck. Le concept de revenu permanent peut alternativement être présenté sous l'aspect d'une formule rétrospective.

En effet, on a : (a) $Y_t^P = \lambda Y_t + (1-\lambda)\, Y_{t-1}^P$

De même à la période précédente : (b) $Y_{t-1}^P = \lambda Y_{t-1} + (1-\lambda)\, Y_{t-2}^P$

Et en substituant (b) dans (a), on a : $Y_t^P = \lambda Y_t + \lambda(1-\lambda) Y_{t-1} + (1-\lambda)^2 Y_{t-1}^P$

Et de proche en proche, on obtient :

$$Y_t^P = \lambda Y_t + \lambda(1-\lambda) Y_{t-1} + \lambda(1-\lambda)^2 Y_{t-2} + \ldots + \lambda(1-\lambda)^n Y_{t-n} + \ldots$$

Le revenu permanent dépend donc du revenu courant et des revenus observés sur les périodes passées, dont les pondérations sont déclinantes avec l'éloignement dans le temps ($(1-\lambda)^n \xrightarrow[n\to\infty]{} 0$).

De plus quand le revenu est stationnaire ($Y_t = Y_{t-1} = \ldots = Y_{t-n}$), le revenu permanent tend vers le revenu courant (car $1 + (1-\lambda) + (1-\lambda)^2 + \ldots + (1-\lambda)^n \xrightarrow[n\to\infty]{} 1/\lambda$).

2 - L'INFLUENCE DE LA DÉMOGRAPHIE : L'HYPOTHÈSE DU CYCLE DE VIE

En 1954, *Modigliani** et Brumberg puis, en 1963, Ando et de nouveau Modigliani, soulignent qu'en général **les revenus du travail sont répartis irrégulièrement sur la durée de vie.** Le revenu salarial suivrait une « courbe en cloche » avec l'âge (dont le « sommet » se situe vers la fin de la quarantaine), du fait d'une productivité du travail faible en début de carrière (temps d'apprentissage) et en fin de vie professionnelle (capacité physique déclinante ou formation obsolète).

Franco Modigliani : né en Italie en 1918, naturalisé américain, professeur au MIT (Massachusetts Institute of Technology) et Prix Nobel en 1985 pour ses travaux sur l'épargne et les marchés financiers.

Or, les individus désirent un niveau de consommation relativement stable tout au long de leur vie. Afin de lisser leur potentiel de consommation, ils sont alors dans l'obligation d'opérer des transferts de ressources sur leur cycle de vie par des opérations d'épargne et d'emprunt. Ces transferts se traduisent schématiquement par un **profil de patrimoine net** (actif – passif, *i.e.* placements réalisés – capital emprunté) affecté de « deux bosses » comme le montre la figure 8.

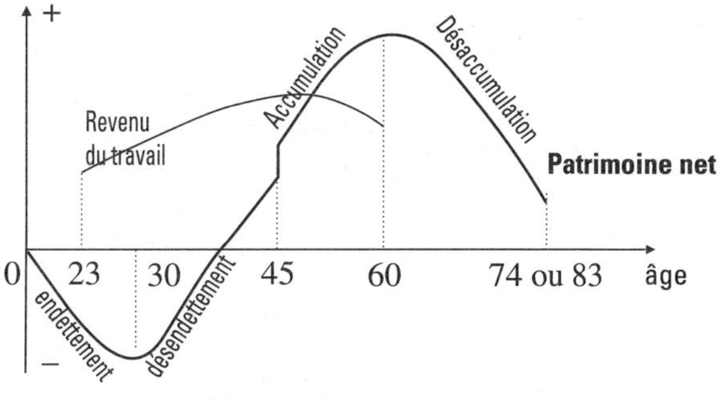

Fig. 8 : Le diagramme (idéal) du cycle de vie

Le consommateur durant son cycle de vie passe par **trois phases** de gestion optimisée de son patrimoine :

– la **« jeunesse »** (0-30 ans). Les dépenses sont supérieures aux ressources tirées du travail. L'individu s'endette pour financer sa formation et faire face aux dépenses d'installation (achat d'automobile, d'électroménager...) lors de son départ du domicile parental (vers 23-24 ans en France actuellement, âge approximatif d'entrée sur le marché du travail).

La valeur de son patrimoine net est de plus en plus négative. Il peut s'agir d'un endettement moral (et affectif) vis-à-vis de ses parents (solidarité intergénérationnelle), ou implicite vis-a-vis de l'État (qu'il remboursera sous forme d'impôts lorsque ses revenus seront plus importants) ;

- **«l'activité »** (30-60 ans). La hausse de revenu lui permet d'abord de se désendetter (la valeur du patrimoine net se rapproche de zéro). Puis il accumule un patrimoine en vue de son inactivité future sous la forme d'achats immobiliers, de capitalisation auprès de fonds de pension, ou d'acquisition de droits à la retraite en cas de système public (le saut du patrimoine vers 45 ans correspond à l'âge moyen à l'héritage en France aujourd'hui) ;
- la **« retraite »** (60 à 74 ans en moyenne pour les hommes, 60 à 83 ans pour les femmes en 1997). Les revenus du travail disparaissent et la personne âgée couvre ses besoins en vendant progressivement les divers éléments de son patrimoine.

L'un des principaux intérêts de la théorie du cycle de vie réside dans la manière dont elle articule les analyses microéconomique et macroéconomique, articulation qui va permettre de résoudre les résultats contradictoires des études empiriques précitées.

Au plan microéconomique, les consommateurs optimisent donc leurs comportements sur leur horizon de vie. Les dépenses courantes de consommation dépendent alors du revenu courant (Y) et du patrimoine calculé sur le cycle de vie (W). Ainsi, deux ménages disposant de revenus équivalents n'auront pas le même niveau de consommation si le montant de leur patrimoine est différent. Pour le cas américain, Ando et Modigliani obtiennent l'estimation suivante : $C = 0{,}7Y + 0{,}06W$.

Sur le court terme, la richesse W peut être considérée comme exogène car une variation ponctuelle du revenu courant n'a qu'une influence très marginale sur la totalité des revenus perçus sur le cycle de vie. En conséquence, **la propension moyenne à consommer** *($C/Y = 0{,}7 + 0{,}06W/Y$)* **est décroissante** lorsque le revenu augmente puisque W/Y s'affaiblit.

Par contre, **sur le long terme**, sur la durée de vie entière de l'individu, **la propension à consommer est constante et égale à un,** car toute augmentation de revenu sera intégralement consommée, le consommateur ne désirant laisser aucune ressource inemployée à sa mort (sauf volonté de legs). Ainsi, en courte période, la fonction de consommation est affine, et en longue période linéaire avec une pente proche de l'unité, ce qui est globalement conforme aux résultats empiriques.

Au plan macroéconomique, l'étude de la consommation agrégée implique l'usage d'un raisonnement en termes de « générations imbriquées ». À un moment donné, au sein de la société cohabitent trois générations — les jeunes, les actifs et les retraités — et la consommation globale résulte des interactions de comportements entre ces trois catégories de la population. En *situation stationnaire**, économiquement et démographiquement, **le taux d'épargne est nul à tout moment.** En effet, les trois générations ont alors les mêmes comportements aux trois âges de la vie, et l'épargne des actifs s'effectue sous la forme de prêts aux jeunes pour leur consommation (qui rembourseront plus tard lorsque, à leur tour, ils deviendront actifs), et de rachats de biens patrimoniaux aux retraités.

Situation stationnaire : la société se reproduit à l'identique ; les niveaux et les structures du revenu national et de la population sont toujours les mêmes.

A contrario, ce sont donc **les faits démographiques et/ou la croissance économique** qui seuls peuvent expliquer l'existence d'une épargne globale positive et ses éventuelles variations.

Ainsi, un rajeunissement de la population engendrera une augmentation de la propension à consommer à travers l'apparition de besoins supplémentaires de crédit à la consommation. Inversement, un allongement de l'espérance de vie provoquera par anticipation une augmentation du volume global d'épargne pour faire face à une retraite plus longue (*cf.* exercice 2.8).

Une augmentation du taux de croissance économique se traduira également par un progrès de l'épargne totale puisque les actifs désireront épargner une plus grande part de leur revenu alors que les retraités ne desépargneront pas plus puisque leur patrimoine s'est constitué sur la base de revenus passés. Selon Modigliani, il est ainsi logique que les pays à fort taux de croissance aient des taux d'épargne particulièrement élevés.

Cette formulation de base de la théorie du cycle de vie peut également être enrichie par la mise en valeur d'autres liens entre démographie et épargne, comme l'incertitude de l'individu quant à la date de sa mort ou la volonté de laisser un héritage à ses descendants. Ainsi, sur le schéma précédent, la valeur non nulle du patrimoine net en fin de vie peut être soit involontaire (mauvaise appréciation de sa durée de vie), soit volontaire (désir de léguer une certaine fortune à ses héritiers).

Mais c'est sans doute la prise en compte des imperfections du marché du capital qui s'avère la plus féconde en termes de réflexion quant aux réactions de la consommation aux variations du revenu courant.

3 - Les contraintes de liquidité, points d'appui de la contre-attaque des nouveaux keynésiens

cf. aussi chapitre 10 à ce sujet.

Un consommateur est soumis à une contrainte de liquidité lorsque, pour un ensemble donné de flux de revenus sur le cycle de vie, il ne peut procéder à la totalité des transferts « à rebours » de richesses désirés. Il lui est alors impossible de faire correspondre ses consommations effectives et ses préférences temporelles.

Au plan macroéconomique, cela signifie qu'aux conditions établies par le marché (taux, montant, durée), il existe un excès de demande d'emprunts solvables (les capacités de remboursement existent) sur l'offre de fonds prêtables, laissant ainsi « une frange de consommateurs insatisfaits » (selon l'expression de Keynes).

Cette imperfection du marché du capital peut surgir :
- soit de **facteurs externes** comme des plafonds réglementaires pour certains taux débiteurs (taux de l'usure par exemple), des mesures d'encadrement du crédit, ou même des entraves informationnelles lorsqu'il existe une interdiction de publicité et d'affichage d'offres de crédit chez les distributeurs ;
- soit de **facteurs intrinsèques** tenant à l'incomplétude du marché provenant de la présence simultanée de risque de défaut et d'asymétrie d'information. En ce cas, les processus d'anti-sélection et de risque moral conduisent à un autorationnement volontaire par les quantités de la part des organismes de prêt. En effet, si ceux-ci décidaient plutôt d'augmenter leurs taux débiteurs afin d'épuiser le marché, il y aurait un renoncement des emprunteurs de bonne foi, et ne subsisteraient plus que les emprunteurs de mauvaise qualité (anti-sélection). De plus, la hausse des taux pousserait les emprunteurs à opter pour des investissements plus risqués (risque moral). La hausse initiale du rendement serait alors plus que compensée par une augmentation de la proportion d'impayés.

Sans possibilités d'emprunt ou uniquement à des taux pénalisants, l'échéancier de consommations est donc bouleversé. **Le lissage de la consommation ne peut plus se faire que par l'épargne.** Les consommateurs sont alors affectés à des degrés divers, en fonction de leurs anticipations, de leurs besoins, de leurs revenus et du niveau de leurs actifs financiers.

Pour les ménages contraints, tout supplément de revenu inattendu constituera une chance de se rapprocher du plan de consommation optimal. Inversement une baisse temporaire de revenu (suite par exemple à une période de chômage) affecte plus les ménages de queue de distribution et/ou aux actifs financiers rares, qui doivent donc impérativement réduire leur consommation dans les mêmes proportions. Dans les deux cas, la propension marginale à consommer est proche de un (sur ce point, *cf.* question 6 de l'exercice 2.8).

Au niveau agrégé, la propension marginale à consommer de l'économie dans son ensemble sera donc plus élevée qu'en l'absence de contrainte de liquidité, et nous retrouvons ici indirectement le résultat de la myopie keynésienne :
- la consommation réagit fortement aux variations du revenu courant;
- elle se contracte sensiblement lorsque l'incertitude s'accroît. L'impossibilité d'emprunter en cas de coup dur même temporaire engendre une épargne préalable de précaution.

QUESTIONS À CHOIX MULTIPLES

(Pour chaque question, une seule réponse est possible.)

1 - Selon la loi psychologique fondamentale, les dépenses de consommation :

a. augmentent plus vite que le revenu.

b. décroissent lorsque le revenu augmente.

c. sont dans un rapport avec le revenu qui décroît lorsque ce dernier augmente.

d. tout est faux.

2 - Propensions marginale et moyenne sont égales et constantes :

a. quand la fonction de consommation passe par l'origine.

b. quand la fonction de consommation est affine.

c. quand la fonction de consommation est concave.

d. quand la fonction de consommation est convexe.

3 - Suite à une augmentation de revenu de 20 F, la hausse de la consommation est de 14 F ; laquelle de ces affirmations est juste :

a. la propension moyenne à consommer est de 0,7.

b. la propension marginale à épargner est de 0,3.

c. la propension moyenne à épargner est de 0,3.

d. la propension marginale à consommer est de 14.

4 - Désépargner, c'est :

a. avoir une consommation supérieure à son revenu disponible.

b. s'endetter.

c. vendre une partie de son patrimoine.

d. les trois réponses précédentes sont toutes justes.

5 - Pour Keynes, une augmentation du taux d'intérêt entraîne :

a. une baisse de la quantité d'épargne réelle.

b. une hausse de la propension moyenne à épargner.

c. une hausse du taux d'épargne.

d. une baisse du désir d'épargne.

6 - La plupart des vérifications empiriques sur la fonction de consommation conduisent aux résultats suivants :

a. la propension moyenne à consommer est constante sur le long terme, sur le court terme et en coupe transversale.

b. la propension moyenne à consommer est décroissante sur le long terme et constante sur le court terme et en coupe transversale.

c. la propension moyenne à consommer est constante sur le long terme, décroissante sur le court terme et en coupe transversale.

d. la propension moyenne à consommer est constante sur le long terme, décroissante sur le court terme et croissante en coupe transversale.

7 - Selon la théorie du revenu relatif :

a. les pauvres imitent les riches.

b. les riches essaient de se distinguer des pauvres.

c. les pauvres rattrapent progressivement le niveau de consommation des riches.

d. les pauvres consomment trop.

8 - L'effet de cliquet signifie que :

a. lorsque le revenu augmente, la consommation augmente moins que proportionnellement.

b. lorsque le revenu baisse, la consommation baisse moins que proportionnellement.

c. lorsque le revenu baisse, la consommation augmente.

d. lorsque le revenu baisse, la consommation reste inchangée.

9 - Selon la théorie du revenu permanent, une hausse transitoire du revenu :

a. entraîne une augmentation de la propension moyenne à consommer.

b. n'a aucun effet, ni sur l'épargne, ni sur la consommation.

c. est sans effet sur la propension moyenne à consommer.

d. occasionne une baisse de la propension moyenne à consommer.

10 - Dans le cadre de l'hypothèse du cycle de vie, lorsque la population d'un pays vieillit, la propension moyenne à épargner de la nation est :

a. décroissante.

b. croissante.

c. constante.

d. constante et égale à zéro.

(Les réponses se trouvent en fin d'ouvrage, p. 413.)

EXERCICE CORRIGÉ 2.1

Fonction de consommation affine (A,1)

Soit la fonction de consommation suivante : C = 0,7Y + 3, où C est le montant de la consommation finale des ménages et Y le revenu national.

1. Comment Keynes définit-il l'épargne ? Déterminer la fonction d'épargne. Marquer la différence entre les analyses néoclassique et keynésienne sur ce point.

2. Tracer sur un même graphique les droites de consommation et d'épargne (pour Y variant de 0 à 30). Déterminer le montant du seuil de rupture. Expliquer sa signification. Que représente la valeur 3 ?

3. Déterminer les propensions moyennes et marginales à consommer et à épargner. Commenter. Comment évoluent-elles lorsque Y croît ? Comment les représenter sur le graphique précédent pour les valeurs Y = 1 ; Y = 10 ; Y = 30.

4. Comment interpréter cette fonction de consommation : C = 0,7Y – 3 ?

5. Lorsque C = 0,7Y + 3, comment évolue l'écart entre le revenu national et le montant de la consommation globale lorsque la société s'enrichit ? Commenter.

6. Graphiquement, quelles seraient les conséquences d'une volonté des ménages d'accroître leur épargne de précaution ?

CORRIGÉ

1. Keynes affirme **:** « l'épargne est l'excès du revenu sur la dépense pour la consommation ». L'épargne constitue une non-consommation, et elle est donc définie par la différence entre le revenu et la consommation : S = Y – C (S, pour *saving* en anglais). C'est en quelque sorte un résidu, une fois les décisions de consommation prises.

En utilisant l'équation de l'énoncé, on a donc :

$$S = Y - C = Y - (0{,}7Y + 3) = (1 - 0{,}7)Y - 3$$

La fonction d'épargne est donc ici :

$$\boxed{S = 0{,}3Y - 3}$$

Pour Keynes, l'épargne est reliée au revenu courant Y, alors que pour les néoclassiques, l'épargne dépend principalement du niveau du taux d'intérêt, ce que rejette absolument Keynes : « les variations de courte période du taux de l'intérêt ne sont pas de nature à exercer directement sur le montant de la dépense une influence sensible dans un sens ou dans l'autre ».

2. Pour Y = 0, C = 3 et S = – 3 ; pour Y = 30, C = 24 et S = 6. Ces valeurs nous permettent de tracer les deux droites de consommation et d'épargne (*cf.* fig. 9).

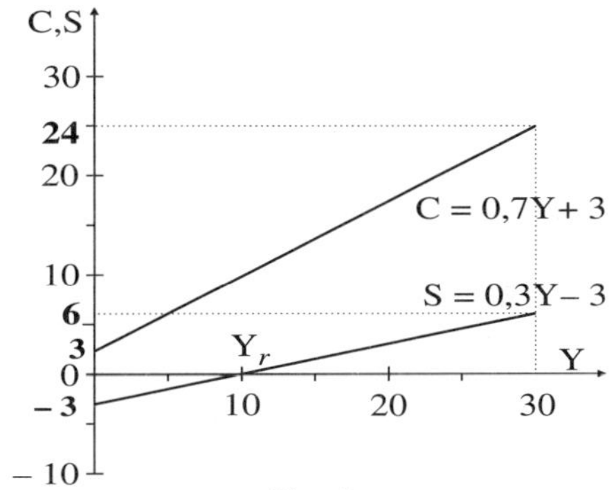

Fig. 9

Le seuil de rupture est le niveau de revenu pour lequel l'intégralité du revenu est consommée, et donc S = 0. D'où en remplaçant : $0 = S = 0{,}3Y_r - 3$, et donc $Y_r = 10$. Ce seuil marque le passage de la désépargne (épargne négative) à l'épargne. La désépargne est une situation où les ménages s'endettent auprès du reste des agents économiques résidents, ou bien leur vendent des actifs, afin de financer une partie de cet excès de consommation.

Dans l'équation de la fonction de consommation, 3 représente le montant de la consommation dite incompressible, correspondant au minimum de subsistance nécessaire à la population du pays. En fait, l'introduction d'une telle constante relève plutôt d'un choix *ad hoc* afin de disposer d'une propension moyenne à consommer décroissante avec le revenu (*cf.* question 4).

3. La propension moyenne à consommer traduit la part du revenu affectée à la consommation, soit le rapport de la consommation totale au revenu :

$$\frac{S}{Y} = \frac{0{,}7Y + 3}{Y} = 0{,}7 + \frac{3}{Y}$$

La propension marginale à consommer indique la hausse de la consommation résultant d'un accroissement du revenu :

$$c = \frac{dC}{dY} = 0{,}7$$

Lorsque le revenu augmente de 1 franc, la consommation n'augmente que de 70 centimes.
La propension moyenne à épargner (aussi appelée taux d'épargne) représente la part du revenu affectée à l'épargne, soit le rapport :

$$\frac{S}{Y} = \frac{0{,}3Y - 3}{Y} = 0{,}3 - \frac{3}{Y}$$

On vérifie ainsi que la somme des propensions moyennes à consommer et à épargner est bien égale à 1 (comme Y = C + S, en divisant les deux membres par Y, il vient C / Y + S / Y = 1).

La propension marginale à épargner permet de connaître l'effet d'une augmentation du revenu sur le montant d'épargne :

$$s = \frac{dS}{dY} = 0{,}3$$

La somme des propensions marginales est aussi égale à 1, puisqu'un franc supplémentaire de revenu n'a que deux emplois possibles, la consommation et l'épargne (dY = dC + dS, d'où en divisant les deux membres par dY : $1 = dC/dY + dS/dY = c + s$).

Lorsque le revenu augmente, la propension moyenne à consommer diminue et tend vers la propension marginale à consommer 0,7 (la consommation incompressible jouant un rôle de moins en moins important au fur et à mesure que la société s'enrichit) :

$$\frac{C}{Y} = 0{,}7 + \frac{3}{Y} \xrightarrow[Y \to +\infty]{} 0{,}7$$

Symétriquement, pour les mêmes raisons, le taux d'épargne tend vers 0,3. Par contre, les deux propensions marginales, à consommer et à épargner, restent constantes, quel que soit le niveau du revenu national : $c = 0{,}7$ et $s = 0{,}3$.

Pour les valeurs de l'énoncé, on obtient les propensions moyennes et marginales suivantes :

	C / Y = 0,7 + 3 / Y	S / Y = 0,3 – 3 / Y	*c*	*s*
Y = 1	3,7	– 2,7	0,7	0,3
Y = 10	1	0	0,7	0,3
Y = 30	0,8	0,2	0,7	0,3

Graphiquement, la propension moyenne à consommer correspond à la pente de la droite reliant l'origine au point considéré. Ainsi, pour un revenu national de 30 (distance $0Y_3$ sur l'axe des abscisses), la consommation totale est de 24 (distance $0C_3$ sur l'axe des ordonnées), et donc on obtient : $(C/Y)_3 = 0C_3/0Y_3 = 24/30 = 0{,}8$. La représentation graphique permet de visualiser la décroissance de la propension moyenne à consommer : la pente est de plus en plus faible (*cf.* fig. 10).

La propension marginale représente la pente de la tangente à la fonction au point considéré. Puisqu'il s'agit ici d'une droite, elle est donc toujours identique.

4. En ce cas, on a :

$$\frac{C}{Y} = 0{,}7 - \frac{3}{Y}$$

Quand le revenu augmente, la propension à consommer est alors croissante, ce qui n'est pas conforme à la loi psychologique fondamentale.

5. L'écart entre le revenu et la consommation totale (donc le montant d'épargne) est croissant en montant absolu :

Y – C = S = 0,3Y – 3. Ainsi pour Y = 1, il est de – 2,7 (la consommation est supérieure au revenu) ; pour Y = 10, il est de 0 (seuil de rupture) ; pour Y = 30, il est de 6 (pour Y = 100, il serait de 27, pour Y = 1 000 de 297). Le problème de débouchés est donc de plus en plus important. En termes relatifs, lorsqu'on rapporte cet écart au montant du revenu, il est également croissant mais converge vers 30 %, puisque l'on retrouve alors la limite de la propension moyenne à épargner (*cf.* fig. 11)

$$\frac{Y - C}{Y} = \frac{S}{Y} = 0{,}3 - \frac{3}{Y} \xrightarrow[Y \to +\infty]{} 0{,}3$$

Fig. 10

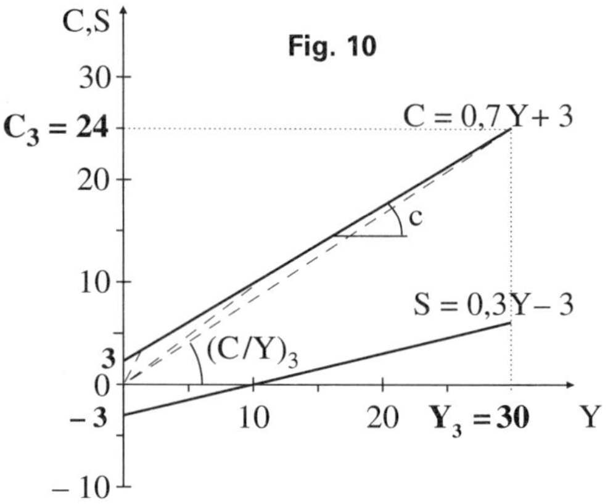

Fig. 11

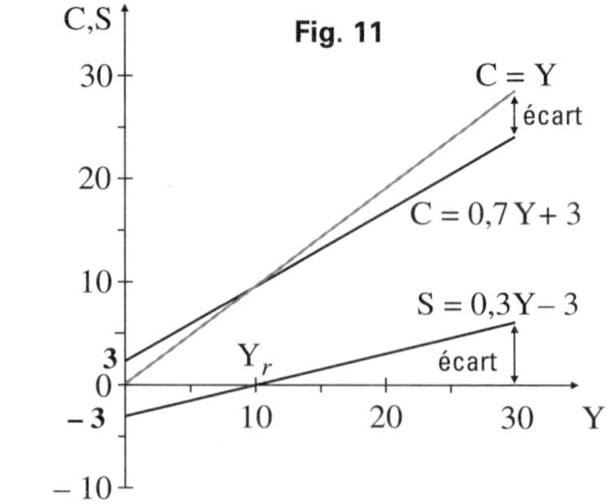

6. Deux interprétations sont possibles :

- pour chaque niveau de revenu, les ménages désirent épargner un montant supérieur ; ceci se traduit par un déplacement parallèle vers le haut de la fonction d'épargne (par exemple S = 0,3Y – 2 sur le schéma ci-contre) ;
- pour chaque niveau de revenu, les ménages désirent épargner une proportion supérieure ; ceci se traduit par une rotation vers le haut de la fonction d'épargne (par exemple S = 0,5Y – 3) (*cf.* fig. 12).

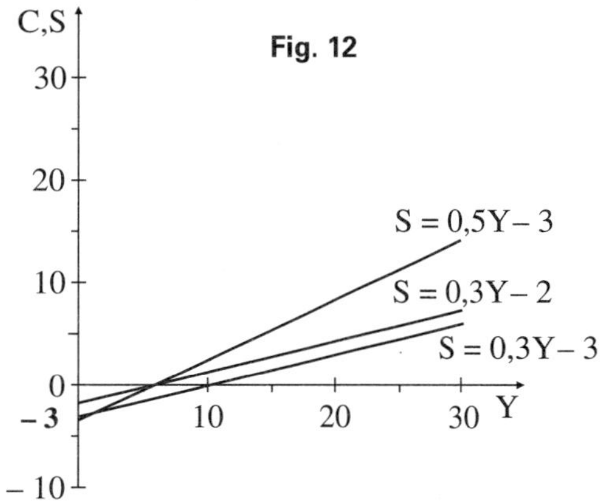

Fig. 12

EXERCICE PROPOSÉ 2.2

N.B. : Cet exercice peut être facilité par l'usage d'un tableur.

Comparaison de fonctions de consommation (A, 1)

On dispose des 4 séries de consommation suivantes :

Période	Y	C1	C2	C3	C4
1	100	100	80	94	100
2	110	107,5	88	100,8	102
3	115	111,25	92	104,2	105,9
4	140	130	112	121	124,2
5	120	115	96	104,2	110,3
6	80	85	64	80,4	83,1

Calculer les propensions moyenne et marginale à consommer pour chaque série. Commenter.

DÉMARCHE

La propension marginale de la période *t* est calculée selon la formule suivante :

$$c_t = \frac{\Delta C}{\Delta Y} = \frac{C_t - C_{t-1}}{Y_t - Y_{t-1}}$$

Ainsi pour la première série :

$$c_2 = \frac{107{,}5 - 100}{110 - 100} = 0{,}750$$

RÉSULTATS

On obtient les résultats suivants :

Période	C1/Y	pmc1	C2/Y	pmc2	C3/Y	pmc3	C4/Y	pmc4
1	1,000	-	0,800	-	0,940	-	1,000	
2	0,977	0,750	0,800	0,800	0,916	0,679	0,927	0,200
3	0,967	0,750	0,800	0,800	0,906	0,677	0,921	0,780
4	0,929	0,750	0,800	0,800	0,865	0,675	0,887	0,731
5	0,958	0,750	0,800	0,800	0,906	0,676	0,959	0,554
6	1,063	0,750	0,800	0,800	1,005	0,681	1,038	0,779

Pour la série 1, la propension moyenne à consommer est décroissante : elle diminue quand le revenu augmente (périodes 1 à 4), elle augmente quand le revenu diminue (périodes 5 et 6). La propension marginale est constante. On est ici dans le cas considéré généralement comme keynésien de la **fonction affine** (dont on peut facilement retrouver l'équation : 100 est le seuil de rupture (Y = C), on a donc $0{,}75 \times 100 + b = 100$, ce qui donne $b = 25$).

Pour la série 2, les propensions moyenne et marginale sont constantes et identiques. Il s'agit d'une **fonction linéaire** passant par l'origine conforme aux travaux de Kuznets et aux vérifications empiriques de long terme sur le cas français.

Pour la série 3, les deux propensions sont décroissantes : elles diminuent sur les périodes 1 à 4 et réaugmentent ensuite quand le revenu chute. Il s'agit d'une **fonction concave** qui correspond à la remarque de Keynes dans sa *Théorie générale* sur la décroissance de la propension marginale à consommer lorsque le revenu augmente (*N.B.* : l'équation exacte ayant servi à l'élaboration de cette série est : $C = 0{,}7Y + 25 - 0{,}0001Y^2$).

Pour la série 4, les valeurs des deux propensions sont profondément instables. On peut cependant noter que la consommation réagit avec une relative inertie aux variations du revenu, notamment quand le revenu décroît (la propension moyenne augmente fortement), ce qui correspond globalement à l'hypothèse **d'effet d'inertie** de Thomas Brown (*N.B.* : l'équation de cette série est : $C_t = 0{,}7Y_t + 0{,}2\,C_{t-1} + 5$).

EXERCICE CORRIGÉ 2.3

N.B. : Cet exercice peut être facilité par l'usage d'un tableur.

Calcul de propensions à consommer sur séries chronologiques : comparaison France-États-unis (A, 2 ; B, 1)

L'INSEE propose les données suivantes :

	RDB	CF
1988	2231	1986
1989	2337	2064
1990	2423	2120
1991	2475	2149
1992	2521	2178
1993	2540	2181
1994	2559	2211
1995	2630	2248
1996	2644	2292
1997	2706	2312
1998	2791	2399

Le ministère du commerce américain propose les statistiques suivantes :

	RDB	CF
1988	4325	4094
1989	4412	4192
1990	4490	4261
1991	4484	4232
1992	4605	4341
1993	4667	4462
1994	4773	4605
1995	4906	4739
1996	5043	4898
1997	5183	5075
1998	5344	5320

Le revenu disponible brut (RDB) et la consommation finale (CF) des ménages sont exprimés en termes réels et en milliards respectivement de francs et de dollars.

1. Qu'est-ce que le revenu disponible brut ? La consommation finale ? Que signifie « en termes réels » ?

2. Calculer les propensions moyenne et marginale à consommer et le taux d'épargne pour les années 1989 à 1998. Représenter sur un même graphique l'évolution du taux d'épargne en France et aux États-Unis sur 1989-1998.

3. Commenter les résultats. Semblent-ils conformes à la loi psychologique fondamentale ? Quelle est la signification d'une propension marginale à consommer supérieure à un ? Quelle est la signification d'une propension moyenne à consommer supérieure à un ? Comment est-ce possible ?

CORRIGÉ

1. Les ménages perçoivent des revenus du travail (salaires nets de cotisations sociales, revenus non salariaux des travailleurs indépendants) et des revenus de la propriété (dividendes, intérêts, loyers), la somme constituant **le revenu primaire.** À ces revenus, il faut ajouter les revenus de transfert (prestations sociales) et déduire les impôts directs (sur le revenu et le patrimoine), le solde constituant **le revenu disponible brut.** Ce RDB est donc le montant total de ressources qui reste à la disposition des ménages afin de consommer et d'épargner (*N.B.* : le revenu disponible net s'obtient en retirant les amortissements des entrepreneurs individuels).

La consommation finale — par opposition aux consommations intermédiaires qui disparaissent ou sont transformées dans le processus de production — est constituée de l'ensemble des achats par les ménages de biens et services destinés à satisfaire leurs besoins, hors acquisitions de logements et grosses réparations qui sont considérées comme de l'investissement.
Les valeurs sont exprimées « en termes réels », ce qui signifie que les effets de l'inflation ont été éliminés par un raisonnement à prix constants (prix de 1980 pour la France, prix de 1992 pour les États-Unis).

2. En utilisant les deux formules : $PMC_t = C_t / Y_t$ et $Pmc_t = \dfrac{\Delta C}{\Delta Y} = \dfrac{C_t - C_{t-1}}{Y_t - Y_{t-1}}$,

on obtient :

	France			États-Unis		
	PMC	**Pmc**	**Taux d'épargne**	**PMC**	**Pmc**	**Taux d'épargne**
1989	0,883	0,736	11,7 %	0,950	1,124	5,0 %
1990	0,875	0,651	12,5 %	0,949	0,887	5,1 %
1991	0,868	0,558	13,2 %	0,944	4,791	5,6 %
1992	0,864	0,630	13,6 %	0,943	0,901	5,7 %
1993	0,859	0,158	14,1 %	0,956	1,959	4,4 %
1994	0,864	1,579	13,6 %	0,965	1,342	3,5 %
1995	0,855	0,521	14,5 %	0,966	1,007	3,4 %
1996	0,867	3,143	13,3 %	0,971	1,164	2,9 %
1997	0,854	0,323	14,6 %	0,979	1,262	2,1 %
1998	0,860	1,024	14,0 %	0,996	1,523	0,4 %

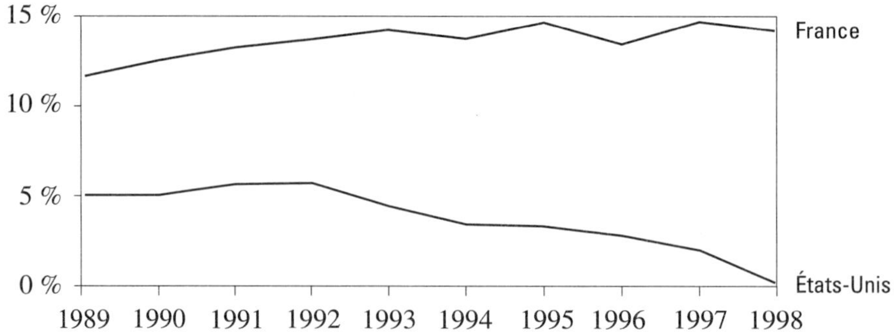

Fig. 13 : Évolution du taux d'épargne en France et aux États-Unis (1989-1998)

3. Traditionnellement **le taux d'épargne** des ménages américains est l'un des plus faibles au monde, alors que celui des Français se situe à peu près dans la moyenne des principaux pays industrialisés. Néanmoins, durant la décennie, les mouvements du taux d'épargne ont été profondément divergents, se traduisant par une remontée en France — constitution d'une épargne de précaution face à la dégradation du marché de l'emploi — et un effondrement aux États-Unis du fait essentiellement de la croissance exceptionnelle du marché boursier américain. À chaque fois que la bourse monte, la richesse latente des ménages américains s'accroît et leur consommation aussi (leur confiance est telle que leur taux d'épargne est même devenu négatif au 4e trimestre 1998).
Cette propension moyenne à consommer supérieure à 1 signifie que les ménages consomment plus que leur revenu. Cela se traduit par la vente d'une partie de leur patrimoine aux autres agents économiques résidents (les entreprises) et non-résidents, et par un endettement croissant. En somme, les ménages américains sont de plus en plus riches et ils consomment proportionnellement de plus en plus, ce qui est absolument contraire à la loi psychologique fondamentale.

De plus, on remarque, aussi bien aux États-Unis qu'en France, que les valeurs de la propension marginale à consommer sont extrêmement instables et dépassent assez souvent la valeur 1. Une propension marginale à consommer supérieure à 1 peut s'expliquer entre autres dans trois cas :
- par une volonté de maintenir un certain niveau de consommation alors que le revenu diminue ou du moins que sa croissance s'infléchit ;
- les ménages prévoient une progression future de leurs revenus et décident de consommer plus dès aujourd'hui ;
- les ménages anticipent une hausse future des prix des biens de consommation et avancent alors leurs achats.

EXERCICE CORRIGÉ 2.4

N.B. : Cet exercice peut être facilité par l'usage d'un tableur.

Inégalités de revenus et consommation aux États-Unis (B, 1)

Le ministère du Travail américain propose les statistiques suivantes concernant les ménages américains pour l'année 1997 (site Internet : stats.bls.gov/) :

Montant du revenu total annuel	RDB moyen par unité de de consommation	Dépenses totales par unité de consommation	% d'unités de consommation concernées
moins de 5000 $	1119 $	9192 $	4,9 %
5000 $ à 9999 $	4511 $	8914 $	10,5 %
10000 $ à 14999 $	5840 $	8922 $	10,7 %
15000 $ à 19999 $	7395 $	10409 $	8,7 %
20000 $ à 29999 $	9808 $	11598 $	14,6 %
30000 $ à 39999 $	12355 $	13222 $	12,2 %
40000 $ à 49999 $	14520 $	14564 $	9,4 %
50000 $ à 69999 $	17715 $	16139 $	14,0 %
70000 $ et plus	30980 $	23115 $	14,9 %
moyenne nationale	14674 $	14458 $	100,0 %

N.B. : Le concept d'unité de consommation consiste à attribuer un poids différent à chaque membre du ménage : 1 pour le premier adulte, 0,7 pour le second et 0,5 pour chaque enfant. Ainsi, un ménage composé d'un couple avec deux enfants « vaut » 2,7.

1. Quel est l'intérêt de raisonner en termes d'unités de consommation ?

2. Représenter sur un graphique la fonction de consommation en coupe instantanée.

3. Calculer les propensions moyennes à consommer de chaque catégorie et les propensions marginales lorsque l'on passe d'un seuil à un autre. Commenter.

4. Que penser de l'affirmation suivante : « les pauvres consomment tout leur revenu parce qu'ils n'ont pas la possibilité d'épargner » ?

CORRIGÉ

1. L'utilisation d'une échelle d'unités de consommation permet d'éliminer les disparités dues aux différences de composition démographique des foyers. On ne se contente pas de diviser par le nombre de personnes du ménage, car au sein d'un ménage, il existe des économies d'échelle (en partie fonction de l'âge) : entretenir un foyer de deux personnes n'est pas deux fois plus coûteux que d'entretenir un ménage d'une personne en termes de loyer, d'équipement électroménager, de préparation des repas...

2. L'étude statistique en coupe instantanée permet de relier pour une année spécifiée les dépenses de consommation à divers niveaux de revenu. En utilisant les données des 2e et 3e colonnes, on peut ainsi tracer la fonction de consommation suivante pour l'année 1997, où en abscisse figure le revenu par unité de consommation et en ordonnée la consommation correspondante (*cf.* fig. 14).

Fig. 14

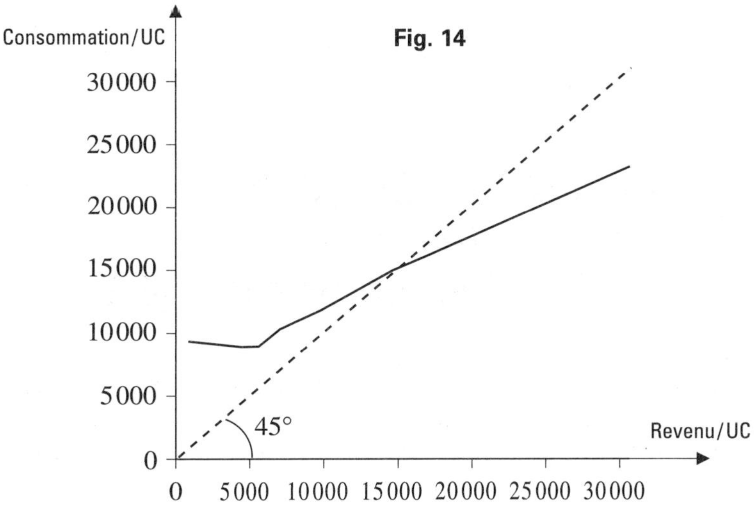

Approximativement, cette fonction de consommation est conforme à la seconde interprétation (fonction affine) de la loi psychologique fondamentale. (*N.B.* : une régression linéaire par les moindres carrés donne l'équation suivante : C = 0,51RDB + 6968).

3. Concernant les ménages les plus pauvres (moins de 5000 $ de ressources annuelles), la propension moyenne à consommer est la suivante : PMC = 9192/1119 = 8,211.

Ces ménages ont donc une consommation 8 fois plus élevée que le montant des revenus monétaires dont ils disposent, écart qu'ils couvrent par l'endettement et surtout en faisant appel à l'aide alimentaire (distribution par les États de bons d'alimentation). La propension moyenne à consommer est ensuite décroissante lorsque l'on progresse dans l'échelle des revenus (de 8,211 à 0,746), conformément à la loi psychologique fondamentale.

Le passage d'une catégorie à une autre permet de calculer des propensions marginales à consommer. Ainsi, entre les deux premières catégories, on obtient :
Pmc = (8914 – 9192)/(4511 – 1119) = – 0,082. Globalement, à partir d'un certain seuil (15000 $), cette propension marginale est décroissante lorsque l'on progresse dans la hiérarchie des revenus. Mais parmi les ménages défavorisés, paradoxalement ce sont les plus pauvres qui consomment le plus ! Ce résultat s'explique par ce que l'on appelle la trappe à pauvreté : aux États-Unis, lorsqu'une personne retrouve un travail, elle perd toute aide alimentaire et peut ainsi voir son niveau de vie se dégrader par rapport à sa situation antérieure de chômage.

Montant du revenu total annuel	Propension moyenne à consommer	Propension marginale à consommer
moins de 5000 $	8,211	—
5000 $ à 9999 $	1,976	– 0,082
10000 $ à 14999 $	1,528	0,006
15000 $ à 19999 $	1,407	0,956
20000 $ à 29999 $	1,183	0,493
30000 $ à 39999 $	1,070	0,637
40000 $ à 49999 $	1,003	0,620
50000 $ à 69999 $	0,911	0,493
70000 $ et plus	0,746	0,526
moyenne nationale	0,985	—

4. D'après les statistiques américaines, seuls les ménages percevant plus de 50000 $ par an épargnent (propension à consommer inférieure à 1). Il existe des besoins essentiels pour la vie qui doivent être satisfaits avant de pouvoir commencer à épargner. Néanmoins, ce constat ne doit pas faire oublier que la consommation est également un fait social, une manifestation de la volonté d'intégration dans la société. En conséquence, on calque une partie de son mode de vie sur celui de la couche sociale immédiatement supérieure, c'est l'idée de l'effet de démonstration de Duesenberry (*cf.* B, 2). Ce comportement d'imitation constitue un puissant moteur de la consommation aux États-Unis, ce qui explique que l'épargne n'existe que pour le tiers le plus riche de la population (les ménages disposant d'un revenu de plus de 50000 $).

Exercice proposé 2.5

Répartition du revenu national et consommation (B, 2)

On distingue deux catégories d'agents économiques selon l'origine de leurs revenus : les salariés et les capitalistes. Le revenu national est de 8000 et se compose aux 3/4 de salaires (W) et pour le quart restant de profits (P). Les taux d'épargne sont respectivement de 15 % pour les salariés et de 60 % pour les capitalistes.

1. Établir la propension moyenne à consommer globale de l'économie.

2. Établir la répartition du revenu qui permettrait d'obtenir une propension moyenne à consommer de 0,8.

DÉMARCHE

Il s'agit d'un exercice s'inspirant de la théorie de Kaldor. Il faut tout d'abord calculer la consommation nationale totale.

RÉSULTATS

1. Le revenu global des salariés est de 0,75 × 8 000 = 6 000, ils en consomment 85 % soit une consommation de 5 100. La consommation des capitalistes est de 0,4 × 2 000 = 800. La consommation totale des ménages est de 5 900 pour un revenu de 8 000, soit une propension moyenne à consommer de 0,738 (5 900 / 8 000).

2. La consommation totale doit être de 0,8 × 8 000 = 6 400.
Comme les propensions à consommer sont 0,85 et 0,4 on a :
6 400 = 0,85W + 0,4P = 0,85W + 0,4(8 000 – W), ce qui donne, 0,45W + 3 200 = 6 400, d'où W = 7 111.
Afin de relancer la consommation nationale, dans cette perspective kaldorienne, il faut donc lutter contre les inégalités sociales et redistribuer 1 111 des capitalistes vers les salariés, soit un taux d'imposition sur les profits de 55,5 % (1 111 / 2 000).

EXERCICE CORRIGÉ 2.6

Théorie du revenu relatif (B, 2)

Soit les données suivantes :

Quintile	Revenu moyen
1e	25
2e	80
3e	110
4e	135
5e	155

La fonction de consommation s'écrit : $C_i = 0{,}7\ Y_i + 0{,}3(Y_j - Y_i)$, où i et j représentent deux quintiles successifs.

1. Commenter cette fonction ainsi que les deux fonctions alternatives suivantes : $C_i = 0{,}7Y_i + 0{,}3(\overline{Y} - Y_i)$ (où $\overline{Y}$ est le revenu moyen parmi l'ensemble de la population), et $C_j = 0{,}7Y_j + 0{,}3(Y_j - Y_i)$.

2. Calculer le montant de la consommation et la propension moyenne à consommer de chaque groupe, ainsi que pour l'ensemble de la communauté. Commenter.

3. Quelle est la conséquence d'un doublement du revenu national (la répartition des revenus restant inchangée) ?

4. Quelle serait la conséquence d'une réduction des inégalités ?

CORRIGÉ

1. Les ménages consomment en fonction de leurs revenus personnels (dans une proportion de 70 %), mais aussi en fonction de l'écart de revenu avec la couche sociale immédiatement supérieure (dans une proportion de 30 %). Il s'agit là d'une modélisation de la consommation en termes de phénomènes d'imitation, conforme à la théorie du revenu relatif de Duesenberry.

Concernant la seconde fonction, les ménages se réfèrent au niveau de vie moyen de l'ensemble de la population et non de la catégorie sociale supérieure, ce qui occasionne une augmentation de la consommation pour les plus pauvres, mais aussi une diminution de la consommation des plus riches qui cherchent en quelque sorte à « se fondre dans la masse ».

Concernant la troisième fonction, les ménages se réfèrent au montant du revenu de la catégorie sociale inférieure et non de la catégorie sociale supérieure. On est là dans une logique de volonté de différenciation, de distinction sociale.

2. Sur données transversales, la propension moyenne à consommer est décroissante avec le revenu (fonction affine) :

Quintile	Revenu moyen	Consommation	C / Y
1	25	34	1,36
2	80	65	0,81
3	110	84,5	0,77
4	135	100,5	0,74
5	155	108,5	0,70
Total national	505	392,5	0,78

N.B. : la dernière catégorie sociale ne peut imiter personne, et sa consommation est donc : $C = 0{,}7Y = 0{,}7 \times 155 = 108{,}5$

3. Le doublement du revenu national se traduit par un doublement de la consommation de chaque catégorie, laissant donc inchangées les propensions moyennes à consommer :

Quintile	Revenu moyen	Consommation	C / Y
1	50	68	1,36
2	160	130	0,81
3	220	169	0,77
4	270	201	0,74
5	310	217	0,70
Total national	1010	785	0,78

Sur séries chronologiques, la propension moyenne à consommer de la communauté reste donc identique, traduisant l'effet « d'escalier roulant » évoqué dans le cours à la partie B, 2.

4. L'importance de l'effet de démonstration va se réduire ($Y_j - Y_i$ diminue), ce qui se traduit par une baisse de la propension moyenne à consommer de la communauté. Cas extrême, si la répartition des revenus est parfaitement égalitaire — tout le monde dispose du même revenu — la fonction de consommation devient $C = 0{,}7Y$. À l'opposé de la perspective de Kaldor (exercice 2.5), une réduction des inégalités sociales est ici défavorable à une relance de la consommation nationale.

EXERCICE CORRIGÉ 2.7

Revenu permanent et consommation (C, 1)

Soit l'équation suivante où Y_t est le revenu courant et Y_t^P le revenu permanent :

$$Y_t^P = Y_{t-1}^P + \lambda (Y_t - Y_{t-1}^P)$$

1. Commenter cette équation.

2. Quels sont les montants du revenu permanent et du revenu transitoire en 1999, pour $\lambda = 1/3$ et les valeurs suivantes des revenus observés (on supposera que le consommateur ne percevait aucun revenu avant 1994) :

Année ***t***	**1994**	**1995**	**1996**	**1997**	**1998**	**1999**
Y_t	100	110	115	140	120	80

3. Quel est le montant de la consommation si la propension à consommer en longue période est 0,9 ? Quelle est la propension marginale à consommer de courte période ?

4. Quelles seront la consommation et la propension moyenne à consommer en l'an 2000, si Y = 0 ? si Y = 60 ? si Y = 150 ? Tracer sur un même graphique les fonctions de consommation de court et de long terme. Pourrait-on réinterpréter ce graphique en coupe instantanée ?

5. Quel serait le revenu permanent si : **a)** $Y_{1999} = Y_{1998} = Y_{1997} = \ldots = Y_{1994}$? **b)** $\lambda = 1$? Commenter.

CORRIGÉ

1. Friedman suppose que les anticipations sont adaptatives, c'est-à-dire que les estimations sont révisées quand l'agent observe une différence entre la valeur qu'il avait prévue et la valeur réalisée du revenu. L'équation indique ainsi que la valeur estimée du revenu permanent est révisée quand le revenu observé Y_t diffère du revenu permanent tel qu'il avait été anticipé à la période précédente Y_{t-1}^P. Le coefficient d'ajustement λ signifie que l'agent considère qu'en moyenne la variation observée du revenu est pour λ % de nature permanente et pour $(1 - \lambda)$ % de nature transitoire.

2. En utilisant la démonstration de l'encadré de la partie C, 1 du cours, on peut écrire le revenu permanent sous la forme d'une équation à retards distribués :

$$Y_t^P = \lambda Y_t + \lambda (1 - \lambda) Y_{t-1} + \lambda (1 - \lambda)^2 Y_{t-2} + \ldots + \lambda (1 - \lambda)^n Y_{t-n} + \ldots$$

soit en remplaçant par les valeurs numériques de l'énoncé :

$$Y_{1999}^P = (0{,}333 \times 80) + (0{,}222 \times 120) + (0{,}148 \times 140) + (0{,}098 \times 115) + (0{,}065 \times 110) + (0{,}044 \times 100)$$
$$= 97{,}06$$

Le revenu transitoire représente l'écart entre le revenu effectivement perçu et le revenu considéré comme permanent :

$Y^T = Y - Y^P = 80 - 97{,}06 = -17{,}06$.

Il est ici négatif, ce qui signifie que le ménage considère son revenu actuel comme anormalement bas au regard de ses informations.

3. Pour Friedman, la consommation est proportionnelle au revenu permanent $C_t = kY_t^P$. La consommation ne dépend donc pas du revenu transitoire qui sera entièrement épargné s'il est positif et qui sera financé par emprunt s'il est négatif.

Dans l'exemple, on a : $C_{1999} = 0{,}9 \times 97{,}06 = 87{,}35$. Le ménage va devoir emprunter 7,35, puisque son revenu présent est seulement de 80.

Une variation du revenu n'affecte la consommation que dans la mesure où elle modifie le revenu permanent. Dans cet exercice, pour une hausse de 1 F du revenu observé, le ménage considère que son revenu permanent ne progresse que de 33,3 centimes, et il n'augmentera donc sa consommation que de $0{,}9 \times 0{,}333 = 30$ centimes.

La propension marginale à consommer de courte période est donc inférieure ($k\lambda = 0{,}3$) à celle de longue période ($k = 0{,}9$). La différence entre les deux propensions dépend de la vitesse avec laquelle le revenu permanent s'ajuste aux variations du revenu effectif.

4. Deux modes de détermination de la consommation en l'an 2000 sont possibles :

– (1) soit en calculant le revenu permanent de l'année 2000, puis la consommation correspondante : $C_t = kY_t^P$, d'où $C_{2000} = 0{,}9\ Y_{2000}^P$

– (2) soit en utilisant directement la relation : $C_t = k\lambda Y_t + (1 - \lambda)\ C_{t-1}$

soit :

$$C_{2000} = 0{,}3Y_{2000} + 0{,}666\ C_{1999}$$

Si Y = 0 :

$$(1)\ Y_{2000}^P = 64{,}71\ ;\ C_{2000} = 0{,}9 \times 64{,}7 = 58{,}24$$
$$(2)\ C_{2000} = (0{,}3 \times 0) + (0{,}666 \times 87{,}35) = 58{,}24$$
$$\text{PMC} = \frac{58{,}24}{0} = +\infty$$

L'absence totale de revenu est considérée comme transitoire, et le consommateur n'ajuste qu'en partie son montant de consommation (il emprunte ou vend une partie de ses actifs pour 58,24), ce qui se traduit par une propension moyenne à consommer (instantanée) infinie.

Si Y = 60 :

$$(1)\ Y_{2000}^P = 84{,}71\ ;\ C_{2000} = 0{,}9 \times 84{,}71 = 76{,}24$$
$$(2)\ C_{2000} = (0{,}3 \times 60) + (0{,}666 \times 87{,}35) = 76{,}24$$
$$\text{PMC} = \frac{76{,}24}{60} = 1{,}27$$

La baisse de 20 du revenu est considérée en partie comme transitoire et n'occasionne qu'une diminution de la consommation de 11,1 (87,35 – 76,24), ce qui se traduit par une désépargne de 16,24.

Si Y = 150 :

$$(1)\ Y_{2000}^P = 114{,}71\ ;\ C_{2000} = 0{,}9 \times 114{,}71 = 103{,}24$$
$$(2)\ C_{2000} = (0{,}3 \times 150) + (0{,}666 \times 87{,}35) = 103{,}24$$
$$\text{PMC} = \frac{103{,}24}{10} = 0{,}69$$

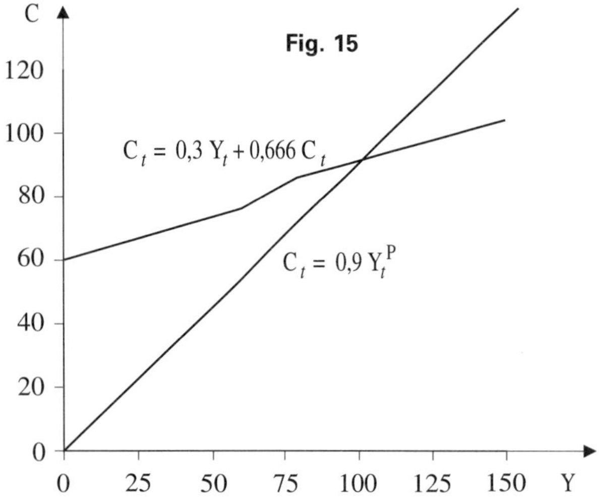

Le consommateur considère que l'augmentation ne se reproduira pas intégralement dans le futur et il n'accroit sa consommation que de 15,89 alors que son revenu courant a augmenté de + 70, ce qui se traduit par une chute de la propension moyenne à consommer.

La fonction de consommation est donc linéaire à long terme ($C_t = 0{,}9\ Y_t^P$) et affine à court terme ($C_t = 0{,}3\ Y_t + 0{,}666\ C_{t-1}$) (*cf.* fig. 15).

Les ménages qui ont un revenu observé important ont en général bénéficié d'un revenu transitoire positif (sur l'exemple 150 – 114,71). Leur propension moyenne à consommer est donc plus faible. Inversement les ménages au revenu faible ont un revenu transitoire négatif (sur l'exemple 60 –114,71), leur propension moyenne à consommer est plus élevée.

5. Dans les deux cas, le revenu permanent est égal au revenu courant de 1999 :

a. $Y_t^P = \lambda Y_t + \lambda(1-\lambda)Y_{t-1} + \lambda(1-\lambda)^2 Y_{t-2} + \ldots + \lambda(1-\lambda)^n Y_{t-n} + \ldots$ se transforme en :

$$Y_t^P = (\lambda + \lambda(1-\lambda) + \lambda(1-\lambda)^2 + \ldots + \lambda(1-\lambda)^n)Y_t$$

soit encore : $$Y_t^P = \lambda(\frac{1}{\lambda})Y_t = Y_t \text{ puisque :}$$

$$1 + (1-\lambda) + (1-\lambda)^2 + \ldots + (1-\lambda)^n \xrightarrow[Y\to+\infty]{} \frac{1}{\lambda}$$

Le revenu étant identique sur toutes les périodes du passé, il est logique que le consommateur considère ce montant de revenu comme permanent.

b. En remplaçant λ par 1, on obtient : $Y_t^P = Y_t$. Le consommateur considère toujours que le revenu actuel est le meilleur indicateur de ses revenus futurs, *i.e.* que toute variation de son revenu est permanente.

Exercice corrigé 2.8

N.B. : Cet exercice peut être facilité par l'usage d'un tableur.

Théorie du cycle de vie (C, 2 et C, 3)

Un jeune consommateur prévoit pour les trois périodes de sa vie les revenus du travail suivant :

Période 0 « jeunesse »	**Période 1** « pleine activité »	**Période 2** « retraite »
500	2000	0

Chaque période est d'une durée équivalente et le taux d'intérêt périodique est de 10 %.

1. Quelle est la richesse totale du consommateur actualisée en 0 et en 2 ? Commenter.

2. Comment ce consommateur doit-il gérer son patrimoine net afin de disposer d'un niveau de consommation identique aux trois périodes ? (Le taux d'inflation est nul et il ne désire laisser aucun héritage à sa mort.) Commenter.

On envisage ensuite 4 variantes par rapport à ce scénario de base.

3. Quelles seraient les conséquences d'une augmentation de son revenu présent de 500 à 600 (les deux autres revenus demeurant de 2000 et 0) ? Commenter le résultat.

4. Quelles seraient les conséquences d'une augmentation de son revenu de pleine activité de 2000 à 4000 (les deux autres revenus demeurant de 500 et 0) ? Commenter le résultat.

5. Quelles sont les conséquences d'un allongement de l'espérance de vie ? (On supposera que la durée de la retraite est doublée.)

6. Le consommateur est soumis à une contrainte de liquidité : les banques n'acceptent pas de lui prêter plus de 200. Reprendre les questions 2, 3 et 4. Commenter.

Corrigé

1. La richesse totale actualisée en 0 du consommateur sur l'ensemble de son cycle de vie est : $W_0 = Y_0 + Y_1/(1+r) + Y_2/(1+r)^2$ soit en remplaçant par les valeurs numériques :

$$W_0 = 500 + \frac{2000}{1{,}1} + \frac{0}{1{,}21} \text{ d'où } \boxed{W_0 = 2318{,}2}$$

Cette somme représente les ressources maximales dont pourrait disposer le consommateur en 0 s'il décidait d'emprunter sur la totalité de ses revenus futurs.

Symétriquement, la richesse totale actualisée en 2, est :

$$W_2 = Y_0(1 + r)^2 + Y_1(1 + r) + Y_2, \text{ soit } \boxed{W_2 = 2805}$$

Cette somme représente les ressources maximales dont pourrait disposer le consommateur en 2 s'il décidait d'épargner l'intégralité de ses revenus jusqu'à sa retraite.

2. Le consommateur va lisser sa consommation en opérant des transferts de ressources entre les trois périodes. La somme actualisée des consommations périodiques est égale à la richesse totale actualisée, soit : $C_0 + C_1/(1 + r) + C_2/(1 + r)^2 = W_0$ et comme le consommateur recherche : $C_0 = C_1 = C_2$, on a : $C + C/1{,}1 + C/1{,}21 = 2318{,}2$, soit en ramenant le membre de gauche au même dénominateur :

$$\frac{(C \times 1{,}1 \times 1{,}21) + (C \times 1{,}21) + (C \times 1{,}1)}{1 \times 1{,}1 \times 1{,}21} = \frac{3{,}641C}{1{,}331} = 2318{,}2, \text{ d'où } \boxed{C = 847{,}44}$$

(Symétriquement le calcul aurait pu être mené à partir de la richesse actualisée en 2, soit : $C_0(1 + r)^2 + C_1(1 + r) + C_2 = W_2$ soit $C \times (1{,}21) + C \times (1{,}1) + C = 2\,805$ d'où $C = 847{,}44$).

Le comportement du consommateur à chaque âge est ainsi le suivant :

Y	C	Épargne brute S = Y – C	Patrimoine net à la fin de la période	analyse
500	847,4	– 347,4	– 347,4	Endettement
2000	847,4	1152,6	770,5	Désendettement puis accumulation
0	847,4	– 847,4	0	Désaccumulation

À la période 0, le consommateur dispose d'un revenu de 500 et désire consommer pour 847,4. Il doit donc emprunter 347,4. Son patrimoine net (actif – passif) est alors en fin de période de – 347,4.

À la période 1, il dispose d'un revenu de 2000, et consomme 847,4. Il a donc une épargne brute de 1152,6 qu'il utilise d'une part pour rembourser sa dette antérieure (capital plus intérêts) soit $347{,}4 + (0{,}1 \times 347{,}4) = 382{,}1$, d'autre part pour accumuler des actifs $1\,152{,}6 - 382{,}1 = 770{,}5$.

À la période 2, il va consommer l'intégralité des actifs accumulés augmentée de leurs revenus financiers, soit $770{,}5 + (0{,}1 \times 770{,}5) = 847{,}4$.

Le profil de son patrimoine est alors conforme à la théorie du cycle de vie avec 4 phases : **endettement** pendant la jeunesse (patrimoine net négatif), **désendettement** (patrimoine net négatif mais en diminution), puis **accumulation** d'un patrimoine en vue de la retraite durant la période de pleine activité, et enfin **désaccumulation** par revente progressive des actifs afin de pourvoir à ses besoins de consommation durant la période de retraite.

3. La richesse actualisée est maintenant : $W_0 = 600 + 2000/1{,}1 + 0/1{,}21 = 2418{,}2$ ce qui se transforme en $3{,}641C/1{,}331 = 2418{,}2$ et donc $\boxed{C = 884}$.

Le comportement du consommateur est maintenant le suivant :

Y	C	Épargne brute S = Y – C	Patrimoine net à la fin de la période
600	884	– 284	– 284
2000	884	1116	803,6
0	884	– 884	0

La propension marginale à consommer en 0 est alors :

$$c_0 = \frac{\Delta C_0}{\Delta Y_0} = \frac{884 - 847{,}4}{600 - 500} = 0{,}366$$

Elle est relativement faible puisque l'usage de l'augmentation ponctuelle du revenu (100) est réparti sur l'ensemble du cycle de vie (la consommation progressant de 36,6 à chaque période).

4. On a $W_0 = 500 + \frac{4000}{1,1} + \frac{0}{1,21} = 4136,4$ d'où $\frac{3,641\ C}{1,331} = 4136,4$ et $\boxed{C = 1512,1}$

Y	C désirée	Épargne brute S = Y – C	Patrimoine net à la fin de la période
500	1512,1	– 1012,1	– 1012,1
4000	1512,1	2488	1374,7
0	1512,1	– 1512,1	0

Le consommateur anticipe un revenu plus élevé dans le futur, ce qui lui permet d'augmenter sa consommation aux trois périodes de sa vie. Ainsi, pour la période présente, sa consommation passe de 884 à 1512 grâce à un emprunt (solvable) plus important (1012,1 au lieu de 347,4).

5. La durée de la retraite est multipliée par deux ce qui correspond à l'ajout d'une quatrième période (le 4e âge) où le consommateur consomme (C_3) sans toucher aucun revenu. W_0 demeure donc inchangé. On a donc : $C_0 + C_1/(1 + r) + C_2/(1 + r)^2 + C_3/(1 + r)^3 = W_0$ et comme le consommateur mateur recherche : $C_0 = C_1 = C_2 = C_3$: $C + C/1,1 + C/1,21 + C/1,331 = 2318,2$ soit en ramenant le membre de gauche au même dénominateur :

$$\frac{(C \times 1,1 \times 1,21 \times 1,331) + (C \times 1,21 \times 1,331) + (C \times 1,1 \times 1,331) + (C \times 1,1 \times 1,21)}{1 \times 1,1 \times 1,21 \times 1,331} = \frac{6,178\ C}{1,772}$$

$$= 2318,2, \text{ d'où } \boxed{C = 664,9}$$

Logiquement, à ressources totales identiques, un allongement de la durée de vie oblige le consommateur à épargner plus durant sa période d'activité et à consommer moins à toutes les périodes.

6.

a. Le consommateur ne peut procéder à la totalité de l'emprunt désiré (347,4). Durant sa jeunesse le consommateur ne peut alors que consommer 500 + 200 soit 700. Dans la période suivante, il n'a donc qu'une dette de 220 à rembourser (200 de capital plus 20 d'intérêts). Il lui reste donc à répartir 1780 = 2000 – 220 sur deux périodes. S'il désire un niveau de consommation identique sur les deux périodes, on a donc : $C + \frac{C}{1,1} = 1780$ soit $\boxed{C = 932,4}$.

Par rapport à ses désirs, le ménage est obligé de surconsommer durant les deux périodes suivantes :

Y	C désirée	C effective	Épargne brute S = Y – C	Patrimoine net à la fin de la période
500	847,4	700	– 200	– 200
2000	847,4	932,4	1067,6	847,6
0	847,4	932,4	– 932,4	0

b. Grâce à la hausse de son revenu actuel, le consommateur peut augmenter sa consommation courante jusqu'à 800, ce qui se traduit par le profil de cycle de vie suivant :

Y	C désirée	C effective	Épargne brute S = Y – C	Patrimoine net à la fin de la période
600	884	800	– 200	– 200
2000	884	932,4	1067,6	847,4
0	884	932,4	– 932,4	0

La propension marginale à consommer est alors :

$$c_0 = \frac{\Delta C_0}{\Delta Y_0} = \frac{800 - 700}{600 - 500} = 1$$

Il consomme immédiatement l'intégralité de l'augmentation du revenu (un desserrement de la contrainte de liquidité aurait eu des effets similaires). Une politique de relance de la consommation par redistribution de revenu vers les plus jeunes est alors pleinement efficace.

c. Dans le cas d'une hausse du revenu sur une période future, le consommateur ne peut pas avancer une partie de ses achats, puisque le montant d'emprunt est limité :

Y	C désirée	C effective	Épargne brute S = Y – C	Patrimoine net à la fin de la période
500	1 512,1	700	– 200	– 200
4 000	1 512,1	1 980	2 020	1 800
0	1 512,1	1 980	– 1 980	0

Il est donc obligé d'accroître sa surconsommation des deux périodes suivantes.

Question de réflexion commentée

En quoi la propension à consommer est-elle un paramètre macro-psychologique ?

ANALYSER LA QUESTION

Les points incontournables :

– la notion de propension à consommer est un terme forgé par Keynes ;

– elle correspond à l'établissement d'une relation entre revenu et consommation au plan macroéconomique, par opposition à la théorie microéconomique néoclassique qui repose sur les arbitrages individuels consommation/épargne et insiste sur le rôle du taux d'intérêt ;

– le sujet ne précise pas s'il s'agit de la propension moyenne ou de la propension marginale. Il faut donc à un moment ou un autre définir ces deux termes, même si Keynes lui-même dans ses commentaires ne les différencie pas toujours et parle de « propension à consommer » en général (titre du livre III de la *T.G.*) ;

– la loi psychologique fondamentale, évidemment ; avec cependant dans l'énoncé du sujet une ambiguïté sur la signification de l'expression « macro-psychologique » : fait-elle référence à la combinaison d'éléments macroéconomiques et de facteurs psychologiques individuels, ou renvoie-t-elle à une macropsychologie, au sens de psychologie globale dominante dans la société ;

– les résultats des vérifications empiriques : l'instabilité sur le court terme peut conduire à remettre en cause l'emploi du terme paramètre (dans une équation un paramètre est une valeur qui reste toujours constante durant la période envisagée et/ou qui est indépendante des variables du modèle) ;

– les effets de démonstration et de cliquet de Duesenberry en tant que résultats de facteurs psycho-sociaux ;

– le rôle des anticipations dans la théorie du revenu permanent et la théorie du cycle de vie.

CONSTRUIRE UNE RÉPONSE

La *Théorie générale* de Keynes est construite autour de trois concepts souvent qualifiés de macro-psychologiques : **l'efficacité marginale du capital,** qui dépend de « l'état de confiance » et qui détermine la fonction d'investissement par comparaison avec le taux d'intérêt ; **la préférence pour la liquidité,** qui repose sur les anticipations concernant l'évolution future du taux d'intérêt et qui concourt à la formation d'une fonction de demande de monnaie ; et la **propension à consommer.** Cette dernière est conçue comme l'expression d'une relation stable entre deux agrégats macro-économiques, d'une part le revenu national et d'autre part la consommation agrégée des ménages. Elle est selon Keynes déterminée par une « loi psychologique fondamentale ». À cet égard, le mot propension (au sens de penchant, d'inclination) semble employé à dessein (plutôt que proportion par exemple) afin de marquer les fondements subjectifs de ce concept. Cette notion de propension à consommer deviendra par la suite un des éléments clés du débat macroéconomique. Pour les économistes keynésiens, il s'agit d'un ratio relativement stable, donc bien d'un paramètre, reposant sur des « forces subjectives et sociales ». Inversement, pour les économistes néoclassiques, ce ratio est une variable, par nature instable, et qui n'a rien à voir avec la subjectivité des individus mais avec des calculs individuels rationnels.

I - POUR KEYNES ET DUESENBERRY, LA PROPENSION À CONSOMMER EST UN PARAMÈTRE MACROÉCONOMIQUE DE NATURE SOCIOPSYCHOLOGIQUE

A. KEYNES ET LA LOI PSYCHOLOGIQUE FONDAMENTALE

La loi : « en moyenne et la plupart du temps, les hommes tendent à accroître leur consommation à mesure que leur revenu croît, mais non d'une quantité aussi grande que l'accroissement du revenu ».

1 - *Les propensions (moyenne et marginale) à consommer sont des paramètres macroéconomiques stables sur le court terme...*

- les trois interprétations possibles de la loi conduisent à une distinction entre propensions moyenne et marginale (C/Y et dC/dY) ;
- Keynes ne tranche jamais clairement concernant la forme exacte de la fonction de consommation ;
- sur le court terme, les variables économiques autres que le revenu n'ont qu'un effet négligeable sur la consommation (ce que Keynes appelle « les circonstances économiques objectives » : anticipations des revenus futurs, plus ou moins-values, taux d'intérêt, politique fiscale).

2 - *... car elles dépendent de « forces subjectives et sociales »*

- les motifs d'ambition, d'orgueil et d'avarice sont bien de nature psychologique, voire psychanalytique. Pour Keynes, la rationalité de tels mobiles est très largement douteuse ;
- par contre, la nature psychologique des autres motifs qu'il cite (précaution, prévoyance, calcul, indépendance et initiative) est plus discutable car ils semblent relever d'une certaine rationalité économique ;
- néanmoins, ils sont selon Keynes sous la dépendance des institutions de la société économique et des habitudes dues à l'éducation, à la religion, à la moralité. Pour Keynes, la ou plutôt les propensions à consommer sont donc clairement des paramètres macropsychologiques, même si elles relèvent plus de « l'état d'esprit de la communauté », *i.e.* de la psychologie sociale que de la psychologie individuelle, constat que va reprendre Duesenberry.

B. DUESENBERRY : LA CONSOMMATION EST UN ACTE PSYCHOSOCIAL

Thorstein Veblen est l'un des premiers à considérer que la consommation n'est pas uniquement à but utilitaire (satisfaction de besoins de subsistance) mais qu'elle est également un acte d'identification sociale, du moins pour les plus riches de la société qui forment une « classe de loisir ».

1 - *L'effet de démonstration est le moteur de la société de consommation...*

– contrairement à Veblen, la perspective de Duesenberry est non pas sociologique mais macroéconomique : il cherche à expliciter les contradictions concernant les premières vérifications empiriques de la loi de Keynes sur séries chronologiques et en coupe instantanée ;

– le développement de la consommation de masse engendre une volonté d'imitation des modes de vie des catégories sociales supérieures dans toute la société américaine, ce qui permet de justifier la décroissance de la propension moyenne à consommer en coupe transversale ;

– il est alors éventuellement possible de construire une théorie socio-économique de la consommation en combinant la théorie du revenu relatif de Duesenberry et la théorie sociologique de la distinction de Bourdieu (*cf.* par exemple l'exercice 2.6).

2 - *... et l'effet de cliquet est un facteur d'instabilité de la propension à consommer*

– la consommation réagit avec une certaine inertie aux variations du revenu. Notamment en cas de baisse des ressources, le ménage a tendance à maintenir son niveau de consommation antérieur par diminution de son taux d'épargne ;

– cet effet de cliquet est en partie volontaire et dû aux habitudes liées aux modes de vie modernes ;

– la théorie de Duesenberry constitue ainsi un approfondissement et un élargissement de la conception keynésienne de la propension à consommer — et permet par exemple d'expliquer la faiblesse du taux d'épargne aux États-Unis — mais en même temps, l'introduction d'un certain caractère d'inertie de la consommation va aussi être un élément d'affaiblissement de la fonction de consommation keynésienne et faciliter la contre-attaque néoclassique.

II - POUR FRIEDMAN ET MODIGLIANI, LA PROPENSION À CONSOMMER EST UNE VARIABLE QUI RÉSULTE DE LA SOMME DE COMPORTEMENTS MICROÉCONOMIQUES RATIONNELS

Les économistes néoclassiques vont critiquer deux points de la construction keynésienne : l'hypothèse de stabilité du rapport consommation / revenu courant, et la subjectivité « psychologique » des décisions d'épargne, en réintroduisant la théorie microéconomique du consommateur comme base de la fonction macroéconomique de consommation.

A - FRIEDMAN ET LE RÔLE PRIMORDIAL DES ANTICIPATIONS INDIVIDUELLES DANS LA VALEUR DE LA PROPENSION À CONSOMMER

1 - *Le retour de l'homo œconomicus néoclassique...*

– la théorie microéconomique intertemporelle du consommateur repose sur des arbitrages entre consommation présente et consommations futures ;

– ces choix se font rationnellement en fonction de la valeur du taux d'intérêt ;

– le consommateur a un horizon de calcul relativement lointain, ce qui implique de sa part la nécessité de former des prévisions sur l'avenir.

2 - *... conduit à la théorie du revenu permanent*

– le consommateur dissocie au sein de son revenu, ce qui est jugé comme étant de nature permanente de ce qui est considéré comme de nature transitoire. La consommation dépend alors du revenu permanent et non du revenu courant effectif, ce qui occasionne une instabilité de la propension à consommer ;

– cette distinction se fonde sur des anticipations adaptatives qui n'ont rien à voir avec des prévisions psychologiquement subjectives ;

– cependant pour les économistes libéraux postérieurs, l'utilisation d'anticipations adaptatives, fondées sur des faits passés, ne constitue pas un mode de traitement rationnel de l'information disponible, ce qui donnera naissance au courant des anticipations rationnelles et à la négation totale de l'existence d'une fonction de consommation (R. Hall).

B - Modigliani : consommation et épargne sont liées aux faits démographiques

1 - *La théorie du cycle de vie…*

– les revenus du travail sont irréguliers durant la vie alors que les désirs de consommation sont relativement stables ;

– les ménages vont alors élaborer une stratégie patrimoniale sur le cycle de vie en alternant emprunt et épargne ;

– la propension à épargner est donc rationnellement variable en fonction de l'âge de la personne.

2 - *… conduit au niveau macroéconomique à une certaine inertie de la consommation*

– en situation stationnaire, la propension moyenne à consommer est égale à un (sauf volonté de laisser un héritage) ;

– ce sont donc les faits démographiques (rajeunissement ou vieillissement de la population, allongement des études…) et la croissance économique de long terme qui seuls peuvent modifier ce résultat ;

– cependant l'existence de contraintes de liquidité perturbe ce lissage optimal de la consommation et peut engendrer une certaine sensibilité de la consommation aux variations du revenu courant.

Ce débat sur la nature de la propension à consommer a deux implications fortes pour la macroéconomie, et plus largement pour toute l'analyse économique. En premier lieu, la stabilité de la propension à consommer est la clé de voûte du circuit économique keynésien : elle est nécessaire pour que les effets du mécanisme du multiplicateur soient prévisibles et donc pour l'efficacité des politiques économiques de relance de la demande. En second lieu, la volonté libérale de constituer une science économique « dure » et autonome des autres sciences sociales conduit à rejeter toute « intrusion » de faits culturels, sociaux ou psychologiques dans la modélisation des comportements du consommateur.

Question de réflexion proposée

Les déterminants de l'épargne des ménages

ANALYSER LA QUESTION

Il ne s'agit pas là d'un sujet de macroéconomie au sens strict mais d'un sujet ouvert et très général. On peut privilégier ici une grille de lecture en termes de théorie macroéconomique, mais la mobilisation de connaissances en microéconomie est également indispensable.

La connaissance des diverses définitions de l'épargne des ménages dans la Comptabilité nationale est nécessaire pour comprendre les mobiles de l'épargne : épargne brute/nette, épargne financière/non financière, problème de la prise en compte des entrepreneurs individuels…

L'épargne peut être positive ou négative (emprunt); c'est un flux positif ou négatif qui vient modifier un stock, le patrimoine.

Deux grandes conceptions de l'épargne s'affrontent : la théorie néoclassique (l'épargne correspond à un désir de consommation différée) et la théorie keynésienne (l'épargne est une renonciation à la consommation).

RECENSER LES ASPECTS À ÉTUDIER

Les variables généralement retenues pour expliquer l'épargne sont de deux ordres :

– les déterminants économiques et financiers : le revenu, le taux d'intérêt, l'inflation, l'incertitude face à l'avenir (épargne de précaution)…

– les déterminants démographiques, psychologiques et institutionnels : l'âge du consommateur (théorie du cycle de vie), l'existence ou non d'un système de retraite public, les mentalités…

DÉFINIR LES ARTICULATIONS

L'introduction peut être construite autour du débat entre néoclassiques et keynésiens concernant l'épargne et sur les tentatives contemporaines de concilier les deux approches.

I - THÉORIE DU CONSOMMATEUR-ÉPARGNANT *VERSUS* FONCTIONS DE CONSOMMATION ET D'ÉPARGNE

A. LA THÉORIE INTERTEMPORELLE DU CONSOMMATEUR : LE TAUX D'INTÉRÊT, VARIABLE CLÉ

1 - L'arbitrage microéconomique entre consommation et épargne

2 - Son reflet macroéconomique : la théorie du revenu permanent de Friedman

B. LA FONCTION MACROÉCONOMIQUE D'ÉPARGNE : LE REVENU NATIONAL, VARIABLE CLÉ

1 - La loi psychologique fondamentale de Keynes

2 - Un approfondissement mésoéconomique : l'effet de démonstration de Duesenberry

II - LA CONSTRUCTION DOMINANTE AUJOURD'HUI : LA THÉORIE DU CYCLE DE VIE

A. MODIGLIANI : LE PATRIMOINE, VARIABLE CLÉ

1 - La gestion individuelle du patrimoine net sur le cycle de vie

2 - Les conséquences macroéconomiques : le rôle des facteurs démographiques et institutionnels (systèmes de protection sociale)

B. LES CONTRAINTES DE LIQUIDITÉ : LE CRÉDIT À LA CONSOMMATION, VARIABLE CLÉ

1 - Les contraintes d'emprunt empêchent une allocation optimale des ressources sur le cycle de vie

2 - Conséquence : la consommation réagit fortement aux variations du revenu courant

La conclusion peut évoquer le rôle de facteurs extra-économiques comme la culture, les mentalités, la religion, à partir de la constatation de profondes différences de taux d'épargne entre pays développés.

3

LA FONCTION D'INVESTISSEMENT

La formation brute de capital fixe (FBCF, dénomination de l'investissement en comptabilité nationale) représente une fraction du PIB beaucoup moins importante que la consommation finale des ménages (respectivement 17,1 % et 59,7 % en 1997). Mais autant la consommation est l'élément relativement stable de la demande globale, autant l'investissement en est la composante la plus irrégulière.

Taux de croissance aux prix de 1980

France 1971-1997	PIB	Consommation finale des ménages	FBCF	*dont FBCF des entreprises*
Moyenne	+ 2,5 %	+ 2,6 %	+ 1,6 %	+ *1,8 %*
Écart-type	+ 1,6 %	+ 1,4 %	+ 4,3 %	+ *4,9 %*

Source : calculs effectués à partir des Comptes de la Nation.

La volatilité de l'investissement (appréhendée par l'écart-type des taux de croissance) est donc trois fois supérieure à celle de la consommation (4,3 % contre 1,4 % sur la période 1971-1997). Et au sein de la FBCF totale, l'investissement des entreprises est encore plus particulièrement instable, puisque l'écart-type est de 4,9 %.

Les théories de l'investissement ont toutes pour objectif d'expliciter cette extrême instabilité des achats de biens de production au regard des variations de l'activité économique nationale (l'impact de l'investissement sur le niveau de l'activité — le mécanisme du multiplicateur — sera étudié au chapitre 4). À cette fin, trois déterminants de la décision d'investir sont en général mis en valeur :

– **l'influence de la demande**. Pour faire face à une augmentation des commandes de ses clients, l'entreprise doit accroître ses capacités de production. L'investissement qui en résulte sera caractérisé par un effet d'accélération (partie **A**) ;

– **la rentabilité relative**. L'achat de capital technique est en concurrence avec la possibilité d'opérer des placements financiers. Le détenteur d'avoirs monétaires évalue toujours les rendements attendus d'un bien d'équipement *(*l'efficacité marginale du capital*)* au regard du niveau des taux d'intérêt (partie B) ;

– **le rôle des anticipations.** L'investissement en tant qu'achat de capital fixe, correspond à une immobilisation de fonds. Dans un monde économique incertain, l'irréversibilité partielle qui en découle constitue ainsi un pari sur l'avenir (partie C).

BIBLIOGRAPHIE DU CHAPITRE

Pour plus de détails sur la théorie de l'accélérateur et la relation entre modes de financement et rentabilité, on pourra se reporter au chapitre 3 de :
ABRAHAM-FROIS [1991], *Dynamique économique,* Dalloz.

Keynes développe sa théorie de l'investissement dans les chapitres 11 et 12 de :
KEYNES John Maynard [1936], *Théorie générale de l'emploi, de l'intérêt et de la monnaie,* Payot (traduite en 1939, publiée en France en 1942).

Une analyse détaillée des données les plus récentes concernant l'investissement des entreprises françaises se trouve dans :
BRUNAUD Alain [1998], « L'investissement des entreprises », Rapport auprès du Conseil Économique et Social, *JO* n° 98-3.

A

INVESTISSEMENT ET CAPACITÉ DE PRODUCTION : LE PRINCIPE DE L'ACCÉLÉRATEUR

L'investissement est un flux d'achats de biens d'équipement qui vient modifier chaque année le stock de capital productif déjà existant. Le principe de l'accélérateur d'investissement repose sur les effets cycliques de cette **articulation entre flux d'investissement et stock de capital**. Ce mécanisme, dans sa version la plus simple, fut mis en évidence pour la première fois par J.M. Clark en 1917 (section 1). Cependant le modèle d'accélération est plus réaliste lorsque l'investissement de remplacement (section 2) et les coûts de transaction (section 3) sont pris en compte.

La FBCF dans la comptabilité nationale. Elle est constituée de « la valeur des biens durables acquis par les unités productrices résidentes pour être utilisés pendant au moins un an dans le processus de production ». Elle comprend « les achats de bâtiments, de machines et l'augmentation du cheptel », et ne mesure donc que les achats de biens. Certaines dépenses en services (recherche-développement, formation, marketing, mise en place d'une logistique commerciale, élaboration de logiciels internes...) pourraient également être considérées comme des investissements dans la mesure où elles permettent d'accroître la capacité de production future. Cependant ces dépenses ne sont pas considérées comme faisant partie de la FBCF par la comptabilité nationale, qui continue à les inclure dans les consommations intermédiaires. Pourtant la part de **ces investissements immatériels** dans les investissements totaux des entreprises aurait plus que doublé entre 1974 et 1994 (de 17 % à 36 %, source : ministère de l'Industrie).
En 1997, la FBCF des entreprises représente en France 55 % du total, les achats de logement des ménages 26 %, les investissements des administrations publiques 16 %, le solde (à peine 2 %) se partageant entre les entreprises d'assurances, les institutions financières et les administrations privées. **Dans ce chapitre, nous traiterons exclusivement de l'investissement des entreprises (sociétés et entrepreneurs individuels)**, car les acquisitions de logements par les ménages, et les investissements publics répondent à une logique et à des impératifs très différents de ceux de la production privée (voir exercice corrigé 3.4, question 4).

1 - Le modèle d'accélérateur simple

La fonction de production exprime l'ensemble des contraintes techniques qui s'imposent à l'entreprise. Elle relie le volume (ou la valeur) de produit final obtenu (Y) aux combinaisons de facteurs de production utilisés (en quantités ou en valeur). Pour simplifier il est commode de considérer qu'il n'existe que deux grands types de facteurs, le travail (L) et le capital (K), et la fonction de production peut alors s'écrire :

$$Y = f(K, L)$$

Lorsque le coefficient de capital (v = K/Y) **est fixe** (*cf.* encadré ci-dessous), pour fabriquer une unité (ou un franc) de plus de produit, l'entreprise doit disposer de v unités (ou francs) supplémentaires de biens d'équipement. Autrement dit, le stock de capital nécessaire est alors strictement proportionnel au volume de production réalisée :

$$K = vY$$

La fixité du coefficient de capital. Elle est vérifiée dès lors que les deux conditions suivantes sont simultanément satisfaites :
1) **l'intensité capitalistique (le rapport K/L) est constante**, ce qui correspond à deux possibilités. Soit la technique de production est à facteurs complémentaires, et en ce cas la proportion de chaque facteur utilisée est strictement déterminée. Soit, s'il s'agit d'une fonction de production à facteurs substituables, le coût relatif du capital par rapport au travail ne doit pas varier, et l'entreprise n'a donc aucune raison de modifier sa technique de production ;
2) **les rendements d'échelle sont constants** (fonction de production homogène de degré 1), i.e. $f(mK, mL) = mY$. Suite par exemple à un doublement simultané et proportionnel de l'ensemble des facteurs de production ($m = 2$, et donc K passe de vY à $2vY$), le niveau de la production est strictement multipliée par deux. Si les rendements étaient croissants (économies d'échelle), la croissance du stock de capital serait de moins de v fois la variation de la production.

Pour répondre à une augmentation de la demande adressée à la firme (ΔD), et **si la production suit la demande** (ΔY = ΔD), le producteur doit investir afin d'augmenter son stock d'équipements de production :

$$I = \Delta K = v\Delta Y = v\Delta D$$

(en raisonnant en termes continus — sur des périodes t très brèves — la fonction d'investissement est alors : $I = v dY/dt$ et les variations de l'investissement s'expriment sous la forme : $dI/dt = v d^2Y/dt^2$).

En tant que source de la variation du stock de capital, **l'investissement de la firme dépend alors non du niveau de la demande mais de la modification de celle-ci**, ce qui va rendre les fluctuations de l'investissement particulièrement importantes.

À titre d'exemple, on peut supposer que le coefficient de capital v est de 3 (approximativement sa valeur réelle concernant l'ensemble des branches de l'économie française), et que la demande de biens de consommation adressée à une firme suit un cycle économique articulé autour d'une phase d'expansion (périodes 1 à 5), puis d'une phase de récession (périodes 6 à 11) de telle sorte que la demande revient à son niveau initial (égal à zéro) :

Période t	Demande et production $D_t = Y_t$	Équipement nécessaire $K_t = vY_t$ (v = 3)	Investissement $I_t = K_t - K_{t-1}$
1	0	0	0
2	10	30	30
3	60	180	150
4	85	255	75
5	100	300	45
6	100	300	0
7	85	255	–45
8	60	180	–75
9	10	30	–150
10	0	0	–130
11	0	0	0

L'évolution de l'investissement suit alors un profil « en montagnes russes » (*cf.* fig. 1).

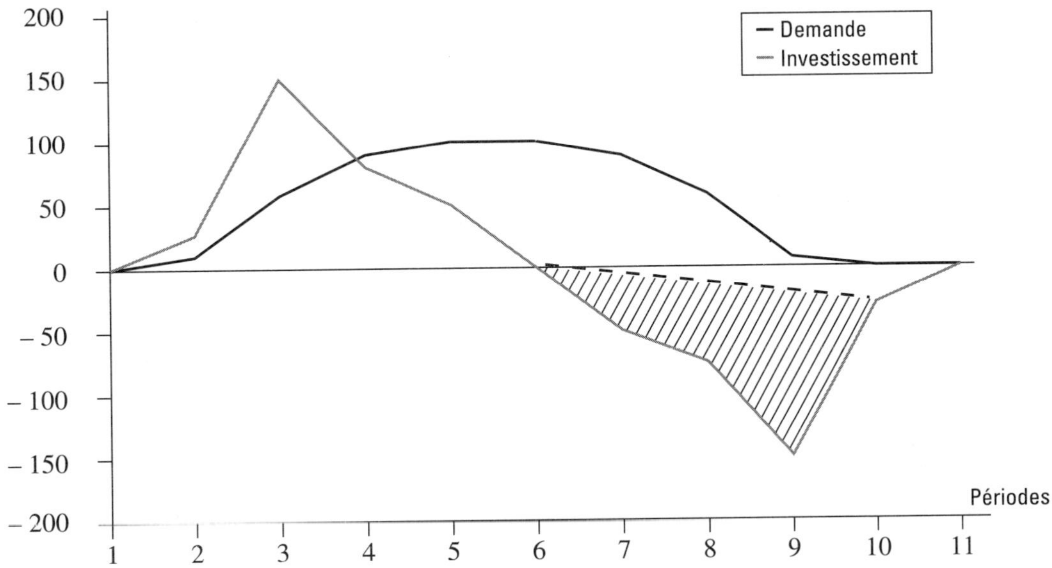

Fig. 1 : Principe de l'accélérateur

Sur cet exemple, trois faits notables sont caractéristiques de la logique de l'accélérateur :

– **la demande est la variable motrice, l'investissement est la variable dépendante, induite** (contrairement au mécanisme du multiplicateur où l'investissement est l'élément moteur de l'activité économique, *cf.* chapitre 4) ;

– **il y a antériorité des fluctuations de l'investissement par rapport à la demande finale**. L'investissement commence à décroître alors que la croissance de la demande continue (période 4). Il est nul quand la demande est à son maximum (période 6). Symétriquement, à partir de la période 9, le désinvestissement (investissement négatif) s'affaiblit alors que la demande finale continue de baisser. Ces mouvements, apparemment paradoxaux sont dus au fait que la valeur absolue de l'investissement est fonction non pas de la valeur absolue de la demande mais du taux de variation de celle-ci ;

– **si le coefficient de capital** v (qui est également dans ce modèle simplifié le coefficient d'accélération) **est supérieur à un, alors les fluctuations de la demande de biens de production sont amplifiées par rapport aux variations de la demande de biens de consommation**. Il y a donc une « sur-volatilité » de l'investissement par rapport au cycle économique général (qui sera d'autant plus forte que v est élevé ; *cf.* exercice 3.1).

Toutefois le processus d'accélération tel qu'il vient d'être décrit n'est effectif que si deux conditions sont simultanément réalisées : 1) la production suit intégralement la demande ($\Delta Y = \Delta D$) ; et 2) la variation de la production se traduit par des changements proportionnels dans les capacités de production ($\Delta K = v\Delta Y$). Ces deux conditions impliquent six hypothèses restrictives.

Concernant le premier point, il est nécessaire que l'entreprise :

– (1) **ne dispose pas de stocks** préalables de produits finis. Dans le cas contraire, avant de relancer la production, elle commencera par déstocker ;

– (2) **juge la hausse de la demande comme ayant un caractère suffisamment permanent**, pour qu'il soit rentable de modifier l'organisation de la production ;

– (3) **réponde à la demande supplémentaire par les quantités et non par une simple hausse de ses prix de vente** (risque possible en situation de monopole).

Mais l'augmentation de la production ne se traduira à son tour par un investissement que si :

– (4) **il existe un plein-emploi du facteur capital**. En effet, si certaines capacités de production sont inutilisées, avant d'investir l'entreprise fera d'abord fonctionner ses équipements à « plein régime » (ce qui implique parallèlement qu'il y ait des travailleurs disponibles, et donc un certain sous-emploi du facteur travail) ;

– (5) **il n'y a pas de goulots d'étranglement dans le secteur des biens de production** (offre de biens d'équipement parfaitement élastique). Sinon le désir d'investissement de l'entreprise se heurterait à l'absence de disponibilité de biens de production ;

– (6) **il faut que l'entreprise puisse financer ses achats d'équipement** (soit sur fonds propres, soit en empruntant).

Remarque : actuellement en France sur le court terme, l'***accélérateur*** serait en valeur d'environ 1,6, i.e. lorsque la croissance de la demande finale augmente de 1 point, l'investissement progresserait de 1,6 point (alors que le coefficient de capital est de près de 3).

Le manque de réalisme de certaines de ces hypothèses et l'existence de tests économétriques, qui pour la plupart concluent à un *coefficient d'accélération peu élevé** et très inférieur au coefficient de capital, nécessitent d'apporter quelques modifications à ce modèle d'accélérateur simple, parfois qualifié de « naïf ».

2 - Distinction entre investissement brut et investissement net

Nous avons raisonné jusqu'à présent comme si les biens de production avaient une durée de vie infinie. Or, cette hypothèse « d'éternité » n'est empiriquement acceptable que pour les bâtiments. **Les outils de production ont quant à eux une durée de vie limitée**, voire même de plus en plus réduite du fait de l'accélération du progrès technique. En effet, leur durabilité est à la fois de **nature technique** et de **nature économique**.

En premier lieu, l'utilisation d'un bien d'équipement engendre une détérioration progressive de son efficacité (diminution des rendements et de la qualité des produits finis, hausse des coûts de maintenance), et à terme une destruction physique soudaine de toute possibilité d'usage du bien après x périodes (moteur grillé par exemple).

En second lieu, tout bien durable devient progressivement obsolète du fait du progrès technique incorporé dans les nouvelles générations de biens apparaissant sur le marché. L'obsolescence peut même être totale lors de l'apparition pour un prix similaire d'un bien techniquement beaucoup plus performant. **La totalité de la durée de vie physique potentielle est donc loin d'être toujours atteinte.** La mise au rebut d'un bien en état de marche étant non négligeable, seule importe finalement la **durée de vie économique** (d'utilisation) du bien.

En conséquence, le matériel de production se déprécie chaque année (à un taux moyen δ) du fait de son usure mécanique, de son vieillissement (une année de plus c'est une année d'espérance de vie résiduelle en moins) et de son obsolescence graduelle. La valeur courante du capital productif de l'entreprise (K_t) est donc :

$$K_t = (1 - \delta)K_{t-1} + I_t$$

soit la valeur dépréciée du stock de la période précédente $[(1-\delta)K_{t-1})]$ augmentée (si $I_t > 0$) des achats de biens sur la période présente (ou diminuée des ventes si $I_t < 0$).

L'équation précédente peut également se réécrire :

$$I_t = (K_t - K_{t-1}) + \delta K_{t-1}$$

L'investissement résulte d'un motif d'expansion des capacités de production $(K_t - K_{t-1})$ et d'un motif de remplacement (ou plutôt de *renouvellement**) (δK_{t-1}).

Ainsi, dans le système français de comptabilité nationale, l'investissement total (I_t) correspond à la formation brute de capital fixe, la perte de valeur (δK_{t-1}) est dénommée *consommation de capital fixe** (CCF) et l'accroissement du stock résultant de ces flux respectifs d'entrées et de sorties est la Formation Nette de capital fixe (FNCF), soit : $FNCF_t = K_t - K_{t-1} = FBCF_t - CCF_t$. Ce « jeu » entre stock et flux est schématisé par la figure ci-contre.

Remarque : une accélération de l'obsolescence (hausse de δ) se traduit par une augmentation de l'investissement de l'entreprise (***renouvellement***) afin de conserver sa compétitivité.

Consommation de capital fixe : cet amortissement de nature économique est propre à la comptabilité nationale et diffère des procédures d'amortissement fiscal ou comptable des entreprises.

La prise en compte de ce motif de remplacement (représentant selon l'Insee entre 1/4 et 1/3 de l'investissement industriel en France sur les années 90) va modifier l'effet d'accélération.

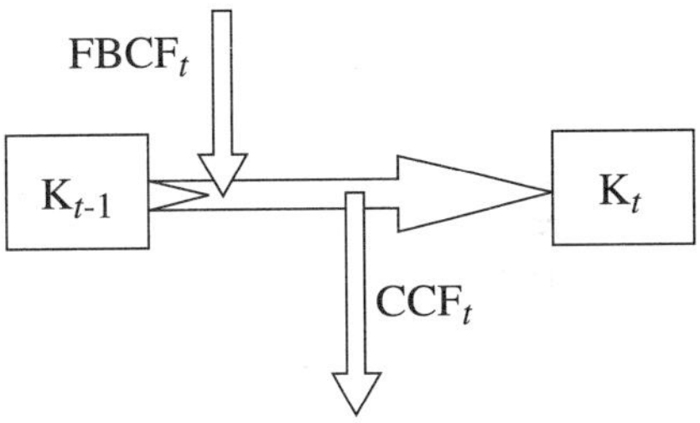

D'une part le phénomène de l'accélérateur n'est plus forcément symétrique à la hausse et à la baisse. En période de conjoncture difficile, le désinvestissement effectivement réalisé par l'entreprise sera vraisemblablement inférieur au désinvestissement théorique engendré par le modèle. Plutôt que de revendre certains biens de production devenus « indésirables » — revente d'autant plus difficile que l'on se situe en période de récession — l'entreprise préférera les conserver et laisser son stock se dévaloriser progressivement du fait de l'usure et de l'obsolescence (*cf.* courbe en pointillé sur la figure 1). De même, au niveau national, le désinvestissement effectif global sera forcément limité à cette dévalorisation graduelle puisque toute revente de matériel par une entreprise correspond à un achat d'une autre entreprise (sauf dans le cas d'une vente à une entreprise étrangère). Le non-remplacement constitue donc un frein au processus de baisse engendré par le mécanisme de l'accélérateur.

D'autre part, cette conservation de capitaux oisifs durant la période de récession (correspondant à la zone hachurée sur la figure 1) **va retarder la reprise**. Lors de la phase d'expansion suivante, le redémarrage de l'investissement est reporté car les entreprises disposent alors d'une capacité de production « involontairement » trop élevée (sur ces points, on pourra se reporter à l'exercice 3.2).

3 - L'ACCÉLÉRATEUR FLEXIBLE

On peut également penser que l'ajustement à la hausse ne sera pas aussi instantané que ne le prédit le modèle. **Tout acte d'investissement implique des coûts de transaction irréversibles**. La programmation du projet, l'installation de l'équipement et la formation du personnel pour son utilisation représentent pour l'entreprise une perte de production immédiate, qui en cas d'erreur de prévision ne sera jamais rattrapée. **De plus, le caractère durable de l'augmentation de la demande est toujours incertain**. Les entrepreneurs ne vont donc pas seulement fonder leurs prévisions sur l'évolution la plus récente de la demande.

Par prudence, l'entreprise peut ainsi choisir de n'ajuster que lentement son stock réel de capital fixe au stock désiré :

$$I_t = K_t - K_{t-1} = \lambda(K^*_t - K_{t-1})$$

L'ajustement optimal entre stock de biens de production hérité de la période précédente (K_{t-1}) **et stock désiré** (K^*_t) **n'est que partiel sur la période, et le paramètre λ représente la vitesse d'ajustement** ($0 \leq \lambda \leq 1$). Si l'on suppose maintenant que le niveau de capital désiré est proportionnel au volume de la demande, soit : $K^*_t = vY_t$, on obtient :

$$I_t = \lambda v Y_t - \lambda K_{t-1}$$

L'investissement dépend positivement du montant absolu de la demande (Y_t) et non plus de la variation de celle-ci ($Y_t - Y_{t-1}$), et négativement de l'importance des capacités de production de la période précédente (K_{t-1}). Néanmoins l'effet d'accélération demeure. En effet, on a : $I_t = \lambda K^*_t - \lambda K_{t-1}$ et de même $I_{t-1} = \lambda K^*_{t-1} - \lambda K_{t-2}$, d'où : $I_t - I_{t-1} = \lambda(K^*_t - K^*_{t-1}) - \lambda(K_{t-1} - K_{t-2})$, et comme $(K_{t-1} - K_{t-2}) = I_{t-1}$, alors $I_t = (\lambda K^*_t - \lambda K^*_{t-1}) + (1 - \lambda)I_{t-1}$ et donc :

$$I_t = \lambda v(Y_t - Y_{t-1}) + (1 - \lambda)I_{t-1}$$

L'effet d'accélération est atténué car, d'une part le coefficient d'accélération est plus faible ($\lambda v \leq v$ puisque $0 \leq \lambda \leq 1$), **et d'autre part le retard pris à la période précédente** ($(1 - \lambda)I_{t-1}$) **donne un caractère inertiel au modèle** (si $\lambda = 1$, alors on retrouve la version de l'accélérateur simple $I_t = v(Y_t - Y_{t-1})$). Dès lors, l'effet d'accélération en est assez profondément modifié. Au cours de la phase où la demande finale augmente à un taux décroissant, dans la version de l'accélérateur simple, l'investissement diminuait régulièrement. Dans le cas de l'accélérateur flexible, il va par contre dans un premier temps croître, jusqu'à ce que l'effet de freinage exercé par le stock de capital compense l'effet inverse impulsé par la progression de la demande (*cf.* fig. 2 ; *cf.* exercice 3.3).

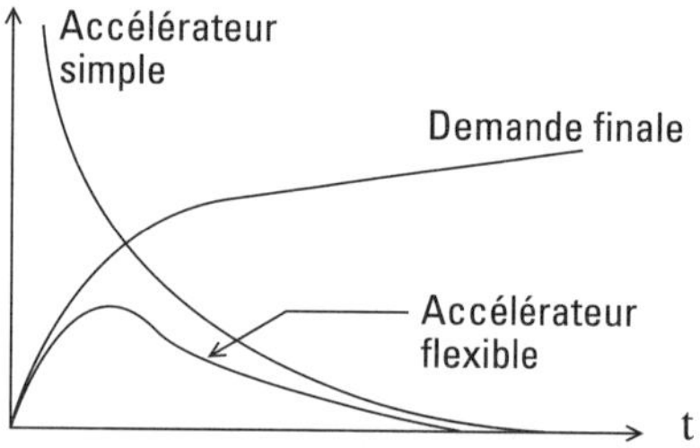

Fig. 2 : Comparaison de l'accélérateur simple et de l'accélérateur flexible

Ce comportement d'ajustement progressif du stock de capital aux variations de la demande est rendu possible par le stockage (ou le déstockage) de produits finis (accompagné parfois d'un allongement des délais de livraison), et par des variations du taux d'utilisation des capacités de production. Il existe ainsi une concordance assez nette, aussi bien à la hausse qu'à la baisse entre les fluctuations de ce taux et celles du PIB (*cf.* fig. 3).

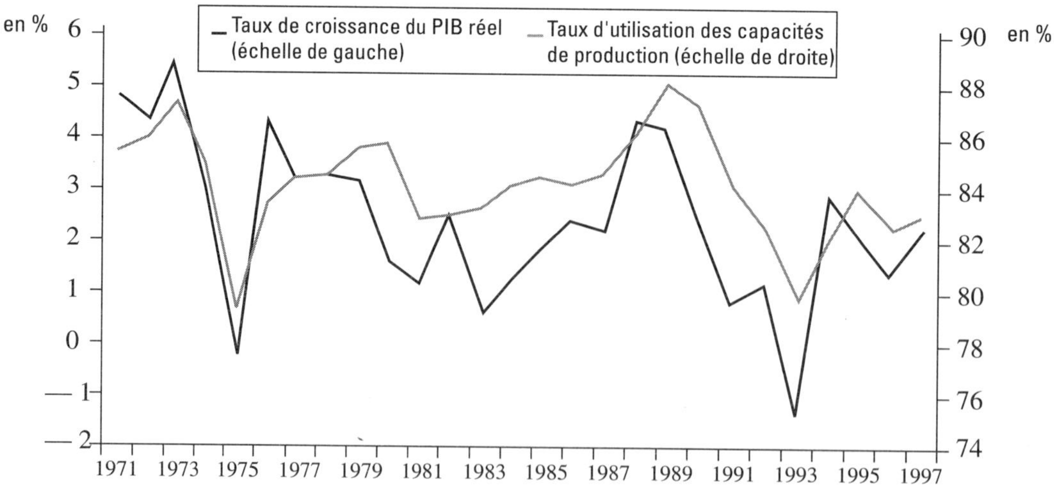

Fig. 3 : Évolution du taux d'utilisation des capacités de production des entreprises

Lorsque la croissance repart, les entreprises répondent en partie au surplus de demande en utilisant leurs réserves de capacité (sur la période, ces réserves représentent en moyenne 16 % des capacités totales de production), ce qui a un effet de freinage sur le processus d'accélération.

Inversement, en cas de ralentissement économique, et encore plus en cas de récession (1975 et 1993), plutôt que de désinvestir (à travers des reventes), les entreprises choisissent de conserver des capitaux inemployés, ce qui comme nous l'avons vu retardera la mise en marche de l'accélérateur au début du cycle économique suivant.

B

INVESTISSEMENT ET RENTABILITÉ : LE RÔLE DU TAUX D'INTÉRÊT

L'existence (ou la prévision) d'une demande supplémentaire est un préalable nécessaire à l'étude d'un projet d'investissement. Mais ce projet ne sera effectivement réalisé que si l'entrepreneur le juge rentable (section 1). L'agrégation de ces calculs économiques individuels va déterminer par comparaison avec le taux d'intérêt le montant de l'investissement national (section 2). Cette démarche analytique, au prix de quelques modifications, est encore assez largement utilisée aujourd'hui (section 3).

1 - Les procédures de choix des investissements

Lorsqu'il envisage un projet d'investissement, l'entrepreneur cherche avant tout à évaluer le supplément de profit qu'il pourra espérer réaliser. Sur la durée totale d'utilisation du bien (*n* années), il essaie ainsi de **prévoir**, d'anticiper ce que devraient être les **rendements** annuels futurs : $R_1, R_2, R_3, \ldots, R_n$. Ces rendements correspondent aux probabilités de **recettes nettes**, c'est-à-dire à la différence entre la valeur anticipée des ventes additionnelles permises grâce au nouvel investissement, et les coûts (variables) inhérents à cette augmentation de la production (matières premières, salaires, frais de maintenance du matériel...).

Ces bénéfices anticipés n'ont aucune raison d'être identiques sur les diverses années. Trois facteurs notamment peuvent affecter la série des rendements annuels :

– **le progrès technique.** La série des R_i sera en général plutôt décroissante car, au fur et à mesure que le temps s'écoule, apparaissent sur le marché de nouvelles machines plus performantes et/ou moins coûteuses, qui diminueront la compétitivité des anciens équipements ;

– **les risques**. S'agissant de rendements futurs et donc incertains, l'entreprise va sans doute accorder plus d'importance aux prévisions de résultats des premières années suivant l'investissement, qu'à ceux anticipés pour un avenir lointain, souvent à dix ans ou plus (nous reviendrons sur ce point très important pour Keynes à la partie C de ce chapitre) ;

– **le taux d'inflation**. Une hausse future des prix de vente des produits équivaut à une augmentation des rendements en termes nominaux (de plus, cela se traduira également par des remboursements futurs dévalués, voir *infra*). L'achat d'un bien d'équipement procure ainsi une certaine protection contre le risque d'inflation, alors que la même somme conservée sous la forme de monnaie perdra de sa valeur. Inversement, en cas de déflation, l'anticipation d'une baisse des prix aura tendance à déprimer l'investissement.

Ces revenus anticipés, qui seront perçus sur des périodes successives, doivent ensuite être ramenés à un « dénominateur temporel commun » à travers une procédure de capitalisation des bénéfices. Les entreprises utilisent à cette fin trois méthodes de choix des investissements (pour des exemples d'application, *cf.* exercices 3.4 et 3.5).

a. Le critère du délai de récupération (ou temps de retour sur investissement)

Il s'agit de calculer le nombre d'années nécessaires à la récupération de la mise de fonds initiale (le coût d'acquisition C_a du bien d'équipement) grâce aux recettes attendues, soit τ tel que :

$$C_a = \sum_{t=1}^{\tau} R_t$$

L'entrepreneur choisit ensuite le projet pour lequel le délai de récupération est le plus court. Ce critère, très simple à appliquer, est cependant très fruste, car il ne tient pas compte des rendements postérieurs à la date de récupération, et il additionne des valeurs disponibles à des dates différentes, sans aucune actualisation (*cf.* encadré ci-dessous). Néanmoins son utilisation peut se justifier dans les situations économiquement et/ou politiquement risquées et très instables, circonstances dans lesquelles l'entreprise est surtout pressée de recouvrer son capital.

Pourquoi actualiser ? Actualiser au sens courant, signifie « rendre actuel, adapter à l'époque présente, mettre à jour » (*Petit Larousse*). Au sens économique, il s'agit de rapporter au présent des choix qui se déroulent dans la durée. Deux revenus (ou deux biens) identiques mais disponibles à des dates différentes ne sont pas équivalents pour un agent économique. Ainsi un revenu de 100 F demain a une valeur moindre qu'un revenu de 100 F aujourd'hui car il existe en général une préférence pour le présent.

Pour les économistes, cette attitude quasi universelle (bien illustrée par le dicton « Un tiens vaut mieux que deux tu l'auras ») tient à l'impatience naturelle de l'homme vis-à-vis de la consommation (héritée de l'enfance ?), à une sous-estimation des besoins futurs (myopie économique, du type « on verra bien demain »), et au risque pris en renonçant à une consommation immédiate, risque à la fois économique, de non-remboursement en cas de prêt, et vital, dû à l'incertitude quand à la date de sa mort.

Lorsque pour un individu, il est indifférent de détenir 100 F cette année ou de disposer de 120 F l'an prochain, **son taux de préférence du présent sur le futur** (γ) est alors de 20 % (120 F = (1 + 20 %) × 100 F). En sens inverse, 100 F l'année prochaine équivalent dans ce cas à 83,33 F aujourd'hui (100/(1 + 20 %) = 83,333).

De manière générale, une somme R disponible l'année n, pour un taux de préférence pour le présent γ, vaut actualisée : $R/(1+\gamma)^n$

Ce taux d'actualisation est strictement personnel (et c'est en cela qu'il est également qualifié de taux d'escompte psychologique). Il est donc extrêmement difficile de déterminer sa valeur au plan collectif. Par commodité on admet, sous certaines réserves, que le taux d'intérêt moyen dans une économie reflète la préférence collective, en tant que rémunération de la renonciation à la consommation immédiate (ou prix de la consommation présente en cas d'emprunt).

b. Le critère de la valeur actualisée du bénéfice

Le taux d'actualisation utilisé est le taux d'intérêt (r). Dans ces conditions, la série de rendements a pour équivalent, pour valeur actualisée, la somme pondérée V :

$$V = \frac{R_1}{1+r} + \frac{R_2}{(1+r)^2} + \dots + \frac{R_n}{(1+r)^n}$$

Si V est supérieur au prix d'acquisition (C_a) alors l'investissement apparaît avantageux puisque, en valeur actualisée, les recettes excédent le coût initial. Autrement dit, entre deux projets concurrents, l'entreprise choisira celui qui a le bénéfice actualisé par franc de capital investi (V/C) le plus élevé [si la valeur de revente à la fin de la période d'utilisation (p_n) est non nulle, il suffit de rajouter à la somme : $p_n / (1+r)^n$]. Inversement si $V < C_a$, l'entreprise aura intérêt à renoncer à son projet, les sommes disponibles seront mieux utilisées à des placements extérieurs.

L'inconvénient de cette méthode est de devoir choisir un taux d'actualisation entre notamment le taux d'intérêt créditeur (la rémunération de l'épargne) et le taux d'intérêt débiteur (le coût d'un emprunt).

c. Le taux de rendement interne

Au lieu de rechercher la valeur actuelle à l'aide d'un taux d'intérêt r externe à l'entreprise (puisque se fixant sur le marché financier), il s'agit de déterminer le taux interne de rendement (e_a) qui égalise le coût du projet C_a et les bénéfices prévisibles actualisés tirés de cet investissement, soit :

$$C_a = \frac{R_1}{1+e_a} + \frac{R_2}{(1+e_a)^2} + \dots + \frac{R_n}{(1+e_a)^n}$$

La distribution dans le temps des rendements est essentielle : e_a est d'autant plus fort que les revenus arrivent précocement, puisque le dénominateur des fractions croît avec le temps. Et entre deux projets concurrents, l'entreprise choisira alors celui qui a le taux de rendement interne le plus élevé.

Dans la présentation de sa théorie de l'investissement, Keynes privilégie cette dernière méthode, qui n'a pas l'inconvénient d'impliquer un choix préalable parmi les divers taux d'intérêt existants. **Mais ce taux de rendement interne** (déjà renommé par Fisher « taux de rendement par rapport au coût ») **est « requalifié » par Keynes « efficacité marginale du capital»**, qu'il définit ainsi : « le taux d'escompte qui, appliqué à la série d'annuités constituée par les rendements escomptés de ce capital pendant son existence entière, rend la valeur actuelle des annuités égale au prix d'offre de ce capital » (*Théorie générale*, chapitre 11, section I).

Ce glissement sémantique s'explique par la précision que fait Keynes concernant le coût du bien de capital (C_a) : **le prix d'offre** « désigne non le prix de marché, mais le prix qui est juste suffisant pour décider un fabricant à produire une unité nouvelle supplémentaire de ce capital ». L'adjectif «marginale » met donc en valeur le fait qu'il s'agit d'un taux calculé sur la base du coût de production **d'une unité supplémentaire** de ce bien de capital. Et les entreprises vont donc ensuite classer leurs différents projets d'investissement, unité par unité, par ordre de décroissance d'efficacité marginale.

2 - De la courbe d'efficacité marginale du capital à la fonction d'investissement

Lorsque l'investissement augmente, l'efficacité marginale du capital diminue, et cela quel que soit le niveau de l'analyse.

La première possibilité est de considérer des projets de montants différents, mais portant sur un même type de bien d'investissement, par exemple les achats de machines-outils de type *a*. L'efficacité marginale va diminuer pour deux raisons :

- du fait d'une productivité marginale du capital décroissante **dans le secteur des biens de consommation** (ou de déséconomies d'échelle), la série des R_i diminue avec le rang de la machine : la première machine est techniquement plus productive que la seconde, elle-même plus efficace que la troisième, etc. ;
- mais du fait de rendements également décroissants **dans le secteur des biens de production**, il y aura progressivement une augmentation du prix d'offre C_a, ce qui renforcera la baisse de e_a.

La seconde possibilité est de considérer tous les types de projets d'investissement (achats de machines-outils de type a, de type b, de type c… mais aussi achats d'autres catégories de biens d'équipement, construction de bâtiments, etc.). Ces projets très divers sont classés par ordre de décroissance de rentabilité au sein de chaque firme, mais également au plan national (classement de tous les projets de tous les agents économiques), par exemple à travers les choix sélectifs des banques.

Dans les deux cas, il est alors possible de tracer une courbe de demande de capital (ou courbe d'efficacité marginale du capital, les deux termes étant employés indifféremment par Keynes), qui relie *e* au montant de l'investissement. Et pour les raisons évoquées, cette courbe est décroissante tant pour une entreprise individuelle qu'au plan national (*cf.* fig. 4).

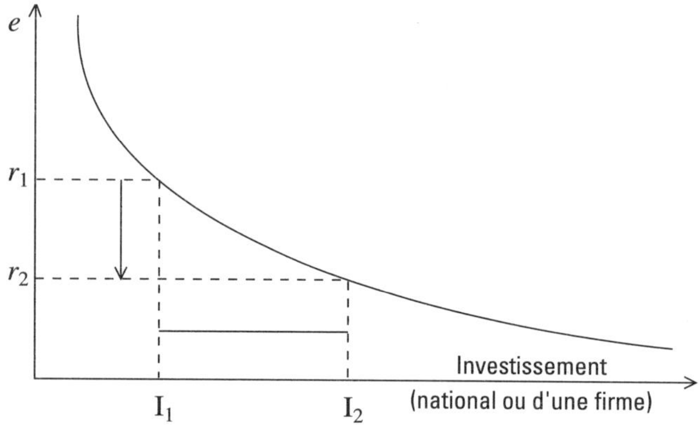

Fig. 4 : La courbe de la demande de capital

C'est cette courbe d'efficacité marginale du capital, par comparaison avec le taux d'intérêt, qui va permettre de déterminer la réalisation ou non des projets d'investissement : « le flux d'investissement sera porté au point de la courbe de demande de capital où l'efficacité marginale du capital en général tombe au niveau d'intérêt du marché » (*TG*, chapitre 11, section I). Ainsi sur la figure 4, pour un taux d'intérêt r_1 (donnée exogène pour l'entreprise car fixé sur le marché monétaire), l'investissement de la firme (ou de la nation selon le niveau d'analyse) sera égal à I_1.

En effet, tant que *e* est supérieur à *r* (respectivement par exemple 6 % et 5 %), l'entreprise réalise ses projets d'investissement quelle que soit sa situation financière :

- **si l'entreprise dispose de fonds suffisants**, il est alors plus rentable pour elle de les utiliser à l'achat de biens d'équipement, dont le taux de rendement est de 6 %, que de les placer sur le marché financier, ce qui ne lui rapporterait que 5 % l'an ;
- **si l'entreprise ne dispose pas des fonds nécessaires**, il est alors intéressant d'emprunter à un taux de 5 % afin d'investir dans un projet qui devrait lui procurer un rendement de 6 %.

Inversement, si $r > e$, il vaut mieux : dans le premier cas, effectuer des placements financiers que d'investir dans du capital productif ; et dans le second cas, renoncer à un emprunt qui se traduirait par une perte pour l'entreprise.

Sur la base de ce raisonnement, on peut alors déduire de la courbe d'efficacité marginale du capital une relation entre investissement et taux d'intérêt (*cf.* fig. 5 et exercice 3.6).

Sur la figure 4, lorsque le taux d'intérêt baisse (de r_1 à r_2), l'investissement augmente de I_1 à I_2. En reportant sur la figure 5 les différents couples (I, r) ainsi obtenus sur la courbe d'efficacité marginale du capital, on aboutit à **une relation décroissante entre taux d'intérêt et investissement**. Une chute du taux d'intérêt devrait ainsi se traduire par une relance de l'investissement privé. Symétriquement, une remontée des taux devrait déprimer l'investissement.

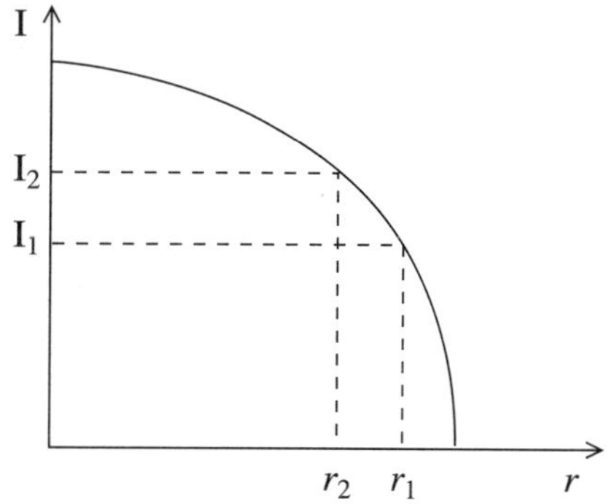

Fig. 5 : la fonction d'investissement

Cependant la très grande majorité des études empiriques concluent à une absence de relation stable entre taux d'intérêt et investissement. Une simple comparaison pour le cas français des taux de croissance, de l'investissement et du taux d'intérêt réel, illustre assez bien la faiblesse de la corrélation entre les deux variables (*cf.* fig. 6).

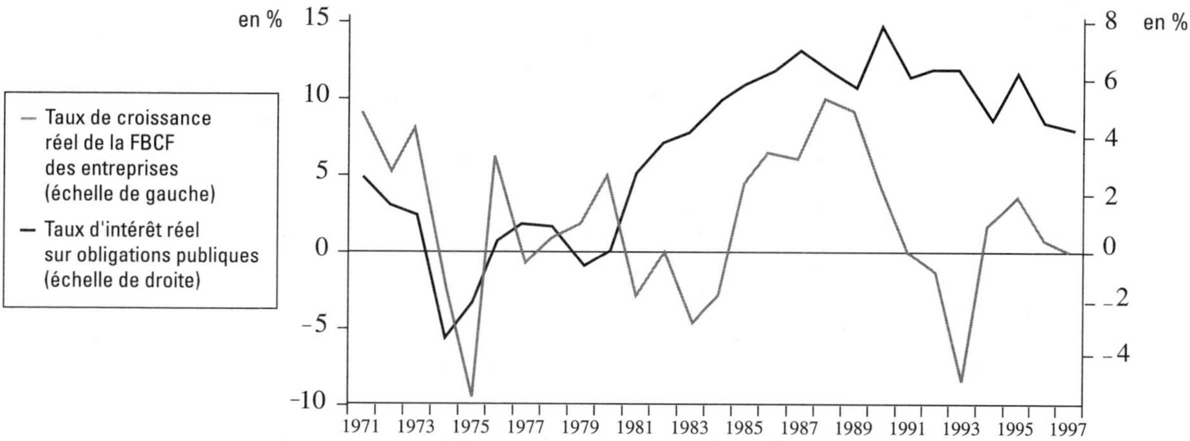

Fig. 6 : Taux d'investissement et taux d'intérêt en France (1971-1997)

Ainsi, durant les années 80, la montée des taux d'intérêt réels s'est accompagnée globalement d'une progression de l'investissement. Et durant les années 90, la lente décrue des taux d'intérêt n'a pas contrecarré la chute de l'investissement des entreprises. Certes la décision d'investissement est parfois contrainte (*cf.* encadré ci-dessous) et le taux d'intérêt n'est pas alors le critère décisif. Mais l'évolution des modalités de financement jouent également un rôle majeur.

L'investissement contraint. L'investissement est quelque fois une question de survie pour l'entreprise. C'est notamment le cas :

- pour faire face à une offensive de concurrents qui menacent ses parts de marché ; on parle alors d'investissement défensif ;
- pour être en conformité avec l'évolution de la législation concernant la sécurité du travail, les normes ou l'environnement. Selon les enquêtes Insee, ce motif est loin d'être négligeable puisqu'il représenterait en France sur les années 90, entre 15 et 20 % du total de la FBCF ;
- lorsqu'il s'agit pour une entreprise sous-traitante de s'adapter à un changement de spécification des caractéristiques du produit de la part du donneur d'ordre.

3 - Le rôle des modalités de financement

Dans le cadre d'analyse simplifié utilisé jusqu'à présent, le taux d'intérêt était considéré comme ayant une seule et unique valeur, tant dans son aspect coût d'opportunité (taux créditeur) que dans sa version coût d'emprunt (taux débiteur). Or, le coût de financement d'un investissement peut être considérablement différencié selon les modalités choisies par l'entreprise. Traditionnellement, on distingue :

Financement interne	**Autofinancement**	Financement sur fonds propres
Financement externe	**Augmentation du capital social**	Financement sur fonds propres
Financement externe	**Endettement**	

L'autofinancement exige l'existence préalable au sein de l'entreprise de bénéfices non distribués (ou de provisions constituées pour amortissement). L'entreprise n'a alors aucune contrainte de remboursement, ce qui est un avantage indéniable lorsque la conjoncture devient morose. Néanmoins ces fonds ne sont gratuits qu'en apparence. L'entreprise en immobilisant ses ressources dans des biens de capital fixe renonce aux revenus dont elle aurait pu disposer en les plaçant sur des actifs financiers à durée et risque comparables.

L'augmentation du capital social, par émission d'actions, est un mode de financement qui a pour privilège de n'avoir jamais à rembourser les fonds ainsi obtenus. De plus, son coût — le versement de dividendes aux actionnaires — peut être ajusté aux variations conjoncturelles des résultats de l'entreprise. Mais les actions des diverses entreprises étant en concurrence, des dividendes trop faibles risqueraient de se traduire par une désaffection des actionnaires.

Le financement par endettement peut se faire à travers une grande variété d'emprunts, en particulier lorsque l'entreprise dépasse une certaine taille critique. Dans ce cadre, on peut distinguer :

- le financement direct sur les marchés : emprunt obligataire (sur une échéance de 7 à 15 ans) ; émission sur le marché monétaire de billets de trésorerie (10 jours à 7 ans) ;
- le financement intermédié : crédits bancaires de court terme (découvert, escompte d'effets de commerce...), de moyen ou long terme ; crédit bail mobilier (location de matériel avec option d'achat) ;
- et le crédit interentreprises, consenti à un client par son fournisseur, très fréquent dans la grande distribution.

L'existence de ces différentes possibilités de financement va influencer le niveau de l'investissement à travers l'effet de levier (relation entre fonds propres et endettement), et la théorie du ratio q de *James Tobin** (relation entre investissement et marché boursier).

En jouant sur la structure de financement de ses investissements, l'entreprise peut espérer réaliser des profits plus importants en misant sur **l'effet de levier**. L'investissement total I effectué par une entreprise est financé pour partie sur ses fonds propres (F) et pour l'autre partie sur la base de capitaux empruntés (E) au taux r, soit I = F+E. Pour un taux de rendement donné de l'investissement ρ (ou *taux de rentabilité économique**), les profits réalisés sont :

$$P = \rho I - rE = \rho(F + E) - rE = \rho F + (\rho - r)E$$

James Tobin : économiste post-keynésien américain, né en 1918, Prix Nobel d'économie en 1981 pour son analyse des marchés financiers et de leurs rapports avec l'emploi, la production et les prix.

Taux de rentabilité économique : excédent brut d'exploitation (valeur ajoutée – rémunération du travail – impôts liés à la production)/capitaux fixes productifs (équipements et bâtiments).

Mais ce qui intéresse les actionnaires (i.e. les propriétaires de l'entreprise), c'est la rentabilité de leurs capitaux personnels engagés dans l'entreprise, soit le rapport P/F que l'on dénomme **taux de rentabilité financière**, soit en divisant l'équation précédente par F :

$$\frac{P}{F} = \rho + (\rho - r)\frac{E}{F}$$

La rentabilité des fonds propres augmente donc avec le taux d'endettement (E/F) tant que r < ρ. Cette incitation à un endettement maximal comporte toutefois un risque important lorsque suite à un retournement conjoncturel imprévu, le taux de rendement économique de l'investissement (ρ) devient inférieur au taux de l'emprunt (*r*). L'effet de levier se transforme alors en « effet de massue » (ou effet de ciseau) : plus l'entreprise s'est endettée dans le passé (E/F élevé), plus les pertes seront importantes, et l'entreprise ne pourra éventuellement les couvrir qu'à travers un nouvel emprunt (endettement de détresse) du fait de fonds propres largement insuffisants.

Une première historique. Depuis la fin des années 80, la remontée de la part des profits et des apports en fonds propres, couplée avec la faiblesse récente de l'investissement dans un contexte de croissance peu importante, a fait apparaître pour la première fois en France une épargne nette de la part des entreprises, alors qu'habituellement elles avaient structurellement un besoin de financement. Le taux d'autofinancement est ainsi actuellement supérieur à 100 %, ce qui signifie que globalement les entreprises contribuent au financement des dépenses publiques et des non-résidents.

Le modèle *q* de Tobin (1969) vise à montrer comment l'investissement productif — l'achat de capital fixe — est influencé par la conjoncture boursière. En effet, lorsqu'une entreprise désire élargir ses capacités de production, s'offrent à elle deux possibilités :

- soit acheter des biens de productions neufs (croissance interne) ;
- soit acquérir une (ou plusieurs) entreprise du même secteur (croissance externe). Ceci équivaut en fait à acheter des biens de production déjà existants, des biens de « seconde main ».Cette *alternative** entre du capital neuf et du capital d'occasion (dont le prix est fixé par le marché boursier) peut s'exprimer sous la forme d'un ratio (noté *q* par Tobin) :

$$q = \frac{\text{prix du capital existant (sur le marché boursier)}}{\text{prix du capital neuf (sur le marché des biens)}}$$

Remarque : ***alternative*** qu'avait déjà très bien vu Keynes : « il serait absurde de créer une entreprise nouvelle à un certain coût si l'on peut acquérir à un coût moindre une entreprise existante du même genre ».

Si *q* < 1, il n'y a aucune raison rationnelle d'investir, puisque l'on peut à un coût moindre acquérir une entreprise, disposant déjà du capital productif désiré.

Si *q* > 1, l'incitation à investir est forte, « le neuf » étant alors plus intéressant que « l'occasion ». Pour Tobin, cela signifie que les perspectives de profit sont favorables, car les cours de bourse sont supposés refléter les anticipations des revenus futurs. De plus, cet optimisme boursier va faciliter les augmentations de capital éventuellement nécessaires pour effectuer le nouvel investissement.

L'investissement est donc relié positivement à *q*. Autrement dit, un « bon climat » boursier influence favorablement les dépenses en biens d'équipement des entreprises, ce que Keynes avait déjà noté dans le chapitre 12 de sa *Théorie générale*, en insistant sur le fait que l'investissement est sous la dépendance de « l'état psychologique » des marchés financiers.

C

INVESTISSEMENT ET ANTICIPATIONS : L'INVESTISSEMENT EST FONDAMENTALEMENT UN PARI SUR L'AVENIR

Si le modèle de l'accélérateur et les modifications de taux d'intérêt sont globalement incapables d'expliquer correctement l'évolution de l'investissement, c'est sans doute qu'en fait la volonté d'investir repose essentiellement sur une foi en l'avenir. Il s'agit d'un pari radical, quasi irréversible, pari reposant sur des bases extrêmement précaires (section 1), dépendant de « l'état de confiance » des entrepreneurs (section 2), qui lui-même est grandement influencé par la spéculation financière (section 3).

1 - L'extrême précarité des prévisions à long terme

La très forte variabilité de l'investissement est largement imprévisible car elle est inhérente au système économique. Pour Samuelson, « ce comportement capricieux, volatil ne saurait surprendre, étant donné que les occasions d'investissement sont liées à de nouvelles découvertes, de nouveaux produits, à l'exploitation de nouveaux territoires, à l'extension des frontières économiques, à l'utilisation de nouvelles ressources, à l'accroissement de la population, à l'augmentation de la production et des ressources » (*L'Économique*, A. Colin, 1982, p. 291). Les termes employés par l'auteur mettent bien en valeur le caractère dynamique des motifs d'investissement, ainsi que l'impossibilité de prévoir certains événements futurs sur la base de l'expérience passée, du fait de leur absolue nouveauté. La rentabilité d'un investissement est donc toujours aléatoire. Investir représente une prise de risque pour l'entrepreneur, risque d'autant plus important dans le contexte actuel de mutations accélérées et de concurrence accrue.

Ainsi la série de rendements annuels anticipés, fondant le calcul de l'efficacité marginale du capital, est profondément imprévisible du fait d'une quadruple incertitude :

– **incertitude sur la durée d'utilisation du bien d'équipement**. Si la durabilité technique, liée à l'usure du matériel, peut être relativement bien appréhendée, par contre la durabilité économique, liée à la compétitivité de l'équipement, dépend du rythme de l'obsolescence, et donc des progrès techniques futurs, progrès très difficilement prévisibles ;

– **incertitude sur les perpectives de ventes**. Dans ses anticipations des profits à venir, l'entrepreneur doit essayer d'imaginer l'évolution de la conjoncture économique générale (nationale ou mondiale), les changements dans la demande du produit qu'il fabrique (changements des goûts des consommateurs, étude des élasticités revenu) mais aussi l'apparition éventuelle de nouveaux concurrents ;

– **incertitude sur les coûts de production**. Les bénéfices réalisés dépendent aussi de l'évolution du prix de l'énergie, des matières premières, des salaires… ;

– **incertitude sur les taux d'intérêt futurs.** Lorsque l'investissement est financé par un emprunt à taux variable, les charges de remboursement peuvent fluctuer de manière considérable.

Cette incertitude multiple est évidemment renforcée dans le cas d'investissements destinés à la fabrication de produits totalement nouveaux.

La rentabilité effective d'un investissement ne peut donc être connue que rétrospectivement, qu'après la « mort » économique du bien. Et il n'y a aucune raison pour qu'elle soit conforme aux prévisions élaborées des années auparavant (parfois une décennie).

2 - De « l'état de la prévision à long terme » à « l'état de confiance »

La décision d'investissement est ainsi établie sur la base de « l'état de la prévision à long terme » (titre du chapitre 12 de la *Théorie générale*). Mais comment vont se déterminer ces anticipations sur l'avenir ? Selon Keynes, « il serait absurde lorsqu'on forme des prévisions, d'attacher beaucoup de poids aux choses très incertaines ». L'incertitude augmentant avec l'éloignement par rapport à la période présente, il est alors vraisemblable que « les faits actuels jouent un rôle qu'on pourrait juger disproportionné dans la formation de nos prévisions à long terme ».

L'entrepreneur va ainsi projeter dans le futur les circonstances présentes par extrapolation des variables déterminant le rendement courant des biens d'investissement (taux d'intérêt, demande, prix, salaires…). Ces calculs prévisionnels seront effectués en termes de probabilité, d'espérance mathématique de gains : « L'état de la prévision à long terme, sur lequel nos divisions sont fondées [i.e. la formule de calcul de l'efficacité marginale du capital], ne dépend pas seulement de la prévision la plus probable que l'on peut faire. Il dépend aussi de la confiance avec laquelle on la fait, c'est à dire de la probabilité que l'on assigne au risque que sa prévision la mieux établie se révèle tout à fait fausse ».

L'investissement va donc dépendre de l'état de confiance, de la psychologie actuelle des affaires. Dans le cadre d'analyse précédent de la fonction d'investissement, cela revient à souligner que, si la forme de la courbe d'efficacité marginale du capital n'est pas à négliger, néanmoins c'est sa situation et ses déplacements dans le plan qui sont primordiaux (*cf.* fig. 7 page suivante).

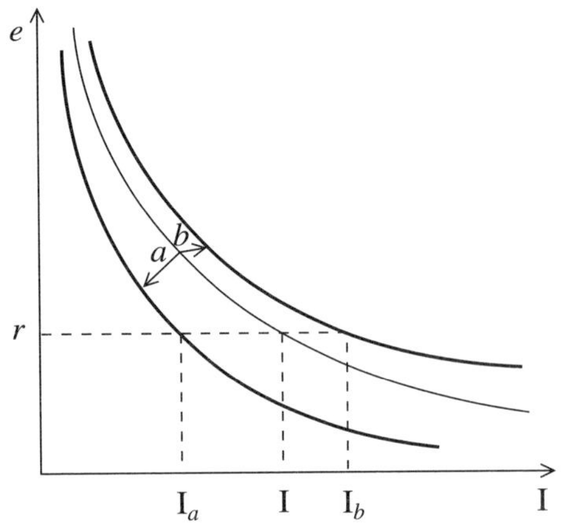

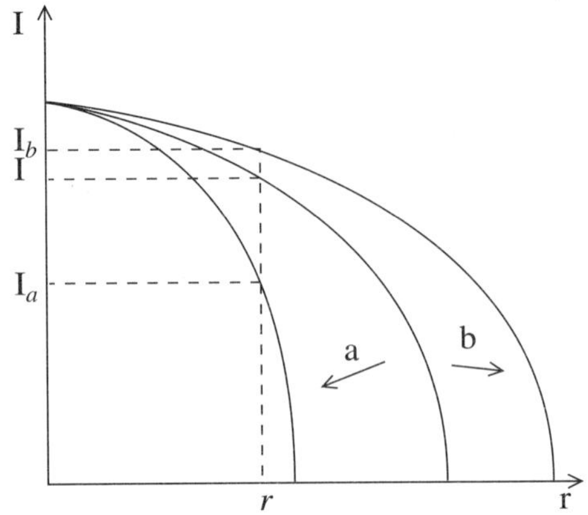

Fig. 7 : Investissement et « état de confiance »

En fonction de « vagues » de pessimisme (*a*), ou d'optimisme (*b*), mouvements « souvent irraisonnés » selon Keynes, pour un même taux d'intérêt (*r*), le montant de l'investissement peut être considérablement différent (respectivement I_a et I_b). Les décisions d'investissement dépendent donc beaucoup plus de facteurs subjectifs, psychologiques, que de formules mathématiques prenant en compte le niveau du taux d'intérêt, ce que Keynes exprime sous la forme humoristique suivante : « le calcul exact des bénéfices à venir y joue un rôle à peine plus grand que dans une expédition au pôle Sud » (*TG,* chapitre 12, section VII).

Les deux interprétations de la pensée de Keynes. « L'opposition flagrante entre l'esprit des chapitres 11 et 12 a donné naissance à deux interprétations radicalement différentes de la *Théorie générale.* On peut dire schématiquement que les "**keynésiens hydrauliques du chapitre 11**" admettent que les anticipations sont données et ils peuvent montrer ainsi que la stabilisation par la politique économique d'une économie capitaliste est facile et quasi mécanique. Les "**keynésiens fondamentalistes du chapitre 12**" qui soulignent le rôle de l'incertitude irréductible de l'avenir, considèrent que la stabilisation est par nature difficile puisqu'elle a elle-même des effets sur l'état de la confiance » (G.M. Henry, *Keynes,* A. Colin, 1997, p. 92).

Un rapport récent du Conseil économique et social (Bruneaud, 1998) ne dit pas autre chose lorsqu'il affirme : « la stagnation présente engendre le pessimisme, le pessimisme la prudence, et la prudence consolide la dépression ». Ce qui revient à dire, en « langage keynésien », qu'une insuffisance actuelle de la demande se traduit par des anticipations d'une faible efficacité marginale du capital dans le futur, faiblesse qui n'incite pas à investir, ce qui contribue, par le jeu du multiplicateur d'investissement (*cf.* chapitre 4), à renforcer la fragilité de la croissance économique.

3 - Investissement et spéculation financière

Keynes s'interroge ensuite sur les facteurs qui influencent cet état de confiance (il s'agit là d'un des passages — une dizaine de pages — sans doute les plus brillants et les plus clairs de la *Théorie générale.* C'est pourquoi nous laisserons largement « parler » Keynes). Selon lui, **l'état de confiance est déterminé par l'état historique du capitalisme**. À cette fin, il est commode de distinguer grossièrement le capitalisme du XIXe siècle de celui du XXe.

Le capitalisme du XIXe était dominé par des entreprises de taille relativement faible et à caractère familial : « autrefois, lorsque les entreprises appartenaient pour la plupart à ceux qui les avaient créées ou à leurs amis et associés, l'investissement dépendait d'un recrutement suffisant d'individus de tempérament sanguin et d'esprit constructif qui s'embarquaient dans les affaires pour occuper leur existence, sans chercher réellement à s'appuyer sur un calcul précis de profit escompté ». Investir répondait alors à un goût du risque, à une recherche de satisfaction personnelle. C'était un « jeu mixte d'adresse et de hasard » dont le résultat dépendait des bonnes (ou mauvaises) intuitions de l'entrepreneur.

Le capitalisme du XXe siècle, qui se met en place aux États-Unis dans les années 20 et ne se développera pleinement en Europe qu'après la Seconde Guerre mondiale, **se caractérise, entre autres, par un capitalisme managérial**. Il y a scission entre la propriété (l'actionnariat) et la gestion du capital (les dirigeants souvent salariés). L'agent économique qui décide des investissements productifs n'est donc plus celui qui va financer l'accroissement du capital. Cette séparation des tâches va avoir une double conséquence sur le flux d'investissement : « l'extension prise par les marchés financiers organisés [...] facilite parfois l'investissement, mais parfois aussi contribue grandement à aggraver l'instabilité du système ».

Le marché boursier a, en théorie, un impact positif sur l'investissement. **Le capital techniquement fixe (machines, bâtiments...) est rendu liquide pour l'individu** à travers la possibilité de revendre ses actions, titres de propriété de ce capital fixe. La quasi-irrévocabilité de l'investissement disparaît, ce qui facilite la fluidité des arbitrages : « c'est comme si un fermier, après avoir tapoté son baromètre au repas du matin, pouvait décider entre dix et onze heures de retirer son capital de l'exploitation agricole, puis envisager plus tard dans la semaine de l'y investir de nouveau ».

Mais, revers de la médaille, cette facilité va également engendrer des fluctuations considérables des cours boursiers, ce qui risque de détourner les agents économiques de l'investissement productif au profit d'une pure spéculation financière. Les agents ne jugent plus alors des choix d'investissement en fonction de leur rentabilité à long terme, mais uniquement au regard des possibilités de plus-values à court terme qu'ils pourraient occasionner. Les efforts d'anticipations portent ainsi, non sur le calcul de l'efficacité marginale du capital, mais sur ce que peut être l'opinion des marchés financiers dans un très proche avenir.

Le « jeu » de la spéculation vu par Keynes. « La technique du placement peut être comparée à ces concours organisés par les journaux où les participants ont à choisir les six plus jolis visages parmi une centaine de photographies, le prix étant attribué à celui dont les préférences s'approchent le plus de la sélection moyenne opérée par l'ensemble des concurrents. Chaque concurrent doit donc choisir non les visages qu'il juge lui-même les plus jolis, mais ceux qu'il estime les plus propres à obtenir le suffrage des autres concurrents, lesquels examinent tous le problème sous le même angle. Il ne s'agit pas pour chacun de choisir les visages qui sont réellement les plus jolis ni même ceux que l'opinion moyenne considérera réellement comme tel. Au troisième degré où nous sommes déjà rendus, **on emploie ces facultés à découvrir l'idée que l'opinion moyenne se fera à l'avance de son propre jugement.** Et il y a des personnes, croyons-nous, qui vont jusqu'au quatrième ou cinquième degré ou plus loin encore. »

Ces comportements spéculatifs au jour le jour peuvent contribuer à accroître les risques de l'investissement, car : « lorsqu'on évalue les perspectives de l'investissement il faut donc tenir compte des nerfs et des humeurs, des digestions même et des réactions au climat des personnes dont l'activité spontanée les gouverne en partie ».

Autrement dit, le dirigeant de l'entreprise se détourne de sa « vraie » mission, l'élaboration d'une stratégie de production, et ne se préoccupe plus que d'une « tactique psychologique » vis-à-vis des marchés boursiers.

« La situation devient sérieuse lorsque l'entreprise n'est plus qu'une bulle d'air dans le tourbillon spéculatif. Lorsque dans un pays le développement du capital devient le sous-produit de l'activité d'un casino, il risque de s'accomplir en des conditions défectueuses ». Les effets de la psychologie des foules se traduisent dans un premier temps par une autoréalisation des anticipations à la hausse. Mais lorsque les agents s'aperçoivent de la discordance entre la rentabilité effective de l'investissement productif et son évaluation par les marchés boursiers, alors **la bulle financière éclate. Et la crise financière va alors se propager très rapidement à l'économie réelle.** L'état de confiance se détériore, déclenchant une chute de l'efficacité marginale du capital et donc un effondrement de l'investissement.

Le rôle de l'État pour Keynes est alors double :

- il doit intervenir en amont afin de **prévenir les crises en décourageant la spéculation** : « il est généralement admis que, dans l'intérêt même du public, l'accès des casinos doit être difficile et coûteux. Peut être ce principe vaut-il aussi en matière de Bourses. [...] La création d'une lourde taxe d'État frappant toutes les transactions se révélerait peut-être la plus salutaire des mesures permettant d'atténuer la prédominance de la spéculation sur l'entreprise » ;
- si cette politique de prévention n'a pas été menée ou n'a pas été suffisante, lorsque surgit la crise, une politique monétaire expansive sera vraisemblablement inadaptée car « la chute de l'efficacité marginale du capital devient si profonde qu'aucune baisse du taux d'intérêt ne suffit plus à la contrebalancer ». **Seule une politique de relance par les dépenses publiques est alors efficace** (se reporter au chapitre 8 de ce livre).

De plus, structurellement, **sur le long terme, l'investissement public devrait prendre de plus en plus d'importance** : « nous nous attendons à voir l'État, qui est en mesure de calculer l'efficacité marginale des biens capitaux avec des vues lointaines et sur la base de l'intérêt général de la communauté, prendre une responsabilité sans cesse croissante dans l'organisation directe de l'investissement ».

QUESTIONS À CHOIX MULTIPLES

1 - Le coefficient de capital est fixe lorsque :

a. la fonction de production est à facteurs complémentaires et les rendements d'échelle sont constants.

b. la fonction de production est à facteurs substituables, le prix relatif du capital par rapport au travail est fixe et les rendements d'échelle sont constants.

c. la production reste inchangée et le prix relatif du capital par rapport au travail est fixe.

d. dans les trois cas précédents.

2 - Selon le principe de l'accélérateur, les dépenses d'investissement des entreprises dépendent :

a. du taux d'intérêt.

b. du montant de la demande finale.

c. des modifications de la demande finale.

d. de l'efficacité marginale du capital.

3 - Dans le modèle de l'accélérateur, les fluctuations de la demande de biens de production sont supérieures à celles de la demande de biens de consommation :

a. lorsque le coefficient de capital est supérieur à 1.

b. lorsque le coefficient de capital est compris entre 0 et 1.

c. lorsque la demande de biens de consommation est faible.

d. lorsque la demande de biens de consommation est forte.

4 - Dans le modèle de l'accélérateur flexible, l'investissement dépend :

a. des variations de la demande finale.

b. positivement du montant de la demande et négativement du stock de capital existant.

c. positivement du montant de la demande et du stock de capital existant.

d. de la flexibilité du temps de travail.

5 - Lorsque le taux de préférence pour le présent est de 10 %, disposer de 121 F dans deux ans équivaut aujourd'hui à :

a. 110 F.

b. 100 F.

c. 100,83 F.

d. 146,41 F.

6 - La notion d'efficacité marginale du capital est :

a. identique au critère de délai de récupération.

b. relativement similaire au critère de taux interne de rendement.

c. identique au critère de taux interne de rendement.

d. identique au critère de valeur actualisée.

7 - Selon Keynes, lorsque le montant de l'investissement augmente, l'efficacité marginale du capital diminue car :

a. la productivité marginale du capital est décroissante dans le secteur des biens de consommation.

b. la productivité marginale du capital est décroissante dans le secteur des biens de production.

c. les projets d'investissement sont classés par ordre décroissant de rentabilité par les firmes et par les banques.

d. pour les trois raisons précédentes.

8 - L'effet de levier permet de réaliser plus de profits lorsque :

a. le taux d'intérêt est inférieur au taux de rentabilité économique.

b. le taux d'intérêt est inférieur au taux de rentabilité économique et l'entreprise épargne pour investir.

c. le taux d'intérêt est inférieur au taux de rentabilité économique et l'entreprise s'endette pour investir.

d. le taux d'intérêt est inférieur au taux de rentabilité économique et l'entreprise autofinance son investissement.

9 - Selon Keynes, la fonction d'investissement est :

a. stable et croissante avec le taux d'intérêt.

b. instable et croissante avec le taux d'intérêt.

c. stable et décroissante avec le taux d'intérêt.

d. instable et décroissante avec le taux d'intérêt.

10 - Afin de favoriser l'investissement sur le long terme, pour Keynes, l'État doit :

a. décourager la spéculation financière.

b. supprimer les marchés boursiers.

c. nationaliser les entreprises.

d. encourager l'épargne.

(Les réponses se trouvent en fin d'ouvrage, page 413.)

NB : certains exercices (*) peuvent être facilités par l'usage d'un tableur, notamment pour l'élaboration des graphiques.

Exercice corrigé 3.1

Principe de l'accélérateur (A,1)

On suppose que l'évolution en valeur de la demande en biens de consommation d'un certain type est la suivante :

Période	0	1	2	3	4	5	6	7	8	9	10	11
Demande	1 000	1 000	1 100	1 500	1 600	1 500	1 000	700	700	900	1 000	1 000

À la période 0, le taux d'utilisation des capacités de production est de 100 %, et les entreprises disposent d'un capital fixe d'une valeur de 4 000.

On suppose par ailleurs que le coefficient de capital demeure identique à toutes les périodes, que les biens d'équipement sont inusables, et que la production s'adapte instantanément à la demande de la période.

1. Qu'est-ce que le capital fixe ? Définir et calculer le coefficient de capital de cette branche économique. Quelles sont les hypothèses nécessaires pour que ce coefficient demeure constant, quel que soit le niveau de la demande ?

2. Calculer l'investissement induit à chacune des périodes. Comment les entreprises peuvent-elles désinvestir au niveau individuel ; au niveau d'une branche économique ; au niveau national ?

3. Sur un même graphique, tracer les courbes d'évolution de la demande et de l'investissement. Commenter.

4. Quelles seraient les conséquences d'une plus forte mécanisation du processus de production ?

Corrigé

1. Le capital fixe est constitué de « la valeur des biens durables détenus par les unités productrices pour être utilisés pendant au moins un an dans le processus de production ». Il comprend les bâtiments et les machines.

Le coefficient de capital mesure le rapport entre la valeur (ou le volume) du capital installé et la valeur (ou le volume) de la production qu'il permet. À la période 0, le parc d'équipements de production est utilisé à pleine capacité, et comme le stock de capital fixe d'une valeur de 4 000 permet de produire 1 000, le coefficient de capital est donc : $v = K/Y = 4000/1000 = 4$.

Le coefficient de capital est constant si deux conditions sont simultanément satisfaites : 1) l'intensité capitalistique (le rapport capital/travail) est constante ; 2) les rendements d'échelle sont également constants (voir l'encadré en A,1). Dans le cas contraire, une augmentation de la production peut être réalisée sans forcément augmenter le stock de capital dans une proportion 4 fois supérieure (en payant des heures supplémentaires par exemple).

2. À la période 1, la demande reste de 1 000. Comme le capital est inusable, l'entreprise n'achète pas de biens de production.

À la période 2, la demande est de 1 100, l'entreprise désire répondre instantanément à cette augmentation de la demande, elle a donc besoin d'un équipement d'une valeur de 4 400 (K = 4.D), 4 000 d'équipement provenant de la période antérieure, et 400 d'équipement nouveau (investissement induit). En procédant selon cette logique pour toutes les périodes suivantes, on obtient ce tableau :

Période	Demande et production ($D_t = Y_t$)	Équipement nécessaire ($K_t = 4.D_t$)	Investissement induit ($I_t = K_t - K_{t-1}$)
0	1000	4000	-
1	1000	4000	0
2	1100	4400	400
3	1500	6000	1600
4	1600	6400	400
5	1500	6000	– 400
6	1000	4000	– 2000
7	700	2800	– 1200
8	700	2800	0
9	900	3600	800
10	1000	4000	400
11	1000	4000	0

Au sein d'une entreprise, le désinvestissement (investissement négatif correspondant à une diminution du stock de capital, comme aux périodes 5, 6 et 7) passe par une revente de biens de production à d'autres entreprises. Au niveau d'une branche économique, la revente doit se faire à des entreprises d'autres secteurs, ce qui est plus difficile car les biens d'équipement sont le plus souvent très spécialisés. Enfin au niveau national, cela nécessite de revendre du capital de production à des unités non résidentes.

3. En utilisant les résultats du tableau précédent, on obtient les deux courbes de la figure 8.

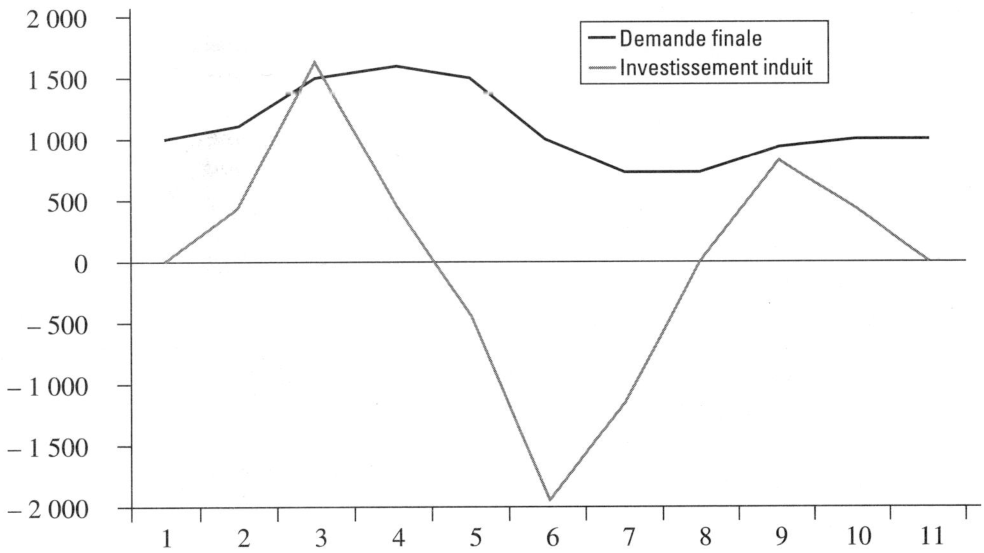

Fig. 8

Ce graphique appelle trois commentaires, caractéristiques du principe de l'accélérateur :

– la demande de biens de consommation est la variable motrice, l'investissement est la variable induite ;

– l'investissement enregistre des fluctuations plus fortes que celles de la demande finale, aussi bien à la hausse qu'à la baisse. Le cycle du secteur des biens de production est donc plus ample que celui des biens de consommation (à condition que le coefficient de capital soit supérieur à 1) ;

– la variation de l'investissement dépend de l'évolution du taux de croissance de la demande finale. Ainsi à la période 4, l'investissement commence à diminuer car la demande, bien que croissante, augmente moins vite entre les périodes 3 et 4 (+ 100) qu'entre les périodes 2 et 3 (+ 400). De la même façon, l'investissement recommence à augmenter (ou plutôt les reventes diminuent de – 2 000 à – 1 200) dès la période 7 alors que la demande continue de baisser (– 300), mais à un taux moindre qu'auparavant (– 500).

4. Une utilisation plus intensive du facteur capital se traduit par une progression du coefficient de capital. Les fluctuations de l'investissement induit sont alors plus importantes. Plus une économie est mécanisée, plus l'effet d'accélération sera important.

Exercice proposé 3.2 *

Accélérateur et investissement de remplacement (A, 1 ; A, 2)

On suppose que l'évolution de la demande adressée à une entreprise est la suivante :

Période	1	2	3	4	5	6	7	8	9	10	11
Demande	0	10	60	85	100	100	85	60	10	0	0
Période	12	13	14	15	16	17	18	19	20	21	
Demande	10	60	85	100	100	85	60	10	0	0	

Le coefficient de capital est de 3, et la production s'ajuste instantanément à la demande.

1. Calculer l'investissement induit à chacune des périodes.

2. On suppose maintenant que le taux de dépréciation périodique est de 20 %. Calculer l'investissement total à chacune des périodes. Commenter.

3. Le capital ne peut être revendu, il est conservé oisif (il s'use dans les mêmes conditions à un taux de 20 %). Calculer l'investissement total à chacune des périodes. Sur un même graphique, tracer les courbes d'investissement des questions 2 et 3. Commenter.

4. Quelles seraient les conséquences d'une augmentation du taux de dépréciation ?

DÉMARCHE

L'évolution de la demande correspond au tableau du (A,1) , reproduite ici en deux cycles. Pour la question 2, il s'agit d'abord de calculer le capital disponible en début de période qui représente 80 % du stock existant à la fin de la période précédente. On en déduit l'investissement de remplacement et l'investissement nouveau nécessaire. Pour la question 3, la démarche est similaire, mais on prend en compte en plus le fait que l'investissement total ne peut jamais être négatif.

RÉSULTATS

1. voir tableau en (A, 1).

2.

Période	Demande D_t	Équipement nécessaire $K_t = 3D_t$	Équipement disponible en début de période $0{,}8K_{t-1}$	Investissement de remplacement $I_t^R = 0{,}2K_{t-1}$	Investissement nouveau $I_t^N = 3(D_t - D_{t-1})$	**Investissement total** $\mathbf{I_t = I_t^R + I_t^N}$	Équipement disponible en fin de période $K_t = K_{t-1} + I_t$
1	0	0	0	0	0	**0**	0
2	10	30	0	0	30	**30**	30
3	60	180	24	6	150	**156**	180
4	85	255	144	36	75	**111**	255
5	100	300	204	51	45	**96**	300
6	100	300	240	60	0	**60**	300
7	85	255	240	60	– 45	**15**	255
8	60	180	204	51	– 75	**– 24**	180
9	10	30	144	36	– 150	**– 114**	30
10	0	0	24	6	– 30	**– 24**	0
11	0	0	0	0	0	**0**	0
12	10	30	0	0	30	**30**	30
13	60	180	24	6	150	**156**	180
14	85	255	144	36	75	**111**	255
15	100	300	204	51	45	**96**	300
16	100	300	240	60	0	**60**	300
17	85	255	240	60	– 45	**15**	255
18	60	180	204	51	– 75	**– 24**	180
19	10	30	144	36	– 150	**– 114**	30
20	0	0	24	6	– 30	**– 24**	0
21	0	0	0	0	0	**0**	0

Commentaires

À la période 3, le capital disponible en début de période est de 24 puisque le capital de la période précédente (30) a perdu 20 % de sa valeur. L'investissement de remplacement est donc de 6, et la hausse de la demande se traduit par un besoin d'augmentation des capacités de production de 150. L'investissement total est alors de 156.

Au cours de la période 7, il n'y a pas remplacement complet du capital usé, l'entreprise se contentant de remplacer pour une valeur de 15.

Au cours de la période 8, l'entreprise désinvestit pour un montant de – 24, comportement qui résulte d'un besoin (théorique) de remplacement de 51 et d'une diminution (théorique) des besoins de capacité de production de 75. Du point de vue pratique, l'entreprise évidemment n'achète pas 51 de capital nouveau pour revendre 75 de capital ancien, mais se contente de revendre des machines pour une valeur de 24.

3.

Période	Demande	Équipement nécessaire	Équipement disponible en début de période	Investissement de remplacement	Investissement nouveau	**Investissement total**	Équipement excédentaire	Équipement disponible (oisif)
1	0	0	0	0	0	**0**	0	0
2	10	30	0	0	30	**30**	0	30
3	60	180	24	6	150	**156**	0	180
4	85	255	144	36	75	**111**	0	255
5	100	300	204	51	45	**96**	0	300
6	100	300	240	60	0	**60**	0	300
7	85	255	240	60	–45	**15**	0	255
8	60	180	204	51	–75	**0**	24	204
9	10	30	163,2	40,8	–174	**0**	133,2	163,2
10	0	0	130,6	32,6	–163,2	**0**	130,6	130,6
11	0	0	104,4	26,1	–130,6	**0**	104,4	104,4
12	10	30	83,5	20,9	–74,4	**0**	53,6	83,5
13	60	180	66,8	16,7	96,4	**113,1**	0	180
14	85	255	144	36	75	**111**	0	255
15	100	300	204	51	45	**96**	0	300
16	100	300	240	60	0	**60**	0	300
17	85	255	240	60	–45	**15**	0	255
18	60	180	204	51	–75	**0**	24	204
19	10	30	163,2	40,8	–174	**0**	133,2	163,2
20	0	0	130,6	32,6	–163,2	**0**	104,4	130,6
21	0	0	104,4	26,1	–130,6	**0**	53,6	104,4

À la période 8, l'entreprise ne peut pas (ou ne souhaite pas) revendre les 24 d'équipements productifs excédentaires. Elle conserve ces machines inutilisées.

À la période 9, elle dispose donc, en début de période, d'un équipement de 163,2 (les 204 de la période précédente diminués de 20%), ce qui correspond là encore à un équipement excédentaire de 133,2.

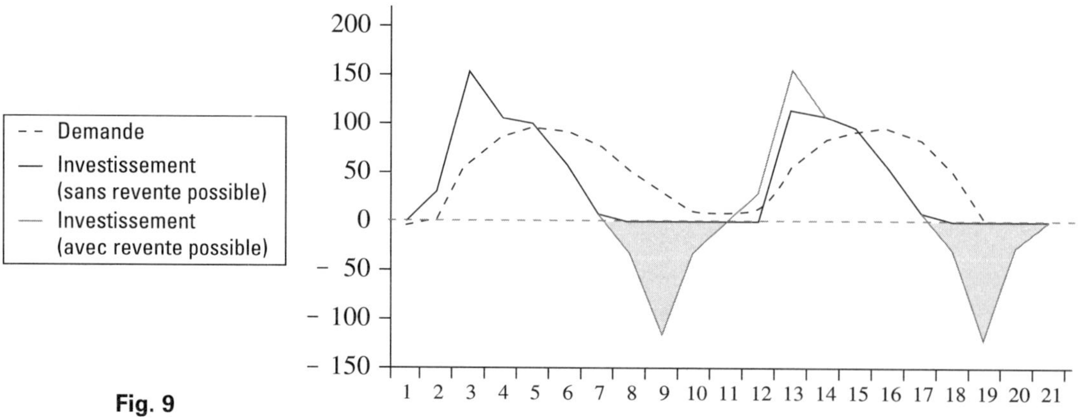

Fig. 9

Commentaires de la figure 9

Le phénomène de l'accélérateur n'est plus symétrique à la hausse et à la baisse.

Les parties grisées correspondent à la valeur des capitaux oisifs.

Lors de la seconde phase d'expansion, le redémarrage de l'investissement est retardé (période 13 au lieu de la période 12) car les entreprises disposent encore d'une capacité de production trop élevée.

4. L'élévation du taux de dépréciation augmentera, à toutes les périodes, les montants de l'investissement de remplacement et donc aussi de l'investissement total. De plus, les capitaux oisifs se déprécieront plus vite, ce qui permettra une reprise plus rapide de l'investissement lors de la seconde phase d'expansion.

EXERCICE CORRIGÉ 3.3 *

L'accélérateur flexible (A, 3)

L'évolution de la demande de biens par les ménages est la suivante :

Période	1	2	3	4	5	6	7	8
Demande	100	110	130	160	180	190	190	180
Période	9	10	11	12	13	14	15	16
Demande	160	130	110	100	100	110	140	180

On suppose que la production ne s'adapte pas instantanément à la demande de la période. Les entreprises ne réalisent qu'une fraction de l'investissement induit, aussi bien à la hausse qu'à la baisse : $I_t = K_t - K_{t-1} = \lambda(K_t^* - K_{t-1})$ où le coefficient d'ajustement λ est compris entre 0 et 1, et K_t^* est le stock qui serait nécessaire pour répondre à la demande de la période.

1. Pour quelles raisons les entreprises ne répondraient-elles pas intégralement aux évolutions de la demande ? Comment cela se traduit-il au niveau de l'investissement productif ?

2. Le coefficient de capital est de 3. Déterminer l'évolution de l'investissement total et du stock de capital installé lorsque $\lambda = 1$ et $\lambda = 0{,}3$.

3. Représenter sur un graphique les évolutions de la demande finale et de l'investissement lorsque le coefficient d'ajustement est 1 puis 0,3 ; puis, sur un autre graphique, l'évolution du capital installé dans les deux cas. Commenter.

CORRIGÉ

1. Trois facteurs peuvent conduire les entreprises à ne pas réaliser l'intégralité de l'investissement nécessaire induit par les variations de la demande :

- l'existence d'une capacité de financement limitée (autofinancement + emprunts). L'entreprise ne peut alors mener à bien qu'une fraction des investissements envisagés ;
- les coûts liés à l'investissement, qu'il soit positif ou négatif : l'installation de nouvelles machines ($I_t > 0$) entraîne des coûts (aménagement des locaux, arrêt de la production, formation du personnel...), qui sont généralement croissants avec le montant de l'investissement et irréversibles ; de même la revente de machines ($I_t < 0$) occasionne des coûts de transaction élevés ;
- la prudence : le caractère durable ou au contraire purement transitoire des variations de la demande est profondément incertain.

Dans ces conditions, le nombre de nouvelles machines installées (ou revendues) est inférieur au nombre nécessaire pour répondre intégralement aux évolutions de la demande. L'entreprise va alors choisir de n'ajuster que lentement son stock de capital fixe au stock nécessaire :
$I_t = K_t - K_{t-1} = \lambda(K_t^* - K_{t-1})$.

Comme le stock nécessaire (ou désiré) est proportionnel au volume de la demande, soit : $K_t^* = vD_t$ où v est le coefficient de capital, on obtient : $I_t = \lambda v D_t - \lambda K_{t-1}$.

L'investissement dépend positivement du montant absolu de la demande (D_t) et non plus de la variation de celle-ci ($D_t - D_{t-1}$) comme dans le cas de l'accélérateur simple, et dépend négativement de l'importance des capacités de production de la période précédente (K_{t-1}).

2. Lorsque $\lambda = 1$ pour chacune des périodes, le stock de capital effectif coïncide avec le stock désiré (nécessaire) (colonne (1)), et l'on retrouve le principe de l'accélérateur simple (colonne (2)).

Lorsque $\lambda = 0{,}3$, l'investissement réalisé ne représente que 30 % de l'écart entre stock désiré et stock existant (colonne (3)). Ainsi à la période 2, on a $I_t = 0{,}3(K_t^* - K_{t-1}) = 0{,}3(330 - 300) = 9$. Et le stock installé (colonne (4)) correspond alors au stock hérité de la période précédente (300), plus les nouveaux équipements achetés (9), soit au total 309.

		$\lambda = 1$		$\lambda = 0{,}3$	
Période	Demande des ménages D_t	(1) Équipement nécessaire $K_t = K_t^* = 3.D_t$	(2) Investissement réalisé $I = \Delta K = 3.\Delta D$	(3) Investissement réalisé $I_t = 0{,}3(K_t^* - K_{t-1})$	(4) Équipement installé $K_t = K_{t-1} + I_t$
1	100	300	0	0,0	300,0
2	110	330	30	9,0	309,0
3	130	390	60	24,3	333,3
4	160	480	90	44,0	377,3
5	180	540	60	48,8	426,1
6	190	570	30	43,2	469,3
7	190	570	0	30,2	499,5
8	180	540	– 30	12,2	511,6
9	160	480	– 60	– 9,5	502,2
10	130	390	– 90	– 33,6	468,5
11	110	330	– 60	– 41,6	427,0
12	100	300	– 30	– 38,1	388,9
13	100	300	0	– 26,7	362,2
14	110	330	30	– 9,7	352,5
15	140	420	90	20,2	372,8
16	180	540	120	50,2	422,9

3.

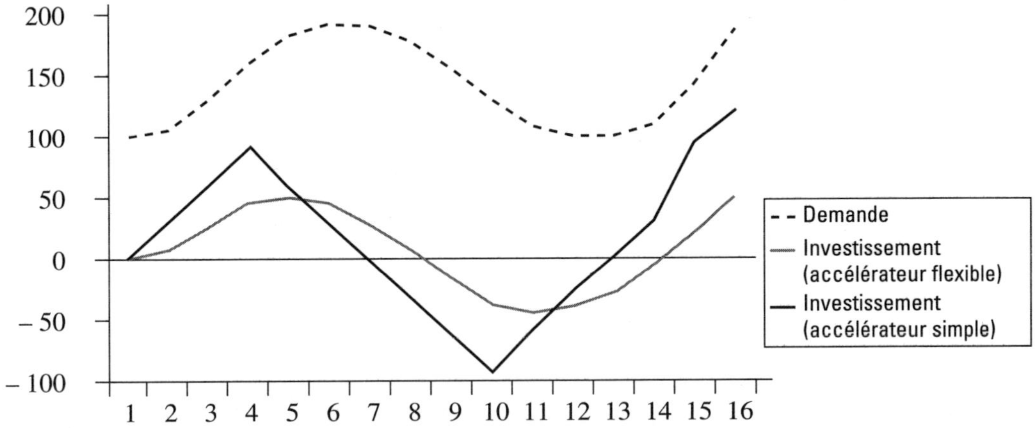

Fig. 10 : Demande et investissement

On observe que les fluctuations de l'investissement sont moins prononcées dans le cas de l'accélérateur flexible que dans celui de l'accélérateur simple (le coefficient d'accélération est plus faible).

De plus l'effet d'accélération est sensiblement modifié, ainsi :

– **à la période 5** où la demande finale croît moins vite qu'à la période précédente (+ 20 contre + 30). L'investissement continue d'augmenter (48,8 contre 44,0) alors que dans le modèle d'accélérateur simple, il commençait à diminuer (60 au lieu de 90).

– **à la période 8**, débute la phase descendante du cycle de la demande (180 contre 190 à la période 7). Dans le modèle de l'accélérateur simple, cela se traduisait par un désinvestissement de – 30. Mais ici l'investissement demeure positif (+ 12,2) du fait du caractère inertiel du modèle de l'accélérateur flexible dû aux retards pris aux périodes précédentes ;

– enfin pour les mêmes raisons, **à la période 14**, alors que la reprise s'amorce du côté de la demande des ménages (+ 10), l'investissement n'a pas encore redémarré, il demeure toujours négatif (– 9,7).

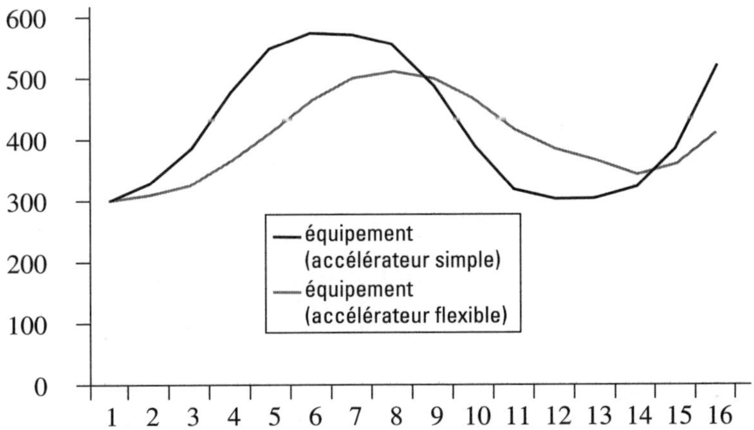

Fig. 11 : Évolution du stock d'équipement productif

Concernant l'accélérateur flexible, deux faits majeurs émergent de la figure 11 :

– les fluctuations du stock de capital fixe sont amorties ;

– la courbe est décalée (effet d'inertie).

Ce comportement d'ajustement progressif de l'équipement productif aux modifications de la demande finale est rendu possible grâce à :

– des variations de stocks (lorsque la demande progresse, l'entreprise déstocke ; lorsque la demande ralentit elle stocke) ;

– des fluctuations des délais de livraison (lorsque la demande augmente, les délais s'allongent) ;

– des variations du taux d'utilisation des capacités de production (lorsque la demande augmente, les machines tournent plus ; lorsqu'elle diminue, l'entreprise conserve certaines machines inutilisées plutôt que de les revendre).

EXERCICE CORRIGÉ 3.4

Taux d'intérêt et décision d'investir (B, 1)

Une société de taxis envisage l'achat d'un nouveau véhicule :

– prix d'achat : 130 000 F

– durée d'utilisation prévue : 2 ans

– valeur résiduelle de revente au bout des deux ans : 35 000 F

– coût d'entretien + carburant : 85 000 F la première année, 77 500 F la seconde année

– coût salarial : 170 000 F par an

– taux d'imposition sur les bénéfices : 33,33 %

– recettes anticipées des courses : 360 000 F la première année, 300 000 F la seconde année.

– le taux d'intérêt créditeur (après impôts) est de 3 %, le taux d'intérêt débiteur est de 6 %.

1. Calculer le montant des bénéfices nets (après impôts) pour les deux années. Pourquoi faut-il recourir à une procédure d'actualisation pour juger de l'opportunité d'un projet d'investissement ?

2. Calculer la valeur actualisée nette du projet. Quelle sera la décision de l'entreprise ?

3. Définir et calculer le taux de rendement interne de ce projet. L'entreprise va-t-elle investir ? Expliquer la décision prise. Comparer les avantages et les inconvénients réciproques des procédures de la valeur actualisée nette et du taux interne de rendement.

4. Ces principes de décision sont-ils également valables pour : a) l'achat de logements par les ménages ; b) l'investissement des administrations publiques ?

CORRIGÉ

1. L'entreprise commence par calculer les bénéfices nets après impôts anticipés pour les deux années :

	Année 1	Année 2
Recettes	360 000	300 000
– coût salarial	170 000	170 000
– entretien et carburant	85 000	77 500
= bénéfice net avant impôts	105 000	52 500
– impôts (33,3%)	35 000	17 500
= bénéfice net après impôts	70 000	35 000

L'échéancier du projet est donc le suivant :

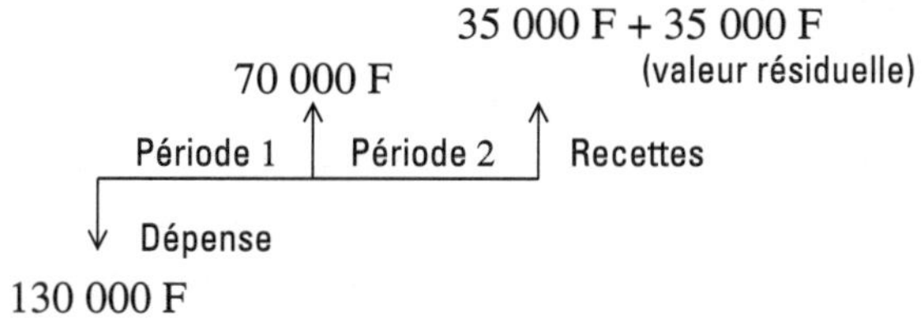

Il faut ensuite recourir à une procédure d'actualisation car un bien disponible aujourd'hui n'est pas la même chose qu'un bien disponible demain et qu'en général les agents économiques ont une préférence pour le présent. De même, les 70 000 F disponibles à la fin de l'année 2 ne sont pas équivalents pour l'entreprise aux 70 000 F disponibles à la fin de l'année 1. Pour évaluer l'opportunité du projet, l'entreprise va alors utiliser la procédure de la valeur actualisée et/ou du taux interne de rendement.

2. Actualiser, c'est évaluer les recettes futures en francs présents (hors inflation), i.e. à la date où la décision d'investir doit être prise :

$$V = \frac{R_1}{1+r} + \frac{R_2}{(1+r)^2}$$

Cependant l'actualisation va ici dépendre de la situation de l'entreprise :

(1) si elle est capable d'autofinancer le projet, le taux d'actualisation est le taux prêteur ($r = 3\,\%$), car en investissant elle renonce au placement de ses ressources. En ce cas V = 132 026,63 F. L'investissement est effectué car les recettes actualisées sont supérieures à la dépense présente (130 000 F) ;

(2) si elle doit emprunter, le taux d'actualisation est alors le taux débiteur ($r = 6\,\%$), ce que lui coûte l'emprunt pour investir. On a V = 128 337,49 F. L'investissement ne sera pas réalisé car V est alors inférieur au coût du projet.

3. Le taux interne de rendement est le taux d'actualisation qui égalise le coût du projet et la valeur actuelle des flux de bénéfices prévisibles, soit :

$$C = \frac{R_1}{1+e} + \frac{R_2}{(1+e)^2}$$

En remplaçant, on a :

$$130\,000 = \frac{70\,000}{1+e} + \frac{70\,000}{(1+e)^2}$$

ce qui en ramenant le tout au même dénominateur donne :

$$\frac{130\,000\,(1+e)^2 - 70\,000\,(2+e)}{(1+e)^2} = 0.$$

On obtient alors le polynôme de degré 2 suivant : $130\,000e^2 + 190\,000e - 10000 = 0$, dont les deux racines sont : $x = 0{,}0509$ et $x' = -1{,}5124$. Seule la première est positive, le taux interne de rendement est donc 5,09 % et les décisions sont donc identiques aux situations (1) et (2) de la question précédente.

L'avantage de la procédure en termes de taux interne de rendement est qu'elle permet de choisir entre plusieurs projets d'investissement : est retenu celui qui a le taux le plus élevé. De plus, il n'y a pas à reconduire le calcul chaque fois que le niveau du taux d'intérêt évolue. L'inconvénient principal était que le calcul n'est pas aisé puisque les solutions de l'équation sont les racines d'un polynôme de degré *n*, *n* étant la durée de vie de l'équipement; cependant aujourd'hui, grâce à l'usage d'un tableur, le résultat est instantané (*cf.* fonction TRI sur Excel).

4. a. Les décisions d'acquisition de logements relèvent en théorie du même type de logique :
- si le logement est destiné à la location, le propriétaire compare le taux de rendement des loyers à la rémunération d'un placement équivalent ou au coût de l'emprunt nécessaire;
- s'il s'agit de l'achat de son habitation principale, le propriétaire occupant prend en compte les loyers fictifs, i.e. les loyers qu'il aurait fallu payer pour bénéficier de l'usage d'un logement semblable et qu'il évite en étant propriétaire.

De même, le calcul tient compte de la valeur de revente estimée du bien à la fin de la période de possession envisagée, avec éventuellement une possibilité de plus-value (ce qui par contre est rarissime dans le cas d'un équipement productif qui s'use et devient obsolète).

Mais l'achat d'un logement obéit aussi à des motivations et à des comportements subjectifs : être propriétaire est un gage de positionnement social et de sécurité (« l'investissement dans la pierre » garde une forte fonction symbolique).

b. Concernant l'investissement des administrations publiques, il revêt le plus souvent une dimension structurelle (dans le cas de grands équipements collectifs, la rentabilité ne peut se juger que sur le très long terme et au niveau macroéconomique), et/ou sociale. De plus, ils peuvent aussi être utilisés en tant qu'instruments de politique économique (dans le but de faire jouer l'effet multiplicateur; *cf.* chapitre 4).

Exercice proposé 3.5

Incertitude et décision d'investissement (B, 1)

Une entreprise envisage l'achat d'une machine-outil dont le coût est de 125 750 F. Le taux d'intérêt en vigueur est de 6 %. Elle anticipe une durée d'utilisation de 5 années. Les calculs prévisionnels de bénéfices nets annuels sont effectués en termes de probabilités :

Bénéfice annuel anticipé	0 F	10000 F	20000 F	30000 F	40000 F	50000 F	60000 F
Probabilité de réalisation attribuée par l'entreprise	5 %	10 %	15 %	25 %	30 %	10 %	5 %

1. Quelle est l'espérance mathématique de bénéfice annuel ? Calculer le délai de récupération, la valeur actuelle nette (VAN) du projet, puis montrer que le taux de rendement interne (TRI) est de 8 %. Commenter.

2. L'entreprise envisage maintenant deux autres scénarios concernant l'avenir :

a. une accélération du progrès technique qui rendrait la machine obsolète au bout de 3 ans;

b. une détérioration de la conjoncture économique transformant la série des probabilités comme suit : 10 %; 20 %; 30 %; 25 %; 10 %; 5 %; 0 %.

Quelles en sont les conséquences ?

DÉMARCHE

L'espérance du bénéfice se calcule à travers la somme des valeurs envisagées pondérées de leurs probabilités respectives : $E = \sum p_i X_i$. Puis on utilise ce résultat pour calculer le délai de récupération, la valeur actualisée du projet et pour retrouver le taux interne de rendement de 8% à travers les procédures traditionnelles exposées dans ce chapitre.

RÉSULTATS

1. L'espérance du bénéfice est 31 500 F :

$31\,500 = (0{,}05 \times 0) + (0{,}1 \times 10\,000) + (0{,}15 \times 20\,000) + \ldots + (0{,}05 \times 60\,000)$

Le délai de récupération est pratiquement de 4 ans :

$(4 \times 31\,500 \text{ F} = 126\,000 \text{ F} \approx 125\,750 \text{ F})$.

Pour un taux d'intérêt de 6 %, la valeur actualisée nette est 132 689,46 F :

$$132\,689{,}46 = \frac{31\,500}{1 + 0{,}06} + \frac{31\,500}{(1 + 0{,}06)^2} + \ldots + \frac{31\,500}{(1 + 0{,}06)^5}$$

On vérifie que le taux interne de rendement est bien de 8 % :

$$\frac{31\,500}{1 + 0{,}08} + \ldots + \frac{31\,500}{(1 + 0{,}08)^5} = 125\,750$$

Les trois procédures de choix conduisent donc l'entreprise à réaliser l'investissement.

2. Aucun calcul n'est ici nécessaire :

a. la somme non actualisée des bénéfices (3 × 31 500 F = 94 500 F) est inférieure au coût du projet, l'entreprise ne récupère donc même pas la somme initiale (si néanmoins on fait les calculs, on obtient une VAN de 84 199,88 F et un TRI de – 13,03 %, calculable par exemple avec la fonction TRI du logiciel Excel). Ce qui était prévisible puisque le délai de récupération est supérieur à 3 ans ;

b. là encore, la somme totale des bénéfices (5 × 22 000 F = 110 000 F) est inférieure au coût du projet, et l'entreprise n'a donc aucune raison de réaliser l'investissement (on obtient une VAN de 92 672 F et un TRI de – 4,30 %).

EXERCICE CORRIGÉ 3.6

Construction d'une fonction d'investissement (B, 2)

Soit une économie composée de 8 entreprises dont les projets d'investissement pour l'année en cours sont les suivants :

Projets	a	b	c	d	e	f	g	h
Montant du projet	100	70	120	40	50	130	20	40
Taux interne de rendement	8 %	6 %	2 %	10 %	5 %	6 %	15 %	7 %

1. Tracer la courbe nationale d'efficacité marginale du capital (on supposera qu'efficacité marginale du capital et taux interne de rendement sont des concepts absolument identiques).

2. Quel sera le montant de l'investissement national si le taux d'intérêt est de 20 %, 11 %, 9 %, 8 %, 0 % ? Construire la fonction nationale d'investissement. Quelles seraient les conséquences d'une vague de pessimisme concernant l'avenir chez les entrepreneurs ?

CORRIGÉ

1. Les projets sont classés tout d'abord par ordre de rentabilité :

Projet	Montant	TRI	Montant cumulé
g	20	15 %	20
d	40	10 %	60
a	100	8 %	160
h	40	7 %	200
b	70	6 %	270
f	130	6 %	400
e	50	5 %	450
c	120	2 %	570

Ce classement permet de tracer la courbe décroissante suivante (*cf.* fig. 12) entre efficacité marginale du capital (emc) et investissement national (I).

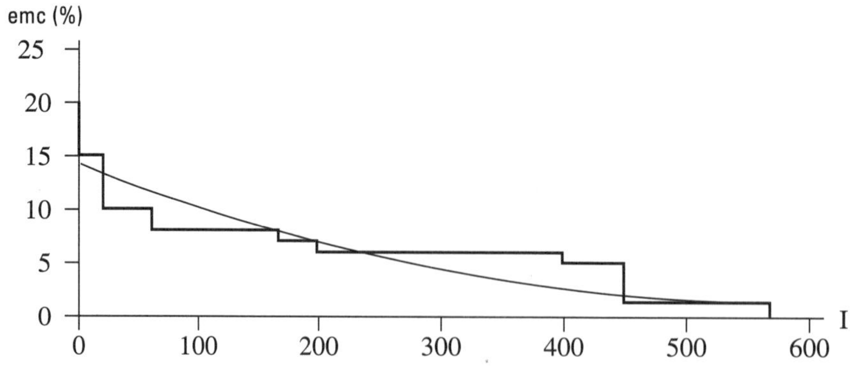

Fig. 12

Lorsque les projets sont très nombreux, chacun d'eux n'est plus qu'une faible fraction de l'investissement global et on peut alors approximer la fonction en escalier par une courbe continue, comme sur le graphique.

2. Tant que le taux d'intérêt reste supérieur au taux interne de rendement, l'investissement ne vaut pas la peine d'être entrepris. Lorsque par contre le taux d'intérêt devient inférieur au taux interne de rendement alors l'investissement projeté devient rentable. Ainsi, pour un taux d'intérêt de 20 %, aucun investissement n'est réalisé ; pour un taux de 11 %, seul le projet g est réalisé pour un montant de 20 ; pour un taux de 9 %, les projets g et a seront réalisés, ce qui correspond à un investissement total de 60 ; pour un taux de 0 %, tous les projets sont réalisés, soit un investissement de 570. Lorsque le taux d'intérêt est de 8 %, l'entrepreneur du projet a est théoriquement indifférent à la réalisation ou non de l'investissement (mais en pratique, il choisira plutôt de ne pas le réaliser car ce dernier est toujours plus risqué qu'un placement financier). L'investissement est donc déterminé au point de la courbe où l'efficacité marginale du capital est égale au taux d'intérêt et on obtient ainsi une fonction d'investissement I_1 décroissante (qui en fait est la transposée de la courbe d'efficacité marginale du capital) (*cf.* fig. 13).

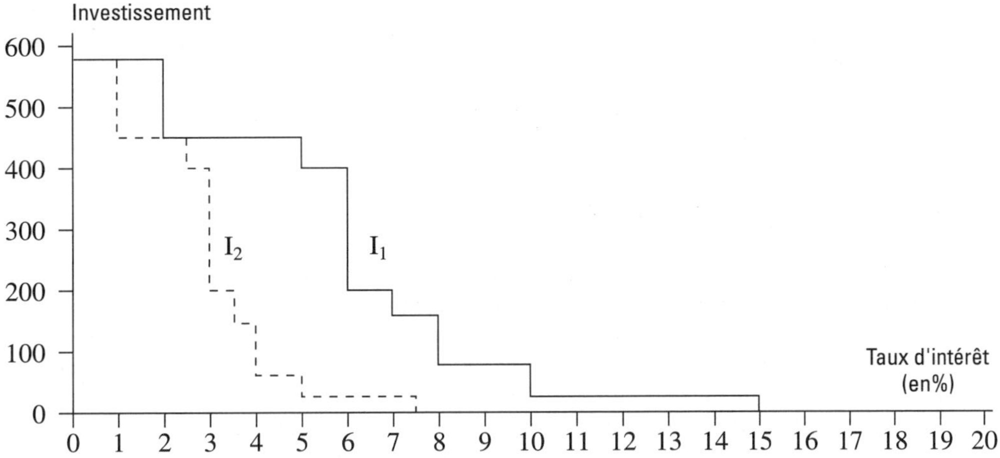

Fig. 13

L'investissement dépend essentiellement de la confiance qu'ont les entrepreneurs dans leurs propres prévisions concernant l'avenir. En conséquence, une vague de pessimisme se traduira par un déplacement de la courbe vers le bas (I_2), comme sur le graphique où l'on a pris l'exemple d'une division par 2 des taux de rendement anticipés de tous les projets.

Question de réflexion commentée

Une baisse des taux d'intérêt fait-elle repartir l'investissement des entreprises ?

ANALYSER LA QUESTION

Le sujet est très imprécis sur le concept de taux d'intérêt, or il existe différents indicateurs sur ce point. Quatre distinctions sont *a priori* nécessaires :

- taux d'intérêt créditeur (qui rémunère l'épargne)/taux d'intérêt débiteur (appliqué à l'emprunteur) ;
- taux d'intérêt fixe (durant toute la période du prêt)/taux d'intérêt variable (en fonction de l'évolution ultérieure des taux) ;
- taux d'intérêt à court terme (taux du marché monétaire)/taux d'intérêt à long terme (taux du marché obligataire) ;
- taux d'intérêt nominal/taux d'intérêt réel (égal à la différence entre le taux nominal et le taux d'inflation).

Concernant l'aspect théorique, les bases sont :

- pour la théorie néoclassique, le taux d'intérêt est le prix d'équilibre du marché du capital (dit aussi des fonds prêtables), où se confrontent une offre — les désirs d'épargne caractérisés par une préférence pour le présent — et une demande — les désirs d'investissement fondés sur le calcul de taux internes de rendement — ;
- pour la théorie keynésienne, le taux d'intérêt se fixe sur le marché monétaire. L'investissement dépend de la comparaison entre l'efficacité marginale du capital, concept macropsychologique, et le taux d'intérêt.

Concernant les études empiriques, aucune n'a pu mettre en évidence une relation décroissante et stable entre taux d'intérêt et investissement.

CONSTRUIRE UNE RÉPONSE

Régulièrement, lors de périodes de ralentissement économique, des voix s'élèvent pour demander une baisse des taux d'intérêt afin de relancer l'activité économique nationale. Cette baisse serait susceptible de favoriser une reprise de la consommation, de la construction de logements et surtout de l'investissement productif des entreprises, gage d'un effet immédiat sur l'emploi via le mécanisme du multiplicateur d'investissement, mais aussi source de compétitivité et de croissance sur le long terme. Mais l'économie n'est pas une science exacte et les liens de causalité entre des taux d'intérêt faibles et un fort taux d'investissement ne sont ni simples, ni évidents, ni invariables. Aussi, et avant tout, une clarification sur l'emploi de l'expression « baisse des taux d'intérêt » est nécessaire. En premier lieu, l'important pour un agent économique n'est pas le taux d'intérêt nominal, mais le taux réel, déduction faite de l'inflation. Or, si les taux nominaux ont fortement baissé depuis le milieu des années 80, par contre, du fait de la désinflation, les taux d'intérêt réels sont demeurés très élevés. En second lieu, si un emprunteur par le passé s'est endetté à taux fixe, une baisse présente des taux d'intérêt n'aura aucune influence sur son revenu et n'aura donc d'effet que sur la demande actuelle d'emprunt. En conséquence, plus le système financier repose sur des taux variables (cas de la Grande-Bretagne par exemple), plus les effets d'une baisse se feront sentir. Enfin, l'investissement étant généralement un engagement de longue durée, les taux longs ont plus d'influence que les taux courts, du moins pour l'investissement matériel. Au total, seule une baisse des taux d'intérêt réels à long terme est susceptible de favoriser un redémarrage de l'investissement, du moins en théorie (I), car en pratique la relation entre taux d'intérêt et investissement est médiatisée par toute une série d'autres variables, et notamment par les prévisions que forment les entrepreneurs (II).

I - « TOUTES CHOSES ÉGALES PAR AILLEURS », UNE BAISSE DES TAUX D'INTÉRÊT RÉELS DEVRAIT ENGENDRER UNE REPRISE DE L'INVESTISSEMENT DES ENTREPRISES...

Au premier abord, une baisse des taux d'intérêt doit favoriser l'investissement aussi bien chez les néoclassiques que chez les keynésiens, même si les moyens d'y arriver ne sont pas les mêmes.

A - Perspective néoclassique : la loi de l'offre et de la demande sur le marché du capital

1. Maximisation du taux de profit, investissement et taux d'intérêt

Une baisse du taux d'intérêt réel a des effets positifs sur l'investissement à un double niveau de maximisation du taux de profit :

- à taux de salaire réel constant, il s'agit d'une diminution du prix relatif du facteur capital par rapport au facteur travail. La combinaison productive va devenir plus capitalistique, il y a substitution progressive de capital au travail, ce qui correspond à l'investissement dit de productivité (ou de rationalisation) ;
- du point de vue intertemporel, pour chaque décision d'investissement, l'entrepreneur rationnel compare le coût du projet d'investissement et le bénéfice actualisé qu'il peut espérer tirer de celui-ci. Deux procédures de sélection des projets sont alors envisageables : la valeur actualisée nette — qui repose sur l'utilisation du taux d'intérêt en vigueur (débiteur ou créditeur selon la situation de l'entreprise) — et le taux interne de rendement, qui est ensuite comparé au taux d'intérêt. Une baisse du taux d'intérêt rend rentable plus de projets.

2. On peut encourager l'épargne, mais sur le long terme, c'est l'économie réelle qui décide

Dans l'optique néoclassique, le taux d'intérêt est le prix d'équilibre du marché des fonds prêtables dont l'offre est l'épargne et la demande l'investissement.

Au plan macroéconomique, l'investissement sera d'autant plus important que l'offre de fonds prêtables sera abondante. Des mesures fiscales incitatives ou la transformation d'un système de retraites par répartition en un système par capitalisation peuvent contribuer à accroître le taux d'épargne des ménages, et donc à diminuer les taux d'intérêt et à favoriser l'investissement.

Cependant sur le long terme, selon la règle d'or de Solow, le taux d'intérêt réel est égal au taux de croissance économique réel et à la productivité du capital. Dans cette optique, une baisse du taux d'intérêt réel traduirait plutôt une baisse de la rentabilité du capital (diminution du progrès technique), annoncerait une récession prolongée et provoquerait donc au contraire une chute de l'investissement.

B - Perspective keynésienne : la politique monétaire au service de l'investissement des entreprises

1. Efficacité marginale du capital (emc) et taux d'intérêt

Tant qu'il existe un écart positif entre l'emc et le taux d'intérêt, les entreprises sont incitées à investir :

- le définition de l'emc par Keynes est très similaire à celle du taux interne de rendement ;
- le raisonnement de l'entrepreneur sur la base de la comparaison emc/taux d'intérêt est identique, qu'il envisage un autofinancement du projet (le taux d'intérêt représente alors le coût d'opportunité), ou un financement par emprunt ;
- la courbe d'emc est décroissante avec le montant de l'investissement, ce qui explique la relation décroissante entre taux d'intérêt et investissement.

2. Politique monétaire expansive et relance de l'investissement

Dans l'optique keynésienne, le taux d'intérêt est le prix d'équilibre du marché monétaire entre l'offre et la demande de monnaie (motifs de transaction, de précaution et de spéculation ; *cf.* chapitre 5).

En période de ralentissement conjoncturel, une politique d'augmentation de la masse monétaire engendre une diminution des taux d'intérêt et peut favoriser l'investissement des entreprises et contribuer, via le multiplicateur, à relancer l'activité économique nationale.

Mais en cas de crise économique profonde et durable (outre le problème de la trappe à liquidité), une baisse des taux d'intérêt n'aura quasiment aucun effet, car la faiblesse de l'investissement provient alors d'une insuffisance de la demande effective.

II - … MAIS, EN PRATIQUE, L'EFFET DÉPENDRA TRÈS LARGEMENT DE LA SITUATION ÉCONOMIQUE ET FINANCIÈRE

En effet, selon Keynes le taux d'intérêt n'exerce qu'un effet secondaire car fondamentalement l'investissement est une double question « d'état de confiance ».

A - L'ÉTAT DE CONFIANCE DE L'ENTREPRENEUR DANS SES PROPRES PRÉVISIONS

1. Dans le calcul de l'entrepreneur, l'incertitude sur les bénéfices futurs l'emporte largement sur le niveau actuel des taux d'intérêt

Pour Keynes, les prévisions ont un rôle essentiel : s'il évoque la relation décroissante entre taux d'intérêt et investissement, il se garde bien de tracer cette fonction d'investissement, car sa forme exacte n'a probablement pas beaucoup d'importance pour lui, compte tenu de la quadruple incertitude sur la série des rendements annuels anticipés (*cf.* cours C, 1).

Les calculs prévisionnels sont donc effectués en termes de probabilité et dépendent de la confiance avec lesquels on les fait (*cf.* exercice 3.5 et cours C, 2). L'investissement dépend alors plus de facteurs subjectifs et psychologiques que de formules mathématiques d'actualisation intégrant le taux d'intérêt.

2. « Les faits actuels jouent un rôle qu'on pourrait juger disproportionné »

L'entrepreneur va projeter dans le futur les circonstances présentes : si la demande actuelle est jugée insuffisante, il anticipera alors une faible emc dans le futur, faiblesse qui n'incite pas à investir, ce qui contribue, par le jeu du multiplicateur d'investissement, à renforcer la fragilité de la croissance économique.

En conséquence, la chute de l'emc devient si profonde qu'aucune baisse du taux d'intérêt ne peut relancer l'investissement privé.

B - L'ÉTAT DE CONFIANCE DES MARCHÉS FINANCIERS

1. Le changement d'« état historique du capitalisme »…

Pour Keynes, « le développement du capital [i.e. l'investissement] devient le sous-produit de l'activité d'un casino [la Bourse] » :

- dans le capitalisme familial et éclaté du XIXe siècle, l'investissement était lié au « comportement sanguin des entrepreneurs » ;
- le capitalisme du XXe siècle, caractérisé par une scission entre la propriété et la gestion du capital, marque une rupture entre l'intuition de l'entrepreneur et la recherche de placement de l'investisseur. L'investissement ne relève plus alors de la psychologie individuelle de l'entrepreneur mais de la « psychologie des foules » sur les marchés financiers.

2. … peut provoquer le retour d'un rôle indirect du taux d'intérêt

Une baisse des taux d'intérêt contribue à rendre plus attractifs les placements en actions par rapport à ceux en obligations (à condition que les agents n'anticipent pas une nouvelle baisse). L'augmentation du cours des actions peut alors favoriser une reprise de l'investissement :

- elle permet aux entreprises de recourir plus facilement à des émissions nouvelles pour financer leurs investissements ;
- le coefficient q de Tobin (qui mesure le rapport entre le prix du capital coté en bourse et le prix des équipements neufs) augmente et s'il devient supérieur à un, l'incitation à investir est forte.

Au final, une politique de baisse des taux d'intérêt n'a que peu de chances d'engendrer une reprise de l'investissement, et aucune étude empirique n'étaye la thèse d'une relation stable et décroissante entre taux d'intérêt et investissement national. De plus, même si indirectement à travers l'activité boursière, cette relation existe, le risque souligné par Keynes est alors que l'instabilité des marchés financiers se répercute sur l'investissement productif des entreprises. En conséquence, en période de crise économique durable, la reprise passera plutôt par une politique budgétaire et un développement de l'investissement public.

PARTIE 2

ÉQUILIBRES ET DÉSÉQUILIBRES MACROÉCONOMIQUES

L'équilibre peut être défini comme une situation de cohérence de l'ensemble du système économique dans laquelle les décisions des groupes d'agents, s'exprimant sur les différents marchés, sont compatibles entre elles. Cet état de l'économie se maintient tant que « rien ne bouge », c'est-à-dire tant qu'une perturbation exogène ne vient pas modifier une des composantes du système. Ce concept d'équilibre est central pour la réflexion macroéconomique, tant pour les néoclassiques que pour les keynésiens, car il sert de base à la construction de modèles grâce auxquels les théories peuvent avoir un pouvoir explicatif et prédictif.

Pour les néoclassiques, l'équilibre macroéconomique est un **équilibre général** (*cf.* chapitre 1) au sens où les offres et les demandes s'égalisent sur tous les marchés à la fois. Les principales caractéristiques de cet équilibre sont les suivantes :

- il résulte de l'agrégation des **comportements individuels** de tous les agents économiques ;
- tous les marchés sont interdépendants à travers les **ajustements de prix relatifs** ;
- il est déterminé dans un **univers sans monnaie** ;
- le laissez-faire conduit spontanément à un **équilibre de plein-emploi** ;
- il est **optimal** (si les conditions de la concurrence pure et parfaite sont respectées).

L'équilibre macroéconomique tel que le décrit Keynes dans la *Théorie générale* – que l'on qualifie souvent d'**équilibre global** - a des caractéristiques très différentes de celles de l'équilibre néoclassique :

- il résulte de l'interaction de **fonctions macroéconomiques** (consommation, investissement, demande de monnaie, importation) ;
- l'hypothèse de fixité des prix implique que les différents marchés soient reliés par des **ajustements quantitatifs en termes d'enchaînements revenus-dépenses** ;
- la monnaie est pleinement intégrée dans la détermination du revenu national ;
- c'est un **équilibre de sous-emploi**. L'offre de travail est supérieure à la demande et les équipements ne sont pas totalement utilisés ;
- par conséquent il s'agit d'une **situation sous-optimale** puisque toutes les potentialités du système économique ne sont pas exploitées.

L'emploi du terme d'équilibre à propos de la macroéconomie keynésienne est donc particulièrement ambigu. Certes les mécanismes de l'économie de marché conduisent bien à **un équilibre sur le marché des biens et services et sur le marché de la monnaie**, les offres et les demandes s'équilibrant. Mais cela s'accompagne d'**un déséquilibre sur le marché du travail, marqué par la présence de chômage involontaire.**

L'exposition de ce paradoxe peut s'effectuer en trois étapes successives par élargissement progressif du champ d'analyse – étapes qui constituent également autant de périodes historiques dans la construction de l'analyse macroéconomique.

Nous considérerons tout d'abord **le seul marché des biens et services**, ce qui permet d'isoler les traits fondamentaux de l'équilibre de sous-emploi et de comprendre la nécessité d'une intervention étatique au sein de l'économie de marché, seul moyen selon Keynes de s'opposer aux effets dévastateurs de la « grande crise » des années 30 (*T.G.*, chapitre 4 : « Le modèle revenu-dépense et le principe du multiplicateur »).

Puis nous prendrons en compte **la dimension monétaire**, essentielle pour Keynes car l'existence d'une préférence pour la liquidité va influer sur la détermination des variables réelles. La première modélisation de ce projet keynésien d'intégration du réel et du monétaire sera réalisée par Hicks et Hansen à travers la construction de deux courbes : IS (I pour *investment*, S pour *saving*) et LM (L pour *liquidity* et M pour *money*). Même si la fidélité de ce modèle à la pensée de Keynes a été et reste un sujet de débat, il n'en constitue pas moins le socle sur lequel la macroéconomie a été bâtie dans les années 50 (*T.G.*, chapitre 5 : « le modèle IS-LM en économie fermée »).

Enfin une description plus complète de l'équilibre macroéconomique exige d'intégrer les échanges avec l'extérieur. Ce raisonnement en économie ouverte sera facilité par l'usage du modèle construit par Mundell et Fleming dans le courant des années 60, qui ajoutent aux deux courbes fondamentales IS et LM caractérisant l'équilibre intérieur, une troisième courbe représentative de l'équilibre de la balance des paiements (*T.G.*, chapitre 6 : « L'équilibre macroéconomique en économie ouverte »).

4

LE MODÈLE REVENU-DÉPENSE ET LE PRINCIPE DU MULTIPLICATEUR

Toute économie fonctionne sur le mode d'une éternelle « valse à trois temps » dont les trois pas sont, sans point de départ précis, la production, la répartition des revenus et la dépense :

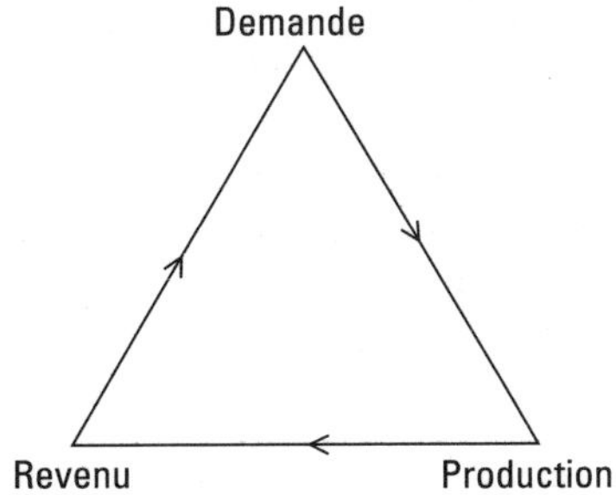

Ce schéma « ultra-simplifié » du système économique est évidemment extrêmement réducteur[1], mais il permet néanmoins d'appréhender la logique fondamentale du modèle keynésien de base par comparaison avec le mode de raisonnement classique.

Pour Jean-Baptiste Say, l'acte de production prime car « l'offre crée sa propre demande », et donc « la demande est serve ». **Les modalités de répartition du revenu comptent également** car la part dévolue au profit, en tant que source de l'accroissement du stock de capital productif, est essentielle à la croissance économique de long terme.

À l'opposé, **John Maynard Keynes raisonne sur le court terme et dans le cadre d'une situation de sous-emploi généralisé** (c'est donc la production qui alors est serve), **et met quant à lui l'accent sur les interactions entre les pôles du revenu et de la dépense.**

Pour Keynes, ce sont en effet les anticipations des entrepreneurs concernant la dépense totale de la communauté (principe de la « demande effective ») qui constituent le point de départ de la valse économique. La valeur de cette « demande effective », marquée par le double sceau de son incertitude et de son insuffisance, va déterminer le montant du revenu national d'équilibre (A : L'équilibre de sous-emploi). Il en déduit que l'investissement a un effet multiplicateur sur le revenu national et sur l'emploi, et qu'inversement le désir d'épargne tend à déprimer l'activité économique (B : Le multiplicateur d'investissement et le « vice public » de l'épargne). Ce mécanisme du multiplicateur, lorsqu'il est étendu à d'autres actes économiques que l'investissement et l'épargne, permet alors de justifier pleinement la rationalité d'une intervention de l'État dans la vie économique, du fait du fonctionnement défectueux du système capitaliste concernant le cheminement du pouvoir d'achat (C : Le « paradoxe de la pauvreté dans l'abondance » et le rôle de l'État).

1. Pour certains économistes keynésiens, le modèle simplifié « revenu-dépense » exposé dans ce chapitre constitue une lecture tronquée et trompeuse de Keynes car il omet totalement la monnaie et l'intérêt, qui sont essentiels dans sa *Théorie générale de l'emploi, de l'intérêt et de la monnaie*. Cependant pour d'autres keynésiens, le modèle IS-LM constitue une présentation encore moins fidèle de la pensée de Keynes.

BIBLIOGRAPHIE DU CHAPITRE

John Maynard Keynes [1936], *Théorie générale de l'emploi, de l'intérêt et de la monnaie,* Payot (traduite en 1939, publiée en France en 1942) (chapitres 3, 10, 23 et 24)
Ouvrage de référence.

Gilbert Abraham-Frois [1991], *Dynamique économique,* Dalloz, (titre 3, chapitre 1)
Une critique plus approfondie du mécanisme du multiplicateur.

Paul A Samuelson [1982, pour l'édition française], *L'économique,* tome 1, Collection U, Armand Colin (chapitres 12 et 13)
La présentation didactique traditionnelle du modèle revenu-dépense.

Alain Barrère [1990], *Macroéconomie keynésienne : le projet économique de John Maynard Keynes,* Dunod.
Sans doute l'interprétation française la plus rigoureuse du principe de la demande effective.

A

L'ÉQUILIBRE DE SOUS-EMPLOI

1 - Le principe de la demande effective

Au sein d'une économie capitaliste, les décisions de production et donc d'embauches sont entièrement **décentralisées** (chaque producteur est souverain dans ses choix, il est indépendant et libre de ses comportements), et profondément **risquées** (car le producteur « avance » les coûts de production pour ne récupérer que plus tard des recettes, dont le montant n'est jamais assuré). De ce fait, les **anticipations des entrepreneurs sont primordiales car préalables à la mise en route de tout le processus économique**.

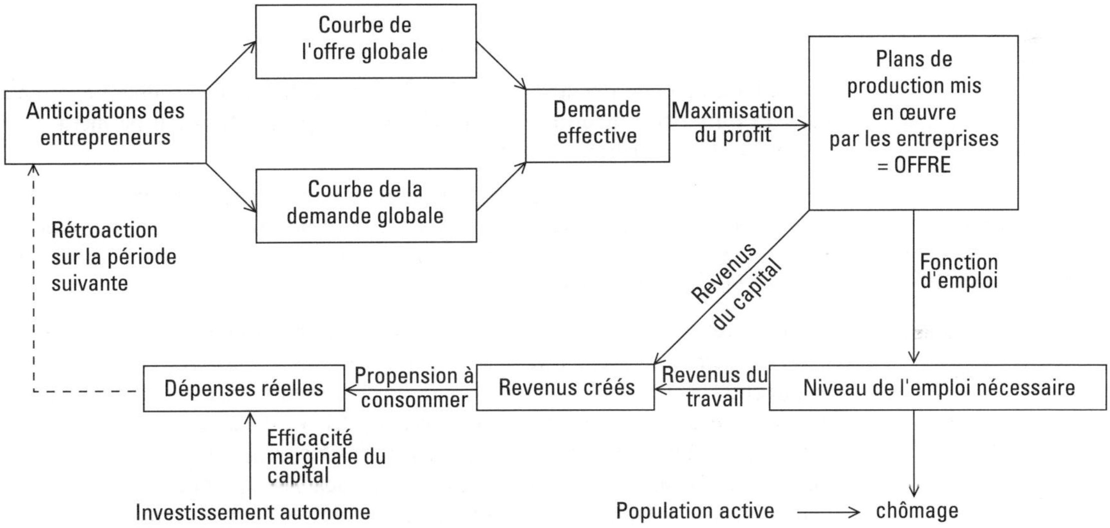

Fig.1 : Principe de la demande effective

Dans leur recherche de l'obtention d'un profit maximum, les chefs d'entreprise commencent par élaborer des prévisions sur deux types de dépenses :

– **les dépenses qu'ils devraient engager pour produire**, en fonction de la quantité qu'ils se proposent d'offrir (achats de consommations intermédiaires, versements de salaires, amortissement des équipements), coûts de production augmentés du profit jugé normal (ensemble que Keynes qualifie de « courbe de l'offre globale ») ;

– **les dépenses qu'ils attendent des agents économiques pour l'achat de cette production**, prévues sur la base des comportements habituels (« conventionnels ») de demande en biens de consommation et en biens d'équipement des consommateurs, des épargnants et des entrepreneurs (« courbe de la demande globale »).

La confrontation de ces deux catégories de **dépenses monétaires attendues** de l'ensemble de la communauté est qualifiée par Keynes de **demande effective** : « nous appellerons demande effective le montant du produit attendu D au point de la courbe de demande globale où elle est coupée par celle de l'offre globale » (*T.G.* p. 53).

Comment interpréter l'expression de demande effective. Le vocable de demande effective choisi par Keynes est doublement trompeur.

Les calculs des entrepreneurs prennent en compte à la fois les conditions d'offre (les coûts de production) et les conditions de demande, les deux étant liées par le lien causal entre production, distribution de revenus et dépenses. En conséquence, « le système keynésien ne constitue pas, comme on le dit trop fréquemment, une théorie de la demande opposée à la théorie de l'offre, mais une interprétation, de l'offre et de la demande **associées**, par la demande effective » (A. Barrère). Le choix de privilégier le terme de demande provenait sans doute d'un parti pris délibéré de Keynes, afin d'insister sur la dépense (en coûts de production et en biens finals) en tant qu'élément moteur de l'emploi.

Le terme « effectif » porte également à confusion. Il ne signifie pas que cette demande se réalisera **effectivement.** Il fait référence à la demande anticipée en début de période qui aura des **effets** dans trois directions :

- elle détermine la mise en œuvre **effective** des plans de production ;
- si les prévisions ne s'avèrent pas trop erronées, elle permet aux firmes d'obtenir **effectivement** un certain montant de profit. En cela, certains auteurs la requalifient de demande « efficace » ou encore de demande « efficiente » ;
- enfin c'est l'unique niveau de demande qui conduit à une stabilité **effective** du système économique, équilibre le plus souvent de sous-emploi (voir plus bas, section 3).

Sur la base de cette demande effective, les entrepreneurs déterminent conjointement **la quantité à produire et la méthode de production** qui permettront de maximiser leurs espérances de profit.

La fonction d'emploi : $L = f^{-1}(Y)$ est la fonction réciproque de la fonction de production $Y = f(L,\bar{K})$, pour un stock de capital donné $\bar{K}$.

La mise en œuvre de ces décisions donnera lieu à une **création d'emploi** N, déterminée par la *fonction d'emploi**, et à une **distribution de revenus**, correspondant à la rémunération des facteurs de production utilisés, capital (loyers, dividendes, intérêts) et travail (salaires).

Mais ces revenus distribués ne sont pas nécessairement dépensés directement ou indirectement pour l'achat de la production. Du fait, d'une **propension générale à épargner**, de la part des ménages et de la part des entreprises, les revenus ne sont qu'en partie dépensés. Ainsi la production décidée n'est pas certaine de trouver ses débouchés. Rien n'assure que les **dépenses réelles**, réalisées par les consommateurs et les investisseurs, correspondent aux dépenses prévues à priori par les entrepreneurs, notamment car la propension marginale à consommer (c) et l'incitation à investir (l'efficacité marginale du capital e) dépendent en partie de l'état psychologique des acteurs économiques.

Les décalages dans le temps entre la décision de produire, la mise sur le marché des marchandises, et la réalisation de la vente auprès des consommateurs rendent alors probables certains **écarts entre prévisions et réalité**. En cas de surproduction constatée, les prévisions de demande seront revues à la baisse (effet de rétroaction), occasionnant une diminution de l'activité économique et donc des licenciements. Inversement, une situation d'insuffisance de l'offre engendrera une augmentation de la production et de l'emploi à la période suivante.

Remarque : l'absence de ***pertubations exogènes*** suppose une certaine stabilité des comportements de consommation et de fixation des prix et salaires.

Par tâtonnements successifs, en fonction des derniers résultats enregistrés, le système économique se dirigera ainsi (à condition qu'il n'y ait pas entre-temps de *perturbations exogènes**) vers une position d'équilibre, où **les prévisions de demande des entrepreneurs correspondront enfin aux dépenses réalisées par la communauté.**

Mais cet équilibre sur le marché des produits a de grandes chances d'être un **équilibre de sous-emploi**. Il n'y a en effet aucune raison que la **demande effective** corresponde à la **demande potentielle** de l'économie, celle qu'engendreraient l'utilisation de la totalité de la capacité de production installée et l'emploi de l'ensemble de la population active. Rien dans la détermination du niveau de la production ne garantit le plein-emploi. Le niveau de l'emploi ne se fixe pas par confrontation de l'offre et de la demande de travail et par les variations rééquilibrantes du taux de salaire réel comme dans la logique néoclassique. C'est la demande effective, anticipée par les entrepreneurs, qui détermine les décisions d'embauche, et c'est son insuffisance chronique qui va provoquer un chômage involontaire et croissant.

L'**équilibre de sous-emploi** est donc une situation économique, où **coexistent** un **équilibre sur le marché des biens**, des **capacités de production inemployées**, et un **déséquilibre sur le marché du travail**, avec une insuffisance permanente du nombre d'emplois proposés au regard de la main-d'œuvre disponible.

2 - Le diagramme à 45°

Si Keynes avait utilisé les termes de **courbes** d'offre globale et de demande globale, et conçu la demande effective comme le point d'intersection de ces deux courbes, il n'avait paradoxalement jamais tracé le schéma correspondant. C'est *Paul Samuelson** en 1948 qui va pour la première fois proposer une détermination graphique du revenu national, en reprenant le raisonnement exposé par Keynes.

Paul Samuelson : économiste américain, né en 1915, Prix Nobel d'économie en 1970 pour ses apports à la « théorie statique et dynamique ».

Il dresse ainsi un diagramme où figurent, **en abscisses le revenu national** Y (égal par définition à la valeur du produit national), **et en ordonnées les dépenses projetées** (ou désirées) pour chaque niveau de revenu envisageable, dépenses portant sur les biens de consommation (C) et d'investissement (I) (*cf.* fig. 2).

Conformément aux définitions keynésiennes (étudiées aux chapitres 2 et 3), il est commode de retenir :

- une fonction de consommation affine (le raisonnement serait inchangé en cas de fonction linéaire ou concave) : $C = cY + C_0$ (avec la propension marginale $c = 0{,}8$ et la consommation incompressible $C_0 = 100$ sur le graphique) ;
- et une fonction d'investissement autonome, $I = I_0$. Pour Keynes, l'investissement est indépendant de Y car fixé par ailleurs, par comparaison de l'efficacité marginale du capital et du taux d'intérêt. En conséquence, cette fonction peut se représenter sous la forme d'une droite parallèle à l'axe des abscisses ($I_0 = 200$ sur le graphique).

La demande globale s'écrit alors D = C + I, et peut être représentée graphiquement en rehaussant verticalement la droite de consommation, exprimant les dépenses projetées par les ménages, de la distance OI_0 exprimant l'investissement projeté par les entreprises.

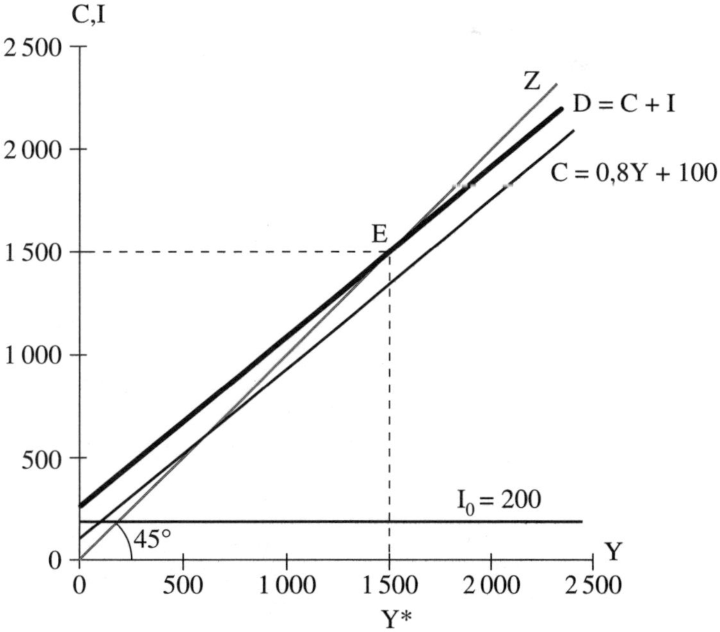

Fig. 2 : Le diagramme à 45°

Sur ce même graphique, **la bissectrice OZ** est constituée de l'ensemble des points pour lesquels s'égalisent la valeur de l'abscisse (le revenu distribué suite à la production) et la valeur de l'ordonnée (la part du revenu effectivement dépensée). **Cette droite à 45° passant par l'origine représente donc l'ensemble des équilibres économiques possibles, où l'offre de produits est égale à la demande.**

Le niveau d'équilibre effectif du revenu national correspond alors au point E d'intersection de la droite C + I, représentant la dépense totale désirée, avec la ligne à 45° exprimant la valeur de la production totale. En ce point, ce que la communauté désire dépenser correspond exactement à ce qu'elle a produit, et les entrepreneurs récupèrent le montant (augmenté d'un taux de profit jugé normal) des dépenses totales effectuées pour rémunérer les facteurs requis pour la production. Il s'agit donc de l'unique situation où les entrepreneurs ont parfaitement anticipé la demande correspondant au montant des revenus distribués. **Autrement dit, Y* représente le seul niveau de revenu national pour lequel la demande effective, anticipée à priori par les entrepreneurs, est exactement égale à la demande globale, réalisée à posteriori par l'ensemble des agents économiques.**

Alternativement le niveau d'équilibre du revenu national peut également se déterminer en termes d'égalité entre l'épargne et l'investissement. En effet, l'équilibre du marché des produits est réalisé lorsque le niveau de la production Y est égal à la demande globale D, ce qui peut s'écrire Y = D (condition d'équilibre). La demande globale se compose de demandes en biens de consommation et en biens d'investissement, soit D = C + I (équation de définition). Comme toute opération de production donne lieu à un versement de revenus d'un montant équivalent, le revenu national est identique à la production nationale Y. Ce revenu est destiné soit à la consommation, soit à l'épargne : Y = C + S (équation de définition ; optique de l'utilisation du revenu).

On a donc C + S = Y = D = C + I, soit en simplifiant I = S. La situation d'équilibre sur le marché des produits est donc également caractérisée par l'égalité entre l'épargne et l'investissement au niveau de la communauté dans son ensemble. Le point d'équilibre E entre offre globale et demande globale de la figure précédente correspond ainsi au point E' d'intersection entre l'épargne globale et l'investissement global (*cf.* fig. 3).

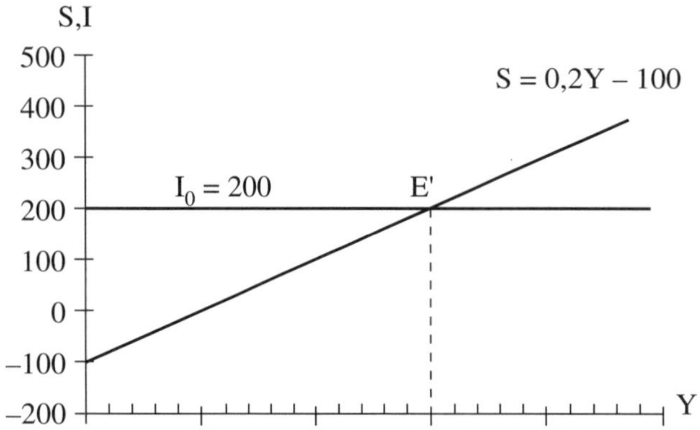

Fig. 3 : L'égalité épargne - investissement

Une fois de plus, on notera que, dans ces deux optiques alternatives de détermination graphique de l'équilibre macroéconomique (diagramme à 45° et égalité I = S), rien n'assure que le montant du revenu national (ici 1 500) permette d'employer toute la population active. Bien au contraire selon Keynes, la tendance naturelle du capitalisme est de converger vers un équilibre de sous-emploi faute de dépenses suffisantes.

3 - Stabilité de l'équilibre de sous-emploi

De plus, le système économique n'atteindra cette situation d'équilibre de sous-emploi qu'au bout de multiples tâtonnements car tout repose sur les anticipations des entrepreneurs, et « l'erreur est humaine ». Ainsi, **sous l'hypothèse de rigidité des prix, le processus de rééquilibrage suite à des prévisions erronées va s'effectuer à travers des variations de stock.**

Supposons tout d'abord, que la production s'avère trop importante au regard de la demande réelle. Dans l'exemple ci-dessous, pour une production (et donc un revenu national) de 1 800, la consommation désirée par les ménages est de 1 540 (0,8 × 1 800 + 100). Comme l'investissement autonome est fixé à 200, la demande globale est donc de 1 740, et les entrepreneurs se retrouvent donc avec des invendus pour une valeur de 60, surplus de produits qu'ils vont stocker.

Cette augmentation des stocks correspond, en tant que valeur réservée, à un investissement involontaire pour les entreprises. Ainsi, même dans cette situation de déséquilibre, l'épargne mesurée (260 = 0,2 × 1 800 – 100) correspond à l'investissement mesuré (260, somme de l'investissement désiré 200 et de l'accroissement des stocks + 60). À la période suivante, les entreprises vont ajuster leur production à la baisse afin de réduire le montant excessif de leurs stocks, et progressivement l'économie se rapprochera spontanément de la production d'équilibre 1 500 (point traité à la question 3 de l'exercice 1), où le niveau des stocks sera constant et conforme aux désirs des entreprises.

Stabilité de l'équilibre par les variations de stocks

Niveau de la production et du revenu Y	Consommation C = 0.8Y + 100	Investissement désiré $I_0 = 200$	Demande globale D = C + I	Offre excédentaire Y – D	Variation de stock	Épargne S = 0,2Y – 100
1 800	1 540	200	1 740	+ 60	+ 60	260
1 500	1 300	200	1 500	0	0	200
1 300	1 140	200	1 340	– 40	– 40	160

Inversement, si la production, fixée au préalable à 1 300, s'avère insuffisante (demande globale de 1 340), il y a un désinvestissement involontaire par déstockage (et l'égalité entre épargne et investissement est toujours réalisée I = 200 – 40 = S = 160).

Variation de stocks ou variation de prix? Dans le cas où les prix ne seraient pas rigides (hypothèse non keynésienne), le processus passera alors également par des variations imprévues de prix. Ainsi, lors d'une surproduction, la mévente des produits oblige les entrepreneurs à diminuer leurs prix de vente (cas des produits périssables), ce qui entraîne des pertes monétaires, et donc là encore une réduction de la production à la période suivante.

Ce jeu entre investissement désiré à priori, formation de stock et investissement réalisé à posteriori, assure donc un retour automatique vers l'équilibre. Il existe donc une **stabilité de l'équilibre de sous-emploi** : quelle que soit la situation de départ, l'économie a tendance à s'en rapprocher. Et cet état de chômage chronique risque de se perpétuer car les agents économiques n'ont aucune raison de modifier les comportements ou les décisions qui y ont conduit.

B

LE MULTIPLICATEUR D'INVESTISSEMENT ET LE « VICE PUBLIC » DE L'ÉPARGNE

Le principe du multiplicateur est un des concepts essentiels de la *Théorie générale* et par suite de toute la macroéconomie contemporaine. Il permet de présenter sous un autre aspect, cette fois-ci **en dynamique**, le rôle moteur dans le processus économique de l'acte de dépense (section 1), et l'égalité investissement-épargne en démontrant que l'épargne est en général néfaste à l'emploi (section 2). Cependant, dans certaines situations, l'impact du multiplicateur peut être plus limité (section 3).

1 - L'EFFET MULTIPLICATEUR DE L'INVESTISSEMENT

L'objet du chapitre 10 de la *Théorie Générale* (intitulé «La propension marginale à consommer et le multiplicateur») est de montrer comment **une augmentation de l'investissement (privé ou public) entraîne un accroissement plus important de la production et de l'emploi.** Le multiplicateur est alors le coefficient qui compare l'ampleur de la modification subie (la variation de revenu national) à l'ampleur de la perturbation initiale (la variation de l'investissement).

Kahn et le multiplicateur d'emploi. Keynes n'est pas « l'inventeur » du concept de multiplicateur. Il reprend l'idée d'un économiste anglais contemporain M.R. Kahn («La relation entre l'investissement domestique et le chômage », article paru dans *The economic journal* en juin 1931). Kahn distingue les emplois primaires, induits par un investissement nouveau et les emplois secondaires, provenant des dépenses des salariés pour vivre et se loger, chaque emploi additionnel provoquant une dépense de consommation et donc de nouvelles embauches. Kahn résume ce processus cumulatif par un multiplicateur d'emploi, qui permet de mesurer l'effet sur le nombre d'emplois dans le système d'une création initiale d'emplois suite par exemple à une politique de grands travaux.

Cet effet de multiplication peut être exposé sous la forme d'ondes successives (et décroissantes) de dépenses. Soit une entreprise privée qui décide de réaliser sur le territoire national un investissement de 100 millions (par exemple la construction d'un parc d'attraction). À cette fin, elle commande des biens d'équipement (de récréation) à d'autres entreprises, qui pour leur réalisation embauchent un certain nombre de travailleurs, ce qui constitue une création **d'emplois primaires** (1re ligne du tableau ci-aprés).

Cette activité productive se traduit par une distribution de revenus pour un montant de 100 millions aux propriétaires et aux salariés des entreprises fabriquant ces biens d'équipement. Ces agents économiques vont ensuite utiliser ce revenu supplémentaire, en partie sous la forme d'achat de biens de consommation (par exemple 80 millions si l'on suppose que la propension marginale à consommer est de 0,8 en moyenne), et pour le restant, 200 millions, l'épargneront (2e ligne). Ces dépenses constituent alors des revenus pour des commerçants, leurs fournisseurs et leurs employés (première vague de créations **d'emplois secondaires**), revenus qu'ils dépensent à leur tour *toujours dans une proportion** de 8/10e (soit 0.8 × 80 = 64 millions, 3e ligne).

Remarque : la propension marginale à consommer est supposée identique pour toutes les catégories socio-professionnelles.

Le principe du multiplicateur

Vagues de dépenses	(1) Variation de l'investissement (effectué en totalité en 1)	(2) Variation de la consommation ($c = 0{,}8$)	(3) Variation de l'épargne ($s = 1 - c = 0{,}2$)	(4) Variation de la production = variation du revenu national (1) + (2)	Créations d'emplois
1	+ 100			+ 100	primaires
2	+ 0	+ 80 = 0,8 × 100	+ 20 = 0.2 × 100	+ 80	secondaires
3	+ 0	+ 64 = 0,8 × 80	+ 16 = 0.2 × 80	+ 64	
4	+ 0	+ 51,2	+ 12,8	+ 51,2	
5	+ 0	+ 41,0	+ 10,2	+ 41,0	
6	+ 0	+ 32,8	+ 8,2	+ 32,8	
7	+ 0	+ 26,2	+ 6,6	+ 26,2	
8	+ 0	+ 21,0	+ 5,2	+ 21,0	
9	+ 0	+ 16,8	+ 4,1	+ 16,8	
10	+ 0	+ 13,4	+ 3,4	+ 13,4	
$\sum_{1}^{10}$	(= 100)	(= 346)	(= 86,6)	(= 446)	
…	…	…	…	…	
Total	+ 100	+ 400	+ 100	+ 500	

Peu à peu, les dépenses privées de consommation accentuent donc l'effet de la dépense initiale d'investissement privé. Cet enchaînement de vagues « revenus-dépenses-revenus » continue indéfiniment, mais leur importance est progressivement décroissante et tend à terme vers 0. À la dixième vague, la variation de revenu n'est ainsi plus que de 13,4 millions, et à la vingtième de 1,44 millions.

En effectuant la somme cumulée des accroissements successifs de revenu, on obtient au bout de 10 vagues 446 millions (et après 20 vagues, 494 millions). Lorsque le processus est répété indéfiniment, **la variation totale de revenu va finalement tendre vers 500 millions, soit au final 5 fois la dépense initiale.**

Pour calculer la valeur exacte de cette variation totale de revenu, il suffit de remarquer qu'il s'agit là d'une progression géométrique de raison c. En effet, la somme des vagues successives est :

$$\Delta Y = 100 + 80 + 64 + \ldots = 100 + (0{,}8 \times 100) + (0{,}8 \times (0{,}8 \times 100)) + \ldots$$

Ce qui peut s'écrire en généralisant (avec $n \to +\infty$) :

$$\textbf{(1)}\ \Delta Y = \Delta I + c\Delta I + c^2\Delta I + c^3\Delta I + \ldots + c^n\Delta I$$

En multipliant les deux membres par c, on obtient :

$$\textbf{(2)}\ c\Delta Y = c\Delta I + c^2\Delta I + c^3\Delta I + \ldots + c^{n+1}\Delta I$$

Puis en retranchant (2) de (1) :

$$\textbf{(3)}\ \Delta Y - c\Delta Y = \Delta I - c^{n+1}\Delta I$$

Et en simplifiant :

$$(4)\ \Delta Y = \frac{\Delta I(1 - c^{n+1})}{1 - c}$$

Comme la propension marginale à consommer c est comprise entre 0 et 1, on a : $c^{n+1} \xrightarrow[n \to +\infty]{} 0$, et donc la variation totale de revenu converge vers :

$$\Delta Y = \Delta I\left(\frac{1}{1 - c}\right)$$

Le multiplicateur k qui mesure l'impact final sur l'activité économique de la modification initiale de l'investissement s'écrit:

$$\boxed{k = \frac{\Delta Y}{\Delta I} = \frac{1}{1 - c} = \frac{1}{s}}$$

La valeur du multiplicateur *k* est ainsi l'inverse de la propension marginale à épargner (puisque $s = 1 - c$). Autrement dit, plus la propension marginale à consommer est élevée dans la société, plus l'effet multiplicateur est important.

Propension marginale à consommer	Propension marginale à épargner	Multiplicateur
$c = 0$	$s = 1$	$k = 1$
$c = 0,5$	$s = 0,5$	$k = 2$
$c = 0,7$	$s = 0,3$	$k = 3,33$
$c = 0,8$	$s = 0,2$	$k = 5$
$c = 0,85$	$s = 0,15$	$k = 6,66$
$c = 0,9$	$s = 0,1$	$k = 10$
$c = 0,95$	$s = 0,05$	$k = 20$
$c = 0,99$	$s = 0,01$	$k = 100$
$c = 1$	$s = 0$	$k \longrightarrow +\infty$

La détermination de cette valeur du multiplicateur peut également s'obtenir directement par différentiation, en utilisant l'équation d'équilibre de marché des biens et services exposée dans la partie A de ce chapitre, soit : Y = C + I. Suite à une variation de l'investissement dI, pour que le marché des produits trouve un nouvel équilibre, il faut que : dY = dC + dI ou encore dI = dY – dC, d'où :

$$k = \frac{dY}{dI} = \frac{dY}{dY - dC} = \frac{1}{1 - \frac{dC}{dY}} = \frac{1}{1 - c} = \frac{1}{s}$$

Mais le mécanisme du multiplicateur fonctionne aussi bien en récession qu'en expansion : une baisse du volume d'investissement se traduit par une baisse plus que proportionnelle de la production. Ainsi, dans l'exemple évoqué plus haut, il suffit d'inverser point par point le raisonnement pour aboutir à la conclusion qu'une diminution initiale de 100 millions de l'investissement (soit – 100 à la première ligne du tableau) conduit au final à une contraction de l'activité économique nationale de 500 millions.

L'oscillateur de Samuelson. Il combine le principe de **multiplication**, où le revenu dépend du montant de l'investissement national ($\Delta Y = k \times \Delta I$), et le principe **d'accélération**, reposant sur l'idée que les décisions d'investissement dépendent du niveau du revenu national (soit $I = v \times \Delta Y$, où v est le coefficient de capital, voir chapitre 3). La logique est la suivante : une augmentation autonome de l'investissement privé (suite par exemple à l'application d'une innovation technique majeure ou à un optimisme accru des investisseurs) entraîne une croissance des revenus et donc une augmentation de la demande en vertu de l'effet multiplicateur ; ce surcroît de demande provoque un besoin d'équipements nouveaux qui se traduit par des investissements en vertu de l'effet d'accélérateur ; ces investissements supplémentaires ont à leur tour un effet multiplicateur sur le revenu, ce qui fait jouer de nouveau l'effet d'accélération, et ainsi de suite.
Selon les valeurs respectives du coefficient de capital v et de la propension marginale à consommer c, l'interaction en dynamique de ces deux effets peut alors engendrer soit une croissance économique régulière (cas favorable), soit au contraire des fluctuations cycliques endogènes aux évolutions amorties ou explosives (cas défavorables, respectivement (a) et (b) sur le graphique ci-dessous).

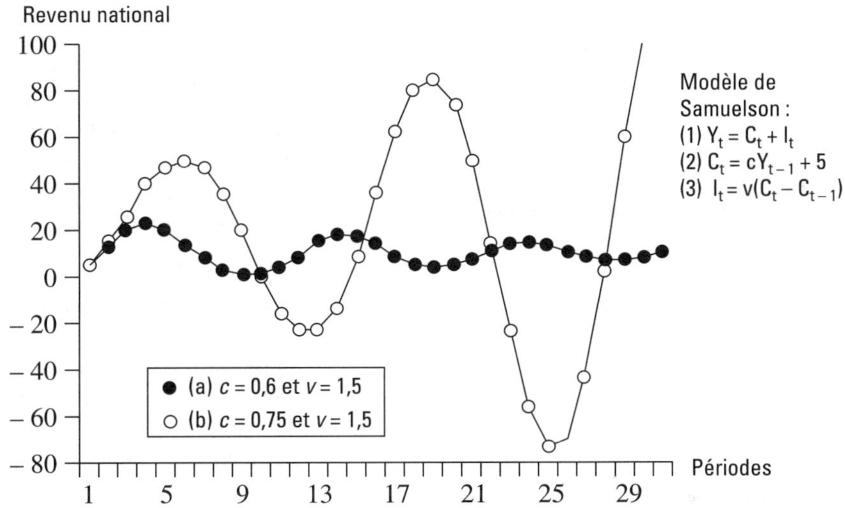

(Pour plus de détails, on pourra se reporter à *Macroéconomie*, Collection Lexifac, Bréal, tome 3, p. 46 à 49).

2 - L'ÉGALITÉ ÉPARGNE-INVESTISSEMENT *EX POST* ET LE PARADOXE DE LA FRUGALITÉ

Le principe du multiplicateur permet également de comprendre la raison pour laquelle l'égalité entre l'investissement et l'épargne est qualifiée par les keynésiens d'**égalité *ex post* au sens où un investissement engendre toujours, nécessairement, un montant d'épargne strictement équivalent.**

Pourtant, comme le souligne Keynes, « le montant de l'épargne résulte du comportement collectif des consommateurs individuels, et le montant de l'investissement du comportement collectif des entrepreneurs individuels » (*T.G.* p.86). Les investissements sont effectués isolément par des « tempéraments sanguins » et les sommes épargnées le sont par des consommateurs égoïstes à la « mentalité plutôt puritaine ». Ces multiples décisions sont donc prises par des acteurs différents, à la psychologie différente et à des moments différents, et cependant « l'acte d'investissement considéré en soi ne peut pas ne pas déterminer dans ce reliquat ou cette marge que nous appelons épargne un accroissement d'un montant égal » (*T.G.* p. 87).

Et c'est justement le mécanisme du multiplicateur qui transforme le supplément d'investissement en une augmentation plus forte de revenu qui va à son tour engendrer une augmentation de l'épargne (voir ci-contre).

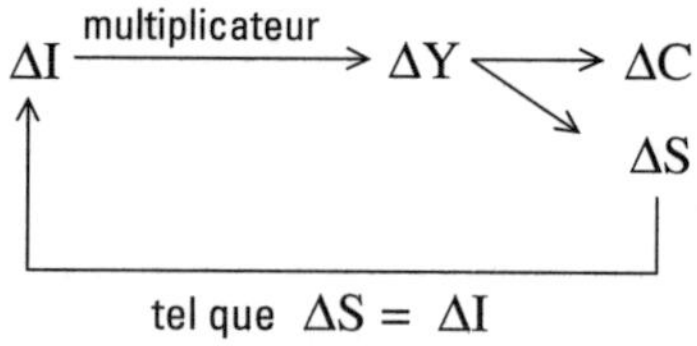

Ainsi, sur l'exemple du tableau (dernière ligne), l'accroissement d'épargne au final est strictement identique à l'augmentation initiale de l'investissement (+ 100). Ce processus peut également se retrouver sur le graphique évoqué précédemment. L'accroissement initial de l'investissement ($\Delta I = + 100$) provoque une variation totale du revenu de $\Delta Y = + 500$ et donc une augmentation de l'épargne de + 100 puisque la propension marginale à épargner est de 20 % (*cf.* fig. 4).

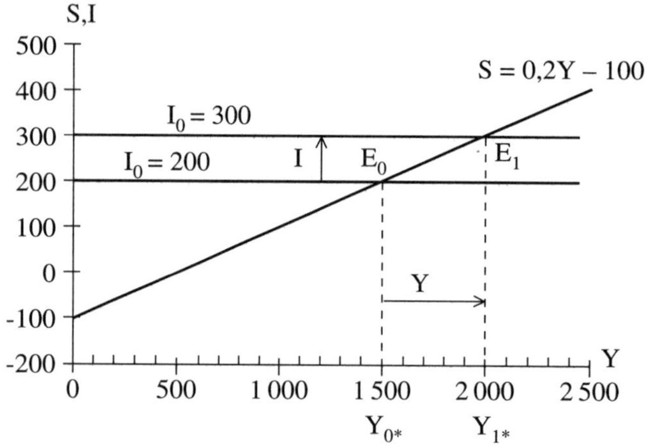

Fig. 4 : Effet d'une variation de l'investissement sur l'épargne

En d'autres termes, dans la logique keynésienne, **l'égalité investissement-épargne est à la fois le reflet d'une identité comptable** ($I = S$ car $Y = C + I$ et $Y = C + S$) **et la conséquence du fonctionnement du circuit économique**, ce que l'on symbolise souvent par : $I \overset{\frown}{=} S$.

Alors que dans la construction néoclassique, cette expression traduit **une équation d'équilibre de marché,** dont le prix, le taux d'intérêt *r*, équilibre l'offre de capital (l'épargne S) avec la demande de capital (l'investissement I), soit : $I(r) = S(r)$.

Le **volume d'épargne** n'est donc pas une contrainte pour la communauté puisqu'il s'ajuste automatiquement à ses besoins d'investissement. Mais, par contre, le **désir d'épargne**, en contrariant le processus du multiplicateur, peut très vite transformer l'épargne en une entrave pour la croissance économique.

Ainsi, dans une conjoncture de marasme économique, certains ménages peuvent désirer épargner plus, en vue de mieux se protéger face à un avenir incertain, où une chute de revenu, voire une perte d'emploi ont une probabilité plus forte de survenir. Or, **cette épargne de précaution**, ce désir d'une frugalité accrue, se traduit par une amputation dans leurs achats de consommation et constitue donc une réduction de revenu pour d'autres agents économiques.

Aussi, lorsque ce comportement de « fourmi » se généralise, la fonction d'épargne se déplacera parallèlement vers le haut (symétriquement, sur le diagramme à 45°, cela provoque un déplacement parallèle vers le bas de la droite de consommation) et la communauté dans son ensemble voit sa richesse diminuer. Sur la figure 5, le désir des ménages d'épargner 100 de plus provoque ainsi une contraction de l'activité économique de 1 500 à 1 000.

Paradoxalement la tentative préalable d'épargner davantage se solde par un double échec :

- **le montant d'épargne effectif est *ex post* strictement identique à ce qu'il était (200) avant le changement de comportement de dépense des ménages** (une variation de la propension à épargner, par rotation vers le haut de la droite d'épargne, conduirait au même résultat; voir exercice 4.1 : questions 5 et 6);
- **par contre le niveau de vie se détériore considérablement**, la consommation diminuant de 1 300 (1 500 de revenu moins 200 d'épargne) à 800 (1 000 moins 200).

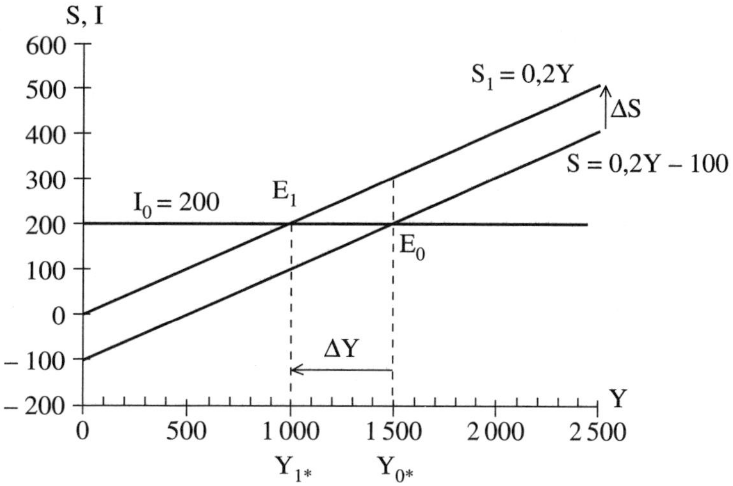

Fig. 5 : Effet d'une hausse des désirs d'épargne

De plus, en de telles périodes de difficultés économiques, la détérioration de l'état général de confiance s'accompagnera vraisemblablement d'une chute de l'investissement (déplacement de la droite I_0 vers le bas), et donc d'une contraction de revenu encore plus amplifiée. Le montant d'épargne *ex post* sera alors inférieur à ce qu'il était avant le changement de comportement des ménages (cas exposé à la question 4 de l'exercice 4.2). La tentative initiale d'épargner plus, en se privant sur ses dépenses, se traduit paradoxalement par un volume d'épargne plus faible qu'auparavant.

Ce paradoxe de la frugalité montre ainsi qu'une **vertu individuelle** — au plan microéconomique, l'épargne de précaution est rationnelle et optimale — se mue au plan collectif, selon l'expression de Keynes en un **vice social**. De ce paradoxe, Samuelson tire la conclusion suivante : « ce qui est vrai de l'individu — à savoir qu'une frugalité accrue fait grossir son épargne et sa fortune — peut devenir complètement faux pour la communauté prise dans son ensemble » (*L'économique*, tome 1, A. Colin, p. 332).

3 - Les freins au jeu du multiplicateur

Cependant, la « mécanique » du multiplicateur ne fonctionne à plein régime que si certaines conditions sont remplies.

Tout d'abord, l'économie doit se trouver dans une situation de sous-emploi généralisé. Aucun des secteurs économiques impliqués dans le processus, pour la production des biens d'équipement ou de consommation demandés, ne doit constituer un **goulot d'étranglement**. Ceci signifie qu'il doit exister dans toutes les branches des capacités de production inutilisées, et qu'un nombre suffisant de personnes au sein de la population active se trouvent sans emploi (mais également dont les qualifications correspondent aux besoins des entreprises). Dans le cas où ces conditions ne seraient pas effectives, le multiplicateur de revenu se transformerait alors en un multiplicateur de prix (voir plus bas C.1 à propos de l'écart inflationniste).

En second lieu, une partie de la demande supplémentaire risque de se porter sur des biens d'équipement et de consommation étrangers. **L'impact du multiplicateur est alors limité par une fuite partielle de la dépense vers les entreprises étrangères.**

Multiplicateurs d'investissement et d'exportation en économie ouverte. En économie ouverte, l'offre globale de produits disponibles est constituée de la production nationale Y accrue du montant des importations M, ressources supplémentaires que la nation s'est procurée à l'extérieur. Parallèlement, à la demande interne provenant des consommateurs et des investisseurs nationaux, il faut ajouter le montant des exportations (X), qui constituent un nouveau débouché pour les entrepreneurs. La nouvelle condition d'équilibre sur le marché des produits s'écrit alors : **(1)** $Y + M = C + I + X$. Comme le revenu national Y est toujours utilisé pour la consommation et l'épargne ($Y = C + S$), (1) peut se réécrire : $C + S + M = C + I + X$, soit en simplifiant : **(2)** $S + M = I + X$. Dans cette nouvelle version de l'égalité épargne-investissement, **les exportations jouent un rôle similaire à l'investissement privé** (il s'agit d'une injection dans le circuit), **et les importations, comme l'épargne, apparaissent comme une fuite dans le circuit économique.**

Ce parallélisme se retrouve dans la construction **du multiplicateur en économie ouverte.** En conservant les formulations antérieures ($I = I_0$ et $C = C_0 + cY$), et en supposant que le montant des exportations est exogène ($X = X_0$), car dépendantes de la conjoncture économique des pays étrangers, et que les importations varient en partie avec le niveau de l'activité interne du fait de spécialisations nationales réciproques ($M = M_0 + m.\ Y$, où m est la propension marginale à importer), (1) se transforme en : **(3)** $Y + M_0 + mY = C_0 + cY + I_0 + X_0$. Le niveau de revenu d'équilibre est alors : $Y = \dfrac{C_0 + I_0 + X_0 - M_0}{1 - c + m} = \dfrac{C_0 + I_0 + X_0 - M_0}{s + m}$,

et la nouvelle valeur des **multiplicateurs d'investissement et maintenant également d'exportations** devient :

$$(4) \quad \boxed{\frac{dY}{dI_0} = \frac{dY}{dX_0} = \frac{1}{s + m}}$$

La propension marginale à importer contribue à diminuer la valeur du multiplicateur $\left(\dfrac{1}{s + m} < \dfrac{1}{s}\right)$ et plus elle est élevée, plus le multiplicateur sera faible.

La valeur du multiplicateur sera d'autant plus faible que le degré d'ouverture au commerce international d'un pays est élevé. Il peut même devenir inférieur à 1 dans le cas de pays de petite taille, donc très dépendants, comme la Belgique dont le taux d'ouverture est de près de 70 %.

Remarque : On considère parfois qu'il existe un laps de temps entre le perception du revenu et sa transformation en dépenses ; ce décalage est appelé ***« décalage de Robertson »***.

Enfin, du point de vue pratique, le processus du multiplicateur n'est cependant pas un miracle absolu. **Si l'investissement additionnel ne se reproduit pas, le revenu national revient à sa valeur initiale**. Sur l'exemple du tableau page 147, les différentes lignes peuvent être considérées comme représentant des *périodes successives**, et l'on a alors un phénomène d'amortissement progressif des effets de la dépense initiale. L'augmentation de l'activité n'est ainsi que provisoire car peu à peu l'économie retourne à sa situation initiale (revenu national de 1 500) (*cf.* fig. 6).

Pour que le revenu national augmente définitivement, **le supplément d'investissement doit être reconduit à chaque période**, *i.e.* l'investissement augmente de 100 à la première période puis se stabilise à ce niveau supérieur.

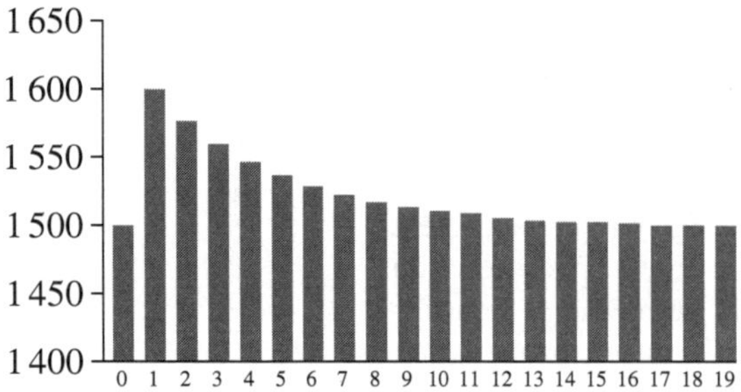

Fig. 6 : Effet d'une augmentation ponctuelle de l'investissement

Cas d'un investissement supplémentaire répété sur plusieurs périodes

Périodes	(1) Investissement	(2) Consommation (c = 0,8)	(3) Revenu national (1) + (2)	Multiplicateur instantané = (3)/(1)
1	100	0	100	-
2	100	80 (= 0.8 × 100)	180	1,8
3	100	144 (= 0.8 × 180)	244	2,44
4	100	195	295	2,95
5	100	236	336	3,36
6	100	268	368	3,68
7	100	295	395	3,95
8	100	316	416	4,16
9	100	332	432	4,32
10	100	336	446	4,46
…	…	…	…	…
n	100	400	500	5

La reconduction des dépenses d'investissement engendre un accroissement durable du revenu national qui tend progressivement vers 2000. **On retrouve la formule du multiplicateur, mais cette fois-ci comme limite vers laquelle tend le revenu périodique** (cette analyse est reprise et détaillée dans l'exercice 4.3).

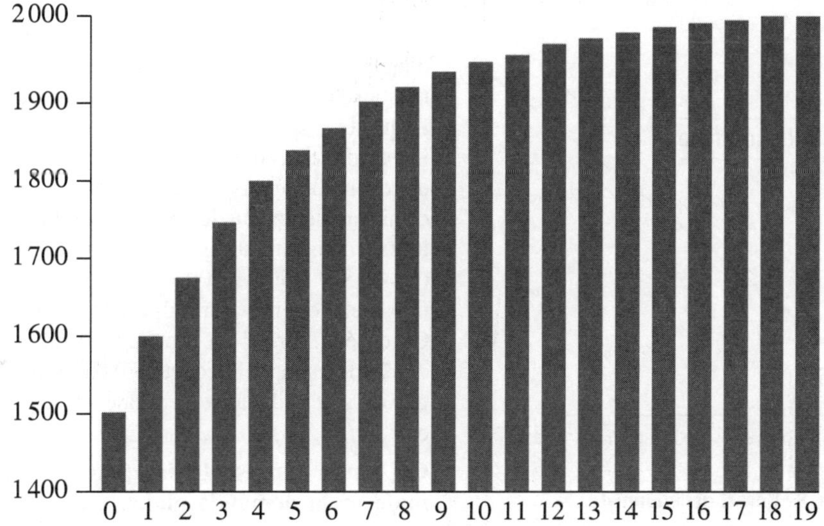

Fig. 7 : Effets d'un investissement supplémentaire répété sur plusieurs périodes

C

LE « PARADOXE DE LA PAUVRETÉ DANS L'ABONDANCE » ET LE RÔLE DE L'ÉTAT

La théorie keynésienne de la détermination du revenu permet de définir deux situations contrastées, l'écart inflationniste et l'écart déflationniste (section 1). Dans les deux cas, l'État a un rôle à jouer, rôle de régulation conjoncturelle de la demande globale, par une politique budgétaire appropriée (section 2). Cependant la mise en place d'une politique structurelle de lutte contre la sous-consommation chronique est également indispensable (section 3).

1 - Écart déflationniste, écart inflationniste

Y^*_0 est souvent qualifié de PIB effectif et Y_{PE} de PIB potentiel.

Le niveau d'équilibre du revenu national n'est pas en soi nécessairement favorable. **Dans la logique keynésienne de demande effective, il n'existe aucun mécanisme économique qui garantisse que ce revenu d'équilibre soit en même temps un revenu de plein-emploi.**

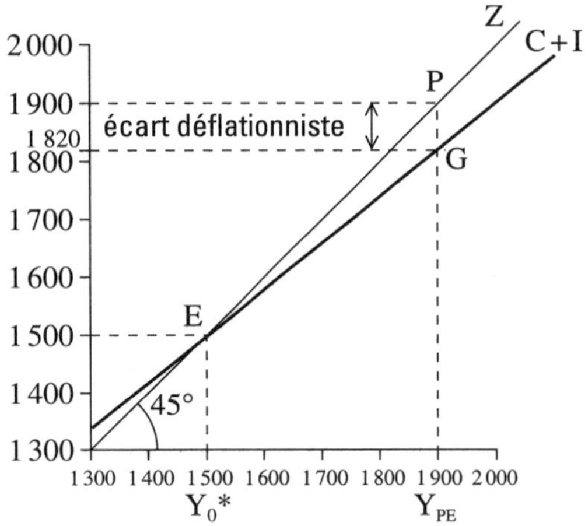

Fig. 8 : L'écart déflationniste

Si l'investissement privé est faible, le revenu d'équilibre engendre un chômage important et un gaspillage des ressources nationales. Supposons par exemple que l'équilibre spontané de l'économie Y^*_0 (en reprenant l'exemple précédent 1 500) soit assez éloigné du niveau de revenu de plein-emploi Y_{PE} (par exemple 1 900). Pour ce niveau de revenu de 1 900, le total des dépenses projetées de consommation et d'investissement serait de 1 820 ($C = 0{,}8 \times 1\,900 + 100 = 1\,620$ et $I = 200$). La production globale serait alors supérieure à la demande globale. Ce déséquilibre d'un montant de 80 entre l'offre et la demande est appelé **écart déflationniste** (« *deflationary gap* »), soit la distance verticale sur le graphique entre G et P (*cf.* fig. 8).

Cet écart représente la quantité dont il faudrait majorer la demande globale pour obtenir le plein-emploi (déplacement parallèle de C + I vers le haut). Mais comme cette demande n'est pas effective, l'équilibre économique se situe à 1 500, soit une contraction représentant 5 fois l'écart déflationniste. On retrouve ainsi le multiplicateur, mais cette fois-ci qui amplifie dans le sens de la contraction tout fléchissement de l'investissement.

Alternativement, cet écart peut également s'exposer en relation avec l'égalité épargne-investissement. **En effet, pour atteindre le plein-emploi, il faut que l'investissement absorbe exactement l'épargne de plein emploi**.

Cas extrême mais éclairant, si l'investissement net (achats de biens d'équipement moins amortissements) fléchissait jusqu'à s'annuler, le revenu s'effondrerait jusqu'au seuil d'épargne (I = S = 0), c'est à dire une situation où la population est tellement appauvrie qu'elle renonce à toute épargne.

Au fur et à mesure que la société s'enrichit avec le développement, ce problème de l'écart déflationniste, et son corollaire la montée du chômage, va devenir majeur car il existe une insuffisance croissante des achats de consommation et d'investissement, situation paradoxale que Keynes qualifie de **pauvreté dans l'abondance** : « plus la communauté est riche, plus la marge tend à s'élargir entre sa production potentielle et sa production réelle ; et plus par conséquent les défauts du système économique sont apparents et choquants. Car une communauté pauvre a tendance à consommer la part de beaucoup la plus importante de sa production et un très faible montant d'investissement suffit à y assurer le plein-emploi. Une communauté riche, au contraire, est obligée de découvrir des occasions d'investissement beaucoup plus nombreuses, pour pouvoir concilier la propension à épargner de ses membres les plus riches avec l'emploi de ses membres les plus pauvres » (*T.G.* p. 57). Comme nous le verrons plus loin, l'État doit alors intervenir par des mesures de relance de la demande.

Remarque : l'écart inflationniste est un cas plus rare selon Keynes, sauf périodes exceptionnelles comme les guerres (thème qu'il traite dans un livre de 1940, *Comment payer la guerre,* traduit en français chez l'Harmattan, 1996).

Inversement, l'économie peut se trouver en présence d'un *écart inflationniste**. Supposons que la fonction de demande globale (C + I) détermine un revenu national Y_i. Mais ce niveau de revenu est purement virtuel car par nature la production et le revenu réel ne peuvent être supérieurs au revenu de plein-emploi des facteurs de production, où toute la population active travaille et toutes les capacités de production sont utilisées à plein rendement. **Il apparaît donc un écart inflationniste dont l'amplitude est mesurée par la distance G'P, qui représente la différence entre les dépenses projetées et l'offre maximale disponible** (*cf.* fig. 9).

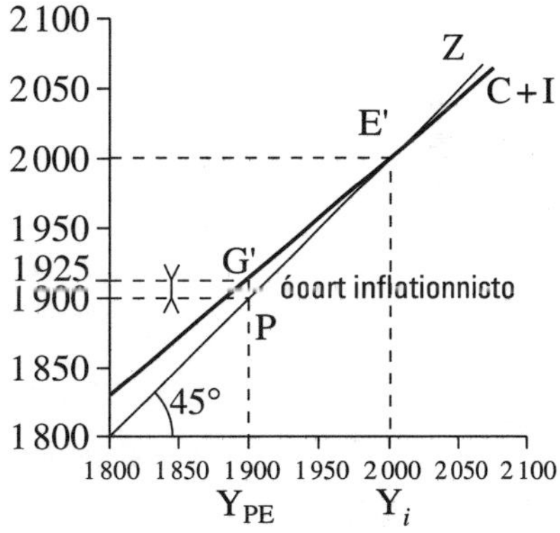

Fig. 9 : L'écart inflationniste

Mais bien qu'un écart inflationniste soit géométriquement l'inverse d'un écart déflationniste, la nature de ses effets est profondément différente puisque le système économique ne peut en termes réels se déplacer vers E'. L'excès de demande par rapport à la production disponible va alors susciter une hausse cumulative des prix et des salaires (*inflation de demande**). Le PIB nominal, exprimé en termes monétaires, se gonfle, sans que la production réelle et le pouvoir d'achat du revenu national ne soit modifié.

Cette spirale inflationniste ne s'arrêtera que si l'État applique des mesures de redressement, soit en faisant pression à la baisse sur les désirs de consommation et/ou d'investissement, soit en incitant à l'épargne (voire même en procédant à un emprunt obligatoire).

Remarque : une inflation par l'offre, par les coûts de production, proviendrait soit d'un renchérissement d'une matière première (choc pétrolier de 1973), soit d'une pression à la hausse des salaires.

La plupart du temps, l'État (le *deus ex machina* du système) doit donc réguler la demande globale, soit pour la restreindre (écart inflationniste), soit, le plus souvent, pour la renforcer (écart déflationniste).

2 - La régulation budgétaire conjoncturelle

Selon Keynes, **les mesures fiscales et les dépenses publiques peuvent modifier le niveau d'équilibre du revenu national**. En effet, dans le processus du multiplicateur d'investissement, l'essentiel n'est pas le but de l'investissement privé — un accroissement du potentiel productif de l'entreprise qui le réalise — mais qu'il y ait une dépense, une augmentation de la demande et une distribution de revenus. Peu importe finalement que cette dépense soit productive ou improductive, qu'elle prenne la forme d'un investissement en capital fixe ou d'un accroissement de stocks, qu'elle provienne d'une firme privée ou publique. Au même titre qu'une augmentation de l'investissement des entreprises, une hausse des dépenses publiques ou une baisse des impôts, par leurs effets induits sur les dépenses de consommation, peuvent donc également contribuer à mettre en route le jeu du multiplicateur.

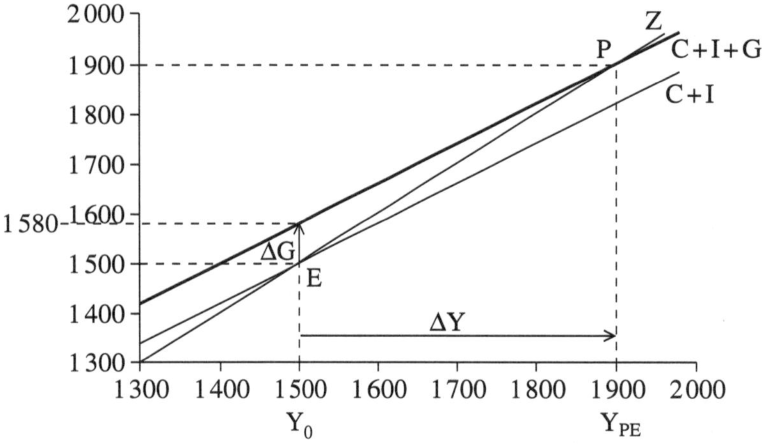

Fig. 10 : Effet des dépenses publiques sur le revenu national

Le raisonnement s'établit alors sur la base d'une courbe de dépenses C + I + G, où G représente l'ensemble des dépenses publiques en biens et services de l'État central et des collectivités locales, qu'il s'agisse de dépenses d'équipement ou de fonctionnement. Ces dépenses publiques, ayant pour unique but l'atteinte du plein-emploi, vont se superposer à la fonction de consommation, de la même façon que l'investissement privé, puisqu'il s'agit dans les deux cas de dépenses autonomes, non liées au niveau de l'activité économique nationale Y (du moins dans le cadre simplifié de ce chapitre) (*cf.* fig. 10).

L'équilibre se situe maintenant au croisement P de plein-emploi, de la (nouvelle) courbe de demande globale avec la ligne à 45° car à ce niveau, le montant total que la nation désire dépenser est exactement égal à la valeur de la production que souhaite mettre en œuvre les entrepreneurs compte tenu de leurs prévisions de demande effective

Les dépenses publiques ont ainsi un effet multiplicateur identique à celui des investissements privés. La réaction en chaîne, par les dépenses de consommation, se propage de manière identique, engendrant la création d'emplois primaires et secondaires. Ainsi sur la figure 10, l'apparition de dépenses publiques (+ 80) engendre une augmentation au final de 400 du revenu national (concernant le calcul algébrique de la valeur du multiplicateur, voir l'encadré ci-aprés). La hausse des dépenses publiques constitue donc un moyen privilégié pour combler un écart déflationniste, et symétriquement des coupes dans les dépenses budgétaires réduisent plus que proportionnellement un écart inflationniste.

Côté prélèvements, il est commode de construire une fonction d'impôts, sous la forme : $T = T_0 + tY$, où le montant des recettes fiscales totales T, dépend de T_0 le montant des impôts indépendants de l'activité (comme les impôts locaux), et de t le taux marginal d'imposition.

Ces impôts réduisent le revenu disponible des ménages, ce qui les oblige à comprimer leurs dépenses de consommation. La propension à consommer des ménages ne dépend plus alors du revenu distribué par les entreprises, mais du revenu disponible (après paiement des impôts et charges sociales), $Y^d = Y - T$, et la fonction de consommation peut s'écrire :

$$C = C_0 + cY^d = C_0 + c(Y - T) = C_0 + c(1 - t)Y - cT_0$$

Une majoration des impôts déplace vers le bas la droite de consommation (parallèlement par T_0 ou par rotation à travers t) et donc également celle de la demande globale. **De nouveaux impôts se traduisent alors par une réduction plus que proportionnelle du PIB et du volume d'emplois**. En cas d'écart inflationniste, ils peuvent ainsi contribuer à combler l'écart et à freiner ainsi la hausse des prix excessive (les impôts devront être accrus d'un montant supérieur à celui qui serait nécessaire pour équilibrer le budget, *cf.* exercice 4.4).

Inversement des allégements et des dégrèvements fiscaux peuvent contribuer à relancer l'économie. Mais leur efficacité est moins forte qu'une augmentation des dépenses publiques et ce programme peut causer un déficit plus considérable que ne le ferait un programme dépensier.

Les « multiplicateurs publics ». En présence de dépenses publiques et de prélèvements obligatoires, la condition d'équilibre sur le marché des produits (en économie fermée) s'écrit :

$$Y = C_0 + c(1 - t)Y - cT_0 + I_0 + G, \text{ soit encore : } Y = \frac{C_0 - cT_0 + I_0 + G}{1 - c(1 - t)}$$

Le multiplicateur de dépenses publiques est alors identique au multiplicateur d'investissement :

$$\frac{dY}{dG} = \frac{1}{1 - c(1 - t)} = \frac{dY}{dI}$$

Le multiplicateur fiscal d'impôts autonomes est (en valeur absolue) plus faible ($0 < c < 1$), car une part de l'augmentation du revenu en résultant est épargnée et donc non dépensée :

$$\left|\frac{dY}{dT_0}\right| = \frac{c}{1 - c(1 - t)} < \frac{dY}{dI}$$

De plus, une augmentation égale et simultanée des dépenses et des impôts autonomes, loin d'être sans conséquence, peut exercer un effet expansionniste. En effet, il est possible de définir un **multiplicateur de budget équilibré** (théorème de Haavelmo) :

$$dY = \frac{1}{1 - c(1 - t)}dG + \frac{-c}{1 - c(1 - t)}dT_0, \text{ ce qui donne comme } dG = dT_0 : \frac{dY}{dG} = \frac{1 - c}{1 - c(1 - t)} > 0$$

Ainsi le déficit budgétaire n'est pas seul à exercer une influence sur le PIB, la valeur absolue du budget est en elle-même un déterminant de la valeur du PIB.

Concernant le raisonnement sur la base de l'égalité épargne-investissement *ex post*, il est modifié ainsi : comme $Y = C + I + G$ et $Y = C + S + T$, on a en simplifiant : $I + G = S + T$. Cette dernière équation peut également se réécrire sous la forme : $G - T = S - I$. Est-ce à dire que l'effort vertueux d'épargne privée finance la prodigalité d'un État déficitaire, insouciant et sans contrainte, ce qui diminue d'autant les capitaux disponibles pour l'investissement productif ? Ce n'est en fait qu'une apparence car il s'agit là encore d'un équilibre *ex post*, et c'est le déficit budgétaire lui-même qui crée l'épargne nécessaire pour le financer (*cf.* exercices 4.4 et 4.5) :

$$G - T = S - I$$

Les dépenses publiques ont ainsi un effet d'injection et les impôts ont les mêmes effets déprimants que l'épargne.

Cependant l'efficacité des politiques économiques conjoncturelles peut buter sur certaines contraintes. Outre la contrainte extérieure due aux fuites sous formes d'importations, évoquée au B (voir également l'exercice 4.5), se surajoutent trois autres limites propres aux multiplicateurs publics.

• Une hausse des dépenses publiques, surtout si elle est de caractère massif, ne doit pas être compensée par une baisse de l'investissement privé ou de la consommation. Pour Keynes lui-même, trois facteurs pourraient venir contrarier l'effet multiplicateur d'une progression des dépenses de l'État :

– elle pourrait avoir **un impact négatif sur l'état de confiance** de la population, et donc sur les dépenses des consommateurs et des entrepreneurs, du fait d'une peur d'une hausse future des impôts ;

– s'il s'agit d'achats de biens d'équipement, elle peut engendrer **une augmentation du prix des biens d'investissement**, puisque le coût marginal de leur production est croissant, diminuant ainsi l'efficacité marginale du capital privé ;

– si elle est financée par emprunt, cela peut provoquer **une hausse du taux d'intérêt** (effet d'éviction, voir chapitre 6).

Selon Keynes, ces trois risques doivent amener les autorités monétaires à prendre des mesures compensatoires, par augmentation de la masse monétaire (politique monétaire d'accompagnement).

• Les travaux relatifs à la fonction de consommation font apparaître que **la propension marginale à consommer est beaucoup moins stable que ne le pensait Keynes** (voir le chapitre 2,B). Elle varie en fait suivant la conjoncture et les anticipations des agents. Or, toute modification inattendue des comportements de consommation remet en cause la prévisibilité des résultats espérés.

• Enfin, toute politique économique nécessite du temps du fait des délais nécessaires à sa mise en œuvre : délai entre les faits réels et la prise de décision (retards de connaissance statistique et recul nécessaire pour apprécier la permanence de la récession), délai entre la décision et l'application des mesures (arbitrages budgétaires, vote du budget), et enfin délai entre la mise en application et les effets concrets sur l'économie (mise en route de l'investissement, dépense des revenus). **Ce triple décalage risque alors de rendre inopportunes les décisions prises**, la reprise étant déjà là, renforçant ainsi éventuellement la naissance de tensions inflationnistes.

3 - La nécessité d'un État providence

Mais le rôle économique de l'État ne se limite pas à **des interventions ponctuelles de régulation conjoncturelle** de relance ou de freinage de la demande globale (qualifiées de politique de « *stop and go* » aux États-Unis).

En effet, comme nous l'avons vu, lorsqu'une société s'enrichit, l'écart entre le revenu national et la consommation de la population s'accroît « mécaniquement » en montant absolu, puisque la propension à consommer est inférieure à 1. Afin de combler cet écart, source de chômage, le volume d'investissement privé devrait alors être tendanciellement croissant, ce qui paraît peu vraisemblable puisque justement le problème de débouchés se fait de plus en plus aigu.

L'État doit alors s'impliquer de manière continue dans la vie économique, *i.e.* **mener une politique structurelle de coordination des flux** au sein du circuit économique national : « les contrôles centraux nécessaires à assurer le plein-emploi impliquent, bien entendu, une large extension des fonctions traditionnelles de l'État, [...] qui implique la responsabilité d'ajuster l'une à l'autre la propension à consommer et l'incitation à investir » (*T. G.*, p. 372-373).

Concernant l'investissement, il ne s'agit pas que l'État soit « en charge de la propriété des moyens de production ». Keynes a toujours été un opposant farouche de la théorie marxiste et du système socialiste soviétique. Outre le développement d'investissements proprement publics, il évoque également « des arrangements et des compromis permettant à l'État de coopérer avec l'initiative privée », notamment par une politique monétaire expansive, et donc de **taux d'intérêt faibles**, et par la mise en place d'une **planification indicative** qui permettrait d'éclaircir l'horizon de prévision des investisseurs privés, et donc favoriserait une **hausse de l'efficacité marginale du capital.**

Mais surtout l'État doit par tous les moyens renforcer la propension moyenne à consommer de la nation, *i.e.* **défavoriser l'épargne et encourager la consommation, afin d'augmenter la valeur du multiplicateur.**

Concernant l'épargne, il faut tout d'abord selon l'expression demeurée célèbre « euthanasier le rentier et le capitaliste oisif » par une politique permanente de maintien de bas taux d'intérêt et par une taxation vigoureuse des revenus financiers et surtout des successions. De plus, la mise en place d'un système d'épargne (d'assurance) institutionnalisée peut également contribuer à diminuer les désirs d'épargne : l'instauration de systèmes publics de retraite, d'assurance-maladie et d'assurance-chômage conduit en général à une diminution de l'épargne de précaution.

Concernant la consommation, l'État peut tout d'abord soutenir une consommation nationale défaillante par certaines mesures fiscales appropriées comme, une diminution des taux de TVA, des déductions d'impôts concernant les intérêts des crédits à la consommation ou encore le versement d'une prime à la casse automobile.

Mais de manière plus permanente, **la mise en place d'un système massif de redistribution des revenus** constitue une voie majeure pour renforcer sur le long terme la propension moyenne à consommer de la communauté dans son ensemble.

Dans une logique keynésienne, il ne s'agit pas tant d'une question morale de justice sociale mais d'un enjeu en termes de salubrité économique. On taxe les riches non pas parce qu'ils sont riches mais surtout parce qu'ils ne consomment proportionnellement pas assez (propension marginale à consommer faible). On redistribue aux pauvres, non seulement évidemment pour lutter contre la pauvreté (dans l'abondance), mais également parce que leur propension marginale à consommer est proche ou égale à 1. Ce flux de redistribution de ressources monétaires contribue ainsi à augmenter la propension à consommer de la société et donc à pallier l'insuffisance de la demande effective. Conjointement, le système redistributif peut favoriser les prestations en nature, remboursement des *soins de santé** par exemple, car il n'y aura alors aucune fuite sous forme d'épargne.

Remarque : ***le secteur de la santé*** a de plus le double avantage d'être une activité à fort contenu d'emplois et à faible contenu en importations.

Protection sociale et stabilisateurs automatiques. Le solde des régimes sociaux joue également un rôle conjoncturel contracyclique. En période de ralentissement économique, « mécaniquement », les recettes diminuent (la chute de l'emploi se traduit par une baisse des ressources tirées des cotisations sociales) et les dépenses augmentent (progression du nombre d'allocations chômage, d'allocataires du RMI, de l'aide sociale). Le déficit se creuse, ce qui par le jeu du multiplicateur tend à atténuer les effets de la récession, voire à favoriser une reprise de la croissance.
Inversement, en période de croissance élevée, le montant des recettes s'accroît, du fait de l'augmentation des embauches, et parallèlement les dépenses sociales liées aux situations de chômage baissent. Le déficit se réduit, ce qui peut, toujours à travers l'effet multiplicateur, contribuer à freiner d'éventuelles tensions inflationnistes.
Cet effet de **stabilisateur automatique** de la conjoncture économique est en France plus efficace dans le cadre des budgets sociaux que dans celui du budget de l'État pour deux raisons :
- les dépenses sociales sont en volume plus importantes que les dépenses du budget général de l'État (en 1997, 2 561 milliards de francs contre 1 655);
- les cotisations sociales concernent toute la population active (employée) alors que seul un foyer sur deux paye l'impôt sur le revenu.

1942 : Social Insurance and Allied Services (assurances sociales et services connexes) et ***1944 : Full Employement in a Free Society*** (le plein emploi dans une société libre). Keynes est auditionné par les deux commissions.

La pénétration de cette « **philosophie sociale de la théorie générale** » (titre du dernier chapitre) commencera par la Grande-Bretagne dans les années 40, avec les *deux rapports de commissions** présidées par Lord Beveridge, dont le second affirme : « à l'avenir, l'État aura la charge d'une nouvelle fonction. Il devra effectuer un décaissement suffisant pour protéger ses citoyens contre un chômage massif, aussi énergiquement qu'il lui appartient de les défendre contre le vol ou la violence », car « il y aura chômage lorsque la demande effective ne sera pas suffisante pour assurer l'emploi de la totalité du potentiel humain de la communauté ». Pour la première fois, les principes keynésiens apparaissent dans un rapport officiel qui marque symboliquement **le passage raisonné d'un État gendarme à un État providence**. L'État, tout en restant démocratique et respectueux des libertés individuelles, doit réaliser deux objectifs complémentaires et ayant un effet de synergie : **le plein-emploi et la sécurité sociale**. Suite à ces rapports, le gouvernement de Churchill créera simultanément un « état-major général de l'économie » ayant « la responsabilité de maintenir, après la guerre, l'emploi à un niveau élevé et stable » par « une politique qui consiste à maintenir la dépense totale » et un système universel de protection sociale contre les risques maladie, invalidité, veuvage, vieillesse, logement, famille et chômage (complété en 1948 par l'instauration d'un revenu minimum garanti).

Directement inspiré par le système britannique, le système français de sécurité sociale mis en place en 1945 constituera lui aussi un puissant facteur de soutien de la demande globale, et a sans doute contribué de manière primordiale à la période de croissance ininterrompue des Trente Glorieuses, et à atténuer les effets de la crise économique actuelle.

QUESTIONS À CHOIX MULTIPLES

(Pour chaque question, une seule réponse est possible.)

1 - L'expression de « demande effective » signifie :

a. la demande globale que constatent effectivement les entrepreneurs.

b. la demande en biens de consommation que constatent effectivement les entrepreneurs.

c. la demande anticipée par les entrepreneurs qui détermine la mise en œuvre effective des plans de production.

d. la demande qui se réalisera effectivement dans l'avenir.

2 - Selon Keynes, l'équilibre de sous-emploi :

a. est exceptionnel et transitoire.

b. est en permanence instable.

c. est stable du fait de l'existence d'une « armée de réserve » constituée de chômeurs.

d. est stable à travers un mécanisme d'ajustement des stocks des entreprises.

3 - Selon Keynes, une diminution de l'investissement privé provoque :

a. une diminution équivalente de la production et de l'emploi.

b. une diminution équivalente de la consommation et de l'emploi.

c. une diminution plus que proportionnelle de la production et de l'emploi.

d. une diminution des capacités de production de la nation.

4 - Lorsque le taux d'épargne national est égal à zéro, la valeur théorique du multiplicateur est :

a. 1

b. $+\infty$

c. 0

d. $-\infty$

5 - Lorsque $C = 2/3Y + 100$ et $I = 300$, une augmentation de l'épargne autonome de 100 :

a. permettra un investissement supplémentaire de 100 et une augmentation de la production de 300.

b. occasionne une baisse de l'investissement de 100 et une baisse de la production de 300.

c. n'a aucune conséquence sur l'investissement et engendre une diminution de la production de 300.

d. n'a aucune conséquence, ni sur l'investissement, ni sur la production.

6 - Pour que le mécanisme du multiplicateur joue à plein régime :

a. il n'y a aucune condition.

b. il suffit qu'il existe du chômage.

c. il faut qu'il y ait à la fois du chômage et des machines inutilisées.

d. il faut que le sous-emploi des facteurs de production soit généralisé à tous les secteurs économiques.

7- En situation de sous-emploi durable, lorsqu'il existe un décalage de type Robertson, pour que la production augmente définitivement, il faut :

a. augmenter ponctuellement la dépense autonome.

b. répéter une dépense autonome additionnelle.

c. accroître les capacités de production.

d. diminuer les capacités de production.

8 - On appelle écart déflationniste :

a. la différence entre l'offre globale et la demande globale pour le niveau de revenu de plein-emploi.

b. la différence entre l'offre globale et la demande globale pour le niveau de revenu courant.

c. la différence entre le revenu courant et le revenu de plein-emploi.

d. la différence entre la demande anticipée et la demande réalisée.

9 - Lorsque le multiplicateur d'investissement est de 2,5 et l'écart déflationniste de 1 000, laquelle de ces solutions de politique économique est la bonne :

a. une hausse des dépenses publiques de 1 000.

b. une baisse des impôts autonomes de 1 000.

c. une hausse des dépenses publiques de 400.

d. une baisse des impôts autonomes de 400.

10 - Selon Keynes, un système de sécurité sociale :

a. est essentiel pour la justice sociale.

b. permet le plein-emploi en augmentant la propension à consommer.

c. décourage les personnes de travailler.

d. détruit des emplois en renchérissant le coût de la main d'œuvre.

(Les réponses se trouvent en fin d'ouvrage, p. 413.)

EXERCICE CORRIGÉ 4.1

Le modèle revenu-dépense sans État (A, B)

Soit une économie fermée sans État. La fonction de consommation s'écrit : $C = C_0 + cY$ et l'investissement est autonome : $I = I_0$.

1-Déterminer l'expression des courbes de demande globale et d'offre globale, puis la valeur algébrique du revenu national d'équilibre et l'équation de la fonction d'épargne.

2-On dispose maintenant des valeurs numériques suivantes : $c = 0{,}75$; $C_0 = 10$; $I_0 = 30$. Calculer les valeurs du revenu d'équilibre, de la consommation et de l'épargne correspondantes. Représenter cet équilibre sur un diagramme à 45° en termes d'égalité offre globale-demande globale puis d'égalité I = S. Commenter.

3-Les entrepreneurs ont mal anticipé les comportements des agents économiques. Ils ont mis en route une production d'une valeur de 180. Comment l'économie va-t-elle évoluer sur les 10 périodes suivantes ? (On suppose que les entrepreneurs font des anticipations naïves, *i.e.* ils pensent que la demande de demain sera la même qu'aujourd'hui.) Même question si la production décidée par les entreprises est de 140. Commenter. (*NB* : l'usage d'un tableur facilitera le traitement de la question).

4-Le revenu de plein-emploi est de 190. Quel est l'écart déflationniste ? De combien faut-il que l'investissement augmente pour qu'il n'y ait plus de chômage ? Expliquer le processus en termes de vagues successives de dépenses.

5-Les ménages deviennent pessimistes quant à l'évolution future de la conjoncture économique. Ils désirent se constituer une épargne de précaution et la fonction de consommation se transforme en $C = 0{,}75Y + 5$. Quelles en sont les conséquences ? Même question si $C = 0{,}715Y + 10$.

6-Expliquer littérairement et graphiquement la signification de l'égalité « I = S *ex post* » à partir des résultats des questions 3, 4 et 5.

CORRIGÉ

1-La courbe de la demande globale représente l'ensemble des dépenses que souhaitent engager les agents économiques, ici les ménages et les entreprises, pour chaque niveau de revenu envisageable, soit : $DG = C + I = cY + C_0 + I_0$.

La courbe de l'offre globale relie le montant du revenu national Y et la valeur de la production OG que les entreprises décident de mettre en œuvre. Par définition, OG = Y, ce qui correspond à une droite à 45°.

L'équilibre sur le marché des biens et services s'écrit alors :

$OG = Y = DG = C + I = cY + C_0 + I_0$, d'où en regroupant les termes en Y : $(1 - c)\,Y = C_0 + I_0$. et donc

$$\textbf{(1)}\quad \boxed{Y = \frac{1}{1-c}\,(C_0+I_0)}$$

L'épargne est la part non consommée du revenu. La fonction d'épargne est donc :

$$S = Y - C = (1 - c)\,Y - C_0$$

2-En remplaçant dans (1) les paramètres par leurs valeurs numériques, on obtient : $Y = 160$. Puis en utilisant la fonction de consommation : $C = 0{,}75 \times 160 + 10 = 130$, et la fonction d'épargne : $S = 0{,}25Y \times 160 - 10 = 30$.

Comme il s'agit de fonctions linéaires, afin de tracer le graphique (fig. 11), il suffit de calculer les valeurs pour un autre niveau de revenu par exemple $Y = 0$, ce qui donne $C = 10$ et $S = -10$. La demande globale s'obtient soit en rehaussant verticalement la droite de consommation de la valeur de l'investissement autonome (30), soit en utilisant l'équation de demande globale : $DG = 0{,}75Y + 40$.

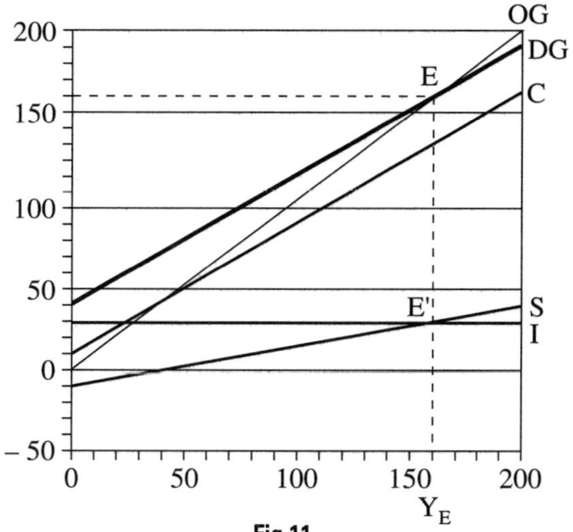

Fig.11

Le niveau d'équilibre du revenu national (Y_E) est déterminé au point d'intersection E de la courbe de demande globale et de l'offre globale. C'est le seul point pour lequel ce que la communauté désire dépenser correspond exactement à ce qu'elle a produit (en termes keynésiens il s'agit de l'unique situation économique où la demande effective est égale à la demande globale).

Alternativement Y_E peut également se déterminer en termes d'égalité entre l'épargne et l'investissement (point E'), car :

$$\underbrace{C + S = Y}_{\text{optique de l'utilisation du revenu}} = OG = \underbrace{DG = C + I}_{\text{optique de la demande}}$$

ce qui peut se simplifier en I = S.

3-Dès lors que les entrepreneurs décident de mettre en œuvre une production de 180, le niveau de revenu pour la période est Y = 180 (période 1). Pour ce revenu, la consommation est de 145, et donc la demande globale est 175. Les entrepreneurs se retrouvent avec des produits invendus pour 5 qu'ils vont stocker. Cette augmentation des stocks constitue un investissement involontaire et l'investissement réalisé est ainsi de 35, ce qui correspond au montant d'épargne globale ($0{,}25 \times 180 - 10 = 35$).

À la période 2, les entrepreneurs vont diminuer leur production. Ils désirent offrir 175 (la valeur de la demande globale de la période précédente), décomposé en 170 de produits nouveaux et 5 d'invendus de la période précédente. Ces décisions conduisent là encore à une offre excédentaire (7,5). L'investissement total est alors de 32,5 (30 d'investissement désiré et 2,5 de stocks supplémentaires involontaires).

En répétant le même raisonnement, on constate que progressivement l'économie se rapproche spontanément de l'équilibre ($Y_E = 160$), même si le processus est extrêmement long (sur la figure 12, l'évolution de la production est illustrée sur 35 périodes).

Période t	Offre désirée O_t	Production et revenu $Y_t = O_t - stock_{t-1}$	Consommation $C_t = 0{,}75Y_t + 10$	Invest. désiré $I_t = 30$	Demande globale $D_t = C_t + I_t$	Offre excédentaire $O_t - D_t = stock_t$ (involontaire)	Invest. réalisé $I = I_0 + \Delta stock_{t/t-1}$	Épargne $S_t = 0{,}25Y - 10$
(1)	180,00	180,00	145,00	30,00	175,00	5,00	35,00	35,00
(2)	175,00	170,00	137,50	30,00	167,50	7,50	32,50	32,50
(3)	167,50	160,00	130,00	30,00	160,00	7,50	30,00	30,00
(4)	160,00	152,50	124,38	30,00	154,38	5,63	28,13	28,13
(5)	154,38	148,75	121,56	30,00	151,56	2,81	27,19	27,19
(6)	151,56	148,75	121,56	30,00	151,56	0,00	27,19	27,19
(7)	151,56	151,56	123,67	30,00	153,67	−2,11	27,89	27,89
(8)	153,67	155,78	126,84	30,00	156,84	−3,16	28,95	28,95
(9)	156,84	160,00	130,00	30,00	160,00	−3,16	30,00	30,00
(10)	160,00	163,16	132,37	30,00	162,37	−2,37	30,79	30,79

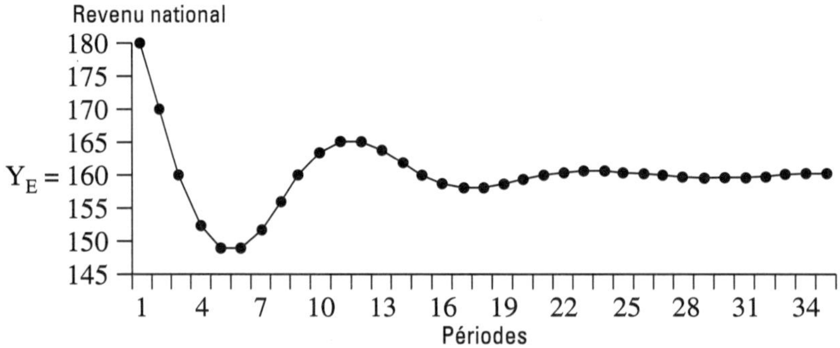

Fig. 12

Second cas, la production, fixée au préalable à 150, s'avère insuffisante, ce qui occasionne un désinvestissement involontaire par déstockage (de −2,5), et l'égalité I = S = 27,5 est toujours respectée.

À la période suivante, la production va augmenter et là encore, par tâtonnements successifs, l'économie rejoindra le niveau de revenu d'équilibre.

Période t	Offre désirée O_t	Production et revenu $Y_t = O_t - stock_{t-1}$	Consommation $C_t = 0{,}75Y_t + 10$	Invest. désiré $I_t = 30$	Demande globale $D_t = C_t + I_t$	Offre excédentaire $O_t - D_t = stock_t$ (involontaire)	Invest. réalisé $I = I_0 + \Delta stock_{t/t-1}$	Épargne $S_t = 0{,}25Y - 10$
(1)	150,00	150,00	122,50	30,00	152,50	−2,50	27,50	27,50
(2)	152,50	155,00	126,25	30,00	156,25	−3,75	28,75	28,75
(3)	156,25	160,00	130,00	30,00	160,00	−3,75	30,00	30,00
(4)	160,00	163,75	132,81	30,00	162,81	−2,81	30,94	30,94
(5)	162,81	165,63	134,22	30,00	164,22	−1,41	31,41	31,41
(6)	164,22	165,63	134,22	30,00	164,22	0,00	31,41	31,41
(7)	164,22	164,22	133,16	30,00	163,16	1,05	31,05	31,05
(8)	163,16	162,11	131,58	30,00	161,58	1,58	30,53	30,53
(9)	161,58	160,00	130,00	30,00	160,00	1,58	30,00	30,00
(10)	160,00	158,42	128,81	30,00	158,81	1,19	29,60	29,60

L'équilibre est donc stable : quelle que soit la situation économique initiale, surproduction ou sous-production, l'économie a tendance à s'en rapprocher.

4-Pour un revenu de 190, la consommation est C = 0,75(190) + 10 = 152,5. L'investissement initial étant de 30, la demande globale est donc de 182,5. L'offre globale est supérieure à la demande globale. Ce déséquilibre d'un montant de 7,5 est appelé écart déflationniste, et représente la valeur dont il faudrait majorer la demande globale pour obtenir le plein-emploi.

Pour que le revenu augmente de 30, il suffit donc que l'investissement autonome progresse de 7,5, le rapport entre les deux (30/7,5 = 4) correspondant à l'effet multiplicateur

(on retrouve ici $k = \frac{1}{1-c} = \frac{1}{1-0.75} = 4$).

Pour atteindre le plein-emploi, l'investissement total doit donc être de 37,5 et on vérifie bien que I = S (S = 0,25 × 190 – 10 = 37,5).
En termes de vagues de dépenses, on a :

Vagues de dépenses	(1) Variation de l'investissement	(2) Variation de la consommation (c = 0,75)	(3) Variation de l'épargne ($s = 1 - c = 0{,}25$)	(4) Variation de la production = variation du revenu national = (1) + (2)
1	+ 7,5	+ 0	+ 0	+ 7,5
2	+ 0	+ 5,625	+ 1,875	+ 5,625
3	+ 0	+ 4,219	+ 1,406	+ 4,219
4	+ 0	+ 3,164	+ 1,055	+ 3,164
5	+ 0	+ 2,373	+ 0,791	+ 2,373
6	+ 0	+ 1,780	+ 0,593	+ 1,780
7	+ 0	+ 1,335	+ 0,445	+ 1,335
8	+ 0	+ 1,001	+ 0,334	+ 1,001
9	+ 0	+ 0,751	+ 0,250	+ 0,751
10	+ 0	+ 0,563	+ 0,188	+ 0,563
$\sum_{1}^{10}$	(+ 7,5)	(= + 20,811)	(= + 6,937)	(=+28,311)
...	...	...	...	...
Total	+ 7,5	+ 22,5	+ 7,5	+ 30

Les dépenses de consommation accentuent l'effet de la dépense initiale mais leurs variations sont de plus en plus faibles. La variation totale de revenu va finalement tendre vers 30.

5- En reprenant l'équation (1) $Y = \frac{1}{1-c}(C_0 + I_0)$, on obtient dans les deux cas un revenu d'équilibre de 140 :

• si $C_0 = 5$, on a : Y = 4 × 35 = 140 ; C = 110 et S = 30

• si c = 0,715, le multiplicateur devient $\frac{1}{1-0{,}715} \approx 3{,}5$ et donc Y = 3,5 × 40 = 140 ; C = 110 et S = 30.

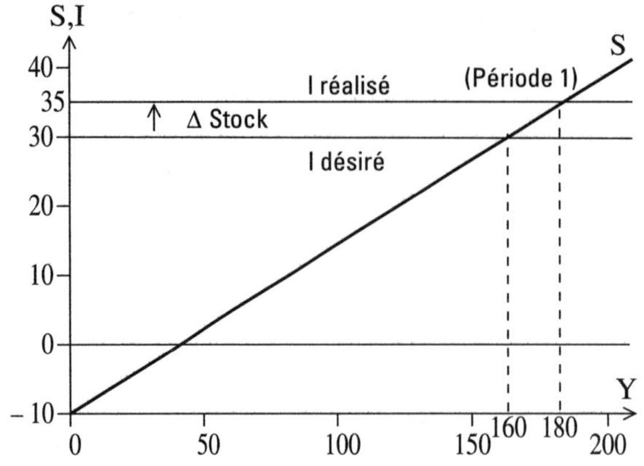

Fig. 13

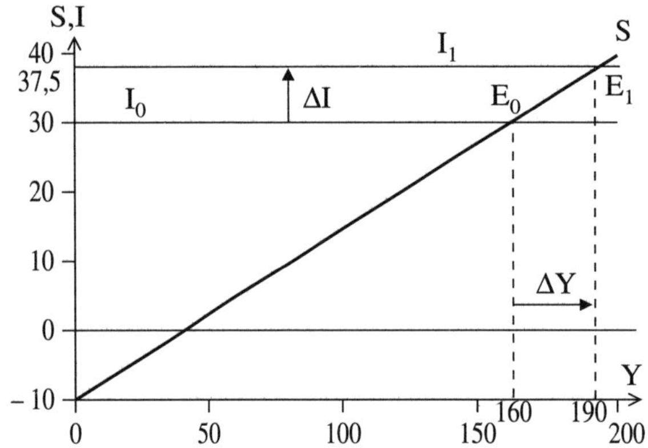

Fig. 14

6- L'égalité investissement-épargne est à la fois le reflet d'une identité comptable et la conséquence du fonctionnement du circuit économique.

Dans la question 3, à toutes les périodes, le montant de l'investissement réalisé par les entreprises est identique au montant épargné par les ménages. Ainsi à la période 1, l'augmentation de stock de + 5, **forme involontaire d'investissement**, crée une augmentation de l'épargne strictement équivalente, ce qui correspond bien à une égalité *ex post* (*cf.* fig. 13).

Dans la question 4, on a bien là encore une égalité *ex post* : **le supplément d'investissement** (+7,5), via le processus de multiplication par les dépenses de consommation (k = 4), provoque une progression du revenu de + 30, ce qui crée une augmentation équivalente du montant d'épargne (+7,5) (*cf.* fig. 14).

Dans la question 5, **le désir d'épargne supplémentaire** se traduit par une contraction du revenu national (et de la consommation) et au final paradoxalement par un montant d'épargne effectif inchangé. C'est ce que Keynes dénomme le « paradoxe de la frugalité » (*cf.* fig.15).

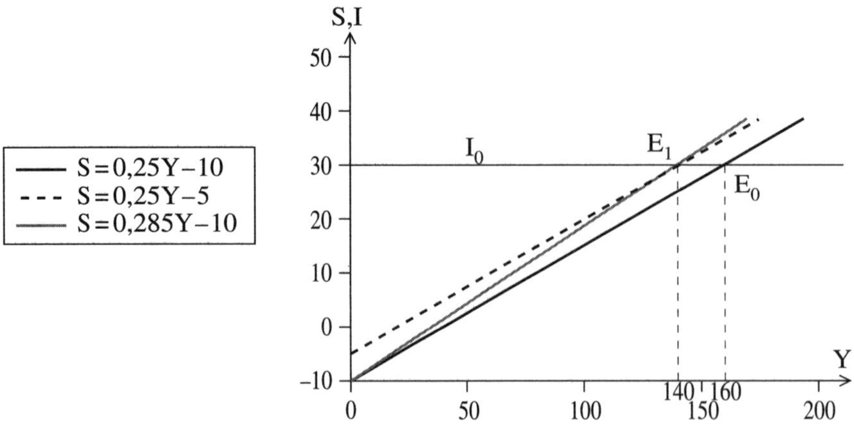

Fig. 15

EXERCICE PROPOSÉ 4.2

L'égalité I = S et le paradoxe de la frugalité (B,2)

Soit une économie fermée sans État. La fonction de consommation s'écrit : $C = cY + C_0$ et la fonction d'investissement est : $I = bY + I_0$.

1- Quelle est la signification de b ? Déterminer la valeur algébrique du revenu d'équilibre. Commenter.

2- On dispose des données numériques suivantes : $c = 0{,}6$; $C_0 = 100$; $b = 0{,}2$; $I_0 = 200$. Représenter graphiquement l'équilibre sur un diagramme à 45°.

3- L'investissement autonome augmente de 25 %. Quelles en sont les conséquences ? Commenter graphiquement l'évolution de l'économie en termes d'égalité I = S.

4- La consommation autonome diminue de 50 %. Quelles en sont les conséquences ? Commenter graphiquement l'évolution de l'économie en termes d'égalité I = S.

DÉMARCHE

L'unique différence par rapport aux exemples développés dans le cours et à l'exercice précédent réside dans la présence d'un investissement induit, ce qui va modifier en partie la nature de l'égalité I = S, et renforcer le paradoxe de la frugalité.

RÉSULTATS

1- Le coefficient b représente la propension marginale à investir. L'investissement dépend donc en partie du niveau de l'activité économique, il n'est plus exogène.

L'équilibre s'écrit : $Y = C + I = cY + C_0 + bY + I_0$ d'où $Y = \dfrac{1}{1 - c - b}\,[C_0 + I_0]$.

La propension marginale à investir joue logiquement le même rôle que celle à consommer. Plus elle est forte, plus la valeur du multiplicateur est élevée.

2- La demande globale n'est plus ici parallèle à la droite de consommation, on a :

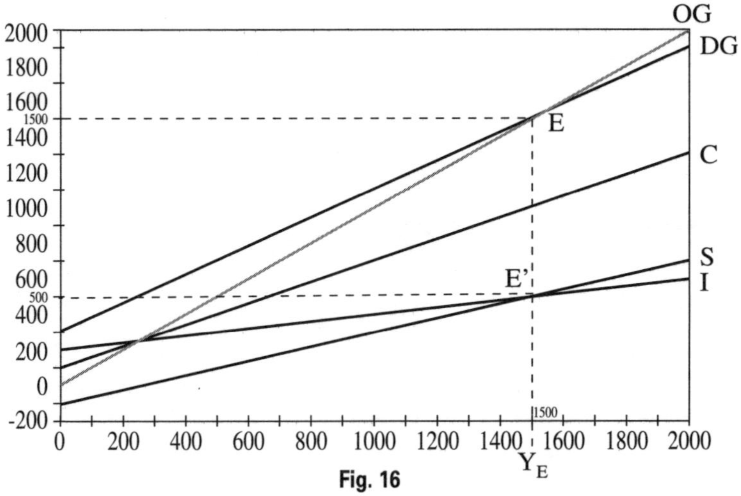

Fig. 16

$DG = C + I = 0{,}6Y + 100 + 0{,}2Y + 200 = 0{,}8Y + 300$. Néanmoins l'équilibre ($Y_E = 1\,500$) peut toujours se déterminer de deux façons : en termes d'égalité entre offre et demande globales (E) ou d'égalité I = S (=500) (E') (*cf.* fig. 16).

3- L'investissement autonome passe de 200 à 250. On a donc : $Y = 5 \times (100 + 250) = 1\,750$; $C = 0{,}6 \times 1\,750 + 100 = 1\,150$; $S = 0{,}4 \times 1\,750 - 100 = 600$; $I = 0{,}2 \times 1\,750 + 250 = 600$ (*cf.* fig 17).

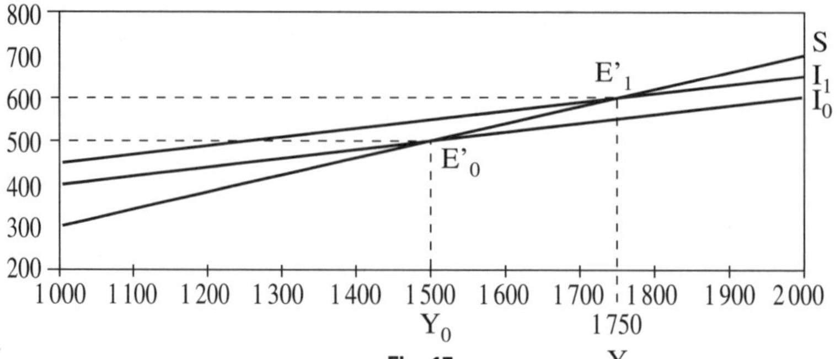

Fig. 17

L'investissement total progresse ici (+100) plus que l'investissement autonome (+50), la valeur du multiplicateur est donc ici accrue par rapport à la situation où il n'existerait qu'un investissement autonome :

$$k = \frac{1}{1-c-b} = \frac{1}{1-0{,}6-0{,}2} = 5 > k = \frac{1}{1-c} = \frac{1}{1-0{,}6} = 2{,}5$$

4- La consommation autonome passe de + 100 à + 50 (et donc l'épargne autonome de – 100 à – 50). On a donc : $Y = 5 \times (50 + 200) = 1\,250$; $C = 0{,}6 \times 1\,250 + 50 = 800$;
$S = 0{,}4 \times 1\,250 - 50 = 450$; $I = 0{,}2 \times 1\,250 + 200 = 450$ (*cf.* fig.18).

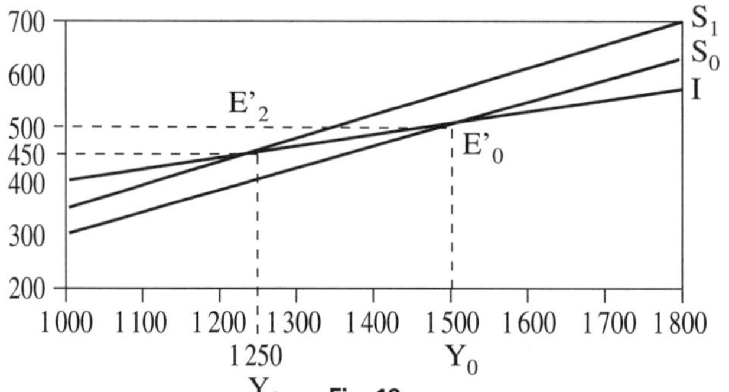

Fig. 18

La tentative préalable d'épargner davantage se solde donc par un double échec : le niveau de vie se détériore (–250) et le montant d'épargne *ex post* (450) est inférieur à ce qu'il était avant le changement de comportement des ménages (500).

EXERCICE PROPOSÉ 4.3

Le multiplicateur dynamique (B,3)

Soit une économie à 2 secteurs (ménages et entreprises) où la propension marginale à consommer est de 0,5, la consommation autonome de 10 et l'investissement autonome de 100. On suppose de plus que s'écoule une période entre la perception du revenu et sa transformation en dépenses (décalage de type Robertson).

1 - L'investissement autonome augmente de 10 sur une seule période puis revient à son niveau initial. Déterminer l'évolution dans le temps du revenu national.

2 - L'investissement autonome augmente de 10 à la première période puis se stabilise à ce niveau supérieur. Déterminer l'évolution du revenu national.

3 - L'investissement autonome augmente régulièrement de 10 à toutes les périodes. Déterminer l'évolution du revenu national.

4 - Commenter et généraliser les résultats obtenus.

NB : le calcul sur 10 périodes est suffisant.

DÉMARCHE

La consommation dépend du revenu de la période antérieure : $C_t = 0{,}5Y_{t-1} + 10$. En utilisant la procédure des vagues de dépenses exposée dans le cours, il s'agit de comparer les effets sur l'activité économique d'un investissement ponctuel, d'un investissement répété et d'un investissement croissant.

RÉSULTATS

1, 2 et 3 - Le revenu d'équilibre initial est de 220 car :

$$Y = \frac{1}{1-c}(C_0 + I_0) = \frac{1}{1-0{,}5}(10 + 100)$$

	(1) Investissement ponctuel			(2) Investissement répété			(3) Investissement croissant		
Période	I_t	$C_t = 0{,}5Y_{t-1} + 10$	$Y_t = I_t + C_t$	I_t	$C_t = 0{,}5Y_{t-1} + 10$	$Y_t = I_t + C_t$	I_t	$C_t = 0{,}5Y_{t-1} + 10$	$Y_t = I_t + C_t$
0	100	120,00	220,00	100	120,00	220,00	100	120,00	220,00
1	110	120,00	230,00	110	120,00	230,00	110	120,00	230,00
2	100	125,00	225,00	110	125,00	235,00	120	125,00	245,00
3	100	122,50	222,50	110	127,50	237,50	130	132,50	262,50
4	100	121,25	221,25	110	128,75	238,75	140	141,25	281,25
5	100	120,63	220,63	110	129,38	239,38	150	150,63	300,63
6	100	120,31	220,31	110	129,69	239,69	160	160,31	320,31
7	100	120,16	220,16	110	129,84	239,84	170	170,16	340,16
8	100	120,08	220,08	110	129,92	239,92	180	180,08	360,08
9	100	120,04	220,04	110	129,96	239,96	190	190,04	380,04
10	100	120,02	220,02	110	129,98	239,98	200	200,02	400,02

4 - (1) Dans le cas d'un investissement additionnel unique, peu à peu l'effet sur l'activité économique s'atténue et le revenu revient à sa valeur initiale de 220. On retrouve le multiplicateur statique ($1/1\text{-}c$, ici 2) comme valeur limite de la somme cumulée des accroissements de revenu des différentes périodes :

$\sum \Delta Y_t = 10 + 5 + 2{,}5 + 1{,}25 + 0{,}63 + 0{,}31 + 0{,}16 + 0{,}08 + 0{,}04 + 0{,}02 + \ldots = 20$

(2) Dans le cas d'un investissement supplémentaire répété, on remarque que le revenu augmente de moins en moins vite et tend vers un niveau constant égal à 240. On retrouve ici la formule du multiplicateur statique comme la limite vers laquelle tend le revenu de la période n : $Y_n = Y_0 + 2\Delta I$

La généralisation de ce résultat peut se faire à travers le tableau suivant :

Période	ΔI_t	$\Delta C_t = c\Delta Y_{t-1}$	ΔY_t
1	ΔI	0	ΔI
2	ΔI	$c\Delta I$	$\Delta I + c\Delta I = \Delta I(1+c)$
3	ΔI	$c\Delta I(1+c)$	$\Delta I + c\Delta I(1+c) = \Delta I\,(1+c+c^2)$
4	ΔI	$c\Delta I(1+c+c^2)$	$\Delta I + c\Delta I(1+c+c^2) = \Delta I(1+c+c^2+c^3)$
…	…	…	…
n	ΔI	$c\Delta I(1+c+\ldots c^{n-2})$	$\Delta I(1+c+c^2+\ldots+c^{n-1}) \mapsto \Delta I \times \frac{1}{1-c}$

(3) Dans le cas d'un investissement croissant toujours d'un même montant, le revenu augmente continuellement mais peu à peu sa variation se stabilise à deux fois (la valeur du multiplicateur statique) l'accroissement périodique de l'investissement soit : $Y_n = Y_{n-1} + 2\Delta I = Y_0 + 2n\Delta I$. De façon plus générale, on a :

Période	ΔI_t	$\Delta C_t = c\Delta Y_{t-1}$	ΔY_t
1	ΔI	0	ΔI
2	$2\Delta I$	$c\Delta I$	$2\Delta I + c\Delta I = \Delta I(2+c)$
3	$3\Delta I$	$c\Delta I(2+c)$	$3\Delta I + c\Delta I(2+c) = \Delta I\,(3+2c+c^2)$
4	$4\Delta I$	$c\Delta I(3+2c+c^2)$	$4\Delta I + c\Delta I(3+2c+c^2) = \Delta I(4+3c+2c^2+c^3)$
…	…	…	…
n	$n\Delta I$	$c\Delta I[(n-1)+(n-2)c+(n-3)c^2+\ldots+c^{n-2}]$	$\Delta I[n+(n-1)c+(n-2)c^2+(n-3)c^3+\ldots+c^{n-2}]$ $\mapsto \Delta I\frac{n}{1-c}$

Exercice corrigé 4.4

Modèle revenu-dépense et intervention de l'État (C,2)

Soit une économie dont les équations de comportements macroéconomiques sont les suivantes :

– la consommation : $C = cY^d + C_0$, où Y^d est le revenu disponible

– l'investissement privé : $I = I_0$

– les dépenses publiques : $G = G_0$

– les impôts : $T = tY + T_0$

– les transferts sociaux : $R = rY + R_0$

c et t sont compris entre 0 et 1 ; $0 < |r| < 1$; C_0, I_0, G_0, T_0, R_0 sont tous supérieurs à 0.

1 - Quelle est la signification économique de c, C_0, I_0, G_0, t, T_0, r, R_0 ? Commenter.

2 - Déterminer l'expression algébrique du revenu national d'équilibre. Comment s'exprime ici l'égalité « I = S » ? Commenter.

3 - L'État décide de lutter contre le sous-emploi. Classer les mesures suivantes par ordre d'efficacité :

– incitation à l'investissement (hausse de l'investissement autonome)

– incitation à la consommation (hausse de la consommation autonome)

– hausse des dépenses publiques

– réduction des impôts autonomes

– augmentation des transferts sociaux

Commenter.

4 - Quels seraient les effets d'une modification a) du taux d'imposition ; b) du taux de transferts sociaux ?

CORRIGÉ

1 - La signification économique des différents paramètres est la suivante :

– c est la propension marginale à consommer au regard du revenu disponible (la propension marginale à consommer au regard du revenu national est $1 - c(1 - t)$, voir plus bas). Elle est ici constante quel que soit le niveau du revenu disponible ;

– C_0 est la consommation autonome, dépendante de facteurs extrinsèques (culture, modes de vie, facilités de crédit à la consommation...). Elle est également souvent qualifiée d'incompressible car il s'agit du montant (théorique) de consommation lorsque $Y^d = 0$;

– I_0 est l'investissement autonome, dépendant donc de variables exogènes au modèle (comme le taux d'intérêt ou l'état de confiance des entrepreneurs) ;

– t est le taux marginal d'imposition. Il est ici constant, et donc non progressif ;

– T_0 est le montant des impôts autonomes ou forfaitaires (comme les impôts locaux) ; $T/Y = t + T_0/Y$ est alors le taux moyen d'imposition ou taux de prélèvement obligatoire ;

– G_0 est le montant des dépenses publiques autonomes, décidé par les pouvoirs publics. Une autre présentation serait de rendre les dépenses publiques en partie endogènes ($G = gY + G_0$), ce qui correspondrait au constat historique que plus une société est développée, plus les besoins en services collectifs (par exemple d'éducation publique ou d'infrastructures de communication) sont importants ;

– r est le taux marginal de transfert. L'énoncé ne dit pas s'il est négatif (plus la croissance économique est forte, plus les revenus du travail sont élevés et donc moins la redistribution est nécessaire) ou positif (plus une société s'enrichit, moins les inégalités sociales sont acceptées) ;

– R_0 représente les transferts sociaux autonomes (liés par exemple à la structure démographique : allocations familiales, pensions de retraites...).

2 - L'équation d'équilibre du marché des produits s'écrit :

$Y = C + I + G = cY^d + C_0 + I_0 + G_0$

Comme $Y^d = Y - T + R = Y - tY - T_0 + rY + R_0 = (1 + r - t)Y + R_0 - T_0$, en substituant, on obtient :

$Y = c(1+ r - t)\, Y + C_0 + I_0 + G_0 + cR_0 - cT_0$, ce qui donne :

$$Y = \frac{1}{1 - c(1 + r - t)} [C_0 + I_0 + G_0 + cR_0 - cT_0] \quad (1)$$

Concernant l'utilisation du revenu, on a : $Y^d = C + S$, ce qui peut se réécrire :

$Y^d = Y - T + R = C + S$, d'où : $Y = T - R + C + S$, équation qui peut s'interpréter ainsi : le revenu national sert à payer des impôts (T), qui reviennent en partie « dans la poche » des ménages sous la forme de prestations sociales (R), le solde étant utilisé pour consommer (C) et épargner (S).

On a donc : T – R + C + S = Y = C + I + G, ce qui en simplifiant donne :

$$(2) \quad \boxed{I + G + R = S + T}$$

qui peut se réécrire : (3) G + R – T = S – I où le membre de gauche représente le déficit (excédent si la valeur est négative) du budget des administrations publiques (État + sécurité sociale + collectivités locales).

Ces deux versions d'une même égalité s'interprètent là encore à la fois :

– (2) **en termes d'identité comptable** toujours vérifiée au niveau national entre besoins de financement (pour l'investissement et pour couvrir les dépenses de l'État et de la sécurité sociale) et capacités de financement (épargne et impôts) ;

– (3) **et en termes d'égalité *ex post*** car ce sont les déficits publics qui créent automatiquement le montant nécessaire d'épargne et de recettes fiscales pour les financer. Vouloir à tout prix gérer le budget de l'État comme celui d'une famille comme le préconisait Adam Smith (« le seul bon budget est un budget équilibré ») aurait donc un effet purement récessif. Dans une perspective de circuit keynésien, la seule règle valable, c'est que le budget ne doit jamais être équilibré sauf à l'instant précis où un excédent visant à enrayer l'inflation est converti en un déficit pour lutter contre la déflation.

3- Afin de comparer les effets des diverses mesures envisagées de politique économique, il faut calculer divers multiplicateurs à partir de l'équation (1) de détermination du revenu d'équilibre :

– multiplicateurs de dépense autonome (investissement, consommation, dépenses publiques) :

$$\frac{dY}{dI_0} = \frac{dY}{dG_0} = \frac{dY}{dC_0} = \frac{1}{1 - c(1 + r - t)}$$

– multiplicateur fiscal (des impôts autonomes) : $\frac{dY}{dT_0} = \frac{-c}{1 - c(1 + r - t)}$

– multiplicateur de prestations sociales : $\frac{dY}{dR_0} = \frac{c}{1 - c(1 + r - t)}$

Comme $0 < c < 1$, on a donc : $\frac{dY}{dI_0} = \frac{dY}{dG_0} = \frac{dY}{dC_0} > \frac{dY}{dR_0} = \left|\frac{dY}{dT_0}\right|$

Dans le cadre de ce modèle, il est donc plus efficace d'augmenter les dépenses autonomes que de diminuer les impôts ou d'augmenter les prestations sociales. En effet, encourager la consommation et l'investissement ou augmenter les dépenses de l'État se traduit directement par une augmentation de la demande alors que la baisse des impôts ou la distribution de prestations supplémentaires entraîne d'abord une augmentation du revenu disponible qui n'est pas intégralement dépensée car une partie est épargnée.

NB : Cependant si on prend en compte les différences de propension à consommer entre catégories sociales, il est vraisemblable qu'une augmentation du RMI serait intégralement consommée alors qu'inversement la suppression de l'ISF (impôt de solidarité sur la fortune) n'augmenterait que très peu les dépenses de consommation des plus riches. En pratique, une politique de redistribution des revenus est donc plus efficace en termes de relance économique qu'une politique de réduction d'impôts.

4- En utilisant la formule de dérivé d'un quotient $\left(\frac{u}{v}\right)' = \frac{u'v - uv'}{v^2}$, on tire de (1)

le multiplicateur de taux d'imposition suivant : $\frac{dY}{dt} = \frac{0 - c(C_0 + I_0 + G_0 + cR_0 - cT_0)}{[1 - c(1 + r - t)]^2}$, ce qui peut se réécrire : $\frac{dY}{dt} = \frac{-c}{1 - c(1 + r - t)} \times \frac{C_0 + I_0 + G_0 + cR_0 - cT_0}{1 - c(1 + r - t)} = \frac{dY}{dT_0} \times Y_0$

La valeur du multiplicateur n'est donc pas ici constante, puisqu'elle dépend du niveau de revenu d'équilibre initial.

Concernant une modification du taux de transfert r, aucun calcul n'est nécessaire puisqu'il existe une double symétrie dans l'équation (1) entre r et t et entre R_0 et T_0. On a donc : $\frac{dY}{dr} = \frac{dY}{dR_0} \times Y_0$.

Cette similitude s'explique par le fait que le taux marginal de transfert est assimilable à un impôt négatif.

EXERCICE PROPOSÉ 4.5

Scénarios de politiques économiques (C,2)

La modélisation d'une économie repose sur les équations suivantes :

(1) la consommation : $C = cY^d + C_0$ (Y^d est le revenu disponible)

(2) l'investissement : $I = I_0$

(3) les dépenses publiques : $G = G_0$

(4) les impôts : $T = tY + T_0$

(5) les importations : $M = mY + M_0$

(6) les exportations : $X = X_0$

L'estimation des paramètres donne les valeurs suivantes :

$c = 0{,}9$; $C_0 = 30$; $I_0 = 150$; $G_0 = 200$; $t = 20\,\%$; $T_0 = 20$; $m = 22\,\%$; $M_0 = 12$; $X_0 = 150$.

Pour que toute la population active soit occupée, il faut que la production soit d'un montant de $Y_{PE} = 1\,100$.

1 - Expliquer la signification de m, M_0 et X_0. Déterminer l'expression algébrique du revenu d'équilibre et du multiplicateur de dépenses autonomes. Commenter. Calculer les valeurs à l'équilibre des différentes variables endogènes du modèle ainsi que le solde budgétaire et le solde extérieur.

2 - L'État désire équilibrer la balance commerciale. Quelles en sont les conséquences ?

3 - L'État désire réduire de moitié le taux de chômage, mais le pays étant membre d'une union monétaire, le déficit budgétaire ne doit pas être supérieur à 3 % du PIB. De combien doivent augmenter les dépenses publiques ?

4 - Les élections approchant, l'État décide de limiter le taux de prélèvement obligatoire à 20 % sans pour autant affecter le niveau du revenu national. Quelles solutions s'offrent à lui ?

DÉMARCHE

L'exercice est similaire au précédent et conforme au modèle revenu-dépense traditionnel, mais il s'agit ici d'une économie ouverte. On remarque cependant que la fonction d'importation est similaire à la fonction d'imposition et celle d'exportation à celle de dépenses publiques.

RÉSULTATS

1 - Les significations de m, M_0 et X_0 sont :

– m est la propension marginale à importer ;

– M_0 est le montant des importations autonomes, indépendantes du niveau du revenu national (achats de combustible pour le chauffage par exemple) ;

– X_0 est le montant des exportations, exogène car dépendant de la conjoncture économique mondiale, *i.e.* du niveau des revenus dans les autres pays.

L'équation d'équilibre du marché des produits s'écrit :

(ressources) Y + M = C + I + G + X (emplois)

Comme $Y^d = Y - T = Y - t \times Y - T_0$, en substituant on obtient :

$$(1) \qquad Y = \frac{1}{1 - c(1+t) + m}\,[C_0 + I_0 + G_0 + X_0 - M_0 - cT_0]$$

Le multiplicateur de dépenses autonomes est : $\dfrac{1}{1 - c(1+t) + m} = 2$.

Il est plus faible qu'en économie fermée. En effet, en économie ouverte, une fraction de l'accroissement de revenu engendré par un surplus de demande autonome sert à acheter des biens à l'étranger (détériorant donc le solde de la balance commerciale) et ne concourt pas à la relance interne. Parallèlement, toute variation des exportations a le même pouvoir multiplicateur qu'une variation des autres éléments autonomes de la demande interne (investissement, consommation ou dépenses publiques). Néanmoins la croissance des exportations améliore le solde de la balance commerciale alors qu'une variation des autres éléments le détériore.

En remplaçant les paramètres par leurs valeurs numériques, on trouve : $Y_E = 1\,000$. Pour cette valeur d'équilibre du revenu national, on a : T = 220 ; $Y^d = 780$; C = 732 ; S = 48 ; M= 232. On vérifie ainsi que S + T = 268 = I +G +(X – M), version de I = S en économie ouverte.

Le budget de l'État est en excédent : T – G = 220 – 200 = +20.

La balance commerciale est déficitaire : X – M = 150 – 232 = – 82.

2 - La balance commerciale est équilibrée si $X_0 = M = mY + M_0$. Soit en remplaçant : 150 = 0,22Y +12 d'où Y = 627,27. Pour réduire les importations de 82, il faut que la contraction du PIB soit de 372,72. On trouve là l'illustration de la contrainte extérieure : toute tentative de rééquilibrage des comptes extérieurs est à la fois indispensable sur le long terme et très coûteuse en termes de niveau de vie et d'emploi.

3 - Le taux de chômage est initialement de 10 % (=1 100/1 000). L'État cherche à le réduire à 5 %, ce qui correspond à Y = 1 050. Par ailleurs, le déficit extérieur ne doit pas excéder 3 % du PIB, soit : DB = G – T = 0,03Y. En remplaçant, on a $G_0 - 0{,}2Y - 20 = 0{,}03 \times 1\,050$, d'où $G_0 = 261{,}5$.

4 - Le taux de prélèvement obligatoire s'écrit : $\dfrac{T}{Y} = \dfrac{tY + T_0}{Y} = t + \dfrac{T_0}{Y}$.

Il est dans la situation initiale de 22 %. L'État recherche : $0{,}2 = \dfrac{tY + T_0}{Y}$ et Y = 1 000.

En substituant, on obtient $200 = 1\,000t + T_0$, ce qui correspond à un éventail de possibilités entre deux extrêmes : soit diminuer le taux marginal d'imposition à 18 % sans toucher aux impôts autonomes, soit laisser le taux d'imposition à 20 % et supprimer totalement les impôts autonomes. Mais l'État peut également user des deux instruments (entre autres solutions : t = 19 % et $T_0 = 10$).

5

LE MODÈLE IS-LM EN ÉCONOMIE FERMÉE

Dans le chapitre précédent vous ont été présentées les notions sur lesquelles s'est fondée l'approche keynésienne de l'équilibre. Mais il convient maintenant de préciser cette approche en développant notamment sa dimension monétaire. La *Théorie générale* est une théorie de l'emploi, mais aussi comme son titre l'indique une théorie « du taux d'intérêt et de la monnaie». Pour révolutionnaire qu'elle soit apparue en son temps, parce qu'elle se plaçait d'emblée dans la perspective d'une économie monétaire, la théorie de Keynes s'inscrit cependant d'une certaine manière dans le prolongement des grandes théories économiques classiques et néoclassiques.

Bien qu'il ait fortement critiqué nombre d'aspects des théories néoclassiques et donné une nouvelle formulation de certains concepts, Keynes s'est aussi employé à synthétiser dans une présentation nouvelle les grandes lois de la macroéconomie. Reprenant à son compte certaines notions classiques sans en changer la forme, il les a associées à de nouvelles conceptions de la monnaie, du taux d'intérêt et de l'investissement notamment. C'est sans doute la raison pour laquelle la *Théorie générale de l'emploi, de l'intérêt et de la monnaie* a connu un tel succès et a fortement influencé la pensée économique dès sa parution en 1936. Il est bon de remarquer à cet effet que la théorie macroéconomique moderne s'est construite par la synthèse d'éléments tirés des théories néoclassiques et keynésiennes.

La présentation la plus connue et la plus couramment enseignée de cette synthèse néoclassique-keynésienne est sans aucun doute le fameux **modèle d'équilibre général IS-LM** qui présente le processus de détermination simultanée et interdépendante du revenu national et du taux d'intérêt. C'est à J.R. Hicks[1] que nous devons la première présentation de ce modèle, dès 1937, c'est-à-dire un an après la publication de la *Théorie générale*, et c'est ensuite A.H. Hansen[2] qui l'a perfectionné et popularisé, c'est pourquoi on l'appelle aussi, bien souvent, **le modèle « Hicks-Hansen »**.

Il convient de relever ici que ce modèle, qui est généralement présenté comme représentatif de la pensée keynésienne, est très souvent rejeté comme tel par les économistes keynésiens, car jugé non conforme à l'esprit de Keynes lui-même. Il est vrai que la macroéconomie keynésienne est fondée sur une analyse en termes de **circuit** alors que le modèle de « Hicks-Hansen » se tient dans la perspective de **marchés interdépendants**. Le projet de J.R. Hicks n'était pas de développer l'analyse de Keynes, mais de mettre en évidence des résultats keynésiens, sans utiliser la méthode de Keynes, en se plaçant dans la logique analytique néoclassique. Bien qu'il ait lui-même émis des réserves sur la portée du modèle qu'il a construit, J.R. Hicks a toujours fait valoir que Keynes avait reconnu trouver dans sa présentation un « énoncé correct de ses propositions ». C'est la raison pour laquelle sans doute durant des décennies nombre d'auteurs dits keynésiens se sont efforcés de développer et d'améliorer la présentation du modèle afin de le rendre plus à même d'être utilisé concrètement dans le cadre de la politique économique.

Le projet de Keynes était de donner une présentation générale de l'économie en intégrant, dans un tout cohérent, l'ensemble des phénomènes réels et monétaires. Tout en reconnaissant que les phénomènes réels et monétaires ont leur spécificité propre, l'analyse keynésienne établit que ces deux phénomènes sont en interrelation dès le début du processus économique, autrement dit dès la production, puisque les salaires sont payés en monnaie. Ainsi, la monnaie ne définit pas un espace à part qui serait le simple reflet des phénomènes réels, les événements monétaires participent directement aux événements réels. Le modèle IS-LM qui considère tout d'abord séparément les **phénomènes réels**, l'équilibre sur le marché des biens et des services, d'une part, et les **phénomènes monétaires,** l'équilibre du marché monétaire, d'autre part, aboutit à la construction d'un schéma général dans lequel sont réunies, dans une seule présentation, les conditions de l'équilibre simultané sur le marché des biens et services et sur le marché de la monnaie, et ce, afin de déterminer **l'équilibre global** de l'économie.

Les conditions d'équilibre sur le marché des biens et services ont déjà été définies dans le chapitre précédent, c'est pourquoi la présentation de cet aspect sera traité brièvement dans le présent chapitre. En revanche, la conception originale de la monnaie présentée par Keynes nécessitera de plus amples développements. Nous devrons analyser les différents motifs pour lesquels les agents désirent détenir de la monnaie, pour ensuite définir l'équilibre sur le marché monétaire. Enfin, la présentation de l'équilibre global nous fera saisir que ce modèle permet de déboucher sur une conception générale du fonctionnement de l'économie et donc sera à même de servir de cadre au développement de politiques économiques conjoncturelles.

Tout au long du présent chapitre, nous resterons dans la perspective de la fixité des prix et nous raisonnerons dans le cadre d'une économie fermée, c'est-à-dire que nous ne tiendrons pas compte des échanges avec l'extérieur. Nous aurons l'occasion de revenir sur ces questions dans le chapitre 6.

---

1. John R. Hicks (1904-1989) : économiste britanique, il a été professeur à Oxford jusqu'à sa retraite. Il a obtenu le Prix Nobel d'économie en 1972 « pour sa contribution fondamentale à la théorie générale de l'équilibre économique et à la théorie du mieux-être ».

2. Alvin H. Hansen (1887-1975) : économiste américain, il a exercé comme professeur à Harvard à partir de 1937. Il a été nommé président de l'*American Economic Association* en 1967. L'essentiel de ses travaux est consacré à l'analyse macroéconomique et à ses applications dans le cadre des politiques économiques.

BIBLIOGRAPHIE DU CHAPITRE

ABRAHAM-FROIS G., *Keynes et la macroéconomie contemporaine*, 4e édition, Économica, Paris, 1993.
ACKLEY G., *Macroeconomics : theory and policy*, Macmillan, New York, 1961.
BERTONÈCHE M. et TEULIÉ J., *Théorie macroéconomique : textes fondamentaux*, PUF, Paris, 1977.
CLAASSEN E., *Macroéconomie*, Dunod, Paris, 1981.
HANSEN A. H., *Introduction à la pensée keynésienne*, Dunod, Paris, 1967.
HICKS J. R., « Mr. Keynes and the classics, a suggested interpretation », *Econometrica*, avril 1937, pp. 147-159.
KEYNES J. M., *Théorie générale de l'emploi, de l'intérêt et de la monnaie*, Bibliothèque scientifique Payot, Paris, 1969.

Pour une approche différente de l'analyse keynésienne :
BARRÈRE A., *Macroéconomie keynésienne*, Dunod, Paris, 1990.

A

L'ÉQUILIBRE SUR LE MARCHÉ DES BIENS ET SERVICES

La construction du schéma d'équilibre sur le marché des biens et services est directement fondée sur le modèle « revenu-dépense » qui vous a été présenté dans le chapitre précédent. Nous considérerons donc comme connues les données essentielles et les principaux concepts qui ont été développés, et nous nous contenterons de faire un bref rappel des principaux éléments qui nous serviront par la suite.

1 - Rappel des conditions d'équilibre

Les conditions d'équilibre s'expriment, comme nous l'avons vu, par l'égalité :

$$Y = C + I = C + S$$

d'où l'on tire :

$$\boxed{I = S}$$

Dans le modèle, l'épargne, étant définie comme la partie du revenu qui n'est pas consommée, est déduite de la fonction de consommation et de ce fait est une fonction croissante du revenu.

Nous avons la fonction de consommation :

$$C = c(Y) + C_0$$

où c représente la propension marginale à consommer et C_0 la consommation incompressible.

Nous pouvons alors tirer la fonction d'épargne :

$$\boxed{S(Y) = Y - c(Y) - C_0}$$

Remarque : si tout au long de ce chapitre nous allons raisonner en parlant ***du taux d'intérêt***, c'est par souci de simplification. Il n'existe pas en effet un taux d'intérêt unique dans l'économie. Selon la nature des actifs financiers proposés sur le marché il y aura bien entendu *des* taux d'intérêt différents.

Il est remarquable que dans sa construction théorique, Keynes caractérise l'épargne comme une grandeur résiduelle qui est directement et uniquement fonction du niveau du revenu courant. Dans la tradition néoclassique en effet, l'épargne est supposée dépendre d'autres facteurs tels que le *taux d'intérêt** et les variations dans le patrimoine des agents. Keynes avait bien entendu connaissance de cela. Mais, se situant résolument dans une perspective macroéconomique, il dénie à ces facteurs une influence déterminante. Nous pouvons résumer son argumentation en quelques mots. Il reconnaît que la hausse du taux d'intérêt peut effectivement inciter certains agents à consommer moins et à épargner plus. Mais il note que cette hausse peut en inciter d'autres à réduire leur épargne et augmenter leur consommation puisque, lorsque le taux d'intérêt est plus fort, il suffit de placer un capital plus faible pour obtenir un revenu déterminé. D'un point de vue macroéconomique, l'influence du taux d'intérêt sur l'épargne est incertaine et de toute façon très faible, et peut donc être négligée.

En ce qui concerne les changements brusques dans la valeur des patrimoines des agents, Keynes considère que leur influence est aussi négligeable. Pourtant, si des agents constatent une hausse du cours des titres financiers qu'ils détiennent (ce qui correspond à une baisse du taux de l'intérêt), ils peuvent juger qu'il est inutile d'épargner plus et donc, choisir de dépenser plus en consommation. Keynes estime que cela ne peut concerner qu'un petit groupe d'agents disposant d'un patrimoine important d'une part et que, d'autre part, ce phénomène ne peut être que de très courte durée.

Keynes écrit : « Le fait que, dans une situation économique générale déterminée, la dépense de consommation mesurée en unités de salaire dépend essentiellement du volume de la production et de l'emploi nous autorise à grouper les autres facteurs dans la fonction fourre-tout « propension à consommer ». Car bien que les autres facteurs puissent varier (il ne faut pas l'oublier), le revenu global mesuré en unité de salaire est, en règle générale, la variation principale de laquelle dépend l'élément consommation de la fonction de la demande globale» (*Théorie générale*, p. 117).

De l'autre côté, nous l'avons vu, l'investissement est une fonction décroissante du taux de l'intérêt.

$$I = I(i)$$

La décision d'*investir** en effet, résulte de la comparaison effectuée par les entrepreneurs, entre le taux d'intérêt et le taux d'efficacité marginale du capital (*cf.* encadré ci-dessous) qu'ils envisagent de mettre en œuvre dans la production.

Investir : opération par laquelle un agent se procure des moyens et des facteurs de production.

L'efficacité marginale du capital est définie par Keynes de la manière suivante : « le taux d'escompte qui, appliqué à la série d'annuités constituée par les rendements escomptés de ce capital pendant son existence entière, rend la valeur actuelle des annuités égale au prix d'offre de ce capital » (*Théorie générale* p. 153). Le choix des entrepreneurs peut alors être résumé de façon assez simple. Tant que le taux d'intérêt est inférieur à l'efficacité marginale du capital, ils vont investir, et lorsque que le taux de l'intérêt est supérieur à l'efficacité marginale du capital, ils ont avantage à faire des *placements** sur le marché financier. Nous pourrions résumer les positions respectives de l'efficacité marginale du capital et du taux d'intérêt en disant que **l'efficacité marginale du capital préside à la demande de fonds pour l'investissement alors que le taux de l'intérêt gouverne l'offre de ces fonds.** La fonction keynésienne d'investissement consiste donc, dans un état donné de la technique, des prix des facteurs et des produits, à lier l'investissement au taux d'intérêt déterminé sur le marché financier.

Étant donné que la condition de l'équilibre est réalisée lorsque S = I, il en résulte qu'à l'équilibre nous avons la relation d'égalité :

Placement : achat d'un titre financier.

$$I(i) = Y - c(Y) - C_0 = S(Y)$$

Cette relation met en évidence qu'il existe un revenu d'équilibre, Y, pour chaque valeur du taux d'intérêt, *i*. **L'investissement est *autonome** par rapport au revenu**, les décisions d'investissement des entreprises dépendent du niveau du taux d'intérêt. L'épargne est de son côté indépendante du taux de l'intérêt. Cela signifie que les deux grandeurs, I et S, sont déterminées dans des espaces différents par des agents ayant des fonctions différentes. La condition d'équilibre signifie qu'à chaque taux d'intérêt doit correspondre un niveau de revenu pour lequel l'épargne et l'investissement sont égaux, ce qui suppose des mécanismes d'ajustement qui mettent en relation les fonctions d'investissement et d'épargne. Nous connaissons la réponse keynésienne à cette question : c'est **le principe du multiplicateur**. Toute baisse du taux d'intérêt *i* se traduit par une augmentation de l'investissement, cette hausse doit, pour que l'équilibre soit maintenu, correspondre à une augmentation de l'épargne, ce qui suppose un accroissement du niveau de l'emploi et donc du revenu.

Investissement autonome : cela veut dire que l'investissement courant n'est pas fonction du revenu courant, ni du revenu de la période précédente, mais qu'il dépend du taux d'intérêt et des anticipations des entreprises. Il fait naître des revenus nouveaux.

Or, en vertu du principe du multiplicateur d'investissement, le revenu augmente jusqu'à ce que l'épargne égale l'investissement. Répétons le, dans le schéma keynésien, ce n'est pas le taux d'intérêt qui égalise l'épargne et l'investissement. L'égalité de ces deux grandeurs passe par la détermination du revenu.

Selon Keynes, le taux d'intérêt n'exprime pas la différence entre l'utilité présente d'un bien et son utilité future: « le taux d'intérêt à tout moment, étant la récompense pour renoncer à la liquidité, mesure la répugnance des personnes qui possèdent la monnaie à renoncer à leur pouvoir inconditionnel d'en disposer » (*Théorie générale*, p. 181).

La relation indirecte qui existe entre le taux d'intérêt, *i*, et le revenu global d'équilibre, Y, peut être représentée graphiquement par une courbe figurant tous les points d'égalité entre l'épargne, S, et l'investissement, I : c'est la **courbe IS**. Cette courbe va nous donner l'ensemble des valeurs de Y et de *i*, ou plus précisément tous les couples (Y, *i*), pour lesquels l'épargne et l'investissement sont égaux.

2 - Construction de la courbe IS

La courbe IS est définie sur l'ensemble des points formés par les combinaisons entre *i* et Y qui assurent l'équilibre sur le marché des biens et services, ou plus précisément encore la courbe IS est le lieu de toutes les combinaisons possibles de *i* et Y compatibles avec l'égalité de l'épargne et de l'investissement projeté. Cette relation ne détermine pas le niveau de Y et de *i* ; il s'agit simplement d'une relation implicite (*cf.* encadré ci-dessous). Autrement dit, le fait que Y soit d'un certain montant ne permet pas de déterminer *i*, et *vice versa*. Si par exemple $i = i^*$, il ne pourra y avoir d'équilibre sur le marché des produits que si le niveau du revenu est celui que l'on peut calculer en introduisant $i = i^*$ dans la relation IS qui existe à un moment donné.

Si maintenant nous nous plaçons du côté du revenu, nous pouvons observer que, pour un revenu $Y = Y^*$, il n'y a qu'un seul taux d'intérêt, *i*, correspondant à ce niveau de revenu, Y*, c'est-à-dire le taux d'intérêt qui se déduit de la relation IS.

Relation implicite. L'introduction d'une inconnue excédentaire conduit à déterminer plusieurs relations entre deux variables qui supposent les relations $Y = C + I$ ou $I = S$, sans que cette inconnue apparaisse, d'où le terme de relation implicite. Si nous écrivons la relation :

$$Y = C + I \rightarrow I = S$$

I = S est une relation implicite, bien que S n'apparaisse pas dans l'expression de l'équilibre, la connaissance de C fait que l'on peut déduire S.
Si l'on reprend les termes de droite de l'expression d'équilibre, on peut alors déduire Y exprimé en fonction de *i*.

$$\left.\begin{array}{l} C = C(Y) \\ I = I(i) \end{array}\right\} \rightarrow Y = f(i) \text{ relation implicite}$$

La relation $Y = f(i)$ est donc logiquement qualifiée de courbe IS à partir du nom de la relation implicite qu'elle implique, à savoir $I = S$.

Il nous faut maintenant établir la fonction $Y = f(i)$, en mettant en relation l'investissement et l'épargne. Or, si le premier résulte des décisions des entreprises et est fonction du taux de l'intérêt, la seconde relève du choix des ménages qui décident de ne pas consommer l'intégralité de leur revenu, elle va donc dépendre du niveau du revenu. Il s'agit donc d'expliquer comment deux grandeurs, déterminées par des groupes d'agents différents et non coordonnés par quelque autorité centrale que ce soit, peuvent s'égaliser. En bref, l'objectif est d'**établir une relation objective entre les comportements de consommation, donc d'épargne, des ménages et les comportements d'investissement des entreprises**.

Pour construire la courbe IS, nous aurons recours à un système graphique composé de quatre quadrants mis en relation les uns avec les autres.

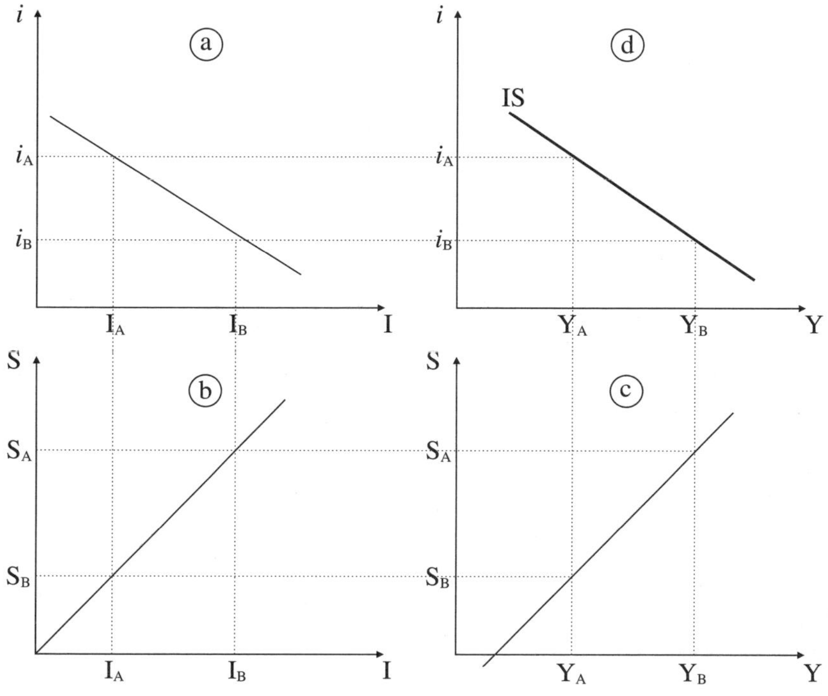

Fig. 1 : Construction de IS

Le quadrant a représente la fonction d'investissement qui est décroissante par rapport au taux d'intérêt : $I = I(i)$, que l'on peut encore exprimer par la relation $I = I_0 - gi$; où I_0 représente la part de l'investissement qui est indépendante du taux de l'intérêt, et g la part de l'investissement qui est immédiatement fonction du taux de l'intérêt (*cf.* exercice corrigé page 5.1, partie I-2).

Le quadrant b représente l'égalité entre l'épargne et l'investissement : $I = S$. Dans un repère orthogonal, tous les points d'égalité de l'investissement et de l'épargne se trouvent sur la première bissectrice.

Le quadrant c représente la fonction d'épargne : $S(Y) = Y - (cY + C_0) = (1 - c)Y - C_0$

La quadrant d enfin, déduit des quadrants a et c, nous donne l'ensemble des conditions d'équilibre sur le marché des biens et services, soit la courbe :

$$IS : Y = f(i)$$

ou encore : $I_0 - gi = (1 - c)Y - C_0$; soit IS : $\dfrac{I_0 + C_0 - gi}{1 - c}$

Il apparaît bien dans cette présentation que l'une des quatre inconnues (Y, C, I et *i*), nécessaires pour définir le marché des produits, est déterminée en dehors de lui. **Le taux d'intérêt *i* est en effet une *variable monétaire**** et, à ce titre, est déterminé sur le marché monétaire. Au demeurant, c'est précisément à travers lui que s'établit le lien entre les deux marchés. Puisque Keynes abandonne la *dichotomie réel-monétaire** et

Variable monétaire : en tant que tel, et par opposition à la notion de variable réelle, le taux d'intérêt est déterminé, selon la théorie keynésienne, sur le marché monétaire.

Dichotomie réel-monétaire : on parle de dichotomie entre le réel et le monétaire lorsque, comme dans le cadre de la théorie quantitative de la monnaie, on considère que les variables monétaires et les variables réelles sont déterminées indépendamment les unes des autres. On considère qu'il y a une sphère monétaire d'un côté et une sphère de détermination des grandeurs réelles de l'autre et que les deux sphères n'interagissent pas l'une sur l'autre.

qu'il associe directement les phénomènes réels et monétaires, il est indispensable qu'une variable monétaire intervienne dans la définition du revenu global correspondant à l'équilibre en volume (et non en termes de prix, les prix sont ici supposés constants) sur le marché des biens et services. C'est en effet grâce à cette variable monétaire et à la prise en compte de l'influence qu'elle peut avoir sur le marché des biens et services que pourra être effectivement exprimé le lien qui existe entre les différents marchés des produits et de la monnaie.

Par ailleurs, la courbe IS peut se déplacer dans le plan à la suite de toute modification des comportements des entrepreneurs en matière d'investissement ou des ménages en matière d'épargne. L'action de l'État peut aussi provoquer un déplacement de IS. Ainsi, par exemple, une augmentation de la dépense gouvernementale due à une politique économique de relance se traduira par un déplacement de la courbe IS vers la droite. Ce qui correspond à une augmentation du revenu global, **pour un même niveau de taux d'intérêt**, et donc de l'emploi. Si la même politique se traduisait par une hausse proportionnée des taux d'intérêt, IS ne varierait pas, et le revenu n'augmenterait pas.

La forme de IS. Nous avons raisonné ici sur des droites, mais si nous levons les hypothèses de linéarité sur les fonctions d'épargne et d'investissement, nous obtenons une courbe de forme plus générale. La pente de cette courbe est négative puisque, lorsque le taux d'intérêt baisse, le revenu a tendance à augmenter pour que l'équilibre soit assuré sur le marché des biens et services. De l'autre côté, lorsque le taux d'intérêt augmente, l'investissement tend à diminuer de telle sorte que le niveau de l'activité tend à se réduire et Y avec lui.

Dans le cas général le modèle peut s'écrire :

$S = S(Y)$, avec $S'(Y) > 0$ ($S'(Y)$ étant la propension marginale à épargner)

$I = I'(i)$, avec $I'(i) < 0$ (l'investissement est fonction décroissante du taux d'intérêt)

$I = S$, condition d'équilibre.

Analysons la variation de Y et de i. Prenons un point d'équilibre (Y_0, i_0). Nous avons alors $S(Y_0) = I(i_0)$. Si nous considérons maintenant un autre point d'équilibre (Y_1, i_1), avec $i_1 > i_0$. Nous obtenons alors $S(Y_1) = I(i_1)$, mais où $I(i_1) < I(i_0)$ puisque l'investissement baisse lorsque le taux d'intérêt augmente.

Nous pouvons alors écrire l'égalité suivante :

$$S(Y_1) = I(i_1) < S(Y_0) = I(i_0),$$

comme $S'(Y) > 0$, on tire $Y_1 > Y_0$, ce qui fait que :

$$\frac{Y_1 - Y_0}{I_1 - I_0} < 0$$

Il en résulte que IS est nécessairement décroissante.

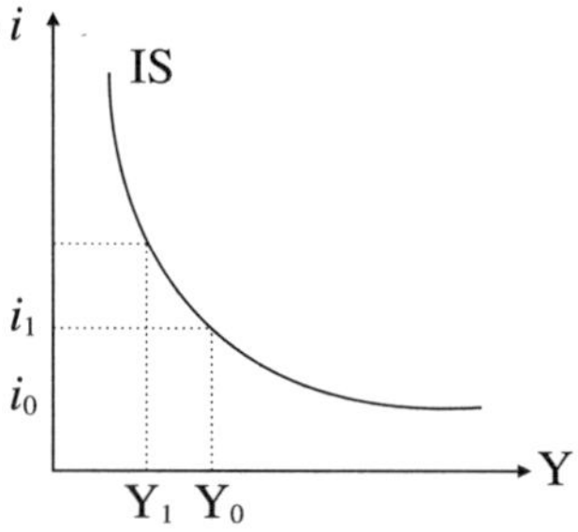

Demande effective : Keynes lui-même donne plusieurs définitions de ce principe. Pour résumer, nous pouvons le définir comme la demande globale telle qu'elle est anticipée par les entreprises, c'est-à-dire comme le montant des recettes monétaires attendues par les entreprises lors de la vente de leur production. C'est l'anticipation de ces recettes qui va déterminer les choix des entreprises en matière de production.

Comme on le voit, grâce à cette représentation schématique, on peut mettre en évidence le rôle de la monnaie et du taux d'intérêt monétaire dans la formation de la *demande effective** puisque les décisions en matière d'investissement, et donc d'emploi, des entrepreneurs vont dépendre, outre des perspectives d'écoulement de leurs produits, de leurs prévisions en ce qui concerne le niveau du taux d'intérêt qui, lui, est déterminé sur le marché monétaire.

La courbe IS indique que, dans une économie où règne un certain niveau d'activité et un certain taux d'intérêt, **il n'existe qu'un niveau de revenu** pour lequel les **comportements d'investissement** des entreprises et les **comportements de consommation** (donc d'épargne) des ménages sont **compatibles.**

B

LA DEMANDE DE MONNAIE

L'une des originalités de la théorie développée par Keynes est que celui-ci a introduit dans l'analyse économique une nouvelle conception de la monnaie et de l'intérêt. Rompant avec les analyses traditionnelles, il intègre la monnaie dans le corps même de l'analyse générale des phénomènes économiques. La monnaie n'est plus ici un élément surajouté au secteur réel, elle n'est pas *neutre**. La théorie keynésienne de la monnaie se démarque nettement de la *théorie quantitative** pour laquelle la monnaie n'influe pas sur la détermination des variables réelles. La monnaie joue un rôle immédiat dans la détermination des grandeurs économiques et donc de l'équilibre. C'est la raison pour laquelle, aux deux fonctions de consommation et d'investissement, Keynes ajoute une **fonction de liquidité** qui est déduite des fonctions de demande et d'offre de monnaie.

Neutralité de la monnaie : on dit que la monnaie est neutre lorsqu'une variation étant intervenue dans les variables monétaires, celle-ci ne modifie ni le système de prix d'équilibre ni les variables réelles de l'économie.

Théorie quantitative de la monnaie : théorie qui est fondée sur l'équation des échanges MV = PT, formalisée par Irving Fisher. M représente la masse monétaire et V la vitesse de circulation de la monnaie. Le produit MV correspond approximativement à la demande. P représente le niveau général des prix et T le nombre moyen de transactions. Le produit PT correspond approximativement à l'offre.

Suivant les conceptions traditionnelles, la monnaie ne peut être demandée pour elle-même, car elle est réputée n'avoir d'utilité qu'en vertu de ce qu'elle est acceptée dans les transactions courantes et sert d'intermédiaire dans les échanges de biens et de services. Aussi, de ce point de vue ne peut-on concevoir que la monnaie soit demandée pour autre chose que pour être dépensée dans des achats courants. Selon cette représentation, la monnaie est traitée comme un simple voile masquant les phénomènes réels, mais n'intervenant pas directement sur eux.

En intégrant la monnaie dans le corps de l'analyse générale de la production et de la répartition, Keynes s'est assez nettement coupé de l'approche traditionnelle pour reconnaître en la monnaie l'un des facteurs contribuant à la formation et à la détermination des grandeurs économiques. Selon lui, la monnaie est un phénomène fondamental des économies modernes.

La monnaie est intégrée. La rémunération des facteurs de production se faisant en monnaie, celle-ci a déjà joué un rôle avant même que les produits ne soient échangés sur les différents marchés. La monnaie n'est pas un reflet de phénomènes économiques réels qui pourraient être saisis en dehors d'elle, elle est le signe manifeste de l'activité économique. Ainsi, **le revenu national**, qui n'est autre que l'expression quantitative de la **production nationale**, est une grandeur **immédiatement monétaire tout autant que physique**. En raison de ce qu'elle est intégrée et concerne tous les compartiments de l'activité économique, nous pouvons dire que dans nos économies, la monnaie traduit un certain pouvoir des agents à déterminer l'affectation de leurs ressources entre l'achat immédiat de biens et services, la conservation de leurs avoirs, ou encore le prêt à autrui.

1 - La préférence pour la liquidité

Pour Keynes, la monnaie est le moyen de détenir le pouvoir de disposer, avec le maximum de sécurité et de commodité, d'une richesse quelconque en quelque lieu et à quelque moment que ce soit. Aussi, la monnaie est-elle la forme de la richesse qui présente le plus haut degré de **liquidité**, c'est-à-dire qu'elle peut être mobilisée sans délai et sans coût. Mais, d'un autre côté, le fait pour un agent de détenir sa richesse sous forme liquide n'est pour lui source d'aucun revenu, alors que s'il plaçait ses liquidités sur le marché financier il pourrait réaliser des gains.

À la question de savoir pourquoi les agents peuvent souhaiter détenir de la monnaie à côté de leurs autres actifs alors qu'elle ne rapporte rien, Keynes répond que la monnaie constitue une sécurité qui compense l'incertitude des comportements et des spéculations que les agents peuvent avoir dans l'avenir.

Thésauriser : l'action de thésauriser consiste à conserver de la monnaie liquide. Dans l'optique keynésienne, il ne s'agit pas d'un phénomène passif. La thésaurisation résulte d'un choix des agents qui trouvent un gain «psychologique» ou d'opportunité à conserver des liquidités sous forme d'encaisses oisives. Keynes écrit : « le concept de thésaurisation peut être considéré comme une première approximation du concept de préférence pour la liquidité» (*Théorie générale*, p. 187).

C'est un fait d'observation que les agents économiques conservent une partie de leurs avoirs sous forme liquide afin de répondre à un certain nombre de besoins qu'ils ne peuvent à l'avance déterminer. Afin de satisfaire ce besoin de sécurité, les agents sont donc amenés à formuler une **demande de monnaie** pour elle-même en raison principalement de son caractère liquide et, donc, de disponibilité. Ce choix, ou cette préférence, des agents pour la détention de liquidités n'est pas absolu, il vient en concurrence avec les autres modes de détention de la richesse. Mais la détention de liquidités ayant pour effet de calmer les inquiétudes des agents face à l'avenir, ces derniers ne sont prêts à se séparer de leur monnaie qu'à la condition de recevoir une prime qui est, pour reprendre une expression de Keynes, « la mesure de notre degré d'inquiétude ». La prime exigée par le détenteur de monnaie pour s'en défaire, et donc d'accepter de détenir sa richesse sous une autre forme, dépend pour une large part de la confiance qu'il peut avoir en ses spéculations futures. Ainsi, cette prime pour le renoncement à la liquidité est le principal élément qui va entrer dans le choix des agents de *thésauriser** ou non. Cette prime est en vérité le taux d'intérêt fixé sur le marché monétaire.

La préférence pour la liquidité. Keynes la définit succinctement de la manière suivante : « La préférence pour la liquidité est une virtualité ou tendance fonctionnelle qui fixe la quantité de monnaie que le public conserve lorsque le taux de l'intérêt est donné, de sorte que, si i est le taux de l'intérêt, M la quantité de monnaie et L la fonction de préférence pour la liquidité, on a $M = L(i)$. C'est par cette voie et de cette manière que la quantité de monnaie pénètre dans le schème économique » *Théorie générale*, p. 181.

Actif : par actif on entend ici un bien, un titre possédé par un agent économique. Les actifs se décomposent en actifs non financiers, encore appelés actifs réels, et en actifs financiers.

Coût d'opportunité : « manque à gagner » lié à la détention d'un patrimoine sous une forme plutôt que sous une autre qui pourrait être plus lucrative.

Comme on le voit **le taux d'intérêt**, dans la théorie keynésienne, n'est pas à proprement parler le produit d'un actif, mais il **est plutôt le prix de la renonciation à la liquidité**, ou exprimé en bref, le prix de la liquidité. Ce qui est prêté par celui qui renonce à la liquidité, ce n'est pas un *actif**, mais un ensemble d'avantages dus au caractère liquide de ce qui est prêté. Finalement le taux d'intérêt apparaît ici comme une « récompense » pour la renonciation à la liquidité pendant un temps déterminé, au terme duquel, bien entendu, le prêt devra être remboursé. Pour celui qui choisit de thésauriser, le taux de l'intérêt peut aussi être interprété comme un *coût d'opportunité** à la détention d'encaisses oisives. En effet, l'agent disposant de ces encaisses et ne les utilisant pas perd du même coup les intérêts qu'il aurait pu percevoir en plaçant la monnaie qu'il détient. Mais en face, il faut aussi considérer le gain d'opportunité que peut trouver l'agent à détenir la monnaie. Ainsi, la constitution d'encaisses oisives relève, *in fine*, de la volonté des agents qui se déterminent par rapport à l'idée qu'ils se font de l'avenir, le leur et celui du marché de la monnaie.

2 - Les motifs de détention de monnaie

La demande d'encaisses liquides formulée par les agents, ou pour reprendre le vocabulaire de Keynes, leur **préférence pour la liquidité** (*cf.* encadré ci-dessus), s'explique par trois motifs : les motifs de transactions, de précaution et de spéculation.

a. Le motif de transactions

Il correspond aux besoins de monnaie nécessaire pour la réalisation des paiements courants personnels et professionnels. Au sein de ce motif, on peut distinguer deux types d'encaisses liés à l'activité principale des agents :

- **le motif de revenu** qui concerne les ménages qui sont amenés à conserver des liquidités « pour combler l'intervalle entre l'encaissement et le décaissement du revenu ». Le montant de l'encaisse souhaité par les particuliers dépendra principalement de l'importance et de la périodicité de leur revenu ;
- **le motif professionnel** répond à la nécessité pour les entreprises d'équilibrer dans le temps leurs dépenses et leurs recettes (on parle de cash-flow). Les entreprises doivent en effet détenir des encaisses liquides afin de combler l'intervalle séparant le moment où sont engagées les dépenses liées à la mise en œuvre de la production et le moment où elles encaissent le produit des ventes.

Le besoin global de l'économie en encaisses de transactions dépend des aménagements institutionnels qui déterminent la plus ou moins grande synchronisation entre les recettes et les dépenses des agents. Pour un état donné de l'économie, le besoin d'encaisses de ce type est à peu près proportionnel au volume global des transactions.

b. Le motif de précaution

Il est engendré par le souci qu'ont les ménages ou les entreprises de parer aux imprévus qui peuvent exiger des dépenses immédiates. Le montant de cette encaisse va dépendre de la confiance qu'ont les ménages ou les entreprises dans les perspectives d'avenir quant à leur situation. La masse de liquidités détenues au titre du motif de précaution va donc évoluer au gré des circonstances même si, étant donné qu'il existe toujours une certaine incertitude sur l'avenir, elle reste toujours positive. Dans une situation de ralentissement économique ou de crise, c'est-à-dire correspondant à une baisse de l'emploi, ces encaisses auront tendance à diminuer puisque les agents les utilisent pour effectuer des transactions, alors que dans une période plutôt tournée vers la croissance, elles auront d'abord tendance à augmenter. On peut aussi noter à plus long terme que le montant des encaisses de précaution détenues par les ménages en particulier a plutôt tendance à diminuer, du fait du développement des systèmes d'assurance et de protection sociale.

Les deux encaisses de transactions et de précaution, qu'à l'instar de Keynes nous confondrons en une seule catégorie dans la suite de notre exposé, **dépendent d'abord et principalement du montant du produit national, donc du revenu**. Lorsque le produit national augmente, il faut plus de monnaie pour assurer les transactions et les agents consolident leurs encaisses de précaution. Mais il est bon de relever que le montant des encaisses de transactions et de précaution dépend aussi, certes dans une moindre mesure, du niveau du taux de l'intérêt. En effet, selon le niveau de ce taux et donc du rendement attendu de placements éventuels sur le marché financier, les agents peuvent préférer effectuer des achats immédiats plutôt que de réaliser des placements peu rentables ou risqués.

Obligations : titres de créances à long terme émis par une entreprise, une institution publique ou l'État lorsqu'ils empruntent des fonds. Ce sont des valeurs à revenu nominal garanti, dont le montant est déterminé au moment de l'émission.

c. Le motif de spéculation

Il résulte aussi de la prise en compte de l'incertitude, mais il est directement lié au marché monétaire et plus particulièrement au marché des titres financiers porteurs d'intérêts, comme notamment les *obligations**, privées ou d'État. **La demande de monnaie pour motif de *spéculation** va directement dépendre des anticipations des agents sur l'évolution du taux de l'intérêt**.

Spéculation : cette notion ne comporte ici aucune connotation péjorative. La spéculation consiste à anticiper une hausse du cours d'un titre en l'achetant dans la perspective de le revendre lorsque la hausse aura eu lieu, afin de réaliser une plus-value.

Cela tient au fait que le revenu nominal du titre de placement est fixe alors que son cours est variable. Autrement dit le prix du titre sur le marché peut baisser ou augmenter selon les conditions du marché, alors que le revenu qu'il procure est fixé une fois pour toutes lors de son émission initiale.

Les gains d'un placement. Lorsque le prix d'une obligation augmente, le détenteur de celle-ci va bénéficier, outre des intérêts, d'un gain en capital, que l'on appelle encore plus-value. Il peut disposer de ce gain en valeur immédiatement en vendant tout de suite son obligation, ou bien plus tard en espérant encore réaliser d'autres plus-values. En revanche, si le cours de l'obligation baisse, son détenteur va enregistrer une perte en capital, ou moins-value. Bien qu'il perçoive des intérêts sur son obligation, il peut subir une perte nette de ses avoirs, si l'intérêt qu'il perçoit est inférieur à sa perte en capital. Dans ce dernier cas, il lui aurait été sans doute plus profitable de conserver des liquidités qui, certes ne lui auraient pas rapporté d'intérêts, mais lui auraient permis de maintenir ses avoirs intacts. Comme on le voit, chaque agent, en raison de l'incertitude à laquelle il doit faire face, est confronté à une alternative : soit placer ses liquidités au risque de faire des pertes, soit conserver de la monnaie en étant certain de ne faire aucune perte (au moins dans le court terme) mais aussi de ne réaliser aucun gain.

Anticiper : ce n'est pas seulement prévoir, c'est agir sur la base d'une prévision. Ici, les spéculateurs agissent, ils achètent ou ils vendent, avant même de savoir si le cours qu'ils ont prévu va être réalisé ou non. Anticiper est lié à l'idée d'incertitude et de risque.

Il est bien évident que l'évolution du cours des titres ne peut être prévue de façon certaine. C'est dire que les spéculateurs sont soumis à l'incertitude et qu'ils doivent *anticiper** l'évolution des cours, ce qui les amène à prendre des risques. Sur ce point, Keynes affirme que chaque détenteur de titres a, à chaque instant, une idée de ce que doit être le cours présent et le cours futur des titres, donc les différents niveaux respectifs du taux de l'intérêt. Selon les conditions du marché et les perspectives de gains ou de pertes, les agents vont se porter acheteurs de titres ou au contraire préférer conserver leurs avoirs sous forme liquide. La relation entre le taux d'intérêt et le cours des titres étant inverse (*cf.* encadré page suivante), plus le taux d'intérêt est élevé et plus le cours des titres est bas et donc susceptible d'augmenter, aussi anticipant cette hausse, les spéculateurs achèteront-ils des titres. En revanche, si le taux de l'intérêt est faible, c'est que le cours des titres est élevé et sera donc susceptible de baisser. Craignant alors des pertes, les spéculateurs n'achèteront pas de titres. Mais, notons le bien, les spéculateurs n'agissent pas de concert et les prévisions et anticipations de chacun d'entre eux peuvent être très différentes.

La fonction individuelle de demande de monnaie est discontinue puisque les agents anticipent un taux d'intérêt qui représente un seuil critique au niveau duquel ils sont susceptibles de modifier totalement la nature de leurs avoirs. Le comportement individuel est radical, c'est le « tout ou rien ».

James Tobin : né en 1918 aux États-Unis. Prix Nobel d'économie en 1981. L'essentiel de ses travaux concerne l'analyse des marchés financiers et leurs rapports avec l'emploi, la production et les prix. Il a été conseiller auprès du président John F. Kennedy.

La demande individuelle d'encaisses de spéculation a été répresentée de façon relativement simple par *J. Tobin**. Si l'on porte en abscisse la monnaie de spéculation M, un agent, disposant d'une encaisse spéculative de 0W et s'étant fixé pour taux critique, i_c, c'est-à-dire un taux au-dessus duquel il est prêt à placer ses liquidités, aura les choix suivants :

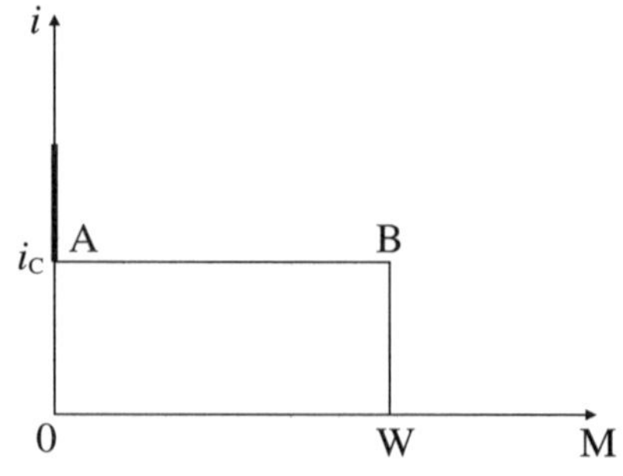

Fig. 2 : La fonction individuelle d'encaisses de spéculation

– soit il détiendra tous ses avoirs en titres pour tout i supérieur à i_c ;
– soit, pour tout i inférieur à i_c, il détiendra tout en monnaie ;
– soit, pour tout i égal à ic il sera indifférent à la forme de ses avoirs puisque dans la zone AB le rendement de la détention de titres ou de liquidités est le même; il est nul. En A, le spéculateur détient la totalité des ses avoirs sous forme de titres, en B, il conserve son patrimoine sous forme de monnaie, sa demande de titres est nulle (*cf.* Question de réflexion commentée, page 215).

Cependant le taux critique, qui est un taux psychologique, ne se situe pas nécessairement au même niveau pour chaque individu. C'est pourquoi, si l'on considère un grand nombre d'agents, la demande globale de monnaie pour motif de spéculation sera, dans certaines limites, une fonction continue du taux d'intérêt. **L'incertitude en l'avenir et l'anticipation sont ici déterminants**. Chaque agent ayant des intérêts propres établira ses propres prévisions en matière de taux d'intérêt et verra dans le taux présent soit la perspective d'un gain en capital, soit la perspective d'une perte. Il agira donc par anticipation sur la base des gains ou des pertes qu'il prévoit.

Valeur d'un titre et taux d'intérêt. Rappelons que la valeur d'un titre à revenu nominal fixe dépend de son rendement et du taux d'intérêt du marché.

Considérons une obligation, de valeur faciale de 100 F, émise à un taux nominal d'intérêt de 5 % en t_0, et donc procurant à son détenteur un revenu annuel fixe de 5 F.

Le taux d'intérêt du marché et donc le cours de l'obligation vont forcément fluctuer ensuite, alors que le coupon (revenu) de l'obligation demeure de 5 F.

Si en t_1, le taux d'intérêt tombe à 4 %, la valeur du titre va s'élever à 125 F. En effet, si le taux d'intérêt est de 4 % et que le revenu annuel de l'obligation est de 5 F, cela signifie que la valeur du titre, C, sera de 5/4 % = 125 F.

Si dans une période ultérieure, t_2, le taux d'intérêt s'élève à 6 %, le cours auquel sera négociée l'obligation sur le marché va au contraire baisser jusqu'à 83,33 F, c'est-à-dire jusqu'au niveau où le rendement du placement : revenu annuel/prix du titre, égale le taux d'intérêt prévalant sur le marché.

D'une manière générale, les variations du cours d'un titre à revenu fixe et le taux courant de l'intérêt sont rigoureusement liés et s'effectuent en sens inverse. Si nous appelons t le taux nominal de rendement du titre, i le taux de l'intérêt courant et C la valeur du titre, nous pouvons alors écrire la formule générale :

$$C = \frac{t}{i}, \; i \text{ étant exprimé en pourcentage, par exemple : } i = 4\,\%, \text{ donc } i = 0{,}04$$

De cela, nous pouvons tirer une relation générale entre la préférence pour la liquidité (demande de monnaie de spéculation) et le taux de l'intérêt.

Si en t_1 les spéculateurs prévoient la hausse du taux de l'intérêt, ils envisagent la baisse du titre, ils vont donc le vendre avant qu'il ne baisse et sont donc demandeurs de monnaie.

Si en t_2 les spéculateurs prévoient la baisse du taux d'intérêt et donc la hausse du prix du titre, ils vont acheter le titre en prévision de **plus-values**, et ce, contre versement de monnaie. Ils sont donc offreurs de monnaie.

On voit donc que la demande de monnaie pour motif de spéculation va dépendre des anticipations des spéculateurs quant à l'évolution des taux d'intérêt et donc du cours des titres qu'ils détiennent ou souhaitent détenir. Or, ce sont ces anticipations elles-mêmes qui vont faire évoluer les cours et les taux sur le marché.

Si le taux futur que les agents prévoient est inférieur au taux présent, ils opteront d'une manière générale pour la détention de titres. Anticipant la hausse des cours, ils escomptent des gains en capital. Mais pour chacun d'entre eux, le volume des titres acheté ne sera pas proportionné à l'évolution anticipée des cours, chaque individu n'ayant pas nécessairement la même évaluation des risques que son voisin.

Si le taux futur que les agents anticipent est supérieur au taux présent, la situation sera plus complexe. Certains agents, craignant une perte de capital supérieure au montant de l'intérêt stipulé, opteront pour la détention de monnaie; d'autres agents, en revanche, seront indifférents et ne bougeront pas, d'autres encore peuvent considérer que la perte en capital sera inférieure au gain en intérêt, aussi décideront-ils d'acheter des titres qui sont supposés avoir un rendement positif comparé à celui de la monnaie qui est nul.

Ces diverses remarques relatives aux comportements individuels, associées au fait qu'il y a un grand nombre d'intervenants sur le marché, nous amènent à considérer qu'il est tout à fait réaliste d'admettre que la fonction globale de demande de monnaie est continue.

Au vu des trois motifs de détention de monnaie, nous pouvons dire que le montant des encaisses que les agents peuvent souhaiter détenir varie plus ou moins avec le « coût d'opportunité » attaché à la détention de liquidités. Ce coût peut en effet être exprimé par le taux d'intérêt qui est « sacrifié » parce qu'on a fait le choix de détenir des encaisses liquides plutôt que de faire des placements financiers. Ainsi, si le coût de détention des liquidités est très élevé, c'est-à-dire que le taux d'intérêt est élevé, les agents auront tendance à réduire leurs encaisses de transactions et de précaution pour faire des placements en achat de titres financiers. En revanche, si le taux d'intérêt est faible, les agents auront plutôt tendance à estimer que le sacrifice d'intérêt est compensé par la jouissance des avantages pratiques et immédiats de leurs avoirs liquides. On retient toutefois d'une manière générale, que le choix du public pour définir le montant des liquidités pour motif de transactions et de précaution dépend beaucoup plus du volume des paiements, donc du niveau général de l'activité et des risques présents, que du taux d'intérêt. En ce qui concerne les demandes d'encaisses au titre du motif de spéculation, le taux de l'intérêt est déterminant.

Les facteurs psychologiques. Dans le théorie de Keynes, le taux d'intérêt est directement lié à la demande de monnaie parce que la monnaie et les titres sont substituables dans les avoirs en épargne des particuliers. Un individu rationnel peut choisir de détenir de la monnaie alors que le taux de l'intérêt est positif et même éventuellement très élevé. Ainsi, la monnaie ne peut être traitée comme un actif mineur. Elle peut être préférée aux obligations, qui pourtant rapportent un intérêt, dans la composition des portefeuilles des agents.
Comme on le voit, la psychologie et le comportement des individus revêtent une grande importance, ils donnent un fondement microéconomique à la fonction globale de demande de monnaie. En effet, aux trois motifs distincts de détention de monnaie, il faut ajouter un élément supplémentaire qui ne tient pas nécessairement à la situation objective de l'économie ou des marchés. Keynes introduit en effet dans son analyse le **degré de préférence pour la liquidité**, qui est fonction de la confiance qu'ont les agents dans l'avenir de l'économie. De ce point de vue, la monnaie est un moyen d'apaiser les craintes des agents face à un avenir incertain. Le degré de préférence pour la liquidité va aussi influencer la répartition des avoirs monétaires des agents entre les différents types d'encaisses, puisque chaque unité de monnaie peut indifféremment fournir des services de transaction, de précaution ou de spéculation selon les circonstances et les choix des individus. C'est la raison pour laquelle d'ailleurs nous pouvons dégager une certaine unité dans la demande de monnaie, bien que celle-ci soit dépendante du revenu, Y, d'un côté, et du taux d'intérêt, i, de l'autre.

À partir des différents éléments qui caractérisent les comportements des agents économiques vis-à-vis de la détention de monnaie, nous pouvons construire une fonction globale de demande de monnaie.

3 - La fonction de demande de monnaie

cf. exercice corrigé 5.1, partie II

La forme de la fonction de demande de monnaie dépend principalement du comportement des spéculateurs qui cherchent à maximiser leurs gains en capital (plus-values) et à minimiser leurs pertes (moins-values). Les demandes pour motif de transactions et de précaution sont relativement stables dans le court terme, qui est la perspective dans laquelle nous nous situons.

Les encaisses demandées au titre des motifs de transactions et de précaution peuvent s'écrire :
$M_1 = L_1(Y)$, ou encore $M^T = tY$, où t représente la part de leur revenu que les agents désirent conserver pour satisfaire leurs besoins de transactions et de précaution.
Les encaisses demandées pour satisfaire au motif de spéculation peuvent être exprimées par la relation :
$M_2 = L_2(i)$, ou encore $M^S = l_0 - li$, où l_0 représente la quantité de monnaie que les agents souhaitent garder pour maintenir leur richesse, et l la demande de monnaie proprement spéculative, directement dépendante du taux d'intérêt. Nous pouvons formuler la fonction de préférence pour la liquidité par :

$$L = L_1(Y) + L_2(i)$$

La demande globale de monnaie peut alors s'écrire :

$$M^D = M_1 + M_2 = L_1(Y) + L_2(i)$$

ou encore de façon plus applicative :

$$M^D = M^T + M^S = tY + l_0 - li$$

Nous pouvons noter dès à présent que Keynes estime qu'il y a un taux d'intérêt maximum, i_M, pour lequel les spéculateurs ne peuvent que prévoir une baisse, et donc une hausse du prix des titres. Pour ce taux, ils ne demandent plus de monnaie, mais que des titres, on parle de **préférence absolue pour les titres**. D'une manière générale, lorsque le taux d'intérêt est très élevé ou tend à augmenter fortement, la demande de monnaie pour motif de spéculation diminue, voire est très faible, puisque les agents peuvent prévoir dans un futur proche une baisse du taux de l'intérêt, aussi anticipent-ils une hausse du cours des titres et peuvent-ils envisager des gains en capital.
De l'autre côté, Keynes estime aussi qu'il y a un taux d'intérêt minimum ou plancher, i_m, en dessous duquel le taux ne peut plus baisser, puisque les spéculateurs envisagent comme inévitable la baisse du prix des titres. À ce taux, ils transforment tous leurs avoirs en liquidités. On parle alors de *trappe à liquidités** ou encore de *trappe monétaire**. De façon générale, lorsque le taux de l'intérêt est bas, les agents prévoient une hausse du taux d'intérêt et donc une baisse du cours des titres, partant, un risque de pertes en capital. Mais, lorsque le taux d'intérêt paraît être stabilisé à son niveau le plus bas de façon durable, les agents ne se positionnent pas sur le marché des titres. Préférant attendre un retournement de tendance pour faire des placements lucratifs, ils optent pour la constitution d'encaisses oisives. En d'autres termes, ils choisissent de détenir des liquidités qu'ils n'affectent ni à leurs encaisses de transactions et précaution, ni à la spéculation. On peut dire qu'ils thésaurisent.

Trappe à liquidités ou ***trappe monétaire*** : lorsque la courbe devient horizontale, le taux d'intérêt est insensible à toute variation de la quantité de monnaie, celle-ci tombant comme dans une trappe. On dit aussi que la demande de monnaie est infiniment élastique au taux d'intérêt car une faible variation de ce taux va provoquer une modification importante dans la demande de monnaie.

Construisons la fonction globale de demande de monnaie :

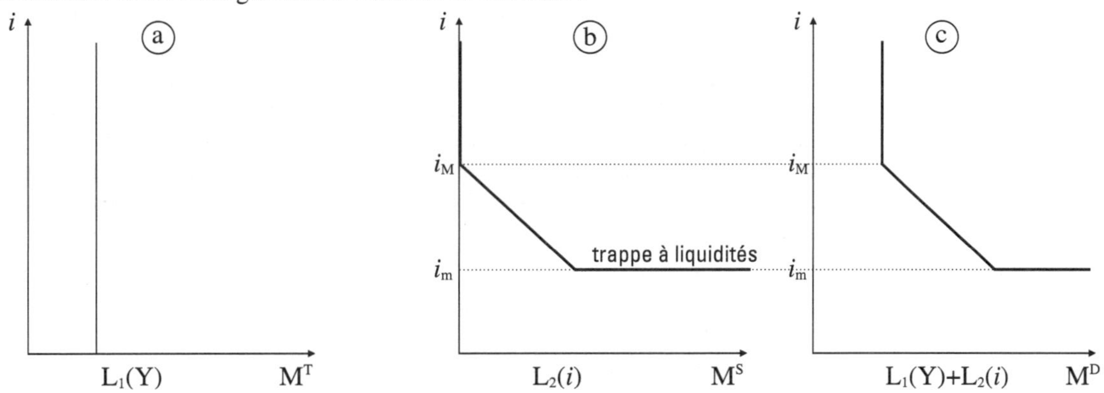

Fig. 3 : La fonction de demande de monnaie

Le quadrant a représente la demande de monnaie pour motifs de transactions et de précaution qui, comme nous l'avons vu, est fonction du revenu. N'étant pas directement fonction du taux de l'intérêt, ces deux demandes peuvent être confondues et représentées par une droite verticale parallèle à la droite des ordonnées.

Le quadrant b représente la demande de monnaie pour motif de spéculation. Dans sa partie haute, à partir de i_M, la courbe se confond avec l'axe des ordonnées, c'est la zone de préférence absolue pour les titres. Entre i_M et i_m, la courbe est fonction décroissante du taux de l'intérêt. Pour un taux d'intérêt im, les spéculateurs prévoient la remontée du taux d'intérêt et donc la baisse du cours des titres. Keynes estime que pour le taux d'intérêt minimum i_m (qu'il évaluait à 2 %) le cours des titres serait si élevé que les agents ne pourraient anticiper qu'une baisse des cours et ne veulent donc pas prendre le risque de faire des pertes. Ils préfèrent donc détenir de la monnaie liquide, la préférence pour la liquidité devient alors infinie, c'est la partie horizontale de la courbe. Toute augmentation de la quantité de monnaie sera, pour ce niveau du taux d'intérêt, absorbée, comme dans une trappe, dans les *encaisses oisives** des agents.

Encaisses oisives : liquidités que les agents n'affectent ni à la consommation ni au placement. Cela nous renvoie à la thésaurisation.

Le quadrant c représente la fonction globale de demande de monnaie. On peut remarquer que la forme de cette fonction dépend pour beaucoup du comportement des spéculateurs qui cherchent à maximiser leurs gains en capital, plus-values, et à minimiser leurs pertes. Pour des valeurs du taux de l'intérêt égales ou supérieures à i_M, plutôt que de détenir de la monnaie, les spéculateurs vont transformer tous leurs avoirs en titres et ne souhaitent donc pas détenir de monnaie spéculative, c'est pourquoi la demande de monnaie se résume aux motifs de transactions et de précaution et que la fonction est parallèle à l'axe des ordonnées. Dans la portion comprise entre i_M et i_m, la pente de la droite est due uniquement aux comportements spéculatifs. Enfin, dans la partie horizontale correspondant à la trappe à liquidités, les agents ne demandent pas de monnaie pour spéculer, ni pour effectuer des transactions, et toute augmentation de la quantité de monnaie sera vouée à la constitution d'encaisses oisives.

L'importance des comportements. La forme générale de la fonction de demande de monnaie nous permet de saisir que l'équilibre sur le marché monétaire sera très largement dépendant du comportement des spéculateurs qui anticipent les variations du taux de l'intérêt et par là même, la possibilité de réaliser des plus-values grâce à la variation du cours des titres à revenu fixe.

La fonction de demande de monnaie, telle que nons venons de la tracer, est représentative du fait que la quantité de monnaie que souhaitent détenir les agents est fonction du niveau du taux d'intérêt. Toutefois, il est bon de retenir que, dans le cadre keynésien, ce n'est pas le taux d'intérêt qui détermine le montant de l'épargne. Celle-ci dépend du niveau du revenu, puisqu'elle est la partie du revenu qui n'est pas consommée. Le taux d'intérêt est déterminant de la forme que les agents donnent à leur épargne. En fonction du niveau du taux d'intérêt ils vont en effet choisir de détenir leur épargne, soit sous forme liquide, soit sous forme de titres de placements.

C

L'ÉQUILIBRE SUR LE MARCHÉ DE LA MONNAIE

Nous avons traité jusqu'ici de la demande de monnaie qui se manifeste sur le marché monétaire. Mais qui dit marché dit offre et demande et aussi détermination d'un prix d'équilibre. Sur le marché de la monnaie, l'offre et la demande de monnaie s'égalisent en raison du taux de l'intérêt qui est selon Keynes, comme nous l'avons dit, « le prix de la renonciation à la liquidité ». Lorsque nous avons présenté la demande de monnaie, nous avons dit que le taux d'intérêt est susceptible de varier en fonction de la demande d'encaisses des agents économiques. En fait, il ne s'agit là que de l'un des facteurs susceptibles de faire varier le taux de l'intérêt. L'autre facteur est l'offre de monnaie, c'est-à-dire la quantité de monnaie que les **autorités monétaires** sont disposées à lancer dans l'économie.

Offre de monnaie exogène : l'offre est le fait des autorités monétaires. La quantité de monnaie émise dans l'économie ne répond pas directement à l'activité économique courante, mais découle des choix des autorités monétaires, de la banque centrale, en matière de politique monétaire. On l'oppose à la monnaie endogène qui est la monnaie émise par les banques en contrepartie de crédits à l'économie, c'est-à-dire en réponse à la demande des agents.

1 - La détermination du taux d'intérêt sur le marché de la monnaie

Dans le schéma keynésien, **l'offre de monnaie est une variable déterminée par la Banque centrale**, qui est en dernier ressort l'institution qui détermine le volume de la masse monétaire et ce, indépendamment du niveau du taux de l'intérêt en vigueur. On considère en effet que grâce à sa politique monétaire – interventions sur le marché monétaire, réserves obligatoires, encadrement du crédit, etc. (*cf.* chapitre 7) – la Banque centrale fixe la quantité de monnaie disponible dans l'économie. Il faut le noter, cette hypothèse est extrêmement simplificatrice et a été largement discutée par nombre d'auteurs. Nous n'entrerons pas ici dans ces discussions qui sortent du cadre conceptuel du modèle IS-LM. Pour notre étude, nous retiendrons seulement que, de façon directe ou indirecte, les autorités monétaires ont le pouvoir de contrôler la quantité de monnaie en circulation dans l'économie, autrement dit que *l'offre de monnaie est exogène**. Il est bon de remarquer que cette hypothèse est de grande portée théorique. Elle permet notamment d'affirmer l'existence d'un **marché de la monnaie** qui, bien que de nature monopolistique, serait régi par la loi de l'offre et de la demande. Elle a aussi une grande portée pratique, puisque selon qu'on la retient comme réaliste ou non, les choix qui seront faits par les gouvernements en matière de politique monétaire ne seront pas les mêmes.

Gardons à l'esprit que nous raisonnons dans la perspective où, d'une manière générale, le montant de la quantité de **monnaie offerte par la Banque centrale ne dépend pas, directement, du taux de l'intérêt.** Il s'ensuit que dans un graphique ayant pour coordonnées Y et i, l'offre de monnaie sera représentée par une droite verticale parallèle à l'axe des ordonnées, nous la désignerons par M^o (*cf.* fig.4).

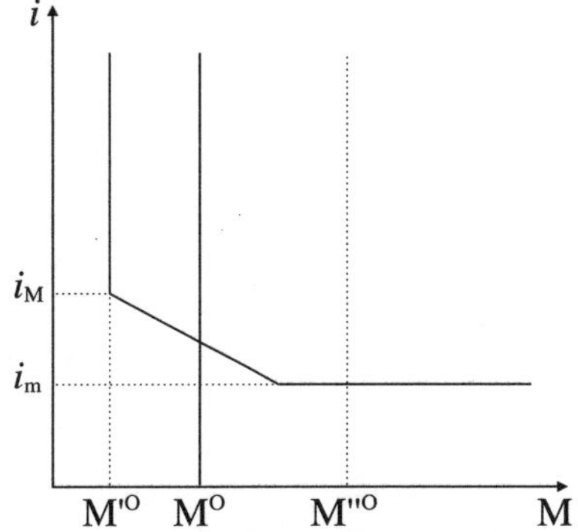

Fig. 4 : Offre et demande de monnaie

Selon cette analyse en termes d'offre et de demande, le taux d'intérêt est le prix qui égalise la demande de monnaie des particuliers avec l'offre de monnaie. Le rôle du taux de l'intérêt n'est pas d'assurer l'égalité de l'épargne et de l'investissement, comme cela est le cas dans les théories classiques et néoclassiques, mais l'équilibre sur le marché de la monnaie.

Il convient de nous interroger sur ce que pourraient être les conséquences d'une variation de l'offre de monnaie dans une situation où la fonction de demande de monnaie des agents serait déterminée. Rappelons que les particuliers et entreprises détiennent leur épargne sous forme de monnaie ou de titres. De plus, lors de la construction de la fonction de demande de monnaie nous avons admis que la monnaie et les titres étaient substituables dans l'avoir des agents. Aussi considère-t-on que pour chacun d'eux, **il existe un niveau donné du degré de préférence pour la liquidité correspondant à une proportion optimum de monnaie et de titres dans leur patrimoine**. Partant de ces quelques données, il est possible de dégager plusieurs principes de portée générale grâce à la lecture de la figure 4.

Préférence absolue pour les titres : les agents anticipent une baisse du taux d'intérêt qui leur apparaît certaine, et donc souhaitent détenir des titres pour réaliser des plus-values plutôt que de la monnaie qui ne leur rapporterait rien.

Lorsque la quantité de monnaie offerte se situe dans la zone où la fonction de demande est « pentue », une diminution de l'offre de monnaie se traduit par une hausse du taux de l'intérêt. Mais la diminution de la quantité de monnaie offerte connaît une limite. Dès l'instant où l'offre se confond avec la partie verticale de la fonction de demande, ici M'^{O}, le taux d'intérêt est égal à i_M, nous somme dans la zone de *préférence absolue pour les titres** et toute la demande de monnaie est motivée par les besoins de transactions et de précaution, les agents ne souhaitent pas détenir de monnaie spéculative puisqu'ils anticipent une hausse du cours des titres. Une nouvelle baisse de l'offre se traduirait par une insuffisance de liquidités dans l'économie, sans modifier pour autant le taux d'intérêt.

Dans le cas où l'accroissement de la quantité offerte se situe en M''^{O}, nous aurions une situation où il y aurait un excédent de monnaie dans l'économie. La demande de monnaie pour motifs de transactions et de précaution serait satisfaite. Le taux d'intérêt étant à son minimum, toute émission supplémentaire de monnaie serait absorbée dans des encaisses oisives. (*cf.* exercice corrigé 5.1, II-8)

Si maintenant nous posons l'hypothèse de fixité de l'offre de monnaie et que nous considérons le cas plus général où la droite d'offre de monnaie coupe la fonction de demande dans sa partie « pentue », nous pouvons dire bien entendu que l'offre de monnaie est un facteur contribuant à la détermination du taux de l'intérêt. Cependant il n'est pas le seul, d'autres facteurs sont susceptibles d'intervenir.

Les déterminants annexes du taux d'intérêt.

Le degré de préférence pour la liquidité : si la confiance des agents dans leurs prévisions changent, ils modifieront la part respective de la monnaie et des titres dans leurs avoirs. Cela se traduira par un déplacement de la fonction de demande de monnaie vers le haut si leur confiance diminue; pour une même quantité de monnaie, ils achèteront moins de titres, ce qui se traduira par une hausse du taux d'intérêt. À l'inverse, s'ils reprennent confiance, la fonction baissera, ils demanderont moins de monnaie et plus de titres et le taux d'intérêt baissera.

L'influence du revenu : toute variation du besoin d'encaisses de transactions ou de précaution se traduira par une variation des encaisses de spéculation. Un besoin d'encaisses de transactions accru, pour une quantité de monnaie offerte donnée, provoquera un déplacement vers la droite de la fonction de demande de monnaie, ce qui se traduira par un accroissement du taux d'intérêt.

2 - Construction de la fonction globale de liquidité : LM

cf. exercice corrigé 5.1; partie II-5

Nous avons décrit respectivement l'offre et la demande de monnaie ainsi que les principes généraux présidant à la détermination du taux de l'intérêt sur le marché monétaire. Nous allons maintenant associer ces différents éléments qui concourent à la définition de la fonction globale de liquidité.

Il s'agit de dégager une équation d'équilibre sur le marché de la monnaie afin de déterminer la quantité de monnaie disponible dans l'économie en fonction des valeurs de Y et de *i*. Cette équation doit en effet traduire la relation quantitative qui s'établit entre Y et *i*, lorsque la demande de monnaie, L, égale l'offre de monnaie, M. D'où le nom de sa courbe représentative, LM, qui est caractérisée par l'ensemble des couples (Y, *i*) tels que L = M. Ce qui, en utilisant les notations que nous avons retenues précédemment, peut s'exprimer par :

$M^D = M^O$, soit :

$tY + l_0 - li = M^O$, et nous pouvons exprimer LM par :

$$\text{LM : } Y = \frac{M^o - l_0 + li}{t}$$

Pour construire la courbe LM, nous allons à nouveau utiliser un système graphique à quatre quadrants mis en correspondance.

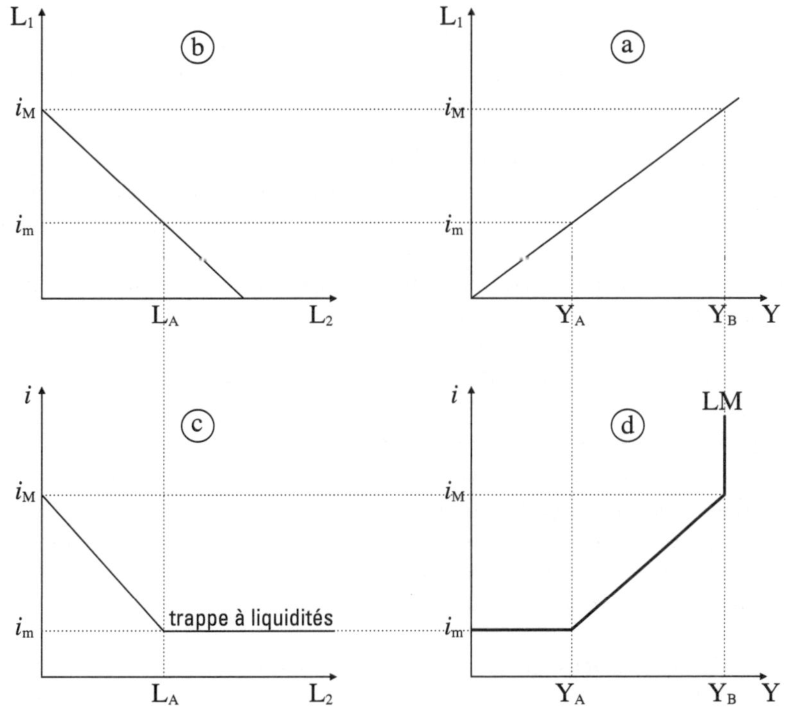

Fig. 5 : Construction de la fonction de liquidité

Le quadrant a représente la demande d'encaisses de transactions qui est fonction du niveau de l'activité économique donc du revenu : $M_1 = L_1(Y)$

Le quadrant b illustre l'égalité de la demande et de l'offre de monnaie. C'est la droite de substitution de M_1 (monnaie demandée pour motifs de transactions et de précaution) à M_2 (demande de monnaie pour motif de spéculation) pour une offre M^O donnée :

$$L_1(Y) = M^O - L_2(i).$$

Le quadrant c représente la demande de monnaie pour motif de spéculation qui est directement fonction du taux d'intérêt : $M_2 = L_2(i)$.

Le quadrant d représente l'équilibre sur le marché monétaire sous forme de la droite LM, c'est-à-dire tous les points correspondant à l'ensemble des couples (Y, *i*) pour lesquels l'équilibre monétaire est réalisé, c'est-à-dire encore l'ensemble des couples (Y, *i*) pour lesquels la demande de monnaie est égale à l'offre exogène de monnaie : $L(Y, i) = M^O$.

La courbe LM est horizontale sur sa gauche car elle représente un état où le taux d'intérêt ne peut plus baisser, il est à son minimum. On peut dire que dans cette zone, l'économie est dans la **trappe à liquidités** puisque le demande de monnaie est infiniment élastique au taux de l'intérêt. Dans cette partie de la courbe, toute émission supplémentaire de monnaie serait affectée à des encaisses oisives pour lesquelles on peut parler de thésaurisation.

Lorsque la pente de la courbe devient positive, le revenu global augmente simultanément avec le taux d'intérêt. En effet, l'offre de monnaie étant ici considérée comme constante et une hausse du taux d'intérêt entraînant une diminution de la demande de monnaie pour motif de spéculation, il s'ensuit que la demande de monnaie pour motifs de transactions et de précaution augmente, ce qui correspond à une augmentation du revenu global Y.

Enfin, lorsque la courbe tend à devenir verticale, le revenu global ne varie pas, et ce, quel que soit le niveau du taux d'intérêt. Pour cette valeur du revenu global, Y, le taux d'intérêt est maximum et toute l'offre de monnaie supplémentaire serait utilisée à l'achat d'actifs financiers. Nous sommes en effet dans la zone de **préférence absolue pour les titres**. Dans cette zone, la demande de liquidités est parfaitement rigide par rapport au taux de l'intérêt, son élasticité est nulle. La demande de monnaie pour motifs de transactions et précaution étant satisfaite pour un revenu Y_B, on peut légitimement penser que toute augmentation de l'offre de monnaie se traduirait par une demande accrue de titres, ce qui entraînerait la hausse du cours de ceux-ci et donc une tendance à la baisse du taux de l'intérêt

La forme de LM. Il est devenu habituel de représenter LM sous la forme d'une courbe, voire d'une droite correspondant principalement à la partie « pentue », c'est-à-dire entre i_m et i_M, que nous avons représentée dans la figure 5. On peut alors écrire les équations simples suivantes :

$$M^D = L_1(Y) + L_2(i) = L(Y, i)$$

La condition d'équilibre étant : $M^D = M^O$, nous pouvons écrire :

$$M^O = L(Y, i)$$

Nous pouvons donc représenter LM de la manière suivante :

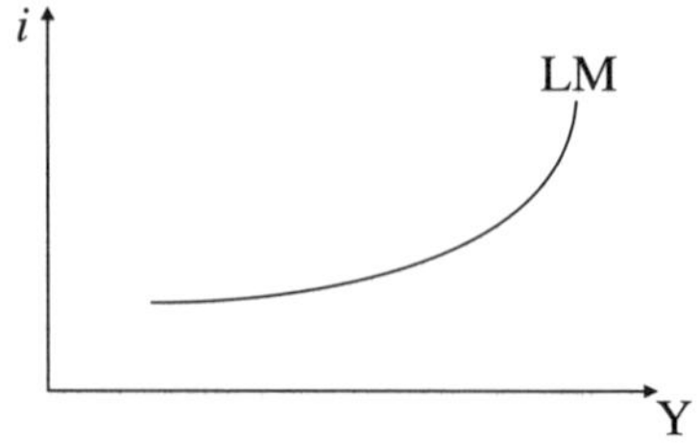

D

ÉQUILIBRE RÉEL ET ÉQUILIBRE MONÉTAIRE SIMULTANÉS (IS-LM)

Les analyses précédentes nous ont montré que, tant pour le marché des produits que pour celui de la monnaie, il existe une infinité de points d'équilibre et, partant, une infinité de couples (Y, *i*) assurant l'équilibre sur chacun des marchés. Lorsque l'on associe les deux marchés dans une représentation unique, on peut observer que l'équilibre simultané sur les deux marchés est réalisé pour un couple unique (Y, *i*) correspondant à l'équilibre général de l'économie qui est caractérisé par l'égalité : **IS = LM**.

1 - Représentation de l'équilibre

Pour représenter géométriquement l'équilibre global, il nous suffit de superposer dans le même plan les courbes IS et LM. Nous obtenons alors **le diagramme de « Hicks-Hansen »** (*cf.* fig. 6.) L'intersection des deux courbes correspond à un couple de valeurs (Y, *i*) qui assure l'équilibre sur chacun des deux marchés des produits et de la monnaie et, partant, de l'économie dans son ensemble (*cf.* exercice corrigé 5.1, III). L'équilibre est atteint lorsque l'équilibre sur le marché des biens et services coïncide avec l'équilibre sur le marché de la monnaie. Nous pouvons exprimer cela arithmétiquement grâce aux équations de IS et LM que nous avons établies précédemment.

Nous avions pour IS : $Y = \dfrac{I_0 + C_0 - gi}{1 - c}$

Nous avions pour LM : $Y = \dfrac{M^o - l_0 + li}{t}$

donc à l'équilibre : $\dfrac{I_0 + C_0 - gi}{1 - c} = \dfrac{M^o - l_0 + li}{t}$

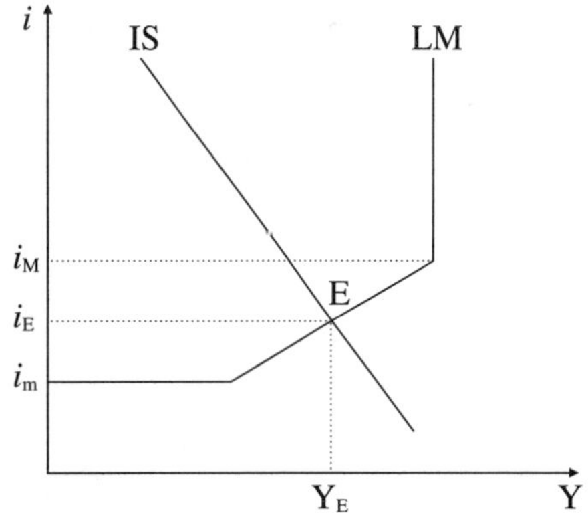

Fig. 6 : Diagramme de Hicks-Hansen

Au point E d'équilibre global, la masse monétaire en circulation détermine un taux d'intérêt, i_E, assez bas et un investissement assez élevé pour susciter un niveau de revenu d'équilibre Y_E. Ce revenu d'équilibre caractérise une situation correspondant à une fonction de consommation, une efficacité marginale du capital, une préférence pour la liquidité et une quantité de monnaie qui reflètent une situation donnée de l'économie et un état donné des comportements des agents économiques. Autrement dit, **lorsque les prix sont constants**, ce qui est l'hypothèse retenue pour la construction du modèle, et dès que l'investissement est déterminé en fonction du taux de l'intérêt, **la demande de biens et services gouverne le niveau de la production**. Le principe de la demande effective est donc respecté par le modèle.

Notons que le revenu d'équilibre correspondant à l'intersection de IS et LM ne coïncide pas nécessairement avec un revenu de plein-emploi.

De plus, et c'est l'un des apports de cette construction, nous pouvons aussi saisir que l'investissement lui-même est indirectement dépendant du niveau de la production. En effet, le développement d'une trop forte activité relativement à la monnaie disponible dans l'économie aurait pour effet d'augmenter fortement la demande de monnaie pour motif de transactions et par là même réduirait la masse de monnaie disponible pour satisfaire au motif de spéculation. Il s'ensuivrait alors une hausse du taux d'intérêt qui aurait pour conséquence de ralentir la demande d'investissement. Dans la mesure où la masse monétaire et les prix n'évoluent pas, nous pouvons percevoir qu'il existe un mécanisme d'ajustement de l'investissement et du niveau de l'activité, le taux d'intérêt étant la variable fondamentale qui permet l'interaction entre les marchés des biens et services et de la monnaie.

Le taux d'intérêt. Déterminé sur le marché de la monnaie, il joue le rôle de variable d'ajustement des grandeurs économiques. **Il est le lien objectif qui relie les deux marchés des biens et services et de la monnaie** ; à ce titre, il agit sur les différentes grandeurs qui sont déterminées sur chacun des deux marchés, et en particulier, à travers la fonction d'investissement, sur le niveau de l'emploi. C'est pourquoi nombre de commentateurs préconisent d'agir sur le taux d'intérêt monétaire pour lutter contre le chômage en favorisant une relance de l'activité de production.

2 - Le déplacement de l'équilibre

Nous pouvons raisonner en considérant séparément chacune des deux courbes et imaginer ensuite toutes les combinaisons possibles entre les déplacements de IS et de LM et la modification de leurs pentes respectives (*cf.* exercice proposé 5.3).

Envisageons tout d'abord quelques facteurs, la liste ne sera évidemment pas exhaustive, qui peuvent provoquer un déplacement de IS et donc de l'équilibre : une variation autonome de la propension à consommer va provoquer une modification de la répartition des encaisses des agents entre leurs différents motifs de détention de monnaie (*cf.* exercice corrigé 5.1, partie I-6) ;
– une variation de l'investissement autonome (*cf.* exercice corrigé 5.1, partie I-4) ;
– une variation dans les importations et les exportations (*cf.* chapitre 6) ;
– une augmentation ou une baisse des dépenses publiques (*cf.* chapitre 7).

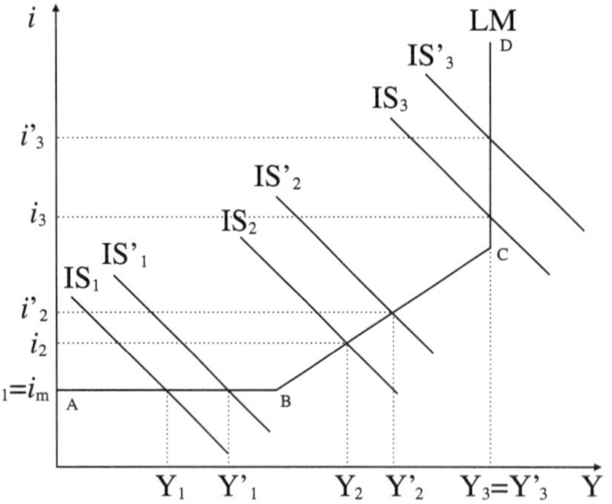

Fig. 7 : Déplacements de IS

Il va de soi que l'effet de ces diverses variations sera très différent sur le taux d'intérêt et/ou le revenu selon l'endroit où IS coupe LM. Nous pouvons appuyer notre réflexion en utilisant la représentation graphique de IS-LM.

Nous ne considérerons ici que le cas de la translation de IS vers la droite sans distinguer les facteurs particuliers qui peuvent provoquer ce déplacement. Celui-ci peut fort bien d'ailleurs résulter de la combinaison plus ou moins complexe de ceux que nous venons d'évoquer.

Nous pouvons distinguer trois zones possibles d'intersection correspondant à des phénomènes différents (*cf.* fig. 7).

Multiplicateur : il s'agit bien du multiplicateur d'investissement qui est de la forme : $\frac{1}{1-c}$

Dans la zone AB : lorsque IS_1 se déplace vers IS'_1 on peut voir que l'effet sur le taux de l'intérêt est rigoureusement nul. En revanche, ce déplacement va provoquer une augmentation sensible du revenu global, on peut penser notamment que l'effet du *multiplicateur** joue pleinement.

Dans la zone BC : le déplacement de IS se traduit à la fois par l'augmentation du taux de l'intérêt et du revenu. Mais on peut remarquer que bien que l'écart entre IS_2 et IS'_2 soit plus important que celui entre IS_1 et IS'_1, la variation du revenu est moindre que dans le cas précédent, nous avons : $Y'_2 - Y_2 < Y'_1 - Y_1$. Cela tient à ce que la hausse du taux de l'intérêt incite les agents à faire des placements sur le marché financier plutôt qu'à investir ou consommer.

Dans la zone CD : le glissement de IS se traduit uniquement par une hausse du taux de l'intérêt, le revenu reste le même. La forte hausse du taux de l'intérêt fait que les agents sont plutôt incités à faire des placements qu'à investir dans la production.

Analysons maintenant un déplacement, ou plus précisément un glissement de LM vers la droite. Le déplacement de LM peut être provoqué par :
- une variation de l'offre de monnaie par les autorités monétaires (*cf.* exercice corrigé 5.1, partie II-8) ;
- une prise de confiance dans l'avenir de la part des particuliers, ce qui pourrait réduire les encaisses de précaution (*cf.* exercice corrigé 5.1, partie II-7) ;
- une variation du revenu (*cf.* exercice corrigé 5.1, partie II-6).

À nouveau ici, l'effet du glissement de LM et la structure du nouvel équilibre qui en résulte vont dépendre de la zone dans laquelle elle est coupée par IS (*cf.* fig. 8).

Dans la zone AB : IS_1 coupe LM dans sa partie horizontale, toute augmentation de la quantité de monnaie est absorbée dans la trappe à liquidités. La constitution d'encaisses oisives ne favorise pas l'augmentation du revenu, ni aucune variation du taux d'intérêt qui reste à son minimum.

Dans la zone BC, et B'C' : ici l'augmentation de la liquidité a un double effet. Elle va se traduire par une augmentation des encaisses des agents qui vont répartir ce surcroît de liquidités entre spéculation et transactions. D'un côté la demande supplémentaire de titres va provoquer une hausse de leur cours et donc une baisse du taux de l'intérêt, de i_2 à i'_2, de l'autre côté l'augmentation des encaisses de transactions va favoriser le développement de la consommation et aussi de l'investissement. Ce dernier sera en outre stimulé par la baisse du taux d'intérêt.

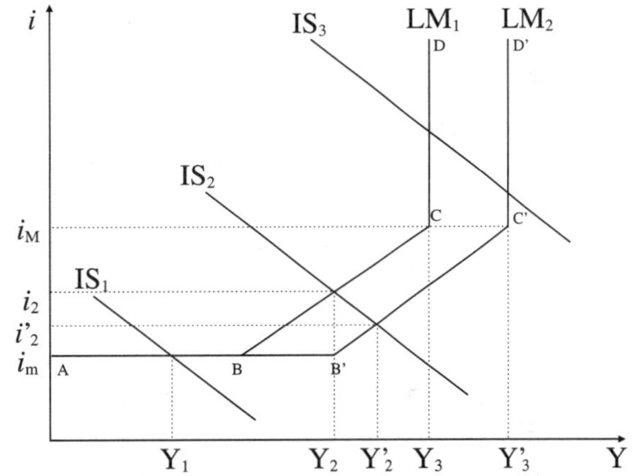

Fig. 8 : Glissement de LM

Dans la zone CD, et C'D' : on assiste à un phénomène du même type que le précédent mais dans des proportions amplifiées. La baisse du taux de l'intérêt étant forte, elle favorisera d'autant plus l'investissement dont l'augmentation se traduit par une forte augmentation du revenu.

Ces quelques éléments de *statique comparative** nous permettent de saisir en quoi le modèle IS-LM peut être considéré comme un outil dont peut user un gouvernement pour mettre en place sa politique économique. Selon la conjoncture, il peut en effet décider d'agir sur l'une ou l'autre des variables de comportement du modèle et ainsi modifier l'équilibre économique au gré de ses projets. Cependant il est bon de remarquer que le modèle que nous venons d'étudier ne couvre pas explicitement tous les aspects de l'activité économique. Certes, cette présentation de l'équilibre simultané sur les marchés des biens et services et de la monnaie contribue à une certaine compréhension de ce qu'est une économie moderne où la monnaie joue un rôle essentiel. Pour approcher une représentation plus complète, il nous faudra introduire les relations d'échange avec l'extérieur et les conséquences qu'elles peuvent avoir sur la détermination de l'équilibre global à l'intérieur d'un pays.

Statique comparative : on compare deux situations disjointes sans considérer la continuité du phénomène entre les deux situations. On raisonne dans la discontinuité.

QUESTIONS À CHOIX MULTIPLES

(Pour chaque question, une ou plusieurs réponses sont possibles.)

1 - Dans la théorie keynésienne, le taux d'intérêt :

a. n'a pas d'influence sur le marché des biens et services.
b. a une influence sur le marché des biens et services.
c. est une variable purement monétaire.
d. est une variable à la fois monétaire et réelle.

2 - Le taux d'intérêt est déterminé :

a. par l'égalité de l'offre et de la demande de monnaie.
b. par l'égalité de l'épargne et de l'investissement.
c. par l'égalité de la demande d'encaisses de transactions et de spéculation.
d. par l'égalité de la demande et de l'offre de biens et services.

3 - Le phénomène de trappe à liquidités est :

a. associé à l'inflation.
b. un phénomène fiscal.
c. lié au faible niveau du taux de l'intérêt.
d. synonyme de préférence absolue pour les titres.

4 - Le montant des encaisses spéculatives dépend directement :

a. du niveau de l'investissement souhaité par les entreprises.
b. du niveau général des prix.
c. des anticipations spéculatives des intervenants sur le marché de la monnaie.
d. du montant de l'épargne des ménages.

5 - La notion de préférence pour la liquidité est :

a. un concept spécifiquement keynésien.
b. inspirée de la théorie quantitative de la monnaie.
c. fondée sur le principe de la parfaite substituabilité de la monnaie et des titres.
d. fondée sur la non-substituabilité de la monnaie et des titres.

6 - Dans la théorie keynésienne, la monnaie est :

a. demandée pour elle-même.
b. un voile qui masque les phénomènes réels.
c. un élément essentiel au fonctionnement de l'économie.
d. un pur reflet des phénomènes réels.

7 - Dans le modèle IS-LM, l'offre de monnaie est :

a. exogène.
b. endogène.
c. fonction du taux de l'intérêt.
d. décidée par les autorités monétaires.

8 - Dans la zone dite keynésienne de LM, un déplacement vers la droite de IS se traduit par :

a. une hausse du taux d'intérêt.
b. une hausse du revenu.
c. une hausse du revenu et une baisse du taux d'intérêt.
d. une hausse du revenu et une hausse du taux d'intérêt.

9 - Dans la zone dite classique de LM, la demande de monnaie est :

a. parfaitement élastique au taux de l'intérêt.
b. uniquement motivée par des encaisses de transaction et de précaution.
c. parfaitement rigide par rapport au taux d'intérêt.
d. uniquement motivée par la constitution d'encaisses spéculatives.

10 - Parmi ces propositions lesquelles sont exactes :

a. l'augmentation de l'offre de monnaie ne fait pas toujours baisser le taux d'intérêt.
b. la demande de monnaie est insensible au taux de l'intérêt.
c. l'égalité de IS et LM définit un équilibre de plein emploi.
d. la demande de monnaie est fondée sur des facteurs psychologiqucs.

(Les réponses se trouvent en fin d'ouvrage, page 413)

EXERCICE CORRIGÉ 5.1

Construction de l'équilibre macroéconomique

Afin que le lecteur se familiarise avec le modèle IS-LM, l'exercice présenté ici procède par étapes successives. Il s'agit d'étudier séparément IS et LM en considérant les variations des différents éléments qui les définissent, pour finalement les rassembler en une représentation unique de l'équilibre macroéconomique.

ÉNONCÉ

Une économie fermée est caractérisée par les données suivantes :

Secteur réel :
$C = 0{,}8Y + 100$
$I = 600 - 5\,000i$

Secteur monétaire :
$M^T = 0{,}5Y$
$M^S = 800 - 10\,000i$ pour $i > 0{,}03$
$M^S = 800$ pour $i \leq 0{,}03$
$M^O = 1\,200$

Remarque : pour répondre aux questions suivantes, nous utiliserons l'hypothèse « toutes choses égales par ailleurs ». C'est-à-dire que pour traiter de chacune des variations considérées, nous reprendrons toujours comme données celles de la situation initiale.

I - ÉTUDE DE IS (A,1, 2)

1. Présenter sous forme générale les équations qui président à la détermination de l'équilibre sur le marché des biens et services.

2. Construire IS et en donner une représentation graphique.

3. Quelles seraient les conséquences d'une variation du taux d'intérêt ? On suppose que celui-ci passe de 5 % à 7,5 %.

4. Le taux d'intérêt étant de 5 %, on enregistre une variation du comportement d'investissement dont l'expression devient : $I = 700 - 5\,000i$. Étudier les conséquences de cette variation.

5. On enregistre une modification dans le comportement d'investissement par rapport au taux d'intérêt. La nouvelle fonction d'investissement est : $I = 600 - 6\,000i$. Que se passe-t-il pour IS ? Que se passerait-il si nous avions : $I = 600 - 4000i$? L'effet serait-il symétrique au précédent ?

6. Nous avons maintenant : $c = 0{,}75$; IS est-elle modifiée ?

7. Quelles seraient les conséquences d'une variation de C_0 ?

II - ÉTUDE DE LM (B, C)

1. Exprimer d'une manière générale la fonction de demande de monnaie.

2. On suppose que la situation initiale correspond à un revenu $Y = 2\,000$. Représenter graphiquement la fonction de demande de monnaie.

3. Quelles seraient les conséquences sur la demande de monnaie si nous avions $M^T = 0{,}6Y$?

4. On suppose que M^S varie et devient : $M^S = 1\,000 - 10\,000i$. Quelles sont les conséquences de cette variation ?

5. Construire LM.

6. Que se passe-t-il si $Y = 2\,400$?

7. On envisage une situation où M^T serait de : $M^T = 0{,}4Y$. Que devient LM ?

8. Étudier graphiquement les conséquences d'une augmentation de M^O. Si $M^O = 1\,300$, que devient LM ?

III - L'équilibre macroéconomique (D)

En utilisant les données initiales relatives à IS et LM, représenter l'équilibre global de l'économie considérée.

CORRIGÉ

I - Étude de IS

I-1. Les principales équations

L'équilibre sur le marché des biens et services est exprimé par la relation : $Y = C + I$

La fonction de consommation par : $C = cY + C_0$

Ce qui signifie que la consommation dépend :
– de la propension marginale à consommer, *c* ;
– et de la consommation incompressible, C_0.

La fonction d'investissement par : $I = I_0 - gi$

Ce qui signifie que l'investissement dépend :
– pour partie des conditions générales du marché et de l'optimisme des entrepreneurs, qui est exprimé par I_0.
– pour l'autre partie, représentée ici par le coefficient *g*, du niveau du taux de l'intérêt, et ce, de manière décroissante, d'où le signe – devant *g*.

Nous pouvons dégager la relation suivante : $Y = cY + C_0 + I_0 - gi$

Soit encore à l'équilibre : $Y = \dfrac{C_0 + I_0 - gi}{1 - c}$

Cette dernière expression fait ressortir qu'il existe une relation négative entre le taux de l'intérêt, *i*, et le revenu d'équilibre Y. Ainsi, si *i* augmente, et que les autres variables restent constantes, Y va diminuer.

Cette expression de l'équilibre sur le marché des biens et services nous permet de mesurer les effets quantitatifs d'une variation de *i* sur l'investissement, mais aussi sur le revenu puisque l'expression $\dfrac{1}{1-c}$, représente le multiplicateur de dépenses (*cf.* chapitre 4).

I-2. Construction de IS

Soit les fonctions de consommation et d'investissement suivantes :

$C = 0{,}8Y + 100$

$I = 600 - 5\,000i$

(**Remarque :** Le coefficient appliqué à *i*, ici 5 000, est très élevé, parce que nous mesurons le taux d'intérêt en centièmes (exemple 0,05 = 5 %). Si l'on écrivait 5 % = 5, le coefficient serait égal à 50 et non pas à 5 000.)

À l'aide de ces données nous pouvons construire IS.

Le long de IS, le revenu est à l'équilibre, on a donc : $Y = C + I$, soit :

$$Y = 0{,}8Y + 100 + 600 - 5\,000i$$

À l'équilibre, l'épargne, S, est égale à l'investissement, I, nous avons : I = S

Connaissant C nous pouvons exprimer S par : S = Y – C. Ce qui nous donne : S = 0,2Y – 100

L'ensemble des couples (Y, *i*) pour lesquels l'équilibre est réalisé sur le marché des biens et services est exprimé par l'équation :

$0{,}2Y - 100 = 600 - 5\,000i$ soit : $Y = \dfrac{700 - 5\,000i}{0{,}2}$, ou encore : $Y = 3\,500 - 25000i$

Nous pouvons maintenant tracer la courbe IS, qui en l'occurrence ici est une droite (*cf.* fig.9).

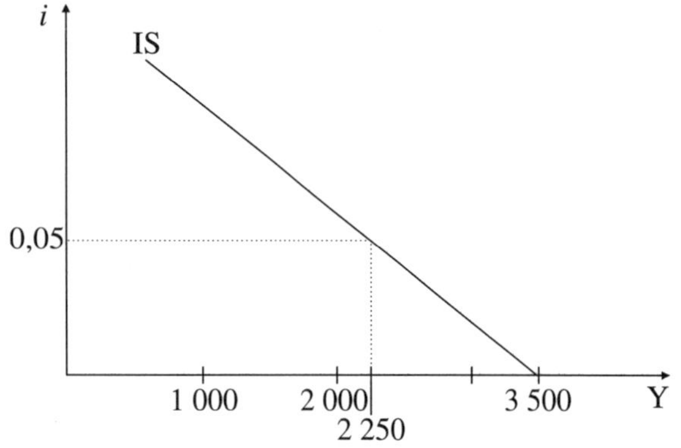

Fig. 9 : Représentation de IS

On observe que IS a une pente négative, ce qui est normal, puisque plus le taux de l'intérêt est élevé et plus l'investissement a tendance à diminuer et, donc, moins le revenu est important.

L'égalité de l'épargne et de l'investissement est vérifiée le long de IS.

I-3. Variation de *i*

Une variation de *i* se traduit, toutes choses égales par ailleurs, par un déplacement sur la courbe IS, donc par une modification du revenu d'équilibre. Reprenons la figure 9 et considérons que le taux d'intérêt augmente et passe de $i = 0{,}05$ à $i = 0{,}075$.

L'équation de IS est exprimée par :

$Y_E = 3\,500 - 25\,000i$, ce qui fait qu'avec $i = 0{,}075$ le nouveau revenu d'équilibre est de :

$Y_E = 1\,625$ et non plus 2250.

L'augmentation de *i* (*cf.* fig. 10) se traduit par un déplacement sur IS, nous passons du point A (2250, 0,05) au point B (1625, 0,075). Le revenu correspondant à l'équilibre sur le marché des biens et services tend à diminuer, car l'augmentation du taux d'intérêt incite les détenteurs de capitaux liquides à faire des placements plutôt que des investissements.

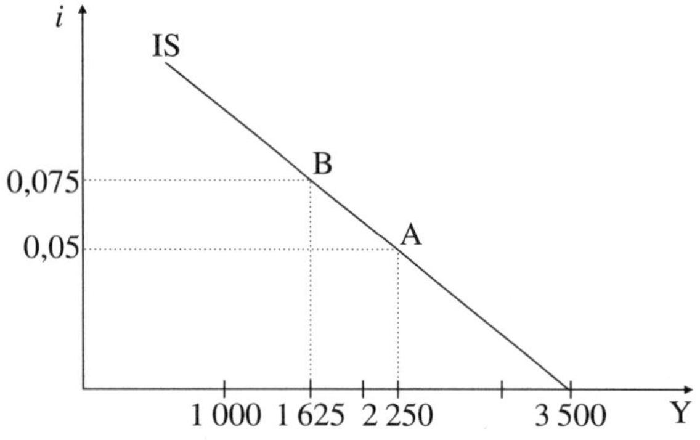

Fig. 10 : Déplacements sur IS

I-4. Augmentation de I_0 qui devient $I_0 + \Delta I_0$

Cette augmentation signifie que pour un taux d'intérêt donné, les entreprises souhaitent investir davantage parce qu'elles sont optimistes et anticipent une amélioration dans l'écoulement de leurs produits.

Grâce à l'effet positif du multiplicateur d'investissement, l'augmentation du revenu d'équilibre sera plus que proportionnelle à l'injection initiale en investissement.

D'une manière générale, nous pouvons écrire :

$Y_E = \dfrac{C_0 + I_0 + \Delta I_0 - gi}{1-c}$, ce qui peut être ramené à : $\Delta Y_E = \dfrac{C_0 + I_0 + \Delta I_0 - gi}{1-c}$,

Pour $i = 0{,}05$, $c = 0{,}8$ et $\Delta I_0 = 100$, nous obtenons : $\Delta Y_E = \dfrac{100}{0{,}2} = 500$

Le nouveau revenu d'équilibre pour $i = 0{,}05$ est $Y_{E1} = 2\,750$.

Nous pouvons tracer la nouvelle droite IS_2 en reprenant la figure 9 (*cf.* fig. 11).

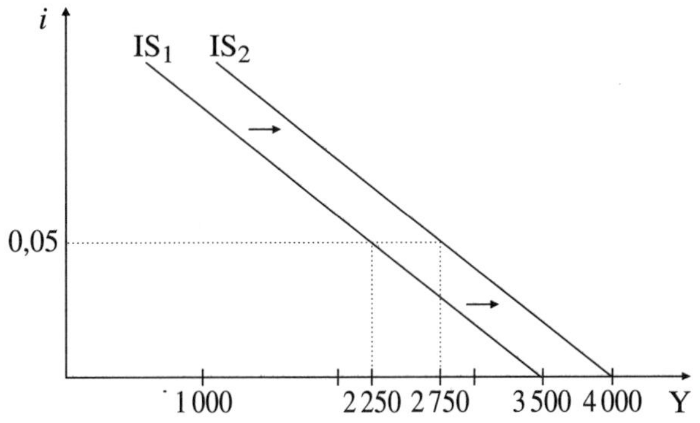

Fig. 11 : Déplacement de IS

L'augmentation de l'investissement est ici indépendante du taux de l'intérêt. C'est la raison pour laquelle l'augmentation de I_0 provoque la seule augmentation du revenu par le glissement de IS de IS_1 à IS_2. De façon symétrique, une baisse de I_0 provoquerait un glissement de IS vers le bas à gauche.

I - 5. Variation de *g*

En termes géométriques, la variation de g implique une modification de la pente de la droite IS (*cf.* fig. 12).

Nous supposons que i ne varie pas et que seul est modifié le coefficient g qui augmente et devient : $g = 6000$

L'expression du revenu d'équilibre, pour $i = 0{,}05$ est alors :

$Y_E = 3\,500 - 30\,000i$, soit pour $i = 0{,}05$, $Y_E = 2\,000$.

Ce qui graphiquement nous donne la droite IS_2, dont la pente est plus faible que celle de IS_1 (*cf.* fig. 12).

De l'autre côté, si g diminue et devient $g = 4\,000$. Nous trouvons la droite IS_3 d'équation :

$Y_E = 3\,500 - 20\,000i$. Soit pour $i = 0{,}05$, $Y_E = 2\,500$ (*cf.* fig. 12).

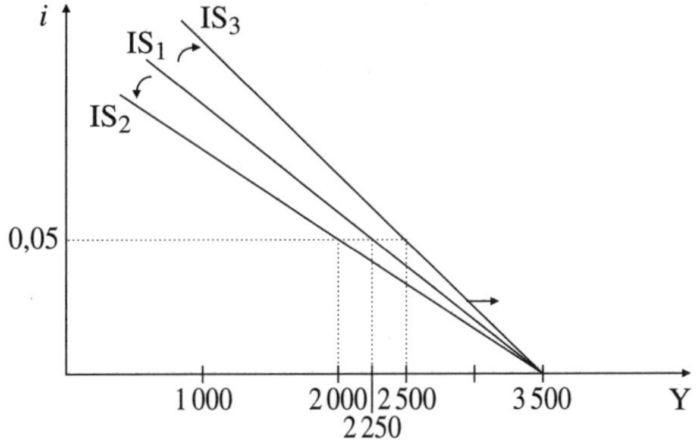

Fig. 12 : Modification de la pente de IS

Une augmentation de g en valeur absolue signifie que l'investissement devient plus sensible aux variations du taux de l'intérêt. Si g est très élevé, une hausse du taux de l'intérêt va entraîner une forte baisse de l'investissement, et donc une diminution sensible de revenu, diminution qui sera d'autant plus importante que le multiplicateur d'investissement est élevé.

Une baisse de g fait que la pente de IS est plus forte ; l'investissement est moins sensible (moins élastique) aux variations du taux de l'intérêt. Sur IS_3, l'augmentation d'une unité du taux de l'intérêt provoquera une baisse du revenu moins importante que si l'on était sur IS_2.

I - 6. Modifications dans la propension marginale à consommer

Variation de c : toute variation de la propension marginale à consommer, c, aura des conséquences combinant à la fois la variation de g et celle de I_0. On assisterait alors à un glissement de IS et à une modification dans sa pente. Cela s'explique par le fait que la propension marginale à consommer variant, la part du revenu consacré à l'épargne varie aussi, donc la masse d'épargne susceptible d'être investie va elle aussi varier. L'alternative à laquelle sont confrontés les épargnants, entre placement sur le marché financier et investissement, va conduire ceux-ci à être plus ou moins sensibles aux variations du taux de l'intérêt.

Supposons que c diminue et que la fonction de consommation devienne :

$$C = 0{,}75Y + 100$$

et que la fonction d'investissement reste :

$$I = 600 - 5\,000i$$

La nouvelle équation de IS est alors :

$$Y = 2\,800 - 20\,000i$$

Ce qui graphiquement nous donne la figure 13.

La baisse de c provoque à la fois un glissement de IS_1 vers la gauche en IS_2, et une augmentation de la pente de la droite ; les agents sont moins sensibles aux variations de i.

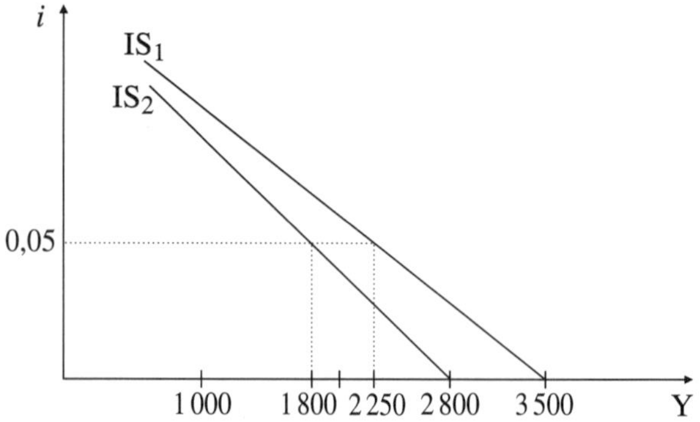

Fig. 13 : Modification de *c*

I - 7. Variation de C_0

Une modification de C_0 a les mêmes effets que la variation de I_0. Il s'agit de dépenses indépendantes du niveau du revenu courant et auxquelles s'appliquent pleinement l'effet du multiplicateur.

II - Étude de LM

II - 1. Rappel des principales équations

La demande de monnaie est composée de deux fonctions :

– la demande de monnaie pour motifs de transactions et de précaution que nous désignerons par M^T, et qui est fonction du revenu soit :

$$M^T = L_1(Y)$$

$L_1(Y)$ est une fonction croissante, $L'_1(Y) > 0$, c'est-à-dire que plus le revenu augmente et plus la communauté demande de monnaie pour constituer des encaisses de transactions et de précaution. Nous pouvons exprimer la proportion du revenu qui est demandée sous forme d'encaisses de transactions par t. Nous pouvons donc écrire :

$$L_1(Y) = tY$$

– la demande de monnaie pour motif de spéculation, que nous désignons par M^S, est fonction du taux de l'intérêt en vigueur sur le marché des titres à revenu fixe :

$$M^S = L_2(i).$$

$L_2(i)$ est une fonction décroissante, $L'_2(i) < 0$, c'est-à-dire que lorsque que le taux d'intérêt tend, par exemple, à augmenter, les agents tendent à réduire leurs encaisses de monnaie en se portant acheteurs de titres. Ils anticipent en effet une hausse du prix des titres et donc la réalisation de plus-values. Il faut remarquer toutefois que M^S est une fonction comportant une partie qui n'est pas liée à l'évolution du taux de l'intérêt, l_0, et une partie variable qui est fonction du taux d'intérêt, li. On peut l'exprimer par :

$$L_2(i) = l_0 - li$$

Une partie de la monnaie demandée pour spéculer ne dépend pas du niveau du taux de l'intérêt, mais est plutôt liée au niveau du patrimoine des particuliers, ici l_0. Ces derniers utilisent une certaine proportion de leurs avoirs liquides pour maintenir leur patrimoine à un certain niveau, sans directement tenir compte des taux d'intérêt pratiqués. Ils choisiront de détenir de la monnaie ou des titres en fonction de l'évolution des richesses qu'ils souhaitent conserver. L'autre partie, li, la plus importante est une fonction décroissante du taux de l'intérêt, car la détention de monnaie est ici proprement spéculative et directement dépendante de l'évolution anticipée du cours des titres.

La demande globale de monnaie peut alors s'écrire :

$$M^D = M^T + M^S$$

$$\text{ou encore : } M^D = L_1(Y) + L_2(i)$$

$$\text{soit : } M^D = tY + l_0 - li$$

Nous l'avons vu (*cf.* cours B, 3), dans le cadre de la théorie keynésienne, la fonction $L_2(i)$ est comprise entre deux valeurs du taux de l'intérêt : i_M pour lequel les spéculateurs ont une préférence absolue pour les titres et donc ne demandent plus de monnaie, $L_2(i) = 0$; et un taux minimum, i_m, pour lequel les agents ont une préférence absolue pour la monnaie, c'est le taux auquel correspond la trappe à liquidités. À ce niveau du taux d'intérêt et en dessous, les agents préfèrent conserver leurs avoirs sous forme liquide plutôt que de les placer.

Nous avons alors : $M^D = L_1(Y) + L_2(i) = tY + l_0 - li$ pour $i_m \leqslant i < i_M$

$M^D = L_1(Y) + l_0 = tY + l_0$ pour $i > i_M$

II - 2. La fonction de demande de monnaie

– La demande de monnaie pour motif de transactions et de précaution, ici M^T, n'est pas fonction du taux de l'intérêt. Cette demande sera donc représentée par une droite verticale, d'abscisse :

$$M^D = 0{,}5\,(2\,000) = 1\,000$$

– La demande de monnaie pour motif de spéculation est fonction du taux de l'intérêt supérieur à 0,03. En dessous de ce taux, la demande de monnaie pour motif de spéculation est $l_0 = 800$, et les agents constituent des encaisses oisives qui tombent dans la trappe à liquidités. À ce niveau du taux d'intérêt, la demande de monnaie est donc infiniment élastique par rapport au taux d'intérêt. La demande de monnaie est donc représentée par une droite horizontale d'ordonnée 0,03.

– Dans la zone qui est définie entre la demande de monnaie pour motif de transactions et celle de la trappe à liquidités, la demande de monnaie est directement fonction (décroissante) du taux de l'intérêt.

Construisons le graphique correspondant aux données chiffrées dont nous disposons :

$M^T = 1\,000$
$M^S = 800 - 10\,000i$, pour $i \geqslant 0{,}03$.

La demande de monnaie peut alors être exprimée par :

$M^D = M^T + M^S$
$M^D = 1\,000 + 800 - 10\,000i$, soit :
$M^D = 1\,800 - 10\,000i$

Repérons quelques points :

$i = 0{,}03$ $M^D = 1\,500$
$i = 0{,}05$ $M^D = 1\,300$
$i = 0{,}09$ $M^D = 900$.

Ici M^D est inférieur à 1 000, c'est-à-dire au montant de la demande d'encaisse de transactions. Ce point n'existe donc pas, M^D ne peut être inférieure à 1 000.

Le taux d'intérêt maximum, i_M, pour lequel la demande de monnaie spéculative est nulle et où toute la demande de monnaie est motivée par les encaisses de transactions et de précaution est de 0,08. En effet, le taux pour lequel la demande de monnaie spéculative est nulle peut être calculé par :

$800 - 10\,000i = 0$, ce qui nous donne bien $i = 0{,}08$.

Construisons M_1^D (fig. 14).

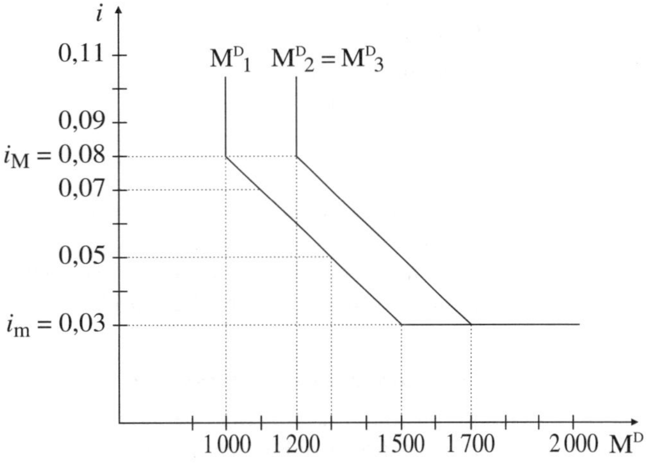

Fig.14 : La demande de monnaie

II - 3. Variation de t

Toute variation de M^T en raison d'une modification de t se traduit par un glissement de la courbe parallèlement à elle-même. Supposons que $t = 0{,}6$, donc $M^T = 1200$. Avec $M^S = 800 - 10000i$, M^D devient :

$$M_2^D = 2000 - 10000i$$

Ce qui fait que pour :

$i = 0{,}03 \quad M^D = 1700$
$i = 0{,}08 \quad M^D = 1200$

On trouve graphiquement la courbe M_2^D située à droite de M_1^D (*cf.* fig. 14).

II - 4. Variation de l_0

Nous avons maintenant : $l_{01} = 1\,000$. M^S est alors exprimé par :

$$M_1^S = 1000 - 10000i$$

Avec $M^T = 1000$, M^D devient :

$M_3^D = 2000 - 10000i$. Ce qui est rigoureusement la même équation que pour M_2^D. C'est dire que les deux courbes sont confondues, et donc, qu'une variation de l_0 produit le même type d'effet que la variation de t, et plus généralement de M^T (*cf.* fig. 14).

II - 5. Construction de LM

Pour donner une représentation graphique de LM, nous pourrions bien entendu construire le modèle à quatre quadrants que nous avons utilisé dans le cours (*cf.* cours C, 2 p. 195). Mais étant donné que nous disposons ici de données chiffrées, nous n'avons plus besoin de démontrer le processus d'élaboration de la fonction LM et nous pouvons passer directement à sa construction, tout en gardant à l'esprit ses déterminants.

LM représente l'ensemble des points d'équilibre sur le marché de la monnaie. Autrement dit, l'ensemble des couples (Y, i) pour lesquels est réalisée l'égalité entre la demande de monnaie et l'offre de monnaie, soit :

$$M^D = M^O$$

Ici, nous avons :

$$0{,}5Y + 800 - 10000i = 1200$$
$$\text{soit encore : LM : } Y = 800 + 20000i$$

C'est cette fonction que nous pouvons maintenant tracer (*cf.* fig. 15).

Repérons quelques points :

$i = 0{,}03 \quad Y = 1400$
$i = 0{,}07 \quad Y = 2200$
$i = 0{,}08 \quad Y = 2400$

Comme nous l'avons fait dans le cadre de l'étude de IS, nous allons maintenant analyser les conséquences que peut avoir la variation des éléments constitutifs de la fonction LM.

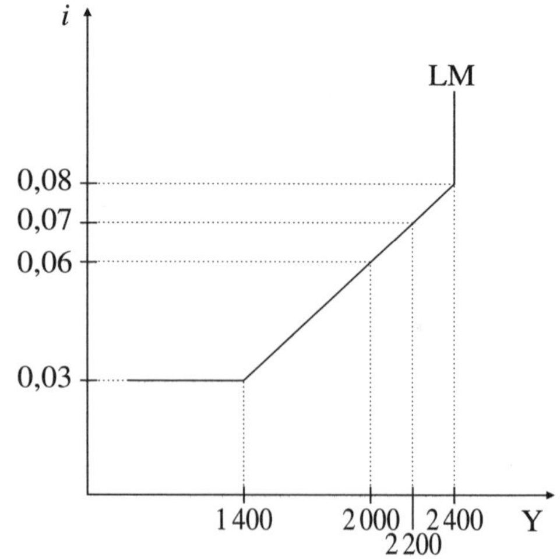

Fig. 15 : Construction de LM

II - 6. Variation du revenu

Pour construire la fonction de demande de monnaie nous nous sommes donné par hypothèse un revenu national de Y = 2000.

Le nouveau revenu est $Y_1 = 2400$. Voyons tout d'abord quelles sont les conséquences sur la fonction de demande de monnaie.

Nous avons :
$M^D = 0{,}5Y + 800 - 10000i$

Avec Y = 2400, M^D devient :
$M_2^D = 2000 - 10000i$

Comme on peut le constater sur la figure 16 ci-contre, l'augmentation du revenu se traduit par un déplacement de la courbe de demande de monnaie parallèlement à elle-même.

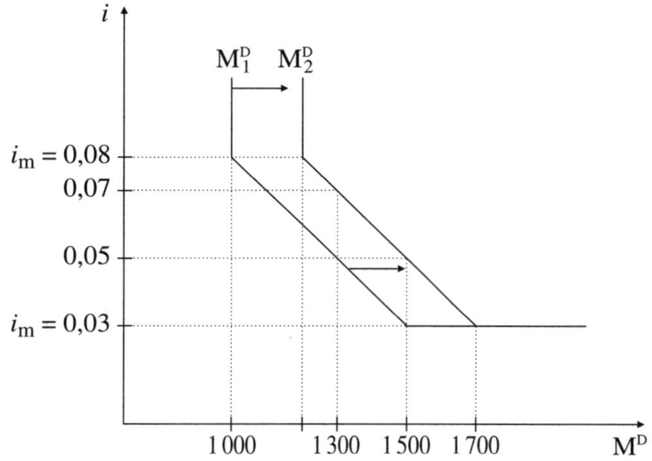

Fig. 16 : Variation du revenu

Le glissement de la fonction de demande de monnaie n'entraîne pas nécessairement un glissement de LM.

D'une manière générale, la variation du revenu se traduit par un déplacement sur LM.

Nous pouvons le vérifier par le calcul.

L'équation de LM pour une offre de monnaie $M^O = 1200$ est :

$$Y = 800 + 20000i$$

Pour Y = 2000, l'équilibre sur le marché de la monnaie est atteint lorsque $i = 0{,}06$.

Avec Y = 2400, l'équilibre est atteint lorsque $i = 0{,}08$. Le couple (2400, 0,08) appartient bien à la courbe LM telle que nous l'avons tracée précédemment ; le lecteur peut le vérifier en lisant la figure 15. Mais cela n'est vrai que si le revenu ne dépasse pas 2400. S'il dépasse ce montant, on assiste alors à un glissement de LM vers la droite.

Nous avons considéré que l'augmentation du revenu n'avait pas de conséquences sur la structure de la demande de monnaie formulée par les agents, nous avons en effet conservé $t = 0{,}5$. Or, on peut penser qu'une augmentation sensible du revenu peut avoir pour effet de modifier la répartition des encaisses des agents. En raison de la loi psychologique attachée aux propensions à consommer, nous sommes tout à fait fondés de penser qu'une augmentation du revenu peut se traduire par une variation de la proportion de celui-ci qui est demandée pour motif de transactions. Nous aurions alors une modification de t.

II - 7. Modification de la proportion des encaisses de transactions

Pour bien faire ressortir les effets d'une variation de t, nous supposerons que les agents réduisent la part du revenu qu'ils consacrent à leurs encaisses de transactions, alors que le revenu n'augmente pas. Nous raisonnons dans le cas où Y = 2000.

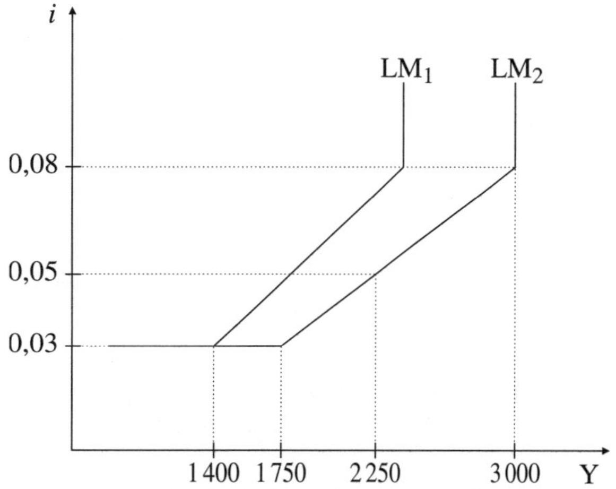

Fig. 17 : Modification de M^T

Nous avons maintenant $M^T = 0{,}4Y$. Ce qui équivaut à une modification dans le degré de préférence pour la liquidité des agents. Réduisant leurs encaisses de transactions, les agents disposant d'un même revenu vont augmenter leurs encaisses spéculatives.

Avec $t = 0{,}4$, l'équation de M^D devient :

$$M^D = 0{,}4Y + 800 - 10000i$$

Si M^O reste à 1 200, l'équation de LM est alors :

$$LM_2 : Y = 1000 + 25000i$$

Étudions les conséquences de cette variation de t.

Nous pouvons observer sur la figure 17 deux phénomènes :

– une modification de la pente de la partie pentue de LM. En raison de ce que les agents ont réduit la proportion de M^T dans leurs encaisses, la demande de monnaie pour motif de spéculation devient proportionnellement plus importante au sein du revenu. Donc, pour un même niveau de revenu on a une tendance à la baisse du taux de l'intérêt, les agents sont en effet disposés à placer plus de monnaie sur le marché des titres. La quantité de monnaie détenue pour motif de spéculation augmentant, la demande de monnaie pour ce type d'encaisses devient plus sensible (plus élastique) aux variations du taux d'intérêt. De l'autre côté, dans la zone comprise entre $i_m = 0{,}03$ et $i_M = 0{,}08$, sur LM_2 une augmentation du revenu s'accompagnera d'une augmentation du taux d'intérêt proportionnellement moins importante que sur LM_1 ;

– un glissement de LM vers la droite. Le degré de préférence pour la liquidité a changé, il a diminué. Ce qui explique le fait que les agents sont prêts à constituer des encaisses oisives pour un niveau de revenu plus élevé, on passe de 1 400 à 1 750. La tendance à la baisse du taux de l'intérêt tend à favoriser l'investissement et donc l'augmentation du revenu.

II - 8. Augmentation de l'offre de monnaie

Face à une demande de monnaie constante, l'augmentation de la quantité de monnaie offerte se traduit par une tendance à la baisse du taux de l'intérêt.

Pour un revenu Y = 2 000, l'équation de demande de monnaie est :

$$M^D = 1800 - 10000i$$

L'offre de monnaie est $M_1^O = 1200$

Le taux d'intérêt d'équilibre peut alors être calculé par :

$$1800 - 10000i = 1200, \text{ soit : } i = 0{,}06.$$

Si l'offre de monnaie passe à $M_2^O = 1300$, alors $i = 0{,}05$.

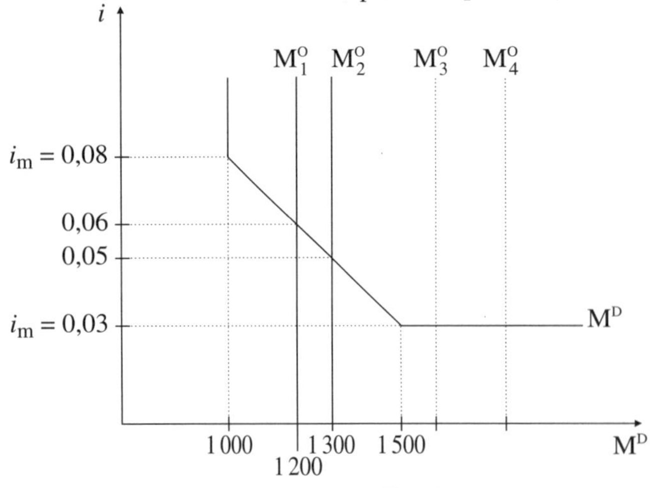

Fig. 18 : Variation de l'offre de monnaie

On vérifie qu'il y a bien une tendance à la baisse du taux de l'intérêt lorsque l'offre de monnaie augmente, alors que la demande de monnaie reste stable et que le revenu ne varie pas.

Cependant, lorsque la droite d'offre de monnaie, M_3^O, coupe la fonction de demande dans sa partie horizontale, on peut constater qu'une augmentation de l'offre de monnaie, de M_3^O à M_4^O, n'a aucun effet sur le taux d'intérêt. Cela parce que toute la monnaie supplémentaire « disparaît » dans la trappe à liquidités.

C'est ce que l'on peut lire sur la figure 18 ci-contre, où nous représentons les fonctions de demande et d'offre de monnaie. Nous reprenons la figure 14, dans laquelle nous insérons la fonction d'offre de monnaie M^O.

Nous pouvons enfin étudier l'effet d'une variation de l'offre de monnaie sur la courbe LM. Jusqu'ici nous avions retenu $M^O = 1\,200$, considérons maintenant $M^O = 1\,300$.

La nouvelle équation d'équilibre sur le marché monétaire devient :

$0{,}5Y + 800 - 10\,000i = 1300$

Soit encore :

$Y = 1\,000 + 20\,000i$

Comme on le voit sur la figure 19, l'augmentation de l'offre de monnaie se traduit par un glissement de LM vers la droite, de LM_1 à LM_2. La pente de LM n'est pas modifiée, puisqu'elle dépend du comportement des agents et non pas de la quantité de monnaie disponible. L'augmentation de l'offre de monnaie se traduit par un accroissement du revenu national, Y. La tendance à la baisse du taux d'intérêt, occasionnée par l'accroissement de l'offre de monnaie, favorise l'investissement et donc l'emploi.

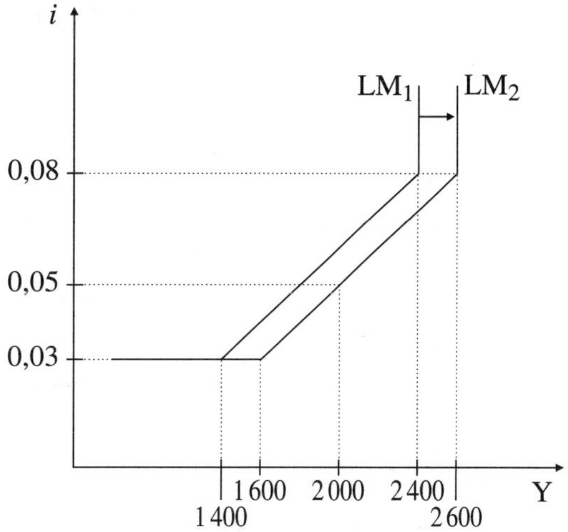

Fig. 19 : Augmentation de l'offre de monnaie

III - L'équilibre global

Pour représenter l'équilibre global, nous reprenons les données relatives à la construction de IS, figure 9, et celles relatives à la construction de LM (fig. 14).

Nous avons :

IS : $Y = 3\,500 - 25\,000i$

LM : $Y = 800 + 20\,000i$

L'équilibre est atteint lorsque IS = LM.

Ce qui correspond au couple unique :
$i = 0{,}06$ et $Y_E = 2\,000$ (*cf.* fig.20).

À l'équilibre, nous avons :

$C = 1\,700$; $S = 300$; $I = 300$; $M^D = 1200$.

À partir de ces données, nous pouvons tout à fait introduire une analyse en faisant varier IS et LM, soit séparément, soit simultanément, en reprenant les exemples numériques que nous avons étudiés précédemment. Nous laissons au lecteur le soin de faire ces rapprochements en résolvant les exercices de synthèse ci-après. Nous aurons en outre l'occasion de revenir sur la modification des courbes IS et LM dans le cadre de l'équilibre global dans le chapitre 7 consacré à l'étude des politiques conjoncturelles.

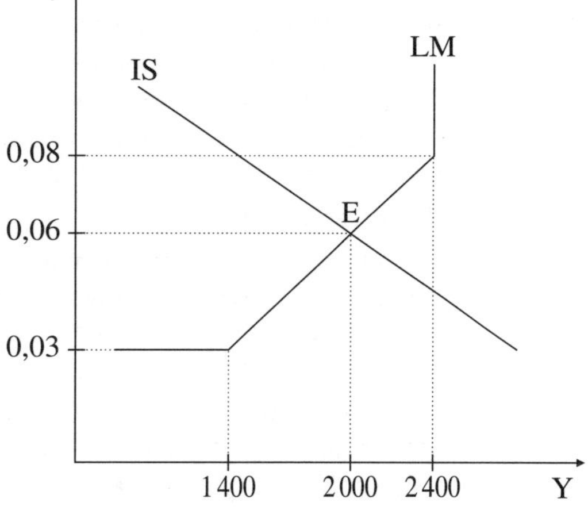

Fig. 20 : L'équilibre macroéconomique

EXERCICE PROPOSÉ 5.2

La demande de monnaie (B,3)

Le demande de monnaie est exprimée d'une manière générale de la façon suivante :

$M^D = M^T + M^S$, avec :

$M^T = tY$ et $M^S = l_0 - li$.

Dans une économie, les comportements des agents sont tels que : $t = 0{,}5$; $l_0 = 900$; $l = 10\,000$.

Dans la période considérée, le revenu est $Y = 2\,000$. D'autre part on sait que pour $M^D \geqslant 1\,700$ les agents constituent des encaisses oisives.

1. Écrire et expliciter la fonction de demande de monnaie M^D.

2. Faire une représentation graphique de M^D.

DÉMARCHE

– Il s'agit tout d'abord d'écrire l'expression générale de la fonction de demande de monnaie.

– Il faut ensuite en reprendre les termes et coefficients un à un en les définissant.

– Il faut caractériser la forme générale de la fonction de demande de monnaie en caractérisant quelques points significatifs et en particulier i_m et i_M.

– Enfin tracer le graphique en l'accompagnant d'un bref commentaire sur la forme de la courbe.

RÉSULTATS

1 - La fonction de demande de monnaie est de la forme :

$M^D = M^T + M^S$, ou encore : $M^D = tY + l_0 - li$; soit ici : $M^D = 1\,900 - 10\,000i$.

– M^T représente la demande de monnaie pour motifs de transactions et de précaution. t est le coefficient qui indique la proportion de leur revenu que les agents souhaitent détenir sous forme d'encaisses de transactions et de précaution (*cf.* cours B, 2 p. 186).

– M^S figure la demande de monnaie pour motif de spéculation.

– l_0 est un coefficient représentant la partie des encaisses spéculatives que les agents constituent pour maintenir leur patrimoine.

– l représente la part des encaisses spéculatives qui est dévolue à des opérations proprement spéculatives sur le marché des titres à revenu fixe (*cf.* cours B, 2, c).

Points caractéristiques :

– i_m est le taux d'intérêt minimum pour lequel les agents constituent des encaisses spéculatives (*cf.* cours B, 2, c). Ici nous avons : $i_m = 0{,}02$.

– i_M est le taux d'intérêt maximum pour lequel les spéculateurs expriment une préférence absolue pour les titres (*cf.* cours B, 2, c).

Ici nous avons : $i_M = 0{,}09$ et $M^D = 1\,000$.

2. Représentation graphique de M^D : *cf.* fig. 21.

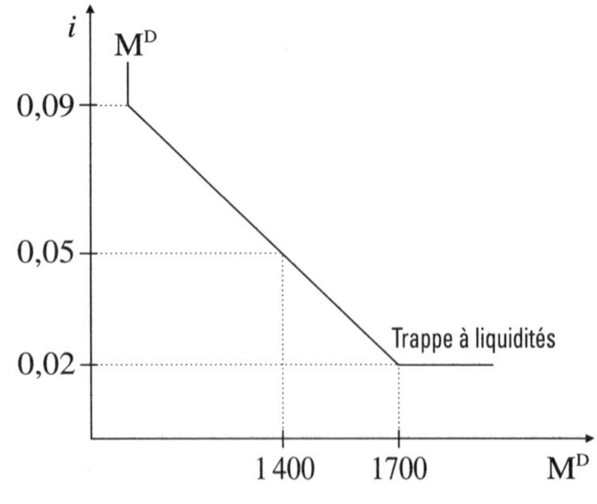

Fig. 21

EXERCICE PROPOSÉ 5.3

Détermination de l'équilibre macroéconomique (D)

I - On considère une économie caractérisée par les données suivantes :

$C = 0,8Y + 120$
$I = 480 - 4000i$
$M^T = 0,5Y$
$M^S = 800 - 10000i$, pour $0,02 \leqslant i < 0,08$
$M^O = 1270$

a. Établir l'équation de IS_1 et la représenter graphiquement.

b. Établir l'équation de LM_1 et la représenter sur le même graphique que IS_1.

c. Déterminer arithmétiquement l'équilibre global et le porter sur le graphique.

II - On suppose qu'un certain nombre de facteurs étant intervenus dans l'économie, la partie I_0 de l'investissement augmente de 25 %, que l'offre de monnaie augmente de 130 et enfin que la demande de monnaie pour motif de spéculation est devenue plus sensible au taux de l'intérêt, ce qui fait qu'elle peut s'écrire maintenant : $M^S = 800 - 12000i$. L'ensemble des autres données n'a pas varié par rapport à la question I.

a. En utilisant l'hypothèse « toutes choses égales par ailleurs », c'est-à-dire en traitant les variations une par une, étudier ce que pourraient être les effets de ces variations sur le taux de l'intérêt et le revenu.

b. Étudier les effets combinés de ces variations sur l'équilibre global.

c. Donner une représentation graphique du nouvel équilibre.

d. Analyser le nouvel équilibre en le comparant avec l'équilibre du I.

DÉMARCHE

Il est bon de traiter la deuxième partie en faisant quelques commentaires s'appuyant sur les résultats de la première partie.

Pour traiter la question II-b, il est nécessaire de réécrire méthodiquement les différentes équations. Il ne s'agit pas simplement de reprendre celles du II-a.

RÉSULTATS

I - a. $IS_1 : Y = 3000 - 20000i$

I - b. La fonction de demande de monnaie est : $M^D = 0,5Y + 800 - 10000i$

De l'autre côté, $M^O = 1270$, nous pouvons exprimer LM_1 par : $Y = 940 + 20000i$

I - c. L'équation d'équilibre est :

$3000 - 20000i = 940 + 20000i$,
ce qui nous donne :
$i_E = 0,0515$; $Y_E = 1970$

II - a.1 Variation de I_0

IS_2 : Y = 3 600 - 20 000i

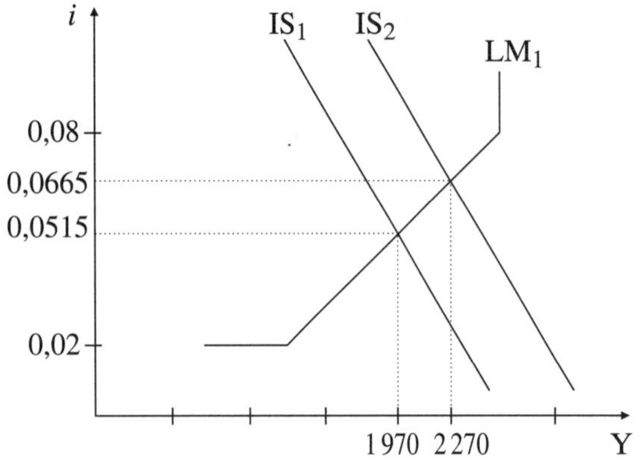

Fig. 22

IS_2 est parallèle à IS_1.
L'équilibre correspondrait au couple :
i = 0,0665 et Y = 2 270.

II - a.2 Variation de l

avec M^O = 1 270, LM devient :

LM_2 : Y = 940 + 24 000i

LM_2 n'est pas parallèle à LM_1, sa pente est plus faible. L'équilibre est maintenant réalisé pour le couple :
(Y = 2 068, i = 0,047).

II - a.3 Variation de M^O

Pour M^O = 1 400, LM devient :

LM_3 : Y = 1 200 + 20 000i

LM_3 est parallèle à LM_1. Le nouvel équilibre correspond au couple (Y = 2 100 ; i = 0,045). Nous avons à nouveau une baisse de i et une augmentation de Y.

II - b. Prise en compte simultanée des différentes variations

Les différentes variations sont inscrites dans les équations suivantes :

$$IS_2 : Y = 3\,600 - 20\,000i$$
$$LM_4 : Y = 1\,200 + 24\,000i$$

L'équilibre se situe au point : (Y = 2 508, i = 0,0545)

II - c. Représentation graphique : *cf.* fig. 23

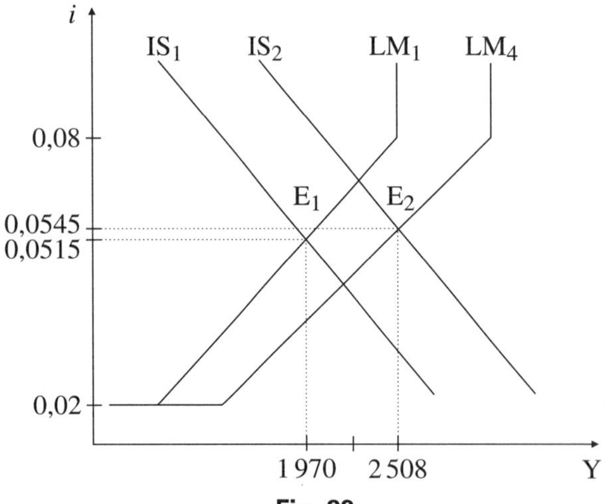

Fig. 23

II - d. Par rapport à la situation du I, nous assistons à un déplacement de IS vers le haut à droite parallèlement à IS_1. LM_4 n'est pas parallèle à LM_1 et se situe en dessous à droite.

On peut constater que la tendance à la hausse du taux de l'intérêt provoquée par la variation de l'investissement (*cf.* II-a) est assez nettement compensée à la fois par l'augmentation de M^O (*cf.* II-c) et par le changement de comportement des spéculateurs (*cf.* II-b) qui sont devenus plus sensibles aux variations de i ; ce qui explique que la pente de LM_4 soit inférieure à celle de LM_1.

On peut de plus noter que les trois phénomènes d'augmentation de l'investissement, de la plus grande sensibilité des agents aux variations du taux de l'intérêt et d'accroissement de l'offre de monnaie concourent à la hausse du revenu national.

Question de réflexion commentée

Le choix individuel entre détention de titres à revenu fixe et monnaie (B,2)

ANALYSER LA QUESTION

Il s'agit ici d'étudier comment procède un individu rationnel pour établir la répartition de ses avoirs spéculatifs entre monnaie et obligations. Nous pouvons nous appuyer sur l'analyse de la question telle qu'elle est présentée par J. Tobin.

La question posée n'appelle pas une analyse de la répartition du patrimoine monétaire d'un individu entre les différentes formes d'encaisses de transactions, précaution et spéculation. Nous supposons d'emblée que l'individu a déjà fait cette répartition et nous ne nous intéressons qu'à l'utilisation qu'il peut faire des encaisses spéculatives qu'il a déjà constituées.

Il n'y a pas ici de taux d'intérêt minimum ou maximum, ceux-ci résultent précisément de choix que nous devons analyser maintenant.

CONSTRUIRE UNE RÉPONSE

Cette question prend tout son sens dès lors que l'on tient compte d'une hypothèse implicite, à savoir : l'individu en question souhaite rentabiliser au maximum les avoirs liquides dont il dispose aujourd'hui.

A. Prévisions et anticipation

L'individu se trouve confronté à un choix : soit placer ses avoirs en obligations (privées ou d'État), soit les conserver sous forme monétaire, soit encore faire une combinaison de monnaie et de titres. Mais ce choix est fait dans l'incertitude de ce que sera le taux d'intérêt pratiqué sur le marché des obligations, au terme qu'il s'est fixé. Autrement dit, notre individu doit faire des **prévisions** et sur la base de celles-ci agir par **anticipation**. Nous supposerons que si l'individu en question achète une obligation aujourd'hui, il sait qu'il sera obligé de la revendre dans un an puisqu'il doit procéder à un paiement à cette échéance.

Pour effectuer un choix rationnel, le spéculateur doit tenir compte de trois facteurs principaux :
– le prix auquel il achète l'obligation aujourd'hui,
– le montant de l'intérêt qu'il recevra dans un an,
– le prix auquel il va pouvoir revendre son obligation dans un an.

De ces trois facteurs les deux premiers seulement sont connus avec certitude. Le troisième facteur est, quant à lui, inconnu. Le cours de l'obligation dans un an va en effet dépendre du taux de l'intérêt qui prévaudra sur le marché à la date de revente (*cf.* encadré du B, 2).

Afin de faire son choix, notre individu doit procéder à un calcul lui permettant de comparer les recettes futures occasionnées par la détention et la revente d'une obligation, avec la dépense qu'il ferait aujourd'hui s'il l'achetait. Autrement dit, il doit prévoir ce que sera le taux d'intérêt dans un an pour, s'appuyant sur ce taux attendu à la date de revente de son obligation, calculer ce que celle-ci lui rapporterait réellement. Pour ce faire, il doit comparer le montant total des recettes actualisées occasionnées par l'obligation avec le prix d'achat de l'obligation aujourd'hui. Si la somme qu'il peut recouvrer dans un an est, une fois **actualisée**, supérieure à celle qu'il envisage de dépenser aujourd'hui, il achètera l'obligation ; dans le cas contraire, il ne l'achètera pas et conservera ses avoirs spéculatifs sous forme liquide. Posons les principes du calcul.

B. Le calcul du rendement

Supposons que l'individu considéré s'attende à ce que dans un an le taux d'intérêt soit de i_a ; c'est le **taux d'intérêt attendu**. Le taux d'intérêt pratiqué aujourd'hui est de i, ce qui fait que nous pouvons exprimer le cours du titre aujourd'hui par :

$$\frac{1}{i}$$

D'autre part, l'individu pense recevoir un intérêt de 1 unité de monnaie (UM), au bout d'un an. Ainsi, s'il dépense $\frac{1}{i}$ aujourd'hui, notre individu s'attend à recevoir 1 UM sous forme d'intérêt et $\frac{1}{i}$ au titre de la revente de l'obligation. Cependant les sommes qu'il va percevoir dans un an doivent être **actualisées**. C'est-à-dire qu'il faut exprimer les sommes qui seront reçues dans un an en les rapportant au facteur d'escompte qui est : $\frac{1}{1+i}$. La recette actualisée serait donc de : $\frac{1+1/i_a}{1+i}$.

L'individu en question devra donc comparer $\frac{1}{i}$ avec $\frac{1+1/i_a}{1+i}$, autrement dit il devra comparer le montant de la dépense qu'il réaliserait aujourd'hui en achetant une obligation, avec la valeur actuelle des sommes qu'il recevrait s'il revendait l'obligation dans un an .

Le taux d'intérêt attendu i_a peut être assimilé avec ce que nous avons désigné par le vocable de taux critique anticipé par l'individu. Le choix de l'individu pourra alors être le suivant :

Si $i < i_a$ nous avons : $\frac{1+1/i_a}{1+i} < \frac{1}{i}$, l'individu n'achètera pas de titres et choisira de détenir la totalité de son portefeuille spéculatif sous forme monétaire.

Si $i > i_a$, nous avons : $\frac{1+1/i_a}{1+i} > \frac{1}{i}$, l'individu va transformer la totalité de ses avoirs liquides en obligations.

Enfin, si $i = i_a$, nous avons : $\frac{1+1/i_a}{1+i} = \frac{1}{i}$, l'individu devra s'appuyer sur d'autres critères pour faire ses choix. On peut penser néanmoins que dans ce cas, étant donné que i_a est incertain, notre spéculateur fera une combinaison de monnaie et de titres. Il conservera une partie de ses avoirs sous forme liquide et consacrera l'autre partie à l'achat d'obligations.

C. Le choix du spéculateur

De fait, cette comparaison se ramène à une comparaison de i et i_a puisque le cours de l'obligation étant déterminé par l'inverse du taux de l'intérêt, le critère déterminant sur lequel s'appuiera notre individu sera la réalisation ou non d'une plus-value à la revente de l'obligation.

Il est bon de remarquer que le fait d'introduire l'intérêt perçu dans le calcul peut malgré tout avoir une influence sur la décision du spéculateur, en ce sens que celui-ci connaissant avec certitude une partie de ses gains, le risque de perte en capital qui serait encouru par l'achat du titre peut paraître partiellement couvert *a priori*. Cependant, en toute rigueur, il faut distinguer ce qui est revenu, les intérêts, et ce qui est capital, les plus-values ou moins-values. Les premiers sont à proprement parler des flux dont le montant est certain, alors que les secondes sont des variations de stock qui sont incertaines.

Il ressort que **l'élément déterminant dans le choix des spéculateurs n'est pas en lui-même le niveau du taux de l'intérêt, mais bien plutôt l'écart qu'il prévoit entre le taux d'intérêt observé au moment où doit être prise la décision de placer ou non des encaisses liquides, et le taux d'intérêt attendu à la date de revente du titre.**

C'est donc l'attitude adoptée par les spéculateurs face à l'incertitude des taux d'intérêts futurs qui va déterminer la détention de monnaie ou de titres. Ainsi que l'écrit Keynes « *l'incertitude* quant à l'évolution future du taux de l'intérêt est la seule explication intelligible de la préférence pour la liquidité... » (*Théorie générale*, p. 212) et qui peut justifier la détention de monnaie pour elle-même, bien qu'elle ne soit pas immédiatement et directement source de gains.

6

L'ÉQUILIBRE MACROÉCONOMIQUE EN ÉCONOMIE OUVERTE

Le développement économique des pays se traduit par la multiplication des échanges internationaux et par l'établissement d'un système mondial qui renforcent de jour en jour les relations d'interdépendance entre les économies des pays. Les échanges internationaux couvrent des domaines extrêmement vastes et ne sont pas limités à des flux de marchandises, biens et services, mais concernent aussi les banques, les assurances, etc. et donc les mouvements de capitaux. On imagine aisément que les **relations économiques internationales** influent sur le fonctionnement même des économies nationales et contraignent les différents gouvernements à adapter leur politique aux flux de marchandises et de capitaux qui traversent les frontières des États. Cependant même si les relations économiques qui s'établissent entre les pays sont importantes, chaque nation ou pays constitue une entité politique et économique qui présente des caractéristiques spécifiques.

L'économie mondiale n'est pas unifiée, les pays ne sont pas des régions qui composeraient un territoire économique homogène sur l'ensemble de la planète. L'espace économique mondial est fragmenté et hétérogène. Au premier plan des différences se trouve la monnaie ; chaque pays dispose de sa propre monnaie qui délimite son propre espace économique. C'est dire que les **paiements internationaux** relèvent de mécanismes qui ne sont pas assimilables à ceux d'une économie nationale.

Il est bon de garder à l'esprit que l'activité économique internationale ne s'inscrit pas dans un espace qui viendrait s'intercaler entre les pays. Il n'existe en effet aucun espace entre les économies nationales dans lequel pourraient se dérouler des opérations économiques particulières qui ne prendraient pas leur assise dans les économies nationales.

L'économie internationale est une économie d'échange, c'est-à-dire une économie qui est caractérisée par l'absence de production. Ce disant, nous entendons qu'il n'y a pas de création de richesses dans le champ des relations économiques internationales. Toutes les marchandises sont produites et tous les capitaux sont formés dans les pays. Toutes les richesses sont d'abord réparties entre les agents résidents qui composent chaque communauté nationale.

La question centrale des échanges internationaux est celle des conséquences que peuvent avoir les transactions réalisées avec l'étranger par les résidents des différents pays sur l'économie de leur pays d'appartenance. Les mouvements de marchandises et de capitaux avec l'extérieur, résultant de l'action des agents, sont nécessairement pris dans les processus économiques nationaux et ont des conséquences sur eux. C'est pourquoi une compréhension plus complète de l'équilibre macroéconomique national exige d'intégrer les échanges internationaux dans le champ de l'analyse afin de construire une représentation de l'équilibre macroéconomique dans une économie ouverte.

Le modèle de l'équilibre macroéconomique en économie ouverte qui est sans doute le plus connu et le plus utilisé est le **modèle de Mundell-Fleming**, du nom de deux économistes anglo-saxons. Dans le courant des années 60, ces deux économistes, R. A. Mundell et J.M. Fleming, ont élaboré un modèle qui est pour l'essentiel une extension du modèle IS-LM que nous avons étudié dans le chapitre précédent. Aux deux courbes fondamentales qui caractérisent l'équilibre intérieur, les auteurs ont ajouté une courbe représentative de l'équilibre de la balance des paiements. Ce modèle présente l'indiscutable avantage d'associer dans une analyse cohérente les effets des variations dans la demande intérieure de marchandises, de monnaie et d'actifs financiers avec ceux qui sont occasionnés par les échanges extérieurs.

La prise en compte des mouvements internationaux de marchandises et de capitaux implique une mesure des flux. Celle-ci nous est donnée par l'enregistrement des transactions dans le cadre de la balance des paiements. Il faut aussi tenir compte des règlements internationaux qui, en raison de l'absence d'une monnaie supranationale, nécessitent l'existence d'un marché où s'échangent les monnaies nationales : le marché des changes. L'influence des échanges extérieurs sur l'équilibre macroéconomique va dépendre du régime des changes en vigueur. Selon que la parité entre les monnaies est déterminée par les gouvernements (changes fixes) ou que le cours des monnaies varie selon les fluctuations du marché (changes flottants ou flexibles), les conséquences ne sont pas les mêmes sur l'économie. Grâce au modèle de Mundell et Fleming, nous pourrons analyser les différentes situations de change et faire ressortir les contraintes qu'elles peuvent faire peser sur une économie nationale.

BIBLIOGRAPHIE DU CHAPITRE

FLEMING J.M., « Domestic financial policies under fixed and under flexible exchange rates», *International Monetary Fund Staff Papers*, vol. 9, n°3, 1962.

MUNDELL R.A., « Capital mobility and stabilization policy under fixed and flexible exchange rates », *Canadian Journal of Economic and Political Science*, n°29, 1962; repris dans *International Economics*, Macmillan, New York, 1968.

CLAASSEN E., *Macroéconomie*, Dunod, Paris, 1981.

BOURGUINAT H., *Finance Internationale*, PUF, Paris, 1995.

KOENIG G., *Macroéconomie internationale*, Économica, Paris, 1997.

LINDERT P.H., *Économie Internationale*, (8e édition), Économica, Paris, 1990.

VEDEL CL., *Théorie monétaire internationale*, Économica, Paris, 1995.

A

LA BALANCE DES PAIEMENTS

Les opérations qui mettent en relation les agents nationaux avec des agents extérieurs sont au fond de même nature que celles qui concernent les agents nationaux entre eux. Toutefois les échanges internationaux revêtent un aspect particulier en raison de deux éléments fondamentaux :

- l'existence d'une hétérogénéité politique, qui se traduit par l'existence de frontières qui, le plus souvent, délimitent des espace économiques ;
- l'absence de monnaie universelle, qui se traduit par une hétérogénéité économique. Pour importer ou placer des capitaux à l'étranger, il faut disposer de moyens de paiement étrangers ; or un pays ne peut se procurer ces moyens qu'en exportant des marchandises ou en recevant des capitaux étrangers.

Pour chaque nation, il est nécessaire de mesurer et donc de comptabiliser ses échanges avec l'étranger, en tenant compte de ces facteurs d'hétérogénéité. Étant donné que les résidents d'un pays ne peuvent se procurer des marchandises dans les autres pays qu'à l'aide de la monnaie nationale ayant cours dans chaque pays, ils doivent pouvoir disposer de *devises**. Faute d'avoir obtenu celles-ci dans des opérations d'échange d'actifs réels ou financiers, le pays doit s'endetter auprès du reste du monde pour satisfaire la demande de ses résidents. Cela signifie qu'il devra, à un moment ou à un autre, rembourser sa dette, et il ne pourra le faire qu'en cédant une partie de son produit national aux pays créanciers. Cela ne sera bien entendu pas sans conséquences sur l'équilibre économique.

Devises : on qualifie de devises les moyens de paiement (monnaies) étrangers que l'on peut échanger avec une monnaie nationale. Pour les Français, le dollar est une devise.

Balance des paiements : état statistique dont l'objet est de retracer pour un pays donné sous une forme comptable l'ensemble des mouvements de biens et services, de capitaux et de monnaies à travers les frontières au cours d'une période déterminée. Elle est tenue selon les règles de la comptabilité en partie double ; à chaque dette correspond une créance de même montant.

Le financement des importations. Les importations sont toujours financées à l'aide des exportations de biens, de services ou de titres financiers. Pour ces derniers, il peut s'agir d'emprunts auprès d'autres pays, or ces emprunts ne pourront être finalement remboursés qu'à l'aide de devises que le pays aura dû capter lors d'exportations nettes de marchandises dans une période ultérieure. Finalement, c'est toujours parce qu'il a vendu des produits au reste du monde qu'un pays peut de son côté se procurer des biens à l'étranger.

On comprend, dans ces conditions, pourquoi un pays se doit de connaître aussi précisément que possible l'état et l'évolution des échanges économiques qu'il entretient avec le reste du monde. Les mouvements divers de marchandises et de capitaux influent sur le fonctionnement interne des économies nationales. Or, cette influence peut être évaluée grâce à l'établissement de la *balance des paiements**. Celle-ci ne doit pas être réduite à sa dimension comptable. Elle a aussi une dimension économique. Grâce à l'enregistrement des *flux nets de devises**, et non des stocks, elle va faire apparaître les variations des réserves du pays en devises étrangères, ainsi que ses engagements à l'égard de ses créanciers internationaux. En bref, la balance des paiements donne un aperçu de l'état des échanges économiques effectués par les résidents d'un pays avec le reste du monde. Elle présente en effet l'évolution du montant des avoirs détenus par les nationaux à l'étranger ainsi que celle de la valeur des actifs nationaux acquis par des non-résidents.

Flux nets de devises : ne sont enregistrés dans la balance des paiements que les mouvements monétaires correspondant à des paiements. Les réserves du pays en devises n'y apparaissent pas.

Elle permet par là même, d'évaluer l'importance que revêtent les échanges internationaux dans l'activité d'un pays et le **degré de dépendance économique** de celui-ci vis-à-vis de l'extérieur.

L'objet de la balance des paiements n'est pas de faire apparaître l'équilibre des échanges avec l'extérieur, mais bien plutôt de faire ressortir **la manière dont l'équilibre des recettes et des dépenses a pu être réalisé** au cours de la période considérée. L'information qu'elle apporte n'est donc pas saisissable dans la seule lecture de son **solde global**, mais bien plutôt dans le fait qu'elle présente les caractéristiques des opérations que les particuliers ont réalisées avec le reste du monde. C'est donc parce que l'on fait une lecture séparée des différents postes qui la composent que, par abus de langage, on peut parler d'excédent ou de déficit de la balance des paiements.

Avant de pouvoir analyser les effets que peuvent avoirs les relations commerciales et financières d'un pays avec le reste du monde sur son équilibre interne, il nous faut rapidement considérer la structure de la balance des paiements et la méthode d'enregistrement des flux.

1 - Structure générale de la balance des paiements

Pour être bref, nous pouvons dire que la balance des paiements d'un pays est décomposée en trois grands comptes :

- **le compte de transactions courantes** qui regroupe les flux de biens et services à travers les frontières. C'est dans cette balance que sont enregistrées les exportations et les importations de biens et de services ;
- **le compte de capital**, dans laquelle sont enregistrés les transferts de capitaux et les acquisitions d'actifs non financiers tels les brevets ;
- **le compte financier** qui fait ressortir les mouvements financiers donnant lieu à investissements, ainsi que la variation des réserves en devises et des engagements de l'économie nationale. C'est dans ce compte que sont enregistrés les règlements du solde du compte des transactions courantes.

Toutes les opérations enregistrées, qu'elles portent sur des biens et services ou sur des mouvements de capitaux, engendrent des mouvements monétaires. C'est la raison pour laquelle chaque transaction donne lieu à une double inscription :

- l'une traduit la nature économique de l'opération, puisqu'elle enregistre les **mouvements d'actifs** à travers les frontières (exportation ou importation) ;
- l'autre fait ressortir le **mode de règlement** des opérations économiques (transferts de devises ou engagements).

Nous pouvons résumer brièvement la procédure d'enregistrement. Un pays gagne des devises étrangères en exportant des biens et services ou en important des capitaux. Toutes ces opérations sont des crédits qui sont enregistrés respectivement dans la balance des transactions courantes et dans la balance des capitaux avec un signe plus. Le même pays effectue aussi des importations de biens et services, il réalise des investissements ou des placements, ou bien prête au reste du monde.

Les principaux postes de la balance des paiements (présentation simplifiée selon la méthodologie 1997).

I - Compte de transactions courantes

- *Biens*

Importations et exportations de marchandises. C'est ce que l'on appelle la **balance commerciale.** Le solde commercial est la différence entre les exportations et les importations.

- *Services*

La balance des services est également appelée *balance des invisibles*, elle regroupe les opérations suivantes :

- transports
- assurances
- tourisme
- produits de la recherche scientifique
- dépenses gouvernementales (étrangers en France, Français à l'étranger).

- *Autres biens et services*
- *Revenus*
  - rémunération des salariés
  - revenus des investissements
  - investissements directs
  - investissements en portefeuille
  - autres
- *Transferts courants*
  - secteur des administrations publiques
  - autres secteurs

II - Compte de capital

- transferts en capital
- acquisition d'actifs non financiers (brevets)

III - Compte financier

- *Investissements directs*
  - Français à l'étranger
  - Étrangers en France
- *Investissements de portefeuille*
  - résidents sur titres émis par les non-résidents
  - non-résidents sur titres émis par les résidents
- *Autres investissements*
  - secteur bancaire
  - autres secteurs
- *Avoirs de réserve*
  - or
  - avoirs en droits de tirages spéciaux
  - position de réserve au FMI
  - devises étrangères
  - créances sur l'IME

IV - Erreurs et omissions nettes

Ces dernières opérations sont des débits enregistrés avec des signes moins dans les balances concernées. Lorsque, par exemple, la somme des débits excède celle des crédits, soit dans la balance des transactions courantes, soit dans celle des capitaux, ou bien encore dans les deux, on dira par abus de langage, que la balance des paiements de ce pays présente un déficit égal à la différence entre les crédits et les débits. Ce déficit résulte du premier type d'inscription. Mais, à chaque opération correspond un paiement qui occasionne soit un encaissement soit un décaissement de devises ou d'avoirs auprès d'institutions internationales. Dans le cas qui nous intéresse, le déficit constaté sera réglé soit par une sortie nette de devises, qui se traduit par une baisse des réserves du pays, soit par un accroissement des avoirs du reste du monde en monnaie du pays déficitaire. Autrement dit, le déficit constaté dans les opérations « économiques » est compensé, d'un point de vue comptable, par des flux de devises enregistrés dans la balance des flux monétaires. Mais il n'empêche que le déficit enregistré dans les mouvements de marchandises ou de capitaux (*cf.* encadré page suivante) est le signe d'une modification de la position du pays vis-à-vis du reste du monde. Dans l'hypothèse où le pays ne disposerait pas suffisamment de devises pour régler les importations de ses *résidents**, il devrait emprunter au reste du monde. Ce qui, d'un point de vue comptable, est enregistré comme une entrée de devises, mais équivaut néanmoins économiquement à une dette du pays, qui s'est engagé à fournir ultérieurement une partie de son produit national à ses créanciers.

Résidents et ***non-résidents*** : les résidents sont des personnes physiques ou morales qui demeurent ou sont installées dans le pays. Les non-résidents sont tous les autres agents.

Les caractéristiques de l'équilibre de la balance des paiements, son déficit ou son excédent, **apparaissent dans son solde en devises et engagements** vis-à-vis de l'étranger.

2 - Construction de la courbe BP

Mouvements de marchandises et mouvements de capitaux. Pour l'analyse que nous allons développer par la suite, nous pouvons tracer une ligne au-dessous des opérations sur biens et services, ce qui nous permet de dégager le solde de la balance des transactions courantes. Nous pourrons ainsi confronter plus facilement les mouvements de marchandises et les mouvements de capitaux (comptabilisés dans le compte de capital et le compte financier), sachant que les uns et les autres ne répondent pas aux mêmes mobiles. Il sera alors aisé de constater que l'excédent ou le déficit du solde des transactions courantes est compensé par un déficit ou un excédent des autres opérations enregistrées sous la ligne; celles-ci nous indiquent donc comment l'excédent éventuel a été utilisé, ou bien en cas de déficit, comment celui-ci a été financé. De même, nous pourrons saisir qu'un déficit de la balance des capitaux non monétaires peut être compensé par un excédent des transactions courantes. Les soldes calculés au-dessus et au-dessous de la ligne seront d'autant plus intéressants et significatifs qu'ils vont permettre de distinguer les **mouvements autonomes, qui sont le fait des agents** qui agissent individuellement pour leur propre compte, des mouvements compensatoires induits par les mouvements autonomes et qui **concernent l'ensemble du pays.** Cette distinction permettra alors de caractériser la nature des échanges des résidents du pays avec le reste du monde et partant, les conséquences des relations internationales sur l'activité nationale.

Nous utilisons ici le terme de « **balance des capitaux** » au sens de l'ancienne terminologie. Dans la nouvelle balance des paiements, cela correspond approximativement au compte de capital et au compte financier (excepté les avoirs de réserve).

Du fait du double enregistrement des flux, le solde de la balance des paiements est toujours nul. Si nous désignons par BP le solde global de la balance des paiements, par BTC le solde de la balance des transactions courantes et par BK le solde de la *balance des capitaux**, nous pouvons écrire la relation :

$$BP = BTC + BK = 0, \text{ avec } BTC = -BK$$

BK est précédé d'un signe négatif parce que les mouvements monétaires sont comptés dans la balance financière au sens large.

Chacun des postes de la balance des paiements peut être analysé comme représentatif d'opérations internationales particulières. Nous n'entrerons pas ici dans le détail de ce type d'analyse. En revanche, nous pouvons approcher les problèmes de manière synthétique en nous intéressant à l'équilibre lui-même, sachant qu'il répond pour une large part aux conditions économiques générales dans lesquelles se déroule l'activité du pays considéré.

Pour saisir les conséquences des échanges internationaux sur l'équilibre intérieur, il nous faut, ainsi que l'ont montré R.A. Mundell et J.M. Fleming, **intégrer l'équilibre de la balance des paiements au modèle IS-LM**. Aussi devons-nous exprimer le solde de la balance des paiements en relation avec le niveau du revenu national, Y, et avec celui du taux de l'intérêt intérieur, *i*. Nous pourrons alors construire la courbe représentative de l'équilibre externe, que nous désignerons par BP. Grâce à cette courbe, nous pourrons caractériser les liens de cause à effet qui peuvent s'établir entre l'activité intérieure et les échanges que le pays réalise avec le reste du monde. (*cf.* exercice corrigé 6.1)

Nous retenons ici que le niveau d'équilibre de la balance des transactions courantes est fonction du revenu national Y. Certes on peut considérer que plus le produit national est élevé et plus la capacité d'exporter est grande, néanmoins le montant des exportations dépend principalement de la demande des non-résidents, ce qui fait qu'il n'est pas directement fonction du revenu national Y. Il est avéré, en revanche, que **les importations sont directement fonction du revenu intérieur**: plus le revenu augmente et plus les résidents auront tendance à demander des produits étrangers. Nous pouvons alors écrire :

$$BTC = BTC(Y)$$

Les mouvements de capitaux, quant à eux, sont fonction du taux d'intérêt intérieur i. Il est vrai que le niveau des taux d'intérêt pratiqués à l'étranger influent sur les mouvements de capitaux. En toute rigueur, nous devrions dire que les mouvements de capitaux sont fonction du *différentiel** entre le taux d'intérêt intérieur et les taux d'intérêt extérieurs. Toutefois, en considérant seulement le taux d'intérêt intérieur et ses variations, nous simplifions certes l'analyse, mais notre propos n'étant pas d'analyser particulièrement les mouvements de capitaux, nous disposons d'une information suffisante pour l'étude que nous avons à mener ici. Nous pouvons raisonnablement écrire :

Différentiel de taux d'intérêt : lorsque le taux d'intérêt intérieur est supérieur au taux pratiqué dans les autres pays, on assiste généralement à une entrée de capitaux spéculatifs. Dans le cas inverse, les capitaux tendent à fuir le pays.

$$BK = BK(i)$$

Il s'ensuit que l'équilibre de la balance des paiements, BP, peut s'écrire :

$$BP(Y, i) = BTC(Y) + BK(i) = 0 \text{ ; soit encore } BTC(Y) = -BK(i)$$

Rien n'indique *a priori* que les couples (Y,i) correspondant à l'équilibre de la balance des paiements coïncident avec les couples (Y,i) caractérisant l'équilibre global interne. Nous verrons plus loin ce qu'il en est. Pour l'heure, construisons la courbe BP (*cf.* fig. 1).

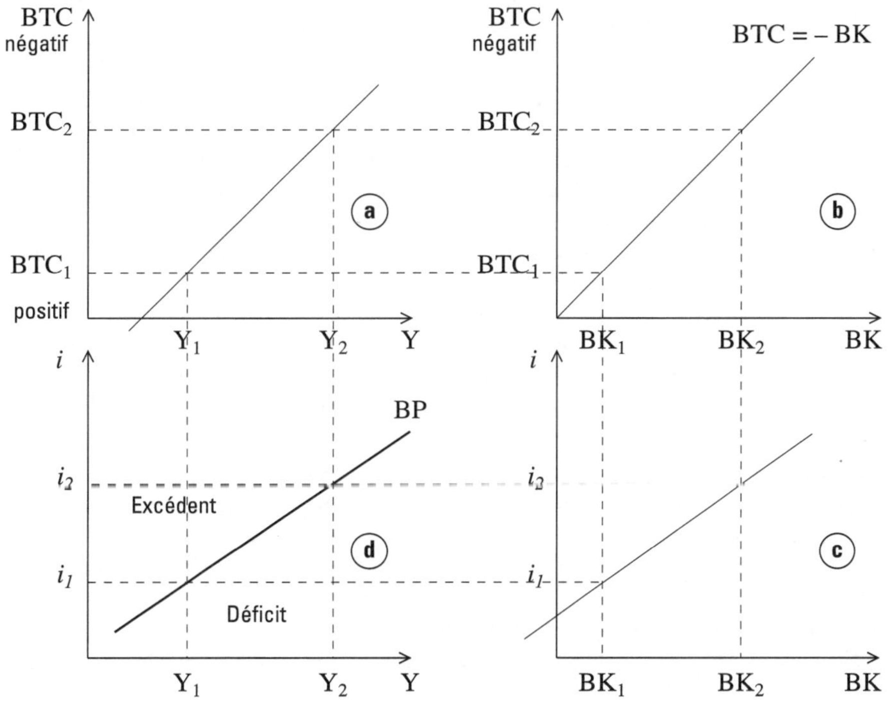

Fig. 1 : Construction de BP

Le quadrant a figure l'évolution du solde de la balance des transactions courantes en fonction du revenu : BTC = BTC(Y). Le lecteur notera que l'échelle des ordonnées est croissante vers des valeurs négatives du solde de la balance des transactions courantes. Cela tient à ce que plus le revenu national, Y, est élevé et plus les résidents peuvent acheter des produits à des non-résidents, et ce, sans que pour autant le montant des exportations varie, puisque celles-ci ne dépendent pas directement du montant du revenu national.

Si l'on considère une situation où les exportations sont constantes et où le revenu augmente, les importations vont elles aussi augmenter et le solde de la balance des transactions courantes va devenir de plus en plus déficitaire. C'est pourquoi la droite que nous avons tracée est croissante, alors que le solde de la balance des transactions courantes tend à être de plus en plus négatif au fur et à mesure que le revenu intérieur augmente.

Le quadrant b représente le solde de la balance des paiements pour lequel le montant des transactions courantes est rigoureusement égal à l'opposé du montant des mouvements de capitaux et de devises enregistrés dans la balance des capitaux. Sur la première bissectrice de notre repère orthonormé, nous avons : $-\text{BTC}(Y) = \text{BK}(i)$.

Le quadrant c nous indique que le montant des mouvements de capitaux est fonction croissante du taux de l'intérêt national : $\text{BK} = \text{BK}(i)$.

Le quadrant d enfin, nous donne la courbe BP, déduite de la combinaison des trois graphiques précédents, elle représente l'ensemble des combinaisons du taux de l'intérêt domestique et du revenu national compatibles avec l'équilibre de la balance des paiements :

$$\text{BP} = \text{BTC}(Y) + \text{BK}(i) = 0.$$

La courbe BP représente l'ensemble des couples (Y, *i*) pour lesquels est réalisé l'équilibre de la balance des paiements.

Mobilité des capitaux : les mouvements de capitaux à travers les frontières dépendent du niveau des taux d'intérêt, mais aussi des restrictions qui sont éventuellement imposées par les pays quant à l'entrée ou à la sortie des capitaux du territoire national.

Nous pouvons remarquer en outre, que l'ensemble des couples (Y,*i*) situés au-dessus et à gauche de la courbe BP, correspondraient à un excédent de la balance des paiements. Pour un niveau de revenu donné, le niveau du taux de l'intérêt est tel qu'il provoquerait l'entrée de capitaux dans le pays pour un montant supérieur à ce qui est nécessaire à l'équilibre. À l'opposé, à tout couple (Y,*i*) situé au-dessous de la courbe BP correspondrait un déficit de la balance des paiements puisque le taux de l'intérêt intérieur ne susciterait pas l'entrée de capitaux dans l'économie à un niveau suffisant pour compenser l'importance des importations induites par le niveau de revenu correspondant. Mais, la balance des paiements étant toujours équilibrée de façon comptable, et BP représentant cet équilibre, les différents couples (Y,*i*) au-dessus ou au-dessous de BP ne peuvent être atteints que grâce à un déplacement de BP. Nous aurons l'occasion de revenir sur ces questions plus loin.

La pente de BP. Il convient de relever que la pente de la courbe BP va dépendre pour une large part de la plus ou moins grande *mobilité internationale des capitaux**, mobilité qui est elle-même directement fonction du différentiel entre le taux d'intérêt domestique et les taux d'intérêt pratiqués dans les autres pays. Plus les mouvements de capitaux sont importants et plus la courbe se rapproche de l'horizontale. Plus les mouvements de capitaux sont faibles ou peu nombreux, plus la courbe se rapproche de la verticale.
La pente de la courbe BP que nous avons représentée plus haut correspond à une situation de mobilité imparfaite des capitaux qui est, malgré les phénomènes de mondialisation financière auxquels nous assistons aujourd'hui, le cas le plus général. Dans la suite, nous continuerons de raisonner en nous appuyant sur une courbe ayant une pente relativement faible.

3 - Interdépendances internes et externes

Sans entrer ici dans une analyse très précise, il est bon que nous puissions dès à présent caractériser les interdépendances manifestes entre les échanges extérieurs et l'activité intérieure d'un pays.

Nous avons écrit plus haut que le solde de la balance des capitaux est fonction du taux de l'intérêt domestique et le solde de la balance des transactions courantes fonction du seul revenu national. Cela est en réalité partiellement vrai. Dans les faits, les mouvements de capitaux sont fonction du différentiel d'intérêt entre le taux domestique et celui pratiqué dans les autres pays. De l'autre côté, les mouvements de marchandises dépendent aussi de la situation économique des pays avec lesquels nous commerçons. Mais, pour la facilité de l'analyse, nous raisonnerons en faisant l'hypothèse que les taux d'intérêt et les revenus sont fixes dans les autres pays et que seuls sont susceptibles de varier le taux d'intérêt et le revenu dans le pays considéré. Pour l'instant, nous pouvons donc considérer que **les deux variables dont l'influence sur la formation de l'équilibre de la balance des paiements est prépondérante sont le revenu national, Y, et le taux de l'intérêt, *i*.**

Nous pouvons dégager quelques principes généraux qui marquent les liaisons entre l'activité économique intérieure et les échanges avec l'étranger et ce, dans la perspective de l'équilibre maintenu de la balance des paiements (*cf.* exercice corrigé 6.1).

La courbe BP nous indique que pour un taux d'intérêt intérieur donné et donc pour des mouvements de capitaux donnés, toute augmentation du revenu national va se traduire par une augmentation des importations qui, si elle n'est pas compensée par une augmentation des exportations, va entraîner une dégradation de la balance des transactions courantes et donc de la balance des paiements. Mais ce phénomène peut éventuellement être compensé dans la mesure où une hausse du taux d'intérêt domestique favorise les mouvements de capitaux qui sont attirés vers le pays par des placements plus rentables, ce qui fait que la balance des capitaux s'améliore. Ainsi, dans une situation où les importations dépassent les exportations en raison d'une augmentation du revenu national, une hausse intérieure du taux de l'intérêt peut permettre de compenser le déficit de la balance des transactions courantes.

Équilibre interne et équilibre externe. Étant donné que l'équilibre de la balance des paiements est défini par les flux nets de devises sur une période donnée, les fluctuations du revenu intérieur et du taux de l'intérêt peuvent se compenser sur la période considérée. Toutefois, quand bien même les variations du taux de l'intérêt et du revenu se compensent dans le cadre de la balance des paiements, elles auront inévitablement des conséquences sur la détermination de l'équilibre interne de l'économie. Un afflux de capitaux se traduit par une augmentation de la liquidité intérieure qui va susciter une tendance à la baisse du taux d'intérêt. Une sortie de capitaux aura l'effet inverse. Aussi, à travers une modification de l'équilibre sur le marché monétaire, c'est l'équilibre général de l'économie qui est modifié.

Une élévation du taux de l'intérêt, comme nous l'avons supposé plus haut, aura certainement pour effet de ralentir l'investissement intérieur. Cet effet sera plus ou moins important suivant la sensibilité, ou plus précisément l'élasticité de l'investissement par rapport au taux de l'intérêt. Or, rien n'indique *a priori* que l'entrée des capitaux étrangers soit susceptible de contrecarrer parfaitement la tendance à la baisse de l'investissement de la part des entreprises résidentes. La conséquence de cela peut être, toutes choses égales par ailleurs, un ralentissement de l'activité économique nationale et une baisse du revenu.

D'un autre côté, si un excédent de la balance des transactions courantes n'est pas compensé par un déficit de la balance des capitaux, il y aura excédent de la balance des paiements. Cet excédent va exercer une influence favorable sur l'activité économique du pays. On pourrait alors assister à un accroissement du revenu et à une baisse du taux de l'intérêt, provoquée par l'augmentation de la masse monétaire.

En effet, l'excédent de devises résultant de ce que les exportations sont supérieures aux importations, sera converti en monnaie nationale. Cependant, si l'économie se trouve dans une situation proche du plein-emploi, on court le risque de voir se développer une forte pression inflationniste à l'intérieur du pays.

Dans les raisonnements précédents, nous avons fait deux hypothèses implicites qui sont de grande portée analytique.

Taux de change fixe : on entend par là que l'expression de la monnaie nationale en devises étrangères n'est pas susceptible de varier (*cf.* B.1 «La détermination du taux de change»).

Nous avons en effet raisonné en faisant abstraction d'une variation possible du cours de la monnaie nationale. Nous avons supposé que le *taux de change* était *fixe**, et donc n'était pas susceptible de se modifier au fur et à mesure des mouvements de marchandises et de capitaux à travers les frontières. Or, il est certain que des modifications dans le taux de change sont à même d'inciter, ou de dissuader les non-résidents à réaliser des opérations commerciales ou financières avec des résidents.

La seconde hypothèse implicite que nous avons faite est que les **prix intérieurs étaient fixes** eux aussi. Or, toute modification du cours de la monnaie nationale va entraîner une modification des coûts en matière d'approvisionnement par exemple, et est susceptible de provoquer des variations des prix intérieurs. De plus, les variations du taux de l'intérêt et du revenu que nous avons envisagées sont, elles aussi, susceptibles de provoquer une variation des prix intérieurs qui aura elle-même une influence sur le cours de la monnaie nationale.

Aussi, avant d'aborder l'étude de l'équilibre global en économie ouverte, nous faut-il considérer les questions de la détermination du taux de change et de son influence, tant sur les échanges extérieurs que sur l'activité intérieure.

B

LE TAUX DE CHANGE

Marché des changes : marché international où une monnaie nationale peut être échangée contre la monnaie d'un autre pays. Il est organisé autour de grandes banques qui opèrent pour le compte de leurs clients ou pour leur propre compte. Les banques centrales interviennent aussi sur ce marché pour en réguler les cours.

Toutes les transactions réalisées par les résidents d'un pays avec les non-résidents donnent lieu à des opérations de change parce que chaque pays a sa propre monnaie, représentative de sa production nationale, et que **les monnaies nationales sont hétérogènes**. D'une manière générale, les créanciers internationaux souhaitent être payés dans la monnaie de leur propre pays. Les exportateurs doivent en effet pouvoir réaliser des transactions au sein de leur propre pays et, bien que vendant leurs produits à l'étranger, ils ont besoin de la monnaie du pays dans lequel ils exercent leur activité pour y effectuer des paiements. Aussi faut-il, pour que se réalisent les règlements internationaux, que le passage d'une monnaie à l'autre soit assuré par une opération économique particulière. C'est cette opération que l'on dénomme **le change** et qui permet de **convertir** les monnaies nationales entre elles ; cette conversion se fait sur un marché spécialisé : le *marché des changes**.

Les différentes opérations enregistrées dans la balance des paiements nécessitent donc de changer des devises en monnaie nationale. Les exportateurs vont convertir les devises qu'ils reçoivent en paiement de leurs produits en monnaie nationale, alors que pour assurer le règlement des marchandises qu'ils acquièrent à l'étranger, les importateurs convertissent de la monnaie nationale en devises. C'est dire que le taux de change de la monnaie nationale en devises est une variable qui peut être déterminante dans l'établissement de l'équilibre de la balance des paiements qui, par voie de conséquence, peut influer fortement sur l'activité intérieure d'un pays.

1 - La détermination du taux de change

Le taux de change résulte de la **confrontation de l'offre et de la demande de devises**. L'offre de devises émane des non-résidents qui souhaitent acquérir soit des marchandises, soit des titres financiers, soit de la monnaie du pays considéré. **La demande de devises provient des résidents** qui souhaitent se procurer des marchandises, des titres financiers ou de la monnaie d'un pays étranger. Ce sont donc les exportations qui permettent à un pays de disposer des devises nécessaires à leurs résidents pour que ceux-ci puissent payer leurs fournisseurs étrangers. Le taux de change de la monnaie nationale de son côté sera donc dépendant des flux de marchandises et de capitaux à travers les frontières du pays. Mais l'on comprend aussi fort bien que le montant de ces mêmes flux va réciproquement dépendre de la valeur du *taux de change**.

Remarque : l'établissement d'un ***taux de change*** est non seulement indispensable mais inhérent au commerce international. Il exprime d'autre part la position relative des différents pays dans l'espace économique international, et ses variations sont généralement interprétées comme une indication de la santé d'une économie.

Le taux de change, ou cours de change est **le prix d'une devise exprimé en monnaie nationale**. C'est la quantité de monnaie nationale qui doit être dépensée pour se procurer une unité de devise étrangère. Ainsi, lorsque l'on dit que le taux de change s'élève, c'est le prix des devises étrangères, exprimé en monnaie nationale, qui s'accroît. Cela revient encore à dire que le cours de la monnaie nationale diminue. En revanche, quand le taux de change diminue, c'est qu'il faut moins de monnaie nationale pour obtenir une unité de devise étrangère. On dit encore que le cours de la monnaie nationale s'élève. Nous attirons l'attention du lecteur sur ces questions et l'utilisation de ces expressions qui, quelquefois, peuvent prêter à confusion.

Pour comprendre le processus par lequel est déterminé le taux de change d'une monnaie, nous reprendrons un schéma analytique nous plaçant dans la situation la plus générale qui soit, à savoir un *régime de change** où les interventions des différents acteurs sur le marché des changes sont libres. Nous allons donc d'abord raisonner dans un schéma similaire à celui qui décrit la détermination des prix et des quantités sur un marché de concurrence pure et parfaite. À partir de ce schéma, il nous sera ensuite aisé d'introduire des facteurs de rigidité qui vont limiter les fluctuations possibles du cours des monnaies. Il est bon de garder à l'esprit que, quel que soit le régime de change, le cours des monnaies est établi sous l'influence directe des mêmes facteurs, l'offre et la demande de monnaie nationale.

Remarque : on distingue trois grands types de ***régime de change*** : régime de changes fixes, régime de changes flottants et régime de changes flexibles.

Les courbes d'offre et de demande de la figure 2 représentent l'offre et la demande de dollars en contrepartie d'euros, que nous notons € . L'offre de dollars est le fait de détenteurs de dollars qui souhaitent effectuer des paiements en euros, alors que la demande de dollars est le fait de détenteurs d'euros qui souhaitent effectuer des paiements en dollars.

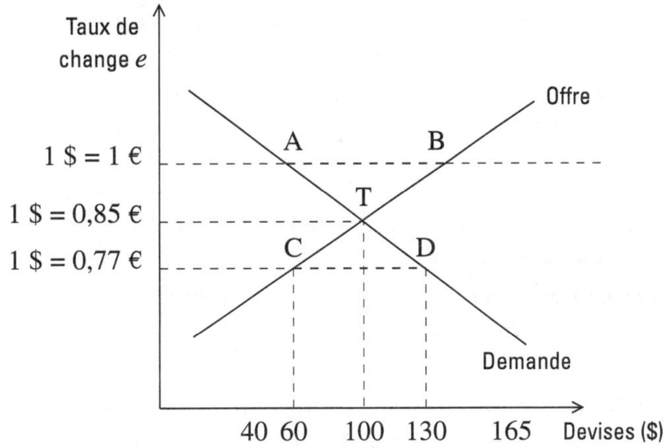

Fig. 2 : Détermination du taux de change

Une monnaie s'est ***dépréciée*** ou est ***dévaluée*** lorsque son prix exprimé en devises a baissé, il faut moins de devises pour se procurer une unité de la monnaie du pays considéré, ou plus de monnaie nationale pour se procurer des devises. On dit encore que le taux de change de la monnaie considérée a augmenté.

Une monnaie s'est ***appréciée*** ou est ***réévaluée*** lorsque son prix exprimé en devises est plus élevé. Il faut plus de devises pour se procurer une unité de la monnaie du pays considéré, ou moins de monnaie nationale pour se procurer une devise. On dit encore dans ce cas que le taux de change de la monnaie considérée a baissé.

Remarque : les expressions dévaluation et réévaluation sont généralement réservées pour désigner les changements de parité d'une monnaie dans un régime de changes fixes.

La lecture du graphique est relativement aisée.

Au taux de 1 $ = 0,77 € , la demande de dollars est excédentaire par rapport à l'offre. L'offre s'élève à 60 millions de dollars (point C) alors que la demande est de 130 (point D). Les échanges euros contre dollars ne peuvent donc avoir lieu pour ce niveau de taux de change. L'excédent de demande peut alors être résorbé par une hausse du taux de change, puisque si le taux augmente la demande va diminuer et l'offre augmenter.

Pour un taux de change, *e*, qui serait de 1 $ = 1 € , nous aurions la situation inverse de la précédente, l'offre de dollars serait excédentaire. L'offre est de 165 (point B) alors que la demande est seulement de 40 (point A).

Finalement, après divers tâtonnements, le taux de change d'équilibre se fixera au point T pour lequel l'offre et la demande de dollars s'égalisent, c'est-à-dire pour un taux de change effectif de 1 $ = 0,85 € . Le montant des transactions sur le marché des changes sera alors de 100 millions de dollars. Toute modification de l'offre ou de la demande de devises, et donc de la monnaie du pays considéré, entraînera une modification du taux de change. Or, **toute variation du taux de change correspond à une modification de l'équilibre de la balance des paiements**, puisque les offres et les demandes de monnaie correspondent à des opérations économiques d'importation ou d'exportation de marchandises ou de titres. (*cf.* exercice proposé 6.2)

Dans le cas d'une balance des transactions courantes déficitaire, en raison d'un excès des importations de marchandises sur les exportations, on voit bien que la demande de devises pour effectuer des règlements à l'étranger sera supérieure à l'offre de ces mêmes devises pour effectuer des paiements auprès du pays. Dans ce cas, la monnaie nationale aura tendance à *se déprécier** ou à être *dévaluée** par rapport aux autres monnaies utilisées dans ces transactions. À l'inverse, lorsque la balance des paiements tend à être excédentaire, donc lorsque les entrées de devises sont supérieures aux sorties, la demande de monnaie nationale par les non-résidents est plus importante que la demande de devises exprimée par les nationaux, la monnaie nationale aura alors tendance à *s'apprécier** ou à être *réévaluée**.

Les mobiles du change. Nous pouvons regrouper en quatre grands mobiles principaux les raisons pour lesquelles les agents économiques ont recours au change :

Le mobile de transactions : les agents procèdent à des opérations de change afin d'effectuer des paiements à l'occasion de transactions sur biens et services. L'importateur devra acheter des devises pour payer son fournisseur et l'exportateur vendra les devises qu'il détient pour obtenir de la monnaie nationale.

Le mobile de rémunération : les entreprises ayant bénéficié du concours de capitaux étrangers doivent rémunérer ceux-ci. Les travailleurs étrangers convertissent bien souvent une partie de leurs revenus en monnaie de leur pays d'origine.

Le mobile financier : les agents procèdent à des opérations de change lorsqu'ils souhaitent réaliser des investissements directs pour développer des productions ou des placements financiers afin de bénéficier des taux d'intérêts favorables dans d'autres pays.

Le mobile de spéculation : les particuliers, les entreprises et les banques peuvent réaliser des opérations de change en anticipant la variation des cours des monnaies. Ces capitaux spéculatifs qui sont transférés de places en places financières exercent une forte influence sur la détermination du cours des monnaies.

L'influence que peuvent avoir respectivement ces différents mobiles sur le cours du change sera plus ou moins importante selon le régime de change en vigueur entre les pays.

2 - Régimes de taux de change fixes et de taux de change flexibles

Nous pouvons distinguer deux situations extrêmes : le régime de **taux de change fixes** et le régime de **taux de change flottants**. Prises au sens strict, l'une et l'autre de ces situations se rencontrent assez rarement. On parle en fait de change fixe lorsque les monnaies peuvent fluctuer dans une marge étroite, contrôlée par les autorités monétaires. Les régimes de changes flottants, qui sous-entendent que les monnaies fluctuent librement sans intervention des autorités monétaires, ne se rencontrent que dans des situations exceptionnelles et pour des durées relativement courtes. La réalité se situe le plus souvent entre les deux situations extrêmes de fixité et de flottement. Pour notre part, nous analyserons une situation de changes fixes et un régime où les changes sont plus ou moins contrôlés par les autorités monétaires des pays, nous parlerons alors de régime de **changes flexibles**.

a. Régime de taux de change fixes

Sous un tel régime, les autorités monétaires définissent un taux de convertibilité des monnaies, on parle alors de *parité**. Dans ce cadre, les banques centrales interviennent sur le marché pour maintenir le cours du change à une valeur égale ou proche de la parité initialement fixée. D'une manière générale, **le cours** peut varier dans le respect de marges de fluctuation déterminées à l'avance. Le fait que le régime de change soit fixe ne signifie pourtant pas que le taux de change soit immuable, la pression des flux de marchandises et de capitaux peut faire que les autorités monétaires soient contraintes de modifier la parité de leur monnaie, on dira alors que celle-ci est **dévaluée** ou **réévaluée**.

> ***Parité*** : taux de change fixe qui est défini par rapport à un étalon de référence et qui s'applique pour la conversion de la monnaie nationale en toute autre devise.

La fixité du change suppose une condition de convertibilité de la monnaie nationale, c'est-à-dire que les banques centrales doivent se mettre en position d'acheter ou de vendre la quantité de monnaie nécessaire pour satisfaire les demandes des agents économiques. C'est dire qu'elles sont tenues de constituer des *réserves de change** en devises afin de pouvoir réguler le marché et soutenir le cas échéant le cours de la monnaie dont elles ont la responsabilité.

> ***Réserves de change*** : elles sont constituées de l'ensemble des devises qui sont conservées par une banque centrale dans un fonds de stabilisation des changes.

> **Les accords de change.** Le plus souvent, les régimes de change fixe sont mis en place dans le cadre d'accords internationaux, c'est le cas notamment du système de taux de change fixes établi en juillet 1944 dans le cadre des accords de **Bretton-Woods** et qui concernait quarante-quatre pays. En raison des fortes pressions sur le cours des monnaies concernées, le système a été abandonné en 1973. De même, les pays membres de la Communauté européenne ont passé des accords pour maintenir la parité de leur monnaie dans le cadre du SME (système monétaire européen) en vigueur depuis 1979. Mais les accords de change peuvent aussi avoir une portée géographique plus limitée.

Dans un régime de taux de change fixes, la courbe BP ne peut se déplacer dans le plan (Y,i), les modifications dans les échanges extérieurs se traduisent par des déplacements **sur la courbe**. Néanmoins la balance des paiements peut être déficitaire ou excédentaire au vu des mouvements des biens et services par exemple. Si nous nous trouvons dans une situation de **déficit de la balance des transactions courantes**, c'est-à-dire lorsque les importations sont supérieures aux exportations, il faudra que **la banque centrale puise dans ses réserves** de change pour maintenir la parité de la monnaie nationale. Dans ce cas, en effet, la demande de devises est excédentaire par rapport à l'offre et le cours de la monnaie nationale a tendance à baisser. La banque centrale va donc se porter vendeuse de devises pour

Dévaluation : opération qui consiste à diminuer le cours d'une monnaie en lui fixant une nouvelle parité.

Réévaluation : opération consistant à augmenter le cours d'une monnaie en lui fixant une nouvelle parité.

demander de la monnaie nationale jusqu'à concurrence du montant nécessaire au retour ou au maintien de la parité. Toutefois de telles interventions peuvent connaître une limite. Un déficit chronique va progressivement épuiser les réserves de la banque centrale qui ne pourra plus intervenir de façon efficace. Le moment viendra alors où il faudra modifier la parité des monnaies. Pour faire face à une situation de déficit prolongé de la balance des paiements, on procédera alors à une *dévaluation**. À l'inverse, pour éviter que perdure l'excédent de la balance des paiements, on procédera à une *réévaluation**. Dans l'un ou l'autre cas, on assistera à un déplacement de BP. (*cf.* exercice corrigé 6.1)

b. Régime de taux de change flottants

Sous un tel régime, le cours des monnaies se détermine librement, par le simple jeu de l'offre et de la demande sur le marché des changes. En principe, sous ce régime, les banques bentrales n'interviennent pas et laissent le marché s'équilibrer librement en vertu des principes dégagés par la **théorie de la parité des pouvoirs d'achat**.

Remarque : Au plan international, la plupart des pays sont aujourd'hui sous un régime de changes flexibles. Les pays de la Communauté européenne s'inscrivaient jusqu'en 1999 dans un régime de changes fixes avec de faibles marges de fluctuations.

La théorie de la parité des pouvoirs d'achat postule qu'un même bien ne peut être durablement vendu à un prix différent dans deux pays. (On se place ici dans la perspective du libre-échange.) Si un produit coûtait 3 \$ aux États-Unis, il devrait coûter 3 \$ en France. Supposons que le taux de change entre l'euro et le dollar soit de 1 \$ = 0,85 € , donc 1 € = 1/0,85 \$ = 1,18 \$. Dans ce cas, le prix du produit devrait être de 3 \$ d'un côté et de 2,55 € de l'autre. Si, pour une raison ou une autre (inflation), le prix du produit passait à 3,5 € en France, soit à 3,5 x 1,18 = 4,13 \$, la demande de ce produit par les Américains diminuerait, les exportations françaises seraient donc réduites d'autant et les Français auraient même intérêt à aller se procurer le produit aux États-Unis, ce qui accentuerait encore le déséquilibre. Le résultat serait que l'euro se déprécierait en proportion de l'accroissement du prix du produit. Pour maintenir le même volume d'exportation vers les États- Unis, et donc l'équilibre de la balance commerciale, le taux de change devrait s'établir à 3/3,5 = 0,857 \$ pour 1 € ; soit un dollar à 1,17 € . L'euro se déprécie dans une proportion équivalente à l'accroissement du prix du produit.

Ce qui est vrai pour un bien, l'est pour tous les autres. Aussi on tire comme conclusion générale que si le niveau général des prix s'élève dans un pays à un taux supérieur à celui des autres pays, alors sa monnaie sera dépréciée dans les mêmes proportions. Mais l'inverse est vrai aussi, une dépréciation de la monnaie nationale, se traduisant par une élévation du taux de change provoque une hausse des prix intérieurs.

La thèse de la parité des pouvoirs d'achat veut que les modifications du niveau relatif des prix aboutissent à une modification parallèle des taux de change. Ces derniers s'ajustent de manière à ce que les prix soient identiques dans tous les pays. On qualifie aussi ce principe de « loi d'un prix unique » pour les marchandises échangeables dans l'espace mondial. Notons qu'un régime de changes flottants sans intervention des banques centrales ne se rencontre dans la réalité que rarement et pour des périodes assez brèves. D'une manière générale, les autorités monétaires s'efforcent d'empêcher de trop grandes fluctuations des monnaies qui pourraient déstabiliser les économies nationales. Les banques centrales interviennent régulièrement sur le marché des changes afin de le réguler, c'est pourquoi il nous semble plus judicieux de parler en termes de régime de taux de change flexibles qu'en termes de taux de change flottants.

Dans un régime de changes flexibles, toute variation du taux de change se traduit par un déplacement de BP dans le plan (Y,i). Nous pouvons le voir en nous reportant à la figure 3 ci-contre, une dépréciation de la monnaie (hausse de e) provoque un déplacement de BP vers le bas et à droite, en BP_1. En effet, la dépréciation de la monnaie doit logiquement favoriser un accroissement des exportations et une baisse des importations devenues plus coûteuses, ce qui se traduit, toutes choses égales par ailleurs, par un excédent de la balance des transactions courantes et correspond à un accroissement de Y. De plus, l'excédent commercial permet un accroissement de la liquidité intérieure qui favorise une baisse de *i*. À l'inverse, une appréciation de la monnaie nationale, c'est-à-dire une baisse du taux de change, se traduira par un déplacement de BP vers le haut et à gauche, en BP_2. En effet, l'appréciation de la monnaie rend les produits nationaux plus chers aux étrangers et les produits étrangers moins coûteux. On assistera donc à une tendance à la baisse des exportations d'un côté et à la hausse des importations de l'autre, ce qui conduira à un déficit de la balance des transactions courantes dont l'un des effets sera la tendance à la baisse de Y. De plus, le taux de change plus favorable va rendre les investissements à l'étranger plus attrayants et donc favoriser la sortie de capitaux, cette baisse de la liquidité intérieure va faire naître une tendance à la hausse de *i* (*cf.* exercice proposé 6.3).

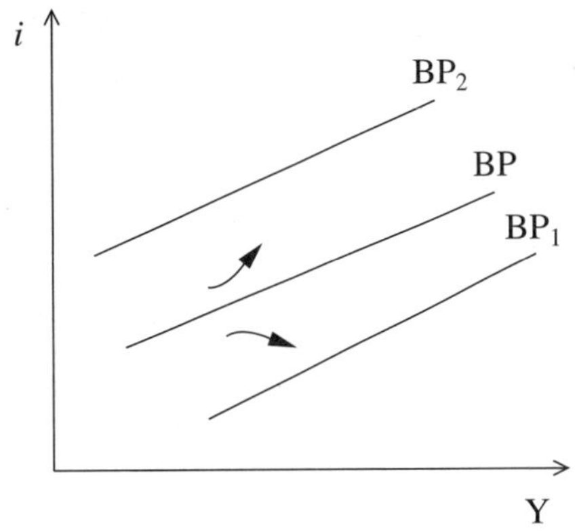

Fig. 3 : Déplacements de BP

Nous connaissons les principales caractéristiques de l'équilibre extérieur, nous pouvons maintenant établir les liaisons entre les échanges avec l'extérieur et l'activité interne d'une économie.

C

L'ÉQUILIBRE MACROÉCONOMIQUE EN ÉCONOMIE OUVERTE

Il s'agit maintenant pour nous de faire ressortir les liens qui s'établissent entre l'**équilibre interne et l'équilibre externe** d'une économie. Pour ce faire, nous nous appuierons sur le modèle qui est sans doute le plus connu et qui sert bien souvent aujourd'hui de modèle de référence. Il est habituel de désigner ce modèle par le nom des auteurs qui l'ont élaboré dans les années 60, à savoir R.A. Mundell et J.M. Fleming. Ce modèle est pour l'essentiel une extension du modèle IS-LM dans lequel on introduit la contrainte liée à l'équilibre de la balance des paiements. La construction de **Mundell et Fleming** présente l'avantage de donner une représentation relativement simple des différents facteurs concourant à l'établissement de l'équilibre au sein d'une économie ouverte aux échanges extérieurs. Il permet notamment d'analyser les effets de la politique économique sur l'équilibre, tout autant que les mouvements et fluctuations diverses dans les mouvements de marchandises, de capitaux et de monnaie qui peuvent venir modifier l'équilibre interne. (*cf.* document proposé 1).

1 - Représentation de l'équilibre global

La présentation de l'équilibre global en économie ouverte nécessite de rassembler dans un schéma unique l'équilibre interne et l'équilibre externe. Nous l'avons vu lorsque nous avons tracé la courbe BP, l'équilibre de la balance des transactions courantes est directement fonction du niveau du produit national, Y, et l'équilibre de la balance des capitaux est fonction du taux d'intérêt domestique, *i*. Ce qui fait que l'équilibre de la balance des paiements peut être représenté dans le plan constitué par l'ensemble des ces couples (Y,*i*) dans lequel est défini l'équilibre interne. Nous pouvons dès lors représenter l'équilibre macroéconomique en économie ouverte par la superposition du schéma **IS-LM** avec le schéma **BP**. Par souci de simplification et afin de rester dans le cas le plus général qui soit, nous ne représenterons que la partie « pentue » de LM. Cela nous donne la figure 4.

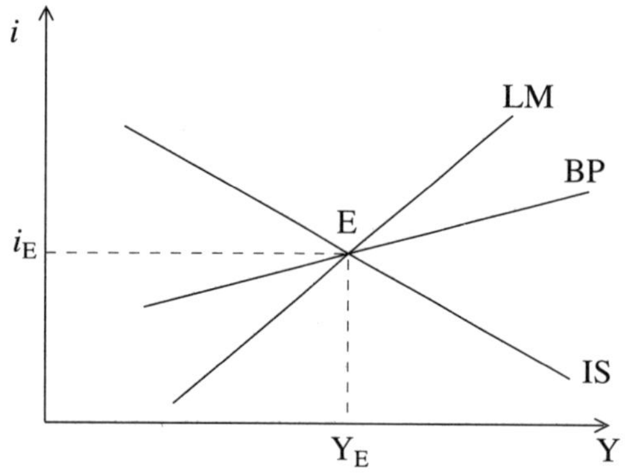

Fig. 4 : L'équilibre macroéconomique global

Les trois courbes de la figure représentent respectivement les trois marchés fondamentaux de l'économie :

- **le marché des biens et services** représenté par la courbe IS qui retrace les combinaisons du taux de l'intérêt domestique, *i*, et le niveau du revenu national, Y, pour lesquelles est atteint l'équilibre sur le marché des biens et services ;
- **le marché de la monnaie** représenté par la courbe LM, qui retrace toutes les combinaisons du niveau du revenu national, Y, et du taux de l'intérêt intérieur, *i*, pour lesquelles l'offre et la demande de monnaies sont égales ;
- **les échanges avec l'extérieur** représentés par la courbe BP, qui retrace toutes les combinaisons du revenu national, Y, et du taux de l'intérêt intérieur, *i*, compatibles avec un certain niveau d'équilibre de la balance des paiements.

La représentation graphique nous permet de saisir que l'équilibre macroéconomique d'une économie ouverte est atteint au point d'intersection des trois courbes IS, LM et BP. En ce point, E, les trois marchés sont simultanément équilibrés pour un couple unique (Y,*i*), mais aussi pour un taux de change, *e*, donné. Autrement dit, et bien qu'il n'apparaisse pas explicitement dans la représentation graphique, **le taux de change est un facteur qui participe à la définition de l'équilibre global**. Cependant la manière dont il influe sur les ajustements va dépendre précisément du régime de change (*cf.* exercice corrigé 6.1).

En régime de taux de change flexibles, *e* intervient comme une variable d'ajustement des flux avec l'extérieur et la courbe BP se déplace suivant son évolution : vers la droite lorsque *e* augmente (dépréciation) et vers la gauche lorsque *e* diminue (appréciation). Ces variations ont des conséquences immédiates, qui se traduisent par des déplacements de la courbe IS.

En régime de taux de change fixes en revanche, *e* étant *a priori* déterminé indépendamment des échanges avec l'extérieur, BP ne se déplace pas et les ajustements sont réalisés grâce à des mesures affectant le taux d'intérêt et la quantité de monnaie, donc directement la courbe LM.

Remarque : Comme on le voit, selon le régime de changes, les mécanismes équilibrants ne sont pas les mêmes, c'est la raison pour laquelle l'analyse des ajustements macroéconomiques en économie ouverte nous amène à considérer séparément deux situations distinctes : le régime de taux de change fixes et le régime de taux de change flexibles. Bien entendu, il faut garder à l'esprit que nous présentons ici des cas caractéristiques, voire extrêmes, alors que, dans la réalité, nous rencontrons une combinaison des deux situations. Même dans un régime de changes flottants, un gouvernement peut choisir pour diverses raisons de maintenir le taux de change de sa monnaie; à l'opposé, bien que pris dans un système de changes fixes, un pays peut choisir (ou bien être contraint) de s'écarter des marges de fluctuations autorisées.

2 - ANALYSE DES AJUSTEMENTS SOUS UN RÉGIME DE TAUX DE CHANGE FIXES

Dans un régime de taux de change fixes, l'équilibre de la balance des paiements est une contrainte qui entre dans la détermination de Y et de *i*. Le taux de change, *e*, n'est pas une variable d'ajustement, son **maintien à la parité se présente comme une contrainte** dont les termes doivent être satisfaits par une adaptation de l'économie nationale. La fixité du taux de change (ou sa marge de fluctuation faible) impose que toutes les modifications dans l'équilibre des relations avec l'extérieur soient compensées d'une manière ou d'une autre au sein de l'économie du pays. En bref, la fixité du taux de change va nécessiter l'intervention du gouvernement soit en matière de politique budgétaire ou fiscale, soit dans le cadre d'une politique monétaire (*cf.* document proposé 2). L'analyse doit prendre en compte le fait que la demande qui s'exprime à l'intérieur du pays comprend désormais deux composantes supplémentaires. L'une, les *exportations*, X, est *déterminée de façon exogène** et vient s'ajouter à la demande intérieure; l'autre, les importations, M, doit être retirée de la demande globale intérieure puisqu'elle consiste en la demande en produits étrangers de la part des résidents. À cela, il faut ajouter les mouvements de capitaux, K, qui sont fonction du taux d'intérêt domestique, *i*.

Exportations déterminées de façon exogène : leur montant dépend de la demande des non-résidents et n'est donc pas directement déterminé par des mécanismes propres à l'économie du pays exportateur.

L'équilibre extérieur est de la forme :

$$BP = X - M(Y) + K(i)$$

Il s'ensuit que l'équilibre macroéconomique en régime de changes fixes peut être exprimé par le système d'équation suivant :

$$IS - f(i)$$
$$LM = L(Y,i)$$
$$BP = X - M(Y) + K(i)$$

L'équilibre étant défini par l'égalité de ces trois fonctions, **il n'existe donc qu'un niveau de revenu compatible avec l'équilibre de la balance des transactions courantes**.

Le modèle caractérisant l'équilibre peut être ramené à deux équations pour déterminer Y et *i*.
La demande intérieure peut s'écrire :
$Y = C(Y) + I(i) + X - M(Y)$,
(1) soit $S(Y) = I(i) + X - M(Y)$, expression de la courbe **IS** en économie ouverte.
La liquidité intérieure s'écrit :
(2) $L = L(Y, i)$, expression de la courbe **LM**.
La demande extérieure :
(3) $D^{ext} = X - M(Y) + K(i)$, expression de la courbe **BP**.
Les expressions (1) et (3) permettent à elles seules de déterminer Y et *i* compatibles avec l'équilibre.

Grâce à ce modèle, nous pouvons saisir que, le taux de change étant fixe, tout accroissement de la demande intérieure ou du revenu, ou tout accroissement de la quantité de monnaie, va provoquer une détérioration de la balance des transactions courantes. En effet, les exportations étant données et les **importations étant fonction croissante de Y**, l'augmentation de ce dernier, sans variation des exportations, va générer une situation de déficit commercial. Cependant, l'accroissement de la demande interne, qui peut être dû à une augmentation des dépenses publiques, va se traduire par une tendance à la hausse du taux d'intérêt intérieur. Or, cette augmentation, qui rend les placements financiers plus attrayants dans le pays, va favoriser l'entrée massive de capitaux spéculatifs, ce qui va provoquer une augmentation de la **liquidité intérieure**. La conséquence sera le rétablissement de l'équilibre pour un niveau de revenu plus élevé et un taux d'intérêt plus élevé.

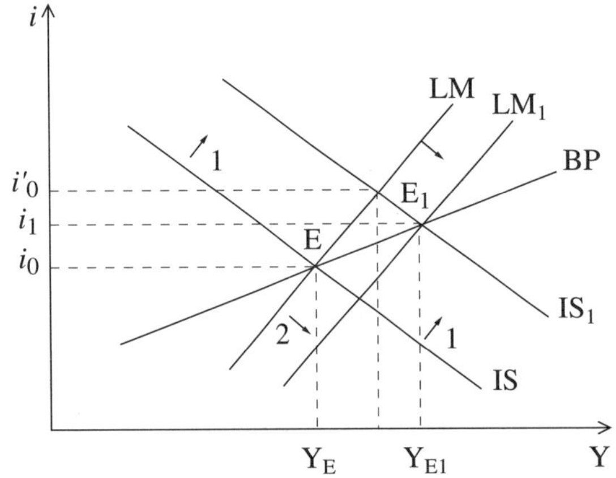

Fig. 5 : Accroissement de la demande avec prix fixes

La figure 5, qui représente une situation caractérisée par l'augmentation de la demande, avec prix stables et dans l'hypothèse où la mobilité des capitaux est très élevée (la pente de la droite BP est faible), nous permet de comprendre cela.

Nous l'avons dit dans un régime de changes fixes, la courbe BP ne se déplace pas au gré des fluctuations des échanges extérieurs. Partant, toute situation de déséquilibre doit trouver sa solution au sein de l'économie nationale grâce, le plus souvent, à l'intervention du gouvernement ou des autorités monétaires. Comme on peut le remarquer, nous nous sommes placés dans l'hypothèse où la pente de la courbe BP est relativement faible, c'est-à-dire dans une perspective où la mobilité des capitaux est grande. Le fait que la pente de BP soit moins forte que celle de LM signifie que les spéculateurs non résidents sont plus sensibles aux variations du taux d'intérêt domestique que les résidents. Dans une telle situation, la variation des taux d'intérêt nationaux provoque des mouvements de capitaux dont le montant peut excéder celui du solde de la balance des transactions courantes. À l'inverse, si la pente de BP est plus importante que celle de LM, l'effet de liquidité jouera moins fortement mais sera néanmoins orienté dans la même direction.

Partant d'une situation initiale d'équilibre caractérisée par le couple (Y_E, i_E), correspondant à des courbes IS et LM données, nous pouvons constater qu'une augmentation de la demande intérieure coïncide avec un déplacement de IS vers le haut à droite, en IS_1. Cette augmentation de la demande, qu'elle soit due à une augmentation des dépenses gouvernementales ou à un accroissement des exportations, se traduit par une augmentation de la liquidité, c'est-à-dire un glissement de LM vers le bas à droite, en LM_1.

La conséquence de ces déplacements accompagnés de la fixité de BP est que le revenu national d'équilibre Y_E augmente jusqu'à Y_{E1}. En même temps, le taux d'intérêt augmente, mais en raison de la translation de LM due à un accroissement de la liquidité, il se situe à un niveau moins élevé que ce que l'on aurait pu attendre d'une augmentation de la demande intérieure, il passe de i_0 à i_1 et non pas à i'_0.

Toutefois cela n'est vrai qu'à condition que les prix intérieurs ne varient pas.

Lorsque l'augmentation de la demande intérieure s'accompagne d'une hausse des prix, alors le résultat peut être sensiblement différent. C'est ce que nous pouvons analyser grâce à la figure 6. Supposons que nous nous trouvons dans une période caractérisée par une tendance à la hausse des prix intérieurs. Nous pouvons fort bien admettre que, d'une manière générale, la hausse des prix intérieurs aura tendance à décourager les exportations, ou pour le moins à freiner leur augmentation. D'autre part, le taux de change étant fixe, l'augmentation des prix intérieurs aura plutôt tendance à favoriser le développement des importations. Il s'ensuivra alors une tendance au déficit de la balance des transactions courantes. Celui-ci ne pourra être résorbé que grâce à une baisse de la demande interne et donc du revenu. De plus, la hausse des prix intérieurs va faire que les demandes d'encaisses pour motif de transactions vont augmenter, et la demande de monnaie pour motif de spéculation diminuer. Cette évolution dans la structure de la demande de monnaie va se traduire par un déplacement de la droite LM vers le haut à gauche. La translation de LM va, entre autres conséquences, provoquer une tendance à la hausse des taux d'intérêt intérieurs. Celle-ci est, certes, susceptible d'attirer des capitaux étrangers, mais elle aura aussi pour effet à court terme de décourager l'investissement domestique. En cette occurrence, le revenu d'équilibre aura alors tendance à baisser.

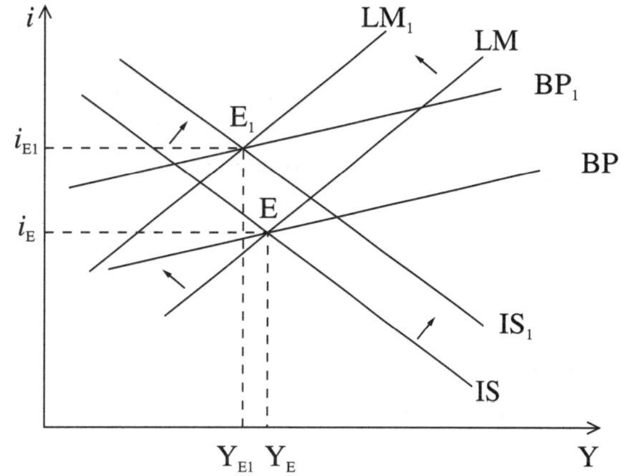

Fig. 6 : L'influence des prix

La courbe en J. Il est devenu courant de représenter l'effet dans le temps d'une dévaluation sur les prix par ce que l'on dénomme la courbe en J.
Le mécanisme représenté par cette courbe repose sur l'idée que les réactions positives liées à une dévaluation ne sont pas immédiates. On observe en effet que d'une manière générale, une hausse du cours de la monnaie provoque dans un premier temps une dégradation de la balance des transactions courantes en raison de la hausse des prix à l'importation. Mais, dans un second temps, du fait de la baisse du cours de la monnaie, il s'effectue une substitution de produits nationaux aux produits étrangers. Cette substitution accompagnée d'une baisse du prix des produits exportés se traduit alors par une amélioration de la balance courante. Ce sont ces phénomènes successifs qui expliquent la forme de cette courbe.

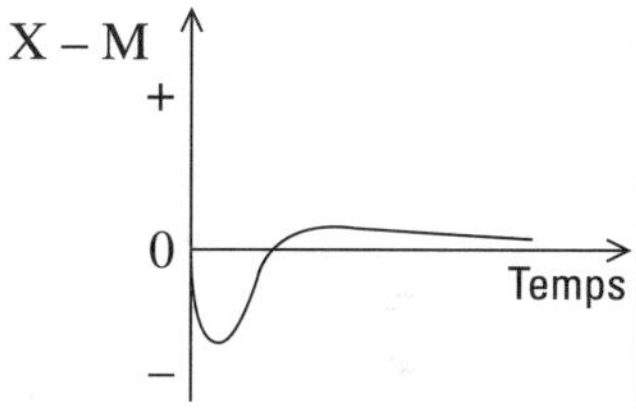

Il est bon de remarquer que la baisse du revenu sera plus ou moins importante selon le degré de sensibilité de l'investissement aux variations du taux de l'intérêt. Si l'*élasticité de l'investissement** par rapport au taux d'intérêt est élevée, la baisse de l'investissement sera forte, inversement si l'élasticité est faible, la baisse de l'investissement sera peu importante.

Toutefois on peut penser que le gouvernement du pays ne souhaite pas voir diminuer le revenu national, il peut donc choisir de compenser, au moins partiellement, l'effet de la hausse du taux d'intérêt en augmentant ses dépenses. Cette intervention de l'État, qui va activer le mécanisme du *multiplicateur de dépenses**, se traduit alors par un glissement de IS vers le haut à droite. Ce qui a pour effet certes d'atténuer la baisse du revenu, mais aussi d'amplifier la hausse du taux de l'intérêt. La figure 6 fait ressortir que si l'on restait dans la position d'équilibre extérieur représentée par la droite BP, le pays se trouverait dans une situation de déficit permanent de sa balance des paiements, ce qui aurait pour conséquence l'endettement cumulatif, donc croissant, du pays vis-à-vis du reste du monde.

Remarque : le degré de sensibilité de l'investissement peut être exprimé en termes ***d'élasticité de l'investissement*** par rapport au taux d'intérêt. Cette élasticité est représentée par la pente de la courbe d'investissement. En général, l'élasticité est faible pour des niveaux élevés du taux de l'intérêt et forte pour des niveaux faibles du taux de l'intérêt.

Multiplicateur de dépenses : il est de même forme et de même nature que le multiplicateur d'investissement.

Le maintien de la situation d'équilibre intérieur exige que l'équilibre de la balance des paiements corresponde à la droite BP_1. La coïncidence de l'équilibre interne et de l'équilibre externe nécessite un changement de parité de la monnaie nationale. En un mot, et dans la situation que nous venons de décrire, le gouvernement du pays considéré devra **dévaluer** sa monnaie. Grâce à cette hausse du taux de change (baisse du cours de la monnaie), nous assisterons au déplacement de BP vers la gauche en BP_1. L'effet sur l'activité économique intérieure pourra alors être positif pour autant que l'augmentation des prix ne soit pas amplifiée par l'augmentation du taux de change puisque les produits importés deviennent plus coûteux.

Dans un pays développé où la dépendance vis-à-vis de l'extérieur en matière d'approvisionnements est relative, on peut penser que la baisse du cours de la monnaie peut être efficace à plus long terme. Le taux de change ayant augmenté, le coût des importations deviendra plus élevé, ce qui devrait inciter les résidents à moins importer . De l'autre côté, l'augmentation du taux de change (il faut moins de devises pour obtenir une unité de monnaie nationale) va rendre les produits nationaux plus compétitifs et aura pour conséquence de favoriser l'augmentation des exportations et, partant, d'accroître la demande du produit national. La combinaison de ces deux phénomènes peut avoir pour résultat de compenser l'effet de la hausse du taux de l'intérêt sur l'investissement intérieur, tout en attirant des **capitaux spéculatifs internationaux.** Ce raisonnement doit toutefois être relativisé en raison de différents éléments qui peuvent empêcher le déroulement des mécanismes que nous avons décrits. Par exemple, si la modification de parité n'est pas assez forte, ou jugée insuffisante par rapport à l'augmentation des prix, les détenteurs de capitaux spéculatifs peuvent encore agir en anticipant une nouvelle baisse plutôt qu'une stabilisation ou une remontée de la parité de la monnaie du pays considéré. Cela aurait pour effet d'amplifier le déséquilibre et pourrait conduire le pays à une nouvelle dévaluation de sa monnaie. C'est d'ailleurs pour limiter cette **vulnérabilité** relative des pays face aux phénomènes spéculatifs que, d'une manière générale, l'institution de régimes de taux de changes fixes s'accompagne d'accords de solidarité entre divers États. En règle générale, les États signataires des accords s'engagent à intervenir solidairement sur le marché des changes pour réguler le cours des monnaies des pays partenaires.

3 - Analyse des ajustements en régime de taux de change flexibles

Dans ce système, la balance des paiements est toujours équilibrée grâce aux mécanismes du taux de change. Le cours des monnaies est modifié au gré des fluctuations constatées dans les échanges extérieurs et dans les mouvements de capitaux.

Dans un régime de taux de change flottants ou flexibles, le taux de change varie avec le solde de la balance des paiements.

Nous avons : $X = X(e)$, et $M = M(Y, e)$. Une balance des transactions courantes déficitaire provoque une baisse du cours (hausse du taux de change) de la monnaie, alors qu'une balance excédentaire se traduit par une hausse du cours (baisse de e). Mais en même temps le taux de change influence directement la demande de biens et services d'une part, et la demande de monnaie nationale d'autre part.

L'équilibre de la balance des paiements peut s'écrire :

$$BP = X(e) - M(Y, e) + K(i).$$

L'équilibre macroéconomique répond donc au système :

$$\begin{aligned} IS &= f(i) \\ LM &= L(Y, i) \\ BP &= X(e) - M(Y, e) + K(i) \end{aligned}$$

La règle que nous avons énoncée dans notre étude du régime des changes fixes reste vraie ici : **l'équilibre étant défini** par l'égalité des trois fonctions IS, LM et BP, **il n'existe qu'un niveau de revenu compatible avec l'équilibre de la balance courante.**

Le modèle en changes flexibles peut s'écrire de la manière suivante.

La demande intérieure est exprimée par :

$Y = C(Y) + I(i) + X(e) - M(Y, e)$, ou encore :

(1) $I(i) = S(Y) - X(e) + M(Y, e)$, expression de **IS**

La liquidité intérieure s'écrit :

(2) $L = L(Y, i)$, expression de **LM**

L'équilibre de la balance des paiements s'écrit :

(3) $X(e) - M(Y, e) + K(i) = 0$, expression de **BP**, d'où nous pouvons tirer :

(4) $K(i) = -X(e) + M(Y, e)$.

En insérant $K(i)$ d'après (4) dans (1), on peut voir que les équations (1) et (2) permettent de calculer Y et i indépendamment de l'équilibre de la balance commerciale. Ce qui fait bien ressortir que Y et i ne sont pas des variables d'ajustement des échanges extérieurs.

L'équation (3) permet alors à elle seule de déterminer le taux de change, qui apparaît bien comme la variable d'ajustement de la balance des paiements.

Dans ce modèle, le taux de change *e* devient une variable d'ajustement. La contrainte qui s'exerçait sur le revenu national en raison du maintien de la parité dans le régime de changes fixes disparaît. Autrement dit, l'équilibre des échanges extérieurs ne mobilise plus les mêmes mécanismes d'ajustement que dans un régime de changes fixes. Le revenu national n'est plus une variable rééquilibrante comme dans le cas précédent. En changes flexibles, lorsque l'augmentation de la dépense intérieure provoque une augmentation des importations et tend à faire naître un déficit commercial, le taux de change s'élève immédiatement. Il s'ensuit alors que les importations deviennent plus onéreuses et, toutes choses égales par ailleurs (en particulier si les élasticités prix des importations sont normales), les importations doivent diminuer. De l'autre côté, les biens nationaux deviennent moins coûteux pour les non-résidents, ce qui nous autorise à supposer que leur demande devrait augmenter et l'équilibre se rétablir spontanément.

Dans un régime en changes flexibles l'équilibre macroéconomique est atteint sans qu'il y ait besoin de compenser les excédents ou les déficits extérieurs en agissant sur le revenu ou le taux de l'intérêt. **L'économie est équilibrée grâce aux variations du taux de change** qui provoquent le déplacement de la droite BP.

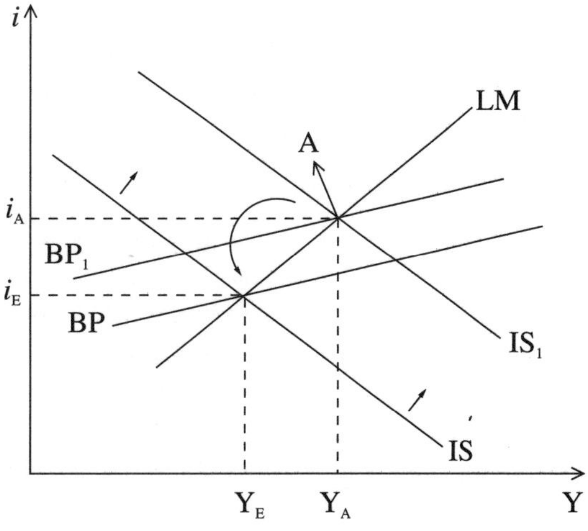

Fig. 7 : L'équilibre en changes flexibles

Considérons séparément deux circonstances possibles à savoir : une hausse de la dépense intérieure d'une part, et une hausse de la quantité de monnaie d'autre part.

Tout d'abord analysons graphiquement les conséquences d'une hausse de la dépense intérieure (*cf.* fig. 7).

La hausse de la dépense intérieure, qui peut être due à une augmentation des dépenses gouvernementales, se traduit par un déplacement de IS vers la droite, on passe de IS à IS_1. Dans l'hypothèse que nous retiendrons pour l'instant où LM ne varie pas, l'équilibre intérieur va se situer en A. Le revenu augmente et le taux d'intérêt augmente aussi. Puisque le revenu augmente, les importations vont augmenter. De l'autre côté, il n'y a aucune raison *a priori* pour qu'il y ait une modification du niveau des exportations. Il s'ensuit une tendance au déséquilibre de la balance des transactions courantes, et de ce fait une tendance au déficit de la balance des paiements. **En change flexible**, nous l'avons dit, **ce déficit se traduit immédiatement par une dépréciation de la monnaie nationale**. Donc BP se déplace en BP_1 pour passer en A. En ce point, le taux d'intérêt est plus élevé que dans la situation d'équilibre initial. Attirés par cette augmentation du taux de l'intérêt, de nombreux *capitaux spéculatifs** vont venir se placer dans le pays, ce qui fait que la monnaie nationale sera beaucoup demandée et va s'apprécier. La conséquence est que le taux de change de la monnaie nationale va atteindre un niveau tel que les produits nationaux seront **moins compétitifs** sur les marchés étrangers, ce qui aura tendance à faire baisser les exportations. D'autre part, les produits étrangers seront moins coûteux pour les résidents, et les importations auront donc tendance à augmenter. Le processus enclenché par la hausse du taux de l'intérêt s'arrêtera lorsque la baisse des exportation aura compensé la hausse de la dépense intérieure. En d'autres termes, on reviendra au point (Y_E, i_E).

Capitaux spéculatifs : capitaux qui se déplacent de places financières en places financières au gré des gains que leurs détenteurs espèrent tirer de placements courts. On les désigne aussi par l'expression « capitaux flottants ».

Le deuxième cas que nous devons considérer maintenant est celui d'une augmentation de la liquidité dans l'économie. Cette augmentation qui peut être due à une *politique monétaire expansionniste** se traduit par un déplacement de LM vers la droite (*cf.* fig. 8).

Politique monétaire expansionniste : c'est une politique qui se traduit par un accroissement de la quantité de monnaie en circulation dans l'économie.

Le déplacement de LM correspond à une hausse de Y et à une baisse de *i*. Les résultats sont inversés par rapport à la situation que nous avons analysée précédemment et dans laquelle nous avons observé une hausse de la dépense intérieure. L'augmentation de la masse monétaire se traduit par une forte dépréciation de la monnaie (d'où une élévation du taux de change). La baisse du taux de l'intérêt a en effet pour conséquence la fuite de capitaux, donc un accroissement de l'offre de monnaie nationale sur le marché des changes. Cependant la hausse de *e* a aussi pour conséquence de rendre les produits intérieurs moins chers, ce qui favorise le développement des exportations, alors que les importations ont tendance à diminuer. Par ailleurs, la baisse du taux de l'intérêt va favoriser l'investissement domestique. La conjonction de la hausse de *e* et de la baisse de *i* aura pour conséquence, toutes choses égales par ailleurs, de conforter la hausse du revenu national. On peut donc raisonnablement penser qu'une politique monétaire expansionniste peut être très favorable à la croissance intérieure puisque l'augmentation des exportations aura un double effet :

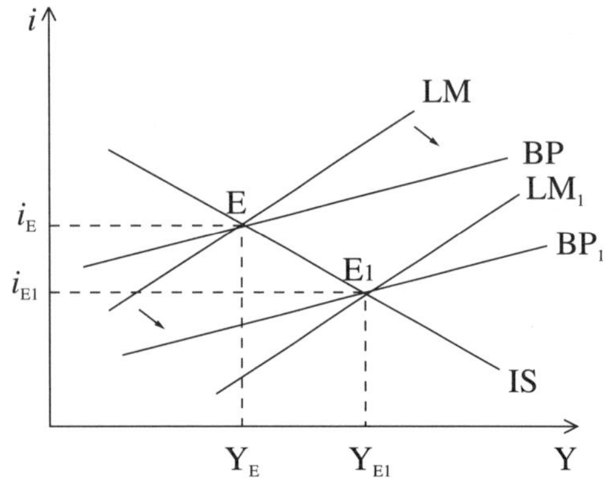

Fig. 8 : Déplacement de LM

– la hausse des exportations se traduit par une augmentation de la demande intérieure, il y a aura donc un **effet de multiplication** et un déplacement de la courbe IS vers le haut à droite, ce qui fait que le revenu national aura tendance à augmenter;

– l'augmentation du revenu occasionnée par la hausse des exportations va aussi se traduire par une augmentation des importations, puisque celles-ci sont fonction du revenu.

Il s'ensuit que l'équilibre extérieur va être réalisé pour un niveau de revenu plus élevé, la courbe BP se déplace vers BP_1, ce qui permet la réalisation d'un équilibre global correspondant à un revenu Y_{E1} plus élevé que dans la situation initiale et à un taux d'intérêt i_{E1} plus faible.

Toutefois les choses ne sont pas nécessairement aussi simples que cela. Dans le raisonnement ci-dessus nous avons supposé que les **prix** étaient **stables**, or on peut penser que l'augmentation de la liquidité dans l'économie peut se traduire par une hausse des prix intérieurs. Cette hausse peut avoir pour conséquence d'annuler l'effet de la hausse du taux de change, et ce en raison des principes dégagés par la thèse de la **parité des pouvoirs d'achat** que nous avons vue plus haut. En ces circonstances, le pays peut alors se retrouver dans la situation antérieure à la hausse du taux de change, voire dans une situation plus difficile encore (*cf.* question de réflexion).

De prime abord, on peut penser qu'un régime de taux de change flexibles peut présenter un avantage certain par rapport à un système de changes fixes en raison de sa plus grande **souplesse**. En changes flexibles, les problèmes de liquidité interne et les inconvénients liés à un déficit de la balance des transactions courantes semblent se résoudre d'eux-mêmes.

Cependant, dans des périodes d'instabilité où l'on assiste à des fluctuations continuelles des taux de change, l'incertitude dans laquelle se trouvent les agents économiques, résidents et non-résidents, peut avoir des effets néfastes sur le commerce extérieur. L'insécurité et le *risque de change** que comporte un tel système pour les entreprises, aussi bien pour leurs marchés et les contrats signés en monnaie flexible que pour leurs décisions d'investissements directs à l'étranger, peuvent engendrer un ralentissement des échanges extérieurs en raison des coûts liés aux **risques portant sur les paiements**. De plus, les marchés intérieurs sont aussi affectés et les économies déstabilisées par des fluctuations qui peuvent être largement amplifiées par les mouvements spéculatifs des capitaux privés internationaux. C'est la raison pour laquelle la plupart des pays ne laissent pas fluctuer librement le cours de leur monnaie, et que les autorités monétaires nationales et internationales interviennent régulièrement pour limiter les marges de fluctuation des monnaies.

Risque de change : c'est le risque encouru par les entreprises qui sont soumises aux fluctuations des taux de change entre le moment où elles concluent une opération et celui où elles sont payées.

QUESTIONS À CHOIX MULTIPLES

(Pour chaque question, une ou plusieurs réponses sont possibles.)

1 - Dans le modèle keynésien les exportations de marchandises sont :

a. fonction du revenu national.
b. fonction du taux de change.
c. fonction du taux d'intérêt international.
d. fonction de la consommation et de l'épargne intérieures.

2 - La balance des paiements :

a. est synonyme de balance extérieure courante.
b. rend compte du stock de devises dont dispose un pays.
c. est nécessairement présentée en équilibre.
d. n'enregistre que les mouvements de devises et de capitaux.

3 - Le solde de la balance courante dépend directement :

a. du taux d'intérêt intérieur.
b. du différentiel entre taux d'intérêt intérieur et taux d'intérêts étrangers.
c. du niveau des prix intérieurs.
d. du niveau du revenu national.

4 - Le taux de change :

a. est la différence de prix entre produits étrangers et produits nationaux.
b. est le prix de la monnaie nationale en monnaie étrangère.
c. est un taux de conversion d'une devise en une autre.
d. est le taux d'intérêt appliqué à l'achat d'une devise.

5 - La thèse de la parité des pouvoirs d'achat :

a. dit que le niveau des prix varie en fonction du taux de change.
b. dit que le taux de change varie en fonction du niveau des prix.
c. dit que le pouvoir d'achat de deux monnaies ne peut jamais être le même.
d. dit que les autorités monétaires doivent intervenir pour égaliser les pouvoirs d'achat des monnaies.

6 - Dans un régime de changes flexibles :

a. le revenu est une variable rééquilibrante.
b. le taux d'intérêt est la variable d'ajustement.
c. le gouvernement fixe le taux de change.
d. le taux de change est la variable d'ajustement.

7 - Dans un régime à taux de change fixes, la hausse des prix :

a. va avoir tendance à provoquer une hausse du taux d'intérêt intérieur.
b. va avoir tendance à provoquer une baisse du taux d'intérêt.
c. n'a pas d'influence sur le taux d'intérêt.
d. va faire naître une tendance à la baisse du revenu.

8 - Dans un régime de taux de change flexibles, l'équilibre global est atteint :

a. sans qu'il y ait besoin de compenser le déficit extérieur par des mesures intérieures sur le revenu et le taux d'intérêt.
b. grâce à une intervention gouvernementale sur le revenu et/ou le taux d'intérêt pour compenser le déficit.
c. grâce à une administration du taux d'intérêt.
d. grâce à la variation du taux de change.

9 - En régime de change flexible, une augmentation de la liquidité intérieure se traduit par :

a. une baisse du revenu.
b. une augmentation du revenu.
c. une baisse du taux de change.
d. une augmentation du taux d'intérêt.

10 - Parmi ces propositions, lesquelles (ou laquelle) sont vraies :

a. les exportations financent les importations.
b. en changes fixes, le taux de change est une variable d'ajustement.
c. dans un régime de changes flexibles la droite BP peut se déplacer dans le plan (Y, i).
d. une hausse des prix intérieurs se traduit par une dépréciation de la monnaie.

(Les réponses sont données en fin d'ouvrage, page 413.)

EXERCICE CORRIGÉ 6.1

Construction de l'équilibre global en économie ouverte (A,2 ; C)

I - CONSTRUCTION DE BP (A, 2)

Nous disposons des données suivantes concernant les échanges extérieurs d'un pays.

Les importations, M, sont fonction du revenu Y et du taux de change e :

$$M(Y,e) = 0{,}2Y + 80e$$

Les exportations, X, sont fonction du taux de change e :

$$X(e) = 320e$$

Les mouvements de capitaux, K, sont fonction du taux d'intérêt domestique i :

$$K(i) = 11\,000i - 500$$

a. Présenter les principales équations générales qui président à la construction de BP.

b. Établir l'équation de BP.

c. Représenter BP graphiquement en supposant que $e = 1$.

d. Quels sont les effets d'une variation de i ?

e. Quels sont les effets d'une variation de Y ?

f. Étudier les conséquences d'une variation de e qui devient $e = 1{,}5$.

II - L'ÉQUILIBRE GLOBAL (C)

L'économie intérieure du pays considéré est caractérisée par les données suivantes :

$C = 0{,}8Y + 100$

$I = 600 - 5\,000i$

$M^T = 0{,}5Y$, avec M^T la demande de monnaie pour les transactions

$M^S = 800 - 10\,000i$, avec M^S la demande de monnaie pour la spéculation

$M^O = 1\,200$, avec M^O l'offre de monnaie

a. Établir les équations de IS et LM en tenant compte des échanges avec l'extérieur.

b. Représenter sur un même graphique les trois fonctions IS, LM et BP. Pour ce faire, on supposera que $e = 1$.

c. Que remarque-t-on ? Quelles explications peut-on donner ?

d. Si nous sommes en changes flexibles que va-t-il se passer ?

e. Pour quel niveau de revenu l'équilibre global est-il réalisé ?

f. Reporter sur le graphique précédent la nouvelle situation.

CORRIGÉ

I - a. Rappel des principales équations

L'équilibre de la balance des paiements peut s'écrire :

$$BTC(e) = -K(i)$$

$$\text{soit : } M(Y, e) - X(e) = K(i),$$

$$\text{nous avons donc : BP : } M(Y, e) - X(e) - K(i) = 0$$

Comme on le voit, le taux d'intérêt intérieur, i, étant connu, cette équation permet à elle seule de déterminer le taux de change, e.

La fonction d'importation peut être exprimée de la manière suivante :

$$M(Y, e) = mY + he$$

Ce qui signifie que le montant des importations dépend :

– pour partie de la propension marginale à importer, m ;

– pour partie d'une demande autonome du revenu, h, mais dont le montant est dépendant du taux de change, e. he représente donc la demande incompressible en matière d'importations, dont le montant est d'autant plus élevé que le taux de change est élevé.

La fonction d'exportation est exprimée par :

$$X(e) = xe$$

Ce qui signifie que les exportations sont indépendantes du revenu et principalement dépendantes du taux de change.

L'équilibre de la balance courante est exprimé par :

$$mY + he = xe$$

Les mouvements de capitaux et devises sont représentés par :

$$K(i) = K^X(i) - K^M(i)$$

Ce qui peut être exprimé par :

$$K(i) = ui - v$$

Ce qui signifie que les mouvements de capitaux dépendent :

– pour v, d'autres facteurs que le taux de l'intérêt, ce peut être le solde de la balance des transactions courantes, ou le taux de change, etc ;

– pour partie du niveau du taux d'intérêt domestique. Nous garderons toujours à l'esprit que i est toujours exprimé relativement au taux international.

Nous pouvons alors écrire l'équilibre extérieur par :

$$mY + he - xe - ui + v = 0,$$

$$\text{soit encore : } mY + he - xe = ui - v$$

Il s'ensuit que le revenu correspondant à l'équilibre extérieur est :

$$Y = \frac{ui - v - he + xe}{m}$$

I-b. Équation de BP

Posons :

$$M(Y, e) = 0{,}2Y + 80e$$
$$X(e) = 320e$$
$$K(i) = 11\,000i - 500$$

Ce qui nous donne :

$$Y = 0{,}2Y + 80e - 320e = 11\,000i - 500$$

soit encore :

$$Y = 55\,000i + 1\,200e - 2\,500$$

I-c. Supposons que le taux de change soit de $e = 1$, ce qui équivaut à une situation de change fixe. Nous avons alors :

BP : $Y = 55\,000i - 1\,300$

Nous pouvons maintenant tracer la droite représentative de BP (*cf.* fig. 9).

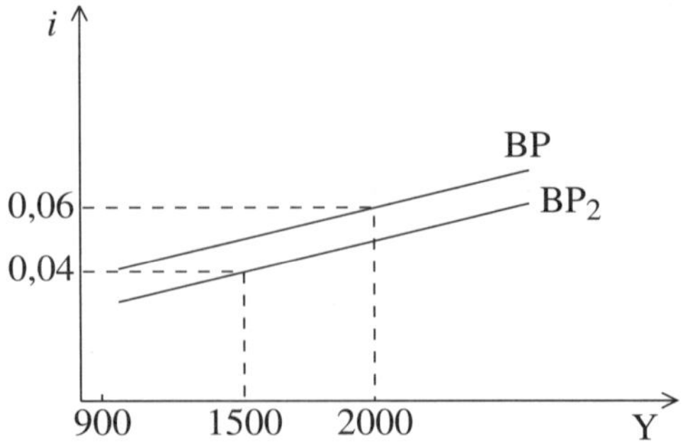

Fig. 9 : Construction de BP

I-d. Toute variation de i se traduit par un déplacement sur la droite BP. Nous faisons bien entendu l'hypothèse toutes choses égales par ailleurs, et en particulier avec un taux de change qui ne varie pas.

I-e. Toute variation du revenu, Y, se traduit aussi par un déplacement sur BP. Autrement dit, toutes choses égales par ailleurs, la variation de Y correspond à une variation de i.

Remarque : Nous avions d'ailleurs admis implicitement cela lors de la construction de la droite.

I-f. Si $e = 1{,}5$

On reprend l'équation de BP : $Y = 55\,000i + 1\,200e - 2\,500$

Ce qui nous donne, en remplaçant e par sa valeur :

$$Y = 55\,000i + 1\,800 - 2\,500,$$

$$\text{soit : } Y = 55\,000i - 700$$

Construction de la droite BP_2 :

pour $i = 0{,}04$ $\quad Y = 1\,500$

pour $i = 0{,}07$ $\quad Y = 3\,150$

Nous pouvons remarquer, sur la figure 9, une translation de la droite BP vers le bas à droite, en BP_2. Cela s'explique par le fait que la hausse du taux de change, e, rend les produits intérieurs plus attractifs, ce qui fait que les exportations augmentent et les importations diminuent, les produits étrangers deviennent plus coûteux. Cette amélioration de la balance courante favorise la croissance du revenu national Y. D'autre part, l'accroissement des exportations permet l'entrée de devises, et la baisse des importations en réduit la sortie, ce qui fait que la liquidité intérieure s'accroît et provoque une baisse du taux de l'intérêt. Cette baisse du taux d'intérêt peut à son tour favoriser l'accroissement de l'investissement intérieur et l'augmentation du revenu. Si e avait diminué,nous aurions eu l'effet symétrique opposé.

II-a. L'équilibre global est caractérisé par les données suivantes :

Secteur réel :

L'équation d'équilibre est : $Y + M = C + I + X$

avec : $C = 0{,}8Y + 100$

$I = 600 - 5\,000i$

$(X\text{-}M) = 320e - 0{,}2Y - 80e = -\,0{,}2Y + 240e$

D'où l'on tire l'expression de IS :

$$\mathbf{IS_1} : Y = -\,12\,500i + 600e + 1\,750$$

Secteur monétaire :

$$M^T = 0{,}5Y$$

$$M^S = 800 - 10\,000i$$

$$M^O = 1\,200$$

D'où l'on tire l'expression de LM :

$$\mathbf{LM_1} : Y = 800 + 20\,000i$$

Secteur extérieur :

$$M = 0{,}2Y + 80e$$

$$X = 320e$$

$$K(i) = 11\,000i - 500$$

D'où l'on tire l'expression de BP :

$$\mathbf{BP_2} : \; Y = 55\,000i + 1\,200e - 2\,500,$$

avec $e = 1$, nous avons : $Y = 55\,000i - 1\,300$

II-b. *cf.* fig. 10

II - c. On constate un déséquilibre global. L'équilibre de la balance des paiements ne coïncide pas avec l'équilibre intérieur.

La raison en est que la balance courante est déficitaire, il y a un excédent d'importations par rapport aux exportations pour le niveau du revenu intérieur et le taux de change de $e = 1$. Nous pouvons le vérifier. L'équilibre interne est réalisé pour IS = LM, soit :

$$-12\,500i + 2\,350 = 20\,000i + 800$$

Ce qui nous donne : $i = 0{,}048$ et $Y = 1\,760$.

Ainsi pour $Y = 1\,760$, les importations sont de $M = 432$, alors que les exportations sont de $X = 320$.

II - d. En changes flexibles, l'équilibre peut être atteint grâce à une variation du taux de change e, de telle sorte que pour un revenu $Y = 1\,760$, nous ayons :

$$320e = 0{,}2Y + 80e$$

Soit : $e = 1{,}47$, le taux de change a augmenté, c'est-à-dire que la monnaie s'est dépréciée.

Le déficit de la balance courante est résorbé grâce à l'augmentation du taux de change qui favorise les exportations et ralentit les importations.

II - e. La modification de e va avoir des conséquences sur BP, IS et LM. Il nous faut calculer l'effet de cette modification de e sur les différentes équations pour ensuite représenter l'équilibre global. Étant donné que le déséquilibre provenait de flux réels, il nous faut tout d'abord considérer la relation entre BP et IS.

Avec $e = 1{,}47$:

BP_2 devient BP_3 d'équation :

$$\mathbf{BP_3} : Y = 55\,000i - 736$$

IS devient IS_2 d'équation :

$$\mathbf{IS_2} : Y = -12\,500i + 2\,632$$

Nous pouvons alors calculer l'équilibre entre IS et BP :

$$55\,000i - 736 = -12\,500i + 2\,632$$

ce qui nous donne :

$$i = 0{,}05 \text{ et } Y = 2\,014$$

Le rétablissement de la balance des transactions courantes permet de limiter les sorties de devises du pays, ce qui a pour conséquence de faire varier la liquidité intérieure. Il nous faut calculer cette variation que nous appellerons l_X. LM peut être exprimé par LM_2.

$$\mathbf{LM_2} : Y = 20\,000i + 800 + l_X$$

Avec $Y = 2\,014$ et $i = 0{,}05$, nous obtenons :

$l_X = 218$, l'équation de LM_2 est :

$$\mathbf{LM_2} : Y = 20\,000i + 1\,018$$

Comme on peut le constater sur la figure 10, le rétablissement de l'équilibre de la balance courante, grâce à une variation du taux de change, se traduit par une augmentation du revenu et une baisse du taux d'intérêt intérieur. La situation de l'économie considérée apparaît *a priori* plus favorable. En effet, un taux d'intérêt plus bas peut favoriser l'investissement intérieur donc l'emploi, si nous faisons l'hypothèse, bien entendu, que cette économie se trouvait en situation de sous-emploi.

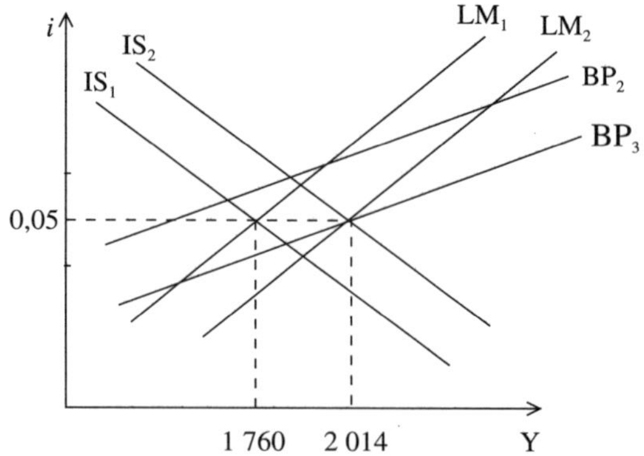

Fig. 10 : L'équilibre global

II - f. *cf.* fig. 10.

Exercice proposé 6.2

Taux de change et équilibre extérieur (B,1 ; B,2)

Soit une économie ouverte à propos de laquelle nous disposons des informations suivantes :

$$M(Y,e) = 0{,}2Y + 100e$$
$$X(e) = 200e$$
$$K(i) = 10\,000i - 500$$

En outre, les relations de change de la monnaie nationale avec une autre devise, que nous désignerons par \$, sont définies par les relations suivantes :

– la demande de \$ par : $D^{\$} = 3\,000 - 500e$;

– l'offre de \$ par : $O^{\$} = 500e - 2\,000$.

Le revenu national de la période considérée est : $Y = 2\,500$.

1 - Calculer e et la quantité de devises échangées. Donner une représentation graphique.

2 - Ce taux de change permet-il l'équilibre de la balance des transactions courantes ?

3 - Pour quel taux d'intérêt, i, l'équilibre extérieur est-il atteint ?

4 - Si e augmente de 5 %, quelles sont les conséquences sur l'équilibre extérieur, d'une part et sur le taux d'intérêt domestique, d'autre part ?

Démarche

Les seules réponses numériques ne sont pas tout à fait suffisantes, il faut commenter et expliciter le cheminement et les résultats.

On peut utiliser une (ou des) représentation graphique dans certains cas, même lorsque cela n'est pas demandé. En l'occurrence, la réponse à la question 4 sera plus claire grâce à un graphique.

Résultats

1 - e est déterminé par l'égalité de l'offre et de la demande de devises par les résidents. Soit :

$$3\,000 - 500e = 500e - 2\,000, \text{ d'où : } e = 5 \text{ et } D^{\$} = O^{\$} = 500$$

Ce qui signifie que l'on obtient 1 \$ contre 5 unités de la monnaie nationale.

Représentation graphique : *cf.* fig. 11.

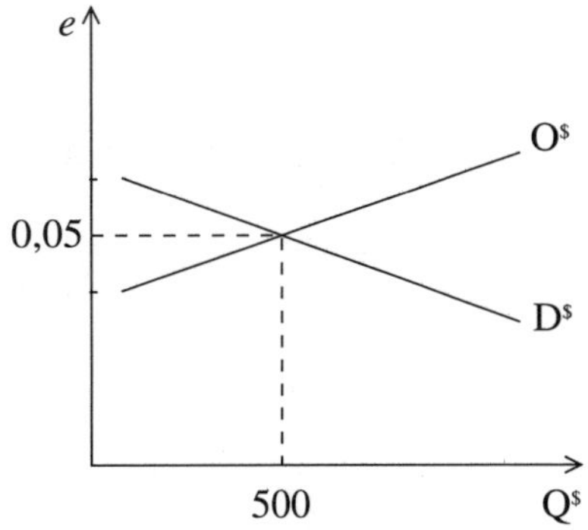

Fig. 11

Pour toute valeur de e supérieure à 5, il y a sur le marché un excédent d'offre de \$, alors que pour toute valeur de e inférieure à 5, nous avons un excédent de la demande. Les transactions ne peuvent être réalisées que pour $e = 5$, ce qui correspond à un volume de 500 unités de devises (il peut s'agir ici de milliers, de millions, etc.)

2 - L'équilibre de la balance des transactions courantes est réalisé lorsque :

$$M(Y, e) = X(e),$$

soit ici : $0{,}2Y + 100(5) = 200(5)$,

ce qui nous donne : $1\,000 = 1\,000$

C'est dire qu'au taux de change en vigueur, la balance des transactions courantes est équilibrée.

3 - Il s'agit ici d'exprimer l'équilibre de la balance des paiements, qui est représenté par la droite BP.

L'équation de BP est :

$$M(Y,e) - X(e) = K(i)$$

soit : $0{,}2Y + 100e - 200e = 10\,000i - 500$

ou encore : $Y = 50\,000i + 500e - 2\,500$

Ainsi, avec $e = 5$, BP est exprimé par : $Y = 5\,000i$

Ce qui fait que pour $Y = 2\,500$, $i = 5\,\%$

4 - Le taux de change devient : $e = 5{,}25$

Le montant des importations est alors de : $M(Y,e) = 1\,025$

Le montant des exportations est : $X(e) = 1\,050$.

La balance des transactions courantes est donc devenue excédentaire. Cela se traduit par un déplacement de BP dont l'équation devient :

$$BP_2 : Y = 50\,000i + 125$$

Nous pouvons voir sur la figure 12 que le maintien du revenu à Y = 2 500, correspond à une baisse du taux d'intérêt domestique qui serait maintenant égal à $i = 4{,}75\,\%$. Cela provient de ce que l'excédent de la balance courante occasionne l'entrée d'un surcroît de devises qui entraîne une augmentation de la liquidité intérieure. On peut penser que dans notre économie une tendance à l'augmentation du revenu national va se développer.

Représentation graphique : *cf.* fig. 12.

L'augmentation du taux de change se traduit par un déplacement de BP vers le bas à droite. L'amélioration de la balance des transactions courantes favorise une augmentation du revenu national.

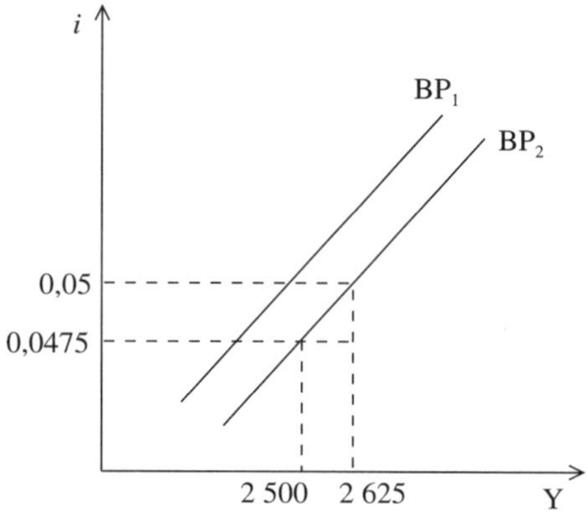

Fig. 12

EXERCICE PROPOSÉ 6.3

L'équilibre en changes flexibles (C,3)

Une économie ouverte prise dans un régime de changes flexibles est caractérisée par les données suivantes :

Secteur réel :

$C = 0{,}8Y + 80$

$I = 500 - 4\,000i$

Secteur monétaire :

$M^T = 0{,}5Y$ $\qquad$ $M^S = 750 - 9\,500i$ $\qquad$ $M^O = 1\,400$

Secteur extérieur :

$M(Y, e) = 0{,}2Y + 60e$

$X(e) = 300e$

$K(i) = 12\,000i - 600$

1 - Établir les équations de IS, LM et BP.

2 - Exprimer le taux de change permettant l'équilibre de la balance des transactions courantes.

3 - Quels sont le taux d'intérêt, i, et le revenu national, Y, correspondant à l'équilibre global lorsque $e = 2$?

4 - Donner une représentation graphique de l'équilibre.

5 - L'équilibre de la balance des transactions courantes est-il réalisé ?

6 - Quels seraient les effets sur l'équilibre d'un taux d'intérêt domestique de 5 % ?

DÉMARCHE

- L'exercice ne présente pas de difficultés particulières, il est une application du cours.
- Pour la construction de IS et LM on peut reprendre le chapitre 5.
- La question 6 appelle une représentation graphique.

RÉSULTATS

1 - Nous avons :

IS : $Y = 1\,450 - 10\,000i + 600e$

LM : $Y = 1\,300 + 19\,000i$

BP : $Y = 60\,000i - 300 + 1\,200e$

2 - L'équilibre de la balance courante est donné par :

$0{,}2Y + 60e = 300e$

Il s'ensuit : $e = \dfrac{0{,}2Y}{240}$

3 - Si $e = 2$, nous avons les équations suivantes :

IS : $Y = 2\,650 - 10\,000i$

LM : $Y = 1\,300 + 19\,000i$

BP : $Y = 60\,000i - 600$

En faisant IS = BP, on obtient :

$i = 0{,}0464$ et $Y = 2\,185$

L'égalité IS = LM nous donne le même résultat.

Remarque : les résultats obtenus par les deux égalités ne sont pas rigoureusement identiques, cela tient aux arrondis lors des calculs. Mais, ici, les résultats approchés sont tout à fait satisfaisants.

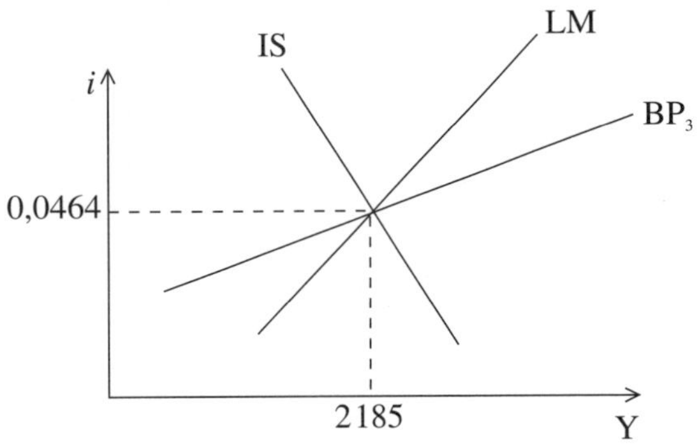

Fig. 13

4 - Représentation graphique : *cf.* fig. 13.

5 - Au taux de change $e = 2$, avec $Y = 2\,185$

Les importations se montent à : $M(Y, e) = 557$

Les exportations sont de : $X(e) = 600$

On enregistre donc un excédent de la balance courante.

6- Nous avons :

IS : $Y = 1\,450 - 10\,000i + 600e$

BP : $Y = 60\,000i - 3\,000 + 1\,200e$

Le taux de change d'équilibre est calculé grâce à l'égalité : IS = BP, ce qui nous donne :

$$e = 1{,}58$$

Le taux de change diminue. Cela s'explique par le fait que la hausse du taux d'intérêt tend à attirer des capitaux dans le pays.

IS devient alors IS_2 : $Y = 2\,398 - 10\,000i$

On observe un glissement de IS vers la gauche.

BP devient BP_2 : $Y = 60\,000i - 1\,104$

BP glisse vers le haut à gauche. L'excédent de la balance courante tend à se résorber.

Avec $i = 5\,\%$ et $e = 1{,}58$, le revenu d'équilibre est : $Y = 1\,897$.

En raison de la variation du taux de change et de la hausse du taux d'intérêt, l'équilibre sur le marché monétaire est lui aussi modifié et se traduit par un glissement en haut à gauche de LM.

Nous avions LM : $Y = 1\,300 + 19\,000i$, ce qui correspondait à un revenu d'équilibre $Y = 2\,185$.

Pour $Y = 1\,897$, LM peut être exprimé par :

$$LM : 1\,897 = 1\,300 + \Delta l_0 + 19\,000i$$

Avec $i = 5\,\%$, nous avons $\Delta l_0 = -353$.

La nouvelle expression générale de LM est donc LM_2 : $Y = 947 + 19\,000i$.

Nous pouvons représenter graphiquement le nouvel équilibre (fig. 14).

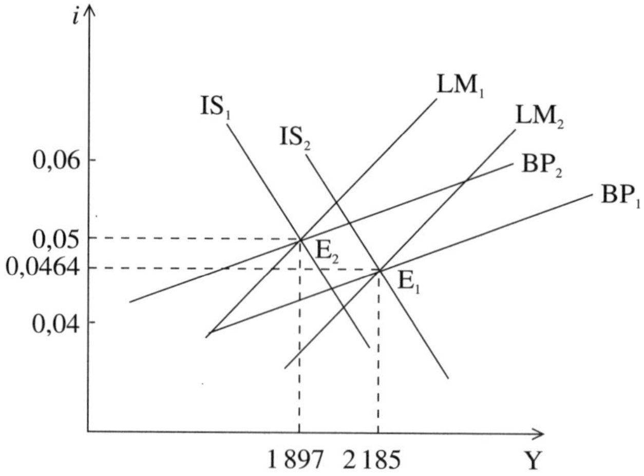

Fig. 14

Document commenté

Les arbitrages internationaux et la mondialisation des marchés financiers (B)

Les relations d'arbitrages définies par la parité non couverte des taux d'intérêt permettent en premier lieu d'expliquer les écarts internationaux de taux d'intérêt par les anticipations d'évolution des taux de change. Selon cette relation l'écart de rendement entre deux actifs comparables dans deux pays différents est égal au taux de variation anticipée du taux de change bilatéral. En effet, les arbitrages tendent à égaliser les rendements attendus des deux placements convertis dans une même monnaie. Dès lors, si on anticipe une dépréciation du taux de change national vis-à-vis d'un pays donné les arbitrages tendront à créer un écart positif entre le taux d'intérêt national et le taux d'intérêt étranger. Les anticipations de taux de change sont étroitement liées à celles de deux de ses déterminants fondamentaux, les prix et le solde extérieur.

Par ailleurs, dans la mesure où les agents ne sont pas indifférents au risque, des primes de risque liées à l'incertitude sur les variations futures du taux de change interviennent dans les différences internationales de taux d'intérêt. Ainsi, **même en régime de change fixe on peut observer des écarts de taux d'intérêt pour des titres comparables.** Ils dépendent notamment de la volatilité du taux de change (qui traduit l'incertitude associée à l'évolution de ce dernier). On peut en outre montrer que la prime sur un pays est liée à sa dette publique. Ce n'est toutefois pas le niveau de la dette publique qui est déterminant mais le risque de répudiation de cette dernière et le risque qu'elle soit monétisée.[...]

Concernant les phénomènes de contagion, en régime de change fixe, à prime de risque inchangée, on devrait observer une répercussion intégrale des variations de taux d'intérêt d'un pays à l'autre. En change flottant, si les agents n'anticipent pas une modification du taux de change (parce que la banque centrale a en réalité un objectif de taux de change ou bien parce que les autres fondamentaux vont dans le sens d'une stabilité), il devrait en être de même.

« Les déterminants de l'évolution des taux d'intérêt »,
Note de conjoncture internationale, décembre 1995,
Direction de la prévision du ministère de l'Économie et des Finances.

PRÉSENTER LE DOCUMENT

Il a été rédigé dans la perspective d'une compréhension pratique des phénomènes économiques internationaux.

Le document présenté est un extrait d'un article beaucoup plus long et développant une analyse sur d'autres points que celui du taux d'intérêt et des taux de change. Publié en 1995, le document cité se réfère à des phénomènes constatés depuis le début des années 80-90, et qui se sont amplifiés ces dernières années.

Il est un élément de réflexion et d'études menées par le ministère des Finances pour comprendre les mécanismes attachés aux mouvements internationaux de capitaux dans la perspective relativement récente de ce que l'on appelle « **la mondialisation** ».

Il s'agit pour les experts du ministère de bien appréhender les mécanismes qui sont mis en branle par **les mouvements de capitaux** et, en particulier, ceux qui sont susceptibles de concerner la détermination des taux de change et des taux d'intérêt.

Il montre qu'en raison de la mondialisation, le régime de taux de change n'intervient que très peu sur les mécanismes fondamentaux de détermination des taux d'intérêt.

Cette connaissance est absolument nécessaire pour que le gouvernement puisse agir directement sur les mécanismes et adapter sa politique à l'environnement international.

ANALYSER LE DOCUMENT

La bonne connaissance de l'influence des mouvements financiers sur l'économie nationale permet une meilleure appréhension de la manière dont les mouvements de capitaux peuvent influer sur les taux d'intérêt par l'intermédiaire de la variation des taux de change. Par voie de conséquence, on peut mesurer l'influence des **forces financières** qui interviennent dans la détermination des grandeurs économiques internes.

L'approche présentée donne quelques indications sur les **effets de retours** possibles, via les autres pays, des évolutions de l'économie nationale. Il est clairement montré qu'en raison de la mondialisation, les économies nationales sont fortement dépendantes du reste du monde, mais aussi qu'en retour, le niveau des taux d'intérêt en vigueur dans un pays peut influencer les économies des autres pays.

On peut penser que la réflexion de l'auteur concerne beaucoup plus un **pays économiquement développé**, de type occidental, susceptible d'avoir une influence sur d'autres pays. En bref, il se place dans la perspective de la France.

Il est bon de remarquer que l'auteur se réfère à des éléments analytiques liés aux **comportements des agents**.

COMMENTER LE DOCUMENT

Nous pouvons dégager trois axes principaux :

– l'**anticipation** des taux de change et les choix des spéculateurs en matière de placements ;
– l'importance de **l'incertitude** et donc du risque dans les décisions des agents ;
– les phénomènes de **contagion** entre les pays.

A - Les anticipations et arbitrages

Le propre des spéculateurs est d'anticiper, ce qui les amène à faire des **arbitrages** quant à la répartition de leurs avoirs entre différents types d'actifs et entre différents pays.

Quand bien même on se place dans l'hypothèse d'une parfaite circulation des capitaux, on peut enregistrer des écarts entre les taux d'intérêt pratiqués dans les différents pays. Ces écarts ne tiennent pas précisément aux **rendements des actifs** concernés, mais aux conséquences de la **spéculation** sur les marchés des changes.

Les arbitrages des agents consistent pour ceux-ci à répartir leurs patrimoines en divers types d'actifs présentant des niveaux de **risque** différents encourus lors des **placements** qu'ils peuvent effectuer.

Considérant que les spéculateurs optimisent la répartition de leurs **portefeuilles** entre titres à risque et titres sans risque, on assiste à une tendance à l'égalisation des **rendements attendus** quel que soit le pays dans lequel ils placent.

Toutefois, les spéculateurs devant convertir les gains qu'ils réalisent dans un pays en la monnaie de leur pays d'origine ou d'un autre, le **taux de change** de la monnaie du pays dans lequel ils font des placements va avoir une influence directe sur les gains qu'ils pourront finalement réaliser. C'est pourquoi, anticipant des variations de change, ils vont retirer des capitaux ou, au contraire, en placer davantage, ce qui est bien entendu susceptible de faire varier les **taux d'intérêt** en vigueur dans le pays considéré.

Outre les facteurs spéculatifs qui sont susceptibles d'agir sur les taux de change, il faut aussi retenir l'évolution des **prix intérieurs** et le **solde de la balance des transactions courantes**. Si l'on retient le principe général de la **parité des pouvoirs d'achat** (cf. cours B, 2), on peut constater qu'une tendance à la hausse des prix dans un pays se traduit par une baisse du cours de sa monnaie. Ainsi, même si le **rendement nominal** d'un titre est le même d'un pays à un autre, la hausse du taux de change en raison de la hausse des prix va faire que les placements dans le pays concerné sont moins rentables ou plus risqués.

L'évolution du **solde extérieur** du pays est aussi un facteur extrêmement important, puisqu'un solde déficitaire durable de la balance des transactions courantes par exemple va amener le pays concerné à faire appel à des capitaux étrangers pour payer ses importations. Cela aura tendance à faire baisser le **cours de la monnaie**, ce qui fait que l'on assistera à un phénomène semblable à celui de la hausse des prix.

B - L'incertitude et le risque

Les risques encourus par les spéculateurs internationaux sont de deux ordres : ceux liés au taux de change et ceux qui découlent de la capacité de l'État à rembourser sa dette.

L'auteur nous dit que finalement les mécanismes sont les mêmes, que l'on se place dans la perspective d'un régime de **taux de change fixes** ou de **taux de change flottants**.

On pourrait penser qu'en régime de **taux de change fixes**, l'incertitude et le risque sont moins grands qu'en change flottant. Selon l'auteur, ce n'est pas le cas. Tout dépend en vérité, selon lui, du caractère plus ou moins stable du cours de la monnaie du pays considéré. Or, la stabilité n'est pas directement liée au caractère fixe ou non du régime de change, mais à la **stabilité** même de l'économie du pays où sont susceptibles d'être effectués les placements.

À **l'incertitude** des marchés peuvent aussi s'ajouter les difficultés que peut rencontrer un gouvernement à **rembourser sa dette**. Pour un certain nombre de pays, en particulier les pays en voie de développement, le risque de « répudiation de la dette » existe réellement. Par « répudiation de la dette », on entend que le gouvernement peut décider unilatéralement de ne pas rembourser ceux qui lui ont prêté des fonds. On peut comprendre alors que pour pouvoir emprunter, les pays qui présentent ce risque devront offrir une « **prime de risque** » plus élevée, donc une meilleure rentabilité des placements qu'ils proposent.

Un autre moyen dont disposeraient les États pour honorer leurs dettes serait, selon l'auteur de l'article, que le gouvernement peut rembourser ses créanciers en **monétisant la dette**. Autrement dit, en langage courant, en faisant « jouer la planche à billet ». Dans ce dernier cas, on assisterait au développement de **l'inflation** dans le pays et donc à une hausse généralisée des prix.

C - La contagion entre les pays

Sur ce point, on peut noter que l'auteur n'est pas très explicite. Toutefois on peut remarquer que le point de vue est ici un petit peu plus étroit que précédemment. Alors que les mécanismes qui sont décrits dans les autres points du document peuvent concerner les relations d'un pays avec le reste du monde, l'optique qui est retenue ici est celle de **deux pays** seulement. En outre, il retient l'hypothèse d'une certaine **stabilité des taux de change**, aussi bien dans une perspective de changes fixes que de changes flottants. Il s'ensuit alors que les effets de taux de change sont gommés, et donc que les mouvements de capitaux sont beaucoup plus liés aux taux d'intérêt pratiqués sur les différentes catégories de titres. La « contagion » se produit alors comme si les marchés financiers des deux pays n'en formaient qu'un seul.

Il nous est montré aussi, de façon assez nette, que la forte **interdépendance** entre les pays ne tient pas seulement aux échanges courants de marchandises et de capitaux, mais qu'elle trouve une partie de son explication dans les choix que peuvent faire les financiers internationaux en matière de placements.

Nous pouvons saisir le rôle très important, qu'avait d'ailleurs largement développé Keynes, des anticipations et du risque qu'acceptent ou non de courir les spéculateurs. Par leurs comportements, les détenteurs de capitaux exercent une grande influence sur l'activité des pays aussi bien que sur la position de ceux-ci dans l'espace mondial.

Cependant, il est aussi montré que les anticipations des financiers internationaux se fondent sur la situation intérieure du pays et l'état de ses relations économiques avec l'extérieur. C'est dire que **la spéculation ne fait pas tout**.

Enfin, ce document fait ressortir l'existence d'**influences réciproques** entre l'activité intérieure du pays et les mouvements internationaux de capitaux. Sans que cela soit dit explicitement, on peut penser à la lecture de ce document, que les mouvements internationaux de capitaux sont des facteurs qui tendent à unifier, mais pas nécessairement à uniformiser, les marchés financiers des différents pays. En raison de la volatilité des capitaux, les différents marchés semblent en effet n'en former qu'un seul à l'échelle planétaire. Néanmoins, les particularités nationales (types de titres échangés, pratiques et comportements locaux, etc.) peuvent être préservées, voire renforcées, par les mouvements de capitaux.

DOCUMENT PROPOSÉ

1. De la recherche des déterminants du change pertinents sur l'horizon de la politique économique...(B)

Certains économistes ont cherché à expliquer les insuffisances de la PPA [parité des pouvoirs d'achat] par l'absence de référence aux conditions de l'équilibre macroéconomique. L'approche en termes de taux de change « d'équilibre » initiée par le FMI au milieu des années soixante-dix, est née d'une volonté de dépasser cette limite. J. Williamson(1) fut ainsi conduit à proposer le concept de taux de change d'équilibre fondamental (FEER)(2), défini comme le taux de change effectif réel assurant à moyen terme la réalisation simultanée de l'équilibre interne (l'économie se trouve sur son sentier de croissance potentielle) et de l'équilibre externe (son compte courant est soutenable à long terme).

L'équilibre interne se traduit par une relation négative entre production potentielle et taux de change réel qui transite par le marché du travail : si la hausse des prix internes associée à une dépréciation du change réel n'est pas totalement absorbée par une diminution du pouvoir d'achat des salariés, le coût du travail supporté par les entreprises se renchérit. Ces dernières réduisent alors le volume des effectifs employés de façon permanente conduisant à une hausse du chômage d'équilibre. Dans ces circonstances, le niveau de la production potentielle est durablement diminué.

L'équilibre externe décrit, quant à lui, une relation positive entre la production et le taux de change réel résultant de la dynamique des échanges extérieurs. Pour maintenir la balance courante à son niveau « soutenable », toute hausse des exportations induite par une dépréciation réelle devra être contrebalancée – à terme – par une augmentation équivalente des importations. La réalisation de cette dernière condition implique alors une hausse de la production.

Le calcul des taux de change d'équilibre fondamentaux nécessite donc de connaître, d'une part, l'écart entre la production réalisée et la production potentielle (équilibre interne) et d'autre part, l'écart entre le solde de la balance courante observé et celui jugé « soutenable » (équilibre externe). Mais, **la définition des deux références que sont le rythme de croissance potentielle et le niveau « soutenable » de la balance courante de chaque économie sont loin de faire l'unanimité**. Pour cette raison, l'approche de Williamson est souvent qualifiée de normative : le niveau des taux de change d'équilibre qu'elle permet de définir est conditionnel aux hypothèses retenues…

Compte tenu des interdépendances existant entre les économies, le mésalignement du taux de change d'un pays ne peut être défini à partir des seuls déséquilibres nationaux. Il dépend également des déséquilibres interne et externe des autres économies en présence. Dès lors, un pays qui serait sur son sentier de croissance potentielle et dont la balance courante serait « soutenable », pourrait avoir un taux de change déséquilibré. Il suffirait qu'une économie étrangère enregistre simultanément un écart à sa cible interne et externe et que la sensibilité du mésalignement du taux de change à ce déséquilibre soit non nulle.

(1) J. Williamson, économiste américain contemporain.
(2) Abréviation de *Fundamental Equilibrium Exchange Rates.*

« Quelques éléments sur la théorie du change d'équilibre »,
Note de conjoncture internationale, juin 1998,
Direction de la prévision du ministère de l'Économie et des Finances.

PRÉSENTER LE DOCUMENT

Il s'agit d'une approche théorique de la question du **calcul des taux de change**.

L'auteur veut montrer les limites de la théorie de J. Williamson qui prétend améliorer l'analyse traditionnelle de la **parité des pouvoirs d'achat**.

Le document peut être considéré comme l'extrait d'un document de travail dans la mesure où il vise une **finalité pratique** pour le ministère de l'Économie et des Finances.

ANALYSER LE DOCUMENT

Publié en 1998, il dénote des préoccupations actuelles de la Direction de la prévision du ministère de l'Économie et des Finances en matière de relations économiques internationales.

Le fait que l'auteur se place dans la perspective de **changes flottants** est tout à fait dans l'esprit du libéralisme ambiant au niveau international.

La critique est concentrée non pas sur la description des mécanismes, mais sur la définition même du cadre défini par les hypothèses du modèle théorique qui est discuté.

COMMENTER LE DOCUMENT

Le problème soulevé est celui de la pertinence de la thèse de la parité des pouvoirs d'achat pour expliquer les relations entre l'équillibre interne et le taux de change dans le temps.

La première difficulté consiste en le calcul d'un taux de change qui permettrait la réalisation, à moyen terme, des équilibres internes et externes simultanés.

Le raisonnement présenté se place dans le cadre général de la théorie de la parité des pouvoirs d'achat, c'est-à-dire dans un régime de taux de change flottants (cf. cours B, 2).

Le calcul du taux de change d'équilibre nécessite de rapprocher la capacité potentielle de **croissance** d'un pays et le niveau auquel devrait s'établir l'équilibre de la balance des transactions courantes de ce même pays.

L'équilibre externe résulte à la fois du niveau de la production intérieure de l'économie et de la manière dont peut être réalisé l'équilibre de la balance des transactions courantes, le **taux de change réel** résultant des mouvements de marchandises à travers les frontières.

Pour calculer le taux de change réel de la monnaie nationale qui serait véritablement représentatif, il faut tenir compte de l'écart existant entre les potentialités de production et d'échange extérieur et le niveau réel de l'activité.

Les notions avancées par J. Williamson, de « rythme de croissance potentiel » et de « niveau « soutenable » de la balance courante », ne répondent pas à une définition objective.

Le cours de la monnaie d'un pays ne dépend pas seulement de l'activité « potentielle » ni du « niveau soutenable » des échanges avec l'extérieur de celui-ci. En raison de la forte interdépendance des économies, il dépend aussi de l'activité des autres pays.

DOCUMENT PROPOSÉ

2. Fixité des taux de change ou monnaie unique ? Le choix pour l'euro (C,2)

Le choix définitif en faveur de la monnaie unique s'est effectué sur la base d'une étude réalisée par les services de la Commission [européenne], sous la direction de Michael Emerson.

Dans leur rapport, les experts du groupe Emerson commencent par examiner le choix proprement dit entre la fixité des taux de change et la monnaie unique. Puis, ayant conclu à la supériorité de la solution de la monnaie unique, ils examinent les avantages d'une Union économique et monétaire fondée sur une monnaie unique. Un rapide examen des principaux arguments développés par le rapport présente un double intérêt. Il permet de comprendre les décisions qui ont été prises et, surtout, d'en mieux appréhender les conséquences.

S'agissant du choix entre fixité irrévocable des taux de change et la monnaie unique, le rapport Emerson fait valoir que la fixité des taux de change « implique les mêmes disciplines que l'adoption d'une monnaie unique, mais ne procure pas les mêmes avantages ».

En effet, est-il expliqué, la fixité parfaite n'est possible qu'à la condition que les banques centrales abandonnent leur indépendance réciproque et appliquent une politique monétaire unique. À défaut, par exemple, une banque centrale pourrait permettre l'émission de quantités excessives de monnaie, que les autres banques se trouveraient, si le public en faisait la demande, contraintes d'acheter au taux officiel. De même, la politique monétaire laxiste d'une banque centrale aurait des effets inflationnistes qui viendraient contrecarrer les effets de la politique plus rigoureuse des autres banques.

Or la monnaie unique, qui suppose également une politique monétaire unique, a notamment l'avantage de rendre l'union monétaire plus crédible : aussi longtemps que les monnaies nationales subsistent, on peut craindre qu'un pays remette en cause son adhésion à la discipline commune. Elle a l'avantage aussi de permettre à l'Europe d'être représentée par une seule unité monétaire sur la scène internationale. Elle présente enfin un ensemble d'avantages qui confortent les acquis du marché unique et de l'espace financier européen.

Néanmoins, précise le rapport, si la population restait attachée aux symboles nationaux, la monnaie unique s'accommoderait parfaitement d'une différenciation des billets, voire du maintien des dénominations nationales. On sait aujourd'hui que les responsables européens n'ont pas retenu ces dernières suggestions, aucune différenciation nationale n'ayant été jugée souhaitable (hormis pour l'une des faces des pièces).

C. Gnos, *L'Euro, monnaie pour l'an 2000*,
éditions Management et société, Caen, 1998, pp. 38-39.

PRÉSENTER LE DOCUMENT

Il s'agit d'un extrait d'un livre récent (publié en 1998) présentant la mise en place de l'**euro**.

Il n'est pas analytique et se contente de présenter l'enchaînement logique d'arguments en faveur d'une monnaie européenne unique.

Il rend compte des travaux d'un groupe de travail composé d'experts européens.

Les arguments de ce groupe dirigé par M. Emerson ont été déterminants dans le choix final pour la **monnaie unique**.

ANALYSER LE DOCUMENT

Il reprend principalement les éléments qui font valoir les avantages d'une monnaie unique et d'une **banque centrale européenne** unique :

– la supériorité de la monnaie unique par rapport à un système de changes fixes au niveau européen.

– la cohérence dans les comportements des banques centrales européennes.

– avec la monnaie unique, l'Europe devient une **zone monétaire** homogène et pourra tenir sa place comme telle au plan international.

COMMENTER LE DOCUMENT

La question du choix entre fixité des taux de change et monnaie unique provient de ce qu'un système de changes fixes possède certains attributs d'une monnaie unique. Cependant, dans un système de changes fixes, il existe toujours des ajustements de parité.

Un système de changes fixes laisse une marge de manœuvre aux banques centrales qui peuvent agir individuellement sans tenir compte de l'**intérêt collectif**. Leurs comportements peuvent impliquer des changements de parité, ce qui peut provoquer la mise en place d'un contrôle des changes et autres règlements sur les monnaies qui pourraient être dommageables à la **libre circulation des marchandises et des capitaux** en Europe, d'une part, et affaiblirait la position de celle-ci au niveau international, d'autre part.

La monnaie unique suppose un système monétaire plus cohérent qu'un système de changes fixes. Elle implique en effet la mise en place d'une banque centrale européenne unique et, par voie de conséquences, le développement d'une **politique monétaire unique** pour l'ensemble des pays concernés.

La monnaie unique donne une image unitaire des pays concernés face au reste du monde, et elle est un gage de plus grande stabilité et d'efficacité économique.

L'unicité de la monnaie n'impose pas l'uniformité des signes monétaires et des dénominations utilisés dans les différents pays de la zone euro. (Remarque : en France, nous pourrons utiliser le terme de centime pour désigner les subdivisions de l'euro, alors que les autres pays signataires utiliseront le terme de cent.)

QUESTION DE RÉFLEXION COMMENTÉE

Quels peuvent être les effets d'une dépréciation brutale de la monnaie sur le revenu national ? (C)

ANALYSER LA QUESTION

Une dépréciation brutale peut se situer dans le cadre d'un régime de taux de changes flexibles tout autant que dans celui d'un régime de taux de changes fixes ; une augmentation sensible et brutale du taux de change équivaut à une dévaluation.

Généralement l'effet d'une dépréciation, ou d'une dévaluation, est de rétablir l'équilibre de la balance des transactions courantes et, par là même, de **soutenir l'activité intérieure**. On parle de « **dévaluation compétitive** ».

Le point de départ est l'étude de l'évolution de la balance des transactions courantes, mais nous serons bien entendu amenés à parler des mouvements de capitaux.

Le sujet nous amène à faire tout particulièrement ressortir l'influence des transactions avec l'extérieur sur l'**équilibre intérieur**, donc, sur le niveau du revenu national.

Il faudra distinguer les effets immédiats des effets à plus long terme de la dépréciation.

Dégager les idées essentielles :

– nous devons nous placer dans une **perspective temporelle** ;

– les **effets immédiats** d'une dépréciation de la monnaie sur la balance des paiements ;

– les **conséquences secondes**, favorables ou non, sur l'activité intérieure de production et les tendances qui se dégagent ;

– il faut nous interroger sur le devenir de l'équilibre global, et pour cela nous appuyer sur les principes dégagés dans le cadre du **modèle IS-LM** ;

– il faudra aussi évaluer les effets à plus **long terme** sur la structure des transactions courantes avec le reste du monde et leurs conséquences sur l'évolution du revenu national.

CONSTRUIRE UNE RÉPONSE

La question peut être traitée suivant trois grands axes :

– les **effets directs** de la dépréciation sur la balance des transactions courantes ;

– les conséquences de l'**amélioration de la balance courante** sur l'équilibre global ;

– la **neutralisation** progressive des effets de la dépréciation.

Introduction :

– rappeler l'importance que revêt aujourd'hui le **commerce extérieur** pour nos économies.

– généralement le but d'une **dévaluation** est de rendre plus **compétitifs** les produits intérieurs, mais elle peut aussi être utilisée afin de favoriser le développement des activités intérieures concurrentes des produits importés ;

– l'augmentation brutale du taux de change tend à favoriser la **croissance intérieure** ;

– les effets provoqués par la dépréciation sont progressivement absorbés en raison de divers **ajustements** au sein même de l'activité du pays.

A - LES EFFETS DIRECTS SUR LA BALANCE DES TRANSACTIONS COURANTES

D'une manière générale, on pense qu'une dévaluation agit comme une **prime** aux exportateurs et un **frein** aux importations.

En raison de la hausse du cours du change, les **prix des produits intérieurs** baissent relativement aux prix des produits étrangers, alors que le prix des produits importés augmentent. Les exportations tendront à augmenter, alors que les importations tendront à diminuer. On devrait assister à un rétablissement de la balance des transactions courantes.

Dans un premier temps, la baisse du cours de la monnaie fait que les produits exportés rapportent moins au pays, alors que les produits importés coûtent plus chers (*cf.* cours C, 2 « **courbe en J** »). On assiste à une dégradation de la balance des transactions courantes, mais cela ne dure pas. Dans un second temps, l'effet de la dévaluation se révèle positif.

La hausse du taux du change fait que les produits intérieurs bénéficient d'un **différentiel de prix** favorable à leur pénétration sur les marchés étrangers. Logiquement l'augmentation des exportations en volume devrait compenser, et au-delà, la baisse de prix.

De l'autre côté, la **hausse du taux de change** se traduit par une **hausse des prix** des produits étrangers. Cela tend à défavoriser les importations.

Autrement dit, la balance des transactions courantes s'améliore, son solde devient positif.

La hausse des exportations et la baisse des importations devraient se traduire par une augmentation des **réserves en devises** du pays.

L'accroissement des exportations augmente la liquidité intérieure, ce qui devrait se traduire par une tendance à la **baisse du taux d'intérêt**.

L'ensemble de ces éléments devrait être favorable à l'activité intérieure.

B - LES CONSÉQUENCES SUR L'ÉQUILIBRE GLOBAL

L'analyse peut être menée en se référant au modèle **IS-LM** en économie ouverte.

1 - L'ÉQUILIBRE EXTÉRIEUR

L'amélioration de la balance courante se traduit par une amélioration du solde de la balance des paiements. Ce qui correspond à une tendance à l'augmentation du revenu national et à la baisse du taux d'intérêt domestique.

2 - L'ÉQUILIBRE SUR LE MARCHÉ DES BIENS ET SERVICES

– L'augmentation des importations et la baisse des importations favorisent le développement de la production intérieure.

– L'équilibre sur le marché des biens et services se déplace pour atteindre un niveau supérieur du revenu avec un taux d'intérêt plus faible.

– L'augmentation des exportations fait que l'économie bénéficie de l'effet du **multiplicateur extérieur**. En effet, la baisse du taux de l'intérêt tend à favoriser l'**investissement**, qui est lui-même soutenu par l'augmentation des exportations et la baisse des importations.

3 - L'ÉQUILIBRE SUR LE MARCHÉ MONÉTAIRE

L'augmentation des exportations et la baisse des importations tend à faire augmenter le montant des devises converties en monnaie nationale. Cet afflux provoque un accroissement de la **liquidité intérieure**, qui provoque une tendance à la baisse du taux d'intérêt intérieur.

4 - L'ÉQUILIBRE GLOBAL

Les tendances que nous venons de dégager sur les trois marchés ne sont pas cumulatives. Elles se combinent de telle sorte que l'effet de la dépréciation de la monnaie se traduise effectivement par une tendance à la **baisse du taux de l'intérêt** et à une **augmentation du revenu** national et de l'emploi. Mais cela doit pourtant être relativisé.

Nous avons raisonné sous l'hypothèse implicite de **stabilité du marché des changes**. Dans le cas d'une instabilité du cours des monnaies, les conséquences de la dépréciation seraient beaucoup plus incertaines.

Par ailleurs, une telle dépréciation dans une période de plein-emploi aurait pour conséquence le développement de l'inflation intérieure.

C - LES EFFETS INDUITS À PLUS LONG TERME

1 - La fin de l'effet favorable sur la balance courante

Selon que le pays considéré est plus ou moins dépendant d'**approvisionnements extérieurs,** l'effet positif de la dévaluation sera plus ou moins important et plus ou moins durable.

La thèse de la **parité des pouvoirs d'achat** à long terme montre que les taux de changes sont déterminés en fonction du niveau des prix pratiqués dans les différents pays. La hausse du prix des importations se diffusant dans l'ensemble de l'économie, on peut penser qu'il y aura une hausse générale des prix intérieurs.

Il arrive un moment où la hausse intérieure des prix rattrape la baisse du cours de la monnaie. À ce moment, l'effet dynamique de la dépréciation initiale est complètement neutralisé.

Si la hausse des prix intérieurs se poursuit, le taux de change de la monnaie nationale aura tendance à diminuer à nouveau. Cette nouvelle baisse va à nouveau renchérir les produits importés. On peut noter que le niveau de la **propension marginale à importer** joue ici un rôle essentiel.

2 - Les mouvements de capitaux

La hausse du prix des importations se traduit par une hausse du **coût de la vie**. Si le revenu n'augmente pas suffisamment, les agents dépenseront plus en consommation et épargneront moins, ce qui risque de **diminuer la liquidité** sur le marché monétaire et ainsi provoquer une **hausse des taux d'intérêt**, évidemment défavorable à l'investissement intérieur.

La hausse du taux d'intérêt peut provoquer un afflux de capitaux étrangers. Cet afflux va lui-même provoquer une appréciation de la monnaie nationale, ce qui fait que le gain initial en termes de prix sera perdu. Le flux des marchandises à travers les frontières devient moins favorable.

Le revenu national ayant augmenté, le volume des importations va, lui aussi, augmenter.

Au plan intérieur, la **dynamique** occasionnée par la dépréciation va alors disparaître progressivement. Le mouvement de **stabilisation** sera plus ou moins rapide selon les conditions des échanges internationaux, et les comportements des agents résidents.

Conclusion

D'une manière générale, une dévaluation, ou une dépréciation sensible, tend à améliorer l'activité intérieure d'un pays.

Mais l'effet de choc de ce phénomène est plus ou moins durable. Un certain nombre de facteurs, évolution des taux de change, propension à importer, etc. tendent à en atténuer les effets dans le long terme.

Une dévaluation ne suffit sans doute pas à elle seule pour rétablir durablement la position extérieure d'un pays vis-à-vis de ses partenaires. Il faut tout autant tenir compte des effets quantitatifs que des effets structurels qui touchent le revenu national.

PARTIE 3

L'ARBITRAGE INFLATION/CHÔMAGE : LA POLITIQUE CONJONCTURELLE

Lors de la publication de la *Théorie générale de l'emploi, de l'intérêt et de la monnaie*, le projet principal de Keynes était de répondre aux déséquilibres de la grande crise de la fin des années 20 et du début des années 30. Son souci était alors de rétablir le plein-emploi, afin d'éviter une crise sociale profonde et par là même d'empêcher la diffusion de la révolution russe dans les pays occidentaux. C'est donc dans le but de protéger et de préserver le système économique occidental qu'il a été amené à préconiser l'intervention active des gouvernements pour compenser les insuffisances des marchés face aux effets désastreux de la crise. On ne sera donc pas étonné de ce que l'une des finalités de l'analyse macroéconomique keynésienne soit de fournir aux gouvernements un schéma explicatif du fonctionnement de l'économie, afin qu'ils puissent mettre en œuvre une politique susceptible de maintenir les grands équilibres.

De ce point de vue le modèle IS-LM a joué un grand rôle, d'autant plus qu'il prétendait à la synthèse des approches classiques (ou néoclassiques) et keynésiennes. À partir d'un schéma de base, dont nous avons pu voir les principaux éléments dans les chapitres précédents, nombre d'économistes se sont efforcés de développer une analyse globale des interventions des autorités gouvernementales et monétaires sur la conjoncture. On peut dire que pendant les 30 années qui ont suivi la fin de la Seconde Guerre mondiale, le modèle IS-LM et ses développements en matière de politique économique conjoncturelle ont servi de référence à la plupart des gouvernements occidentaux. Ce sont les principaux éléments constitutifs de ce modèle appliqué à la politique conjoncturelle que nous présentons dans le chapitre 7.

Cependant, à la fin des années 60 et au début des années 70, la situation économique mondiale a changé. Les difficultés monétaires qui ont secoué le monde dès 1967, pour aboutir en 1973 à l'abandon des accords de Bretton Woods et à la première grande crise pétrolière, ont considérablement modifié les conditions économiques générales. On a pu assister alors au développement simultané de l'inflation et du chômage dans un contexte de faible croissance. Dans ce nouveau contexte de stagflation se sont alors développées de nouvelles approches et de nouvelles conceptions de la politique économique et ce, d'autant plus aisément que les politiques économiques dites keynésiennes, mises en place par les gouvernements occidentaux, se sont révélées impuissantes à résoudre les problèmes. Apparemment on ne pouvait pas traiter en même temps et avec les mêmes instruments l'inflation et le chômage, il était semble-t-il nécessaire de choisir et de procéder à un arbitrage entre les deux grands objectifs : le plein-emploi ou l'inflation proche de zéro.

Dans le courant des années 70 et tout au long des années 80 jusqu'à aujourd'hui, on a pu assister au développement de nouvelles théories, à fortes connotations libérales, beaucoup plus préoccupées de résorber l'inflation que de supprimer le chômage. Forts de la «crise du keynésianisme» du début des années 70, les économistes libéraux se sont attachés à montrer que les difficultés auxquelles on devait faire face étaient dans une large mesure la conséquence de l'interventionnisme d'État. Ils fondent leurs analyses sur l'idée «classique» que le libre jeu des marchés serait à même de juguler l'inflation et le chômage. Ce sont les principales étapes analytiques de cette contre-révolution dite classique qui sont présentées dans le chapitre 8.

Le lecteur pourra s'en rendre compte, entre les tenants de la synthèse classique-keynésienne (modèle IS-LM) et les courants monétaristes, nouveaux classiques etc., c'est à un changement complet de perspective auquel nous assistons. Les premiers, qui fondent leurs analyses sur l'évolution des grandeurs économiques (le revenu, l'investissement etc.), sont principalement préoccupés des questions relatives à la demande et à l'emploi. Les seconds, qui voient dans le libre fonctionnement des marchés la solution à tous les problèmes économiques, se placent résolument du côté de l'offre et s'attachent à l'étude des comportements des agents économiques, alors qu'ils rejettent formellement l'intervention de l'État dans l'économie.

7

LES POLITIQUES CONJONCTURELLES EN ÉCONOMIE FERMÉE ET EN ÉCONOMIE OUVERTE

Tout au long du XXe siècle le rôle économique de l'État s'est très fortement développé au gré des crises économiques et sociales et des conflits. Ses interventions ont été largement justifiées par la nécessité de résoudre les graves problèmes économiques et sociaux, que manifestement l'économie de marché ne pouvait résoudre spontanément. Progressivement il a été dévolu à l'État le rôle de corriger les imperfections du marché et de réguler le fonctionnement général de l'économie. De ce point de vue, nous pouvons dire que la théorie de Keynes, développée dans les années 30, a eu une grande influence sur l'acceptation de l'intervention de plus en plus significative du gouvernement dans la vie économique. L'idée de l'**État régulateur** des mécanismes de marché trouvait là, en effet, un fondement théorique qui ne remettait pas en cause les grands principes sur lesquels se sont développées nos économies occidentales. Cependant le poids croissant des prélèvements nécessaires à une intervention dans tous les domaines et l'échec relatif des politiques économiques d'inspiration keynésienne depuis la fin des années 60, ont conduit à une remise en cause du bien-fondé du rôle de régulateur qu'on lui fait jouer.

Depuis une vingtaine d'années, la question de l'articulation entre les interventions de l'État et les marchés fait l'objet de nombreuses interrogations et discussions parfois virulentes. On assiste au développement de théories visant à limiter l'influence de la politique économique, voire pour les plus extrémistes, à dénier à l'État la fonction de régulateur. Cette discussion, qui existait déjà à l'époque où l'idée de « l'État providence » était largement partagée, a été relancée à la fin des années 60 par **l'école monétariste**, dont le chef de file est **Milton Friedman**. Aujourd'hui, ces idées ont fait leur chemin et ont été reprises, développées, voire dépassées par des économistes libéraux plus radicaux encore. Nous pouvons citer l'école des anticipations rationnelles et les économistes de l'offre, qui trouvent un large écho dans l'ensemble de la société. Ces deux courants de pensée, bien que développant des thèses sensiblement différentes, se rejoignent pour préconiser un « désengagement économique de l'État », afin de « laisser fonctionner librement » les marchés.

Il reste qu'à l'heure actuelle, dans la plupart des pays, l'État joue un rôle économique très important. Il est vrai cependant que l'on assiste à un **désengagement** de l'État dans la sphère productive, l'époque n'est plus aux nationalisations, mais aux privatisations. Les interventions se font plus incitatives et contractuelles, plutôt que directives. Pourtant, un certain nombre d'éléments font que **l'interventionnisme** d'inspiration keynésienne reste largement pratiqué par les gouvernements. Le fait qu'il n'existe pas de processus tendant à **l'équilibre spontané** des marchés reste vrai. Il est bon de relever que l'intervention des gouvernements n'est pas motivée par les seuls facteurs économiques ; doivent aussi être pris en compte dans leurs choix des éléments de politique générale et de politique sociale. Enfin, les phénomènes d'**internationalisation** tendent à déstabiliser les économies nationales, et sont susceptibles de faire naître de grandes difficultés tant économiques que sociales dans les pays. Ces différents phénomènes conduisent les pays démocratiques à maintenir une forme d'interventionnisme, qui est certes moins prégnant que dans les décennies qui ont suivi la Seconde Guerre mondiale, mais apparaît tout de même nécessaire à la stabilité politique.

En ces domaines, il n'y a pas une vérité clairement établie. Toutefois nous pouvons dire que le modèle **IS-LM** a très largement permis de développer la réflexion sur ces questions. Bien que souvent critiqué, il reste un outil, certes imparfait, qui permet d'évaluer les effets de la politique économique sur le fonctionnement économique d'un pays. C'est pourquoi dans notre étude des **politiques économiques conjoncturelles,** nous utiliserons à nouveau cet outil analytique dont le maniement nous est déjà connu.

Les politiques économiques conjoncturelles mises en place par les gouvernements s'appuient sur deux piliers principaux : la politique budgétaire et fiscale et la politique monétaire. Certes, les gouvernements disposent d'autres moyens, politiques de prix, d'emploi, d'insertion, etc., néanmoins les grands axes de leurs interventions sont inscrits à la fois dans leur budget et dans les interventions des autorités monétaires. Aussi, dans une première partie, nous décrirons succinctement les instruments et les objectifs des politiques budgétaires et monétaires et nous en évaluerons l'efficacité en économie fermée grâce au modèle IS-LM. Dans une seconde partie, nous envisagerons l'efficacité de ces politiques dans la perspective d'une économie ouverte.

BIBLIOGRAPHIE DU CHAPITRE

KEYNES J.M., *Théorie générale de l'emploi, de l'intérêt et de la monnaie,* Payot, Paris, 1969.

CROZET Y., *Analyse économique de l'État,* Armand Colin, Paris, 1991.

GREFFE X., *Politique économique,* Économica, Paris, 1992.

GREFFE X., *Économie des politiques publiques,* Dalloz, Paris, 1997.

GNOS C., *L'Euro, monnaie pour l'an 2000,* Management Société, Caen, 1998.

MUSGRAVE R.A., *The Theory of Public Finance,* McGraw-Hill, New York, 1969.

TEULON F., *L'État et la politique économique,* PUF, Paris, 1998.

TINBERGEN J., *On the theory of economic policy,* North Holland, Amsterdam 1952.

A

ÉLÉMENTS DE POLITIQUE CONJONCTURELLE

Pour agir sur l'activité économique, l'État dispose de nombreux instruments qui s'inscrivent dans une perspective d'ensemble. Celle-ci a été caractérisée par l'économiste américain Robert A. Musgrave en une typologie du rôle économique de l'État : la fonction d'**allocation**, la fonction de **répartition** et la fonction de **stabilisation**. La première fonction concerne principalement la production de services collectifs, la seconde concerne la redistribution des ressources sur des critères qui ne sont pas nécessairement économiques, mais peuvent être sociaux ou éthiques, et enfin la troisième, qui est celle qui nous intéresse directement ici, à savoir la capacité de l'État à orienter et soutenir l'activité économique en agissant sur les acteurs.

L'État joue un rôle particulier dans l'économie, **cependant il reste un agent qui n'a pas plus que les autres le pouvoir de modifier les lois économiques,** de ce fait ses interventions sont soumises à ces mêmes lois.

Par ses interventions conjoncturelles, l'État régulateur s'efforce d'agir sur le taux de croissance de l'économie en même temps que sur l'évolution des prix, le chômage et l'équilibre des échanges extérieurs. Pour ce faire, il doit mobiliser des instruments en vue d'atteindre certains objectifs, intermédiaires ou finals. C'est ainsi que l'économiste néerlandais *J. Tinbergen** a pu établir une règle suivant laquelle il faut choisir autant d'instruments différents que d'objectifs et que, pour chaque objectif, il faut appliquer l'instrument le plus efficace.

En matière de *politique économique conjoncturelle**, l'action de l'État s'appuie sur deux grands piliers :

- **la politique budgétaire et fiscale** qui consiste en un ensemble de mesures visant à agir sur la demande des biens et services. On parle d'une action sur les flux réels.
- **la politique monétaire** qui vise à contrôler la liquidité de l'économie à travers l'offre de monnaie. Il s'agit donc d'une régulation des flux monétaires.

Jan Tinbergen : économiste hollandais, né en 1903, prix Nobel d'économie en 1969. Spécialiste des questions de développement, il s'est attaché à étudier la mise en œuvre de politiques économiques favorables à la croissance.

Politique conjoncturelle : ensemble de mesures décidées par le gouvernement et/ou les autorités monétaires pour réguler la croissance économique et lutter contre l'inflation, tout en préservant les grands équilibres.

Surchauffe : situation dans laquelle une forte demande intérieure est susceptible de provoquer le développement de l'inflation et/ou un accroissement du déficit extérieur.

La règle de Tinbergen. Dans la logique de la « règle » de J. Tinbergen, on pense généralement que la politique budgétaire et fiscale d'un côté, et la politique monétaire de l'autre ont chacune leur efficacité propre eu égard aux objectifs que se fixe l'État. La politique budgétaire et fiscale est considérée comme très efficace pour agir sur l'activité économique, soit pour soutenir la croissance soit pour, au contraire, ralentir le rythme de l'activité et éviter la *surchauffe**. La politique monétaire, de son côté, serait particulièrement adaptée à la lutte contre l'inflation. C'est au demeurant, en s'appuyant sur ces grands principes que se sont développées les politiques économiques jusqu'au milieu des années 70. Les gouvernements utilisaient et combinaient généralement ces deux instruments afin d'atteindre un même objectif. Ainsi, en période de ralentissement, le gouvernement développait une politique expansionniste de ses dépenses en même temps qu'il adoptait une politique monétaire plus souple. En période de surchauffe, en revanche, il mettait en place une politique budgétaire restrictive et une politique monétaire visant à réduire la création monétaire. C'est la succession de ce type de politiques d'accélération et de freinage que l'on a appelé **« stop and go »**.

Le modèle IS-LM qui distingue les deux types de flux, réels et monétaires, permet de mettre en évidence les conséquences de l'utilisation de chacun des instruments monétaire et budgétaire et d'en mesurer l'efficacité selon les conditions dans lesquelles est réalisé l'équilibre macroéconomique. Bien entendu, dans une même période, l'État pourra intervenir simultanément au moyen de l'une et l'autre de ces politiques, en les combinant de façons diverses. Mais par un souci de clarté de l'analyse, nous les étudierons ici séparément, il sera toujours temps ensuite d'envisager leur combinaison.

1 - La politique budgétaire et fiscale

Budget de l'État : il regroupe l'ensemble des recettes et des dépenses de l'État. C'est l'instrument grâce auquel l'État peut développer sa politique dans ses divers aspects économiques et sociaux. En France, le budget est soumis chaque année au vote du Parlement dans le cadre de « la loi de finance ».

Jusqu'à ce que soit développée la théorie keynésienne, les finances publiques relevaient plutôt de règles administratives et n'étaient pas, ou peu, utilisées comme instrument de politique économique générale. Aujourd'hui nous pouvons dire que le *budget de l'État** influence grandement l'activité économique, tant par les sommes qu'il représente que par les orientations générales qu'il définit.

L'action de l'État en termes de politique budgétaire, s'exerce principalement à travers les dépenses d'une part et les recettes d'autre part, c'est-à-dire en termes d'équilibre. Il s'agit dans tous les cas d'agir sur le **revenu disponible** des ménages à travers le jeu du (des) multiplicateur(s). Le **multiplicateur de dépenses** d'un côté et le **multiplicateur fiscal** de l'autre.

a. Les objectifs et instruments

Les grands objectifs économiques de la politique budgétaire sont : la croissance, l'emploi, la stabilité des prix et l'équilibre extérieur. À côté de ces objectifs essentiels, il y a des objectifs sociaux d'équité, d'égalité, de bien-être, etc. Ces différents objectifs peuvent apparaître comme complémentaires ou contradictoires. D'où les nombreuses interrogations et discussions relatives au rôle de l'État dans l'économie.

Interventions du gouvernement. Le gouvernement peut intervenir par différents canaux, qui procèdent du budget de l'État. Il peut agir aussi bien par l'intermédiaire des recettes que des dépenses. Mais les deux ne sont pas équivalentes, une baisse des impôts directs, par exemple, n'aura pas les mêmes conséquences sur la consommation que le versement d'aides à certaines catégories de ménages.
Soit le gouvernement intervient par l'intermédiaire des **recettes fiscales**: tout accroissement de celles-ci se traduit par une diminution de la demande privée. Alors que toute réduction des impôts, directs ou indirects, accroît le pouvoir d'achat des particuliers.
Soit le gouvernement intervient par l'intermédiaire des **dépenses publiques**: on sait que toute hausse de la demande publique a un effet multiplicateur qui se répercute sur l'ensemble de l'économie. À l'inverse, une réduction des dépenses publiques peut freiner la demande globale, donc la production.

Lorsque l'on veut analyser l'effet de la politique budgétaire sur l'activité d'un pays, il est nécessaire de considérer la nature des dépenses engagées par le gouvernement ainsi que la manière dont ses dépenses sont financées. Caractérisons tout d'abord les dépenses budgétaires, nous verrons ensuite la nature des recettes.

La politique budgétaire agit principalement sur la demande globale, et donc sur les flux dits réels, par opposition aux flux monétaires.

• ***Les dépenses budgétaires***

Les dépenses publiques permettent de financer le fonctionnement général de l'État. Elles permettent le paiement des traitements des agents de l'État, fonctionnaires ou non, d'assurer les dépenses courantes de fonctionnement des administrations, de financer des investissements nécessaires à la production de *services collectifs**, d'effectuer des **transferts** pour aider les ménages ou subventionner les entreprises, enfin elles permettent aussi de rembourser les **dettes de l'État**.

Services collectifs : ensemble des services fournis par l'État qui peuvent être mis gratuitement ou non à la disposition des usagers.

Le fonctionnement : le financement courant des administrations consiste à permettre à celles-ci de remplir leurs missions. Plus le montant de ce financement est important et plus la place des administrations dans le fonctionnement de l'économie est grande. À travers ces dépenses, on peut avoir un effet d'entraînement sur l'économie.

L'investissement : les investissements peuvent avoir pour objectif direct de développer certains services publics dans un but social. Mais il ont aussi bien souvent un rôle de soutien à l'activité économique. Par exemple, pour soutenir l'activité des entreprises de travaux publics, l'État peut décider d'engager la construction de routes ou d'autoroutes. C'est à la suite d'interventions de ce type que l'effet du multiplicateur de dépenses semble le plus important.

Les aides : celles-ci sont à considérer selon leur finalité. Elles peuvent être à finalité sociale ou économique. Dans le premier cas, elles sont directement allouées aux ménages et ont pour effet immédiat de soutenir la consommation; dans le second cas, elles sont versées à des entreprises, soit pour préserver l'emploi, soit pour permettre à celles-ci de se développer et de la sorte provoquer un effet d'entraînement dans certains secteurs de l'activité.

Le remboursement de la dette : dans des périodes antérieures, l'État a emprunté aux particuliers, généralement par l'intermédiaire de l'émission de bons du Trésor. Il doit donc rembourser ses créanciers à l'échéance. Cela permet de restituer à l'économie un certain montant de liquidités qui peuvent alors se porter soit sur la consommation, soit sur l'investissement.

• ***Les recettes budgétaires***

Les recettes budgétaires permettent évidemment de financer les dépenses et donc de rendre effectives les grandes orientations de la politique économique. Toutefois, la structure des recettes est aussi un indicateur des choix et des orientations que souhaite donner le gouvernement à sa politique. Aussi, selon le poids respectif des différentes recettes, nous pourrons saisir la manière dont l'État souhaite orienter l'activité économique.

Les impôts et les taxes : le financement des dépenses par l'intermédiaire d'un accroissement de la fiscalité aura tendance à atténuer sensiblement l'effet multiplicateur des dépenses publiques puisqu'un accroissement de la fiscalité réduit le revenu national disponible. Mais l'effet qui en résultera va dépendre des valeurs relatives de l'effet multiplicateur lié à la variation des dépenses gouvernementales et l'effet de ralentissement de la demande privée découlant de l'augmentation des impôts et taxes. On peut retenir qu'une hausse des dépenses publiques financée par un accroissement de même montant des recettes fiscales aura tout de même pour effet d'accroître le revenu national.

L'emprunt : le second mode de financement est l'emprunt. Dans ce cas, il s'agit d'un choix délibéré du gouvernement de capter l'épargne des agents économiques pour l'orienter vers des secteurs d'activité bien particuliers. Mais une telle opération se traduira par une hausse des taux d'intérêts. En effet, pour attirer l'épargne, l'émission des *bons du Trésor** doit se faire à un taux d'intérêt supérieur à celui du marché courant. Cela peut entraîner les entreprises qui souhaitent pourtant se financer par emprunt à devoir offrir des taux d'intérêt plus élevés, et ainsi de suite.

Bons du Trésor : ils sont émis par le Trésor public (banquier de l'État) pour collecter des fonds auprès des particuliers afin de financer des dépenses de l'État, lorsque le budget de celui-ci est en déficit. Ils sont représentatifs d'une dette de l'État vis-à-vis du reste de l'économie.

Cependant il faut moduler ce raisonnement et tenir compte de la masse d'épargne oisive qui peut exister dans l'économie au moment de l'émission de l'emprunt.

b. L'efficacité de la politique budgétaire

Recettes fiscales : ensemble des prélèvements fiscaux effectués par l'État. Elles regroupent les impôts directs, tel l'impôt sur le revenu ou sur les bénéfices, et les impôts indirects tels que la taxe à la valeur ajoutée (TVA).

Nous allons principalement envisager le cas d'une politique d'augmentation de la dépense ou de réduction des *recettes fiscales**, ce qui va se traduire par un déplacement de la courbe IS vers la droite. En effet, la baisse de la fiscalité et l'augmentation des dépenses ont pour effet d'accroître le revenu disponible des agents économiques, donc d'accroître leur demande de biens et services. Cependant, selon que l'on utilise l'un ou l'autre moyen les conséquences concrètes ne sont pas exactement les mêmes. (*cf.* exercice corrigé 7.1). Sans entrer dans ces précisions ici, nous devons toutefois considérer plusieurs situations générales possibles qui peuvent être caractérisées graphiquement par la zone d'intersection entre la courbe IS et la courbe LM. L'efficacité de la politique budgétaire va dépendre de la pente des courbes IS et LM. Il paraît évident que si le point d'intersection des courbes IS et LM se situe dans la zone horizontale de cette dernière ou dans sa zone verticale, les conséquences d'une augmentation des dépenses gouvernementales ne seront pas les mêmes, tant sur le montant du revenu national que sur le niveau du taux de l'intérêt. La pente de IS n'est pas neutre non plus de ce point de vue.

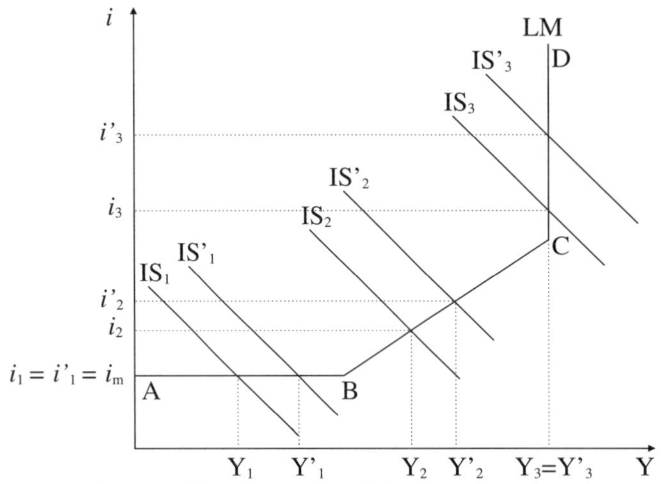

Fig. 1 : Efficacité de la politique budgétaire

Raisonnons sur un graphique que nous connaissons déjà où LM est fixe et seul varie IS (*cf.* fig. 1).

Si IS coupe LM dans la zone AB, qui est la **zone de trappe à liquidités**, que l'on qualifie aussi de zone keynésienne, le déplacement de IS_1 vers IS'_1 est très efficace. Entre A et B, la demande de monnaie est infiniment élastique au taux d'intérêt qui est à son minimum. Étant donné que nous sommes dans la zone de trappe à liquidités, l'augmentation du revenu disponible des ménages va se traduire par une augmentation de la demande de monnaie pour motif de transactions, et n'aura pas (ou peu) d'influence sur la demande de monnaie spéculative. Le taux d'intérêt restera donc stable et n'aura pas d'influence négative sur l'investissement. L'augmentation du revenu disponible se traduit par l'ouverture de débouchés commerciaux pour les entreprises qui auront tendance à investir, le mécanisme du multiplicateur joue pleinement. Le revenu passe de Y_1 à Y'_1.

Dans la **zone intermédiaire** BC, la politique budgétaire par augmentation des dépenses reste efficace : elle provoque une augmentation de Y_2 à Y'_2. Cependant, pour une augmentation de dépenses d'un même montant que dans le cas précédent, l'augmentation du revenu est moindre ; $Y'_2 - Y_2 < Y'_1 - Y_1$. Cela tient à ce qu'une partie de la monnaie nouvellement disponible vient alimenter la demande de monnaie pour motif de spéculation, ce qui se traduit par une augmentation du taux d'intérêt, on passe de i_2 à i'_2. Cette hausse du taux d'intérêt restreint l'importance qu'aurait pu avoir l'augmentation initiale des dépenses. L'effet de multiplication est en quelque sorte amorti par le fait que l'augmentation du taux d'intérêt tend à avoir une influence négative sur l'investissement. Nous arrivons à un résultat important de cette analyse à savoir que l'effet de la politique budgétaire est limité par le *degré d'élasticité de l'investissement par rapport au taux de l'intérêt.** C'est d'ailleurs la raison pour laquelle les keynésiens les plus radicaux préconisent le développement d'un investissement public qui, contrairement à l'investissement privé, n'est pas sensible à l'évolution des taux d'intérêt.

Dans la zone CD, que l'on qualifie de **zone classique**, la politique budgétaire est totalement inefficace. L'augmentation de la dépense publique provoque bien un glissement de IS, de IS_3 à IS'_3, mais n'entraîne pas d'augmentation de la *masse monétaire* *; LM est verticale. Cette situation se traduit par une tendance à la hausse des prix, ce qui va provoquer une hausse de la demande de monnaie pour motif de transactions au détriment de la demande de monnaie pour motif de spéculation. On pourrait alors penser que cela provoque automatiquement une baisse du taux d'intérêt, or cela ne serait vrai que si la masse monétaire augmentait et donc si LM glissait vers la droite, mais nous avons fait l'hypothèse que LM ne bouge pas, c'est-à-dire que l'offre de monnaie ne varie pas. En raison de la hausse des prix, les encaisses de transactions augmentent au détriment des encaisses de spéculation, ce qui tend à faire baisser le cours des titres et à faire augmenter le taux d'intérêt. Nous voyons sur le graphique précédent que IS glisse de IS_3 en IS'_3. Cette dernière hausse aura pour effet de faire diminuer l'investissement privé. Dans cette situation, l'intervention de l'État revient à substituer l'investissement public à l'investissement privé, c'est ce phénomène que l'on qualifie **d'effet d'éviction** (*cf.* encadré ci-dessous), puisqu'il s'agit d'une simple substitution des pouvoirs publics aux investisseurs privés, il n'y a pas d'accroissement significatif de la production nationale. Dans cette zone, l'accroissement de la demande globale due à l'augmentation des dépenses publiques fait naître un excès de demande, qui se traduit par une augmentation générale des prix qui provoque à son tour une augmentation du taux d'intérêt sans élévation du revenu réel ; $Y_3 = Y'_3$.

Degré d'élasticité de l'investissement par rapport au taux d'intérêt : il s'agit d'exprimer le comportement des investisseurs face aux variations du taux d'intérêt. L'élasticité nous donne la pente de la droite IS. Plus le degré d'élasticité est élevé, plus la droite est proche de l'horizontale, plus elle est faible et plus IS est proche de la verticale.

Masse monétaire : ensemble des instruments de paiement à la disposition des agents économiques. On la mesure par l'intermédiaire des agrégats monétaires.

L'effet d'éviction est un phénomène selon lequel les objectifs visés par une intervention des pouvoirs publics ne peuvent être atteints en raison du développement de phénomènes contradictoires provoqués par cette même intervention. Ce phénomène, qui est mis en avant par les économistes monétaristes, dont le chef de file est Milton Friedman, est au cœur de leur critique de l'intervention de l'État dans l'économie. Pour ces économistes libéraux, le financement d'un déficit budgétaire par l'emprunt notamment aurait pour effet de provoquer un élargissement de l'activité du secteur public au détriment du secteur privé. Le recours à l'emprunt aurait en effet pour résultat de détourner l'épargne des particuliers vers le secteur public et ce, au détriment du secteur privé. La captation de l'épargne par le secteur public provoquerait une augmentation de la demande de fonds prêtables disponibles sur les marchés, ce qui, joint au fait que l'État émet des bons du Trésor à un taux d'intérêt supérieur à celui du marché, provoquerait une augmentation des taux d'intérêt. Cette hausse du taux d'intérêt entraînerait une baisse de l'investissement et donc un ralentissement de l'activité économique. Ainsi, l'objectif de croissance, initialement visé par le gouvernement qui lance un emprunt, ne serait pas finalement atteint.
On peut noter toutefois que l'existence de ce mécanisme n'a jamais été formellement prouvée.

Nous n'avons envisagé ici que des cas où la politique budgétaire est expansionniste, mais elle peut aussi être restrictive, c'est-à-dire que l'État peut choisir de réduire ses dépenses. En ces occurrences, nous retrouvons les mêmes découpages en zones sur LM, et nous pouvons constater graphiquement que les effets d'une baisse des dépenses publiques se traduit par des effets symétriques à ceux que nous avons étudiés au-dessus. Pour voir cela, il suffit de prendre les droites IS'comme point de départ de l'analyse et d'envisager leur glissement en IS. Nous pouvons retenir que d'une manière générale, **l'efficacité de la politique budgétaire est d'autant plus grande que la demande de monnaie est fortement élastique par rapport au taux de l'intérêt.**

Il est bon de noter aussi que l'effet d'une augmentation des dépenses budgétaires ne sera pas exactement le même selon la manière dont l'État va choisir de financer cette augmentation. (*cf.* exercice corrigé 7.1).

2- La politique monétaire

Monnaie banque centrale ou monnaie centrale : par cette expression, on qualifie la monnaie émise par la banque centrale.

La politique monétaire comprend l'ensemble des interventions des autorités monétaires, généralement la **banque centrale** de chaque pays, pour agir sur l'activité économique par l'intermédiaire de la **masse monétaire**. À la différence de la politique budgétaire qui répond à des critères démocratiques, puisque le budget est voté et contrôlé par le Parlement, la politique monétaire échappe pour une large part au contrôle des élus. Au sein de la Communauté européenne, cette distance entre pouvoir politique et pouvoir monétaire paraît encore renforcée avec la mise en place de l'**euro** et du **système européen de banques centrales** (SEBC) qui l'accompagne.

L'euro. La mise en place de l'euro comme monnaie unique dans onze pays européens a conduit la Communauté Européenne à construire un **système européen de banques centrales (SEBC)**, qui a pour mission de gérer la monnaie unique. Il s'agit d'un système de type fédéral qui se compose de la Banque centrale européenne (BCE) et des banques centrales nationales.

Le SEBC est dirigé par les organes de décision de la BCE, le conseil des gouverneurs et le directoire. Le conseil des gouverneurs définit et arrête les grandes orientations de la politique monétaire. Le directoire met en œuvre la politique monétaire et donne les instructions nécessaires aux banques centrales nationales.

Le traité de Maastricht pose le principe de l'indépendance de la BCE vis-à-vis des gouvernements. Cette indépendance se manifeste au niveau de la nomination de ses dirigeants qui sont désignés pour huit ans et ne sont pas renouvelables. La BCE établit son budget de manière autonome.

Les missions principales du SEBC sont : définir et mettre en œuvre la politique monétaire de l'Union européenne; conduire les opérations de change; détenir et gérer les réserves de change des États membres; promouvoir le bon fonctionnement des systèmes de paiement. Cela lui donne le pouvoir de fixer les conditions auxquelles les banques centrales refinancent les établissements de crédit et d'influencer les éléments qui déterminent la demande de monnaie centrale de ces mêmes établissements, ce qui lui permet de fixer l'offre de monnaie centrale.

Base monétaire : monnaie émise par la banque centrale composée des billets et des comptes des établissements bancaires auprès de la banque centrale. On parle de base monétaire parce que certaines théories affirment que les banques ont la capacité de créer de la monnaie à partir de cette monnaie émise par la banque centrale.

Marché interbancaire : compartiment du marché monétaire réservé aux banques qui y offrent et demandent de la monnaie banque centrale afin de répondre à leurs besoins de liquidités.

a. Les objectifs et instruments de la politique monétaire

Les objectifs de la politique monétaire sont définis par une série d'interventions sur l'offre de monnaie et le taux d'intérêt. Ces interventions peuvent se traduire par des mesures plus ou moins restrictives et contraignantes pour les banques et les établissements de crédit. Ceux-ci ont en effet régulièrement besoin de recourir à la *monnaie banque centrale**, que l'on qualifie de *base monétaire**, soit pour fournir des liquidités à leurs clients, soit pour réaliser diverses opérations en particulier sur le *marché interbancaire**.

Nous caractériserons la politique monétaire en distinguant deux grandes catégories d'interventions sur la liquidité des banques : des interventions directes par réglementation et des interventions indirectes par l'intermédiaire du marché monétaire. Depuis quelques années déjà, c'est l'intervention par l'intermédiaire du marché monétaire qui prime, les mesures d'ordre réglementaire tendent à perdre de leur importance dans la pratique. Mais, quels que soient les instruments qu'utilisent les autorités monétaires pour agir sur l'activité économique par le canal de la monnaie, qu'elles agissent directement sur les taux d'intérêt ou qu'elles modifient l'offre de monnaie, le résultat est toujours une variation du « *coût de l'argent** ».

Il est donc possible d'apprécier l'impact de la politique monétaire en prenant pour point de repère l'influence exercée sur l'activité économique par l'intermédiaire du taux de l'intérêt. Les variations de celui-ci ont une influence directe sur les composantes de la demande globale : la consommation et l'investissement.

Coût de l'argent : il s'agit en fait de l'intérêt que doit verser tout emprunteur à son créancier.

La variation du taux de l'intérêt peut en effet influer sur l'épargne des ménages. On considère généralement qu'une hausse du taux de l'intérêt aura tendance à inciter les particuliers à épargner plus et, pour ce faire, à limiter leur demande de biens et services. À cela, il faut ajouter qu'une hausse des taux d'intérêt tend à décourager les agents qui doivent faire appel au **crédit** pour consommer.

Nous le savons, pour une part l'investissement est fonction décroissante du taux de l'intérêt. Ce qui fait que toute hausse de ce dernier aura pour conséquence de favoriser les placements financiers au détriment de l'achat d'équipements productifs.

Considérons rapidement les différents instruments dont disposent les autorités monétaires pour réguler la quantité de monnaie disponible dans l'économie.

Le réescompte : la politique de réescompte a été abandonnée par la plupart des pays, en France en 1971. Cette politique, qui consistait en un *refinancement** contrôlé des banques auprès de la banque centrale, se traduisait par des interventions soit en termes de prix (**taux d'escompte**), soit en termes de quantités (autorisations de mobilisation d'effets). Considérée comme trop rigide, elle a été remplacée par un système des mises en pension.

Refinancement : opérations effectuées par les banques qui ont besoin de liquidités. Soit elles se procurent les liquidités auprès de la banque centrale, soit elles se portent demandeuses de monnaie sur le marché monétaire en échange de titres.

Les pensions : elles représentent une des techniques les plus utilisées par les banques centrales dans leurs interventions. La mise en pension consiste en ce que les banques qui ont besoin de liquidités cèdent des titres, avec engagement de rachat à un terme déterminé, à la banque centrale qui, en contrepartie, leur accorde des liquidités. Il s'agit d'opérations de **court terme**. Les appels d'offre de la Banque centrale européenne pour les prises en pension ont une échéance de deux semaines.

L'open-market : il s'agit ici d'interventions directes de la banque centrale sur le marché monétaire. Cette politique consiste en ce que la banque centrale se présente sur le marché monétaire comme un agent financier ordinaire qui achète et vend des titres. Si la banque centrale veut augmenter la liquidité par exemple, elle se portera acheteuse de titres, ce qui aura pour effet d'en faire monter le cours et de baisser le taux de l'intérêt. Chaque fois que la banque centrale pratique ce type d'intervention, elle exerce un effet sur la liquidité bancaire : un achat de titre se traduit par un versement d'espèces qui vient alimenter le compte d'une banque. À l'inverse, une vente de titres provoque une destruction de monnaie centrale. Cette politique permet des **interventions immédiates**. L'inconvénient est lié à la puissance relative de la banque centrale par rapport aux intervenants privés sur le marché monétaire.

Les réserves obligatoires et ratios de trésorerie : politique très rigide, qui consiste à imposer aux banques de constituer des **réserves liquides** non rémunérées auprès de la banque centrale. Elle constitue un instrument relativement efficace, voire trop efficace. C'est un instrument très lourd, difficile à manier. En général cette politique est utilisée plutôt comme base structurelle de la politique monétaire. Elle se détermine dans des perspectives de plus long terme.

La politique des changes : comme son nom l'indique, cette politique a pour but de réguler le cours de la monnaie nationale vis-à-vis des autres monnaies. C'est la banque centrale qui détient et gère les réserves de change de l'État en or et en devises.

Fonds de stabilisation des changes : il est constitué de l'ensemble des réserves en or et en devises qui sont détenues par la banque centrale et qui lui permettent d'intervenir sur le marché des changes pour réguler le cours de la monnaie nationale.

Ces réserves constituent le *fonds de stabilisation des changes**. Il s'agit donc ici d'influencer le commerce extérieur. Sans entrer dans les détails, nous pouvons retenir quelques principes généraux de cette politique au niveau interne. Pour favoriser les exportations, on aura tendance à laisser baisser ou à provoquer la baisse du cours de la monnaie nationale, cela rendra les produits importés plus coûteux et donc devrait ralentir les importations. Cependant, certaines marchandises importées ne sont pas produites sur le territoire national, ce qui fait qu'une telle baisse peut, selon les circonstances, relancer la hausse des prix intérieurs. Les produits nationaux sont alors moins concurrentiels.

La politique monétaire comprend l'ensemble des interventions des autorités monétaires pour agir sur l'activité économique **par l'intermédiaire de la masse monétaire.**

Encadrement et contrôle du crédit. Ce type de politique très rigide n'est plus utilisé aujourd'hui (en France elle a été abandonnée en 1987). Cependant, sa mise en place en coordination avec une politique budgétaire pour faire face à une forte inflation reste possible, y compris au niveau européen. L'encadrement peut consister en des mesures relatives aux taux d'intérêt, aux masses de crédits accordés par les banques et aux conditions générales dans lesquelles peuvent être accordés les crédits.

Encadrement quantitatif : il peut être sélectif ou global. Sélectif dans le sens où l'on peut limiter les crédits octroyés à certains secteurs d'activité et non à d'autres, ou même quelques fois à certaines régions.

Les autorités monétaires peuvent imposer des **taux d'intérêt différents selon la nature des produits concernés.** Si l'on juge qu'il y a des tensions inflationnistes sur tel ou tel type de produit, les autorités monétaires peuvent imposer des crédits plus coûteux.

Les autorités monétaires peuvent imposer que pour l'achat de certains produits, les consommateurs fassent un **apport minimum plus ou moins élevé**, exprimé en pourcentage. C'est une autre forme de la sélectivité. À nouveau, les choix se font en vertu des tensions à la hausse des prix que l'on peut constater sur les différents marchés.

On peut remarquer qu'il s'agit là d'une forme d'intervention extrêmement efficace en manière de régulation. Mais elle est aussi très rigide et contraignante, malgré son application sélective, elle va plutôt à l'encontre du libre fonctionnement des marchés.

b. L'efficacité de la politique monétaire

Sans entrer dans les détails des différents modes d'intervention que nous avons présentés plus haut, nous pouvons faire une analyse de l'efficacité générale de la politique monétaire grâce au schéma **IS-LM**. De la même manière que pour la politique budgétaire et fiscale, nous n'avons retenu que le cas d'un accroissement des dépenses, nous pouvons ici raisonner dans la seule perspective d'une augmentation de la masse monétaire. D'ailleurs, une baisse de cette masse aurait des conséquences à peu près symétriques à celles que nous allons voir.

Nous devons garder à l'esprit que **l'investissement est fonction décroissante du taux de l'intérêt**. La courbe IS est donc décroissante mais sa place dans le plan (Y, *i*) n'est pas déterminée *a priori*. Nous envisagerons donc trois tracés différents de IS présentant la même pente.

Sur la figure 2, nous pouvons distinguer trois zones caractéristiques.

Encaisses oisives : rappelons qu'il s'agit de liquidités détenues par les agents et qui ne sont pas placées. On parle aussi de thésaurisation.

Dans la zone extrême AB, AB', que l'on appelle encore la **zone keynésienne**, la courbe LM est parallèle aux abscisses, la demande de monnaie est infiniment élastique par rapport au taux d'intérêt. Si l'économie se trouve dans la situation où IS_1 coupe LM entre A et B, qui est aussi la zone de la trappe à liquidités, toute augmentation de l'offre de monnaie est absorbée dans des *encaisses oisives**. Il s'ensuit que l'augmentation de la quantité de monnaie ne provoque aucune variation du taux d'intérêt. Celui-ci étant déjà très bas, les agents ne peuvent encore anticiper une baisse. Ainsi, pour sortir d'une situation de sous-emploi, et favoriser la croissance, une politique monétaire expansionniste est tout à fait inefficace.

Dans la zone intermédiaire BC, B'C', la politique monétaire devient efficace. Un déplacement de LM vers LM_2, grâce à une augmentation de l'offre de monnaie, entraîne une baisse du taux d'intérêt, ce qui va stimuler l'investissement et susciter l'augmentation de Y (de Y_2 en Y'_2). Il est bon de remarquer toutefois, que **l'efficacité** va largement dépendre de la pente de IS. Dans le cas où IS est proche de la verticale, c'est-à-dire où l'investissement est peu sensible aux variations du taux de l'intérêt, l'effet sur le produit national sera moindre que dans le cas où IS se rapproche de l'horizontale.

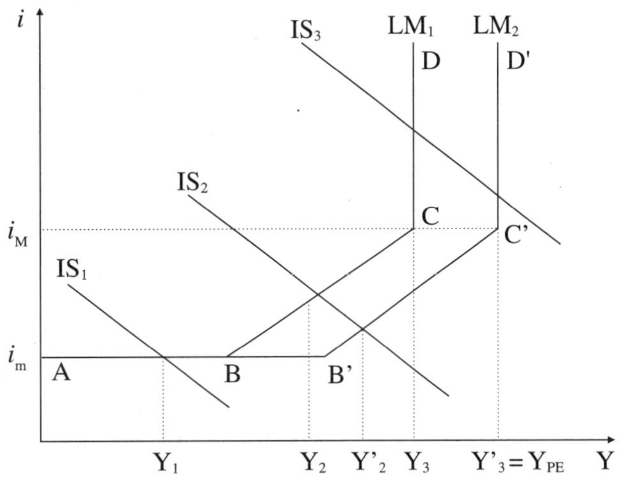

Fig. 2 : Efficacité de la politique monétaire

Dans la zone « classique », CD, C'D', où LM est verticale, l'augmentation de l'offre de monnaie aura l'effet le plus important sur le taux d'intérêt. La baisse du taux d'intérêt étant forte, elle favorisera donc fortement l'augmentation de l'investissement, ce qui grâce au mécanisme du multiplicateur va se traduire par une forte augmentation du revenu. Il faut noter que l'effet sera le même sur Y quelle que soit la pente de la droite IS.

L'efficacité de la politique monétaire dépend pour beaucoup de la sensibilité de l'investissement aux variations du taux d'intérêt. Plus la pente de IS est importante et plus l'effet d'une variation de la quantité de monnaie en circulation sera important sur le taux de l'intérêt. En revanche, l'effet sur le revenu sera moindre.

À nouveau ici, comme pour la politique budgétaire, nous avons centré notre analyse graphique sur l'efficacité d'une politique monétaire expansionniste. On peut bien entendu considérer les effets d'une politique monétaire restrictive en partant de LM_2 comme situation initiale, et en étudiant les conséquences d'un glissement de LM_2 vers LM_1.

Dans les faits, il est extrêmement difficile de séparer politique budgétaire et politique monétaire. Il n'y a pas de politique budgétaire pure, ni de politique monétaire pure. Le plus souvent l'une et l'autre se combinent pour tendre vers les mêmes objectifs de croissance, de stabilité des prix et de plein-emploi. C'est pourquoi il nous paraît nécessaire d'envisager succinctement la combinaison des deux politiques.

3 - La combinaison des deux politiques, la politique mixte

Nous nous plaçons dans la situation où un gouvernement souhaite soutenir la croissance économique en associant augmentation des dépenses publiques et accroissement de la masse monétaire. Pour ce faire, nous juxtaposons les graphiques que nous avons déjà tracés (*cf.* fig. 3).

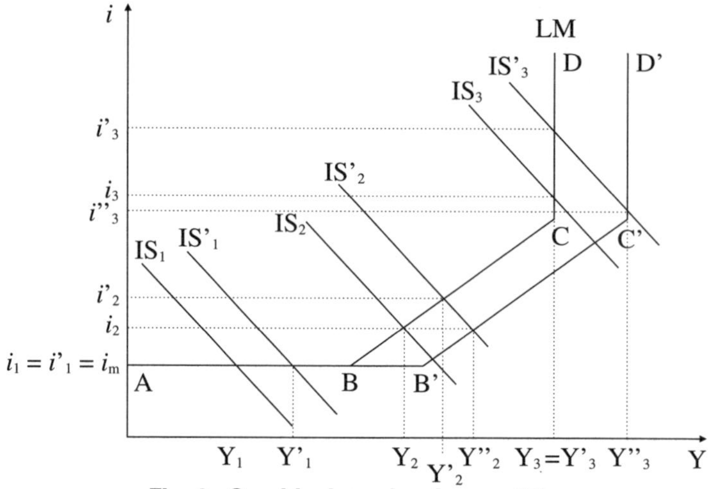

Fig. 3 : Combinaison des deux politiques

Zone AB, AB': nous l'avons vu, la politique monétaire est ici inefficace, en revanche, la politique budgétaire est très efficace. Le passage de Y_1 à Y'_1 résulte uniquement du glissement de IS_1 en IS'_1. Ici une politique monétaire expansionniste est inutile, voire même dangereuse. Une augmentation de la quantité de monnaie peut favoriser en effet l'apparition de *pressions inflationnistes** qui pourraient venir contrecarrer l'effet positif de l'augmentation des dépenses publiques. Le taux d'intérêt étant à son minimum, la pente de IS n'a pas d'importance dans le cadre de notre analyse.

Pressions inflationnistes : c'est-à-dire que l'on assiste au développement d'une tendance à la hausse généralisée des prix.

Zone BC, B'C': ici les deux politiques sont efficaces. Le glissement de IS vers la droite se traduit par une **augmentation du revenu** et une tendance à la hausse du taux d'intérêt de i_2 à i'_2. L'accroissement de l'offre de monnaie vient, d'une part, amplifier la tendance à l'augmentation du revenu, jusqu'à ce que ce dernier atteigne Y''_2, et, d'autre part, compenser l'effet de hausse du taux d'intérêt qui, sur notre graphique, reste à i_2. L'efficacité des deux politiques conjointes va dépendre ici des pentes respectives de IS et de LM.

Zone CD, C'D': la politique budgétaire seule n'est pas efficace. L'augmentation de la dépense gouvernementale qui provoque le passage de IS_3 à IS'_3, tend à faire augmenter le taux d'intérêt, alors que le revenu national ne varie pas. En revanche, dès l'instant où cette politique s'accompagne d'un accroissement de l'offre de monnaie, alors le revenu augmente jusqu'à Y''_3, et le taux d'intérêt diminue pour se fixer à *i*"3. Les modifications respectives de Y et de *i* dépendent, dans cette zone, de la pente de IS.

Comme on le voit, et sans que nous allions ici plus loin dans l'analyse, les conclusions que nous avions tirées de nos études séparées des politiques budgétaires et monétaires peuvent être contredites dès l'instant où sont combinées les interventions du gouvernement et celles des autorités monétaires. La mise en place d'une **politique mixte** s'avère tout à fait délicate et ce, d'autant plus que les contraintes conjoncturelles peuvent imposer que les deux politiques n'aillent pas dans le même sens (*cf.* Document commenté). En effet, un gouvernement ayant mis en place une politique budgétaire **expansionniste** pour maintenir la croissance peut être contraint d'inciter les autorités monétaires à développer une politique monétaire restrictive afin d'éviter que se développent des pressions inflationnistes. De la même manière, face à une *politique budgétaire de rigueur**, les autorités monétaires peuvent choisir de favoriser la création monétaire pour favoriser la baisse des taux d'intérêt dans un objectif de stabilité des prix, mais de la sorte stimuler l'investissement dans le secteur privé (*cf.* exercice proposé 7.2).

Politique de rigueur : politique visant à limiter les dépenses de l'État et à restreindre la création monétaire.

Méthodologie de la politique mixte. Selon le principe de J. Tinbergen, l'État doit employer autant d'instruments qu'il a d'objectifs. Supposons que l'État vise deux objectifs : le plein-emploi, que nous désignerons par PE, et la stabilité des prix que nous désignerons par SP. Pour atteindre ces deux objectifs, il dispose de deux instruments de politique économique, x et y, qui agissent tous les deux sur PE et SP. La variable x peut être le montant des dépenses publiques et y la masse monétaire. Nous pouvons alors écrire les relations :

$$PE = PE\,(x, y)$$
et
$$SP = SP\,(x, y)$$

L'ensemble des politiques mixtes, c'est-à-dire l'ensemble des combinaisons de x et y qui permettent d'aboutir au plein-emploi PE_0, sont exprimées par la relation : $PE_0 = PE(x, y)$.

De l'autre côté, l'ensemble des politiques mixtes qui permettent de réaliser la stabilité des prix SP_0 est exprimé par la relation : $SP_0 = SP(x, y)$.

La solution, et donc le choix des montants respectifs de x et y, est donnée par la résolution du système de deux équations avec deux inconnues. La politique mixte qui doit être appliquée correspond au couple (x_0, y_0) unique, grâce auquel on atteint les deux objectifs souhaités simultanément.

Dans le cadre de ce modèle, il est tout à fait possible d'introduire d'autres objectifs et d'autres instruments, pour peu que les correspondances entre nombre d'objectifs et d'instruments restent respectées.

B

LES POLITIQUES CONJONCTURELLES EN ÉCONOMIE OUVERTE

Les grands principes que nous avons dégagés dans la partie précédente ne sont évidemment pas remis en question parce que le pays entretient des relations commerciales et financières avec le reste du monde. Cependant, l'impact des interventions de l'État ne sera pas le même selon que nous nous trouvons en régime de *taux de change fixes** ou en régime de *taux de change flexibles ou flottants**. Nous avons déjà esquissé certains éléments de cette étude dans le chapitre précédent. L'efficacité de l'une et l'autre politique doit maintenant être jugée au regard des flux de marchandises et de capitaux, à travers les frontières, qui peuvent résulter de toute modification de la dépense intérieure, du taux d'intérêt domestique, de la liquidité interne ou d'une variation du taux de change. De même, et dans l'autre sens, les mouvements internationaux de capitaux et de marchandises peuvent conduire un gouvernement à adapter sa politique tant en ce qui concerne les instruments utilisés, qu'en ce qui concerne les objectifs intermédiaires qu'il peut viser (*cf.* Question de réflexion commentée).

Dans notre étude, nous ne pourrons pas considérer tous les cas possibles et toutes les combinaisons possibles des diverses interventions qui peuvent être développées par les gouvernements. Nous nous bornerons à l'analyse de quelques situations particulières qui, afin que nous puissions faire des comparaisons, présenteront des caractéristiques communes et des objectifs similaires.

Taux de change fixe : d'une manière générale, c'est une situation où le taux de change des monnaies est contenu dans une marge de variation très étroite, autour de la parité fixée à un moment donné.

Taux de change flexible ou flottant : sur le marché des changes, le taux de change des monnaies peut varier relativement librement sans qu'interviennent les autorités monétaires des pays.

Nous travaillerons sous les hypothèses suivantes.

Nous considérerons que dans tous les cas le gouvernement veut favoriser une **augmentation du produit national** et donc du revenu. Ce qui se traduira soit en termes d'un accroissement de ses dépenses, soit en une extension de la masse monétaire.

Intégration financière internationale : on suppose que les capitaux sont totalement libres de se déplacer d'un pays à un autre. Sous cette hypothèse on peut considérer que les marchés financiers des différents pays sont des composantes d'un seul et unique marché financier mondial homogène.

Toujours dans le même esprit, les autorités monétaires agiront sur les taux d'intérêt dans la perspective de les faire baisser afin de **favoriser l'investissement** intérieur.

Enfin, nous posons l'hypothèse simplificatrice d'une **mobilité parfaite des capitaux** à travers les frontières. Ce qui fait que la droite représentative de l'équilibre de la balance des paiements est horizontale, et coïncide avec la droite d'*intégration financière internationale**. En supposant que la mobilité internationale des capitaux est parfaite, nous admettons qu'il existe un niveau de taux d'intérêt international unique, et que celui-ci s'impose au pays considéré dans notre étude. Nous désignerons le taux d'intérêt international par i^*.

1 - Régime de taux de change fixes

Cours de la monnaie : il s'agit en fait du taux de change. On dit que le cours de la monnaie baisse quand le taux de change augmente, c'est-à-dire lorsqu'il faut plus de monnaie nationale pour acquérir des devises, et que le cours de la monnaie augmente quand le taux de change diminue, c'est-à-dire qu'il faut moins d'unités de monnaie nationale pour obtenir une devise.

Rappelons rapidement qu'un régime de taux de change fixes est caractérisé par le fait que le cours de la monnaie nationale est fixé par les autorités monétaires. Cela signifie que le taux de change ne peut fluctuer librement puisque les autorités monétaires interviennent sur le marché des changes pour maintenir la monnaie à sa **parité**. Toute modification du *cours de la monnaie** résultera d'une décision du gouvernement qui peut, selon les circonstances, dévaluer ou réévaluer sa monnaie. Ce système est donc relativement rigide et contraignant puisque les ajustements nécessaires aux échanges extérieurs vont directement concerner le niveau du revenu national. En outre, la fixité du **taux de change** et le maintien de la monnaie à la parité va nécessiter de la part des autorités monétaires, de la banque centrale en particulier, de disposer d'un fonds de réserves en devises suffisamment important pour répondre aux diverses pressions qui peuvent s'exercer sur la monnaie nationale.

a. Politique budgétaire et fiscale

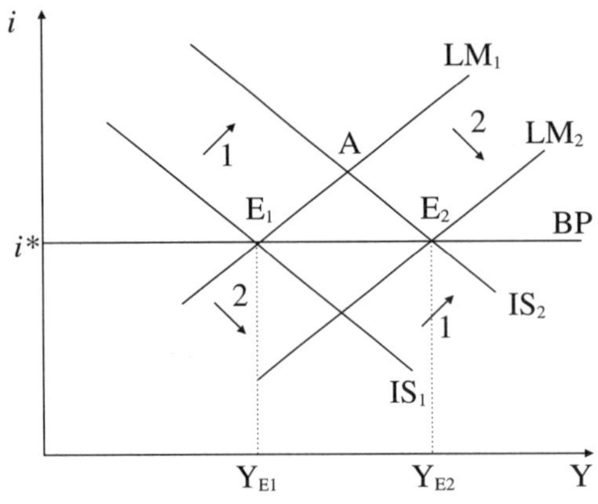

Fig. 4 : Augmentation de la dépense publique

La politique budgétaire et fiscale a pour objectif central, répétons le, d'agir sur les flux de biens et services. Dans le cadre du modèle IS-LM, toute intervention du gouvernement par l'intermédiaire d'une variation de ses recettes ou de ses dépenses budgétaires se traduit, dans un premier temps tout au moins, par un déplacement de la droite IS.

Nous avons fait l'hypothèse d'un accroissement des dépenses publiques pour favoriser la croissance du produit intérieur, ce qui fait que partant d'une situation d'équilibre E_1, nous assistons au glissement de IS vers la droite. De IS_1 vers IS_2.

Si l'économie était fermée, le déplacement de IS aurait un double effet. Il provoquerait d'une part l'accroissement du revenu et, d'autre part, l'augmentation du taux de l'intérêt. Le nouvel équilibre se situerait au point A (*cf.* fig. 4).

Cependant, cette tendance à la hausse du taux de l'intérêt domestique va provoquer l'afflux de capitaux vers le pays. Or, il faut conserver à l'esprit que nous sommes en changes fixes et donc, que ce mouvement ne s'accompagne d'aucun changement de parité de la monnaie nationale. Les **ajustements** découlant des mouvements de capitaux doivent se faire à l'intérieur du pays. L'entrée massive de capitaux se traduit par une **augmentation de la liquidité intérieure**, ce qui provoque un glissement de LM vers la droite et vers le bas. On passe de LM_1 à LM_2. Cela va engendrer une tendance à la baisse du taux d'intérêt intérieur qui va progressivement s'aligner sur le taux d'intérêt international, i^*. Les mouvements de capitaux vont alors se ralentir et s'équilibrer. Le processus va finalement aboutir à une situation d'équilibre stable en E_2, correspondant à un revenu plus élevé que précédemment, $Y_{E2} > Y_{E1}$.

La politique budgétaire et fiscale est très efficace dans un régime de taux de change fixes.

Comme on peut le constater, la politique budgétaire présente ici la même efficacité que celle que nous avions dégagée dans notre étude en économie fermée, pour la zone « pentue » de LM. C'est qu'en effet la fixité du taux de change joue en quelque sorte un rôle de bouclier face aux mouvements internationaux de capitaux. Ces derniers n'ont pas d'influence fondamentale sur les exportations et les importations, partant, sur le solde de la balance des transactions courantes. Néanmoins, il faut relativiser ce résultat.

La vulnérabilité des économies. Nous avons admis que les différents flux étaient proportionnés les uns aux autres et en particulier que l'augmentation de la liquidité est juste nécessaire au maintien du taux de change et n'est pas susceptible de provoquer un déséquilibre intérieur. De fait, on peut imaginer une situation dans laquelle la masse de capitaux entrant serait telle, que l'émission de monnaie nationale correspondante pourrait engendrer une situation inflationniste. Dans ce cas, et afin de préserver la **stabilité des prix intérieurs**, les autorités monétaires seraient contraintes de procéder à une **réévaluation** de la monnaie nationale, ce qui aurait évidemment des répercussions sur les exportations qui tendraient à baisser, et sur les importations qui deviendraient moins coûteuses. Une réévaluation pourrait alors annihiler les effets positifs de l'accroissement des dépenses publiques.

Analysons maintenant l'efficacité de la politique monétaire en régime de taux de change fixes.

b. Efficacité de la politique monétaire

La question qui se pose à nous maintenant est plus complexe que la précédente. Les différents instruments dont disposent les autorités monétaires sont de nature différente, et selon qu'elles privilégient l'utilisation de l'un ou l'autre de ces outils, les processus d'ajustement ne sont pas exactement les mêmes. C'est pourquoi nous nous devons de considérer séparément plusieurs cas possibles : nous analyserons tout d'abord une intervention directe sur la quantité de monnaie en circulation, nous verrons ensuite les effets d'une variation du taux d'intérêt domestique, enfin nous étudierons les conséquences d'un changement de parité de la monnaie nationale. Bien entendu, toutes ces interventions peuvent être modulées et combinées de façon cohérente selon les objectifs précis que se sont fixées les autorités monétaires du pays.

• ***1°cas : accroissement de l'offre de monnaie***

L'accroissement de l'offre de monnaie se traduit immédiatement par un glissement de la courbe LM vers la droite et vers le bas. On passe de LM_1 à LM_2 (*cf.* fig. 5).

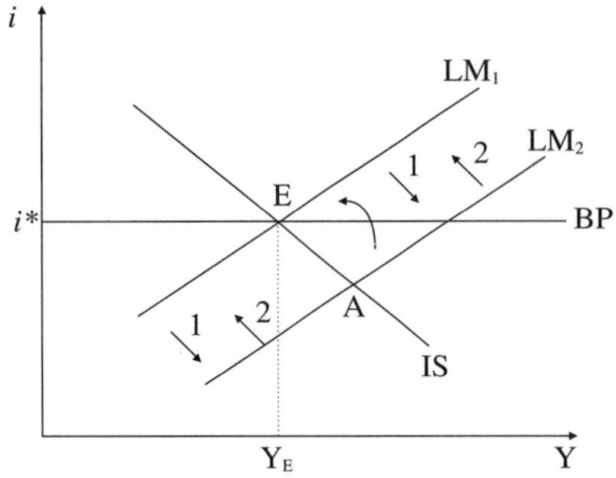

Fig. 5 : Politique monétaire expansionniste

Ce déplacement de LM a pour conséquence immédiate une tendance à l'augmentation du revenu et une baisse du taux de l'intérêt. L'équilibre semble vouloir se situer au point A. Or, si le pays veut maintenir la parité de sa monnaie, la position d'équilibre au point A n'est pas tenable. La tendance à la baisse du taux de l'intérêt intérieur va en effet provoquer une sortie importante de capitaux vers l'étranger où les rendements des placements deviennent plus avantageux. i^* serait alors supérieur au taux d'intérêt intérieur. Le mouvement de sortie de capitaux va exercer une pression à la **baisse du cours** de la monnaie nationale. Les autorités monétaires, qui par hypothèse veulent soutenir le cours de la monnaie nationale, seront alors contraintes de se porter demandeuses de monnaie nationale en puisant dans leurs *réserves de change**. Elles vont offrir des **devises** pour acquérir de la monnaie nationale et donc, du même coup, réduire la liquidité intérieure. La conséquence de cela est que LM va maintenant glisser progressivement vers la gauche et vers le haut. Le processus sera terminé lorsque le taux d'intérêt intérieur sera à nouveau égal au taux d'intérêt international, i^*, c'est-à-dire lorsque LM sera revenu à sa position initiale, LM_1. L'effet de l'accroissement initial de l'offre de monnaie est donc finalement annulé. L'économie retrouve une situation d'équilibre en E. L'objectif poursuivi de croissance du revenu national ne peut être atteint grâce à une politique monétaire expansionniste.

Réserves de change : ensemble des encaisses en or et en devises détenues par la banque centrale. Ces encaisses sont gérées par le Fonds de stabilisation des changes.

La politique d'augmentation de l'offre de monnaie est inefficace en régime de taux de change fixes.

• *2° cas : baisse du taux d'intérêt intérieur*

Si le taux d'intérêt intérieur baisse, cela signifie qu'il devient inférieur au taux d'intérêt international. Tout se passe comme si le taux d'intérêt international s'élevait et que la droite d'intégration financière se déplaçait vers le haut. La naissance de ce **différentiel de taux d'intérêt** va provoquer une sortie massive de capitaux, ce qui fait que la liquidité intérieure diminue et que la courbe LM se déplace vers la gauche et vers le haut, de LM_1 à LM_2 (*cf.* fig. 6). L'effet est similaire à celui que nous avons constaté dans la deuxième phase du processus engendré par l'accroissement de l'offre de monnaie. Étant donné que le taux de change est fixe, la compétitivité des produits nationaux reste inchangée. Par ailleurs, on pourrait aussi penser que la baisse du taux d'intérêt intérieur devrait favoriser l'investissement, or ce n'est pas certain.

La mobilité des capitaux étant supposée parfaite, l'alternative à laquelle sont confrontés les détenteurs de capitaux n'est pas entre placement intérieur et investissement, mais entre placement à l'étranger et investissement intérieur. La baisse du taux d'intérêt domestique visait à relancer la production dans une situation où, par hypothèse, *l'efficacité marginale du capital** n'augmente pas. Cette baisse devrait dissuader les détenteurs de liquidités de placer celles-ci sur le marché monétaire et les inciter à financer des investissements. Mais, comme le taux d'intérêt international reste à son niveau précédent et est supérieur au taux d'intérêt domestique, les capitaux vont se placer à l'étranger .

Efficacité marginale du capital : elle exprime ce que peut rapporter une unité supplémentaire de capital investi. On la compare avec la rentabilité des placements sur le marché financier.

L'action qui consiste à faire baisser le taux d'intérêt domestique n'atteint pas son objectif, elle ne favorise pas un accroissement de l'investissement. La sortie de capitaux tend à exercer une pression à la **baisse du cours de la monnaie nationale**, ce qui devrait, d'un côté faire baisser le prix des produits nationaux qui deviennent plus compétitifs sur les marchés internationaux et, de l'autre, augmenter le prix des produits importés.

Mais étant donné que nous sommes dans un régime de **changes fixes**, les autorités monétaires se doivent de maintenir la parité de la monnaie. Pour ce faire, elles vont se porter acheteuses de monnaie nationale, ce qui va encore amplifier le phénomène de diminution de la liquidité engendrée par la sortie de capitaux. Les interventions des autorités monétaires sur le marché des changes, jointes à la sortie de capitaux, font que le taux d'intérêt intérieur va avoir tendance à augmenter. Cette augmentation s'accompagne d'une tendance à la baisse du revenu national, de Y_{E1} vers Y_{E2}. Le processus arrivera alors à son terme lorsque le taux d'intérêt domestique sera à nouveau aligné sur les taux internationaux. L'équilibre se stabilisera en E_2 situé plus à gauche et au-dessus de la position d'équilibre souhaitée initialement qui était E_1 (*cf.* fig. 6).

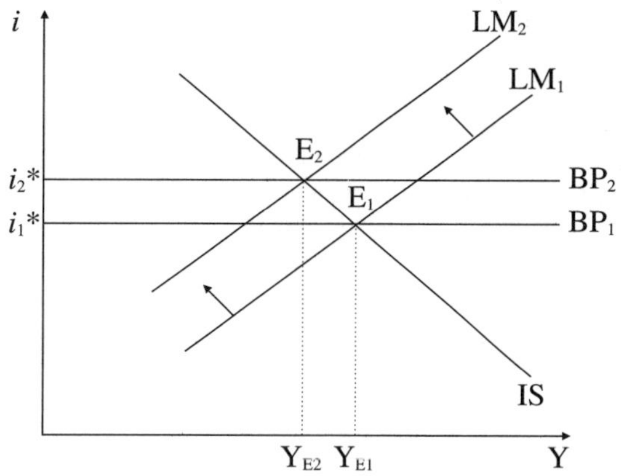

Fig. 6 : Baisse du taux d'intérêt domestique

Une politique de baisse du taux d'intérêt domestique est inefficace en régime de taux de change fixes.

Dévaluation compétitive : il s'agit pour le pays de faire baisser le cours de sa monnaie afin que ses produits deviennent moins onéreux pour le reste du monde, mais aussi pour accroître le coût des importations et ainsi inciter les résidents à produire des biens qui étaient jusqu'alors achetés à l'étranger.

• ***3° cas : baisse de parité de la monnaie nationale (dévaluation)***

Le cas d'un changement de parité de la monnaie nationale peut être traité à part au sein de la politique monétaire dans la mesure où elle modifie la position du pays vis-à-vis de ses partenaires étrangers. Nous analyserons ici un changement de parité de la monnaie nationale visant à soutenir l'activité intérieure en favorisant les exportations et en ralentissant les importations. En d'autres termes, nous nous attacherons à dégager les effets d'une **dévaluation**, dite *compétitive**, de la monnaie nationale.

Une dévaluation consiste en une baisse brutale, et non pas progressive, de la valeur de la monnaie nationale exprimée en devises. Il faut donc moins de devises pour obtenir une unité de monnaie nationale. Cela revient à dire que, toutes choses égales par ailleurs, les produits nationaux deviennent moins coûteux sur les *marchés internationaux**. On peut penser alors que les exportations vont se développer, ce qui aura pour effet de soutenir la demande et entraînera un déplacement de IS vers la droite et vers le haut (*cf.* fig. 7). On passe donc de IS_1 à IS_2.

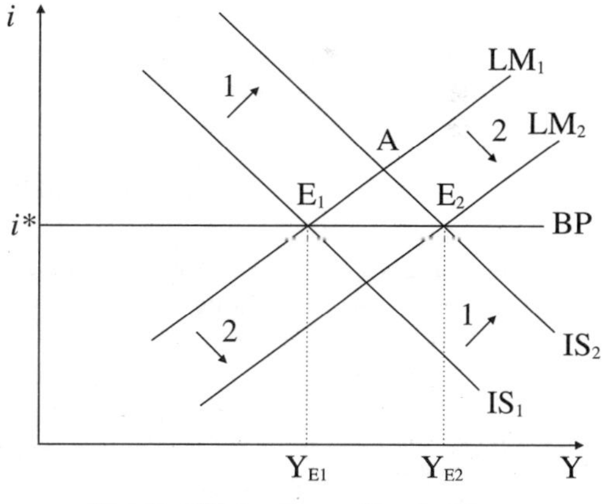

Fig. 7 : Effets d'une dévaluation

Cette translation de IS va provoquer une tendance à l'augmentation du revenu national, et une tendance à la hausse du taux d'intérêt. L'équilibre pourrait alors se former au point A. Cependant, en ce point A, le taux d'intérêt intérieur est supérieur au taux d'intérêt international. Aussi, la mobilité des capitaux étant supposée parfaite, on va assister à un afflux de capitaux dans le pays, ce qui va se traduire par une augmentation de la liquidité intérieure. La courbe LM va donc se déplacer vers la droite, on passe de LM_1 à LM_2. Cette augmentation de la liquidité aura pour effet de contrecarrer la tendance initiale à la hausse du taux d'intérêt domestique. Celui-ci se stabilisera au niveau du taux d'intérêt international, i^*. Comme on peut le voir sur la figure 7,

Marchés internationaux : il s'agit de marchés qui se situent dans d'autres pays que celui auquel on se réfère et où les produits et les capitaux nationaux se trouvent en concurrence avec les produits et capitaux étrangers.

la dévaluation va finalement aboutir à la détermination d'un nouvel équilibre, E_2, correspondant à une augmentation du revenu national d'équilibre qui devient Y_{E2}.

Effets d'une dévaluation. *A priori,* une dévaluation peut avoir des effets tout à fait positifs sur l'activité intérieure d'un pays. Elle peut être utilisée comme un instrument de relance, ou de soutien, de l'activité économique intérieure. Le pays qui dévalue sa monnaie bénéficie en effet d'une position plus favorable vis-à-vis de ses partenaires et concurrents, qui se trouvent confrontés à une situation équivalente à celle d'une réévaluation de leur propre monnaie par rapport à la monnaie du pays considéré. Les pays concurrents du pays qui dévalue se retrouvent confrontés à une situation où leurs produits perdent de leur compétitivité.

La dévaluation de la monnaie nationale peut se révéler efficace à court terme.

Toutefois le caractère favorable de la dévaluation doit être relativiser dès l'instant où l'opération est saisie dans une perspective de plus long terme. L'effet positif peut être de courte durée. L'augmentation du taux de change qui résulte d'une **dévaluation** a aussi pour effet de provoquer une **augmentation du prix** des produits importés. Aussi, une économie qui serait dans une forte situation de dépendance vis-à-vis de l'extérieur en matière d'approvisionnements en énergie et matières premières verrait augmenter ses coût de production et donc les prix de ses produits. L'effet positif de la dévaluation pourrait alors être compensé par celui, négatif, de la hausse des prix des produits du pays. On peut aussi penser que les pays partenaires peuvent prendre de leur côté des mesures visant à réajuster rapidement le cours de leur monnaie et de la sorte annihiler l'effet positif dont a bénéficié le pays qui a dévalué le premier.

La règle de Mundell. Dans un régime de taux de change fixes, la politique budgétaire est efficace pour résoudre les problèmes intérieurs alors que l'efficacité de la politique monétaire vis-à-vis de ces mêmes problèmes est incertaine voire nulle. Nous retrouvons là le principe de l'affectation des instruments dans le cadre d'une politique économique mixte énoncé par R.A. Mundell. Selon ce principe, les instruments de la politique économique doivent être affectés aux objectifs qu'ils sont susceptible d'influencer le plus fortement. Ainsi, pour Mundell, la politique budgétaire doit-elle être utilisée pour agir sur les facteurs intérieurs qui déterminent l'équilibre, alors que la politique monétaire doit s'attacher à résoudre les problèmes des relations économiques extérieures.

2 - Régime de taux de change flexibles

Mécanismes spontanés du marché : on se réfère implicitement à l'exercice de la loi de l'offre et de la demande sur des marchés où les gouvernements n'interviennent pas pour les réguler.

Un régime de taux de change flexibles se caractérise par l'**ajustement automatique** et progressif du cours des monnaies par le jeu de l'offre et de la demande sur le marché des changes. À la différence d'un régime de taux de change flottant où en principe les autorités monétaires laissent fluctuer librement leur monnaie, dans un régime de **changes flexibles** les banques centrales peuvent intervenir pour réguler le cours des monnaies afin d'éviter des fluctuations trop fortes susceptibles de déstabiliser les échanges extérieurs du pays. Cependant, lorsque les autorités monétaires interviennent, elles le font dans le respect des *mécanismes spontanés du marché*.* Elles se portent, selon les circonstances et leurs objectifs, offreuses ou demandeuses comme n'importe quel autre acteur du marché des changes ; bien souvent, elles participent au marché sans dévoiler leur identité réelle. En règle générale, dans un régime de taux de change flexibles, elles n'ont pas pour objectif principal de préserver la **parité** de la monnaie nationale, mais de **limiter la fluctuation des cours.** En raison de cette flexibilité, on constate une influence réciproque du taux de change sur l'activité intérieure, et de l'activité intérieure sur le taux de change. En d'autres termes, les variations du cours de la monnaie suscitent des mouvements internationaux de marchandises et de capitaux qui influencent directement l'activité économique intérieure, et dans l'autre sens, toutes les modifications dans les flux intérieurs, réels ou monétaires, vont avoir des répercussions sur le cours du change et donc sur l'équilibre extérieur.

a. L'efficacité de la politique budgétaire et fiscale

Comme dans le régime de taux de change fixes, nous allons analyser les conséquences d'une politique de stimulation de la demande. L'accroissement des dépenses publiques, ou la baisse de la fiscalité, va provoquer de façon immédiate un déplacement de IS vers le haut à droite, de IS_1 à IS_2 (*cf.* fig.8). Ce mouvement se traduit par l'apparition d'une tendance à l'augmentation du revenu national et à la hausse du taux d'intérêt. Nous pourrions alors penser que l'équilibre va se fixer au point A représenté sur la figure 8. Cependant cette situation ne peut perdurer.

D'une part, nous l'avons vu, les importations sont fonction croissante du revenu. Celui-ci augmentant, les résidents auront tendance à accroître leur demande de produits étrangers. D'autre part, en A, le taux d'intérêt national est supérieur au taux d'intérêt international. Les capitaux spéculatifs vont alors être attirés vers le pays, ce qui va provoquer une hausse du cours de la monnaie nationale et, par là même, rendre les produits nationaux moins compétitifs à l'exportation. À cela, il faut ajouter que la tendance à la hausse du taux d'intérêt n'incitera pas à l'accroissement de l'investissement intérieur, mais stimulera au contraire les phénomènes spéculatifs.

Finalement, la hausse du cours de la monnaie, la baisse de compétitivité des produits nationaux et l'accroissement des importations vont provoquer une translation de IS vers le bas à gauche. Le mouvement va se poursuivre jusqu'à ce que la baisse des exportations compense l'augmentation des dépenses publiques et que le taux d'intérêt domestique soit égal au taux d'intérêt international.

Graphiquement l'équilibre se stabilise lorsque IS_2 coïncide avec IS_1. Autrement dit, nous retrouvons la position d'équilibre initiale, E. L'effet premier dû à l'augmentation des dépenses publiques est compensé par les mouvements internationaux de marchandises et de capitaux. La politique budgétaire de stimulation de la demande se révèle relativement inefficace pour accroître le revenu national dans un régime de taux de change flexibles. Cela tient pour une large part, il faut le noter, à la grande mobilité des capitaux qui agissent directement sur le taux de change.

La **politique budgétaire et fiscale** se révèle **inefficace** dans un **régime de taux de change flexibles**, alors qu'elle est très **efficace** dans un **régime de taux de change fixes.**

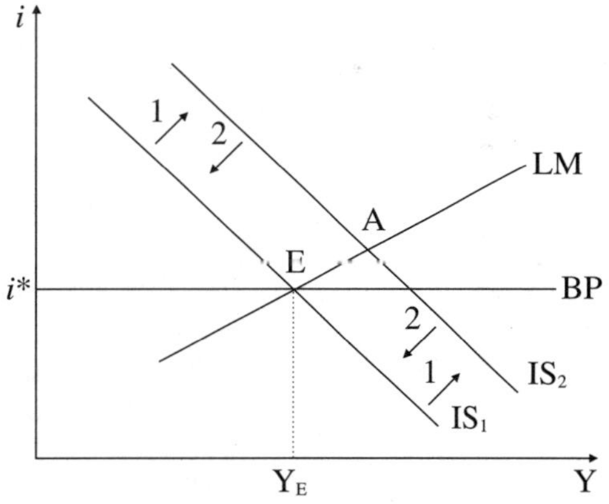

Fig. 8 : Politique de stimulation de la demande

b. L'efficacité de la politique monétaire

À nouveau ici, il nous faut étudier plusieurs cas correspondant à l'utilisation des divers instruments à la disposition des autorités monétaires. Cependant, nous ne considérerons pas séparément ici le cas d'une variation du cours de la monnaie puisque, nous allons le voir, les modifications du taux de change participent des autres processus. Le taux de change s'adaptant au fur et à mesure de l'évolution des flux, nous considérerons principalement l'action des autorités monétaires sur la quantité de monnaie et le taux d'intérêt domestique.

• *1° cas : expansion monétaire*

Considérons le cas où les autorités monétaires décident d'accroître l'offre de monnaie pour favoriser l'augmentation du revenu national. L'augmentation de la masse monétaire se traduit graphiquement (*cf.* fig. 9) par le déplacement de LM vers le bas et à droite, de LM_1 à LM_2. La liquidité augmentant dans l'économie, le taux d'intérêt intérieur tend à baisser et l'équilibre semble vouloir se situer au point A. Mais cette tendance à la baisse du taux de l'intérêt intérieur a deux effets, le second pouvant contrecarrer le caractère négatif du premier. Tout d'abord, la tendance à la baisse du taux d'intérêt intérieur provoque la sortie de capitaux qui vont se placer à l'étranger où le rendement des placements spéculatifs est meilleur.

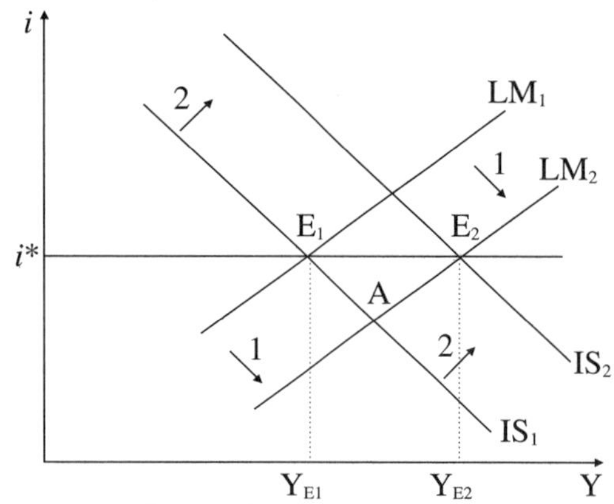

Fig. 9 : Expansion monétaire

Mais cette sortie de capitaux provoque elle-même une **baisse du cours de la monnaie nationale** qui est moins demandée. Cette baisse du cours (hausse du taux de change) va rendre les produits intérieurs plus compétitifs et les produits étrangers plus coûteux pour les nationaux. La conséquence sera alors un accroissement de la production nationale soutenu par la tendance à la baisse du taux d'intérêt intérieur qui rend l'investissement plus rentable. La sortie des capitaux sera alors limitée du fait de l'accroissement de la rentabilité des investissements intérieurs. La traduction graphique de ces phénomènes est un glissement de IS vers le haut à droite, de IS_1 vers IS_2.

En définitive l'équilibre se stabilisera en E_2. À ce point, le taux d'intérêt intérieur est égal au taux d'intérêt international et le revenu Y_{E2} est supérieur à Y_{E1}. Nous pouvons alors conclure qu'**en régime de taux de change flexibles, la politique d'expansion monétaire est efficace.**

• *2° cas : baisse du taux d'intérêt national*

Lorsque nous avons étudié la baisse du taux de l'intérêt dans un régime de taux de change fixes, nous avons vu que la baisse du taux de l'intérêt domestique équivalait à une hausse du taux d'intérêt dans le reste du monde. Cette analyse reste valable pour l'étude d'un régime de changes flexibles. Si la situation initiale d'intégration financière était de i_1^*, la baisse du taux d'intérêt domestique fait naître un différentiel tel que tout se passe comme si le taux d'intérêt international était passé à la position i_2^* supérieur à i_1^* (*cf.* fig. 10).

La baisse du taux d'intérêt intérieur va d'abord se traduire par une **sortie de capitaux** qui entraîne une **baisse de la liquidité intérieure**, soit un déplacement de LM vers le haut à gauche, de LM_1 à LM_2. En même temps, cette sortie de capitaux va provoquer une baisse du cours de la monnaie nationale. Or, cette baisse associée à celle du taux de l'intérêt va favoriser la production intérieure. D'un côté, cette baisse du cours de la monnaie nationale va rendre les produits nationaux plus **compétitifs** sur les marchés étrangers et va inciter les entreprises résidentes à produire plus. De l'autre côté, le taux d'intérêt domestique ayant diminué, la rentabilité relative des investissements intérieurs est améliorée. À ces deux phénomènes, il faut encore ajouter que, le taux de change étant plus élevé, le prix des produits étrangers est augmenté d'autant pour les nationaux, ce qui provoque une tendance à la baisse des importations. L'ensemble de ces derniers éléments va favoriser le déplacement de IS vers le haut à droite, de IS_1 à IS_2. L'addition de ces trois phénomènes fait que l'amplitude du déplacement de IS est plus grande que celle appliquée à LM (*cf.* fig.10).

Le mécanisme impulsé initialement par la baisse du taux d'intérêt intérieur cessera de produire son effet lorsque le taux d'intérêt intérieur aura augmenté jusqu'à i^*_2, qui est le taux international, et le revenu aura atteint Y_{E2} supérieur à Y_{E1}. Comme on le voit, l'effet sur l'économie du pays est positif, alors que la même mesure dans un régime de change fixe à un effet inverse.

Dans un régime de taux de change flexibles, la politique monétaire est d'une manière générale beaucoup plus efficace que la politique budgétaire, car elle permet une meilleure adaptation de l'économie nationale aux contraintes internationales. Toutefois, cette meilleure adaptation a sa contrepartie. **L'économie nationale est beaucoup plus sensible aux fluctuations de l'activité internationale et en ressent plus fortement les effets.**

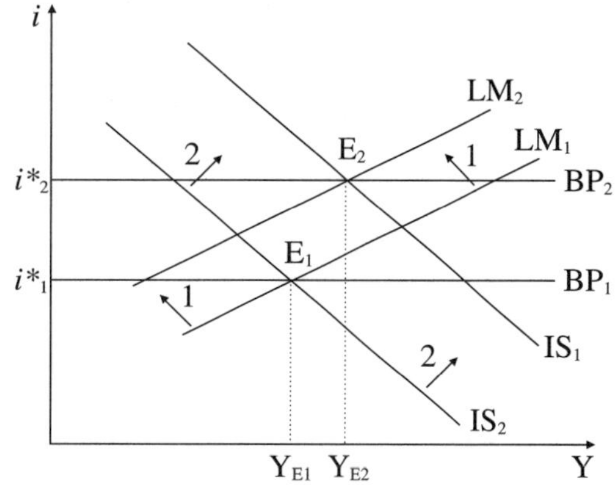

Fig. 10 : Baisse du taux d'intérêt intérieur

Conclusion

Tout au long de ce chapitre, nous nous sommes efforcés de distinguer nettement entre politique budgétaire et politique monétaire, et d'analyser leur efficacité respective dans des régimes de changes fixes et de changes flexibles. Il est certain que ces décompositions auxquelles nous nous sommes livrés sont purement analytiques et que, dans le monde réel, les gouvernements combinent leurs interventions budgétaires avec des objectifs monétaires et vice versa. Cela parce que certaines mesures d'ordre budgétaire ont des conséquences sur la monnaie, les taux d'intérêt et les taux de change, mais aussi parce que les objectifs des politiques gouvernementales ne sont jamais **purement économiques**. Ils sont aussi sociaux, politiques, etc. D'autre part, il est bon de remarquer qu'un pays comme la France était, jusqu'à la mise en place de l'euro, prise entre un régime de taux de change fixes vis-à-vis de ses partenaires européens, et dans un système de taux de change flexibles vis-à-vis du reste du monde. On imagine alors la complexité de la mise en œuvre des instruments et des moyens, des **dosages** auxquels doit procéder le gouvernement pour répondre aux différentes contraintes découlant de cette situation.

Enfin, l'ensemble des résultats que nous venons de dégager grâce à l'utilisation du modèle IS-LM suscite, on l'imagine, de larges discussions quant aux choix qui doivent être faits par les gouvernements en matière de politique économique conjoncturelle. Pour notre part, nous n'entrerons pas ici dans ces discussions et polémiques. Notre propos est de donner au lecteur un certain nombre d'éléments théoriques grâce auxquels il pourra mieux appréhender et saisir les enjeux des discussions du moment, enjeux qui ne se limitent pas au champ de l'économique.

QUESTIONS À CHOIX MULTIPLES

(Pour chaque question, une ou plusieurs réponses sont possibles.)

1 - La politique budgétaire et fiscale :

a. consiste à agir indirectement sur la demande globale.
b. agit principalement sur les flux monétaires et financiers.
c. est une action directe sur les flux réels.
d. ne concerne que le fonctionnement de l'État.

2 - L'effet d'éviction :

a. tend à favoriser l'investissement privé.
b. renforce l'efficacité de la politique budgétaire.
c. augmente les revenus tirés de l'investissement privé.
d. accroît la place de l'État dans l'économie.

3 - La politique monétaire :

a. se traduit généralement par une variation du coût de l'argent.
b. vise à modifier la répartition de l'épargne entre les agents.
c. est une composante de la politique budgétaire.
d. englobe les interventions de la banque centrale sur le marché des changes.

4 - Une politique d'open market consiste en :

a. une intervention de l'État sur le marché des biens et services.
b. une intervention de l'État sur le marché des changes.
c. une intervention de la banque centrale sur le marché monétaire.
d. une intervention de la banque centrale sur le marché des biens et services.

5 - La « règle » de Tinbergen nous indique que :

a. la politique budgétaire est efficace pour soutenir la croissance.
b. la politique budgétaire est efficace pour lutter contre l'inflation.
c. la politique monétaire est efficace pour maintenir la stabilité des prix.
d. la combinaison des deux politiques n'est pas très efficace.

6 - En régime de taux de changes fixes :

a. c'est la politique budgétaire qui est la plus efficace au plan intérieur.
b. c'est la politique monétaire qui est efficace.
c. les deux politiques sont très efficaces.
d. aucune des deux n'est très efficace.

7 - En régime de taux de changes fixes :

a. le gouvernement doit intervenir en permanence sur le marché des changes.
b. il n'est pas nécessaire que la banque centrale intervienne sur le marché des changes.
c. le cours de la monnaie ne peut varier.
d. la banque centrale doit intervenir régulièrement sur le marché des changes.

8 - Selon le principe de Mundell, la politique budgétaire doit être utilisée :

a. pour résorber les déséquilibres extérieurs.
b. pour résorber les déséquilibres intérieurs.
c. indifféremment, quelle que soit la nature du déséquilibre.
d. pour résorber les déséquilibres monétaires.

9 - En changes flexibles :

a. la politique budgétaire est particulièrement efficace pour résoudre les déséquilibres intérieurs.
b. la politique budgétaire est plus efficace pour résoudre les problèmes extérieurs.
c. la politique monétaire est généralement la plus efficace.
d. la politique monétaire ne permet pas de maintenir les équilibres.

10 - En changes flexibles, la politique monétaire :

a. protège efficacement l'économie nationale contre les perturbations extérieures.
b. rend l'économie nationale moins sensible aux fluctuations extérieures.
c. empêche l'adaptation de l'économie nationale aux phénomènes extérieurs.
d. favorise l'adaptation de l'économie nationale aux phénomènes extérieurs.

(Les réponses sont données en fin d'ouvrage, page 413.)

EXERCICE CORRIGÉ 7.1

L'équilibre global en économie ouverte (A, B)

Nous disposons des données suivantes concernant une économie ouverte dans un espace où la mobilité internationale des capitaux est imparfaite.

Secteur réel :

$C = 0{,}8Y^d + 100$; Y^d étant le revenu disponible et Y le revenu national.

$I = 600 - 6\,000i$

Secteur gouvernemental :

$T(Y) = 0{,}1Y - 60$; T(Y) représentant l'ensemble des prélèvements fiscaux.

$G = 140$; G représentant les dépenses gouvernementales.

Secteur monétaire :

$M^T = 0{,}5Y$ avec M^T la demande de monnaie de transactions.

$M^S = 642 - 8\,000i$ avec M^S la demande de monnaie de spéculation.

$M^O = 1200$ avec M^O l'offre de monnaie.

Secteur extérieur :

$M(Y,e) = 0{,}2Y + 80e$ avec M les importations et *e* le taux de change.

$X(e) = 400e$ avec X les exportations.

$K(i) = 11\,600i - 500$ avec K les mouvements de capitaux.

1-Exprimer la consommation et l'épargne en fonction du revenu total Y sans tenir compte des échanges avec l'extérieur.

2-Établir les équations de IS, LM et BP.

3-Déterminer le revenu d'équilibre global en changes fixes, avec $e = 1$.

4-Les grands équilibres dans les différents secteurs sont-ils réalisés ?

5-Donner une représentation graphique de l'équilibre global.

Alors que nous sommes toujours en changes fixes, le gouvernement décide d'accroître la pression fiscale de 20 % tandis que G ne varie pas.

6-Calculer la nouvelle expression de IS.

7-Que devient l'équilibre global ?

8-Représenter ce nouvel équilibre sur un nouveau graphique.

9-Quels seraient les effets de l'augmentation de la pression fiscale de 20 % si nous étions en changes flexibles ?

10-Représenter le cas échéant le nouvel équilibre sur le graphique précédent.

11-Commenter les résultats.

CORRIGÉ

1-D'une manière générale, nous pouvons exprimer Y^d par :

$$Y^d = Y - T(Y)$$

Ce qui nous donne ici :

$$Y^d = 0{,}9Y + 60$$

Ainsi nous obtenons : $C = 0{,}8(0{,}9Y + 60) + 100$

$C = 0{,}72Y + 148$

Il s'ensuit l'expression de S : $S = 0{,}2(0{,}9Y + 60) - 100$

$S = 0{,}18Y - 88$

2 - Équation de IS :

En économie ouverte, avec intervention du gouvernement, on la déduit de la relation générale :

$$S + M + T = I + X + G$$

Ce qui, en remplaçant chaque terme par son expression, nous donne :

$$0{,}18Y - 88 + 0{,}2Y + 80e + 0{,}1Y - 60 = 600 - 6\,000i + 400e + 140$$

IS : $Y = 1\,850 - 12\,500i + 667e$

Équation de LM :

Pour l'obtenir, il suffit d'égaliser la demande et l'offre de monnaie, soit :

$0{,}5Y + 642 - 8\,000i = 1200$,

d'où : LM $= 16\,000i + 1116$

Équation de BP :

Elle nous est donnée par la relation :

$M(Y, e) - X(e) = K(i)$;

soit BP : $Y = 58\,000i - 2\,500 + 1\,600e$

3 - En changes fixes, avec $e = 1$, les équations de IS, LM et BP deviennent (en arrondissant) :

IS : $Y = 2\,517 - 12\,500i$

LM : $Y = 16\,000i + 1\,116$

BP : $Y = 58\,000i - 900$

Nous pouvons calculer le couple (Y, i) correspondant à l'équilibre global par : IS = BP

Soit : $2\,517 - 12\,500i = 58\,000i - 900$,

ce qui nous donne : $i = 0{,}048$ et $Y = 1\,884$

En remplaçant i par sa valeur dans LM nous trouvons bien $Y = 1\,884$.

4 - Avec $Y = 1\,884$, nous avons : $T = 128$

Étant donné que $G = 140$, le budget est déficitaire pour un montant de 12.

En ce qui concerne l'équilibre de la balance commerciale nous avons :

$M = 457$, et $X = 400$. La balance commerciale, est donc, elle aussi, déficitaire de 57.

5 - Représentation graphique : *cf.* fig. 11.

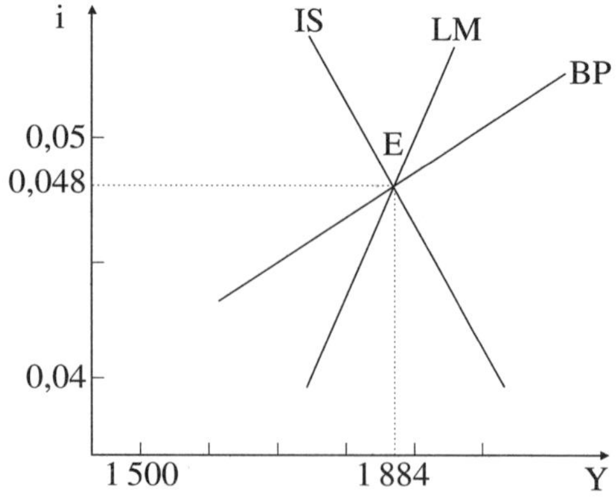

Fig. 11

6 - Nouvelle expression de IS.

L'accroissement de 20 % de la pression fiscale fait que T devient :

$T = 0{,}12Y - 60$

Ce qui fait que Y^d est maintenant :

$Y^d = 0{,}88Y + 60$, d'où : $S = 0{,}176Y - 88$

Il s'ensuit que IS devient :

$IS_2 = 2416 - 12\,000i$

7 - Étant donné que nous sommes en changes fixes, BP ne varie pas, $BP_2 = BP$. L'équilibre peut alors être exprimé par : $IS_2 = BP_2$; soit :

$2\,416 - 12\,000i = 58\,000i - 900$

D'où l'on tire le nouvel équilibre E_2 :

$i = 0{,}047$ et $Y = 1\,826$

On constate une baisse du revenu et du taux d'intérêt. Le revenu disponible ayant diminué, on peut penser que les entreprises ont souhaité ralentir leur production malgré la baisse du taux d'intérêt qui rend *a priori* les investissements plus rentables. On peut supposer malgré tout qu'il y a une certaine compensation entre les deux phénomènes, puisque le revenu ne diminue que de 3 %, alors que le revenu disponible diminue de 10 %.

La légère baisse du taux d'intérêt provoque sans doute une sortie de capitaux qui oblige la banque centrale à utiliser ses réserves en devises pour maintenir le cours de la monnaie, mais « achetant » de la monnaie nationale, elle tend à réduire la liquidité sur le marché monétaire. De plus, la baisse du revenu disponible provoque une baisse de l'épargne, ce qui tend aussi à réduire la liquidité sur le marché monétaire. Enfin, la baisse du taux d'intérêt laisse prévoir une hausse du prix des titres qui incite les spéculateurs à se porter acheteurs de titres, ce qui contribue encore à une baisse de la liquidité sur le marché monétaire.

Pour un revenu de $Y = 1\,826$ et $i = 0{,}047$, nous pouvons calculer LM_2 qui est de la forme :

$LM_2 : Y = l_0 + 16\,000i$, ce qui nous donne : $l_0 = 1074$,

d'où : $LM_2 = 1\,074 + 16\,000i$

Nous pouvons aussi considérer l'évolution du solde budgétaire ainsi que celui de la balance des transactions courantes.

Solde budgétaire :

T = 123. Étant donné que G = 140, le budget est toujours déficitaire pour un montant supérieur à ce qu'il était précédemment, le déficit est maintenant de 17. Cela s'explique en fait par la baisse globale du revenu. Bien que la proportion du revenu qui est prélevée augmente, la masse des recettes fiscales diminue.

Solde de la balance courante :

M = 445. X étant de 400, la balance courante est toujours déficitaire. Mais, ici, le déficit est moins important. Cela parce que les importations ont diminué en raison de la baisse du revenu.

8- Représentation de l'équilibre E_2 (*cf.* fig. 12).

9- Équilibre en changes flexibles.

Le taux de change s'adaptant aux flux commerciaux pour un revenu Y = 1 884, l'équilibre de la balance des transactions courantes est réalisé pour :

$0{,}2 \times 1\,884 + 80e = 400e$, soit : $e = 1{,}18$

BP va donc être modifiée, l'expression générale de BP est :

$BP : Y = 58\,000i - 2\,500 + 1\,600e$, avec $e = 1{,}18$, nous avons :

BP_3 : $Y = 58\,000i - 612$

IS est aussi modifiée, l'expression de IS après accroissement de la pression fiscale est :

$IS : Y = 1\,776 - 12\,000i + 640e$, nous avons maintenant avec $e = 1{,}18$:

IS_3 : $Y = 2\,531 - 12\,000i$

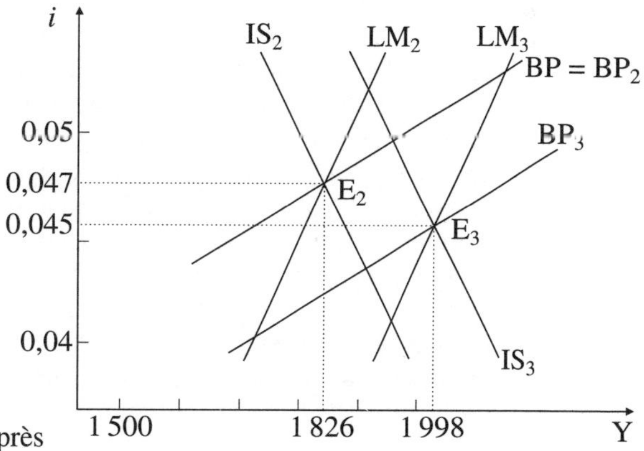

Fig. 12

Le nouvel équilibre en changes flexibles correspond à :

$2\,531 - 12\,000i = 58\,000i - 612$,

d'où l'on tire : $i = 0{,}045$ et Y = 1 998, soit E_3

LM va aussi varier puisque la liquidité sur le marché monétaire est modifiée.

Aussi, LM_3 : $Y = l_0 + 16\,000i$

Donc, pour $i = 0{,}045$ et Y = 1 998, $l_0 = 1\,278$, d'où :

LM_3 : $Y = 1\,278 + 16\,000i$

Considérons respectivement le solde budgétaire et le solde de la balance courante.

Solde budgétaire : T = 140 et G = 140. Le budget est maintenant équilibré.

Solde de la balance courante pour $e = 1{,}18$: M = 494 et X = 472

La balance des transactions courantes est encore déficitaire.

10 - *Cf.* fig. 12 page précédente.

11 - Il peut paraître étonnant que la **politique fiscale** se révèle plus efficace en changes flexibles qu'en changes fixes. En changes fixes, le maintien de la parité de la monnaie nationale empêche les ajustements qui pourraient se produire au niveau de la balance courante et la baisse du revenu disponible n'incite pas les entrepreprises à produire plus.

En changes flexibles en revanche, nous rencontrons la coïncidence de deux phénomènes allant dans le même sens. D'une part, la hausse de la fiscalité réduit le revenu disponible et, donc, freine les importations. D'autre part, l'augmentation du taux de change renchérit les biens importés, ce qui réduit la demande des résidents. De l'autre côté, la hausse du taux de change équivaut à une baisse des prix des produits nationaux, le montant des exportations augmente. Cette progression entraîne l'entrée d'un surcroît de devises qui favorise le développement de la liquidité intérieure et provoque une tendance à la baisse du taux d'intérêt et ceci, bien que la balance courante ne soit toujours pas équilibrée. Cette baisse du taux d'intérêt favorise l'investissement intérieur, donc l'emploi et la progression du revenu national.

Nous pouvons relever en outre, que l'augmentation du revenu national permet l'équilibre du budget de l'État, ce qui donne au gouvernement une marge de manœuvre plus grande pour intervenir dans le cadre de sa politique budgétaire. C'est dire qu'un accroissement de la pression fiscale n'a pas les effets toujours négatifs que l'on veut bien souvent lui attribuer.

Enfin, le lecteur aura sans doute remarqué que l'on ne peut atteindre l'équilibre extérieur même en changes flexibles, bien que les exportations augmentent lorsque le revenu augmente. Cela tient à ce que la somme des propensions marginales à consommer, épargner, « imposer » et importer est supérieure à 1. Cela provient de l'hypothèse que nous avons posée dans la question 1 lors du calcul de l'épargne. Cette hypothèse n'est pas aussi irréaliste qu'elle peut sembler l'être de prime abord, de nombreux pays se trouvent dans une situation similaire. Le fait que la somme des propensions marginales égale 1,2 signifie que le pays vit comme l'on dit « au-dessus de ses moyens » et qu'à chaque période, il forme une dette vis-à-vis de l'extérieur. On peut penser que pour résoudre ce problème, il faudrait que les résidents modifient leurs comportements, ou bien que le gouvernement aménage la pression fiscale en la réduisant sensiblement, ou que l'on instaure des barrières protectionnistes, etc. ou bien encore une combinaison de ces différentes solutions.

EXERCICE PROPOSÉ 7.2

Politique économique en économie fermée (A)

Une économie fermée présente les caractéristiques suivantes :

$C = 0{,}8Y^d + 80$, Y^d étant le revenu disponible après prélèvements fiscaux.

$I = 318 - 5\,000i$

$M^S = 600 - 6000i$ pour $0{,}02 \leq i < 0{,}1$

$M^S = 600$, pour $i < 0{,}02$

$M^T = 0{,}4Y$

$M^O = 1\,200$

$T = 0{,}2Y - 50$, T regroupant l'ensemble des prélèvements fiscaux.

$G = 310$.

1 - Calculer S(Y).

2 - Établir les équations IS et LM.

3 - Déterminer l'équilibre de cette économie.

4 - Donner une représentation graphique de l'équilibre.

5 - On suppose que le gouvernement décide d'accroître ses dépenses de 20 %, quelles sont les conséquences ?

6 - Toutes choses égales par ailleurs, les autorités monétaires décident d'accroître l'offre de monnaie de 20 %, que devient l'équilibre ?

On suppose maintenant que IS est exprimé par $Y = 4\,389 - 13\,889i$.

7 - Si le gouvernement décide d'accroître ses dépenses de 20 %, que devient l'équilibre global ?

8 - Analyser la situation qui résulterait d'une augmentation simultanée des dépenses gouvernementales de 20 % et de l'offre de monnaie de 20 %.

DÉMARCHE

La question 1 demande d'exprimer S en fonction du revenu global et non en fonction du revenu disponible.

LM doit être représentée en ses trois zones particulières.

Pour traiter des questions 7 et 8, il est préférable de s'appuyer sur une représentation graphique en traçant les nouvelles droites sur le graphique de la question 4.

Le plus souvent les résultats chiffrés peuvent être arrondis.

RÉSULTATS

1 - $S(Y^d) = 0{,}2Y^d - 80$

Sachant que : $Y^d = Y - T$, alors : $S(Y) = 0{,}16Y - 70$

2 - Pour calculer l'équation de IS, il faut tenir compte de T et de G.

Nous avons :

$0{,}16Y - 70 + 0{,}2Y - 50 = 318 - 5\,000i + 310$,

d'où $IS_1 : Y = 2\,078 - 13\,889i$

Calcul de LM_1 : $0{,}4Y + 600 - 6\,000i = 1\,200$

d'où LM_1 : $Y = 1\,500 - 15\,000i$

3-$LM_1 = IS_1$, ce qui nous donne : $i = 0{,}02$ et $Y = 1\,800$

Ainsi que l'on peut le remarquer IS_1 coupe LM_1 dans la « zone keynésienne ».

4-Représentation graphique (*cf.* fig. 13).

5-$\Delta G = +\,20\,\%$

Nous pouvons utiliser directement le principe du multiplicateur de dépense k.

$$\Delta Y = k \times \Delta G$$

avec $c = 0{,}64$: $k = \dfrac{1}{1 - 0{,}64} = 2{,}77$

ainsi : $\Delta Y = 172$

Le nouveau revenu d'équilibre est donc : $Y = 1\,972$ et $i = 0{,}03$.

L'équilibre est maintenant situé dans la zone intermédiaire de la courbe LM_1. La pente de IS n'ayant pas été modifiée, nous pouvons tracer le nouvel équilibre sur la figure 13 ci-contre en faisant glisser IS_1 parallèlement à elle-même.

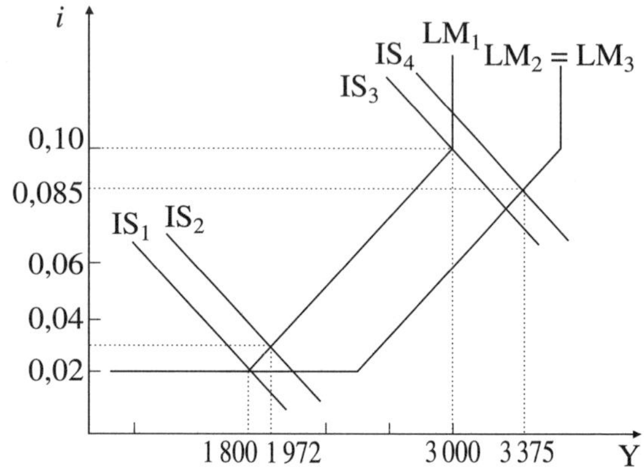

Fig. 13

6-$\Delta M^O = +\,20\,\%$. M^O devient : $M^O = 1\,440$. Ce qui fait que l'équation de LM_2 est :

LM_2 : $Y = 2\,100 - 15\,000i$

L'équilibre global n'est pas modifié, il reste défini pour le couple : (1 800, 0,02). Une politique monétaire expansionniste dans la « zone keynésienne » est inefficace.

7-Nous avons IS_3 : $Y = 4\,389 - 13\,889i$

Avec LM_1 : $Y = 1\,500 - 15\,000i$, l'équilibre est déterminé pour :

$Y = 3\,000$ et $i = 0{,}1$

Nous sommes à la limite de la zone dite classique de LM_1.

Si $\Delta G = 62$ et en raison du multiplicateur de dépense, $k = 2{,}77$, le nouveau revenu d'équilibre devrait être $Y = 3\,172$. Or, cela n'est pas possible, l'économie ne dispose pas des liquidités nécessaires. De fait, le revenu ne varie pas, il reste à : $Y = 3\,000$ avec $i = 10{,}4\,\%$.

On vérifie que dans la « zone classique », la politique budgétaire est inefficace.

8-Nous sommes en présence d'une politique mixte.

Nous avons maintenant IS_4 exprimé par :

IS_4 : $Y = 4\,389 + \dfrac{62}{0{,}36} - 13\,889i$,

soit IS_4 : $Y = 4\,561 - 13\,889i$

et $LM_2 = LM_3$: $Y = 2\,100 + 15\,000i$

Le nouvel équilibre est réalisé pour :

$i = 0{,}085$ et $Y = 3375$

La combinaison des deux politiques est efficace puisqu'elle permet à la fois une augmentation du revenu et une baisse du taux de l'intérêt.

EXERCICE PROPOSÉ 7.3

Politique économique en économie ouverte (B,1)

On considère une économie ouverte prise dans un systèmes de taux de change flexibles et dans lequel règne la mobilité parfaite des capitaux. Elle présente les caractéristiques suivantes :

$S = 0{,}25Y - 50$ $\quad$ $M(Y, e) = 0{,}1Y + 50e$

$I = 600 - 5\,000i$ $\quad$ $X(e) = 25e$

$M^T = 0{,}4Y$ $\quad$ $T(Y) = 0{,}12Y - 60$

$M^S = 800 - 10\,000i$ $\quad$ $G = 180$

$M^O = 1\,300$

1-Calculer IS et LM avec $e = 1$.

2-Quelle est la forme de BP ?

3-Quels sont le niveau du taux d'intérêt international et celui du revenu d'équilibre ?

4-Donner une représentation graphique de l'équilibre.

5-Quelles seraient les conséquences d'une augmentation des dépenses gouvernementales de 20 % sur l'équilibre et sur le taux de change de la monnaie nationale ?

6-Quelles seraient les conséquences d'une augmentation de 20 % de l'offre de monnaie ?

DÉMARCHE

Pour répondre aux questions 5 et 6, il faut considérer séparément les étapes successives.

La réponse à la question 6 s'inscrit sous l'hypothèse toutes choses égales par ailleurs.

Il faut toujours penser à commenter les résultats.

RÉSULTATS

1-IS_1 est exprimée grâce à la relation : $S + T + M = I + G + X$

Sous l'hypothèse $e = 1$, nous obtenons :

IS : $Y = 2\,319 - 10\,638i$

LM_1 est exprimée par : LM_1 : $Y = 1\,250 + 25\,000i$

2-Étant donné que nous sommes placés dans la perpective de mobilité parfaite des capitaux, BP sera représentée par une droite horizontale d'ordonnée égale au taux d'intérêt international. Cela signifie que les mouvements de capitaux sont infiniment élastiques aux variations du taux de l'intérêt. En outre, le taux d'intérêt international s'impose à l'économie nationale puisque l'on se tient dans le cadre d'une intégration financière parfaite.

3- $IS_1 = LM_1$,

soit : $2319 - 10638i = 1250 + 25000i$

ce qui nous donne :

$i = 0{,}03$ et $Y = 2000$

4- Représentation graphique : *cf.* fig. 14.

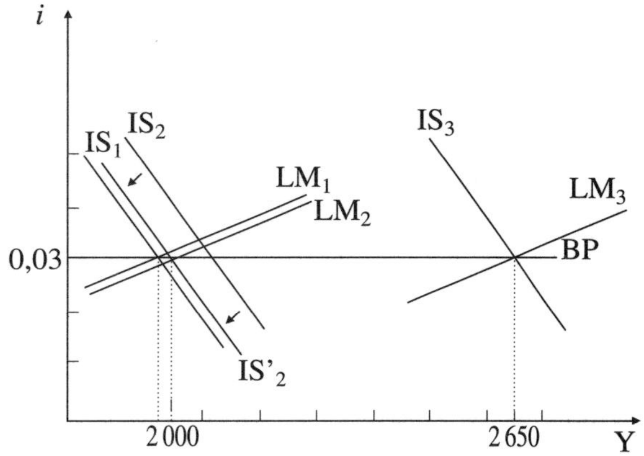

Fig. 14

5 - $\Delta G = +20\,\%$

IS devient IS_2 : $Y = 2319 + \frac{36}{0{,}47} - 10\,638i$

soit IS_2 : $Y = 2\,396 - 10\,638i$

Il s'ensuit que le nouvel équilibre serait réalisé pour : $i = 0{,}032$ et $Y = 2\,050$

La hausse du taux d'intérêt provoque un afflux de capitaux dans le pays. Le taux d'intérêt national s'aligne alors sur le taux international de 3 %. D'un autre côté, l'augmentation du revenu tend à faire croître les importations et à faire augmenter le taux de change.

Pour un revenu Y = 2 050, nous aurions :

$0{,}1 \times 2050 + 50e = 250e$, soit : $e = 1{,}025$

Pour ce taux de change, IS devient :

IS'_2 : $Y = 2\,330 - 10\,638i$

Ce qui fait que, avec $i = 0{,}03$, alors : $Y = 2\,011$

L'augmentation de e a pour conséquence une variation du revenu moindre que si e n'avait pas varié ; une partie de l'augmentation du revenu est absorbée par les importations.

À cela, il faut ajouter un phénomène dont nous n'avons pas encore tenu compte. L'afflux de capitaux provoqué par la hausse du taux d'intérêt fait baisser e. Finalement, en raison de l'ouverture du pays sur l'extérieur, l'effet de l'augmentation des dépenses gouvernementales sera entièrement absorbé et l'équilibre se rétablira au point :

$Y = 2\,000$ et $i = 0{,}03$.

L'efficacité d'une politique budgétaire expansionniste est très faible, voire nulle, en économie ouverte.

6 - $\Delta M^O = +20\,\%$

LM devient :

LM_3 : $Y = 1\,900 + 25\,000i$

LM se déplace donc vers la droite. Toutes choses égales par ailleurs, le nouvel équilibre devrait se situer en : $2\,319 - 10\,638i = 1\,900 + 25\,000i$

soit : $i = 0{,}012$ et $Y = 2\,200$

Cette tendance à la baisse du taux d'intérêt va provoquer une sortie massive de capitaux, ce qui va exercer une pression à la hausse du taux de change. Il nous faut calculer ce nouveau taux de change et l'équilibre du revenu national auquel il correspond, sachant que les mouvements internationaux de capitaux font que le taux d'intérêt intérieur se stabilise à $i = 3\,\%$.

Avec $i = 0{,}03$, le revenu défini par LM_3 est :

$Y = 1\,900 + 25\,000 \times 0{,}03 = 2\,650$

D'autre part, en tenant compte du nouveau taux de change d'équilibre, IS_3 est exprimé par :

IS_3 : $Y = 1\,894 - 10\,368i + 426e$

Ainsi, à l'équilibre, doit-on avoir :

IS_3 : $Y = 1\,894 - 10\,368 \times 0{,}03 + 426e = 2\,650$

Nous trouvons : $e = 2{,}5$

Cette hausse de e favorise les exportations et tend à ralentir les importations. La conjonction de ces deux phénomènes tend à favoriser le développement de la production intérieure. Si l'on compare ces résultats à ceux de la question 5, on peut voir que dans le cadre d'une économie soumise à un régime de taux de change flexibles, une politique monétaire expansionniste est en principe plus efficace qu'une politique budgétaire.

DOCUMENT COMMENTÉ

Le *policy-mix*[1] en économie ouverte (A,3)

Bien que constituant la référence première de la doctrine du *policy-mix*, **le modèle utilisé par Mundell ne semble plus en accord avec plusieurs caractéristiques essentielles des économies contemporaines.** En premier lieu, on peut s'interroger sur la possibilité de pratiquer une politique monétaire autonome en changes fixes lorsque la mobilité des capitaux devient très forte. Une des contributions essentielles de Mundell est précisément d'avoir montré l'existence d'une incompatibilité entre autonomie de la politique monétaire, changes fixes et mobilité des capitaux. En d'autres termes la stérilisation des mouvements de capitaux devient impossible lorsque la mobilité internationale des capitaux est (presque) parfaite.

En deuxième lieu, l'hypothèse de rigidité des prix est désormais difficile à admettre. Lorsque les prix sont flexibles, un troisième objectif se présente : c'est le contrôle de l'inflation. Comment assurer trois objectifs à l'aide de deux instruments ? Une manière de régler ces deux problèmes est d'adopter un régime de changes flexibles, de manière à disposer de deux instruments indépendants pour atteindre deux objectifs : l'inflation et l'activité (l'équilibre externe étant assuré par le taux de change). Dans ce cas une règle d'affectation proche du principe de Mundell peut être appliquée, en assignant la politique monétaire au contrôle de l'inflation et la politique budgétaire à l'activité. En effet, une relance budgétaire soutient l'activité, mais exerce un impact incertain sur l'inflation, selon la mobilité des capitaux. Si la mobilité est faible, le déficit commercial provoque une dépréciation de la monnaie et des pressions inflationnistes, tandis que si la mobilité des capitaux est forte, l'augmentation du taux d'intérêt corollaire de l'accroissement des dépenses publiques provoque des entrées de capitaux, une appréciation de la monnaie et des pressions inflationnistes. Au contraire, une politique monétaire restrictive exerce un effet non ambigu sur l'inflation en élevant le taux d'intérêt et en appréciant le change indépendamment de la mobilité des capitaux. Néanmoins, il est difficile de pratiquer de manière permanente une appréciation du change sans se soucier des déséquilibres extérieurs qu'elle risque d'occasionner, et le gain en termes de contrôle de l'inflation en choisissant un *mix* plutôt qu'un autre peut sembler « mineur et temporaire ».

En dernier lieu surtout, Mundell ne se préoccupe pas de la dynamique du modèle : peut-on vraiment se satisfaire d'une augmentation permanente des taux d'intérêt pour soigner un déficit externe, sans se soucier d'effets secondaires tels que l'éviction de l'investissement domestique ? Quelles conséquences attendre des différents *policy mix* sur les finances publiques à long terme ?[...]

Le choix du *policy-mix* revêt une portée bien plus grande dans les analyses dynamiques. Il établit en effet la connexion entre la gestion conjoncturelle de la demande à court terme et l'état des capacités de production à long terme. Bien que la demande agrégée soit insensible à la combinaison des politiques économiques [...], la composition de la demande est affectée. Ainsi, une politique monétaire restrictive et une politique budgétaire expansive favorisent la consommation par rapport à l'investissement privé, par le biais de taux d'intérêt élevés. Au contraire, une politique monétaire expansive et une politique budgétaire restrictive favorisent l'investissement et la croissance[...] Si, du point de vue statique, n'importe quel *mix* entre dépenses publiques et politique monétaire peut parvenir au plein-emploi[...], les deux instruments ne sont pas parfaitement substituables du point de vue dynamique[...]

1. *Policy-mix* : Politique économique combinant politique monétaire et politique budgétaire

J.B. Desquilbert et P. Villieu,
« La théorie du policy-mix : un bilan critique »,
Revue d'économie financière, n° 45, janvier 1998.

PRÉSENTER LE DOCUMENT

Il s'agit d'un extrait d'un article de recherche visant à donner une présentation critique des thèses développées couramment en matière de politique mixte.

L'extrait que nous avons retenu confronte le schéma d'affectation des moyens aux objectifs de Mundell avec les contraintes de l'économie d'aujourd'hui.

Les auteurs ne rejettent pas le modèle qui reste, à leurs yeux, une référence analytique fondamentale. Ils s'attachent plutôt à en montrer les imperfections.

Il est montré les limites du modèle. Celui-ci est en effet construit dans la perspective d'un certain nombre de rigidités qui ne sont plus de mise actuellement en raison du développement des mouvements internationaux de marchandises et de capitaux.

Les auteurs envisagent des adaptations possibles qui tiendraient compte de conditions économiques nouvelles, telles que la flexibilité des taux de change et la non-fixité des prix.

On peut penser que le modèle de Mundell ne s'intègre pas suffisamment à la perspective dynamique dans laquelle devrait s'inscrire la politique économique.

ANALYSER LE DOCUMENT

L'internationalisation de l'économie, et en particulier la mobilité « presque » parfaite des capitaux fait que le modèle de Mundell n'est pas applicable *in extenso* à la situation que connaissent maintenant nos économies. Dans le modèle lui-même, on trouve des arguments qui tendent à montrer que la grande mobilité internationale des capitaux ne permet plus de respecter les hypothèses d'autonomie de la politique monétaire et de fixité des taux de change.

L'hypothèse de **rigidité des prix** n'est plus tenable dans les conditions actuelles des échanges internationaux. L'abandon de cette hypothèse conduit à reconsidérer les principes d'affectation des moyens de la politique monétaire avec les objectifs qui doivent être atteints.

Afin de préserver le **principe d'affectation de Mundell**, les auteurs suggèrent de lever l'hypothèse de **changes fixes**, et donc de retirer à la politique monétaire l'objectif de maintien du taux de change. Ce qui permet de reporter l'attention des autorités monétaires sur la stabilité des prix.

Grâce à cette réorientation de la politique monétaire, les gouvernements pourraient alors développer dans de meilleures conditions une politique budgétaire de **soutien à l'activité économique**.

Enfin il est reproché au modèle de Mundell de ne tenir aucun compte des effets à plus long terme, sur l'activité intérieure, d'une politique monétaire visant surtout à maintenir l'équilibre externe.

COMMENTER LE DOCUMENT

Nous pouvons articuler notre commentaire sur trois axes principaux :

- le cadre général de l'analyse. Il est bon de rappeler le cadre général du modèle de Mundell et des déséquilibres auxquels il prétend répondre grâce à ses **principes d'affectation** des instruments aux objectifs ;
- l'**abandon de l'hypothèse de changes fixes** appelle une nouvelle définition des objectifs des politiques monétaire et budgétaire ;
- le choix du *policy-mix* dans une perspective **dynamique**.

A - Le cadre général de l'analyse

Le cadre général de référence est le **modèle IS-LM** dans une économie ouverte. Les hypothèses principales qui président à ce modèle sont : des prix fixes, un régime de taux de change fixes et une faible mobilité internationale des capitaux.

On peut recenser **quatre types de déséquilibres possibles** : un excès de demande intérieure qui s'accompagne d'un déficit extérieur; un excès d'offre intérieure qui s'accompagne d'un excédent extérieur; un excès de la demande intérieure accompagné d'un excès de demande extérieure et, enfin, un excès d'offre intérieure accompagné d'un déficit extérieur.

Les deux premiers déficits n'exigent pas la mise en place d'une politique mixte, chacun des déséquilibres pouvant être traité, soit par le développement d'une politique budgétaire, soit par celui de la politique monétaire. En revanche, les deux derniers déséquilibres nécessitent de combiner politique budgétaire et politique monétaire.

La résorption de chacun de ces deux derniers déséquilibres appelle des politiques « en sens » inverse. Pour le troisième déséquilibre par exemple, la résorption de l'excès de demande intérieure nécessitera une politique budgétaire restrictive, alors que l'excès de demande extérieure demandera une politique monétaire extensive.

D'une manière générale, selon le modèle de Mundell, il est préférable, en changes fixes, d'affecter la politique budgétaire à l'équilibre intérieur et la politique monétaire à l'équilibre extérieur.

B - Politiques monétaire et budgétaire en changes flexibles

Le modèle de Mundell est construit sur l'hypothèse que les pays développent une politique monétaire autonome dans un régime de taux de change fixes. Cette hypothèse suppose à son tour que les pays puissent **contrôler les mouvements internationaux de capitaux**. Or, dans le monde actuel, une telle hypothèse doit être levée pour plusieurs raisons :

– les mouvements de capitaux se sont considérablement développés;

– les pays ne peuvent plus individuellement contrôler ces mouvements qui exercent de fortes pressions sur les taux de change;

– les pays ne peuvent développer individuellement des politiques monétaires visant à maintenir la parité de leurs monnaies;

– la mobilité internationale des capitaux est presque parfaite.

Ces nouvelles conditions ont fait que, sauf dans certaines zones comme l'Europe, le principe qui prévaut est celui de la **flexibilité des taux de change**. Cette flexibilité permet d'une certaine manière de « libérer » les autorités monétaires de la surveillance et d'interventions répétées et lourdes sur le marché des changes. Ce qui permet de concentrer la politique monétaire sur des objectifs intérieurs.

L'ouverture internationale des économie fait que les **prix** sont eux-mêmes **flexibles** et s'ajustent aux conditions des marchés. L'hypothèse de rigidité des prix se révèle bien peu réaliste aujourd'hui.

La conjonction de la flexibilité des taux de change et des prix fait que les pays sont soumis à de nouvelles conditions générales. Les États sont conduits à faire des choix quant aux objectifs et aux instruments de leur politique économique. Ils ne peuvent plus individuellement maîtriser simultanément l'évolution des prix et des taux de change à l'aide de politiques monétaires autonomes. Cette nouvelle situation nécessite une nouvelle règle dans l'affectation des instruments de la politique économique.

La logique du modèle IS-LM, même après avoir levé l'hypothèse des changes fixes, veut que la politique budgétaire joue un rôle central et déterminant pour le développement de l'activité économique, alors que la politique monétaire aurait plutôt un rôle d'**accompagnement**, avec pour objectif principal la **stabilité des prix** intérieurs. Cela parce que l'effet de la politique monétaire sur l'évolution des prix est plus efficace et plus directe que celui de la politique budgétaire.

Toutefois, il semble que la fonction d'accompagnement de la politique budgétaire qui serait dévolue à la politique monétaire ne puisse donner totale satisfaction. Une politique budgétaire extensive tend à favoriser la hausse des prix, or cette tendance peut être compensée grâce à une politique monétaire restrictive. Mais, cette dernière politique tend à provoquer une hausse des taux d'intérêt. Or, à favoriser la hausse des taux d'intérêt, on tend, certes, à améliorer l'équilibre extérieur, mais on risque en même temps de créer une situation défavorable à la croissance intérieure.

C - La perspective dynamique

Le modèle de Mundell ne permet pas d'analyser les conséquences à plus long terme des mesures prises dans le cadre d'une **politique conjoncturelle**. Pourtant, certains choix faits pour répondre à la conjoncture peuvent avoir des conséquences sur la structure même de l'économie nationale.

Il semble en effet, que la politique monétaire restrictive visant à contrôler les **tendances inflationnistes,** que pourrait provoquer une politique budgétaire expansionniste, soit à même de renforcer l'effet d'éviction dénoncé par M. Friedman et les monétaristes.

En cherchant à rétablir l'équilibre extérieur par une hausse des taux d'intérêt domestiques, on risque de défavoriser l'investissement intérieur de la part des particuliers. Si une telle tendance se prolonge, on pourra alors assister à ce que les auteurs du document dénomment « **l'effet d'éviction de l'investissement domestique** ». Soit, parce que les détenteurs de capitaux préféreront placer leur épargne sur le marché monétaire, soit, parce qu'ils chercheront des rendements productifs plus élevés à l'étranger.

Ainsi se pose la question de la relation entre la **gestion conjoncturelle** de l'économie et l'évolution des **capacités de production** du pays. Ce qui peut paraître satisfaisant au regard de la conjoncture peut se révéler pernicieux dans une perspective de plus long terme.

Au plan interne, la conjonction d'une politique budgétaire extensive et d'une politique monétaire restrictive peut, en raison de la tendance à la hausse des taux d'intérêt que peut faire naître la première, favoriser la consommation intérieure au détriment de l'investissement. Aussi, peut-on penser qu'à terme, la position même du pays vis-à-vis de l'extérieur est susceptible de se dégrader.

Ce qui distingue la **perspective dynamique** de la perspective conjoncturelle, c'est que dans le cadre d'une politique conjoncturelle la politique budgétaire paraît la mieux à même de conduire au plein-emploi, alors que dans une perspective dynamique, ce peut être une politique monétaire qui sera plus efficace pour atteindre le même objectif.

En dynamique, la combinaison efficace entre politique budgétaire et politique monétaire peut être inversée par rapport à ce qu'elle serait dans une perspective conjoncturelle. Selon les auteurs, il semble que la liaison objectif-instruments soit plus rigide en dynamique.

Le fait que les deux politiques ne soient pas substituables dans une perspective longue, alors qu'elles peuvent l'être en court terme, peut être saisi à travers la nature et le montant de l'endettement de l'État ainsi que la manière dont il rembourse sa dette.

Il est bon de remarquer cependant que le modèle de Mundell s'attache à caractériser les politiques conjoncturelles, et l'on ne peut véritablement lui reprocher de ne pas se placer dans une perpective longue. En revanche, il mérite sans aucun doute d'être associé à des analyses qui permettraient de construire une représentation cohérente des effets courts et des effets longs de la politique économique, tant au plan intérieur qu'extérieur.

Question de réflexion commentée

Les conséquences d'un déficit budgétaire sur le solde extérieur en changes flexibles (B,2)

ANALYSER LA QUESTION

Il s'agit ici de dégager les relations existant entre un **déficit budgétaire** et le **déséquilibre des importations et des exportations**.

Dans une économie moderne, la question du solde extérieur ne se réduit pas aux seuls **mouvements de marchandises**, il concerne aussi directement les **mouvements de capitaux**.

L'analyse des termes du sujet doit être faite dans la perspective de leurs relations. Il n'est donc pas nécessaire de présenter toutes les causes d'un déficit budgétaire d'un côté, puis les causes d'un déséquilibre extérieur, de l'autre, et enfin de les mettre en relation.

Nous pourrons considérer ici que **la mobilité des capitaux est presque parfaite**. Il s'ensuit que les mouvements internationaux de capitaux ont une forte influence sur l'équilibre intérieur par l'intermédiaire du marché des changes et du marché monétaire.

Il faudra considérer l'approfondissement et la réduction du déficit budgétaire en liaison avec l'augmentation et la diminution du déficit extérieur.

Tel qu'il est formulé, le sujet incite immédiatement à considérer le **lien causal** qui va du déficit budgétaire au déficit extérieur.

Enfin, le facteur temps joue un rôle très important, les effets immédiats peuvent être contredits dans le plus long terme.

CONSTRUIRE UNE RÉPONSE

Dégager les idées essentielles :

- Pour financer son déficit, le gouvernement doit collecter l'épargne des particuliers ou **emprunter**, ce qui tend à faire augmenter les taux d'intérêt ; donc à ralentir l'investissement privé intérieur.
- La tendance à la hausse provoquée par le déficit budgétaire peut être, à plus long terme, contrecarrée par l'**afflux de capitaux** spéculatifs ;
- L'afflux de capitaux tend à faire **baisser le taux de change**, ce qui favorise l'augmentation des importations et un ralentissement des exportations ;
- Une augmentation du déficit budgétaire peut aussi être due à une « relance par la consommation », ce qui se traduit généralement par une augmentation des importations sans que pour autant varie le montant des exportations ;
- Il semble qu'un déficit budgétaire favorise la naissance d'un déficit commercial ;
- À l'opposé, nous pouvons nous demander si une diminution du déficit budgétaire provoque automatiquement une baisse du déficit extérieur.

Le développement des idées peut s'articuler sur deux points principaux :

- Caractériser le schéma général dans lequel la causalité va du déficit budgétaire provoqué par le gouvernement au déficit commercial ;
- Analyser les conséquences d'une baisse du déficit budgétaire sur l'équilibre extérieur.

INTRODUCTION

Nous devons distinguer deux effets principaux du déficit budgétaire. Un **effet de revenu** et un effet **de taux d'intérêt**. Le premier modifie les mouvements de marchandises enregistrés dans la balance courante, alors que le second va influencer les mouvements de capitaux.

Nous situant d'abord dans une **perspective traditionnelle**, nous analyserons les conséquences d'un déficit budgétaire sur l'équilibre extérieur.

Nous nous interrogerons ensuite pour savoir si la réduction du déficit budgétaire provoque une amélioration de l'équilibre commercial.

A - Du déficit budgétaire au déficit commercial

1 - L'effet de revenu du déficit budgétaire et ses conséquences sur l'équilibre extérieur

Suivant le schéma traditionnel, un déficit budgétaire se traduit par une augmentation du revenu intérieur, qui à son tour va développer le niveau des importations et une dégradation de la balance des transactions courantes.

Pour financer ses importations supplémentaires, le pays doit se porter demandeur de **devises**, ce qui va provoquer une tendance à la **dépréciation** de sa monnaie.

La hausse du taux de change va rendre les importations plus coûteuses, ce qui devrait, en principe, entraîner leur ralentissement et favoriser la production intérieure.

La **dépréciation** de la monnaie se traduit par une diminution des recettes à l'exportation. La valeur des exportations tend à baisser, même si elles restent constantes en volume. Ici on peut se référer à la courbe en J pour considérer le phénomène dans le temps. (*cf.* chapitre 6).

Le gouvernement peut alors être amené à augmenter ses dépenses pour soutenir les secteurs exportateurs, donc accroître encore le déficit budgétaire.

L'effet de revenu semble, au moins de façon immédiate, être négatif sur le solde extérieur.

2 - Le déficit budgétaire tend à provoquer une hausse des taux d'intérêt

La hausse des taux d'intérêt aura un effet plutôt négatif sur l'activité intérieure puisqu'elle est susceptible de ralentir l'investissement.

On considère généralement que toute hausse du taux d'intérêt devra être compensée par une hausse du déficit budgétaire. En effet, la hausse du taux d'intérêt intérieur tend à dissuader les investisseurs résidents d'engager leurs capitaux dans la production. Ce qui peut conduire l'État à aggraver son déficit pour compenser le ralentissement de l'investissement; ce qui tend à renforcer la hausse du taux d'intérêt.

Pourtant ce schéma est discutable. La hausse du taux d'intérêt va provoquer l'**afflux de capitaux étrangers**. Cet afflux peut, partiellement ou totalement, compenser les tendances à la hausse du taux de change que nous avons évoquées au-dessus.

Dans une économie ouverte, outre que le nouvel afflux de capitaux étrangers va stabiliser, voire faire baisser le taux d'intérêt domestique jusqu'à ce qu'il coïncide avec le **taux d'intérêt « international »**, il fait baisser le taux de change de la monnaie nationale.

L'appréciation de la monnaie tend à ralentir les importations et à favoriser les exportations, et peut donc permettre un rétablissement de l'équilibre extérieur, en même temps qu'une amélioration ou une moindre dégradation de l'équilibre interne.

Toutefois cela est affaire de proportions et l'on pense généralement, en s'appuyant sur le schéma traditionnel, qu'un déficit budgétaire a, d'une manière générale, pour effet de dégrader l'équilibre commercial d'une économie. Mais on peut se demander si la réduction du déficit budgétaire peut améliorer l'équilibre externe.

B - Les effets d'une diminution du déficit budgétaire

À nouveau ici, nous pouvons raisonner sur les deux effets liés au déficit budgétaire : l'effet de revenu et l'effet du taux d'intérêt.

1 - L'effet de revenu

La **réduction du déficit budgétaire** tend, sinon à diminuer le revenu, tout au moins, dans un premier temps, à en ralentir la croissance.

On peut alors penser que la réduction du déficit budgétaire aura pour effet de ralentir les importations. Pourtant cela n'est pas certain, tout dépend de la nature des produits importés et de la capacité de l'économie à produire des biens qui leur soient substituables.

Néanmoins, la réduction du déficit budgétaire tend à « libérer » une fraction de l'épargne privée, ce qui se traduit par une augmentation du revenu disponible et crée des conditions favorables à la croissance intérieure, notamment si l'épargne « libérée » se porte sur l'investissement privé ou la consommation domestique.

Toutefois, si les entreprises du pays ne répondent pas avec suffisamment d'efficacité et de rapidité à cette augmentation de la demande, celle-ci peut se tourner vers des produits étrangers et donc provoquer un déficit extérieur.

2 - L'effet du taux d'intérêt

La baisse du déficit budgétaire devrait, en principe, s'accompagner d'une **tendance à la baisse du taux d'intérêt**. Une partie de l'épargne privée intérieure qui est « libérée » peut aussi se porter sur le marché monétaire, la liquidité de ce dernier se trouve accrue, ce qui provoque une tendance à la baisse du taux d'intérêt.

La baisse du taux d'intérêt qui suit la baisse du déficit budgétaire aura aussi un effet sur les flux de capitaux. Ceux-ci auront tendance à quitter le pays, ce qui va provoquer une **dépréciation** de la monnaie nationale.

La hausse du taux de change va entraîner une tendance à la baisse des importations, qui deviennent plus coûteuses, et va favoriser une tendance à la hausse des exportations susceptible de soutenir l'activité intérieure.

Cette baisse du taux d'intérêt est en outre susceptible de favoriser l'**investissement intérieur,** donc un accroissement de l'emploi et du revenu. Or, cette augmentation du revenu va elle-même provoquer une augmentation des importations, augmentation qui ne s'accompagne pas nécessairement de celle des exportations.

3 - Les deux effets combinés

En raison de l'effet de revenu combiné avec celui du taux d'intérêt, il est difficile de conclure qu'une baisse du déficit budgétaire soit à même de réduire automatiquement le déficit commercial du pays. Il se dégage, certes, un certain nombre d'éléments favorables, mais il n'est pas certain qu'ils soient d'ampleur suffisante pour rétablir l'équilibre global.

Ainsi, l'équilibre extérieur va-t-il dépendre des proportions dans lesquelles vont jouer les différents phénomènes qui résultent de la variation du revenu et du taux d'intérêt.

Nous pouvons dire qu'une baisse du déficit budgétaire ne se traduit pas nécessairement par une réduction du déficit commercial, mais qu'elle peut néanmoins y contribuer.

De fait, les conséquences vont largement dépendre du **degré de dépendance** de l'économie nationale vis-à-vis de l'extérieur, en matière d'importations d'une part, et en raison de sa capacité à vendre ses produits à l'étranger, d'autre part.

CONCLUSION

Le lien entre les deux déséquilibres est très étroit, mais les effets quantitatifs qu'ils peuvent avoir l'un sur l'autre dépendent largement des **conditions générales**, nationales et internationales, dans lesquelles ils apparaissent.

Lorsque l'on se place dans la perspective du schéma analytique traditionnel, où l'on privilégie les effets de revenu et où l'on raisonne comme si le gouvernement du pays maîtrisait l'ensemble des flux, intérieurs et extérieurs, dans ce cas, les conclusions de l'analyse paraissent assez précises et l'on peut encore penser que la politique budgétaire conserve une certaine efficacité.

En revanche, dès l'instant où l'on considère une économie ouverte avec une grande liberté de mouvement des marchandises et des capitaux, et que jouent pleinement les effets liés aux taux d'intérêt, le sens des causalités n'est plus nécessairement le même.

Le développement des interdépendances internationales tend à réduire le pouvoir des gouvernements qui voient leurs capacités d'intervention plus limitées.

8

LE DILEMME INFLATION/CHÔMAGE

Ce chapitre aborde, pour la première fois, la question de l'inflation : il se construit par conséquent à partir de la levée de l'hypothèse de prix fixes retenue dans la version standard du modèle IS/LM[1]. **Cela le conduit dans le même temps à aborder les questions traditionnellement traitées par l'économie de l'offre**. Tandis que l'économie keynésienne insiste sur l'aspect **demande** de nos systèmes économiques (du principe de la demande effective dans la *Théorie générale*, au rôle de la demande globale dans les représentations keynésiennes standard), l'économie de l'offre, d'inspiration plus classique, décrit le processus de mobilisation des ressources productives en vue de la production des biens et services, et repose essentiellement, dans une perspective de court terme, sur l'étude du fonctionnement du marché du travail et la prise en compte des conditions techniques de la production.

Précisément, si les keynésiens insistent sur le rôle de la demande dans la détermination du niveau des grandeurs macroéconomiques, c'est qu'ils font l'hypothèse implicite d'une élasticité absolue de l'offre (globale) à la demande (globale), ce qui implique, dans le cadre du raisonnement traditionnel en termes d'offre et de demande, une hypothèse de prix fixes. De la même manière, si le modèle classique, tel qu'il a été étudié dans le chapitre 1 de cet ouvrage, est qualifié de modèle d'offre, c'est que l'adhésion à la loi de Say (toute offre crée sa propre demande) le conduit logiquement à négliger le rôle de la demande. Le modèle offre globale/demande globale qui va être présenté dans ce chapitre est donc un modèle complet de synthèse entre approche keynésienne et approche classique, à même de traiter de l'interaction entre les aspects offre et les aspects demande, et de l'arbitrage entre inflation et chômage : il avance en effet l'idée que les variations de la demande, loin de ne susciter que des effets en volume, rencontrent en fait des combinaisons (qui peuvent varier) de variation de la production (et donc de l'emploi) et de variation des prix. Finalement, dans un tel modèle, **le court terme sera keynésien** (l'essentiel de l'ajustement macroéconomique est assuré par les quantités (production et emploi)), tandis que **le long terme est classique** (les prix s'ajustent, le long terme étant précisément défini comme la période de temps nécessaire pour qu'ils soient à même de le faire), et l'économie tend à rejoindre ses niveaux de production et d'emploi « naturels » (son sentier de croissance tendancielle en dynamique).

Ce chapitre présente tout d'abord la fameuse « courbe de Phillips », laquelle pose les termes dans lesquels a été appréhendé le dilemme de politique économique entre inflation et chômage. Il montre ensuite comment la critique de cette relation et de l'interprétation qui en avait été donnée par les keynésiens a été le point d'appui de la résurgence du discours classique dans le débat macroéconomique, portée par le courant monétariste.

---

1. Keynésianisme et prix fixes : l'hypothèse de prix fixes, destinée à retrouver, dans un cadre analytique d'équilibre général, les résultats keynésiens (notamment l'efficacité des politiques de demande globale), ne se trouve ni chez Keynes (1936), ni chez Hicks (1937). Elle ne s'est imposée qu'ultérieurement dans le cadre du développement du modèle IS/LM, par des auteurs tels Alvin Hansen et Paul Samuelson.

RAPPEL

L'inflation correspond à une hausse du niveau général des prix, et donc à une baisse du pouvoir d'achat de la monnaie. Les explications traditionnelles de ce phénomène peuvent être regroupées en deux grandes catégories : celles qui voient l'origine de l'inflation dans la pression exercée par une demande globale qui ne tient pas compte des contraintes de l'offre (et qui considèrent au bout du compte, s'appuyant sur la théorie quantitative de la monnaie, qu'il faut chercher l'origine de l'inflation du côté des variations de l'offre de monnaie, qui stimulent de manière artificielle la demande) ; celles qui soutiennent au contraire qu'elle trouve son origine au niveau des coûts de production et des rapports de force qui président au partage de la valeur ajoutée. Dans la période contemporaine, la période de l'après-guerre (dite des « trente glorieuses » présente la particularité d'avoir connu des niveaux d'inflation importants, accompagnant des niveaux de croissance de la production eux aussi particulièrement élevés. Au milieu des années 70, l'inflation est devenue une préoccupation majeure des gouvernements qui devaient faire face à son accélération, laissant craindre que le phénomène s'emballe et devienne incontrôlable (hyperinflation), alors même que la croissance de la production commençait à ralentir. Depuis, l'inflation a été largement maîtrisée, mais elle demeure au centre des préoccupations de politique économique, tout particulièrement en Europe.

BIBLIOGRAPHIE DU CHAPITRE

Ouvrages généraux (*présentation de la courbe de Phillips et de sa critique*)

BEAUD, M. & DOSTALER, G. (1993), *La pensée économique depuis Keynes,* Paris : Le Seuil ; chapitres 5 et 7
Présentation du débat sous l'angle de l'histoire de la pensée économique

SNOWDON, B., VANE, H. & WYNARCZYK, P. (1994), *A Modern Guide to Macroeconomics : An Introduction to Competing Schools of Thought,* Londres : Edward Elgar. Trad. Franç. : *La pensée économique contemporaine,* Paris : Ediscience; Chapitre 4
Ouvrage très didactique, présentant de manière complète les différentes théories macro-économiques, avec une bibliographie complète et des entretiens avec les principaux « protagonistes » du débat.

ABRAHAM-FROIS, G. & LARBRE, F. (1998), *La macroéconomie après Lucas* : textes choisis, Paris : Economica ; Introduction.
Recueil des versions françaises de textes fondamentaux en macroéconomie ayant conduit à la « nouvelle macroéconomie classique » de Robert Lucas. L'introduction présente en substance l'apport des textes sélectionnés, et sa première section concerne ce que nous exposons dans ce chapitre.

Articles

PHILLIPS A.W. (1958), « La relation entre chômage et taux de variation des salaires nominaux au Royaume-Uni entre 1861 et 1957 », *Economica,* New Series, Vol.25, novembre ; reproduit dans ABRAHAM-FROIS et LARBRE (1998), pp. 3-17 .
Article empirique dévoilant sur la longue période une relation inverse entre taux de chômage et taux de variation des salaires monétaires.

SAMUELSON , P.A. & SOLOW, R. (1960), « Analytical Aspects of Anti-Inflation Policy », *The American Economic Review,* mai. *Article fondateur de l'idée que la relation de Phillips pourrait justifier de l'existence d'un arbitrage de politique économique entre inflation et chômage.*

FRIEDMAN, M. (1968), « Le rôle de la politique monétaire », *The American Economic Review,* Vol. LVIII, Mars, n°1 ; reproduit dans ABRAHAM-FROIS et LARBRE (1998), pp. 19-37.
Discours de Friedman en tant que président de l'American Economic Association et qui fournit une explication de l'instabilité des courbes de Phillips et de la situation de stagflation qui vont caractériser les années 70.

PHELPS, E.S. (1969), « Nouvelle microéconomie de l'inflation et de la théorie de l'emploi », *The American Economic Review,* Vol. LIX, Mai ; reproduit dans ABRAHAM-FROIS et LARBRE (1998), pp. 39-45.
Article initiateur de la recherche des fondements microéconomiques de la courbe de Phillips et de son instabilité.

A

LA COURBE DE PHILLIPS ET L'ARBITRAGE INFLATION/CHÔMAGE

1 - La courbe de Phillips

cf. exercice 8.1, question 1.

L'inflation n'était pas un problème macroéconomique majeur au cours des années 30, période pendant laquelle furent rédigées tant la *Théorie générale* de Keynes (1936) que les premières versions de ce qui deviendra le modèle IS/LM (notamment l'article fondateur de Hicks 1937). En revanche, **l'inflation redevint progressivement une préoccupation dans la période de l'après-seconde guerre mondiale**, période de reconstruction économique et de plein-emploi, et un enjeu majeur des débats théoriques entre ceux qui se faisaient les avocats de la mise en œuvre des politiques keynésiennes de gestion de la demande globale, et ceux qui souhaitaient continuer de s'y opposer en arguant, précisément, de leur caractère inflationniste. Plus généralement, **les économistes keynésiens, dont la pensée devient presque unanimement dominante en macroéconomie dans les années 40 et 50, ressentent alors le besoin de faire évoluer leur système théorique pour lui permettre de fonder un « keynésianisme de la prospérité » qui puisse se substituer au « keynésianisme de la dépression » élaboré au moment de la grande crise**. L'occasion de le faire va leur être fournie par la publication, en 1958, par l'économiste néo-zélandais Alban Phillips, d'une étude statistique et économétrique mettant en évidence une liaison entre chômage et variation des salaires (§a). Cette relation, une fois déclinée par Paul Samuelson et Robert Solow en une relation entre chômage et inflation (§b), servira de base aux politiques économiques jusqu'au milieu des années 70.

a. La relation statistique de Phillips (1958)

Dans son étude, publiée dans la prestigieuse revue *Economica*, Phillips cherchait à valider « l'hypothèse selon laquelle le taux de variation du taux de salaire monétaire peut être expliqué par le niveau du chômage ou le taux de changement du chômage » (Phillips, pp. 4-5). Phillips, à partir de statistiques pour le Royaume-Uni couvrant la période 1861-1957 des taux de chômage et des taux de variation du taux de salaire monétaire, répondait positivement à la question qu'il s'était posée, en mettant en évidence l'existence d'une relation (non linéaire) décroissante entre les deux variables sur la période étudiée (*cf.* encadré page suivante) : à des situations de chômage élevé correspondaient de faibles hausses du taux de salaire monétaire (et même, jusqu'en 1932, des baisses), et inversement. Phillips était également à même d'estimer au niveau de 5,5 % le niveau du taux de chômage susceptible d'assurer la stabilité des taux de salaire monétaire, taux de chômage qui sera appelé ensuite, dans la littérature macroéconomique, le *NAWRU** : *Non Accelerating Wage Rate of Unemployment* (taux de chômage non accélérateur de salaire).

NAWRU : taux de chômage en dessous duquel la hausse des salaires « s'accélère ». Les mesures effectuées montrent que le NAWRU varie d'un pays à l'autre, et qu'il se modifie dans le temps (il a partout augmenté, sauf aux États-Unis).

Relation entre le taux de chômage et la variation du taux de salaire monétaire pour le Royaume-Uni des années 1861-1913.

Si l'étude de Phillips porte sur la période 1861-1957, elle se décline en fait, par des raisons bien compréhensibles, sur trois sous-périodes : 1861-1913, 1913-1948, 1948-1957. La courbe ci-dessous concerne la seule première sous-période. Sur l'ensemble de la période 1861-1957, l'équation ajustée est de la forme $y + a = bx^c$ ou $\log (y + a) = \log b + c \log x$, où y est le taux de variation des salaires nominaux et x le taux de chômage. L'équation de la courbe estimée est, finalement : $\log (y + 0{,}9) = 0{,}984 - 1{,}394 \log x$.

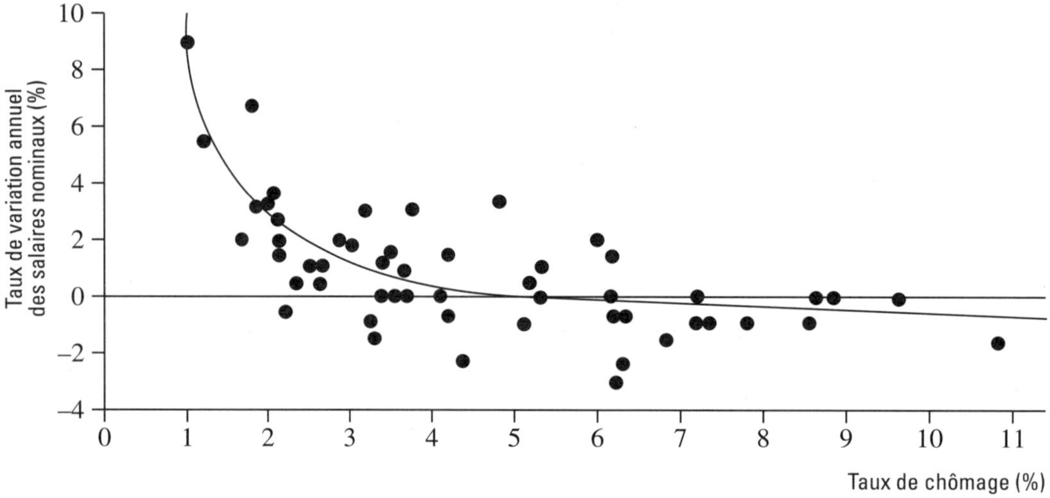

Fig. 1

À la suite de ce travail fondateur de Phillips, la recherche sur cette relation entre chômage et taux de variation des salaires monétaires s'est poursuivie dans deux directions principales, l'une théorique, l'autre empirique. Les études empiriques ont consisté pour l'essentiel à tester le même type de relation pour d'autres économies de marché que le Royaume-Uni. Les études théoriques, elles, ont visé à fournir des fondements analytiques à l'existence de cette relation (Phelps, 1969), et ce d'autant plus qu'elle devenait rapidement un enjeu du débat de politique économique à la suite des travaux de Samuelson et Solow.

b. La courbe inflation/chômage

Le schéma de Phillips ne va devenir une référence qu'à l'occasion d'un travail de Paul Samuelson et Robert Solow présenté en décembre 1959 lors du soixante-douzième colloque de l'American Economic Association, et publié en mai 1960 dans l'*American Economic Review*. Dans cette étude, après avoir eux-mêmes testé, de manière peu concluante, une relation de Phillips pour les États-Unis sur les périodes 1900-1945 et 1945-1958, les deux auteurs choisissent de reformuler la relation de Phillips, en particulier en remplaçant la variation du taux de salaire par l'augmentation annuelle des prix : **la « courbe de Phillips » devient ainsi une relation décroissante entre le taux de chômage et le taux d'inflation** (*cf.* encadré ci-après). Sur cette base, ils choisissent alors de modifier la manière même de lire le schéma, qu'ils interprètent comme « un diagramme des différents niveaux de chômage dont on aurait besoin pour chaque degré de variation du niveau des prix » :

« 1. Pour avoir un accroissement des salaires à un taux qui ne soit pas supérieur à 2,5 % par an, correspondant à la croissance de notre productivité, l'économie américaine paraît devoir, sur la base du XXe siècle et de l'expérience d'après guerre, subir quelque chose comme 5 à 6 % de chômage de la main-d'œuvre civile. Un tel chômage pourrait apparaître comme le coût de la stabilité des prix dans les prochaines années.

2. Pour réaliser l'objectif non perfectionniste d'une production suffisamment élevée pour ne pas donner plus de 3 % de chômage, l'indice des prix pourrait avoir à monter autour de 4 à 5 % par an. Une telle hausse des prix pourrait apparaître comme le coût nécessaire pour un haut niveau d'emploi et de production dans les prochaines années » (Samuelson, Solow, p. 192, souligné par l'auteur du chapitre).

Pour le dire d'une autre manière, la courbe devient la frontière des possibilités d'arbitrage entre inflation et chômage que le décideur politique peut utiliser : il y a un coût (en inflation) à payer pour garantir un taux de chômage faible, de même qu'il existe un coût (en activité et en emploi) pour maintenir les prix à un niveau faiblement *inflationniste**. **Alors que Keynes avait fondé la macroéconomie sur le débat central concernant l'emploi, et affirmé le choix de combattre par tous les moyens le chômage, les économistes keynésiens substituaient l'idée d'un arbitrage possible entre inflation et chômage, considérés finalement comme deux « déséquilibres » alternatifs, dont l'évaluation du caractère nocif ne relevait plus du discours positif, mais de la préférence collective ou publique**. Nous verrons que, ce faisant, ces économistes choisissaient le terrain sur lequel ils seraient balayés par la contre-révolution classique des années 70 et 80 : c'est en effet en partant d'une critique de la courbe de Phillips, et de la modélisation d'une courbe de Phillips « augmentée des anticipations » que monétaristes et nouveaux classiques déclencheront l'attaque décisive contre la « citadelle » keynésienne.

Taux de chômage faiblement inflationniste : l'inflation (du niveau général des prix) se déclenche bien avant l'obtention de ce que l'on pourrait considérer comme du « plein-emploi ». Ce niveau de chômage en dessous duquel l'inflation apparaît sera l'objet de nombreuses interprétations : taux de chômage « naturel » pour les monétaristes (dont le caractère « naturel » interdit que l'on puisse espérer le franchir sans dommages) ; il est convenu de l'appeler, de manière plus neutre, le *NAIRU (Non Accelerating Inflation Rate of Unemployment* : taux de chômage qui n'accélère pas l'inflation).

De la relation de Phillips à la « courbe de Phillips ». Samuelson et Solow font deux hypothèses pour transformer la relation de Phillips entre taux de chômage et taux de variation annuelle des taux de salaire monétaire en une relation entre taux de chômage et taux d'inflation. La première est qu'en deçà de 2 à 3 % de hausse nominale annuelle, les hausses de salaire n'ont pas de répercussion inflationniste, parce qu'elles se bornent à enregistrer les variations de la productivité du travail ; la seconde est qu'au-delà de ce niveau, les hausses de salaire ont une répercussion inflationniste « générale et régulière ». Ces deux suppositions permettent de construire la courbe de Phillips entre inflation et chômage à partir d'une simple translation vers l'origine de la relation initiale.
En fait, cela revient à supposer que la fixation des prix obéit majoritairement, dans les entreprises, au principe oligopolistique du *mark up* (marge sur les coûts en travail). Si l'on raisonne sur les coûts moyens, on peut en effet écrire :

$$P_t = (1+\alpha) \times \frac{w_t \times N_t}{Q_t} = (1+\alpha) \times \frac{w_t}{\gamma_t} \Rightarrow \log P_t = \log(1+\alpha) + \log w_t - \log \gamma_t$$

où P est le niveau de prix, α la marge appliquée sur les coûts, w le taux de salaire monétaire, N le niveau d'emploi, Q le niveau de production, γ la productivité moyenne du travail et t l'indice de période. En différenciant par rapport au temps, et si l'on suppose l'application d'une marge constante (qui ne dépend pas de la période), on obtient :

$$\dot{P} = \dot{w} - \dot{\gamma}$$

Le taux d'inflation est égal à la différence entre le taux de croissance des salaires nominaux et le taux de croissance de la productivité du travail. Il est nul si les hausses de salaire ne font qu'enregistrer les variations de productivité.
(*Cf.* exercice corrigé 8.1.)

2 - Les enseignements de politique économique

a. Courbe de Phillips et courbe d'offre globale

La courbe de Phillips a très rapidement joué un rôle essentiel dans l'élaboration de la politique économique. Sur le plan théorique, son ajout à la boîte à outils des macroéconomistes permettait enfin de s'affranchir de l'hypothèse de prix fixes sous-jacente au modèle IS/LM et de boucler le modèle keynésien en intégrant une relation entre produit global et inflation.

En effet, le modèle IS/LM standard est un modèle où l'on suppose que toute variation de la demande globale, par exemple induite par une politique budgétaire (déplacement de IS) ou monétaire (déplacement de LM), suscite une modification du produit global d'un montant identique. C'est ce qui explique pourquoi l'on se contente généralement d'étudier la confrontation de ces deux courbes (qui représentent respectivement les conditions d'équilibre sur le marché des biens et sur le marché de la monnaie) pour évaluer l'impact des politiques économiques sur la production et l'emploi. Mais cela revient à supposer, comme dans la figure 3, que le comportement d'offre globale est infiniment élastique aux sollicitations de la demande globale (l'offre globale est, dans le plan (Q,P), une horizontale), ou, pour le dire autrement, que le niveau général des prix est fixe (en croissance, le niveau d'inflation est stable, égal à son niveau tendanciel).

En effet, la figure 2a représente l'équilibre traditionnel IS/LM. La courbe LM y représente l'ensemble des équilibres possibles sur le marché de la monnaie entre l'offre de monnaie réelle (M^O/P) et la demande de monnaie (active et oisive) ; cet équilibre est donc paramétré par le niveau général des prix : si celui-ci se modifie, les conditions d'équilibre sont elles-mêmes perturbées et la courbe LM se déplacera dans le plan. La courbe IS, elle, représente les points d'équilibres susceptibles d'être atteints sur le marché des biens. Là encore, il serait possible de supposer que cette équation d'équilibre est paramétrée par les prix (*cf.* exercice corrigé 8.2). Dans tous les cas, l'équilibre simultané de ces deux marchés (équilibre IS/LM) ne donne, pour un niveau de prix donné, que le niveau de la **demande globale**, et donc ne donne le niveau de produit d'équilibre que pour ce niveau de prix, en supposant que l'offre globale y est infiniment élastique. Si le niveau général des prix varie (passant de P_0 à P_1), cela induit, toutes choses égales par ailleurs, un déplacement des courbes dans le plan (dans notre exemple, uniquement de la courbe LM, qui se déplace vers le bas : la baisse du niveau général des prix augmente l'offre de monnaie en termes réels, et l'équilibre sur le marché de la monnaie est restauré par une baisse du taux de l'intérêt), et donc un nouvel équilibre. À chaque niveau de prix correspond donc un niveau de demande globale, déterminé par l'équilibre simultané du marché des biens et de la monnaie : on construit ainsi une courbe dite de « quasi-demande globale », décroissante avec le niveau général des prix (*cf.* fig. 2b). Le fait de considérer que l'équilibre IS/LM fournit, non pas le niveau de la demande

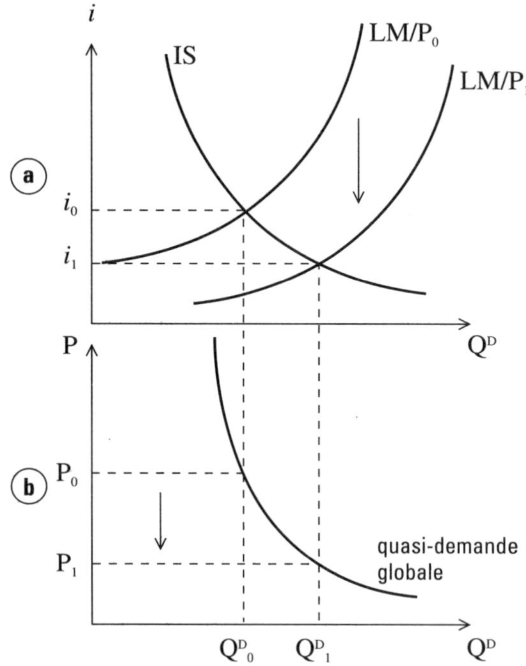

Fig. 2 : Courbe de quasi-demande globale

globale pour un niveau de prix donné, mais le niveau de produit global revient à retenir l'hypothèse que le niveau général des prix est en fait fixe et l'offre globale infiniment élastique aux sollicitations de la demande globale à ce niveau de prix. Un déplacement de la demande globale dans un sens expansionniste, induit par une politique économique de relance budgétaire ou monétaire, suscite sous cette hypothèse une élévation du produit global dans une même proportion, sans incidence sur les prix. Le modèle est à prix fixes, les seuls maux à combattre sont l'insuffisance du niveau d'activité et le chômage qui en résulte, et il ne peut pas être pris en compte d'effets éventuellement inflationnistes des politiques économiques (*cf.* fig.3).

L'introduction d'une courbe de Phillips dans cette modélisation permet au contraire de rendre compte d'une offre globale croissante avec le niveau général des prix. La figure 4a représente la courbe de Phillips reliant taux de chômage (U) et taux d'inflation, la figure 4b une relation inverse entre; chômage et niveau de la production (du type *loi d'Okun**). On peut alors obtenir, dans la figure 4d, par l'intermédiaire d'une droite de report représentée dans la figure 4c, une relation entre niveau général des prix (P) et niveau de produit global (Q) (dans la suite de ce chapitre nous identifions le plus souvent, par souci de simplification, niveau d'inflation ($\dot{P}$) et niveau général des prix (P)). L'interprétation est alors que les producteurs n'accroissent leur offre que si les prix augmentent.

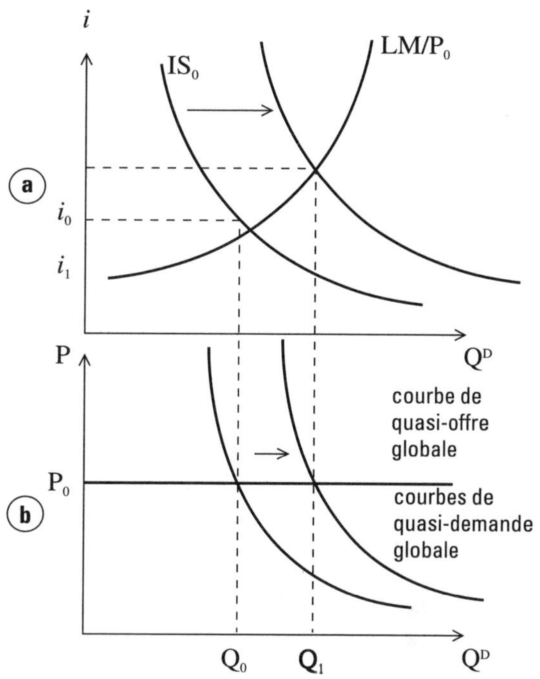

Fig. 3 : L'hypothèse de prix fixes

On remarque que les variations de la demande globale en réponse à des variations du niveau général des prix conduisent à des déplacements **le long** d'une courbe donnée de quasi-demande globale, tandis que les variations de la demande globale **à niveau général des prix donné**, conduisent à des **déplacements** de la courbe de quasi-demande globale, parallèlement à elle-même, dans le plan (Q,p).

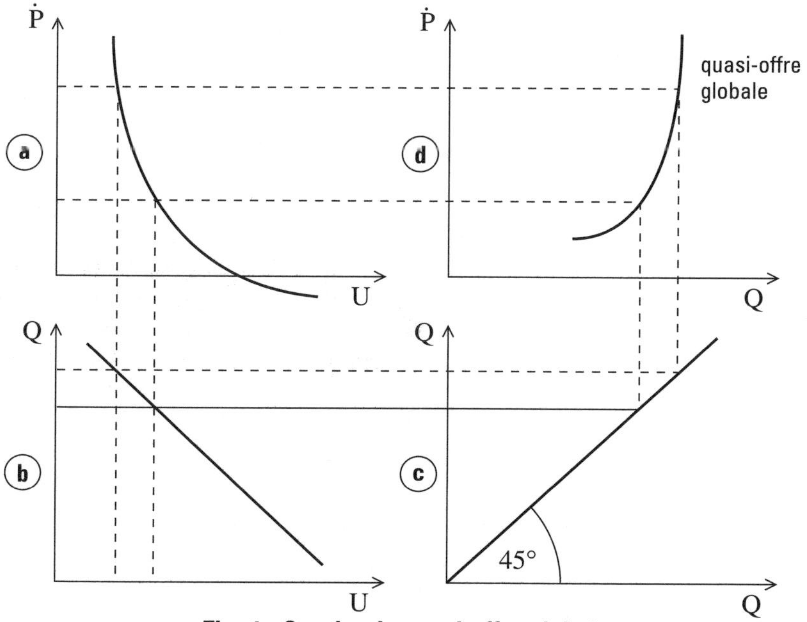

Fig. 4 : Courbe de quasi-offre globale

Loi d'Okun (du nom de l'économiste américain Arthur Okun qui l'a mise en évidence) : relation statistique entre les variation du chômage et les variations du produit global. La volonté d'Okun était de mettre en évidence les pertes en production provoquées par une hausse du chômage, lorsqu'existent des capacités de production excédentaires. Ici, cette relation est utilisée, sans préjuger de la causalité, pour mettre en évidence une simple relation décroissante entre niveau de produit et niveau de chômage.

Quasi-offre globale et quasi-demande globale : les fonctions de demande globale et d'offre globale que nous venons de voir, sont des fonctions macroéconomiques, qui asso-cient à chaque valeur du niveau général des prix, respectivement, un niveau de demande globale (correspondant au revenu d'équilibre du modèle IS/LM) ou un niveau de production globale. Ces fonctions présentent certaines caractéristiques des fonctions traditionnelles de demande et d'offre, telles par exemple les pentes qu'elles révèlent (décroissante pour la demande, croissante pour l'offre). Mais ce sont en fait des courbes qui sont issues d'un simple raisonnement de statique comparative, qui consiste à associer à chaque niveau de prix un équilibre déterminé en dehors d'eux ; mais elles ne sont pas déterminées directement, sur la base d'un comportement maximisateur, associant à chaque prix possible un niveau de demande ou d'offre. C'est pourquoi l'on parle à propos d'elles de « quasi-fonctions », ou de fonctions de « quasi demande globale » et « quasi-offre globale ».

De la sorte, le modèle de la synthèse devient un modèle *«quasi-offre globale/quasi-demande globale »**, capable de traiter, dans une même construction, des contraintes d'offre et des contraintes de demande auxquelles peut être confrontée l'économie nationale, des répercussions sur les quantités (niveau de produit global et niveau d'emploi), mais aussi sur les prix, des politiques de soutien à la demande globale(*cf.* exercice 8.2).

b. L'arbitrage inflation/chômage

Dans ce nouveau cadre, une politique de relance budgétaire (par exemple) induit des effets-quantité (le niveau de produit global et donc le niveau d'emploi augmente), mais aussi des effets-prix (hausse du niveau général des prix). Une partie de la relance se dissipe dans une hausse des prix, réduisant l'effet quantitatif de la politique menée.

Dans les termes de la courbe de Phillips, il y a donc un arbitrage entre inflation et chômage : la poursuite de l'objectif de plein-emploi se paie d'un surcroît d'inflation (*cf.* fig. 5).

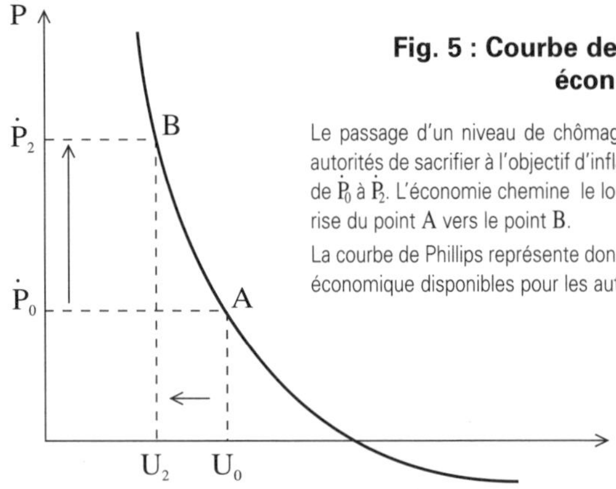

Fig. 5 : Courbe de Phillips et politique économique

Le passage d'un niveau de chômage U_0 à un niveau U_2 implique pour les autorités de sacrifier à l'objectif d'inflation, en acceptant de voir celle-ci passer de $\dot{P}_0$ à $\dot{P}_2$. L'économie chemine le long de la courbe de Phillips qui la caractérise du point A vers le point B.

La courbe de Phillips représente donc la frontière des possibilités de politique économique disponibles pour les autorités.

Finalement, **le rôle de la politique économique revient à choisir la position souhaitée le long de la courbe de Phillips**. Cette idée pourrait à son tour se représenter en confrontant la courbe de Phillips (figurant la contrainte à laquelle est soumise l'autorité publique) et une fonction d'utilité collective, ayant pour argument chômage et inflation (on souhaite à la fois moins de chômage et moins d'inflation), dont cette autorité serait porteuse. La fonction d'utilité collective représenterait les préférences, entre inflation et chômage, non pas d'un individu, comme dans la fonction d'utilité du consommateur en microéconomie, mais de la collectivité dans son ensemble. Puisqu'elle synthétise des intérêts et des préférences individuelles probablement contradictoires, on peut imaginer qu'elle est le résultat d'un choix politique, porté par les autorités élues. Elle n'est utilisée ici qu'à titre d'illustration, laissant sous silence les difficultés qu'un tel concept peut faire apparaître, et qui sont du ressort de l'économie publique (*cf.* fig. 6).

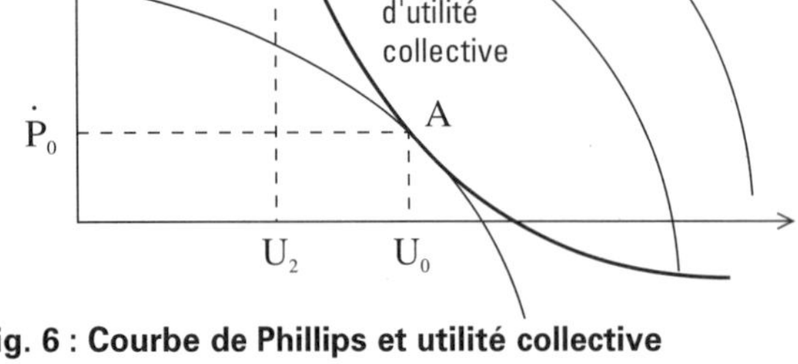

Fig. 6 : Courbe de Phillips et utilité collective

La situation initiale en B (niveau de chômage U_2 et taux d'inflation $\dot{P}_2$) ne satisfait pas l'autorité porteuse de la fonction d'utilité collective représentée par des courbes dont la concavité est tournée vers l'origine (la satisfaction va croissante au fur et à mesure que l'on se rapproche de l'origine). Étant donné cette fonction d'utilité et la position de la courbe de Phillips, l'optimum est atteint en A, point associant un taux d'inflation plus faible et un taux de chômage plus élevé. Un gouvernement élu sur la base d'un autre programme aurait pu légitimement, face à la même contrainte, faire le choix opposé.

L'effet d'une politique budgétaire expansionniste.

Soit une économie caractérisée par un équilibre initial E. Cet équilibre est un équilibre du type IS/LM (*cf.* fig. 7a), associant un revenu d'équilibre Q_0 à un taux d'intérêt d'équilibre (i_0).

En fait, cet équilibre est déterminé pour un niveau de prix P_0 (la courbe LM est paramétrée par les prix), et correspond donc à un équilibre quasi-offre globale/quasi demande globale tel que présenté dans la figure 7b (Q_0, P_0). À cet équilibre est également associé un niveau d'emploi, qui n'est pas représenté, N_0, et le niveau de chômage qui s'en déduit, U_0. Supposons un gouvernement « keynésien » insatisfait de cette configuration macroéconomique, et qui souhaite réduire le chômage en soutenant la demande globale par une politique budgétaire expansionniste (hausse des dépenses publiques). Cette hausse est représentée, dans la figure 7a, par un déplacement de la courbe IS, parallèlement à elle-même, vers la droite (pour tout niveau de taux d'intérêt, le niveau de demande globale d'équilibre est plus élevé). Toutes choses égales par ailleurs (et notamment le niveau général des prix, $P = P_0$), l'équilibre devrait être restauré au point E', correspondant dans la figure 7a à une demande globale Q_1 et un taux d'intérêt d'équilibre i_1, tous les deux plus élevés : la politique budgétaire a augmenté la demande, et l'équilibre sur le marché de la monnaie, étant donné les modalités implicites de financement de cette politique et le surcroît de demande de monnaie de transaction, n'a pu se restaurer que moyennant une hausse des taux. Cette hausse a d'ailleurs réduit l'impact expansionniste de la politique budgétaire, qui aurait été manifestement plus élevé si les taux étaient restés inchangés (frein financier pesant sur l'investissement). À cet équilibre correspond, dans la figure 7b, encore une fois sous la clause « toutes choses égales par ailleurs », un équilibre (Q_1, P_0) : la hausse de demande globale (dans la figure 7b, l'effet de la politique budgétaire est représenté par un déplacement de la courbe de quasi-demande globale, parallèlement à elle-même, vers la droite : pour tout niveau de prix, la demande globale est plus élevée) s'est entièrement répercutée dans une hausse de produit (et de revenu) global, sous l'hypothèse que les prix n'ont pas changé. Mais, puisque la courbe de quasi-offre globale représentée ici a une pente croissante, le déplacement de la courbe de quasi demande globale a en fait suscité une hausse des prix, et l'équilibre final quasi demande globale/quasi-offre globale se situe en fait au point F (Q_2, P_2) : la hausse de produit a été plus faible en raison de l'impact inflationniste de la politique menée (une partie de l'effet expansionniste s'est dissipé en une hausse de prix). C'est donc que la demande globale elle aussi a moins augmenté que prévu : cela est dû au fait que sous l'effet de l'augmentation des prix, le niveau d'encaisses réelles dans l'économie s'est réduit (translation de LM, parallèlement à elle-même vers le haut dans la figure 7a) et l'équilibre sur le marché de la monnaie n'a pu finalement être restauré que pour un niveau de taux (i_2) plus élevé, et donc un niveau de demande globale Q_2 plus faible (car l'investissement, par exemple, a été pénalisé par cette hausse des taux). Au total, l'équilibre de l'économie passe de (Q_0, P_0, i_0) à (Q_2, P_2, i_2) : la politique budgétaire a conduit à une élévation du niveau de produit global, du niveau des prix et du niveau des taux d'intérêt. Pour notre propos, il importe de bien voir que le gouvernement a donc bien été confronté à un dilemme entre inflation et chômage : la réduction du chômage (qui est avérée après la hausse de production de Q_0 à Q_2) s'est accompagnée d'une hausse des prix (de P_0 à P_2).

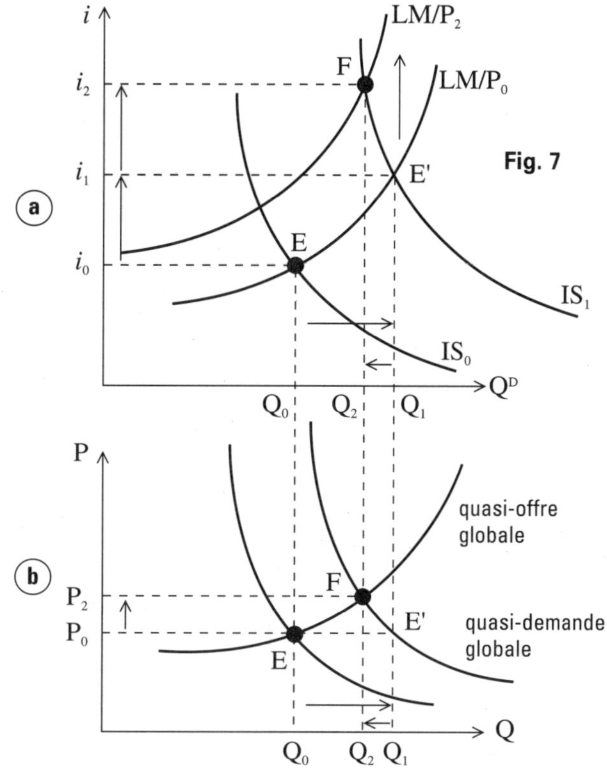

Fig. 7

B

INFLATION ET CHÔMAGE DANS LE COURT ET LONG TERME

1 - Stagflation et instabilité de la courbe de Phillips

Encore perceptible à la fin des années 60, la liaison qu'établit la courbe de Phillips entre inflation et chômage disparaît totalement au cours des dix années suivantes. On entre alors, plus précisément, dans une nouvelle configuration économique qualifiée de « **stagflation** », *a priori* inédite, en tous les cas, inexplicable dans le cadre du modèle de la synthèse, dans laquelle on observe un ralentissement du rythme de croissance de la production et une augmentation du chômage, alors même que la hausse des prix se poursuit ou s'accélère. La stagflation a touché à des degrés divers, dans les années 70, aussi bien les États-Unis et le Japon que la plupart des pays européens. Elle a été particulièrement évidente en France dès le milieu des années 60, le marché du travail n'ayant alors cessé de se dégrader et les prix de monter.

La stagflation, combinaison de stagnation (et de chômage) et d'inflation, révélait donc une disparition des courbes de Phillips... Une telle disparition constituait évidemment une énigme pour le modèle macroéconomique de la synthèse, dont le bouclage avait été précisément opéré autour de la croyance en l'existence d'une relation stable entre niveau d'emploi et niveau de prix, entre chômage et inflation. Sur plus d'un siècle, la relation inverse entre inflation et chômage semblait établie de manière robuste, et pourtant cette relation s'effaçait simultanément dans tous les pays développés. Le défi était alors posé aux macroéconomistes de résoudre cette énigme : il s'agissait d'expliquer à la fois l'existence passée de la courbe de Phillips, sa disparition, et aussi le fait que cette disparition se soit produite simultanément dans tous les pays industrialisés.

C'est *Milton Friedman** qui, le premier, allait fournir une explication, jugée convaincante, de ce phénomène. Son explication allait identifier l'émergence des situations stagflationnistes aux effets induits des politiques économiques keynésiennes, et fournir les fondements d'une remise en cause de l'idée selon laquelle il est possible de réduire le chômage en jouant sur le niveau des prix, et plus généralement d'une condamnation des politiques économiques actives.

Finalement, l'impact de la disparition de la courbe de Phillips sur les pratiques de politique économique s'avérera aussi puissant que celui qu'avait eu sa découverte, et inaugurera le retour en force de la macroéconomie d'inspiration classique et du libéralisme économique.

Milton Friedman : économiste américain né en 1912, farouche adversaire des idées de Keynes en macroéconomie. Son œuvre a constitué le point de départ du renouveau libéral en économie, tout particulièrement en macroéconomie. Il a d'abord contribué, dans le cadre de la synthèse, au débat sur les grandes fonctions macroéconomiques et leur stabilité relative ; sa théorie du « revenu permanent » selon laquelle la consommation globale ne dépend pas du niveau de revenu courant, mais de la richesse intertemporelle, a visé à démontrer l'instabilité des fonctions de consommation utilisées dans les modèles keynésiens et à en inférer l'inefficacité probable des politiques budgétaires. Au contraire, Friedman s'est efforcé de prouver la stabilité des fonctions macroéconomiques de demande de monnaie, sur la base d'une restauration de la théorie quantitative de la monnaie. C'est sur la base de cette réhabilitation qu'il s'est efforcé ensuite de montrer en quoi les manipulations monétaires des autorités pouvaient être, elles aussi, néfastes. C'est finalement sur un violent plaidoyer contre toute forme d'intervention régulatrice dans l'activité économique que ses recherches ont débouché, au travers de son explication de la stagflation et de l'instabilité des courbes de Phillips.

2 - L'EXPLICATION MONÉTARISTE ET SES IMPLICATIONS

Tout le sens de l'explication fournie par Friedman et le courant *monétariste** du phénomène de la stagflation va consister, dans un premier temps, à rechercher des fondements microéconomiques à la relation de Phillips. Il s'efforcera alors de démontrer qu'un arbitrage entre inflation et chômage ne peut exister à son sens qu'à la condition qu'existe une imperfection sur le marché du travail, en l'occurrence une illusion monétaire de la part des salariés. C'est en jouant de cette illusion monétaire (prenant la forme d'erreurs dans les anticipations de prix) que les autorités peuvent créer (artificiellement) de l'activité en créant des « surprises » d'inflation. Mais l'illusion des salariés finit par s'effacer (les anticipations par être corrigées), et l'activité, et donc le chômage, retrouvent leur niveau « naturel » : les politiques économiques sont donc finalement inutiles (aucune efficacité sur les grandeurs réelles), tout en ayant durablement augmenté l'inflation. La situation économique devient celle de la stagflation, qui trouve son fondement dans une restauration, à moyen et long terme de la dichotomie classique entre secteur réel et nominal, qui condamne les politiques économiques à l'inefficacité.

Le qualificatif de ***monétariste*** attribué à Friedman et au courant qu'il fonde provient du plaidoyer qu'il a développé très tôt, 1) en faveur de l'importance des phénomènes monétaires dans le déclenchement de la grande crise des années 30, 2) en faveur de l'utilisation, basée sur la réhabilitation de la théorie quantitative, des politiques monétaires dans la régulation économique.

Sur le plan analytique, la démonstration de Friedman se fonde sur deux innovations majeures : la modélisation d'une relation de Phillips dite « augmentée des anticipations », et l'introduction du concept de « taux de chômage naturel ».

a. La question des fondements de la courbe de Phillips

cf. exercice 8.2, questions 1 à 5.

Avant d'exposer pourquoi et comment la courbe de Phillips allait finalement se révéler le maillon faible de la macroéconomie keynésienne, revenons sur les fondements théoriques qu'il est possible de donner à la relation dont elle rend compte. Plus exactement, recherchons quels peuvent être les fondements d'une courbe d'offre globale croissante, puisque nous nous sommes basés sur l'idée qu'une telle courbe d'offre était la transposée de la courbe de Phillips.

Dans le cadre d'un modèle synthétique (comme l'est celui issu du modèle IS/LM) qui accepterait de reconnaître dans le modèle classique, tel que nous l'avons exposé dans le chapitre 1, l'analyse des caractéristiques d'offre de l'économie, quelle forme est susceptible d'avoir la fonction de quasi-offre globale ?

Elle se déduit de la situation prévalant sur le marché du travail et des conditions techniques de production. Autrement dit, la courbe de quasi-offre globale associe à diverses valeurs du paramètre « niveau général des prix » des valeurs d'équilibre pour le niveau de produit offert, qui se déduisent des valeurs d'équilibre sur le marché du travail. Dans la figure 8a page suivante, nous avons fait figurer l'équilibre du marché du travail, dans la figure 8b une fonction de production de court terme, et une droite de report (*cf.* fig. 8c) doit nous permettre d'associer dans la figure 8d à chaque niveau de prix (fixé dans le secteur nominal de l'économie), par le biais des variations de salaire réel, un niveau d'offre globale.

Dans la situation initiale, le niveau de prix est P_0, le taux de salaire nominal w_0 : le taux de salaire réel (w_0/P_0) est d'équilibre et le niveau de (plein-)emploi est N^*. Il en résulte un niveau de production Q^*. Le point (P_0, Q^*) est un premier point de la courbe de quasi-offre globale que nous cherchons à déterminer. Nous appellerons, en anticipant sur la suite des développements de ce chapitre, « naturel » le niveau de production Q^* correspondant à l'équilibre sur le marché du travail. Il est un niveau qui ne résulte que des contraintes d'offre telles qu'elles sont figurées par la productivité du travail, la disponibilité du facteur travail (arbitrage travail/loisir des ménages) et les conditions techniques de production (fonction de production à court terme).

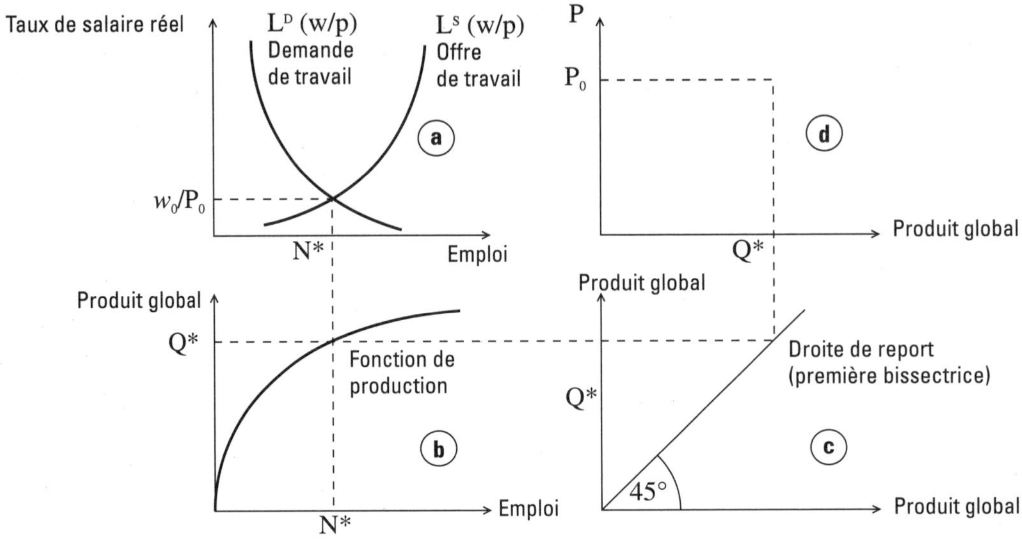

Fig. 8 : Les fondements de la quasi-offre globale

Supposons à présent que le niveau général des prix passe de P_0 à P_1 qui lui est inférieur. Toutes choses égales par ailleurs, le taux de salaire réel passe alors de (w_0/P_0) à $(w_0/P_1) > (w_0/P_0)$. Il en résulte une diminution de la demande de travail des entreprises et une augmentation de l'offre de travail. Si le marché du travail est parfaitement flexible, et que l'ajustement est instantané, l'existence d'une offre excédentaire de travail doit amener les salaires nominaux à s'orienter à la baisse (passant de w_0 à w_1), jusqu'à ce que le taux de salaire réel retrouve son niveau initial, soit : $(w/P)^* = (w_1/P_1) = (w_0/P_0)$. Finalement l'équilibre sur le marché du travail est alors restauré à l'identique, le niveau de production est inchangé à son niveau naturel Q^*. La courbe de quasi-offre globale est alors une verticale : quel que soit le niveau général des prix, le niveau de production est le niveau naturel, tel qu'il découle des contraintes d'offre que nous avons rappelées ; la dichotomie classique entre secteur réel et nominal de l'économie est parfaite, et il n'existe aucun arbitrage entre inflation et chômage : toute relance de la demande globale est purement inflationniste (*cf.* fig. 9).

Dans ce cadre (classique), comment imaginer une courbe d'offre globale qui soit croissante avec le niveau général des prix ? Autrement dit : comment imaginer que la dichotomie, dans un tel cadre, pourtant classique, ne prévale pas ? On comprend qu'il faut évidemment supposer une imperfection dans l'ajustement sur le marché du travail. Si, par exemple, les salaires nominaux ne s'ajustent pas comme nous l'avons mentionné (ou sont lents à s'ajuster), les transactions sur le marché du travail ont alors lieu à un niveau de salaire réel qui n'est plus d'équilibre $(\overline{w}_0/P_1)$. Le niveau d'emploi qui sera finalement échangé à ce prix (faux) sera $N_1 < N^*$ (l'échange, toujours volontaire, se fixe au minimum de l'offre et de la demande). Le niveau de production qui en résultera, Q_1, sera logiquement inférieur à son niveau naturel Q^*. La courbe d'offre globale aura bien alors une pente croissante, et la politique économique aura à traiter un dilemme entre inflation et chômage : ici, la baisse du niveau général des prix s'est bien accompagnée d'une récession, et d'une diminution du niveau d'emploi (et, en l'occurrence, de l'apparition de chômage **involontaire** : *cf.* fig. 10).

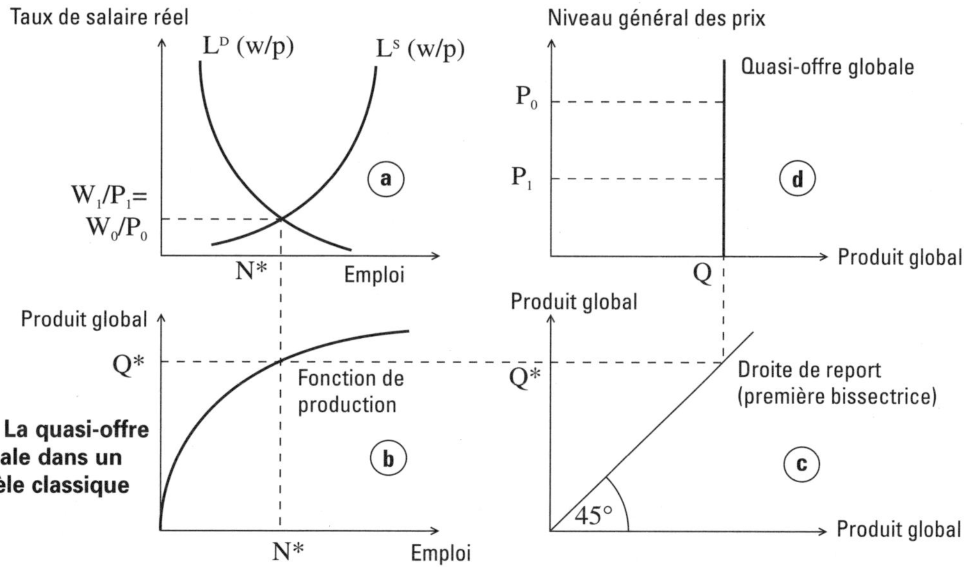

Fig. 9 : La quasi-offre globale dans un modèle classique

Dans un modèle, qui accepte de voir dans la modélisation classique la prise en compte pertinente des comportements d'offre, l'existence d'une courbe de Phillips, et d'une courbe d'offre globale croissante, ne peut provenir par conséquent que de l'existence d'une imperfection sur le marché du travail. Celle-ci n'est pas nécessairement une rigidité. Ce peut être une illusion monétaire des intervenants sur le marché du travail ou de certains d'entre eux. C'est ce à quoi fera notamment référence Milton Friedman dans son explication de l'instabilité des courbes de Phillips. D'ailleurs, l'exemple de la rigidité sans illusion monétaire permet difficilement d'expliquer pourquoi la courbe d'offre continuerait d'être croissante au-delà du niveau naturel pour des niveaux de prix dépassant P_0. Au contraire, l'illusion monétaire sans hypothèse de rigidité sur les prix permet, nous le verrons, de rendre compte de fluctuations à court terme dans le niveau d'activité et d'emploi, sans avoir recours au concept de chômage involontaire.

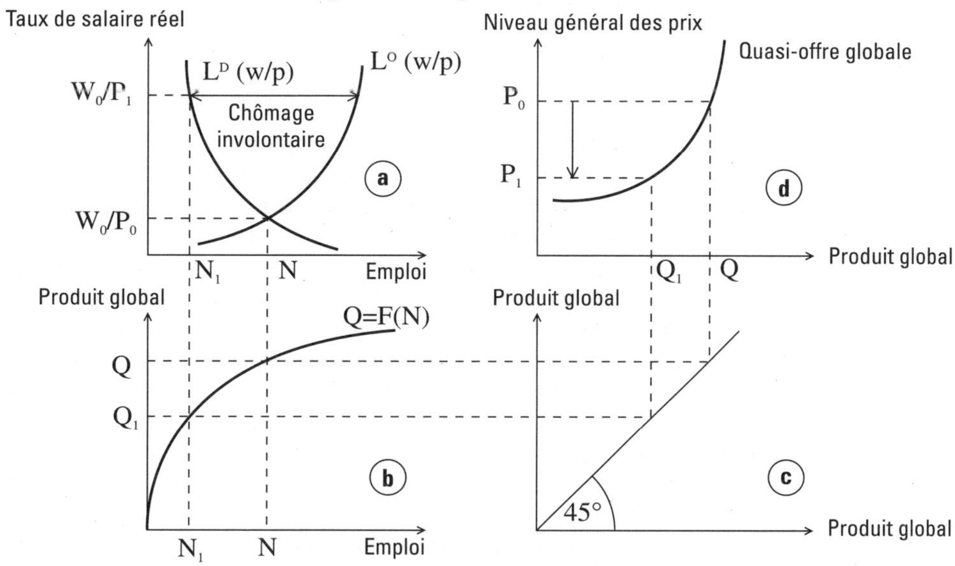

Fig. 10

Nous verrons par conséquent que cette explication des fondements théoriques de la courbe de Phillips s'avérera cruciale pour le débat macroéconomique. Dans l'immédiat, retenons qu'elle conduit, une nouvelle fois, à faire du cas « keynésien » (efficacité d'une politique de demande globale sous contrainte d'un arbitrage entre inflation et chômage) un cas particulier attaché à une imperfection dans l'ajustement marchand. De manière corollaire, ce cas sera rapidement associé au cas du court terme, le long terme étant alors précisément défini comme le temps nécessaire pour que les imperfections de marché puissent se dissiper et le processus d'ajustement retrouver sa pleine efficacité. À long terme, le monde est donc classique, la politique économique redevient inefficace et la dichotomie réel/monétaire reprend tous ses droits.

C'est l'ensemble de cet argumentaire que Friedman va reprendre lorsqu'à l'occasion de l'entrée en crise des pays industrialisés, au tournant des années 60 et 70, la question de l'interprétation de la courbe de Phillips et des explications de son comportement va devenir centrale.

b. L'interprétation monétariste de la courbe de Phillips

cf. exercice 8.1, questions 2 et 3.

• *La relation de Phillips avec anticipations*

Le point de départ de la démonstration de Friedman (1968) consiste tout d'abord à affirmer que la courbe initiale de Phillips, mettant en relation le taux de chômage et le taux de variation des salaires nominaux (ou monétaires) était mal spécifiée, précisément pour la raison que des agents rationnels prennent en compte, dans leurs décisions économiques, non pas les variables nominales, mais les variables réelles : sur le marché du travail, en particulier, les décisions d'offre de travail (des ménages) et de demande de travail (des entreprises) dépendent, non pas des salaires nominaux, mais des salaires réels. À la place de la relation originelle de Phillips :

$$\dot{w} = f(U)$$

où $\dot{w}$ est le taux de croissance du salaire nominal et U le taux de chômage, il faut chercher à établir, entre le taux de croissance des salaires monétaires et le taux de chômage, si l'on veut qu'elle ait des fondements microéconomiques acceptables, une relation du type :

$$\dot{w} = f(U) + \dot{P}$$

où P est le niveau général des prix et $\dot{P}$ son taux de variation (taux d'inflation).

Cependant, et puisque les salaires sont négociés pour des périodes de temps définies (en temps discret), le taux de salaire réel pris en compte par les agents dans leurs décisions d'offre et de demande de travail sera un taux de salaire réel anticipé $(w/P)^a$: en effet, il existera un décalage dans le temps entre le moment où les salaires sont fixés (par exemple, en début de période, le taux de salaire monétaire constituant un paramètre de déroulement de l'activité économique dans la période), et celui où les prix seront connus (généralement *ex post*, en fin de période, lorsque l'activité économique se sera effectivement déroulée, et la teneur de l'équilibre offre globale/demande globale connue). Autrement dit, le taux de salaire réel (ou le taux de variation des salaires réels) qui sert d'argument aux décisions sur le marché du travail est établi sur la base d'une anticipation en ce qui concerne le niveau des prix (respectivement, l'évolution des prix). On a donc $(w/P)^a = w/P^a$, et donc $(\dot{w} - \dot{P})^a = \dot{w} - \dot{P}^a$.
Finalement, on obtient **une relation de Phillips augmentée des anticipations** du type : $\dot{w} = f(U) + \dot{P}^a$.

Cette relation montre que le taux de croissance des salaires monétaires est égal à une composante déterminée par l'état du marché du travail (approximé par le niveau de chômage), plus le taux d'inflation anticipé. L'ajout de ce second terme implique à son tour qu'**au lieu d'avoir une courbe de Phillips unique, il existe une infinité de telles courbes, chacune d'entre elles associée à un niveau différent d'inflation anticipée.**

Sur la figure 11, on a donc représenté trois courbes de Phillips différentes représentant chacune une relation particulière entre taux de chômage et taux de variation des salaires monétaires, car paramétrées chacune par une anticipation différente de l'inflation à venir. On peut voir dans cette relation l'idée simple que, pour un taux de chômage donné, l'inflation salariale sera d'autant plus élevée que l'inflation anticipée des prix sera elle-même grande (de manière à maintenir constants les taux de salaire réel). Mais rien n'interdit de lire la relation dans le sens causal inverse. Par conséquent, pour un même taux (certain) de variation du taux de salaire monétaire, le niveau de chômage sera alternativement U_0, U_1 ou U_2, selon que le niveau anticipé d'inflation sera P_0, P_1 ou P_2. Comme l'indique la relation de Phillips « augmentée des anticipations », plus le taux d'inflation anticipé sera élevé, plus le taux de chômage sera élevé (et inversement). On a donc : $P_0 < P_1 < P_2$. On comprend alors que **la liaison retracée par la courbe de Phillips « augmentée des anticipations » repose essentiellement sur le comportement de l'offreur de travail** : l'anticipation, pour un taux de croissance des salaires nominaux donné, d'un niveau plus élevé d'inflation des prix, conduit à anticiper un taux de croissance plus faible des salaires réels, donc à réduire l'offre de travail, et, toutes choses égales par ailleurs à augmenter le taux de chômage. Ce dernier dépend donc pour l'essentiel des comportements d'offre de travail des ménages : **la perspective est clairement anti-keynésienne, et s'exprimera dans le concept de taux de chômage naturel.**

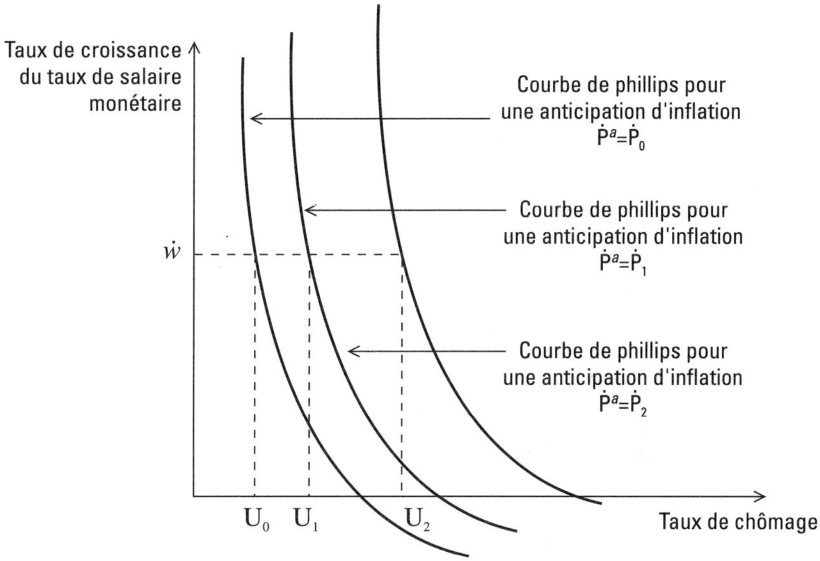

Fig. 11 : « Relation » de Phillips augmentée des anticipations

• ***L'introduction d'une imperfection des anticipations***

Pour prendre en compte les mouvements conjoncturels, et finalement parvenir à relever le défi d'expliquer à la fois la stabilité apparente passée des courbes de Phillips et leur disparition par la suite, Friedman introduit l'idée que les anticipations sont susceptibles d'être erronées. Précisément, les salaires monétaires (et leur taux de croissance) peuvent être connus avec certitude, puisqu'ils sont négociés dans le cadre du contrat de travail, mais pas le niveau général des prix (et son taux de croissance), qui, encore une fois, doit être anticipé, et peut donc l'être incorrectement. On comprend alors que si les agents (essentiellement les ménages) effectuent de mauvaises prévisions d'inflation, cela va les conduire à adopter des décisions économiques sous-optimales.

Ainsi :

– si le niveau de prix anticipé (ou bien le taux d'inflation anticipé) est inférieur au niveau de prix (respectivement, au taux d'inflation) qui prévaut finalement, alors les ménages vont être amenés, connaissant la valeur du salaire nominal qui leur est offert (respectivement, du taux de croissance du salaire nominal), à surestimer le niveau du salaire réel (respectivement, le taux de croissance du salaire réel). Cela les conduira à offrir plus de travail qu'il ne l'aurait fait en information parfaite :

$$\text{si } P^a < P \Rightarrow \left(\frac{w}{P^a}\right) > \left(\frac{w}{P}\right) \Rightarrow L^o\left(\frac{w}{P^a}\right) > L^o\left(\frac{w}{P}\right)$$

– inversement :

$$\text{si } P^a > P \Rightarrow \left(\frac{w}{P^a}\right) < \left(\frac{w}{P}\right) \Rightarrow L^o\left(\frac{w}{P^a}\right) < L^o\left(\frac{w}{P}\right)$$

Il n'y a donc que dans le cas où l'anticipation des prix est parfaite (ce qui ramène au cas de l'information parfaite) que le calcul économique de l'agent est efficace, et qu'il offre la quantité de travail qui est optimale, étant donné les conditions effectives de rémunération réelle de son facteur.

Finalement, on comprend l'effet d'un choc sur les prix, c'est-à-dire, par exemple, d'une poussée inflationniste non anticipée par les agents : elle conduira ceux-ci à prendre une décision sous-optimale, sur la base d'une évaluation erronée (en l'occurrence d'une surestimation) du taux de salaire réel. C'est dans cette possibilité que se nichera, pour Friedman, la possibilité temporaire de pousser l'inflation pour réduire le chômage.

Si l'on transpose selon les modalités habituelles la relation de Phillips (cette fois augmentée des anticipations) en une courbe (également augmentée des anticipations) entre taux de chômage et taux d'inflation, la représentation graphique de l'argumentaire de Friedman est reproduite en figure 12.

Dans cette figure, le niveau d'inflation effective est $\dot{P}_1$. S'il est correctement anticipé ($\dot{P}^a = \dot{P}_1$), le taux de chômage est U^*. C'est ce niveau de chômage que Friedman qualifiera de « taux de chômage naturel ». Si, par contre, il y a des erreurs d'anticipations, alors le taux effectif de chômage pourra différer de ce niveau effectif.

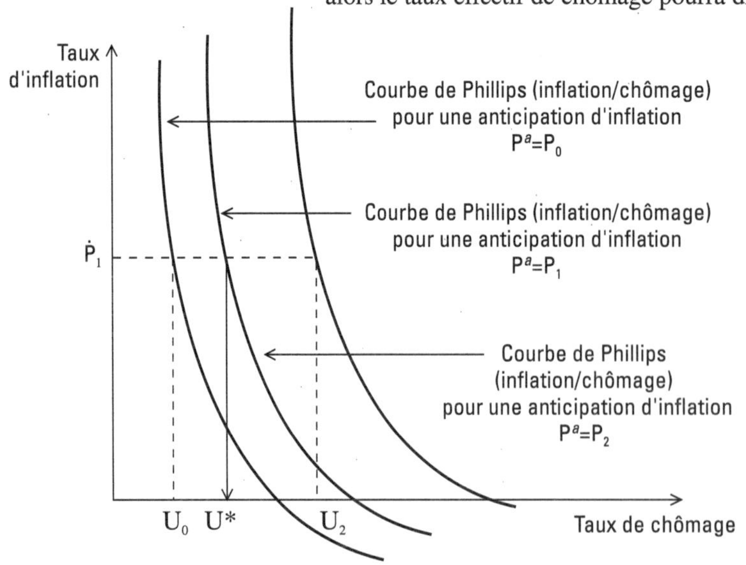

Fig. 12 : Courbe de Phillips augmentée des anticipations

Si l'inflation est sous-estimée ($\dot{P}^a = \dot{P}_0 < \dot{P}_1$), alors le (taux de croissance du) salaire réel est surestimé, et l'offre de travail sera plus (trop) élevée ; le niveau de chômage s'établira en dessous de son niveau « naturel », à U_0.

Si l'inflation est surestimée ($\dot{P}^a = \dot{P}_2 > \dot{P}_1$), alors le (taux de croissance du) salaire réel est sous-estimé, et l'offre de travail sera moins (insuffisamment) élevée ; le niveau de chômage s'établira au-dessus de son niveau « naturel », à U_2.

On confirme donc que, dans l'explication monétariste de la courbe de Phillips, c'est le comportement de l'offreur de travail qui est déterminante.

• ***Le concept de taux de chômage naturel***

Le concept de taux de chômage naturel joue un rôle essentiel dans la démonstration de Friedman. Il est défini, sur l'exemple du taux d'intérêt naturel de l'économiste suédois Knut Wicksell, comme le niveau de chômage volontaire qui équilibre le marché du travail, et qui entraîne, par conséquent, un taux de salaire réel compatible avec l'équilibre de marchés multiples. Le taux de chômage naturel est donc aussi le taux qui maintient constant le taux de salaire réel moyen (ou son taux de croissance tendanciel) et qui, pour un accroissement nul de la productivité du travail, maintient, de même, le niveau des prix constant (ou le taux d'inflation); on a donc la relation : taux de chômage naturel = NAIRU = NAWRU.

On comprend quelle place joue ce concept, et en quoi il est la manifestation de la volonté de Friedman de restaurer dans sa plénitude l'analyse classique. Dans le modèle classique présenté au chapitre 1, l'information des agents sur les prix relatifs est parfaite : ils ne peuvent donc pas opérer de mauvais calculs économiques (qui conduiraient à des décisions pour eux sous-optimales). Dans un tel cadre, sur le marché du travail, un taux de salaire réel parfaitement connu équilibre (moyennant une parfaite flexibilité) une offre et une demande de travail qui le prennent comme argument. À l'équilibre ainsi défini du marché du travail, il n'existe donc pas de chômage involontaire : les ménages non employés le sont **volontairement,** en raison de leur arbitrage spécifique entre travail et loisirs, tel qu'il se manifeste dans le niveau de leur *« salaire de réservation »**. L'équilibre général des marchés exhibe donc un niveau de chômage, qui traduit les structures de l'économie : productivité du travail, conditions techniques de production et préférences individuelles. Il est donc à la fois **structurel** (et donc non susceptible d'être corrigé, par exemple réduit, par des politiques **conjoncturelles**) et **volontaire** (vouloir le réduire est donc injustifié : cela consiste à aller contre la volonté des agents).

Salaire de réservation : il est défini, dans la théorie de l'offreur de travail, comme le niveau de salaire à partir duquel l'agent accepte de travailler, étant donné ses préférences et ses ressources. Tant que le salaire est inférieur au salaire de réservation, l'agent ne travaille pas; il commence à offrir son travail lorsque les salaires dépassent le niveau de réservation. Évidemment, ce niveau du salaire de réservation est différent d'un individu à l'autre, et peut varier dans le temps pour un individu donné.

C'est très exactement cette idée que veut restaurer Friedman au travers du concept de chômage naturel : lorsque le niveau des prix est correctement anticipé, on retrouve une situation en tout point analogue au cas de l'information parfaite sur les prix relatifs. Le marché du travail, en l'absence de rigidités extérieures, s'équilibre pour un niveau de chômage qui est entièrement **volontaire**, et qu'il est illégitime et vain de vouloir réduire. C'est ce que veut d'ailleurs traduire l'adjectif de **naturel** : il serait vain et illégitime pour l'homme de vouloir s'opposer à la nature des choses.

La subtilité de Friedman est d'introduire la possibilité que les agents se trompent dans leurs anticipations d'inflation. Dans ce cas, nous ne sommes plus dans une situation « parfaite », et les erreurs de calcul économique qu'une mauvaise information sur les prix relatifs suscite, peuvent conduire le taux de chômage effectif a s'établir à un niveau différent de son niveau naturel. Les autorités peuvent donc chercher à jouer de cette possibilité. Mais, précisément, en raison de son caractère **naturel,** le taux de chômage d'équilibre (général) finira toujours par être restauré : l'action des autorités, illégitime (car voulant à la fois aller à l'encontre des préférences individuelles, et jouant des erreurs d'anticipation des agents), s'avérera finalement à la fois vaine et déstabilisante. C'est cette démonstration que nous allons à présent aborder.

c. L'effet déstabilisant des politiques conjoncturelles

Soit une économie traditionnelle, où les trois agents représentatifs sont les firmes, censées être parfaitement informées de la structure des prix relatifs et optimiser en

cf. exercice 8.2, questions 6 à 11.

conséquence en permanence leur comportement; les salariés, susceptibles d'être sujets à une illusion nominale temporaire, en raison de la mauvaise qualité de leurs anticipations de prix; et, enfin, l'État, guidé essentiellement par la volonté de profiter de l'arbitrage qui lui est offert entre inflation et chômage pour obtenir un meilleur niveau d'emploi, fut-ce au prix d'une inflation plus élevée.

La situation initiale est d'équilibre général, et le marché du travail, en particulier, est soldé pour un niveau d'emploi équilibrant l'offre et la demande et laissant apparaître un « taux de chômage naturel ». À ce taux, le salaire et les prix (ou leurs taux de croissance) sont donc stables (TCN = NAIRU = NAWRU) et chacun s'attend, se fondant sur l'expérience antérieure, à ce qu'ils le demeurent à l'avenir (les anticipations sont donc de type auto-régressif : *cf.* encadré).

Anticipations auto-régressives et anticipations rationnelles. Il y a, grossièrement, deux hypothèses majeures concernant les anticipations :

- les anticipations peuvent être auto-régressives : la représentation de la détermination d'une variable est dans ce cas très simple, puisqu'elle repose sur les seules valeurs passées de cette variable ;
- les anticipations peuvent être rationnelles : la représentation de la variable à anticiper est alors déduite d'une **spécification correcte du fonctionnement de l'ensemble du système économique** dans lequel elle s'insère, incluant l'effet de l'anticipation elle-même.

Dans le cas où les anticipations sont auto-régressives, plusieurs cas peuvent être distingués, selon le type d'ajustement suivi par l'évolution anticipée de la variable.

• Si l'évolution anticipée de la variable s'ajuste sur l'écart entre la dernière observation et une valeur jugée « normale », approchée par la moyenne des observations antérieures, on parle alors d'**anticipations régressives**;

• Si l'évolution anticipée de la variable s'ajuste sur une moyenne des évolutions successives constatées dans le passé, on parle alors d'**anticipations extrapolatives** : dans cette hypothèse, le niveau prévu de la variable considérée à la période t dépend du niveau constaté de la même variable sur un certain nombre de périodes antérieures :

$$x^a_t = f(x_{t-1} ; x_{t-2} ; \dots ; x_{t-j} ; \dots)$$

Il faut alors préciser le nombre de périodes à retenir et le coefficient de pondération donné à chacune d'elles, ce qui traduit l'importance des phénomènes de mémoire. Par exemple :

$$\dot{P}^a_t = \sum_{i=0}^{i=+\infty} a_i \times \dot{P}_{t-i}$$

On remarque que les individus ne tiennent aucunement compte d'éventuelles erreurs de prévision dans le passé.

• Si l'évolution anticipée de la variable s'ajuste sur la dernière anticipation, l'écart étant déterminé par une moyenne des erreurs de prévision constatées dans le passé, on parle alors d'**anticipations auto-correctrices.**

Un cas particulier est alors donné par les **anticipations adaptatives**, où cet écart est fonction de la différence entre prévision et réalisation à la période précédente.

On introduit donc l'idée d'un processus d'apprentissage :

$$x^a_t = x^a_{t-1} + b \times (x_{t-1} - x^a_{t-1}) = b \times x_{t-1} + (1 - b) \times x^a_{t-1}$$

où b traduit l'importance de la correction d'erreur d'une période à l'autre. Si b = 0, les anticipations sont dites statiques : la valeur anticipée pour t est celle anticipée pour t-1 (pas d'influence des valeurs réalisées).

Si b = 1, les anticipations sont dites inertes : l'écart est égal à la différence entre prévision et réalisation à la période précédente.

Cette hypothèse améliore évidemment les anticipations par rapport à l'hypothèse d'anticipations extrapolatives. Cependant, si les anticipations se forment de cette manière et si, par exemple, le taux de croissance des prix est croissant (inflation accélérée), les individus seront constamment déçus par leurs anticipations. On peut d'ailleurs montrer, moyennant une transformation simple, que les anticipations adaptatives ne se distinguent pas des anticipations extrapolatives.

Nous traçons donc à présent une courbe de Phillips « à la Friedman », c'est-à-dire augmentée des anticipations, passant par ce niveau de taux de chômage, et construite sous l'hypothèse que chacun anticipe des prix stables, à un niveau $\dot{P}_0$ (*cf.* fig. 13).

Fig. 13

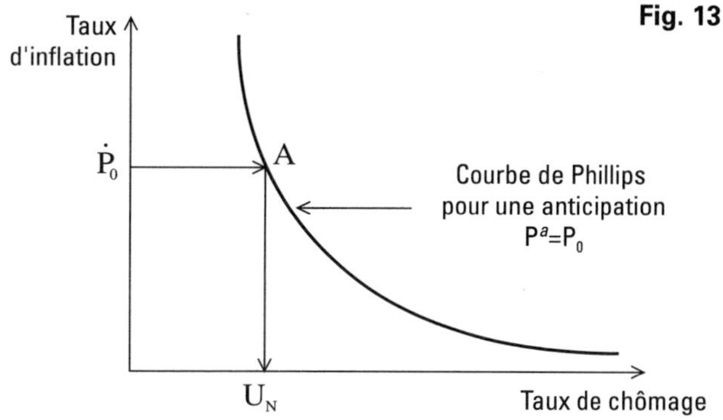

L'économie est donc en A sur la courbe de Phillips.

L'État (en l'occurence les autorités monétaires) constate du chômage, il le juge excessif et entreprend une relance de style keynésien. D'où une injection de pouvoir d'achat et, selon la logique monétariste, une hausse des prix, abaissant le pouvoir d'achat des salariés, et rendant possible, hors de toute réaction immédiate de ceux-ci, l'embauche de salariés supplémentaires par les entreprises qui ont enregistré l'abaissement du prix de la main-d'œuvre. On suppose donc que les entrepreneurs ont une perception correcte du taux d'inflation, et donc des salaires réels (ce qui les conduit, devant la baisse constatée de ceux-ci, à augmenter leur demande de travail), mais que les salariés, eux, continuent à anticiper des prix stables (ce qui génère dans l'immédiat une illusion monétaire), et, interprétant la hausse des salaires nominaux qui se fait jour (même si c'est plus lentement que l'inflation des prix) comme une hausse de salaires réels, satisfont cette demande accrue de travail : « en vérité, c'est la chute *ex post* des salaires réels pour les employeurs, conjuguée avec la hausse *ex ante* des salaires réels pour les salariés, qui rend possible une croissance de l'emploi » (Friedman, *op. cit.* p. 29). Le niveau d'équilibre du marché du travail se déplace par conséquent, et le taux de chômage recule, de U^* à U_1.

Fig. 14

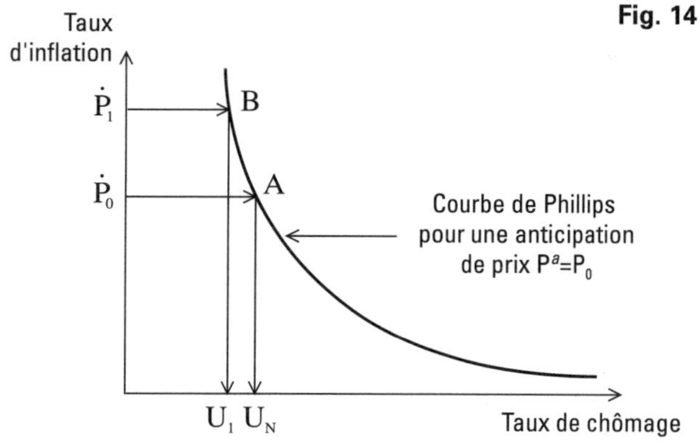

Cette première étape donne ainsi raison à Phillips et aux keynésiens : moyennant une certaine inflation, l'État a pu faire reculer le chômage en deçà du taux « naturel ».

Le taux de chômage est à présent tombé à U_1, mais avec une inflation salariale et des prix supérieurs (*cf.* fig. 14).

Mais l'illusion monétaire des salariés, qui ne tient pas à leur irrationalité, mais à la mauvaise qualité de leurs anticipations, va finir par se dissiper : ceux-ci constatent que leur pouvoir d'achat a baissé et en exigent la compensation, qui leur est accordée. Bien entendu, les entreprises enregistrent la hausse du coût de la main-d'œuvre et licencient le personnel supplémentaire antérieurement embauché. On retourne donc au taux de chômage antérieur. Cette fois l'inflation est de nouveau correctement perçue par l'ensemble des agents, et donc également la structure des prix relatifs. L'équilibre sur le marché du

Fig. 15

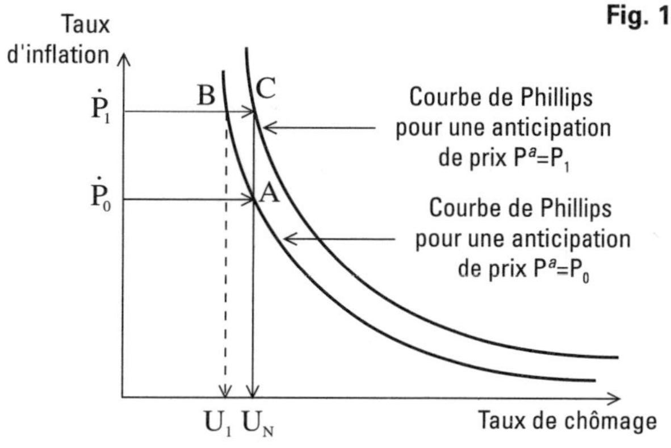

travail est donc l'équilibre « naturel », celui qui prévalait avant la relance : le même niveau d'emploi (et le même niveau de chômage), correspondant à l'équilibre de l'offre et de la demande en information parfaite, est restauré. Seul le niveau d'inflation s'est définitivement élevé de $\dot{P}_0$ (point A) à $\dot{P}_1$ (point C) (*cf.* fig. 15) En toute rigueur, d'ailleurs, l'inflation *ex-post* se situe à niveau $\dot{P}_2$ supérieur à l'inflation créée initialement $\dot{P}_1$: la totalité de la relance monétaire s'avère finalement inflationniste, n'ayant à terme plus aucun effet sur les grandeurs réelles (*cf.* encadré page suivante).

La conséquence de la politique de relance a été d'accélérer l'inflation, sans efficacité durable sur le niveau d'activité réelle et sur l'emploi, qui retrouvent leurs niveaux initiaux une fois les anticipations corrigées. Il en résulte simplement un déplacement vers le haut de la courbe de Phillips, qui s'avère n'être par conséquent une relation stable que pour un niveau de prix anticipé donné : **dès lors que les anticipations ont le temps de s'ajuster, la courbe de Phillips se déplace et révèle son instabilité.**

Si le gouvernement continue à essayer de réduire le chômage en dessous du taux de chômage naturel au moyen de politiques conjoncturelles expansionnistes, le processus précédant, trompant les salariés, se reproduit à un niveau d'inflation encore supérieur, et la courbe de Phillips accrue des anticipations se déplace à nouveau.

D'où l'explication proposée par Friedman : à court terme, il existe bien une liaison négative entre hausse des prix et taux de chômage; mais, à long terme, il est impossible de s'écarter durablement du taux de chômage « naturel », et les efforts interventionnistes ne peuvent plus créer qu'une inflation sans cesse relancée. l'État parcourt ainsi une droite verticale, du taux de chômage « naturel » en abscisse vers des niveaux croissants d'inflation (*cf.* fig. 16).

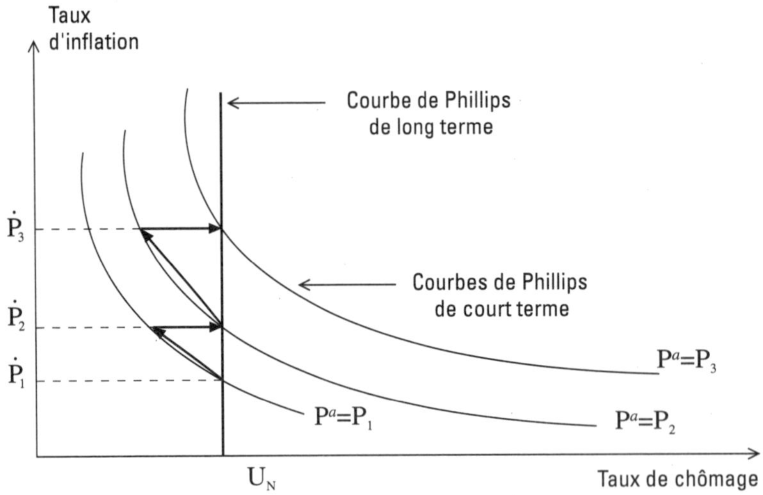

Fig. 16

Contrairement à la formulation originale, la relation entre chômage et inflation n'est donc pas unique. En particulier, le taux de chômage naturel, qui équilibre le marché du travail, est compatible avec n'importe quel taux d'inflation, pourvu que celui-ci soit constant : on re-trouve l'expression de la dichotomie réel/monétaire, qui s'impose donc à long terme. **Finalement, il n'existe donc pas d'arbitrage durable entre chômage et inflation. Le seul arbitrage de politique économique est entre accélération de l'inflation et chômage, et on comprend son aspect nocif :** « pour le dire différemment, il existe toujours un arbitrage temporaire entre l'inflation et le chômage, il n'est pas permanent. L'arbitrage temporaire ne vient pas de l'inflation en soi, mais de l'inflation non anticipée, ce qui signifie généralement un taux d'inflation croissant »(Friedman, *op. cit.,* p.30) **.**

L'interprétation en termes d'offre globale et demande globale. (cf. exercice 8.2)

Soit un équilibre initial quasi-offre globale/quasi-demande globale (A) : le niveau de prix est P_0, il est correctement anticipé par l'ensemble des agents économiques (notamment sur le marché du travail), et donc les grandeurs réelles sont à leur niveau « naturel » (niveau d'équilibre de concurrence parfaite et information parfaite) (*cf.* fig 17). Supposons à présent une relance monétaire, dans un environnement où les anticipations des salariés sont inertes, pouvant les conduire à sous-estimer un contexte inflationniste, et donc à surestimer leur salaire réel. La relance monétaire conduit à soutenir la demande globale (déplacement de la courbe de quasi-demande globale, parallèlement à elle-même, vers la droite, de DG_0 à DG_1). À niveau d'offre inchangée (c'est-à-dire en information parfaite, où les grandeurs réelles ne sont pas modifiées par ce qui se passe dans le secteur nominal), les prix auraient dû alors s'établir à un niveau P_2, et la dichotomie être effectivement strictement respectée (la politique monétaire étant purement inflationniste). Mais la hausse des prix n'est pas perçue par les agents, notamment par les salariés, et le niveau d'emploi, et donc de produit global augmente (de Q^* à Q_1), le niveau général des prix n'augmentant qu'au niveau P_1. Finalement, la politique économique a été efficace (elle a orchestré une inflation de manière à réduire le chômage : arbitrage inflation/chômage), et elle l'a été car les agents (certains d'entre eux) continuent de penser que le niveau des prix est P_0, alors qu'il s'établit à P_1 (point B).

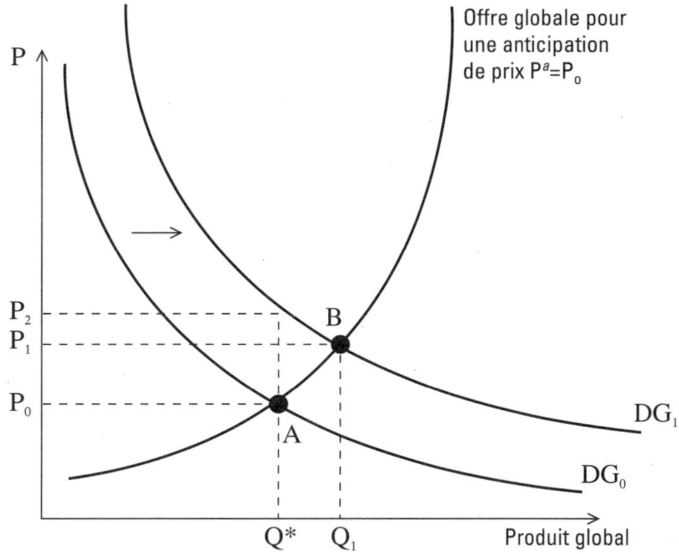

Fig. 17

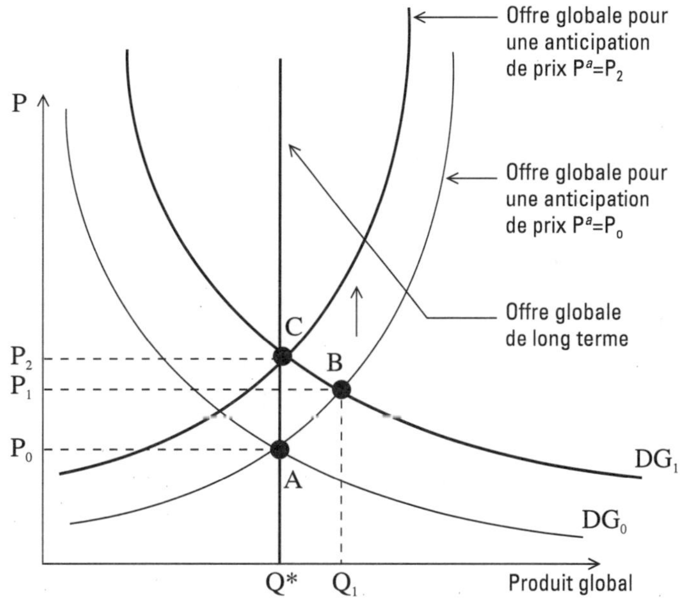

Fig. 18

Mais, à moyen terme, les agents prennent conscience du contexte inflationniste et corrigent leur calcul économique : la courbe d'offre globale se déplace, paramétrée par un nouveau niveau de prix : l'équilibre de long terme est restauré lorsque les grandeurs réelles retrouvent leur niveau naturel. Le niveau de prix est alors P_2, qui est correctement anticipé. La politique économique s'est avérée finalement inefficace (à modifier durablement le niveau des grandeurs réelles) et inflationniste. La droite d'offre globale « de long terme » est une verticale, associée à une « droite » de Phillips verticale à long terme : l'arbitrage inflation/chômage a disparu et les politiques économiques ne font, dans le long terme, que créer plus d'inflation, sans modifier le taux de chômage, qui répond à des caractéristiques structurelles (naturelles) (*cf.* fig. 18).

d. L'équilibre du marché du travail dans la perspective monétariste de la courbe de Phillips

Soit un marché initialement en équilibre concurrentiel : le taux de salaire réel d'équilibre est (w_0/P_0), il est correctement perçu par chacun des transactants, et le niveau d'emploi se fixe donc à son niveau « naturel » N*, correspondant au niveau naturel du produit global et au « taux de chômage naturel ». Dans cette position, chaque intervenant est en position optimale, et le niveau d'emploi reflète les « structures » de l'économie (productivité du travail et incitations à travailler). Le taux de chômage qui lui correspond, taux de chômage naturel, est donc à la fois un taux de chômage volontaire et structurel. Aucune politique économique conjoncturelle n'est donc susceptible de le modifier durablement (*cf.* fig. 19).

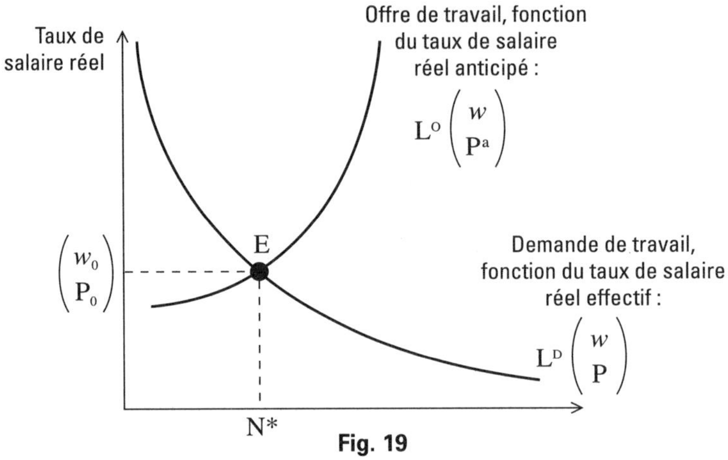

Fig. 19

Soit à présent un gouvernement ayant la volonté, précisément, de hausser le niveau d'emploi (et de réduire le taux de chômage) au-dessus (en dessous) de son niveau naturel. Il engage pour ce faire une politique d'expansion monétaire, qui en raison de la relation quantitative (le cadre monétariste est un cadre classique) va se répercuter dans une hausse du niveau général des prix qui passe de P_0 à P_1. Comme conséquence, le taux de salaire réel, lui, à salaire nominal inchangé, chute. En information parfaite sur les prix relatifs (réels), c'est-à-dire dans une configuration classique « traditionnelle », une baisse des salaires réels doit conduire à la fois à une hausse de la demande de travail et à une baisse de l'offre de travail. Le marché se retrouvant alors dans une situation d'excès de demande s'ajuste par une hausse du taux de salaire nominal. Précisément, le taux de salaire nominal s'élève jusqu'à ce qu'il rejoigne un niveau qui restaure le niveau d'équilibre du taux de salaire réel. Finalement, on retrouve l'équilibre (E) du marché du travail : les quantités (d'emploi et de produit global) n'ont pas été affectées ; le taux de chômage reste à son niveau naturel, et la politique d'expansion monétaire n'a eu qu'un effet inflationniste sur l'ensemble des grandeurs nominales. La dichotomie réel/monétaire est absolue.

Si nous nous situons à présent dans le cadre imaginé par Friedman, où les transactants sur le marché du travail doivent anticiper le taux de salaire réel (ils connaissent le taux de salaire nominal, mais doivent anticiper le niveau général des prix) et où, plus précisément, les entrepreneurs ont une anticipation toujours correcte de ce salaire réel, mais où les salariés peuvent être trompés par des anticipations inertes, les conséquences d'une politique d'expansion monétaire peuvent être différentes. Dans ce cadre, la baisse initiale du salaire réel n'est perçue que par les firmes, qui augmentent leur demande de travail. Les ménages, eux, continuent d'offrir ce qui était la quantité d'équilibre, soit N*. Tout se passe alors comme si leur courbe d'offre de travail s'était déplacée, les ménages offrant plus de travail pour tout niveau effectif du taux de salaire réel : au niveau de salaire réel (w_0/P_1), par exemple, ils offrent N* (*cf.* fig. 20).

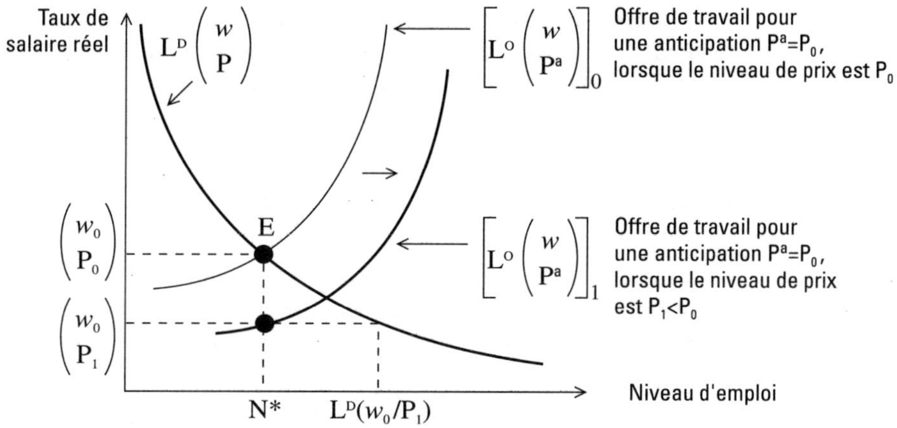

Fig. 20

Finalement, le marché du travail se retrouve en situation de demande excédentaire de travail, mais l'écart entre offre et demande de travail est moins élevé que dans le cas d'information parfaite, puisque les ménages n'ont pas réduit leur offre de travail face à une baisse du salaire réel qu'ils n'ont pas perçue. Par conséquent, le taux de salaire monétaire va augmenter pour concilier l'offre et la demande de travail, mais cette hausse sera plus modérée que dans le cas d'information parfaite : les salaires augmenteront donc moins que les prix, et l'équilibre sera restauré pour un taux de salaire réel (w_1/P_1) inférieur au taux de salaire réel initial (w_0/P_0). Il en résultera une hausse de l'emploi (N_1 au lieu de N*), du produit global, et une diminution du chômage en dessous de son taux naturel (*cf.* fig. 21).

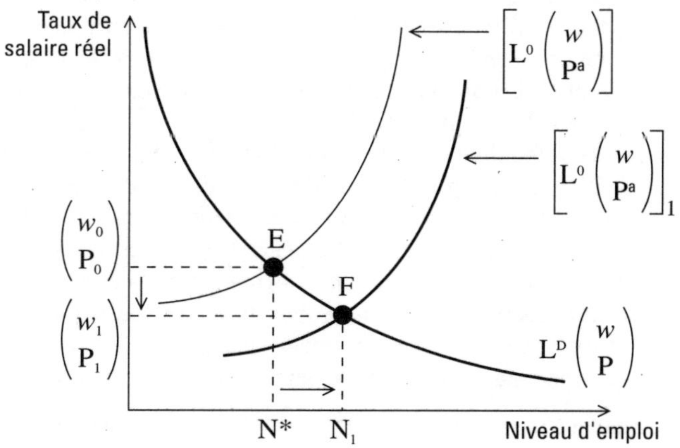

Fig. 21

La politique économique a pu donc être efficace, mais, cette efficacité repose sur une erreur d'anticipation des ménages (et cette erreur étant corrigée à moyen terme, les grandeurs réelles retrouveront leur niveau d'équilibre initial, et la politique économique s'avérera, à ce terme, purement inflationniste : la dichotomie sera restaurée).

Elle est donc déstabilisante à terme, et sous-efficiente dès le court terme (puisqu'elle conduit les agents à opérer de mauvais calculs économiques, qui les font adopter des positions sous-optimales : elle s'établit donc contre les agents et non pas à leur bénéfice). Enfin, on remarque que **le niveau d'emploi qui résulte des confrontations des agents sur le marché du travail est toujours un niveau d'équilibre** ou, dit autrement, **le taux de chômage est toujours un taux de chômage volontaire** : les fluctuations du niveau de chômage ne sont pas des fluctuations d'un chômage subi par les salariés.

Conclusion

Toute la démonstration de Friedman repose donc sur l'idée :

– qu'il existe un taux de chômage naturel : on reconnaît par conséquent que l'économie de marché est une économie de sous-emploi, mais ce sous-emploi est entièrement volontaire, et entièrement explicable, dans le cadre d'une étude du seul marché du travail, par le comportement des offreurs de travail ;

– que la possibilité de mener des politiques macroéconomiques de réduction de ce niveau de chômage naturel repose entièrement sur la manière dont les anticipations des agents économiques sont formulées. En l'occurrence, la possibilité, dans le système keynésien, de parvenir à réduire le sous-emploi provient de ce qu'il figure des offreurs de travail victimes d'une illusion monétaire. Or, cette illusion monétaire ne peut exister qu'à court terme, et c'est ce qui explique que le taux de chômage retrouve dans le moyen terme son niveau naturel.

Cette argumentation remarquable accordait ainsi une pertinence de court terme au keynésianisme pour imposer le retour au raisonnement microéconomique et la validité générale de la théorie classique dans le long terme, ainsi que l'idée d'une nocivité à terme des pratiques keynésiennes (jugées comme inflationnistes et donc globalement déstabilisantes). Cet effet à long terme ne doit pas étonner : dans la démonstration de Friedman, l'objectif des politiques keynésiennes n'est plus présenté comme étant de réduire un taux de chômage **involontaire**, un rationnement subi par les salariés en raison des difficultés de coordination d'une économie trop décentralisée, rationnement qui ne pourrait disparaître que moyennant l'intervention d'un élément central (la politique macroéconomique de l'État) ; il est au contraire de réduire un taux de chômage **naturel**, dont le caractère est entièrement **volontaire**, et correspond à l'équilibre parfaitement réalisé d'un marché du travail dont les capacités de coordination ne sont pas mises en doute. Dans une telle perspective, dont on comprend qu'elle est par construction **anti-keynésienne** (dans ses modalités d'appréhension du problème du chômage, et, plus généralement, des modalités de coordination du système économique), il ne faut évidemment pas s'étonner d'aboutir à des résultats **anti-keynésiens**, et, au sens propre du terme, **classiques** : en raison de l'optimalité revendiquée du fonctionnement spontané de l'économie marchande, toute politique économique est illégitime, inutile, et finalement nuisible.

Notons cependant que Friedman ajoute une charge supplémentaire : non seulement, à long terme, les politiques économiques sont inefficaces et nuisibles, mais à court terme, leur apparente efficacité repose sur une duperie : c'est en trichant (en créant des surprises d'inflation sans cesse renouvelées), et donc en trompant les agents économiques que les autorités parviennent à leurs fins. Cela a pour conséquence, dès le court terme, de réduire les vertus allocatives de l'économie de marché : l'intervention étatique est donc déstabilisante, quel que soit le terme du point de vue duquel on se situe.

Finalement, la seule attitude convenable pour les autorités est de renoncer aux politiques conjoncturelles. Puisque le taux de chômage naturel finit toujours par être restauré, mais qu'il est compatible avec n'importe quel niveau d'inflation, le seul objectif à se fixer est de réduire l'inflation déclenchée par des décennies de politique macroéconomique keynésienne. Concernant le chômage, puisque celui-ci est fondamentalement **structurel** et **volontaire**, il convient, si l'on souhaite le réduire, d'engager des réformes **structurelles** (sur le marché du travail et sur les conditions de production) et d'**incitation** au travail. Ces politiques, fondamentalement microéconomiques, et qui peuvent être multiformes (réforme de la fiscalité, allégement du coût du travail, flexibilisation du marché du travail, accroissement de la productivité...) ont reçu l'appellation de **politiques de l'offre**, puisque, jouant sur les contraintes d'offre, qui priment dans une perspective classique, elles s'opposent aux politiques keynésiennes de gestion de la demande.

Désinflation et politiques de l'offre allaient devenir très rapidement le *credo* de la plupart des gouvernements des pays industrialisés, témoignant de l'impact que la critique monétariste avait su avoir.

On comprend enfin, sur le plan analytique, qu'il n'y a évidemment pas de raison de supposer que les travailleurs seront continuellement trompés dans leurs anticipations d'inflation. Or, nous l'avons dit, la possibilité d'une politique conjoncturelle active de l'emploi repose de façon cruciale sur cette seule hypothèse. On pressent par conséquent que l'adoption d'une hypothèse différente sur la manière dont les agents formulent leurs anticipations pourra être susceptible de changer considérablement la portée de la conclusion : ce sera le rôle de **l'hypothèse d'anticipations rationnelles** empruntée par les nouveaux classiques à John Muth.

Les travaux de Lucas et de la nouvelle macroéconomie classique prolongent donc tout naturellement la ligne monétariste, en dépit de ce qu'a pu affirmer Friedman lui-même.

QUESTIONS À CHOIX MULTIPLES

(Pour chaque question, il y a une ou plusieurs réponses possibles)

1- La courbe de Phillips établit que :

a. le taux de chômage et le niveau des prix varient en sens inverse.

b. le taux de chômage et le niveau des prix varient dans le même sens.

c. le chômage est préférable à l'inflation.

2- Un arbitrage inflation/chômage correspond à une courbe de quasi-offre globale :

a. croissante.

b. verticale.

c. décroissante.

3- La courbe de quasi-demande globale se déduit de l'équilibre simultané :

a. du marché des biens et du marché de la monnaie.

b. du marché des biens et du marché du travail

c. du seul marché du travail.

4- La croissance de la courbe de quasi-offre globale peut découler :

a. d'une rigidité des salaires nominaux.

b. d'une rigidité des salaires réels.

c. d'une illusion monétaire des salariés.

5- La stagflation est une situation :

a. de profonde dépression économique associée à une déflation des prix et des salaires.

b. de ralentissement de la croissance associée à une accélération de l'inflation.

c. de croissance faible et de désinflation.

6- Pour Milton Friedman et les monétaristes, l'arbitrage inflation/chômage :

a. n'existe pas.

b. n'existe qu'à court terme et disparaît à moyen et long termes.

c. est en fait un arbitrage entre accélération de l'inflation et chômage.

7- Pour Milton Friedman et les monétaristes, le taux de chômage naturel :

a. est un taux de chômage volontaire.

b. ne peut pas être réduit.

c. découle de l'absence de débouchés pour les entreprises.

8- Pour Milton Friedman et les monétaristes, la politique économique conjoncturelle est :

a. inutile et inefficace.

b. déstabilisante à long terme (car elle crée de l'inflation) mais utile à court terme (car elle réduit le taux de chômage).

c. déstabilisante à long terme (car elle crée de l'inflation) et à court terme (car elle perturbe le calcul économique et l'allocation des ressources).

9- Pour Milton Friedman et les monétaristes, les ménages-salariés :

a. ne se soucient que des variables nominales.

b. ne se soucient que des variables réelles, mais anticipent avec retard les évolutions du niveau général des prix.

c. sont irrationnels.

10- Dans l'optique monétariste, engager une politique de désinflation

a. est coûteux en termes d'emploi.

b. n'a aucun effet pénalisant sur l'activité économique.

c. est inutile.

(Les réponses se trouvent en fin d'ouvrage, page 413.)

EXERCICE CORRIGÉ 8.1

La courbe de Phillips et sa critique

Cet exercice représente une application directe du cours, et peut constituer à la fois une révision et un complément algébrique, permettant d'appréhender de manière différente les concepts qui y sont présentés (courbes de Phillips, passage de la relation de Phillips à la courbe inflation/chômage, taux de chômage naturel...).

1 - Représenter graphiquement et commenter la courbe de Phillips. Exposer le passage de la relation de Phillips à la relation taux d'inflation/taux de chômage.

2 - Représenter graphiquement et exposer l'interprétation monétariste de la courbe de Phillips. Expliquer ce à quoi correspond le « taux naturel de chômage ». Tenter d'expliquer en quoi cette critique repose sur le retour à un cadre analytique de nature « classique ».

3 - Soit :

$$\dot{w}_t = \alpha - \beta \times U_t + \partial \times \dot{p}_t^a$$

où $\dot{w}_t$ est le taux de variation du salaire nominal, U_t le taux de chômage, $\dot{p}_t^a$ le niveau d'inflation anticipé, et avec : $\beta > 0$ et $\partial > 0$.

En faisant l'hypothèse de l'application par les firmes d'un taux de marge fixe sur leurs coûts, et en supposant l'existence d'anticipations statiques, déterminer la relation de Phillips de court terme et celle de long terme. Déterminer le taux de chômage naturel.

CORRIGÉ

1 - Phillips a d'abord établi, dans son article de 1958, une relation empirique liant le taux de chômage (U) et le taux de variation du taux de salaire nominal ($\dot{w}$), et concernant le Royaume-Uni sur la période 1861-1957. Cette relation apparaissait inverse, non linéaire et stable, du type $\dot{w} = f(U)$, avec $f'(U) < 0$. Cette relation signifiait que pour des forts taux de chômage, les salaires devenaient stables ($\dot{w} = 0$), alors qu'à l'approche du plein-emploi, les taux de croissance des taux de salaire monétaire étaient élevés.

L'extension de cette relation et la dérivation de la courbe inflation/chômage se font en introduisant les gains de productivité du travail et en supposant que les prix, dans une logique de concurrence oligopolistique, sont fixés par application d'une marge sur les coûts en travail. L'idée est de déduire de la connaissance de l'inflation salariale celle de l'inflation des prix, afin de substituer à la relation U-$\dot{w}$ une relation U-$\dot{P}$.

Si on pose : $P_t = \lambda_t \times (w \times N_t/Q_t)$ où λ est le taux de marge appliqué sur les coûts salariaux par unité produite, et si l'on dérive cette expression par rapport au temps, on obtient : $\dot{P} = \dot{\lambda} + \dot{w} - \dot{\gamma}$, où $\gamma = Q/N$ est la productivité du travail. Avec l'hypothèse d'un taux de marge constant ($\dot{\lambda} = 0$), il vient : $\dot{P} = \dot{w} - \dot{\gamma}$. La stabilité des prix est assurée lorsque l'inflation salariale enregistre uniquement les gains de productivité, et la courbe inflation/chômage se déduit de la relation de Phillips par simple translation (*cf.* fig. 22).

Fig. 22

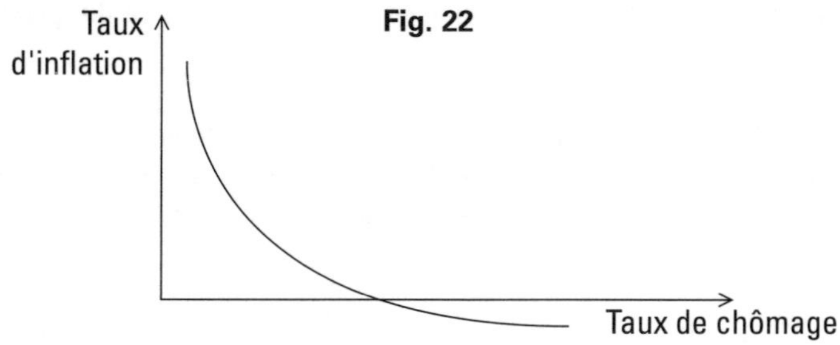

2 - Milton Friedman a réinterprété la relation de Phillips de manière à soutenir l'idée qu'il ne peut pas y avoir d'arbitrage entre inflation et chômage à long terme, et que toute politique conjoncturelle de lutte contre le chômage est vouée à l'échec. Pour cela, il substitue à la relation de Phillips une relation « augmentée des anticipations », considérant que dans la détermination de leur comportement sur le marché du travail, les agents, rationnels, s'intéressent au niveau du salaire réel (qu'ils ne peuvent qu'anticiper, le niveau général des prix étant inconnu *ex ante*), et non pas au niveau du salaire nominal. Supposant que les anticipations suivent un processus adaptatif, Friedman peut différencier des courbes de Phillips de court terme décroissantes, transitoires, paramétrées par des niveaux différents d'anticipation de prix, de la relation de long terme, verticale, et correspondant au régime permanent (*cf.* fig. 23).

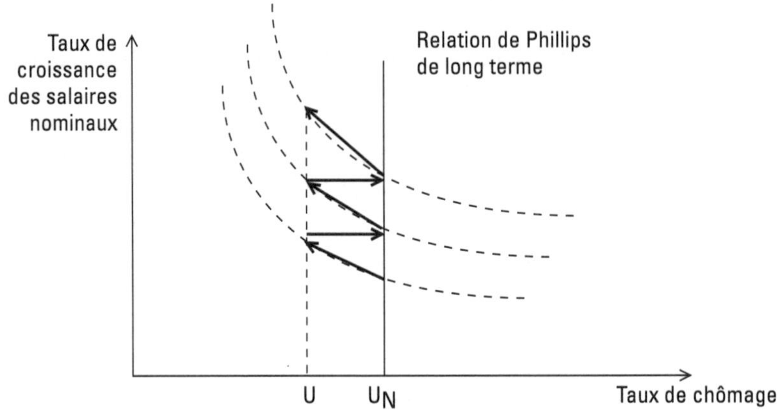

Fig. 23

Le taux de chômage U_N est le taux de chômage naturel : il correspond au taux de chômage volontaire compatible avec l'équilibre concurrentiel sur le marché du travail. C'est par conséquent un taux de chômage qu'aucune politique conjoncturelle ne peut durablement faire baisser. Toute tentative de faire passer le chômage à un niveau U inférieur ne sera efficace transitoirement qu'en raison des erreurs d'anticipation des agents et des mauvaises décisions économiques que ces erreurs induisent, et se révélera finalement inefficace et inflationniste. Le concept de taux de chômage naturel, conçu comme un chômage d'équilibre du marché du travail, et le fait que le niveau d'emploi (et de chômage) dépende pour une part essentielle des comportements des offreurs de travail, relèvent d'une logique classique. Les résultats sont donc classiques : inefficacité des politiques économiques et restauration de la dichotomie réel/monétaire en régime permanent.

3 - Avec le même raisonnement que celui mené pour la première question de l'exercice, on peut poser, si les prix sont fixés sur la base d'un taux de marge constant sur les coûts salariaux par unité produite : $\dot{P} = \dot{w} - \dot{\gamma}$. La relation $\dot{w}_t = \alpha - (\beta \times U_t) + (\partial \times \dot{p}_t^a)$ s'écrit alors $\dot{P}_t = \alpha - (\beta \times U_t) + (\partial \times \dot{p}_t^a) + \dot{\gamma}$. Cette relation est une équation de Phillips de court terme, construite sans conditionnalité sur les anticipations. Elle peut se réécrire :

$$U_t = \frac{\alpha + (\partial \times \dot{P}_t^a - \dot{P}_t) + \dot{\gamma}}{\beta}$$

On voit qu'une inflation sous-estimée réduit le taux de chômage, et que pour un taux d'inflation donné, le taux de chômage est d'autant plus faible que l'erreur d'anticipation est forte. Si les anticipations sont statiques, on obtient une équation de récurrence du type :

$$\dot{P}_t - (\partial \times \dot{P}_{t-1}) = \alpha - \beta U_t + \dot{\gamma}$$

À long terme, il n'y a plus d'erreur d'anticipations. L'équation de Phillips de régime permanent peut alors s'écrire : $\dot{P}_t = \alpha - \beta U_t + \partial \times \dot{P}_t + \dot{\gamma}$. Dans le cas retenu par Friedman ($\partial = 1$), on obtient $\alpha - \beta U_t + \dot{\gamma} = 0$, et le taux de chômage naturel est :

$$U_t = \frac{\alpha + \dot{\gamma}}{\beta}$$

EXERCICE CORRIGÉ 8.2

Le modèle quasi-offre globale / quasi-demande globale

Le cours a mentionné pourquoi le dilemme inflation/chômage pouvait alternativement être présenté par le recours à l'étude des courbes de Phillips et de leur fondement ou dans le cadre du modèle « offre globale/demande globale », la courbe d'offre globale étant une transposée de la courbe de Phillips. Cet exercice se présente donc comme un complément au chapitre, permettant de comprendre comment le modèle IS/LM standard peut être élargi à la prise en compte de l'inflation (et donc du dilemme inflation/chômage) sous la forme d'un modèle offre globale/demande globale.

On considère une économie à trois agents : les ménages, les firmes et l'État, qui interviennent sur quatre marchés : le marché du bien, le marché du travail, le marché de la monnaie et le marché des titres.

Sous forme structurelle, cette économie peut être représentée par le modèle suivant :

(1) $Q = C + I + G$

(2) $Q = d \times N$

(3) $C = a \times Q + b \times (\bar{A} - P)$

(4) $I = I_0 - c \times i$

(5) $M^D - P = k \times Q - l \times i$

(6) $M^O = \bar{M}$

(7) $G = \bar{G}$

(8) $L^O = n_0 \times (w - P^a) + N_0$

(9) $L^D = -n_1 \times (w - P) + N_1$

(10) $M^O = M^D$

(11) $L^O = L^D$

Q est la production nette, C est la consommation, I l'investissement, G les dépenses publiques, S l'épargne, N l'emploi, L le travail, *w* le taux de salaire nominal, P le niveau général des prix, *i* le taux de l'intérêt, A la richesse financière nette du secteur privé en début de période. Les variables exogènes sont surmontées d'une barre. Les variables anticipées sont suivies de l'exposant (*a*), les offres de l'exposant (O) et les demandes de l'exposant (D). Tous les paramètres sont positifs. On ne fait pour l'instant aucune hypothèse sur les procédures d'anticipation.

1 - Commenter les équations de ce modèle et le caractériser.

2 - Les agents sont-ils victimes d'une illusion monétaire ?

3 - Calculer l'équation de la quasi-demande globale, de la forme : $Q^D = \beta - \mu \times P$

4 - Déterminer le niveau d'emploi d'équilibre. Commenter.

5 - En déduire une expression de la courbe de quasi-offre globale de la forme : $Q^O = \alpha \times (P - P^a) + Q^*$. Commenter.

6 - Quelle est la signification de Q^* ?

7 - À quelle condition les autorités auront-elles à faire face à un arbitrage de politique économique entre inflation et chômage ?

On suppose que le taux de chômage U_t se calcule mécaniquement de la manière suivante : $U_t = \dfrac{\bar{N} - N_t}{\bar{N}}$ où $\bar{N}$ est la population active totale.

8 - En déduire une relation entre niveau de production et niveau de chômage.

9 - En déduire une relation de Phillips entre taux de chômage et taux d'inflation.

10 - Quelle est la forme de cette courbe suivant la nature des anticipations ?

11 - Pourquoi la relation de Phillips risque, si elle existe, de se révéler finalement instable ?

CORRIGÉ

1-Ce modèle est un modèle offre globale/demande globale écrit sous forme log-linéarisée. L'équation (1) est une identité comptable retraçant l'équilibre sur le marché des biens : la demande globale est la somme des dépenses de consommation, d'investissement et des dépenses publiques. L'équation (2) est la fonction de production de court terme, le niveau du produit étant fonction croissante du niveau du travail, pour un montant de capital donné. L'équation (3) est la fonction de consommation keynésienne : le niveau de consommation dépend pour une part du niveau du revenu national (ici du niveau du produit : l'équation est écrite en volume), et pour une autre part d'une composante autonome, dépendante ici du niveau de richesse financière en termes réels. L'équation (4) est celle de la fonction d'investissement, qui est décroissante avec le niveau du taux d'intérêt réel. L'équation (5) est la fonction keynésienne de demande de monnaie, qui fait apparaître les deux encaisses actives (dépendant du niveau du produit national : encaisse de transaction) et oisives (qui dépend du niveau des taux d'intérêt : encaisses de précaution et de spéculation). L'équation (6) signifie que l'offre de monnaie est exogène (c'est un levier de politique économique). L'équation (7) stipule que le niveau des dépenses publiques est une composante autonome (non dépendante du niveau courant du produit global) de la demande globale : c'est un deuxième levier de politique économique. L'équation (8) est la fonction d'offre de travail, qui dépend positivement du taux de salaire réel anticipé (l'effet de substitution l'emporte sur l'effet de revenu lorsque les taux de salaire réels augmentent). L'équation (9) est celle de la demande de travail, qui est décroissante en fonction du niveau des salaires réels. L'équation (10) est l'équation d'équilibre sur le marché de la monnaie. L'équation (11) est l'équation d'équilibre sur le marché du travail.

Ce modèle est donc un modèle OG/DG, avec une demande globale modélisée au travers de comportements keynésiens, et une offre globale intégrant des anticipations de prix, et pouvant faire ressortir des aspects monétaristes.

2-Les salariés ne sont pas *a priori* victimes d'une illusion monétaire, mais ne peuvent qu'anticiper le niveau général des prix, et donc, pour un niveau de salaire nominal connu, le niveau du salaire réel ; il peut en résulter des erreurs d'anticipation générant des calculs économiques sous-optimaux, si le processus d'adaptation est de type auto-régressif. Les firmes connaissant parfaitement le niveau de salaire réel, il y a donc une asymétrie entre les deux catégories d'agents.

3-L'équation de la quasi-demande globale associe à chaque niveau général des prix un niveau de demande globale tel qu'il est issu de l'équilibre IS/LM. Il faut donc écrire l'équation d'équilibre du marché des biens (IS), puis celle de l'équilibre du marché de la monnaie (LM), pour en déduire le niveau de demande globale en fonction du niveau des prix.

On obtient :

$$Q^D = C + I + G \Rightarrow Q^D = \frac{b\times(\bar{A} - P) + I_0 + \bar{G}}{(1-a)} - \frac{c}{1-a} \quad \text{(IS)}$$

$$M^O = M^D \Rightarrow i = \frac{k}{l} \times Q^D - \frac{\bar{M} - P}{l} \quad \text{(LM)}$$

on en déduit, en remplaçant i dans IS par sa valeur telle qu'elle est donnée dans l'équation LM :

$$Q^D = \frac{b\times\bar{A} + I_0 + \bar{G} + c/l \times \bar{M}}{1 - a + (c\times k)/l} - \frac{(b + c/l)}{(1 - a + (c\times k)/l)} \times P \quad \text{(QDG)}$$

L'équation de la QDG est bien de la forme $Q^D = \beta - (\mu \times P)$. Cette fonction est donc bien décroissante en fonction du niveau des prix.

4-Le niveau d'emploi d'équilibre est déterminé sur le marché du travail, par la confrontation marchande entre l'offre et la demande de travail. À l'équilibre, on a : $N = L^O = L^D$. Pour déterminer N, on a plusieurs possibilités. On peut par exemple résoudre le système de deux équations à deux inconnues suivant :

$$\begin{cases} N = L^D \\ N = L^O \end{cases} \Leftrightarrow \begin{cases} N + n_1 \times w = N_1 + n_1 \times P \\ N - n_0 \times w = N_0 + n_0 \times P^a \end{cases}$$

(le marché du travail détermine w et N, P étant déterminé en dehors (comme résultante de l'équilibre global OG/DG), et les paramètres structurels étant donnés)

On obtient :

$$N = \frac{n_0 \times n_1}{n_0 + n_1} \times (P - P^a) + \frac{n_0 \times N_1 + n_1 \times N_0}{n_0 + n_1}$$

On remarque donc que le niveau d'emploi d'équilibre va dépendre des erreurs d'anticipations : si le niveau des prix est sous-estimé, le niveau d'emploi sera plus élevé que sa composante « structurelle » donnée par les paramètres du marché du travail.

5-L'expression de la courbe de QOG est immédiate :

$$Q = d \times N \Rightarrow Q^O = \left[d \times \frac{n_0 \times n_1}{n_0 + n_1}\right] \times (P - P^a) + \left[d \times \frac{n_0 \times N_1 + n_1 \times N_0}{n_0 + n_1}\right] = \alpha \times (P - P^a) + Q^*$$

Logiquement, le niveau d'offre dépend lui aussi des erreurs d'anticipations des salariés.

6-C'est le niveau de produit naturel de l'économie, celui qui finira par s'imposer en régime permanent (à long terme). Il correspond à l'équilibre concurrentiel (en information parfaite avec flexibilité parfaite des variables prix notamment) du marché du travail, et traduit par conséquent les contraintes d'offre de l'économie, telles qu'elles s'expriment dans les paramètres n_0, n_1, N_0, N_1 et d.

7-Les autorités auront à faire face à un arbitrage de politique économique entre inflation et chômage à la condition que les salariés fassent des erreurs d'anticipations. C'est la condition pour que le niveau d'offre s'écarte de son niveau naturel, et donc qu'une relance de la demande puisse avoir des effets de réduction du chômage (au prix d'effets inflationnistes). Si les anticipations sont bonnes, une politique de relance n'aura aucun effet sur les quantités : tout son impact sera inflationniste, et les autorités ne bénéficieront pas de l'arbitrage inflation/chômage.

8- $U_t = 1 - \dfrac{1}{d \times \bar{N}} \times Q_t$

9- $U_t = \left[1 - \dfrac{Q^*}{d \times \bar{N}}\right] - \dfrac{\alpha}{d \times \bar{N}} \times (P_t - P_t^a)$

10-On voit que la courbe inflation et chômage est décroissante si il y a des erreurs d'anticipations (si $P \neq P^a$, alors le taux de chômage diminue lorsque P augmente, pour un niveau d'anticipations donné : les courbes de Phillips de court terme sont paramétrées par un niveau d'anticipation de prix, et sont alors décroissantes, révélant un arbitrage transitoire entre inflation et chômage). Si les anticipations sont parfaites, alors la relation de Phillips est figurée par une droite dans le plan (taux de chômage/taux d'inflation), droite qui coupe l'axe des abscisses au niveau du taux de chômage naturel, dont l'expression est :

$$U^* = \left[1 - \frac{Q^*}{d \times \bar{N}}\right] = \left[1 - \frac{N_1 \times n_o + N_o \times n_1}{\bar{N} \times (n_o + n_1)}\right]$$

11-L'équation de Phillips se révélera instable, car elle est paramétrée par le niveau d'anticipations des prix : le fait de créer des « surprises » d'inflation, pour réduire le chômage en dessous de son niveau naturel trompe momentanément les agents, révélant une efficacité temporaire de la politique économique. Une fois les anticipations corrigées, les niveaux de production, d'emploi et de chômage retrouvent leur valeur « naturelle », avec un taux d'inflation plus élevé. La courbe de Phillips se déplace, puisqu'elle sera désormais paramétrée par un niveau de prix anticipé plus élevé.

DOCUMENT COMMENTÉ N° 1

La crise de l'économie keynésienne

S'il y a de l'inflation et du chômage, dans quelle mesure le remède keynésien est-il approprié ? Je pense que l'on peut à présent comprendre que nous ne pouvons y apporter de réponse simple. Nous nous accorderons avec « l'école de Phillips » pour dire que l'inflation est un mal, tout comme le chômage est un mal ; mais nous ne la suivrons pas dans son pessimisme : nous ne pouvons être sûrs que tout ce qui soulage du chômage aggrave nécessairement l'inflation. Nous ne devons même pas être sûrs que combattre le chômage au moyen de politiques budgétaires ou monétaires doive nécessairement causer plus d'inflation…

John Hicks, *La crise de l'économie keynésienne*, Fayard, 1988, p. 126.

PRÉSENTER LE DOCUMENT

John Hicks (1904-1989) est l'un des fondateurs du « keynésianisme » de la synthèse, au travers en particulier de la publication de son article séminal « M. Keynes et les classiques : une suggestion d'interprétation » qui, le premier a proposé une réinterprétation des résultats de la *Théorie générale* dans le cadre analytique de la théorie de l'équilibre général, de manière à présenter une théorie syncrétique de la détermination du niveau de l'emploi et des principales variables macroéconomiques (modèle IS/LM). Il a néanmoins, sur la fin de sa vie, pris ses distances par rapport à cette construction dans un article publié dans le *Journal of Post-Keynesian Economics*. Ici, il soulève la question de l'efficacité de la politique économique et du possible arbitrage entre inflation et chômage, et précise sa position quant à l'approche néokeynésienne de Phillips et aux critiques monétaristes qui en ont été faites.

ANALYSER LE DOCUMENT

Hicks évoque le trouble dans lequel l'émergence de la situation de stagflation a plongé l'école keynésienne et sa vision de l'inflation et des rapports qu'elle entretient avec le niveau du chômage : « s'il y a de l'inflation et du chômage, dans quelle mesure le remède keynésien est-il approprié ? Je pense que l'on peut à présent comprendre que nous ne pouvons y apporter de réponse simple ».

Mais en fait, il semble renvoyer dos à dos l'école néokeynésienne et l'école monétariste : si la stagflation remet en cause les recettes traditionnelles de politique économique conjoncturelle, dites de « réglage fin » (*fine tuning*), elle n'implique pas pour autant le rejet de tout type de politique économique ; elle n'implique pas en particulier d'abandonner toute tentative de lutte contre le chômage, si l'on considère, contre la position monétariste, qu'une telle lutte n'implique pas nécessairement l'acceptation d'une inflation accélérée.

Finalement, si l'on se rappelle que Hicks, à la fin de sa vie, a rejoint les positions des « post-keynésiens » (opposés à l'interprétation donnée par la synthèse IS/LM des conceptions de Keynes), et que ceux-ci ont précisément une vision très affirmée des origines de l'inflation (comme résultante de l'état du partage de la valeur ajoutée), on peut imaginer que c'est implicitement cette position que Hicks choisit de privilégier.

COMMENTER LE DOCUMENT

Pour commenter efficacement ce document, il faut donc s'efforcer de reprendre ces trois points, en les articulant logiquement.

I - LA REMISE EN CAUSE CONTEMPORAINE DES POLITIQUES DE RÉGLAGE FIN...

A - L'APPARITION D'UNE SITUATION INÉDITE DE STAGFLATION...

La stagflation se caractérise par la stagnation du revenu national et le développement d'une inflation que les politiques économiques arrivent de plus en plus difficilement à contrôler.

Elle remet en cause l'idée néokeynésienne d'un arbitrage possible entre les deux déséquilibres macroéconomiques que sont l'inflation et le chômage. La possibilité d'un tel arbitrage avait été mise en avant au travers de l'adjonction au modèle IS/LM de la synthèse d'une relation mise en évidence par l'économiste néo-zélandais Phillips, et transformée de manière adéquate par Solow et Samuelson. Cette relation mettait finalement en liaison la variation du niveau général des prix (inflation) et le taux de chômage, la première apparaissant comme une fonction décroissante stable du second. Une telle relation permettait au modèle keynésien de traiter des problèmes d'inflation qui pouvaient se faire jour au voisinage du plein-emploi. En termes de politique économique, il s'agissait pour les autorités de gérer convenablement un dilemme inflation-chômage. Cette gestion pouvait s'opérer convenablement au travers de la politique de « réglage fin » de la conjoncture, alternant des phases de relance lorsque le chômage croît trop vite (politiques de « *go* ») et des phases de ralentissement lorsque l'inflation accélère (politiques de « *stop* »).

L'apparition de la stagflation constitue donc pour le modèle macroéconomique keynésien une véritable énigme, qui semble démontrer que la stabilité de la relation inflation-chômage n'est pas assurée : les années 70 voient se développer simultanément le chômage et l'inflation.

B - ... A FAVORISÉ LA CONTRE-RÉVOLUTION LIBÉRALE

Friedman a le premier fourni une explication de cette instabilité soudaine, dans le cadre d'une restauration de la problématique macroéconomique classique. Pour lui, l'existence d'un arbitrage apparent entre inflation et chômage reposait en fait sur une illusion monétaire temporaire des agents économiques (en particulier des salariés), illusion non pas due à leur irrationalité, mais au contexte inflationniste instrumentalisé par les politiques keynésiennes, et que ne parvenaient pas à prendre en compte des anticipations suivant un processus de type adaptatif.

Cependant, et sauf à créer toujours plus d'inflation que n'en anticipent les agents, l'illusion monétaire finit par se dissiper, et l'économie retrouve, en régime permanent (sur le long terme) des caractéristiques classiques : les politiques économiques s'avèrent finalement incapables d'agir sur les grandeurs réelles de l'économie, et ne font que créer davantage d'inflation : c'est le règne de la dichotomie classique, et cela explique l'instabilité des courbes de Phillips, et la disparition de tout arbitrage entre inflation et chômage. Sur le long terme, le chômage retrouve son niveau initial, et l'économie connaît plus d'inflation qu'avant, sous l'effet des politiques économiques menées : il y a stagflation.

Puisque la « contre-révolution » monétariste consiste en un rétablissement de la macroéconomie classique, son attitude vis-à-vis des politiques économiques est typique de cette approche : les politiques conjoncturelles sont inutiles, inefficaces et déstabilisantes. Le seul objectif que doivent se fixer désormais les autorités est de réduire l'inflation initialement créée. Si elles veulent par ailleurs améliorer la situation de l'emploi, c'est par l'utilisation de politiques structurelles sur le marché du travail, permettant de desserrer les contraintes de « l'offre ».

Politiques de désinflation et politiques de l'offre deviendront le contenu prioritaire des politiques économiques menées dans le monde développé au cours des années 80. Elles signifient une rupture essentielle avec les pratiques keynésiennes passées.

II - ... N'IMPLIQUE PAS NÉCESSAIREMENT L'ABANDON DE TOUTE POLITIQUE MACROÉCONOMIQUE

A - La conception monétariste est un avatar moderne de la macroéconomie classique...

La critique de la courbe de Phillips menée par Friedman se fonde notamment sur le concept de taux de chômage naturel, qui redonne au « bloc offre » des économies la prépondérance : le niveau de l'emploi est déterminé, sur le marché du travail, par la confrontation d'une offre et d'une demande de travail, et non pas en fonction des débouchés déterminés dans le « bloc demande ». Il implique donc à nouveau l'adhésion à la loi de Say, « postulat d'Euclide » (l'expression est de Keynes) de la macroéconomie classique. Toute la construction monétariste est donc fondée sur un cadre analytique volontairement antikeynésien.

Logiquement, les résultats du modèle sont alors nécessairement classiques, conduisant à une condamnation de l'interventionnisme étatique, au nom de l'optimalité de l'économie de marché, et de l'inefficacité des politiques économiques. Précisément, le chômage « naturel » est défini comme un chômage **volontaire** (d'équilibre concurrentiel du marché du travail), et **structurel**. Présenter les politiques économiques keynésiennes comme étant animées de la volonté, non pas de réduire un chômage **involontaire** excessif, mais de réduire un chômage **volontaire naturel**, conduit logiquement à démontrer leur illégitimité, leur inutilité (puisque le chômage est volontaire), et leur inefficacité (puisque le chômage est naturel).

B - ... qui peut être contesté sur la base d'une lecture renouvelée du keynésianisme

Précisément parce que les conclusions monétaristes se basent sur la remise en forme d'une macroéconomie d'inspiration classique, elles ne peuvent être acceptées comme allant de soi et comme étant les conséquences incontournables du constat de l'instabilité des courbes de Phillips, qu'à la condition d'adhérer à la représentation classique.

Or, si la rupture du cycle productivité-profits élevés-pouvoir d'achat croissant, typique de la régulation « fordiste » des Trente Glorieuses, et une contrainte extérieure croissante ont remis en cause la validité du remède keynésien traditionnel, il n'est pas impossible de penser qu'elle puisse conduire à un renouvellement de l'approche de l'intervention étatique, dans un sens qui lui demeure favorable.

C'est ce à quoi s'attachent les économistes post-keynésiens (Joan Robinson, Paul Davidson), qui considèrent l'inflation comme le résultat de déséquilibres structurels dans la répartition de la valeur ajoutée, et pour lesquels une politique de lutte contre le chômage (involontaire) demeure possible sans aggraver nécessairement l'inflation, pour peu qu'elle soit accompagnée de politiques de revenus adaptées : « nous ne pouvons être sûrs que tout ce qui soulage du chômage aggrave nécessairement l'inflation. Nous ne devons même pas être sûrs que combattre le chômage au moyen de politiques budgétaires ou monétaires doive nécessairement causer plus d'inflation ».

Ceci n'est qu'un exemple : de nombreux économistes d'inspiration keynésienne ont contribué au renouvellement de cette doctrine, et à la réhabilitation de l'utilisation des politiques économiques dans la lutte contre le chômage, au lendemain de la « contre-révolution » monétariste : c'est par exemple le cas des économistes de la « nouvelle école keynésienne » (voir chapitre 9).

DOCUMENT COMMENTÉ N° 2

L'instabilité des courbes de Phillips (1965 - 1996)

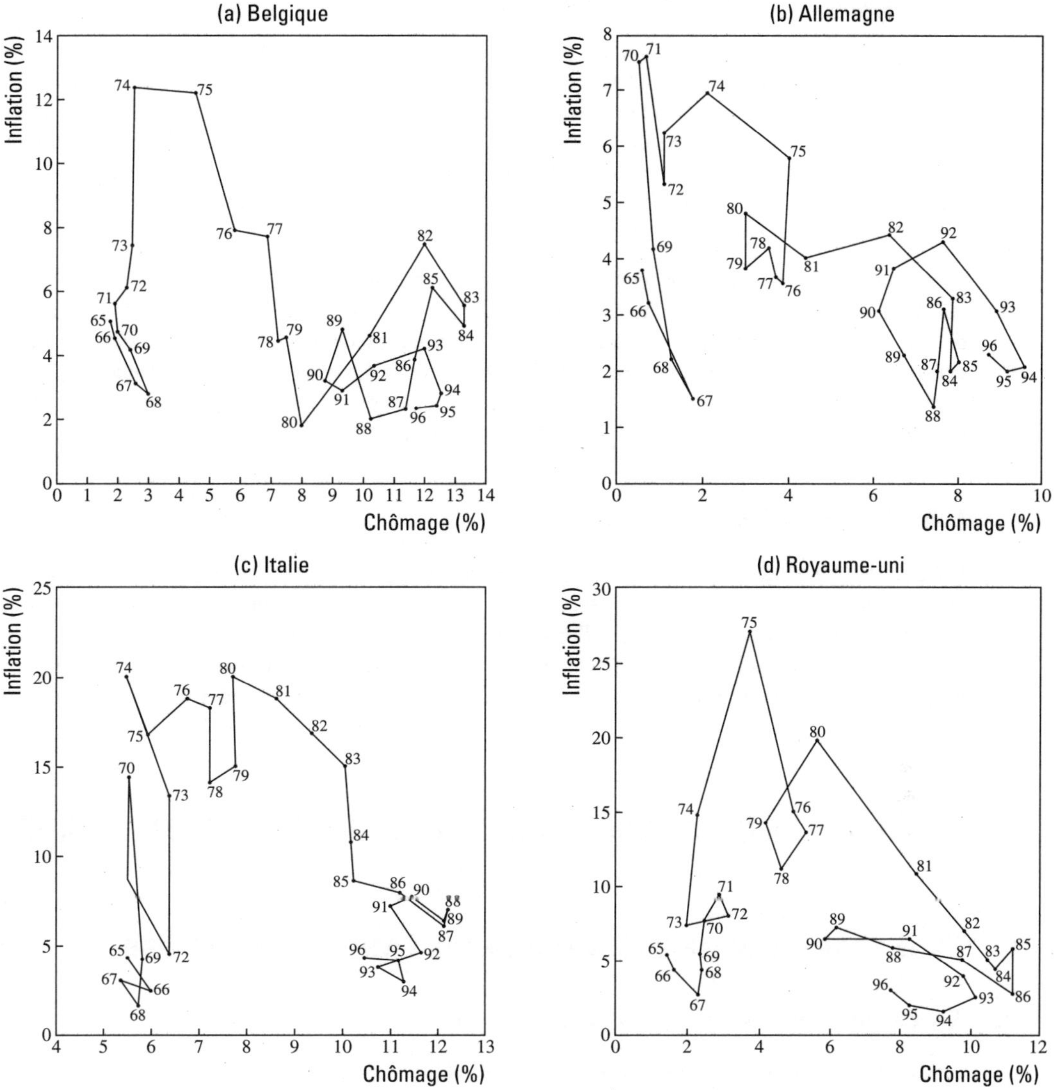

Source : FMI, OCDE.

PRÉSENTER LE DOCUMENT

Les graphiques ci-dessus figurent, pour quatre pays européens, les relations entre inflation et chômage du milieu des années 60 au milieu des années 90. Ils doivent par conséquent permettre de repérer l'évidence empirique de l'instabilité des courbes de Phillips au tournant des années 80, et d'analyser leur comportement récent depuis la mise en œuvre des politiques de désinflation.

ANALYSER LE DOCUMENT

On remarque que la courbe de Phillips a cessé de se vérifier à la fin des années 60 : pour les quatre pays étudiés, les points 65 à 67 respectent la pente décroissante témoignant d'un arbitrage inflation/chômage, prolongeant la situation qui prévalait au cours des années 50 et 60. À partir de 1967-1968, la liaison est rompue, et on voit l'inflation accélérer fortement jusqu'au milieu des années 70, sans que le taux de chômage se réduise.

À partir du milieu des années 70 jusqu'au milieu des années 80, la relation décroissante semble rétablie, à un niveau d'inflation plus élevé, mais est parcourue dans le sens de moins d'inflation et davantage de chômage : la mise en œuvre de politiques de désinflation, sous l'influence de l'explication monétariste des courbes de Phillips, a eu un coût « réel », qui peut d'ailleurs s'expliquer dans le cadre de la thèse monétariste, laquelle joue alors de manière symétrique : une désinflation sous-estimée (le niveau effectif de l'inflation *ex post* s'avérant inférieur au niveau anticipé *ex ante*) peut conduire à une réduction de l'offre de travail et du niveau d'emploi.

Cette hausse du chômage consécutive à la mise en œuvre de politiques de désinflation ne s'avère pas temporaire. La relation inflation/chômage qui apparaît au cours des années 1985-1995 témoigne de l'entrée dans un nouveau régime macroéconomique associant faible inflation et fort niveau de chômage, comme si l'augmentation du chômage au cours des années 1980-1990 avait augmenté son niveau « naturel » : ce sont les effets d'hystérèse que certains économistes de la nouvelle école keynésienne s'efforcent de mettre en relief (*cf.* chapitre 9).

COMMENTER LE DOCUMENT

Il s'agit de revenir dans le commentaire sur les courbes de Phillips, leur rôle et leur utilisation, puis les critiques qui leur ont été adressées lors de l'émergence du phénomène de stagflation. Le commentaire doit se fonder sur des aller-retour entre des explications théoriques (de la construction de Friedman par exemple) et les illustrations empiriques qui peuvent en être fournies par les graphiques à commenter. Le tout doit être structuré logiquement, et répondre à la question.

Arbitrage inflation/chômage : de la stagflation à la déflation ?

I - LA DISPARITION DE L'ARBITRAGE INFLATION/CHÔMAGE

A - La courbe de Phillips et son instabilité

– la courbe de Phillips : origine, fondement, utilisation

– son instabilité : stagflation. Évidence empirique : 1968-1975 sur les graphiques

B - L'explication monétariste

– la courbe de Phillips augmentée des anticipations

– le taux de chômage naturel

– courbes de Phillips de court terme et droite de Phillips de long terme

– retour pour éclairage sur l'évidence empirique 1968-1975.

II - LES POLITIQUES DE DÉSINFLATION ET LEURS CONSÉQUENCES

A - LE COÛT RÉEL DE LA DÉSINFLATION

– politiques de l'offre et politiques de désinflation
– le coût réel de la désinflation dans la problématique monétariste
– évidence empirique : 1975-1985 (parcours d'une courbe de Phillips plus élevée, dans le sens davantage de chômage pour moins d'inflation)

B - LE RÉGIME MACROÉCONOMIQUE DES ANNÉES 90 : CROISSANCE FAIBLE ET CHÔMAGE ÉLEVÉ, DÉSINFLATION CONTINUE

– l'élévation du niveau de chômage d'équilibre : évidence empirique (1985-1995)
– les explications théoriques : un chômage durablement plus élevé que le chômage d'équilibre élève à son tour ce dernier (hystérèse)
– la stabilité d'un tel régime : de la désinflation à la déflation ?

QUESTION DE RÉFLEXION CORRIGÉE

Pourquoi et dans quelle mesure la lutte contre l'inflation est-elle devenue l'objectif prioritaire des gouvernements des pays occidentaux au cours des années 80 ?

ANALYSER LA QUESTION

DÉFINIR PRÉCISÉMENT LA QUESTION POSÉE

La question est explicitement posée : il suffit par conséquent de bien penser à peser chacun des termes employés, et à vérifier qu'il n'y a pas de questions implicites supplémentaires. Ici, le sujet concerne donc les politiques de désinflation, et il y a deux sous-questions posées : pourquoi ? et dans quelle mesure ? L'expression « dans quelle mesure ? » appelle en général des réponses nuancées ; il faut, précisément, « mesurer » son jugement : par certains aspects « oui », par d'autres « non ». Si l'énoncé avait été « démontrer que les politiques de lutte contre l'inflation sont devenues prioritaires », seuls les arguments du « oui » auraient pu être présentés.

On remarque aussi que la question ne porte pas en tant que telle sur les politiques de lutte contre l'inflation, mais sur le fait de savoir pourquoi et *dans quelle mesure* elles sont devenues des objectifs *prioritaires*. Sous entendu : il peut y avoir d'autres objectifs (on pense, évidemment, au chômage) mais la lutte contre l'inflation a pu être jugée *prioritaire* : pourquoi ? dans quelle mesure est-ce vrai ?

La question pourrait donc être reformulée, sans la travestir : *pourquoi et dans quelle mesure la priorité a été accordée à la lutte contre l'inflation plutôt qu'à la lutte contre le chômage ?*

DÉLIMITATION DU SUJET

Elle est là aussi explicite : la question concerne « les pays occidentaux », et « les années 80 ». Cela n'interdit pas d'évoquer d'autres périodes (les Trente Glorieuses, les années 90), mais de ne pas en faire le cœur du développement. Cela implique aussi de ne pas se limiter à l'exemple de la France, ou de l'Europe, mais à convoquer l'expérience de tous les pays occidentaux (et d'eux seuls). Nous verrons que ce sera précisément un moyen de nuancer la réponse. Notons enfin l'expression « au *cours* des années 80 » : la priorité a pu être affichée progressivement. Pensons à l'expérience française de relance de 1981. Si le sujet avait été « pourquoi et dans quelle mesure la politique de lutte contre l'inflation est-elle devenue l'objectif prioritaire à *l'aube* des années 80 ? », elle aurait été convoquée dans le camp du « non ». Ce n'est plus nécessairement le cas, nous le verrons, si l'on s'attache à ce qui s'est passé « au cours » des années 80.

Contenu à mobiliser

Il faudra faire référence à des éléments théoriques et empiriques. Schématiquement, les points suivants devront être mentionnés :

Pourquoi ? : (1) sous l'influence théorique de la contre-révolution monétariste, et donc à l'issue de l'explication qu'elle fournit de l'instabilité constatée des courbes de Phillips, et de la condamnation qu'elle en infère des politiques de régulation conjoncturelle et de lutte contre le chômage ; (2) en raison de l'évidence empirique d'une inflation devenant « galopante », et se présentant dès lors, en dehors de toute nécessité d'influence doctrinale, comme un danger majeur, et donc comme un objectif à traiter en priorité ; (3) plus tard en raison des stratégies de « désinflation compétitive ».

Dans quelle mesure ? : essentiellement des éléments empiriques, en pensant à la nécessité de nuancer le jugement. Oui : les PDEM réagissent au second choc pétrolier par une inversion brutale de leurs priorités macroéconomiques. Expérience Thatcher au Royaume-Uni et Reagan-Volcker aux États-Unis. Non : expérience française, la conversion aux politiques de lutte contre l'inflation a été plus tardive ; expérience américaine après 1982 et surtout depuis 1992, où il semble bien que la politique de lutte contre le chômage soit redevenue prioritaire. Ne pas oublier non plus de mentionner que, pour prioritaire qu'elle fût peut-être, la politique de lutte contre l'inflation fut accompagnée d'autres politiques, notamment des politiques dites « de l'offre ». Cela peut conduire aussi à nuancer le jugement.

Penser à terminer par une référence *ex post* : qu'en est-il aujourd'hui : les politiques de lutte contre l'inflation sont maintenues en Europe alors que, manifestement, l'inflation n'est plus un danger majeur. D'une priorité, la lutte contre l'inflation serait-elle devenue l'unique objectif de la politique macroéconomique ?

CONSTRUIRE UNE RÉPONSE

Introduction

L'introduction à trois fonctions essentielles : elle doit présenter le sujet (c'est-à-dire la manière dont vous allez l'appréhender : quelles sont les questions auxquelles ce sujet invite à répondre ?), exposer la problématique (quelle sera votre démonstration, et quelles seront les articulations logiques qui la structureront ?) et annoncer le plan qui décline cette problématique.

Elle peut se construire de la manière suivante.

1 - Accroche : citation ou actualité.

« Depuis quelques années, le débat autour des politiques macroéconomiques, et de la pertinence de leur orientation résolument anti-inflationniste, est réapparu. »

2 - Présentation du sujet et de la question choisie

C'est la partie fondamentale de l'introduction : il faut énoncer le sujet, préciser la question exacte que l'on va se poser (l'aspect du sujet que l'on a choisi de traiter), le borner (en précisant les termes, éventuellement les périodes historiques que le sujet concerne (ce n'est pas le cas ici) ; bref : définir les frontières de son enquête.

Exemple

« Depuis quelques années, le débat autour des politiques macroéconomiques, et de la pertinence de leur orientation résolument anti-inflationniste, est réapparu. Pourtant, très longtemps, au lendemain de la Seconde Guerre mondiale, et sous l'influence de l'expérience traumatisante de la crise des années 30, l'inflation fut considérée comme un « mal » nécessaire, comme le prix à payer pour atteindre des niveaux d'activité maximum. Cette idée était étayée par la mise en évidence, par l'économiste Phillips, d'une relation empirique, stable sur la longue période, et décroissante, entre le taux de chômage et le taux d'inflation. Dès lors que la lutte contre le chômage faisait l'objet d'un consensus quasi absolu, il en était déduit la nécessité de s'accommoder, à cette fin, d'un niveau minimum d'inflation des prix. L'entrée dans la crise actuelle, au tournant des années 70, a considérablement modifié la donne, et conduit à des changements substantiels dans l'orientation et les pratiques des politiques économiques des pays occidentaux, qui ont à nouveau considéré qu'une lutte résolue contre l'inflation était un passage obligé et prioritaire. Ce choix est aujourd'hui à nouveau remis en cause, et très souvent jugé comme s'étant finalement soldé par un échec.

Pour enrichir ce débat, qui va continuer d'être alimenté dans les années à venir, il peut être intéressant de se demander pourquoi un tel choix, celui d'une lutte prioritaire contre l'inflation, a pu être fait dans les pays occidentaux au cours des années 80. Nous verrons que les arguments en sa faveur ne manquaient pas, tant au niveau empirique que doctrinal. Mais nous verrons aussi que ce choix a été appliqué, dans les différents pays occidentaux, de manière moins uniforme qu'on ne le pense parfois. D'une part la politique de lutte contre l'inflation a souvent été accompagnée, lorsqu'elle était effectivement mise en œuvre, d'autres types de politiques économiques, de nature structurelle, visant à continuer de traiter de la question du chômage, mais par d'autres moyens; d'autre part, certains pays ont pu restaurer l'ordre initial de leurs priorités, et replacer la lutte contre le chômage au cœur de leur dispositif de politique économique.

Finalement, si la lutte contre l'inflation est effectivement devenue un objectif prioritaire de politique économique dans les pays occidentaux, ce n'est pas sans raison et sans fondement, et avec parfois plus de mesure qu'on ne l'imagine. Cela ne clôt évidemment pas le débat et il demeure pertinent de s'interroger, pour les années qui viennent, sur la pertinence d'une telle hiérarchie des objectifs macroéconomiques, si elle est avérée. »

3 - Présentation du plan

Nous verrons dans un premier point que l'orientation résolue, adoptée progressivement par l'ensemble des pays occidentaux au cours des années 80, en faveur de la lutte contre l'inflation était un choix à la fois raisonnable (l'inflation était devenue « galopante ») et rationnel (sous l'influence de la doctrine monétariste). Nous évaluerons ensuite dans quelle mesure ce choix demeure fondé dès lors que les circonstances qui l'ont justifié ont disparu.

Proposition de plan

I - LES RAISONS DE LA MISE EN ŒUVRE DES POLITIQUES DE LUTTE CONTRE L'INFLATION

A - Les violentes tensions inflationnistes des années 70...

Les chocs pétroliers viennent déstabiliser durablement le régime d'inflation, qui devient « galopante ».

Les politiques économiques n'arrivent plus à réguler ces tensions (expérience consécutive au premier choc pétrolier), qui font craindre le basculement dans un régime « d'hyper-inflation ».

La réponse au second choc pétrolier va donc être différente : les gouvernements occidentaux vont progressivement choisir de redéfinir leurs objectifs de politique macroéconomique et d'accorder la priorité immédiate à la lutte contre la dérive inflationniste.

B - ... CONDUISENT À UNE RÉORIENTATION DES POLITIQUES MACROÉCONOMIQUES

Les politiques mises en œuvre : (1) lutte contre toutes les sources d'inflation : par les coûts (pression sur les salaires ; réorientation du partage de la valeur ajoutée) ; par la demande (plans de rigueur) ; monétaire (politique monétaire restrictive), (2) le sont progressivement dans tous les pays : expérience Thatcher ; expérience Reagan ; l'expérience française de relance (1981) et le « virage de la rigueur » (1982-1983).

C - ... SOUS L'INFLUENCE DOCTRINALE DE LA « CONTRE-RÉVOLUTION MONÉTARISTE »

Ce changement de priorité dans les objectifs de politique économique trouve une justification théorique dans le renouveau monétariste.

Dans la problématique keynésienne, l'inflation était d'autant plus tolérable qu'elle s'accompagnait d'un chômage peu élevé : c'était le message de la courbe de Phillips.

La lutte contre l'inflation est d'autant plus facile à admettre, inversement, que les très hauts niveaux d'inflation des années 70 s'accompagnent, non pas d'une décrue du chômage, mais de son augmentation : il y a stagflation.

Les monétaristes expliquent ce phénomène comme étant la conséquence des politiques macroéconomiques passées, qui ont pu donner l'illusion temporaire de leur efficacité, mais s'avèrent finalement incapables d'influencer l'économie « réelle », et profondément déstabilisatrices, en créant une violente inflation. Il n'y a dès lors plus d'autre choix que de réduire l'intervention de l'État et de se donner comme objectif le retour à de bas taux d'inflation.

Et de compléter cette action par des politiques de lutte contre le chômage non plus conjoncturelles (relance de la demande globale) mais structurelles (politiques d'offre visant à améliorer la compétitivité et la rentabilité des firmes) : la politique de lutte contre l'inflation est l'objectif prioritaire, mais pas unique.

Ces idées sont en particulier portées par des gouvernements « libéraux », tels ceux de Margaret Thatcher au Royaume-Uni ou Ronald Reagan aux États-Unis, qui se font élire sur un programme ouvertement antikeynésien.

II - LES POLITIQUES DE LUTTE CONTRE L'INFLATION : DE LA RAISON AU DOGMATISME ?

A - DE LA DÉSINFLATION À LA DÉSINFLATION COMPÉTITIVE : UN BLOCAGE DES ORIENTATIONS...

La désinflation est avérée dès le milieu des années 80, où l'inflation retrouve, dans la plupart des pays occidentaux, ses niveaux d'avant les chocs pétroliers.

Pourtant la priorité accordée à cette lutte demeure, en Europe, et en particulier en France : elle est désormais conçue comme un moyen d'œuvrer à la compétitivité de l'économie, et donc à l'amélioration de la situation de l'emploi par l'intermédiaire des gains à l'exportation qu'elle autorise.

C'est un tel choix qui est aujourd'hui remis en cause

B - ... QU'A SU ÉVITER L'ÉCONOMIE AMÉRICAINE AU COURS DES ANNÉES 80

Dès 1982, le gouvernement Reagan a, dans les faits, remis au cœur de ses objectifs (1) la lutte contre le chômage, (2) témoignant de la préférence collective des américains en faveur de l'emploi, (3) et, probablement, des marges de manœuvre plus grandes dont dispose l'économie américaine, qui peut s'affranchir plus facilement de la contrainte extérieure.

Ce choix a depuis lors été maintenu, et caractérise notamment, depuis 1992 la politique menée par l'administration Clinton et le gouverneur de la banque centrale américaine, Alan Greenspan.

CONCLUSION

La conclusion a deux fonctions : elle fait le bilan du devoir en répondant à la question posée, et elle propose un élargissement du sujet.

Exemple

La conversion en faveur de la lutte contre l'inflation, dans la plupart des pays occidentaux, a témoigné du violent rejet dont ont été l'objet les politiques macroéconomiques keynésiennes au tournant des années 80 devant le constat de leur incapacité à conjurer la crise. Abstraction faite de l'influence doctrinale de la contre-révolution monétariste et libérale, un tel choix ne manquait pas par ailleurs de fondement, et la lutte contre l'inflation pouvait difficilement ne pas apparaître comme une priorité à un moment où les dangers d'un basculement dans un régime d'hyper-inflation n'étaient pas écartés. La question demeure de savoir si cette priorité doit aujourd'hui être maintenue. Les États-Unis ont depuis longtemps retrouvé leur arbitrage initial en faveur de l'emploi, témoignant de ce que les choix occidentaux en matière de politique économique ont été moins collectifs et unanimes qu'on ne le pense souvent. L'expérience comparée des États-Unis et de l'Europe au cours de la décennie qui s'achève peut ainsi conduire à rappeler que l'art de la politique économique est aussi celui de l'adaptation aux circonstances.

QUESTION DE RÉFLEXION PROPOSÉE

Commenter cette phrase de Georges Pompidou : « mieux vaut l'inflation que le chômage »

ANALYSER LA QUESTION

Georges Pompidou a été premier ministre du général De Gaulle, puis président de la République (1969-1974).

Cette citation témoigne de l'attitude répandue durant les Trente Glorieuses, parmi les responsables de politique économique, consistant (1) à privilégier l'objectif de plein emploi sur celui de stabilité des prix ; (2) à voir même dans l'acceptation d'un certain niveau d'inflation, le « coût » à payer pour atteindre l'objectif de plein-emploi.

Elle nous rappelle ce que Nixon affirmait par ailleurs : « nous sommes tous des keynésiens ! ». La période des Trente Glorieuses est une période d'unanimisme et de consensus en matière de politique macroéconomique, période au cours de laquelle les économistes et les hommes politiques qu'ils influencent, quelles que soient leurs orientations (Nixon est un républicain, Pompidou un gaulliste), sont persuadés de connaître enfin le « bon modèle » de l'économie, et d'avoir définitivement trouvé par son intermédiaire les recettes permettant de réguler de manière optimale les systèmes économiques. À l'intérieur de ce consensus se trouve, précisément, la croyance dans l'existence d'un arbitrage entre inflation et chômage.

Ce consensus va voler en éclat à l'occasion de l'entrée des pays industrialisés dans la crise des années 70, tant dans le domaine théorique avec l'émergence de la contre-révolution classique, que dans le domaine de la politique économique avec la mise en œuvre de politiques résolument libérales au cours des années 80.

RECENSER LES ASPECTS À ÉTUDIER

– la courbe de Phillips et l'arbitrage inflation/chômage ;
– les politiques de réglage fin de la conjoncture et leur succès ;
– l'apparition de la stagflation et la critique monétariste.

DÉFINIR LES ARTICULATIONS

Proposition

- **Orienter le devoir** autour de la manière dont les consensus en matière de politique économique se forment : l'explication keynésienne convaincante de la prospérité des Trente Glorieuses conduit les hommes politiques, de droite comme de gauche, à être « keynésiens », à privilégier l'emploi sur la stabilité des prix, à croire dans les vertus de l'intervention étatique et dans la possibilité de piloter au plus près la conjoncture. Le déclenchement de la crise fait exploser ce consensus, et l'explication qu'en fournissent les monétaristes déclenche rapidement une conversion, tout aussi consensuelle que l'était l'adhésion aux politiques keynésiennes, en faveur des pratiques libérales et monétaristes (lutte contre l'inflation, austérité budgétaire, politiques de l'offre).
- **Nourrir le devoir** avec l'explication des fondements, de l'origine et de l'utilisation des courbes de Phillips ; de la stagflation et de l'argumentaire monétariste.

PARTIE 4

LA MACROÉCONOMIE CONTEMPORAINE

Les années 70 se terminent sur un constat analytique clair : **les schémas traditionnels s'avèrent insuffisants et de nouvelles perspectives** — sans doute vaut-il mieux dire paradigmes ? — **sont nécessaires**. Si le raisonnement macroéconomique simplement appuyé sur des quantités globales a été satisfaisant pour la compréhension de la grande crise des années 30 et les équilibres macroéconomiques des Trente Glorieuses, il n'en est plus de même aujourd'hui. Les années 80 et 90 sont caractérisées notamment par une succession de chocs sur l'offre et la demande globales, une certaine impuissance à mettre en œuvre des politiques économiques efficaces, des réactions moins mécaniques et particulièrement complexes à percevoir des agents économiques, des trajectoires plutôt aléatoires vers l'équilibre.

Dès le début des années 70, la macroéconomie keynésienne, c'est-à-dire **l'orthodoxie « hicksienne »** (IS-LM), dite aussi synthèse néoclassique, **s'est affaiblie**. E. Phelps (*Seven Schools of Macroeconomic Thought,* Oxford University Press, 1990), par exemple, distingue maintenant sept grandes écoles de macroéconomie. Le problème n'est pas ici l'histoire des idées. Donc, on se contentera de dire pourquoi aujourd'hui l'analyse se concentre autour de **deux grands pôles** qu'on caractérise comme « nouveau classique » et « nouveau keynésien ».

La convergence de deux obstacles

Le premier est d'ordre théorique ou conceptuel, c'est-à-dire l'insuffisance de fondements microéconomiques. Le second se situe à un niveau plus pratique ; il s'agit de l'intégration effective des anticipations dans les décisions des agents économiques.

Dès la publication de la *Théorie générale,* les premières critiques ont porté sur **le flou des fondements microéconomiques**. Par exemple, W.W. Léontief, dans son compte rendu de 1936, observe que le chômage involontaire de Keynes est difficilement compatible avec l'hypothèse d'un comportement rationnel puisqu'il renvoie en dernier ressort à une « illusion monétaire ». Dans le même ordre d'idées, Hicks soutient que le principal obstacle au développement de la théorie monétaire (ici la préférence pour la liquidité) réside dans la difficulté à faire le lien avec la théorie microéconomique de la valeur.

Par la suite, ces critiques ne sont pas restées lettres mortes mais ne sont jamais devenues un programme de recherches en tant que tel. Par exemple, l'approfondissement de la fonction de consommation est fondamentalement une explication des comportements individuels compatibles avec une relation globale reliant la consommation et le revenu : revenu relatif de J. Duesenberry, revenu permanent de M. Friedman, cycle de vie de F. Modigliani. Le livre important de D. Patinkin, *Monnaie, intérêt et prix* (1955), a pour objectif principal l'intégration de la théorie monétaire dans la théorie générale de la valeur. Mais, pour le marché du travail, la référence reste celle de marchés qui retournent à l'équilibre (qui se « vident ») et la macroéconomie keynésienne traite fondamentalement de déséquilibres, c'est-à-dire d'un système de marchés qui n'atteignent pas complètement l'équilibre.

Cela étant, la perspective n'est pas tout à fait satisfaisante car elle repose pratiquement toujours sur des hypothèses implicites particulièrement vagues. Que mettre vraiment sous les « rigidités » nuisant à l'efficacité du système économique : sont-elles institutionnelles ? comportementales ?... etc. Pour éviter d'en rester à l'altération des hypothèses microéconomiques traditionnelles, il faut :

- soit maintenir par principe le mécanisme de marchés qui se « vident », ou de prix flexibles, et réexpliquer dans ce cadre contraignant la complexité des équilibres macroéconomiques. C'est la direction prise par la nouvelle macroéconomie classique (NMC) ;
- soit abandonner les marchés concurrentiels et rechercher des fondements microéconomiques de concurrence imparfaite aux trop fameuses « rigidités », notamment sur le marché du travail. C'est le chemin emprunté par la nouvelle macroéconomie keynésienne (NMK).

Il y a un deuxième obstacle, d'ordre pratique, à prendre en compte. D'une façon très générale, Keynes ne développe jamais une théorie systématique de l'inflation même s'il n'ignore pas complètement cette question. Soit il adapte l'explication quantitativiste traditionnelle *(La réforme monétaire*, 1923), soit il s'en remet à une macroéconomie assez sommaire, celle de l'écart inflationniste (*Comment payer la guerre*, 1940). Ce faisant, les économistes keynésiens ont considéré la courbe de Phillips comme une véritable aubaine. Car, grâce à des hypothèses simples, elle est le maillon manquant à leur macroéconomie.

Malheureusement, dès le début des années 70, une courbe de Phillips stable apparaît mal à partir des données d'observation. Un taux d'inflation plus élevé est le plus souvent corrélé avec un chômage qui s'accroît. E. Phelps (« Nouvelle microéconomie de l'inflation et de la théorie de l'emploi » (1969) in G. Abraham-Frois & F. Larbre (trad. fr.), *La macroéconomie après Lucas,* Economica, 1998, p. 39-45) et M. Friedman (« Le rôle de la politique monétaire » (1968) in G. Abraham-Frois & F. Larbre (trad. fr.), *op. cit.*, p. 19-37) montrent rapidement que le débat autour de l'arbitrage inflation-chômage, crucial pour la détermination des politiques économiques, repose sur la question fondamentale des anticipations et qu'il doit être revisité de manière radicale. La NMC développe une théorie des anticipations rationnelles, qui aujourd'hui est largement tombée dans le fonds commun de toutes les macroéconomies. La NMK utilise aussi cette théorie de l'anticipation mais aboutit à des résultats très différents.

Un point fixe

Le raisonnement macroéconomique se renouvelle en abandonnant le principe du « *no-bridge* »[1], formule utilisée dans *L'économique*, le célèbre manuel de P. Samuelson. Dans cette direction, la question des anticipations joue un rôle fondamental. Les deux cadres d'analyse, la microéconomie et la macroéconomie, que tout oppose n'ont plus d'intérêt en tant que tels. Au contraire, il faut aller vers une synthèse en approfondissant de manière systématique **la recherche de fondements microéconomiques aux agrégats macroéconomiques**. Mais cela doit être entendu de manière correcte. Aucun économiste ne soutient sérieusement aujourd'hui qu'une théorie économique ne vaut que parce qu'elle s'appuie sur des bases microéconomiques parfaitement explicites. Il faut donc préciser en trois temps les définitions nécessaires.

1. La microéconomie s'interprète comme une manière d'étudier l'activité économique, dans laquelle :

- le comportement des agents individuels est considéré comme rationnel et est modélisé comme le résultat de problèmes d'optimisation sous contrainte ;
- les actions des agents individuels prennent la forme d'un équilibre. (L'analyse microéconomique se résoud dans la théorie de l'équilibre général selon laquelle des prix flexibles permettent de déterminer un équilibre entre les courbes d'offre et de demande sur des marchés concurrentiels.)

2. La macroéconomie renvoie à deux éléments complémentaires :

- les « phénomènes » macroéconomiques décrivent une série de faits globaux stylisés, à partir de variables agrégées telles que le revenu, le taux d'intérêt, l'investissement, etc.
- la « théorie » macroéconomique étudie les relations qu'il est possible d'établir entre ces variables, comme la demande effective et le niveau de l'emploi, relations qui ne reposent sur aucune base microéconomique claire.

3. L'approche par les fondements micro de la macroéconomie se comprend comme :

- soit la volonté d'utiliser les méthodes de la microéconomie pour comprendre des phénomènes macroéconomiques (c'est le point de vue de la NMC) ;
- soit la poursuite des conditions dans lesquelles la théorie macroéconomique serait compatible avec des principes microéconomiques explicites (c'est le chemin emprunté par la NMK).

Les nouvelles macroéconomies, classique et keynésienne, **se confondent dans une problématique commune**. Voilà pourquoi D. Colander (*Beyond Microfoundations : Post Walrasian Macroeconomics*, Cambridge University Press, 1996) parle d'une macroéconomie post walrasienne. Mais les étiquettes tirées de la tradition demeurent puisqu'**on oppose toujours**, sans doute trop facilement, **les références classique et keynésienne**. Elles ont l'avantage d'être immédiatement acceptables mais sont approximatives. Ce sont des principes d'analyse plutôt que des catégories rigoureuses produites par l'évolution des idées économiques.

- Tout d'abord, **ce sur quoi tout le monde s'accorde**. Pour la NMC comme pour la NMK l'ajustement macroéconomique est un processus d'équilibrage par les marchés et par les prix (des produits, du travail, de la monnaie et des titres financiers). Mais l'efficacité de l'explication oblige à prendre en compte des marchés sous une forme plus réaliste que le schéma standard traditionnel. En effet, toutes les macroéconomies contemporaines admettent l'hypothèse d'une information imparfaite et en conséquence se doivent d'intégrer des phénomènes d'anticipation, essentiellement grâce à l'hypothèse d'anticipations rationnelles.

---

1. **« *No-bridge* » :** principe posant que l'analyse économique se scinde en deux champs radicalement séparés, la microéconomie étudiant la formation des prix, l'équilibre des marchés et l'allocation des ressources (autrefois dite théorie de la valeur) et la macroéconomie rendant compte d'une mécanique globale de flux monétaires (ou circuit économique).

- Mais **des divergences existent nettement**. Pour les nouveaux classiques, les prix restent flexibles et jouent leur rôle traditionnel dans des marchés concurrentiels. Le retour à l'équilibre est organisé car l'anticipation est rationnelle et les marchés se « vident » systématiquement. La NMC se réfère méthodiquement à un cadre d'équilibre général et rejette l'idée de prix rigides tant que les raisons de cette fixité ne sont pas clairement énoncées. L'équilibre est concurrentiel et les prix sont flexibles... faute de mieux sur le plan de la méthode ! Inversement, les nouveaux keynésiens, même s'ils admettent l'hypothèse d'anticipation rationnelle comme un instrument d'analyse au service de tous, prennent les prix fixes, échelonnés, à ajustement lent, etc., au sérieux car les difficultés de fonctionnement des marchés sont des éléments fondamentaux de leurs structures naturelles (asymétrie d'information, conditions complexes de la concurrence, etc.) et non simplement des imperfections (des « frottements », des « bruits », etc.) liées à la pratique concrète des marchés. Les fondements microéconomiques de concurrence imparfaite sont un point de départ et non un écart par rapport à une norme. Les nouveaux keynésiens souhaitent explorer le champ des contraintes macroéconomiques générées par des rigidités impliquées rationnellement par la mécanique de marchés fonctionnant en information imparfaite. Particulièrement, il en découle que l'équilibre concurrentiel n'est pas unique et que l'ajustement par le marché ne donne aucun moyen de choisir entre ces divers équilibres sans ajouter un élément extérieur (des conventions, des institutions, l'intervention de l'État, etc.). Cette indétermination oblige à comprendre les « échecs de la coordination ».

9

LA NOUVELLE MACROÉCONOMIE CLASSIQUE

La remise en cause du monétarisme a débouché sur une « révolution », celle des anticipations rationnelles. À l'origine, cette nouvelle macroéconomie classique (NMC) se présente comme une critique et un prolongement de l'analyse monétariste. Mais, sur cette lancée, par sa dynamique propre, elle devient beaucoup plus que cela en reformulant pratiquement toutes les grandes questions du débat macroéconomique contemporain : l'équilibre à court terme, l'évaluation des politiques conjoncturelles, les fluctuations et la croissance économiques.

Il faut retenir dès maintenant que le recours à l'**hypothèse d'anticipations rationnelles** (HAR) est nécessaire mais pas suffisant pour caractériser à lui tout seul le point de vue « nouveau classique ». La référence à des **prix flexibles** et des marchés qui se « vident », ou qui retournent systématiquement à l'équilibre, est un élément beaucoup plus déterminant pour la compréhension des résultats obtenus.

BIBLIOGRAPHIE DU CHAPITRE

G. Abraham-Frois & F. Larbre, *La macroéconomie après Lucas*, Économica, 1998.

M. Dévoluy, *Théories macroéconomiques, fondements et controverses*, A. Colin, collection U, 1998, chapitre 6.

R. Snowdon, H. Vane & P. Wynarczyk, *La pensée économique contemporaine*, trad. fr. Ediscience-International, 1997, chapitres 5 et 6.

K.-D. Hoover, *New Classical Macroeconomics*, Blackwell Publishers, 1995.

H. Lamotte & J.-Ph. Vincent, *La nouvelle macroéconomie classique*, PUF, Que-sais-je ?, 1993.

E. Phelps, *Seven Schools of Macroeconomic Thought*, Oxford University Press, 1990, chapitre 3.

S.-M. Sheffrin, *Les anticipations rationnelles*, trad. fr. Économica, 1985.

A

LE POINT DE DÉPART

On se concentrera sur deux propositions qui rassemblent l'essentiel des difficultés rencontrées par l'analyse monétariste.

1 - L'INSUFFISANCE DE L'HYPOTHÈSE D'ANTICIPATIONS ADAPTATIVES

Les anticipations jouent déjà un rôle primordial dans l'analyse macroéconomique. Par exemple, la demande d'encaisses monétaires spéculatives dépend des rendements prévus des titres financiers ; dans un cadre intertemporel, la consommation repose sur le revenu attendu (ou permanent) ; la demande de biens capitaux par les firmes est directement influencée par les profits futurs ; la courbe de Phillips, selon M. Friedman, n'existe que pour un taux donné d'inflation anticipée, etc.

a. L'hypothèse d'anticipations adaptatives (HAA) et ses limites

cf. exercice 9.1

L'HAA, à laquelle ont recours les monétaristes, énonce que **les agents économiques corrigent l'anticipation passée des prix à partir de l'observation de la période courante**. Soit, compte tenu d'un coefficient de correction λ :

$$P^a_t = P^a_{t-1} + \lambda\,(P_t - P^a_{t-1})$$

Sous cette forme, les prix anticipés (P^a_t) à l'époque t pour la suivante $t + 1$ dépendent de l'anticipation des prix à l'époque précédante (P^a_{t-1}), corrigée de l'observation des prix à l'époque présente ($P_t - P^a_{t-1}$), et cela compte tenu d'un coefficient $\lambda < 1$. Autrement dit, les agents économiques révisent sans cesse leurs anticipations mais avec retard. Ils sont toujours à la recherche de la « bonne » prévision. Cette interprétation engendre deux critiques principales :

• D'abord, sauf si des conditions spéciales voire exceptionnelles sont réunies — mais pourquoi le seraient-elles ? —, **des erreurs systématiques de prévision sont commises**. Plus précisément, la correction définitive des anticipations à partir des observations du passé n'intervient jamais. Par exemple, si les prix anticipés sont à 100 et que les prix réalisés passent au niveau 200 en restant par la suite constamment à ce niveau ; pour $\lambda = 1/2$, dans un premier temps, la nouvelle anticipation donne 150, et 175 dans un deuxième temps ; puis 187,5 ; etc. On tend vers 200 mais l'ajustement adaptatif ne donne jamais une anticipation exactement égale à 200. D'une autre façon, si les prix augmentent en continu, les prix anticipés sous-estiment nécessairement ce qui est effectivement réalisé.

• De plus, il y a peu de chances pour que les anticipations obtenues à partir de l'HAA coïncident exactement avec la prévision fournie par **un modèle complet de l'économie** puisque les anticipations adaptatives n'en constituent qu'un aspect. Le comportement des agents, exprimé dans une partie de l'économie, c'est-dire les marchés de produits et du travail toutes choses égales par ailleurs, n'a aucune raison d'être en tout point conforme avec ce que dicte le modèle de l'économie dans sa totalité. Aussi, l'HAA s'interprète vite comme une hypothèse *ad hoc**.

Une hypothèse est dite ***ad hoc***, ou de circonstances, quand son seul usage se justifie par sa capacité... à retomber sur ses pieds.

b. Une éventuelle amélioration

En fait, et ce n'est qu'une évidence, la correction systématique d'erreurs d'anticipation ne se justifie que par la référence à des **« coûts réels » liés à l'obtention de l'information** nécessaire à un tel ajustement. Par exemple, de faibles taux d'inflation induisent sans aucun doute une perte faible en termes de salaire réel laquelle se répercute mollement sur le processus d'anticipation adaptative et n'implique donc aucune volonté fermement affichée d'améliorer la qualité de la prévision par la recherche d'une information plus grande et donc plus coûteuse. Une formulation correcte du processus d'anticipation devrait inclure le rythme de l'inflation, ou tout autre phénomène significatif — on parle parfois d'**un processus adaptatif à plusieurs vitesses** — de telle sorte qu'une correction efficace intervienne. Mais, en procédant ainsi, on ne résoud pas le problème du choix de l'élément caractéristique. Étant *a priori* indéterminé, il a toutes les chances d'être arbitraire car retenu non pas à cause de sa qualité intrinsèque pour le sujet mais du fait de la disponibilité des observations empiriques.

Donc, ces modifications de l'HAA restent toujours *ad hoc* et en outre n'apportent aucune réponse fiable à la deuxième objection : pourquoi les prévisions ainsi construites seraient-elles automatiquement cohérentes avec celles que donnerait le modèle global de l'économie ?

Équilibre partiel et équilibre général. On peut observer une contradiction d'ordre méthodologique dans l'analyse de M. Friedman. Elle se réfère à un cadre d'équilibre partiel, ou si l'on préfère marshallien. La réflexion sur l'arbitrage inflation-chômage s'en remet à une articulation entre marchés des produits (prix relatifs et taux d'inflation) et marché du travail (chômage naturel et salaire réel), pour reprendre la formule consacrée, toutes choses égales par ailleurs. Or, par la suite, M. Friedman donne une définition du chômage naturel qui est inscrite dans un cadre walrasien, c'est-à-dire un schéma généralisé d'interdépendance ne laissant subsister que des limites frictionnelles : « en d'autres termes, le "taux naturel de chômage" est le niveau qui serait produit par un système walrasien d'équilibre général pourvu que celui-ci incorpore les caractéristiques structurelles du marché des biens et du marché du travail, y compris les imperfections, les changements aléatoires de la demande et de l'offre, le coût de la recherche d'information sur les emplois vacants et les disponibilités en main-d'oeuvre, les coûts de mobilité, etc. » (M. Friedman, « Le rôle de la politique monétaire », (1986) in G. Abraham-Frois & F. Larbre, *op. cit.*, p. 27).

2 - L'INSUFFISANCE DE L'AJUSTEMENT MACROÉCONOMIQUE MONÉTARISTE

On met au crédit de M. Friedman et des monétaristes la mise en évidence d'une courbe verticale d'offre globale à long terme, grâce à l'introduction dans le raisonnement macroéconomique d'un taux naturel de chômage. Ce dernier se substitue à la référence keynésienne traditionnelle : le fonctionnement de l'économie au niveau du plein-emploi. La substitution d'un **taux naturel de chômage** écarte toute contrainte macroéconomique sur l'emploi à long terme au profit de fondements microéconomiques découlant des structures du marché du travail. Mais l'élaboration de ce résultat n'est pas satisfaisante au sens où subsistent des incohérences, en particulier dans la démonstration d'une courbe verticale de Phillips à long terme.

a. L'ajustement monétariste

La séquence monétariste. Les ménages (ou salariés) sont victimes d'une illusion monétaire, du moins à court terme, car dans un premier temps ils ont tendance à assimiler la variation du salaire nominal avec son évolution réelle. Inversement, les entrepreneurs échappent à cette erreur de telle sorte qu'ils tirent parti des défauts de jugement de leurs salariés. Du point de vue de M. Friedman, supposons un choc monétaire. Il s'en suit l'enchaînement suivant : l'augmentation de la masse monétaire accroît les prix, baisse le salaire réel et permet une augmentation du produit global, de l'emploi et réduit le chômage. Donc, il y a bien une courbe de Phillips de court terme.
Mais, la persistance de l'inflation finit par déchirer le voile monétaire. Les ménages réalisent leurs erreurs en termes de salaire réel et se lancent, par la revendication salariale, dans un processus de croissance du salaire nominal. Ce dernier a toutes les chances d'aboutir car, l'activité économique augmentant, les entrepreneurs sont moins réticents à accroître les revenus monétaires des ménages.

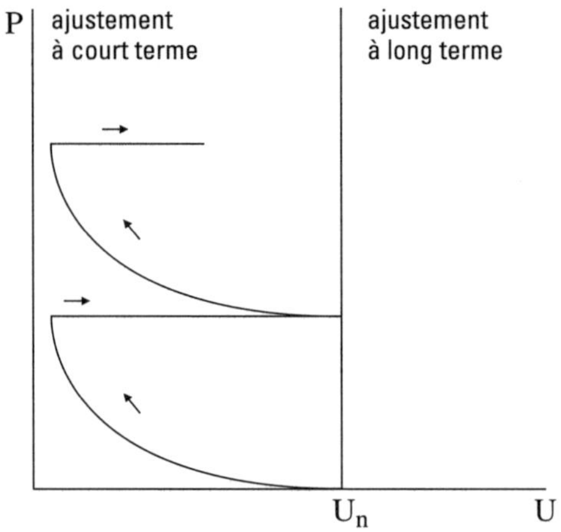

Fig. 1

Le mécanisme monétariste de retour à l'équilibre est décrit par le graphique habituel où U_n donne le chômage naturel, P le niveau des prix et U celui du chômage (*cf.* fig. 1).

L'explication fondamentale de ce retour à l'équilibre macroéconomique repose sur une articulation subtile entre le **court terme** (où les ménages sont victimes d'une illusion monétaire) **et** le **long terme** (où elle finit par disparaître). En quelque sorte, tout le processus est celui d'une adaptation progressive à une situation qui à la fin est clairement perçue. *A priori*, l'HAA semble, d'un point de vue technique c'est-à-dire la formalisation, répondre parfaitement au problème. Est-elle vraiment efficace ? En fait, des contradictions apparaissent assez rapidement surtout si l'on regarde d'un peu plus près la partie gauche du graphique, en l'occurrence l'ajustement de court terme donnant à long terme une situation stable autour du taux de chômage naturel (U_n).

Les différentes parties obliques, courbes de Phillips de court terme, ou compte tenu d'un taux d'inflation anticipé donné, ont ceci de caractéristique qu'elles engendrent un retour à l'équilibre grâce à la flexibilité du salaire réel. Ce sont bien ces variations, telles qu'elles sont perçues par les agents économiques, qui font le niveau de l'activité économique et de l'emploi. On est donc dans le cadre d'une **macroéconomie** que l'on doit dire **à prix flexibles**. Les variations complètes de prix (salaire réel et inflation) ramènent systématiquement en un point d'équilibre qui caractérise le long terme. Et là, les marchés sont parfaitement équilibrés : ils se « vident ». Mais cela est **incompatible avec l'hypothèse d'anticipations adaptatives**. Il suffit de préciser un simple point. Les anticipations adaptatives, par la formule utilisée, impliquent une erreur systématique. La correction n'est jamais totale si bien qu'on voit mal pourquoi interviendrait le passage à la courbe de long terme, c'est-à-dire que les marchés se « videraient » complètement pour atteindre une position finale d'équilibre. Avec l'HAA, on ne peut que rester sur une succession infinie de courbes obliques. Dans ces conditions, que représente la courbe d'offre globale verticale (et donc le taux de chômage naturel) puisqu'en fait, elle ne donne qu'une limite, une situation vers laquelle on tend systématiquement mais qui, en tant que limite, n'est jamais atteinte ?

b. L'ajustement monétariste corrigé

Inversons l'analyse : dans quelles conditions le passage du court terme au long terme, grâce au mécanisme d'anticipations adaptatives, pourrait-il exactement se produire ? D'après la figure 1, il suffirait que chaque « réaction » soit un peu plus faible, ou plus rapide, ou encore que le voile monétaire soit déchiré avec plus d'empressement. Mais qu'est-ce qui pourrait le suggérer ? Une seule réponse s'impose : l'existence d'un « *mécanisme d'apprentissage** ». Le dessin précédent se corrige tel que le montre la figure 2.

Mécanisme d'apprentissage : processus qui fait que les ménages tirent des leçons du passé, lesquelles sont utilisées pour construire des anticipations.

Mais la difficulté est écartée de manière artificielle. En effet, l'introduction d'un effet d'apprentissage rend compte de la tendance d'équilibres de court terme à se transformer en situation stable de long terme, grâce à des prix flexibles. **Le processus de l'apprentissage** lui-même **reste totalement exogène** — non expliqué de l'intérieur du modèle — et donc tombe encore une fois sous la critique d'être une amélioration *ad hoc*. De plus, l'effet d'apprentissage est **incomptatible avec l'HAA** car, de par la formule retenue dans les estimations économétriques, il y a toujours un temps de retard dans l'adaptation et donc, de manière quasi infinie si l'on respecte la forme mathématique, aucune possibilité d'apprentissage. Ainsi, de deux choses l'une :

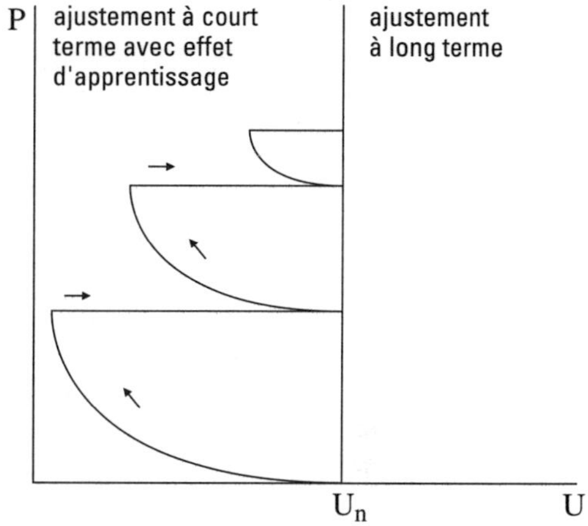

Fig. 2

- soit l'HAA est maintenue et il n'y a aucune explication efficace du passage d'ajustements de court terme vers un équilibre de long terme grâce à des fondements micro-économiques à prix flexibles (en l'occurrence le salaire réel et le taux d'inflation) ;
- soit on admet la possibilité d'un effet d'apprentissage, une courbe d'offre globale à long terme prend tout son sens, mais il faut renoncer à l'HAA. L'ajustement monétariste reste un objectif à redémontrer en s'appuyant sur une *théorie endogène des anticipations**.

Théorie endogène de l'anticipation : l'explication de l'anticipation doit être contenue dans la théorie et non lui être extérieure.

B

LE NOUVEAU CADRE MACROÉCONOMIQUE

Les nouveaux classiques étudient fondamentalement les conséquences macroéconomiques d'une hypothèse d'anticipations rationnelles, interprétée dans le cadre d'un équilibre général. Les deux grands principes de la NMC sont les suivants :

- d'abord **les agents**, compte tenu des limites de l'information, se comportent en termes d'optimisation, ils **sont en permanence à l'*équilibre*** ;
- ensuite, ces mêmes agents **ne commettent pas d'erreurs systématiques** en appréciant leur environnement économique, c'est-à-dire qu'ils construisent des anticipations rationnelles.

Équilibre : il faut distinguer le double sens du terme. Il y a d'une part le point de rencontre d'une offre et d'une demande, et d'autre part l'équilibre comme processus qui ramène à une situation de repos. (***cf.* question de réflexion commentée n°1).**

Beaucoup d'économistes acceptent ces deux principes, en particulier le premier qui les classe comme « classiques » ou néoclassiques au sens large. Le second est beaucoup plus radical. La synthèse néoclassique et monétariste traite habituellement de l'équilibre comme un cas limite alors que l'originalité de la NMC est de faire de cet équilibre une situation permanente car inéluctable à cause de la référence, générale et microéconomique, à la rationalité et aux prix flexibles.

1 - L'hypothèse d'anticipations rationnelles : les suggestions de J. Muth

L' hypothèse d'anticipations rationnelles (HAR), largement acceptée aujourd'hui, repose à l'origine sur des intuitions assez éloignées du contexte de son utilisation contemporaine.

a. Génèse

Dans les années 60, J. Muth travaille dans le cadre de l'université Carnegie-Mellon, aux côtés d'économistes comme H. Simon (Prix Nobel 1978). Ce dernier développe ses idées sur la « rationalité limitée », principe qui met l'accent sur le fait que, d'une façon générale, la prise de décisions en situation d'incertitude se fait quand les individus disposent de possibilités réduites de calcul. Dans ce cadre-là, H. Simon, en collaboration avec F. Modigliani (Prix Nobel 1985) et J. Muth, est à **la recherche de règles opératoires, maniables et facilement appliquées**. Dans une situation incertaine, ou d'information imparfaite, la complexité du calcul économique pousse à découvrir des simplifications praticables qui allègent le poids des contraintes pesant sur les décideurs. Cette démarche pousse à rechercher des solutions optimales dans un environnement schématisé sans doute mais dans un contexte beaucoup plus réaliste. Voilà pourquoi, dans sa terminologie, H. Simon parle de rationalité « limitée ».

Les rationalités instrumentale et limitée. La rationalité instrumentale s'appuie autant sur les caractéristiques rationnelles de l'agent concerné que sur l'environnement dans lequel il est plongé. L'individu qui décide dispose complètement d'une fonction objectif qu'il maxime sous contrainte dans un environnement où toutes les alternatives sont parfaitement connues. On dit alors qu'il recherche le maximum de satisfaction. Ce cadre de départ fonde la théorie économique du comportement en estimant *a priori* que les facteurs d'incertitude sont négligeables. Dès que l'information devient imparfaite, les économistes néoclassiques font appel à la théorie des probabilités et développent des approches fondées sur la maximation d'un critère d'utilité espérée. Dans certains cas, la théorie des jeux sert à résoudre des problèmes de stratégie entre agents. Ainsi, dans la perspective d'une rationalité instrumentale, l'objet de la décision l'emporte pratiquement sur le mécanisme qui pousse vers cette décision. Dès que les conditions du choix ne sont plus une donnée, le processus de la découverte, donc le mécanisme de la décision lui-même, devient déterminant. L'agent économique est alors contraint de limiter sa rationalité à un certain niveau d'aspiration (ce qu'il peut espérer compte tenu de ce qu'il sait ou maîtrise) et écarte toute recherche d'un maximum de satisfaction. Pour H. Simon, le niveau d'aspiration à un moment donné dépend : 1) du niveau déterminé à la période précédente ; 2) de l'influence du niveau retenu sur les autres individus concernés dans des circonstances analogues ; 3) des anticipations de l'agent sur son environnement et des résultats effectifs des décisions passées ; 4) de l'efficacité des décisions passées. Cette combinaison donne un niveau d'aspiration qui pousse alors dans un processus de recherche (comment réaliser l'aspiration ?) et à la comparaison systématique des conséquences des alternatives quand elles sont perceptibles. L'idée de maximum perd de son contenu au profit de solutions alternatives ou intermédiaires.

Mais Simon s'éloigne d'une théorie générale du comportement. En effet, une approximation est utile dans un contexte donné mais aboutit à d'autres solutions si cet environnement est modifié. Par exemple, dans certains cas, l'agent économique est poussé à étudier d'autres issues plutôt que de choisir parmi les moyens déjà donnés. **Ce chemin « à la Simon » est critiquable car il éloigne d'un paradigme complet du comportement économique général**. Au lieu d'admettre des rationalités limitées, donc multiples, renouvelées, instables, etc., il convient plutôt, **selon J. Muth**, de **rechercher non pas moins mais plus de rationalité, sous-entendue instrumentale** (*cf.* encadré page précédente), dans l'explication de la relation entre les valeurs anticipées et effectivement réalisées (J. Muth, « Rational Expectations and the Theory of Price Movements » (1961) ; in G. Abraham-Frois & F. Larbre, *op. cit.*, p. 47-61. À sa parution, cet article novateur est quasiment ignoré).

b. Principes

En se situant dans une problématique déjà présentée par Ph. Cagan (1956), J. Muth reprend l'idée que la dynamique explicite des prix dépend de la nature précise des anticipations : quel type d'anticipation prendre en compte pour quel mouvement de prix ? Mais, le risque est grand de s'enfermer dans une impasse. Par exemple, pour lutter contre l'inflation, c'est-à-dire donner des préceptes crédibles de politique économique, il est difficile pour les économistes de convaincre les responsables de ce qu'ils pensent que le public croit. Il est sans doute vain de rechercher concrètement dans chaque cas quelle est la vraie nature des anticipations. On en revient à la **nécessité d'un principe général** conforme aux règles acceptées par la profession ; en l'occurrence, celui **d'une rationalité instrumentale**. Mais comment y associer les anticipations ?

D'une manière tout à fait anodine, J. Muth écrit : « j'aimerais suggérer que les anticipations, étant des prédictions fondées d'événements futurs, sont essentiellement les mêmes que celles de la théorie économique pertinente. Au risque de mêler cette hypothèse purement descriptive à des opinions sur ce que les entreprises devraient faire, nous appellerons de telles anticipations " rationnelles " » (*op. cit.*, p. 48).

Qu'arrive-t-il ? Pour réaliser cette rationalité, il suffit d'admettre que **les anticipations des agents économiques sont compatibles avec les modèles qu'utilisent les économistes pour expliquer leurs comportements**. Pour étendre, et non pas réduire comme avec H. Simon, l'univers de la rationalité, il faut exiger que les agents forment leurs anticipations de variables économiques avec les mêmes modèles déterminant réellement ces variables économiques. Cela rend cohérent le mouvement effectif du système économique avec ce que les agents croient être son évolution. Pour J. Muth, « les anticipations des entreprises (ou plus généralement la distribution de probabilité subjective des résultats) tendent à être distribuées, pour un même ensemble d'informations, au voisinage de la prédiction de la théorie (ou distribution de probabilité "objective" des résultats) » (*Ibid*). Cela implique trois choses : « 1) l'information est rare et généralement le système économique ne la gaspille pas ; 2) la façon dont les anticipations sont formées dépend spécifiquement de la structure du système pertinent décrivant l'économie ; 3) une "prédiction publique" [...] n'aura pas d'effet substantiel sur le fonctionnement du système économique (à moins qu'elle soit basée sur de l'information interne) » (*Ibid*). Ce troisième point signifie que les prévisions du public n'ont pas d'effets significatifs sauf si une information précise donne à quiconque l'occasion d'en profiter et de ce fait cette information est connue de tout le monde.

2 - L'HYPOTHÈSE D'ANTICIPATIONS RATIONNELLES ET LES NOUVEAUX CLASSIQUES

cf. exercice 9.1, question 2, et document commenté.

La redécouverte de la suggestion de J. Muth est principalement attribuable à R. Lucas, Prix Nobel 1995 (« Expectations and the Neutrality of Money », *Journal of Economic Theory*, 1972). Il en donne une interprétation adaptée et en fait un outil général à la disposition du raisonnement macroéconomique.

a. L'interprétation de R. Lucas

Des marchés qui se vident : tous ceux qui désirent échanger aux prix courants sont à même de le faire.

Pour les nouveaux classiques, l'économie est constituée d'agents qui poursuivent sciemment la maximisation de fonctions objectifs bien définies. Ils échangent entre eux sur des marchés totalement organisés. **Les transactions s'effectuent à des prix *« vidant » les marchés****. En tant que tel, ce cadre pourrait être accepté par tout économiste néoclassique. Mais, la nouveauté vient de ce que la NMC ne situe pas ces agents dans une cadre statique mais **dans un environnement aléatoire**. Ce dernier est soumis à des chocs récurrents : de mauvaises récoltes, des tremblements de terre, des guerres, des taches solaires, des changements de politique économique, des variations exogènes des goûts, des perturbations d'origine technologique, etc. En d'autres termes, alors que **les agents cherchent rationnellement à répondre aux signaux donnés par les prix de marché, ces signaux doivent être décryptés et non directement parlants**. L'univers des nouveaux classiques est parfois caractérisé comme « parfait » au sens d'une pleine information et d'ajustements sans coûts. Quelques modèles correspondent à cela, mais ce ne sont pas les plus significatifs. Dans l'approche NMC générale des fluctuations économiques, l'information est imparfaite et les ajustements sont coûteux : donc des choix prioritaires et réitérés sont nécessaires. Cela a d'importantes conséquences.

L'information : l'HAR admet-elle que les agents doivent en savoir beaucoup trop, ou en tout cas plus qu'on en attendrait raisonnablement ? En fait, elle se contente de limiter l'information connue à ce qui peut être su quand la décision est prise. Pour R. Lucas, les agents ont accès aux prix relatifs, ceux auxquels ils vendent leurs produits, mais ils n'ont accès au niveau général des prix qu'avec un certain retard (*cf.* **question de réflexion commentée n° 2**).

Un individu n'attend jamais de disposer de l'ensemble exhaustif des prix et prend toutes ses décisions de demande et d'offre à partir des prix courants (comme il le ferait en présence du commissaire-priseur walrasien). Ainsi il s'engage avant que tous les prix ne soient complètement déterminés. Donc, ces « contrats » ne sont établis que grâce à des anticipations de prix. Il faut alors insister sur le fait que ces prévisions sont en général incorrectes car le résultat final est affecté par les mouvements économiques actuellement à l'œuvre. Dans ces conditions, l'hypothèse d'anticipations rationnelles s'en remet à la présomption que, **en formant leurs anticipations de prix, les agents font ce qu'ils pensent être le mieux compte tenu de l'*information** disponible**. Autrement dit, étant donné ce qui est su au moment où la prévision est faite, aucune meilleure anticipation ne pourrait être envisagée à partir du même bloc d'information. Cela n'entraîne pas que la prévision rationnelle soit toujours exacte, ni que d'autres prévisions ne seront pas meilleures dans des occasions précises. Donc, **une anticipation rationnelle n'est correcte qu'en moyenne mais aucune autre méthode de prévision ne peut régulièrement être préférable**.

b. L'hypothèse d'anticipations rationnelles et la théorie des probabilités

Loi des grands nombres : la multiplication d'expériences aléatoires converge vers un résultat limite d'autant plus fiable que ces expériences sont nombreuses.

L'HAR se fond facilement dans la théorie des probabilités et certains y voient la raison essentielle de son succès. D'un point de vue probabiliste, l'anticipation rationnelle s'assimile à une espérance mathématique. Cela se comprend aisément en faisant allusion à la *loi des grands nombres**. Mais ce faisant, les prévisions individuelles de prix (les expériences aléatoires) s'agrègent, de manière stochastique, en **une donnée macroéconomique** (le résultat limite) : une anticipation rationnelle. Inversement, si en moyenne la prévision globale n'était pas satisfaisante, alors l'erreur systématique signifierait que l'information n'a pas été correctement utilisée par les agents économiques, ce qui est contraire au principe même de rationalité instrumentale. Enfin, s'il restait une manière d'améliorer en moyenne la prévision, elle serait automatiquement intégrée dans l'anticipation… car les individus sont rationnels.

Donc, l'HAR indique que les agents économiques ne gaspillent pas l'information dont ils disposent dans l'instant (Ω_t), en font le meilleur usage possible et de ce fait font des prévisions qui en moyenne tendent vers la vraie valeur des prix. D'un point de vue mathématique, on retient l'écriture suivante :

$$P^a_{t+1} = E(P_t / \Omega_t)$$

L'anticipation rationnelle ne devrait pas surprendre les économistes. Dès lors que la prévision rationnelle se comprend comme optimale, il est difficile de s'en remettre à un autre support. Et encore une fois, renvoyer à la **recherche d'une anticipation optimale** ne suggère pas que les agents font effectivement les meilleures prévisions tout le temps. De la même façon, dire que les firmes maximisent leurs profits n'induit pas que toutes les entreprises obtiennent continûment un profit maximum.

3 - La révolution des anticipations rationnelles

Cf. exercice proposé 9.3

La discussion de l'HAR est, le plus souvent, inutilement abstraite car elle porte généralement sur la « vraie » nature de l'anticipation. Il faut examiner les conséquences logiques d'un instrument et seuls importent les résultats obtenus. En l'occurrence, ils ont de **puissantes implications sur la contrainte macroéconomique, les politiques et les fluctuations économiques**. La plus frappante dit que des politiques systématiques de la demande globale n'ont pas d'effets véritables alors que la révolution keynésienne prétend montrer les canaux de demande utilisables par les gouvernements pour agir sur le niveau de l'activité économique, l'emploi et le chômage. L'argument, selon lequel la politique économique est inefficace, est objectivement l'étincelle qui a déclenché la controverse. Il sera donné de manière approfondi au paragraphe suivant. Au préalable, c'est-à-dire la compréhension du nouveau cadre macroéconomique, il faut préciser ce que l'on appelle conventionnellement la critique de Lucas (« Econometric Policy Evaluation : a critique », *Journal of Monetary Economics*, 1976).

a. Politique économique, anticipée et non anticipée

Considérons une économie qui se situe au plein-emploi au sens où le marché du travail se « vide » pour un taux de salaire réel donné. Le stock de capital est supposé constant. Dans le prolongement monétariste, si tous les prix et revenus doublent en termes nominaux, rien ne change du point de vue réel. Supposons que les autorités annoncent leur intention de multiplier par deux le stock de monnaie. Des agents rationnels doublent aussitôt leurs prix et donc il n'y a pas de conséquence réelle. Mais, si les autorités agissent subrepticement, les firmes et les ménages peuvent interpréter la croissance des prix comme provenant d'une augmentation réelle de la demande pour leurs produits et de ce fait ils accroissent leurs offres.

Ainsi, **l'effet à court terme sur l'économie dépend crucialement de l'anticipation ou non de la politique économique**. Seules des politiques non anticipées de la demande globale peuvent avoir des effets réels ; d'où la rupture (R. Lucas & T. Sargent, « After Keynesian Macroeconomics », in *Rational Expectations and Econometric Practice*, 1981). Pour un keynésien, les décisions de politique économique sont exogènes, extérieures à l'économie, et donc aucune politique économique n'est jamais anticipée. Dans la nouvelle approche, aussi longtemps que les interventions économiques répondent systématiquement à l'état de l'économie, les agents en font l'expérience et y adaptent leurs comportements. Plus fondamentalement, cela signifie que le comportement global de l'économie diffère pour chaque régime de politique économique. Quelle est la base de telles affirmations ?

b. La critique de Lucas (*cf.* encadré ci-dessous)

Soit le principe keynésien de la dépense globale sous la forme de l'équation des multiplicateurs :

$$Y = \frac{\alpha + I + G + X - \beta T}{1 - \beta + \gamma}$$

La démarche keynésienne est très directe :

- estimer les paramètres α, β et γ à partir des données statistiques disponibles ;
- déterminer le niveau des variables exogènes I et X ;
- prévoir la valeur de Y grâce aux paramètres estimés et aux variables exogènes en supposant que les instruments G et T ne sont pas modifiés ;
- il suffit alors d'observer l'évolution de Y sous différentes valeurs des instruments de politique économique (G et T) et choisir le résultat le plus appréciable à partir d'un critère objectif quelconque.

La critique de Lucas. « Si vous apercevez ma voiture rouler sur Clark Street en direction du nord, vous avez peu de chances de vous tromper en supposant que dans quelques minutes je serais toujours en train de rouler sur Clark Street vers le nord (et encore !). Mais si vous voulez savoir ce que je ferais dans le cas où Clark Street serait fermée à la circulation, vous devez avoir quelque idée de ma destination ainsi que des différentes façons d'y parvenir. Autrement dit, vous devez connaître la nature de mon problème décisionnel » (R. Lucas *in* B. Snowdon et alii, *op. cit.*, p. 243).

Pour R. Lucas, la démarche keynésienne donne des prévisions raisonnables à court terme mais c'est un instrument inadapté à l'analyse de scénarios alternatifs de politique économique. Les prévisions à court terme sont raisonnables parce que les modèles de prévision intègrent beaucoup de variables retardées. Aussi la prévision se limite à une extrapolation de ce qui est déjà en train de se produire. Mais l'analyse des alternatives de politique économique est sans valeur car **les paramètres estimés** (ici α, β et γ) **ne sont pas invariants au choix de politique économique**. Même si les valeurs supposées des variables exogènes peuvent varier avec la politique, la présomption d'exogénéité ne se justifie pas véritablement. Les autorités ne gagnent rien à prédire quel sera le résultat d'un changement de politique si la prévision se fonde sur la stabilité des paramètres alors qu'ils évoluent avec les choix de politique économique.

On peut estimer que ce problème est très secondaire. Pourtant, il y a de bonnes raisons de penser, d'un point de vue factuel, que de nombreux échecs de la politique économique à la fin des années 70 et dans les années 80, et dans la plupart des grands pays occidentaux, sont explicables de cette manière. C'est le début de la remise en cause des politiques keynésiennes alors que jusque-là leurs résultats étaient parfaitement avérés.

Du point de vue des nouveaux classiques, la recherche macroéconomique doit passer par des modèles invariants aux politiques économiques, c'est-à-dire des modèles basés sur un comportement d'optimisation de la part des agents de telle sorte que l'on puisse **rendre compte correctement des réactions de comportement aux variations des politiques économiques**. C'est une des raisons de mettre l'accent sur la rationalité comme caractéristique essentielle de l'agent représentatif dans sa prise de décision. Si son comportement était sous-optimal, alors les réactions présumées aux changements de politique économique seraient arbitraires et imprévisibles.

C

LES TROIS GRANDES PROPOSITIONS DE LA NOUVELLE MACROÉCONOMIE CLASSIQUE

La NMC s'organise autour de trois grandes questions qui reprennent et élargissent le champ de la macroéconomie traditionnelle : quelle est la contrainte macroéconomique de référence ? Qu'est-ce qu'elle implique pour les politiques économiques et, par extension, pour les fluctuations de l'activité économique ?

1 - Le taux de chômage naturel et l'offre agrégée

La NMC déplace le problème keynésien d'une détermination par la demande globale vers une contrainte macroéconomique en termes d'offre. Donc, les nouveaux classiques, en renouant très indirectement avec la loi de Say, s'en remettent en dernière instance au rôle essentiel de l'offre globale.

La loi de Say et l'offre agrégée. La macroéconomie pré-keynésienne, ou modèle classique ou encore l'interprétation macroéconomique de l'équilibre général de Walras, s'appuie fondamentalement sur la loi de Say. Dans la formulation de Keynes, elle énonce que « l'offre crée sa propre demande ». Si l'on imagine une économie globale structurée autour de quatre grands marchés (travail, produits, monnaie et titres financiers), il faut que ces derniers soient nécessairement articulés autour d'un grand principe (une colonne vertébrale) qui donne à l'ensemble sa cohérence macroéconomique. La thèse est que l'activité économique est contrainte par un stock *a priori* de travail et de capital dans lequel les entrepreneurs puisent pour produire. Ils n'ont qu'une seule règle, celle de la maximisation du profit. Des revenus sont distribués : la rémunération primaire des facteurs de production. Ils servent à racheter la production sous la contrainte d'un partage épargne/consommation induit par le niveau du taux d'intérêt réel sur le marché des fonds prêtables. Donc l'activité macroéconomique s'organise autour d'une contrainte globale par l'offre. La révolution keynésienne rejette cette problématique en substituant à la loi de Say un principe de la demande effective : les anticipations, par les entrepreneurs, des dépenses des agents économiques déterminent un certain niveau de l'activité économique. Autrement dit, la causalité macroéconomique est inversée. D'une certaine manière, en rétablissant les droits d'une contrainte macroéconomique fondée sur une offre agrégée, les nouveaux classiques renouent avec la loi de Say. D'où, sans aucun doute, l'étiquette qui leur est attribuée.

a. De la courbe de Phillips à l'offre globale

En imposant l'existence d'une courbe de Phillips verticale à long terme, les monétaristes ont substitué un taux naturel de chômage au plein-emploi des keynésiens. Mais la controverse est restée concentrée sur les déterminants de la demande agrégée. Si la révolution keynésienne éloigne de la traditionnelle loi de Say et met l'accent sur le rôle de la demande effective (et son lien avec l'emploi), les nouvelles macroéconomies rappellent le rôle, plutôt écarté jusque-là, des facteurs d'offre dans la compréhension de l'arbitrage inflation-chômage.

L'activité naturelle et l'offre globale. L'arbitrage monétariste entre l'inflation et le chômage est résumé par l'équation suivante où $\dot{P}$ donne le taux d'inflation, U celui du chômage et U_n le taux naturel :

$$\dot{P} = \dot{P}^{a} - \beta(U - U_n) + \varepsilon$$

où l'inflation observée ($\dot{P}$) dépend de l'inflation anticipée ($\dot{P}^{a}$), des variations du chômage autour de son taux naturel ($U - U_n$) et de chocs d'offre aléatoires (ε) : substitution intertemporelle travail-loisir, chocs de productivité et/ou technologiques, variations brutales du prix de l'énergie et des matières premières, etc.

Pour chaque niveau (U et U_n) du chômage, il y a un état correspondant du produit global (Y et Y_n). Donc,

$$\dot{P} = \dot{P}^{a} - \beta(Y - Y_n) + \varepsilon$$

Si on définit l'inflation comme l'accroissement des prix par rapport à une époque antérieure et si l'on admet que l'inflation anticipée se construit toujours sur la base de l'inflation observée à la période précédente, l'équation devient :

$$P_t - P_{t-1} = P^a_t - P_{t-1} - \beta(Y_t - Y_n) + \varepsilon$$

Puisque P_{t-1} apparaît des deux côtés de l'équation et en réordonnant les termes, on a

$$Y_t = Y_n + \left(\frac{1}{\beta}\right)(P^a_t - P_{t-1}) + \varepsilon$$

qui a bien le sens d'une équation d'offre globale c'est-à-dire une relation positive entre le produit global et le niveau général des prix. Ainsi, les écarts du produit autour de son niveau naturel s'expliquent par des erreurs d'anticipation des prix et des chocs aléatoires. Que les anticipations soient adaptatives ou rationnelles, le niveau du produit finit toujours à long terme par rejoindre son niveau naturel.

Dans sa formalisation la plus immédiate, l'activité économique à l'instant t s'écrit :

$$Y_t = Y_n + (1/\beta)(P^a_t - P_{t-1})$$

Anticipation des prix et inflation : on peut utiliser de manière équivalente les deux notions car $(P_t - P_{t-1}) - (P^a_{t-1} - P_{t-1}) = (P_t - P^a_{t-1})$. Si ces variables sont prises en logarithmes, alors $P_t - P_{t-1}$ est bien le taux d'inflation.

où Y_t représente l'activité économique à la période t, Y_n est le niveau du produit au taux de chômage naturel — il est associé à une droite verticale —, P_{t-1} est le niveau réalisé des prix et P^a_t renvoie au taux anticipé. Cette équation signifie, qu'en dehors de toute erreur entraînée par les *anticipations de prix**, il n'y a qu'un unique niveau possible de l'activité économique donné par le taux de chômage naturel. Donc, du fait de l'HAR, $Y_t = Y_n + (1/\beta)(P^a_t - P_{t-1})$ donne :

- pour $P^a_t \neq P_{t-1}$, la courbe d'offre globale à court terme ;
- pour $P^a_t = P_{t-1}$, la courbe d'offre globale à long terme, soit $Y = Y_n$.

b. Les fondements microéconomiques de l'offre globale

Comment justifier la forme de la courbe d'offre agrégée ? Il existe deux réponses.

• **La première** est due à R. Lucas & L. Rapping (« Real Wages, Unemployment and Inflation », *Journal of Political Economy*, 1969). Elle se concentre fondamentalement sur le comportement d'offre de travail. Les ménages sont censés avoir une certaine idée du **salaire « normal » ou salaire moyen anticipé**. La flexibilité est la règle du jeu, et, pour chaque période, plus de travail signifie moins de loisir. Ce dernier a une utilité positive tant qu'il permet aux consommateurs d'acheter les produits souhaités. Pour chaque période, les ménages doivent décider entre travail et loisir en comparant le salaire courant avec son équivalent anticipé (ou « normal ») :

– si le salaire courant est plus élevé que le salaire « normal », ils décident de travailler plus dans l'espoir de s'autoriser plus de loisir dans le futur, à un moment où la rémunération du travail est anticipée comme devant diminuer ;

– si le salaire courant est inférieur au salaire « normal », ils s'assureront alors plus de loisir et anticiperont de travailler plus dans le futur puisque leur rémunération pourrait être plus élevée.

En d'autres termes, les ménages calculent dans le cadre d'une substitution intertemporelle. Certains nouveaux classiques parlent parfois — réminiscence keynésienne — d'une offre de travail « spéculative » en faisant allusion à la demande d'encaisses spéculatives de la *Théorie générale* où les agents comparent le taux d'intérêt actuel avec celui qu'ils considèrent comme « normal ». Donc, de manière agrégée, si le salaire courant s'élève au-dessus du salaire moyen anticipé l'offre de travail pour toute l'économie augmente et *vice versa*.

Dans chaque cas, le salaire en question est le **salaire réel**. Dans la version Lucas/Rapping, le niveau des prix agit par son effet sur le taux d'intérêt réel anticipé. La place accordée à ce taux vient de ce qu'il permet, à lui tout seul, de transformer des utilités futures en utilités présentes. Alors R. Lucas & L. Rapping soutiennent que *l'offre de travail* est positivement *corrélée au taux d'intérêt réel**.

Offre de travail et taux d'intérêt : cette relation est sans doute précaire. Cela renvoie à l'analyse microéconomique de l'offre de travail. De plus, il est très difficile de dire directement quel impact le taux d'inflation anticipé aura sur le taux d'intérêt prévu. C'est tout le débat sur la relation de Fischer qui relie le taux d'intérêt et le taux d'inflation anticipé.

Les noix de coco (R. Lucas). Robinson Crusoë, isolé sur son île, est brutalement confronté à une augmentation de la récolte de noix de coco. Que faire s'il est rationnel ?

- Si Robinson n'est pas préoccupé par le futur, il consomme plus puisqu'il en a l'occasion sans modifier sa quantité de travail.
- Si inversement il s'inquiète de l'avenir et qu'il juge cette situation comme provisoire, il peut en profiter pour accroître sa consommation et son loisir futur : il investit une partie du surplus pour en retirer les avantages plus tard. La récolte étant subitement plus facile (choc de productivité), il est plus avantageux de travailler plus aujourd'hui afin de réduire son effort plus tard (substitution intertemporelle).
- Mais il peut aussi estimer, qu'étant plus riche du fait de l'abondance de noix de coco (effet de revenu), il doit accroître son loisir, consommer plus et donc moins travailler. Tout dépend comment s'articulent la substitution intertemporelle et l'effet de revenu. La conclusion est indéterminée.
- Enfin, si la récolte plus abondante est appréciée comme permanente, alors l'effet de revenu l'emporte sans ambiguïté. Robinson se considère définitivement comme plus riche, investit moins et consomme plus (***cf.* exercice proposé 9.4**).

Qu'est-ce qui importe ? **Un choc de demande, perçu comme provisoire aura un effet sur l'offre courante bien plus important qu'un déplacement permanent de la demande.** Cela étant, l'HAR n'est pas, pour le moment, fondamentalement nécessaire. On suppose simplement que les prix et les salaires « vident » les marchés à chaque période. Donc, les variations de l'emploi sont perçues comme « volontaires » : c'est le propre choix de Robinson Crusoë.

• **La deuxième approche** de l'offre agrégée est due à R. Lucas (« Expectations and the Neutrality of Money », *Journal of Economic Theory*, 1972, et « Some International Evidence on Output-Inflation Trade-Offs », *American Economic Review*, 1973). Maintenant **l'accent est mis sur les marchés de produits plutôt que du travail**, en se situant dans le contexte de la parabole des îles.

Les îles (E. Phelps). Imaginons le monde économique contemporain comme un archipel dans lequel chaque île est relativement éloignée des autres de telle sorte qu'on ne puisse jamais connaître en même temps toutes les conditions existantes par île. En termes de théorie économique, l'information est imparfaite car si le prix d'un produit baisse sur une île, on ne sait jamais si cette diminution est générale (elle concerne tous les produits sur toutes les îles) ou particulière (elle n'implique qu'un produit sur une seule île). En dehors de toute certitude, tout dépend de l'interprétation qu'en donnent les agents économiques. Par cette parabole, l'enjeu est de montrer qu'une perturbation se fait sentir par des variations de prix qu'il faut interpréter dans le cadre d'anticipations auto-réalisatrices et que la réponse économique définitive s'inscrit dans une modification des processus d'offre.

Les vendeurs agissent sur de nombreux marchés locaux mais séparés, alors que chacun fonctionne dans le cadre d'une concurrence parfaite. **Le prix local est connu de tous pour la période courante, mais le niveau général des prix n'est appris qu'avec retard** (hypothèse de R. Lucas). Le problème de l'offreur est de décider quelle quantité produire (ou vendre) quand il observe le prix courant. Ce n'est pas simple. Il est possible que la variation de prix reflète :

Mouvement réel : il résulte de la modification des décisions des consommateurs ; ***mouvement nominal :*** il provient de la variation de la quantité de monnaie dans l'économie.

- un *mouvement réel** de la demande sur un seul marché (à laquelle il faut répondre rationnellement) ;
- ou une *variation purement nominale** de la valeur de la monnaie (à laquelle il ne faut pas réagir).

Pour décider, il n'y a que la seule comparaison entre le prix courant local et l'anticipation du niveau général des prix, donc :

- pour la même période, s'ils correspondent, alors il y a aucune raison de modifier l'offre ;
- s'ils sont différents, le producteur souhaite changer son offre et la taille de la réponse dépend de la manière par laquelle les variations du niveau général des prix comparées aux variations des prix relatifs sont perçues.

C'est là qu'intervient l'HAR puisque **l'agent est supposé répondre de manière optimale aux signaux de prix à la lumière de ce qu'il sait sur la « vraie » distribution des variations du niveau général des prix et des déplacements de la demande réelle**. Si la variance du niveau général des prix est relativement plus élevée que celle des modifications de la demande réelle (en supposant qu'elles soient statistiquement indépendantes), les signaux de prix sont perturbés et la réponse en termes d'offre est plutôt faible. Si l'inverse s'impose, une variation du prix courant a beaucoup plus de chances de refléter un choc réel et l'offre se doit de répondre. De ce fait, $1/\beta$ dans l'équation de l'offre agrégée est proche de zéro si la variation du niveau général des prix a une variance relativement plus forte que celle des chocs réels. Inversement, $1/\beta$ est significativement positif. On a ainsi une justification formelle des « **surprises** » sur l'offre agrégée.

Mais l'argument de Lucas reste discutable malgré le succès de cette nouvelle offre globale (G. Mankiw en fait un large usage dans son manuel, *Principes de l'économie*, trad. fr. Économica, 1998). Il est possible de considérer la restriction d'information requise comme un argument *ad hoc*, à l'égale de beaucoup d'alternatives keynésiennes sur la rigidité des salaires. Pourquoi un offreur percevrait-il le prix de demande de son produit plus vite qu'il n'entrevoit le niveau général des prix ? Il est tout à fait possible que l'inverse soit vrai. En pratique, l'information et les prévisions globales sont beaucoup plus facilement disponibles que pour des marchés spécifiques. Encore une fois, la base de l'offre agrégée reste fragile si l'on oublie **le point de vue instrumental de cette théorie**. Elle a l'avantage d'attirer l'attention sur la structure (ou les fondements micro) de l'économie puisque c'est à cause d'elle qu'une offre agrégée émerge dans ce cadre.

2 - Le débat sur les politiques économiques

L'offre agrégée est essentielle à la nouvelle macroéconomie classique (NMC) car elle fonde tout l'argument d'inefficacité des politiques économiques.

a. Le modèle de référence

Ce qui suit reprend l'essentiel de l'analyse de T. Sargent & N. Wallace (« Rational Expectations, the Optimal Monetary Instrument and the Optimal Money Supply Rule », *Journal of Political Economy*, 1975) et est illustré par la figure 3.

L'économie se situe initialement au niveau (Y_n, P_0) avec une demande agrégée DG. Le niveau naturel de l'activité économique est Y_n et représente la tendance de long terme (OG_{lt}). La courbe d'offre OG_{ct} ne traduit que la réponse à un déplacement non anticipé de la demande (DG vers DG'), cela parce que l'anticipation de prix est censée rester la même (voir l'équation d'offre globale). Cependant, si P^a_t est révisée à la hausse, OG_{ct} se déplace vers la gauche ($OG_{ct'}$). Avec des anticipations rationnelles, à long terme P^a_t ne s'éloigne pas de P_{t-1} pour quelque raison qui ne pourrait être prévue. Alors, **si une variation de la demande agrégée est anticipée, tout l'impact passe par les prix et non par le niveau de l'activité économique**. L'économie se déplace directement de P_0 à P_2 mais Y_n reste identique.

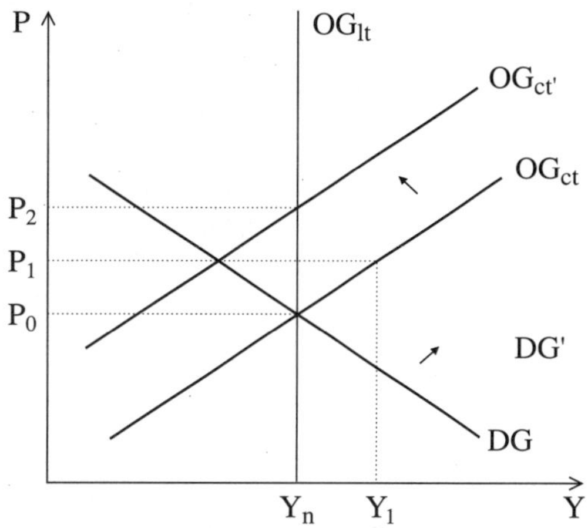

Fig. 3 : L'équilibre global à court et long terme

b. L'impuissance des politiques conjoncturelles

Dans ce cadre, **toute intervention conjoncturelle systématique, impliquant une modification de la demande agrégée, n'a aucun effet réel**. Tout au plus les autorités répondent avec retard car elles ne sont pas suffisamment informées des comportements des agents économiques.

La formalisation de T. Sargent et N. Wallace. Reprenons l'équation de l'offre globale en la complétant par l'addition d'une variable aléatoire ε^O_t :

$$Y_t = Y_n + \left(\frac{1}{\beta}\right)(P^a_t - P_{t-1}) + \varepsilon^O_t$$

On suppose que le niveau général des prix reste proportionnel à la quantité de monnaie en circulation M_t à laquelle on ajoute une variable de demande perturbatrice (ε^D_t) :

$$P_t = \alpha M_t + \varepsilon^D_t$$

Admettons que les autorités monétaires aient choisi de laisser tel quel le stock de monnaie, si ce n'est de tenter de stabiliser l'économie par la variation de M_t en réponse à des écarts de la période précédante par rapport au niveau naturel. L'intervention est formalisée par l'introduction d'une nouvelle variable aléatoire ε^M_t:

$$M_t = \beta_0 + \beta_1(Y_n - Y_{t-1}) + \varepsilon^M_i$$

Avec des anticipations rationnelles, les agents économiques s'attendent à ce que le niveau des prix soit proportionnel à la composante systématique de la masse monétaire, donc :

$$P^a_t = \alpha[\beta_0 + \beta_1(Y_n - Y_{t-1})] + \alpha\varepsilon^M_t + \varepsilon^D_t$$

Par soustraction, on voit que l'erreur d'anticipation des prix n'est déterminée que par des variables aléatoires :

$$P_t - P^a_t = \alpha\varepsilon^M_t + \varepsilon^D_t$$

On écrit alors que :

$$Y_t - Y_n = \gamma\alpha\varepsilon^M_t + \gamma\varepsilon^D_t + \varepsilon^O_t$$

Cette dernière équation signifie que les écarts du revenu courant par rapport à son niveau naturel dépendent de perturbations aléatoires et non de la composante systématique introduite par la politique économique. C'est la conclusion dite « d'impuissance » de la politique économique ou de « super-neutralité » de la politique monétaire.

En fait, **ce résultat est assez délicat à manipuler** et doit être considéré comme une pièce nouvelle versée au dossier des politiques économiques plutôt que comme un argument définitif permettant de rejeter une fois pour toutes la proposition keynésienne d'une intervention par la demande globale. Pour illustrer cela, retenons trois considérations complémentaires.

Tout d'abord, si les écarts par rapport au niveau naturel (du produit et de l'emploi) étaient vraiment aléatoires alors des politiques économiques, dans leur essence, ne se justifieraient jamais ! Ce qu'il faut vraiment expliquer, ce sont des **mouvements économiques persistants** et en conséquence comment les corriger. Tous les nouveaux classiques acceptent, sans difficultés, l'existence d'écarts durables facilement mis en évidence dans les travaux empiriques. Ces variations économiques contraignent, c'est l'objet du paragraphe suivant, la NMC à rendre compte du cycle d'affaires. Mais avant, dans ce but, R. Lucas modifie l'équation de l'offre agrégée de la façon suivante :

$$Y_t - Y_n = \frac{1}{\beta}(P_t - P^a_t) + \lambda(Y_{t-1} - Y_{nt-1})$$

où l'expression $\lambda(Y_{t-1} - Y_{nt-1})$ reflète un écart persistant quoique non justifié explicitement. De ce fait, il tombe pour l'instant sous le coup d'être un argument *ad hoc*. Mais, bien que des chocs aléatoires puissent conduire à des changements durables du produit — c'est l'interprétation NMC du cycle d'affaires — cela ne redonne pas un rôle systématique à la politique économique qui reste toujours inefficace. Il suffit, pour s'en rendre compte, de reprendre la démonstration précédante avec la nouvelle équation de R. Lucas.

Ensuite, S. Fischer (« Long Term Contracts, Rational Expectations and the Optimal Money Supply Rule », *Journal of Political Economy*, 1977) et surtout J.B.Taylor (« Staggered Wage Setting in a Macroeconomic Model », *American Economic Review*, 1979, et « Aggregate Dynamics and Staggered Contracts », *Journal of Political Economy*, 1980) montrent que **la simple réintroduction dans l'analyse d'une rigidité des salaires nominaux rétablit en grande partie l'efficacité de la politique économique**. Pourquoi ? Les autorités monétaires ont la possibilité de tirer partie de la rigidité salariale nominale. Supposons, par exemple, que les contrats salariaux soient établis sur deux périodes et que les autorités continuent d'opérer comme auparavant. Les contrats salariaux ont toutes les chances de refléter les anticipations de prix sur deux périodes, mais sont incapables de prévoir la réaction systématique des autorités dans la seconde période. Elle dépend du résultat de la première phase, lequel n'est pas *a priori* connu. Dans ces conditions, les politiques de la demande agrégée exercent une certaine pression sur l'offre globale à court terme. Cet effet s'évanouit au bout d'un certain temps au fur et à mesure que les contrats salariaux arrivent à échéance et que les salaires monétaires visent à rattraper l'évolution des prix. Donc, c'est moins l'HAR qui est en cause que la référence méthodique à des prix flexibles.

Enfin, la proposition selon laquelle le taux de croissance de la masse monétaire ne détermine pas le niveau du chômage est parfaitement acceptable par tous keynésiens, monétaristes et nouveaux classiques quoique pour des raisons différentes. Mais, **l'argument selon lequel seul un taux de croissance non anticipé de la masse monétaire importe pour la politique économique reste quand même une proposition assez vague et recouvre des réalités suffisamment différentes**. Si l'on admet, contrairement à ce qui a été dit, que les autorités monétaires souhaitent plutôt fixer le niveau du taux d'intérêt que celui de la masse monétaire (par exemple dans la perspective du contrôle du taux de change), alors des perturbations réelles ont des conséquences monétaires et non l'inverse. Tant que les perturbations réelles ne sont pas corrélées avec la croissance antérieure de la masse monétaire, les effets monétaires sont imprévisibles par une quelconque règle de politique monétaire. Dans ce cas, la causalité est exactement inversée et impose une explication toute différente. Ce dernier cas de figure n'a rien d'artificiel eu égard à la pratique concrète de la politique monétaire récente dans les pays occidentaux.

Cycle d'affaires : cette expression, héritée de l'économie du XIXe siècle, caractérise les fluctuations de l'activité économique qui doivent être renouvelées, auto-entretenues et persistantes. On parle parfois, dans un vocabulaire plus économétrique, de mouvements autocorrélés de l'activité économique.

3 - Les chocs d'offre et le cycle d'affaires

Plusieurs fois, il est apparu que la nouvelle macroéconomie classique ne pouvait boucler son analyse qu'en s'attaquant à la question des fluctuations économiques. Si les anticipations sont rationnelles et les prix flexibles, donc ramenant systématiquement à l'équilibre des marchés, comment peut-il y avoir des fluctuations économiques, dans la tradition de l'analyse économique, sous la forme d'un *cycle d'affaires** ?

Le cheval à bascule et le coup de bâton. La NMC reconnaît en R. Frisch (Prix Nobel 1969) un précurseur de sa théorie du cycle d'affaires. Dans un modèle de la fin des années 30, cet auteur développe la parabole suivante. Pour un choc donné (un coup de bâton), le basculement du cheval dépend de l'effort initial et de la propagation du mouvement, c'est-à-dire la transformation du coup initial en basculements répétés et amortis progressivement en fonction des caractéristiques propres du cheval. Les nouveaux classiques y puisent l'idée que les fluctuations cycliques (la propagation) ne proviennent que des adaptations optimales des agents au choc en fonction de leurs anticipations rationnelles.

a. Les chocs et le cycle exogène réel à l'équilibre

cf. question de réflexion commentée n°1

Étant donné ce qui a été obtenu jusque là, la NMC doit expliquer un **cycle exogène réel à l'équilibre.** Reprenons l'équation d'un écart par rapport à la position naturelle de l'offre globale (Y_n),

$$Y_t - Y_n = \gamma\alpha\varepsilon^M_t + \gamma\varepsilon^D_t + \varepsilon^O_t$$

Cycle **exogène**. Introduisons la distinction suivante. Un choc endogène provient d'une intervention systématique de politique économique ramenée en dernier ressort à une variation de la masse monétaire ; ici ε^M_t. Si l'on se réfère au résultat d'impuissance de la politique économique, il est impossible qu'un tel choc soit à l'origine de fluctuations cycliques, étant donné que, malgré l'intervention monétaire, Y_t ne peut que rejoindre le niveau naturel Y_n. *A contrario* donc, la deuxième composante ($\gamma\varepsilon^D_t + \varepsilon^O_t$) de l'équation s'assimile à des chocs exogènes qui apparaissent ainsi comme seuls responsables du cycle d'affaires ;

Cycle **réel**. En raison de l'existence d'une contrainte macroéconomique sous la forme d'une courbe d'offre agrégée, les facteurs monétaires comme cause sont à écarter. Ils n'interviennent que par le biais de la demande agrégée neutralisée dans ses conséquences par l'inefficacité des politiques économiques. Ne subsistent alors que des écarts durables et auto-entretenus à partir de chocs réels dont l'origine est exogène soit par la demande, $\gamma\varepsilon^D_t$ (par exemple des variations brutale des goûts des consommateurs), soit par l'offre, ε^O_t (choc de productivité sous l'influence de variations technologiques, remise en cause du partage travail/loisir, etc) ;

Cycle **à l'équilibre**. Des anticipations rationnelles et des prix « vidant » les marchés font que l'activité économique est toujours, en tout temps et en tout lieu, à l'équilibre. Autrement dit, ce n'est pas un écart par rapport à une tendance qui importe mais les fluctuations de la tendance elle-même.

Il est plus qu'évident que la théorie du cycle d'affaires requiert un concept d'équilibre qui n'est pas exactement celui que l'on utilise habituellement. L'équilibre n'est plus une situation de repos, le moment où tout s'arrête mais désigne pour les nouveaux classiques **un point du temps où les agents ont répondu de manière optimale aux signaux donnés par les prix dans le cadre d'anticipations rationnelles**. En ce point, les marchés se « vident » car les offres et les demandes correspondent parfaitement à ce qu'ont dicté les informations fournies par les prix. En d'autres termes, à l'équilibre l'économie est décrite comme un processus aléatoire stable plutôt que comme une série de valeurs constantes pour toutes les variables. L'idée que les agents se comportent de manière optimale n'est pas forcément choquante mais la perspective de marchés qui se « vident » est très exagérée par rapport à l'observation courante. Encore une fois, il ne faut pas y voir une transposition de la réalité mais un choix analytique à évaluer en fonction des résultats obtenus.

b. La dynamique du cycle

Ainsi, le modèle NMC du cycle d'affaires se décompose en chocs exogènes sur l'offre agrégée — par le biais de variables d'offre ou de demande — ; mais il faut aussi **des effets de propagation**.

Comment un mouvement auto-entretenu est-il à même de naître ? Les nouveaux classiques se réfèrent à une « surprise » laquelle a déjà été étudiée dans le cadre de la réflexion sur l'offre agrégée. Il n'y a rien à ajouter ici. Il suffit de se souvenir que des différences entre prix locaux et niveau général des prix, entre changements provisoire et permanent, entre effet de substitution intertemporelle et effet de revenu sont interprétées à la lumière d'anticipations rationnelles. Mais deux problèmes importants subsistent : **comment un choc aléatoire engendre-t-il un mouvement persistant ?** Pourquoi ce dernier émerge-t-il comme une caractéristique macroéconomique plutôt qu'il ne se dilue dans la structure de l'économie ?

Il est possible de clore immédiatement la première question par une réponse uniquement stochastique. **Du point de vue de la théorie des probabilités,** on montre que **des chocs seulement aléatoires sont à même d'engendrer des trajectoires parfaitement déterminées** (*théorème mathématique dit de Sarkovsky**) **et pas simplement livrées au hasard**. Mais il est difficile de se contenter d'une réponse purement mathématique. Ainsi, R. Lucas (« An Equilibrium Model of the Business Cycle », *Journal of Political Economy*, 1975) insiste sur **deux facteurs proprement économiques** qui combinés rendent compte de la persistance du cycle. Il y a :

Le théorème mathématique, dit de Sarkovsky : montre que tout processus générant un cycle en trois points entraîne aussi un cycle de n'importe quel ordre. Donc, une fois qu'un cycle en trois points a été montré, nous savons que le processus est capable d'un comportement beaucoup plus compliqué, éventuellement chaotique.

- **le délai avec lequel l'information est reçue**, c'est un aspect déjà discuté avec la structure des prix (prix locaux, niveau général des prix). À l'évidence, plus ce délai est long et plus il y a de chances que l'ajustement s'étale dans le temps ;
- **la durabilité des biens capitaux** qui oblige à prendre en compte dans l'analyse le fait que certaines décisions, en particulier d'investissement, sont irréversibles. Un choc sur le stock de capital n'aurait rien de spécifique si l'ajustement nécessaire se faisait en l'absence de coûts dans la mesure où l'on reviendrait en arrière sans grande difficulté. Dans ces conditions, les erreurs prolongent leurs effets dans les périodes futures et continuent d'affecter l'activité économique bien au-delà de ce qui devrait simplement résulter du choc aléatoire.

Maintenant, pourquoi le choc a-t-il tendance à affecter tous les secteurs de l'économie en même temps ? Les agents économiques doivent décrypter toutes les caractéristiques du choc en termes de déplacements entre marchés locaux ou impact sur le niveau général des prix, changements provisoires ou définitifs, articulation entre substitution intertemporelle et effet de revenu, etc ; à partir de la seule procédure possible : le décryptage de prix flexibles grâce à l'HAR. Or, **les anticipations rationnelles** — c'est en grande partie tout l'intérêt analytique de la notion — **ont bien pour but de transformer des prévisions individuelles en une donnée macroéconomique**. La multitude de micro-ajustements, sur une base rationnelle, ou autrement dit la recherche du retour à l'équilibre par des prix flexibles, génère un mouvement macroéconomique sous la forme d'une succession d'adaptations. On retrouve bien le thème central de cette nouvelle macroéconomie : la compréhension de l'articulation entre fondements microéconomiques et données macroéconomiques. Le cycle d'affaires n'en est, en fin de parcours, qu'un aspect particulier.

QUESTIONS À CHOIX MULTIPLES

(Chaque question peut avoir aucune, une ou plusieurs réponses justes)

1 - **L'anticipation adaptative entre en contradiction avec la rationalité du comportement économique** :
a. parce qu'elle n'intègre pas toute l'information disponible.
b. parce qu'elle échoue à définir un point d'équilibre.
c. parce qu'elle suggère une limite qui en tant que telle n'est jamais atteinte.

2 - **L'introduction d'un mécanisme d'apprentissage règle le problème de l'anticipation adaptative** :
a. parce qu'il explicite le chemin vers l'équilibre.
b. parce qu'il est conforme au principe d'une rationalité instrumentale.

3 - **Le chômage naturel de M.Friedman est le fondement d'une offre globale** :
a. avec des salaires flexibles.
b. avec des prix flexibles.

4 - **Une théorie de l'anticipation est endogène** :
a. parce qu'elle obéit au principe d'une rationalité instrumentale.
b. parce qu'elle explicite un mécanisme de formation de l'anticipation.
c. parce qu'elle est conforme à l'observation la plus courante.

5 - **L'hypothèse d'anticipation rationnelle** :
a. suppose une information parfaite.
b. rejette toute erreur de prévision.

6 - **L'anticipation rationnelle comme variable macroéconomique émerge de ses fondements microéconomiques** :
a. parce que dans son principe elle est conforme à la loi des grands nombres.
b. parce qu'une agrégation des prévisions individuelles est possible.
c. parce qu'elle intègre toute l'information disponible à un moment donné.

7 - **La critique de Lucas répond** :
a. au souci de prendre en compte toutes les alternatives de politique économique.
b. au désir de respecter un principe d'invariance.
c. à la volonté d'être conforme aux règles de construction des modèles économiques.

8 - **La proposition d'impuissance des politiques conjoncturelles** :
a. sonne le glas de toute politique conjoncturelle.
b. signifie que seule la politique monétaire est efficace.
c. justifie de distinguer entre le court et le long terme.

9 - **Dans la nouvelle macroéconomie classique, un choc d'offre correspond** :
a. à une variation du déficit budgétaire.
b. à une modification de l'arbitrage travail-loisir.
c. à une modification non anticipée de la croissance de la masse monétaire.
d. à une altération du rythme du progrès technique.

10 - **Le cycle exogène réel à l'équilibre** :
a. se fonde uniquement sur une substitution intertemporelle.
b. néglige les effets de propagation.

(*Les réponses se trouvent en fin d'ouvrage, page 413.*)

Exercice corrigé 9.1

La formalisation des anticipations

I - Les anticipations auto-régressives (A,1)

Dans leur ensemble, les auteurs néoclassiques ne construisent pas leur théorie de l'anticipation à partir de l'observation des comportements concrets (ou psychologiques) des agents économiques. Ils s'appuient plutôt sur la mise en évidence d'un principe de base conforme à l'analyse économique courante. En ce sens, ils développent une formalisation endogène de l'anticipation à partir du principe que l'état d'une variable anticipée dépend de son comportement passé. Cela justifie l'expression technique d'anticipations « auto-régressives ».

1 - Sur deux périodes, à quelle formule simple correspondrait un processus d'anticipation auto-régressif et « extrapolant » au sens où l'anticipation reposerait sur un prolongement de la tendance passée compte tenu d'un coefficient α ?

2 - Imaginons maintenant que l'agent économique fait plus que prolonger le passé et qu'il adapte, compte tenu d'un coefficient λ, ses prévisions d'une période à l'autre en fonction de ce qu'il sait du passé.

a. Toujours dans les mêmes conditions, deux périodes, à quelle formule simple correspondrait une anticipation adaptative ?

b. Faut-il considérer « adaptation » et « correction » de l'anticipation comme synonyme ?

c. Montrer que λ peut s'interpréter comme une « mémoire » d'anticipation.

II - Les anticipations rationnelles (B,2)

Une anticipation rationnelle correspond à l'agrégation d'un grand nombre d'anticipations individuelles, intégrant toute l'information disponible au moment du calcul, et conduisant à l'émergence d'une tendance macroéoconomique. D'un point de vue mathématique, il est convenu de l'écrire :

$$P^a_t = E(P_t / \Omega_t) + \varepsilon_t$$

où Ω_t représente toute l'information disponible à l'instant t et ε_t une variable purement aléatoire.

1 - Commenter la formule précédente.

2 - Faut-il admettre que $E(\varepsilon_t) = 0$?

3 - Une anticipation rationnelle est-elle systématiquement auto-réalisatrice ?

Corrigé

I - Les anticipations auto-régressives

1 - Soit P^a_t l'anticipation du prix à l'époque *t* pour la suivante (*t* + 1), et P_t et P_{t-1} les prix réalisés aux époques correpondantes. Une solution simple part des prix observés P_t et prolonge la tendance passée. Si α est un coefficient constant, alors la formule s'écrit :

$$P^a_t = P_t + \alpha(P_t - P_{t-1})$$

C'est une extrapolation car les prix anticipés dépendent totalement de leurs valeurs passées. L'agent économique ne fait que prolonger la tendance si α est positif, mais il envisage une inversion pour α négatif. À l'évidence, si $\alpha = 0$, le prix d'une période est simplement repris à la suivante.

Naturellement, rien n'oblige à se limiter à deux périodes et l'on peut, sans difficulté particulière sauf la lourdeur mathématique de l'écriture, remonter bien au-delà. Mais, le comportement de prévision ainsi décrit reste plutôt naïf puisque rien n'oblige à corriger les erreurs du passé.

2 - a. Le point de départ du calcul d'anticipation est la prévision de l'époque précédente (t-1) que l'agent économique adapte en fonction du résultat obtenu. Ce dernier est évalué par l'écart entre ce qui était prévu et ce qui est réalisé ($P_t - P^a_{t-1}$). Si λ est un coefficient traduisant l'importance de l'adaptation, l'anticipation auto-régressive et adaptative s'écrit :

$$P^a_t = P^a_{t-1} + \lambda(P_t - P^a_{t-1})$$

b. L'anticipation est auto-régressive sur la base d'une « adaptation ». Le mot « correction » n'est pas pertinent car on sait par ailleurs que cette correction est toujours partielle ou qu'inversement, elle est synonyme d'erreur permanente.

c. Le coefficient λ a une double signification :

- c'est l'ampleur de l'adaptation. Si $\lambda = 0$, les anticipations se reproduisent de période en période et si $\lambda = 1$, l'adaptation est très naïve puisqu'elle se contente de reprendre le prix passé ($P^a_t = P_t$). Dans le cas général, $0 < \lambda < 1$;
- c'est aussi un coefficient de mémoire. Effectuons le calcul suivant :

$$P^a_t = P^a_{t-1} + \lambda(P_t - P^a_{t-1})$$

s'écrit aussi :

$$P^a_t = \lambda P_t + (1 - \lambda)P^a_{t-1}$$

ce qui permet d'avoir :

$$P^a_{t-1} = \lambda P_{t-1} + (1 - \lambda)P^a_{t-2}$$

et en substituant dans l'équation précédente, il vient :

$$P^a_t = \lambda P_t + \lambda(1 - \lambda)P_{t-1} + (1 - \lambda)^2 P^a_{t-2}$$

si l'on poursuit de la sorte les substitutions, on obtient :

$$P^a_t = \lambda P_t + \lambda(1 - \lambda)P_{t-1} + \lambda(1 - \lambda)^2 P_{t-2} + \ldots + \lambda(1 - \lambda)^n P_{t-n} + (1 - \lambda)^{n+1} P^a_{t-n-2}$$

Tous les éléments de cette équation correspondent à des variables observables sauf le dernier $[(1 - \lambda)^{n+1} P^a_{t-n-2}]$. Mais comme $\lambda < 1$, $(1 - \lambda)^{n+1}$ devient de plus en plus petit au fur et à mesure que n augmente. À l'infini, ce dernier terme est négligeable. Il ne reste plus alors dans l'équation que des termes directement observables et compte tenu de la forme de l'équation, l'anticipation adaptative n'a d'autre signification que d'être une moyenne pondérée (géométriquement décroissante puisque $\lambda < 1$) des prix passés. Soit :

$$P^a_t = \sum_{n=0}^{\infty} \lambda(1 - \lambda)^n P_{t-n}$$

Sous cette forme, l'anticipation adaptative décrit la manière par laquelle on se souvient des prix passés en partant du fait que plus la période est éloignée, plus l'influence des prix passés est faible. La conclusion est aussi pratique. Il est possible de calculer des anticipations directement à partir des observations statistiques et de les introduire en tant que telles dans les modèles économétriques.

II - Les anticipations rationnelles

1 - Le prix anticipé à l'époque t pour l'époque t+1, P^a_t, compte tenu de toute l'information disponible à l'époque t, Ω_t, n'est autre que l'espérance mathématique des prix qui se réaliseront à l'époque t+1. On parle parfois d'espérance conditionnelle. Alors, ε_t est une variable aléatoire définissant l'erreur d'anticipation, soit $\varepsilon_t = P^a_t - P_t$.

2 - L'erreur d'anticipation est $\varepsilon_t = P^a_t - P_t$. Si $\varepsilon_t \neq 0$, cela implique que $P^a_t > P_t$ ou que $P^a_t < P_t$. Donc, le calcul d'anticipation intègre une erreur permanente puisque la prévision est toujours biaisée. Il y a sans cesse surestimation ($P^a_t > P_t$) ou sous-estimation ($P^a_t < P_t$). Autrement dit, le comportement rationnel se heurte à une erreur permanente de prévision et on retombe dans l'insuffisance de l'anticipation adaptative. Des agents économiques rationnels ne peuvent se tromper systématiquement tout le temps. Donc $E(\varepsilon_t) = 0$.

3 - La conclusion précédente signifie qu'en moyenne les erreurs d'anticipation se corrigent et s'annulent à partir du moment où dans l'agrégation des anticipations individuelles on prend en compte un grand nombre de possibilités aléatoires utilisant la même base d'informations. Individuellement, chaque agent donne une prévision (fondement micréconomique) et tous les calculs de prévision convergent dans un agrégat macroéconomique, P^a_t.

$$E(\varepsilon_t) = E[P^a_t - E(P_t / \Omega_t)] = 0$$

Une interprétation rapide conduit à dire qu'il ne peut y avoir d'écart entre l'évolution aléatoire des prix et ce qui est prévu par les agents économiques. L'anticipation rationnelle est donc bien autoréalisatrice puisque P^a_t n'a qu'une seule origine, en l'occurrence les calculs individuels.

EXERCICE CORRIGÉ 9.2

Règles et politiques économiques discrétionnaires (C,2)

Dans une économie caractérisée par :

- un arbitrage inflation-chômage sous la forme $U = U_n - \alpha(\dot{P} - \dot{P}^a)$, où U est le taux de chômage, U_n le taux naturel, $\dot{P}$ le taux d'inflation et $\dot{P}^a$ le taux anticipé ;
- des agents économiques à anticipations rationnelles ;
- des autorités monétaires effectuant leurs choix de politiques économiques grâce à une fonction : $R(U, \dot{P})$.

1 - Quelle est la signification de la fonction $R(U, \dot{P})$?

2 - Qu'advient-il si les autorités monétaires choisissent, sous la forme d'une règle impérative et arbitraire, un taux d'inflation-cible ?

3 - Qu'advient-il si les autorités monétaires s'en remettent à des choix discrétionnaires tirés de la fonction $R(U, \dot{P})$?

4 - Les autorités monétaires peuvent-elles conciler des choix discrétionnaires et une cible d'inflation égale à zéro ?

CORRIGÉ

1 - Les autorités monétaires doivent concilier deux objectifs à long terme : le chômage naturel et une inflation minimale. $R(U, \dot{P})$ représente alors tous les coûts possibles associés aux différents choix de politique économique. Autrement dit, chaque objectif discrétionnaire, combinaison d'inflation et de chômage naturel, est évalué par un coût mesuré grâce à la fonction $R(U, \dot{P})$.

2 - D'abord, les autorités monétaires s'en remettent à une règle fixe et arbitraire d'inflation, soit $\dot{P}$. Comme les anticipations sont rationnelles, cet objectif affiché sera systématiquement réalisé car en moyenne $\dot{P} = \dot{P}^a$. Si ce résultat est assuré $\forall \dot{P}$, alors il n'y a qu'un seul choix possible pour les autorités monétaires : viser une inflation nulle, avec pour conséquence que $U = U_n$ le point d'équilibre optimal à long terme et donc l'activité économique rejoint son niveau naturel.

3 - Maintenant, si les autorités monétaires s'orientent plutôt vers des choix discrétionnaires de politique économique. Alors elles prennent en compte la fonction $R(U, \dot{P})$ en même temps que l'existence de l'arbitrage inflation-chômage. Donc :

$$R(U, \dot{P}) = R[U_n - \alpha(\dot{P} - \dot{P}^a), \dot{P}]$$

Le choix optimal est donné par $\delta R(U, \dot{P})/\delta \dot{P} = 0$. Même si la forme explicite de la fonction $R(U, \dot{P})$ n'est pas précisée, on est en droit d'affirmer qu'il n'y a que par hasard, ou pour une forme bien particulière, que la solution de cette équation serait $\dot{P} = 0$. Donc, en toutes probabilités, l'objectif d'une politique discrétionnaire est un taux d'inflation non nul…

4 - Et si les autorités monétaires choisissaient quand même une cible nulle dans le cadre d'une politique discrétionnaire ? Cet objectif serait tout simplement intenable car les agents économiques, à anticipations rationnelles, savent parfaitement que le choix optimal des autorités monétaires est un taux d'inflation différent de zéro. Alors, tôt ou tard, elles reviendront sur ce choix. On parle d' « incohérence intertemporelle » et les agents économiques, qui en sont persuadés, l'intègrent dans leurs anticipations. Donc pour lutter contre l'inflation, une règle fixe et arbitraire, dans un environnement de prévisions rationnelles, est *a priori* plus efficace qu'une politique discrétionnaire.

EXERCICE PROPOSÉ 9.3

Analyse de la désinflation (B,3 ; C,2)

À l'exemple des États-Unis, à partir du quatrième trimestre de l'année 1979 et progressivement, tous les pays occidentaux (y compris le Japon) font le choix d'une politique conjoncturelle de désinflation. L'objectif est de réduire, voire d'annuler, le taux d'inflation par des choix monétaires restrictifs. Comment conduire une telle politique ?

1 - En utilisant le schéma monétariste simplifié de la courbe de Phillips, à quoi correspond une politique drastique (désinflation Volcker), *idem* pour une politique graduelle (désinflation selon M. Friedman) ?

2 - Quels sont les arguments en faveur de chaque alternative ?

3 - Pour comparer les deux choix, les économistes parlent d'un « ratio de sacrifice » ; donner un indicateur du coût macroéconomique d'une politique de désinflation (ou ratio de sacrifice) ?

4 - Quel commentaire faire du tableau ci-dessous ?

Ratios moyens de sacrifice par pays

Pays	*données trimestrielles*	*données annuelles*
Australie	1,00	0,32
Autriche		0,47
Belgique		0,98
Canada	1,50	1,20
Danemark		0,56
Finlande		0,72
France	0,75	0,22
Allemagne	2,92	2,52
Irlande		0,72
Italie	1,74	1,48
Japon	0,93	– 0,23
Luxembourg		0,53
Pays-bas		0,31
Nouvelle-zélande		0,53
Espagne		0,90
Suède		0,45
Suisse	1,57	0,86
Grande-bretagne	0,79	0,68
États-unis	2,39	2,30

L. Ball, « What Determines the Sacrifice Ratio ? » in G. Mankiw (Ed.), *Monetary Policy*, The University of Chicago Press, 1994, p. 170

DÉMARCHE

1 et 2 - Politique drastique et politique graduelle

– Une politique drastique suit la courbe de Phillips à court terme en jouant le jeu de la surprise monétaire. On parle aussi de choc monétaire.

– Une politique graduelle s'en remet à une norme stricte de progression de la masse monétaire à moyen terme.

3 et 4 - Le ratio de sacrifice

Le ratio de sacrifice est un indicateur du coût de la désinflation. Il consiste à rapprocher la perte d'activité économique, ou la progression du chômage (au-delà du seuil naturel) de la diminution de l'inflation. Pour son calcul, on peut s'inspirer de la notion d'élasticité.

RÉSULTATS

1 - Politique *drastique* et politique *graduelle* (*cf.* fig. 4)

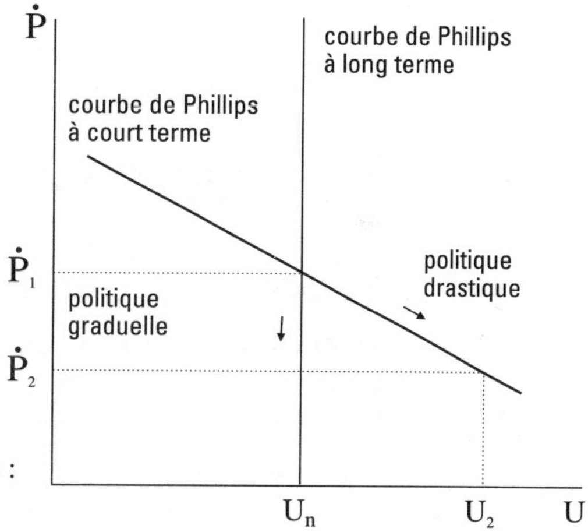

Fig. 4

2 - Les arguments :

• une politique drastique repose :

– sur la détermination des autorités monétaires ;

– son succès est soumis à sa crédibilité ;

– les agents économiques évaluent cette crédibilité par la volonté des autorités monétaires d'accepter une forte progression du chômage à court terme.

• une politique graduelle part du point de vue que :

– le prix à payer en termes de chômage est excessif et inutile puisque seul importe le chômage naturel ;

– l'adaptation des anticipations à l'objectif de désinflation est une question de temps grâce à une norme monétaire de moyen terme.

3 - Le ratio de sacrifice

Si Y désigne l'activité économique, ΔY sa variation, $\dot{P}$ le taux d'inflation et $\Delta\dot{P}$ sa diminution, le ratio de sacrifice est égal à $(\Delta Y/Y) / \Delta\dot{P}/\dot{P})$, soit la réduction de Y (en %) consécutive à une diminution de 1 % de $\dot{P}$.

4 - Commentaires du tableau

– D'une façon générale, les ratios moyens de sacrifice apparaissent comme plus faibles que ce que l'on pouvait imaginer dans le cadre d'un traditionnel (ou keynésien) arbitrage inflation-chômage. En même temps, ils sont relativement différents d'un pays à l'autre : de 0,22 (voire – 0,23) à 2,52.

– En données trimestrielles et en données annuelles, les ratios moyens de sacrifice ne sont pas largement différents. Le processus de désinflation est plutôt régulier et sans doute maîtrisé dans le temps.

– La surprise monétaire a dû être efficace et sa crédibilité a été relativement vite acceptée par les agents économiques. L'adaptation des anticipations a été plus rapide que ce que suggère M. Friedman.

– Sans autre considération, ces résultats plaident plutôt en faveur de la macroéconomie des nouveaux classiques et de l'hypothèse des anticipations rationnelles.

EXERCICE PROPOSÉ 9.4

Un petit casse-tête (proposé par G. Mankiw) (C, 2)

« Si l'on se réfère à la théorie du cycle réel à l'équilibre, des chocs d'offre, transitoires et permanents, ont des effets différents sur l'économie. En utilisant la parabole de Robinson Crusoë, comparez les effets d'un choc transitoire (les effets attendus du beau temps installé depuis quelques jours) avec ceux d'un choc permanent (les conséquences prévisibles d'un changement climatique) » (*Macroeconomics*, Worth Publishers, 1997, p. 400)

DÉMARCHE

Il faut reconstituer toutes les conditions de la réaction de Robinson Crusoë si l'on admet que ses anticipations sont rationnelles : conjectures sur la nature du choc (provisoire, permanent), conditions de la réaction (substitution intertemporelle, différents effets de richesse, de revenu, etc.)

RÉSULTATS

Les effets du choc sont sans doute plus importants si celui-ci est anticipé comme provisoire et le loisir de Robinson Crusoë devrait augmenter si le choc est permanent.

DOCUMENT COMMENTÉ

Les anticipations rationnelles et l' information disponible (B, 2)

« L'hypothèse d'anticipations rationnelles a fait l'objet de nombreuses critiques. Beaucoup sont infondées et attestent une méconnaissance totale de ce que sont les anticipations rationnelles. Ainsi, selon certains, l'HAR impliquerait que les agents ne peuvent se tromper dans leurs prévisions. Ceci est évidemment caricatural. L'hypothèse d'anticipations rationnelles n'exclut nullement des erreurs d'anticipations des agents. Elle considère seulement que les anticipations, [...], ne sont pas biaisées, c'est-à-dire que les agents ne se trompent pas systématiquement dans un sens particulier. D'autres critiques, concernant en particulier les connaissances exigées des agents dans de tels modèles, sont plus sérieuses. Comme l'écrit Shiller (1978) : "S'il peut apparaître tentant et commode d'un point de vue formel de supposer que les agents utilisent autant d'informations, ceci ne peut réellement être pris au sérieux. Si les économistes viennent de découvrir tels modèles, nous ne pouvons pas sérieusement considérés qu'ils ont toujours été connus de tout le monde". Trois éléments nous semblent cependant plaider très fortement en faveur de l'hypothèse d'anticipations rationnelles.

En premier lieu, l'HAR ne requiert pas que tous les individus fassent les mêmes prévisions, mais seulement qu'elles soient distribuées autour de la vraie valeur, de telle sorte qu'un comportement idiosyncratique donne en moyenne une anticipation agrégée rationnelle.

Par ailleurs on constate que, sur de nombreux marchés comme par exemple les marchés financiers, il est techniquement possible que quelques personnes procèdent aux arbitrages requis de telle sorte que le marché se comporte comme s'il était rationnel et ceci bien que la plupart des individus aient sur ce marché un comportement passif. Dans la même perspective, nous devons également noter que, dans une démocratie représentative, bon nombre de décisions sont déléguées, de telle sorte que des "experts" (comme les représentants des syndicats sur le marché du travail ou les agents de change sur les marchés financiers) sont mandatés par les agents pour prendre des décisions au sujet des objectifs salariaux ou des stratégies de placement. De la même façon qu'il n'est pas nécessaire de supposer que tous les agents sont des économistes pour que les anticipations soient considérer comme rationnelles.

Enfin, dans une économie moderne, l'information économique est souvent disponible à un coût marginal très faible, de sorte qu'il est loin d'être absurde de considérer que sa diffusion est très étendue. Pour 5 ou 6 F, les agents peuvent acheter *Les Échos*, *La Tribune de l'économie* ou le *Financial Times* et disposer de l'information économique très importante qui y est publiée. Les critiques *a priori* formulées contre l'hypothèse d'anticipations rationnelles sont donc loin d'être convaincantes.

H. Lamotte & J. Ph. Vincent, *La nouvelle macroéconomie classique*, PUF Que sais-je ?, p. 25-26

PRÉSENTER LE DOCUMENT

H. Lamotte & J. Ph. Vincent proposent une défense de l'hypothèse d'anticipations rationnelles en se plaçant du point de vue de son réalisme, c'est-à-dire, la capacité de l'hypothèse à prendre en compte les caractéristiques concrètes du comportement des agents économiques. Pour les deux auteurs, l'anticipation rationnelle est plus qu'une vue de l'esprit et elle correspond à quelque chose qui peut être observé dans la pratique courante du monde économique.

ANALYSER LE DOCUMENT

Au-delà de la traditionnelle critique d'irréalisme, trois contre-arguments sont retenus.

• Individuellement les agents économiques n'ont pas à formuler des prévisions parfaites ni à tout savoir sur l'économie. Il suffit d'admettre « un comportement idiosyncratique » et de retenir que le résultat est vrai « en moyenne ». L'adjectif « idiosyncratique » suggère des caractéristiques *a priori* du comportement économique, autrement dit la rationalité des économistes. Pourquoi serait-elle ici acceptable car réaliste ? Simplement parce qu'entre rationnelle, et son alternative irrationnelle, le choix est catégorique : que serait une anticipation irrationnelle ? En pratique, un agent économique établit des prévisions optimales sur la base de toute l'information disponible, ce qui est conforme au comportement de maximisation sous contrainte. Enfin, l'expression « en moyenne » renvoie à l'idée que la pertinence de l'anticipation rationnelle est à établir d'un point de vue macroéconomique (ou agrégée). D'où proviendrait une telle prévision globale sinon de la rationalité concrète des comportements individuels ?

• Le deuxième argument des auteurs s'appuie sur le thème d'une délégation dans la décision. Les agents économiques n'ont pas besoin concrètement de choisir eux-mêmes mais s'en remettent à ceux qui savent. Pour affirmer cela, H. Lamotte & J. Ph. Vincent utilisent l'exemple des marchés financiers, ou par exemple de manière encore plus concrète, parlons de la gestion d'un portefeuille SICAV. L'individu isolé s'en remet à l'achat de titres de ce type alors que la gestion de ces mêmes titres est effectuée par des analystes financiers ayant eux des critères précis de gestion rationnelle et accès à une information pertinente et complète. Alors, ensemble, les individus plus les analystes financiers ont des anticipations rationnelles.

• Enfin, les deux auteurs s'en remettent au coût de l'information qui est faible, arguant qu'elle est aujourd'hui du fait des techniques de communication facilement accessible et donc largement disponible de telle sorte que les agents économiques en fassent un usage rationnel.

COMMENTER LE DOCUMENT

En fait, l'argumentation de H. Lamotte & J. Ph. Vincent est très largement critiquable. Il faut la reprendre point par point.

• L'hypothèse du comportement rationnel, utilisée par la microéconomie traditionnelle et maintenant d'un usage quasi-universel dans l'analyse économique, n'a en aucune façon un contenu réaliste et se limite à une fonction instrumentale. Elle n'a pas pour but de décrire, ou d'être conforme à la réalité. Elle propose simplement un outil au service de l'analyse, lequel n'a pas besoin d'être une copie conforme de ce qui est observable. Donc, d'un point de vue strictement méthodologique, la question du réalisme de l'hypothèse d'anticipation rationnelle (ou de toute autre hypothèse selon M. Friedman : *Essais d'économie positive*, trad. fr. Litec, 1995) ne se pose pas. Une hypothèse ne vaut que par sa capacité à expliquer (et non à décrire la réalité), eu égard aux condition habituelles de la réfutation. Si en plus de sa valeur instrumentale, l'hypothèse est réaliste : pourquoi pas ? Mais cela n'ajoute rien à sa performance analytique. (Pour un développement plus long, on doit renvoyer à A. Mingat, P. Salmon & A. Wolsfelsberger, *Méthodologie économique*, PUF-Thémis, 1985, chapitre 6, p. 375-410.)

• L'idée d'une délégation pose plus de problèmes qu'elle n'en résoud et elle permet ici de toucher du doigt une limite de l'hypothèse d'anticipation rationnelle (principalement développée au chapitre suivant). Si l'on admet deux catégories d'agents économiques, par exemple les décideurs et les suiveurs, qu'est-ce qui d'une façon générale pousse les seconds, sur une base réaliste, à s'en remettre aux premiers : l'autorité, la confiance, la croyance, une convention, etc ? Qu'y a-t-il de rationnel dans un tel comportement ? Certains auteurs contemporains, de l'école dit conventionnaliste, étudient en propre un comportement mimétique — les individus se copient les uns les autres — sur les marchés financiers et voient là l'origine fondamentale des bulles spéculatives. D'une façon générale et sans aller plus loin sur ce point, finalement H. Lamotte & J. Ph. Vincent laissent entrevoir involontairement la critique des nouveaux-keynésiens : un équilibre à anticipations rationnelles n'est pas unique et la sélection effective d'un tel équilibre oblige à prendre en compte l'intervention d'une « information » extérieure (ou exogène) à la simple rationalité microéconomique des agents : le rôle des institutions, la croyance, l'interdépendance sociale, la nature des contrats, etc.

• Enfin, la référence au coût de l'information, même si elle est acceptable, ne règle pas l'ordre des priorités dans la connaissance des prix relatifs ou du niveau général des prix.

DOCUMENT PROPOSÉ

La critique de Lucas et la désinflation Volcker (B,3)

« Considérons d'abord la courbe de Phillips. La plupart des modèles récents de macroéconomie, [...] ont la même implication qualitative : les courbes de Phillips (c'est-à-dire la relation entre l'inflation et le chômage) estimées prédiront parfaitement les effets sur le chômage d'un mouvement pleinement anticipé de la croissance de la masse monétaire. Si, comme supposé dans le modèle original de Lucas, il n'y a pas d'éléments prédéterminés affectant le comportement des prix et des salaires, et si le changement de politique est instantanément accepté, l'inflation diminuera avec de faibles conséquences sur le chômage. Le chômage étant donné, la courbe de Phillips, en conséquence, prédira alors parfaitement l'inflation. Inversement, si les prix et les salaires dépendent de décisions ou d'anticipations passées, l'arbitrage ne devient prépondérant qu'au fur et à mesure que le temps passe, et que les décisions ou anticipations formées avant le changement de politique perdent de leur importance. La qualité des prévisions de la courbe de Phillips ne peut alors que s'améliorer lentement. La même chose est vraie si les agents ne croient pas instantanément dans le changement de politique, mais révisent lentement leurs croyances en même temps qu'ils observent le taux plus bas de la croissance monétaire. En se limitant au cas où les agents ne croient pas du tout au changement de politique, ils ne modifieront pas la manière par laquelle ils forment leurs anticipations, et la qualité des prévisions fournies par la courbe de Phillips reste la même qu'avant le changement de politique. [...]

J'ai choisi de me concentrer sur la courbe de Phillips [...] :

$$w = \alpha_o + \alpha_1\dot{P}_{-1} + \alpha_2\dot{P}^a + \alpha_3 \log U + \varepsilon$$

où w est l'inflation salariale, [...] $\dot{P}_{-1}$ est un taux d'inflation retardée d'une période, $\dot{P}^a$ est un taux d'inflation anticipée [...] et U est un taux de chômage. La période de référence est le trimestre. Le tableau [ci-dessous] donne les résultats de l'estimation dès que de nouvelles années sont ajoutées dans l'échantillon.

dernier trimestre de l'estimation

	79 : 3	81 : 3	82 : 3	83 : 3
α_o	5,2	5,2	5,4	5,5
α_1	0,22	0,25	0,33	0,36
α_2	0,42	0,39	0,26	0,29
α_3	– 1,53	– 1,48	– 1,56	– 2,03

O.J. Blanchard, « The Critique of Lucas and the Volcker Deflation », *American Economic Review*, Papers ans Proceedings, 1984, p. 212-213.

PRÉSENTER LE DOCUMENT

- Comment retrouver dans les faits la pertinence de la critique de Lucas ?
- La désinflation Volcker, d'octobre 1979 au deuxième trimestre de l'année 1983, sert de test.

ANALYSER LE DOCUMENT

- Comment montrer un changement de régime monétaire ? Le régime monétaire en vigueur est d'autant mieux intégré par les agents que le poids de l'inflation passée se retrouve moins dans l'inflation anticipée.
- Dans la courbe de Phillips, la variation des paramètres structurels α_0, α_1, α_2 et α_3 est un indicateur. Elle est étudiée à partir de leur valeur estimée en 1979 et en élargissant l'échantillon jusqu'au troisième trimestre de 1979, de 1981, etc.

COMMENTER LE DOCUMENT

- Peu de changements dans les coefficients jusqu'en 1982, donc aucun effet apparent direct (de crédibilité) provoqué par le changement de politique monétaire.
- En comparant α_1 et α_2, il y a un changement à partir de 1982 mais peut-on en déduire directement une modification dans l'appréciation de la crédibilité ?
- Effet plus évident du chômage sur l'inflation salariale aussi à partir de 1982. Mais comment séparer l'influence du très haut niveau atteint par le chômage en 1983 des effets directs du changement de politique monétaire ?
- En définitive, ce test par la courbe de Phillips n'apporte rien de très significatif quant à la transformation du comportement des agents économiques, sauf à suggérer qu'à partir de 1982 ces mêmes agents économiques ont accepté l'idée que, sous l'influence de la politique monétaire de la Réserve fédérale, l'économie américaine est bien entrée dans une phase de désinflation.

QUESTION DE RÉFLEXION COMMENTÉE N° 1

Monétaristes et nouveaux-classiques parlent-ils tous du même « équilibre » ? (B,1 ; C,3,4)

ANALYSER LA QUESTION

Monétaristes et nouveaux-classiques introduisent un fondement microéconomique « optimisant » dans l'explication de l'équilibre macroéconomique. Mais, pour les seconds, la référence à des anticipations rationnelles enlève toute pertinence à la distinction entre court et long terme alors que pour les premiers il s'agit d'un élément essentiel dans l'interprétation d'une courbe de Phillips, oblique à court terme et verticale à long terme. Dans ces conditions, l'équilibre garde-t-il la même signification?

CONSTRUIRE UNE RÉPONSE

M. Friedman admet que l'équilibre est un état qui, lorsqu'il est atteint, a tendance à se maintenir. Cette définition, construite par analogie avec la physique, s'accorde avec le raisonnement des nouveaux classiques : un agent est en équilibre quand il est là où il a choisi d'être, étant donné ce qu'il sait. Mais, immédiatement, M. Friedman ajoute que cette définition n'apporte pas grand chose et R. Lucas estime que les données ne montrent jamais qu'elles résultent d'un d'équilibre. Même s'ils acceptent tous l'exactitude formelle d'une définition de départ, parlent-ils tous de la même chose ? Il faut préciser au moins deux points :

- pour les monétaristes, l'équilibre est marshallien alors que pour les nouveaux classiques, il est walrasien ;
- pour les monétaristes, l'équilibre a l'image d'un point vers lequel on tend alors que pour les nouveaux classiques, il a la nature d'un processus.

A - Équilibre marshallien et équilibre walrasien

1 - Pour sortir de l'inconsistance de la définition initiale, M. Friedman introduit un élément supplémentaire, en l'occurrence l'opposition du court et du long terme. Il reprend là un instrument jadis proposé par Marshall et qui a l'avantage d'écarter la complexité du cheminement vers l'équilibre. C'est l'invention du raisonnement « toutes choses égales par ailleurs ». Les agents économiques optimisent leurs décisions le long de leurs courbes d'offre et de demande sans que l'on sache vraiment quelles sont les contraintes effectives qui entrent dans leurs calculs. De façon commode, la distinction du court et du long terme revient à apprécier la marche vers un équilibre final en évaluant une succession d'équilibres partiels. Ainsi, le point de vue monétariste se situe dans la tradition de l'équilibre marshallien (*cf.* M. Friedman, *Essais d'économie positive*, trad. fr. Litec, 1995). Au passage, il est bon de préciser qu'il ne s'agit pas d'opposer le tout et la partie, comme on le fait trop souvent, mais de construire une méthode de détermination de l'équilibre compte tenu de l'interaction entre les différents marchés.

2 - Inversement, les nouveaux classiques en caractérisant systématiquement le fondement microéconomique de l'équilibre global par des anticipations rationnelles s'en remettent à un schéma d'interdépendance généralisée, et instantanée, le plus large possible compte tenu de l'hypothèse de rationalité : toute l'information pertinente est utilisée. Donc, l'équilibre global des nouveaux classiques est obtenu grâce à une démarche d'équilibre général dans la tradition de Walras (*cf.* K. Hoover, *New Classical Macroeconomics*, Blackwell, 1995, chapitre 9). Alors, la distinction du court et du long terme n'a plus cours car on essaie d'expliquer ce qui est et non ce vers quoi l'on tend. Il est facile de rapprocher cela du résultat d'impuissance des politiques conjoncturelles ou de la critique de Lucas.

B - Point d'équilibre et processus

1 - L'opposition entre monétaristes et nouveaux classiques se fait sous un autre angle. En distinguant court et long terme, M. Friedman interprète l'équilibre comme la recherche d'un point (à long terme) où tout s'arrête : l'état de repos. Finalement, l'économie globale livrée à elle-même ne fait que revenir à ce point d'« équilibre » qui alors devient une situation stable à long terme. C'est tout le sens, et l'enjeu, de l'existence d'un chômage naturel tel qu'il est introduit par les monétaristes. Il faut se reporter précisément à la définition que M. Friedman donne d'un tel chômage. De toute façon, le recours à l'adjectif « naturel » n'est pas le fait du hasard. Il faut l'entendre au sens des classiques (Adam Smith ou Malthus) qui se référaient à des lois « naturelles » de l'économie : elles s'imposent aux individus comme la nature contraint les hommes.

2 - Par le recours à l'hypothèse d'anticipations rationnelles, les nouveaux classiques décrivent plutôt une situation où tout point est un point d'équilibre puisqu'il résulte instantanément (donc plus d'opposition court et long terme !) d'un comportement optimisant. Pour n'utiliser qu'un exemple, les fluctuations de l'activité économique (ou cycle d'affaires) n'ont plus le sens d'un écart, suivi d'un retour, à une tendance représentant l'équilibre. Pour R. Lucas et tous les tenants de la thèse d'un cycle exogène réel à l'équilibre, les variations affectent la tendance elle-même sous l'influence des anticipations rationnelles. Il faut raprocher cette interprétation des nouveaux classiques de la perspective développée par les économistes autrichiens (*cf.* S. Longuet, *Hayek et l'école autrichienne*, Nathan, collection Circa, 1998, et K. Hoover, *op.cit.*, chapitre 10). L'équilibre dont il est question n'est plus un point (perspective de Marshall et de Walras) mais un processus. D'une certaine façon, c'était déjà le point de vue d'Adam Smith qui parlait d'une « main invisible » et, sans trop digresser sur l'histoire de la pensée économique, c'est aussi l'occasion d'opposer le marché des classiques à celui des néoclassiques.

QUESTION DE RÉFLEXION COMMENTÉE N° 2

En comparant les points de vue monétariste et nouveau classique, à quoi renvoie la référence commune à une information imparfaite ? (B,1,2 ; C,3)

ANALYSER LA QUESTION

Dire que l'information est imparfaite est une banalité avec laquelle tout le monde s'accorde. Comment pourrait-il en être autrement, d'autant plus que la concurrence pure et parfaite, qui intègre le principe d'une information parfaite des agents économiques, n'est qu'une norme permettant par contraste de lire la réalité. Ainsi, l'information imparfaite n'a pas le sens d'un fait — il est évident pour tous ! — mais apparaît plutôt comme une définition, ou un principe, de départ qu'il faut justifier.

Quel est l'enjeu de la question posée ? Il est double.

• C'est l'occasion de situer les problématiques monétariste et nouveau classique par rapport à la grande tradition de l'analyse économique. En 1921, dans un ouvrage célèbre, *Risque, incertitude et profit*, Knight a suggéré de distinguer entre le risque contre lequel on peut se prémunir par un calcul de probabilités objectives et l'incertitude qui n'offre jamais cette possibilité. Autrement dit, le risque est assurable alors que l'incertitude ne l'est pas. L'information imparfaite des monétaristes et des nouveaux classiques suppose-t-elle uniquement le risque ou revient-elle à un mélange subtil entre situations risquées et incertitude flagrante ?

• C'est aussi l'occasion de revenir sur des connaissances tirées de la théorie des probabilités, l'opposition entre probabilité objective (fournie par la loi des grands nombres) et subjective (établie par le théorème de Bayes).

CONSTRUIRE UNE RÉPONSE

On s'attachera à montrer que monétaristes et nouveaux classiques ne donnent pas le même sens au principe de l'information imparfaite, eu égard à la distinction de Knight, et que par là resurgit l'importance de la césure, ou non, entre court et long terme.

A - KNIGHT, FRIEDMAN ET LUCAS

1 - Dans l'hypothèse d'anticipations rationnelles, les agents sont sujets à des erreurs qui proviennent de leur ignorance du futur. Mais, sur toute la période de temps au cours de laquelle ces erreurs sont commises, les anticipations individuelles sont indépendantes (rationalité du comportement) et peuvent se fondre dans une variable aléatoire dont l'espérance mathématique est nulle, soit $E(\varepsilon_t) = 0$ si l'on reprend la formule définissant l'anticipation rationnelle. Alors, toute l'ignorance est assimilée à une distribution de probabilités objectives. Dans ces conditions, elle est assurable et devient un risque au sens de Knight. Parallèlement, cela exclut tout autre catégorie d'ignorance et en particulier l'incertitude au sens du même auteur. Là, précisément, l'information disponible ne fournit plus de base suffisante pour une estimation objective des probabilités. R. Lucas pense que la dichotomie knightienne, du risque et de l'incertitude, est pertinente mais sert surtout à clôturer le champ de l'analyse économique. En cas d'incertitude, comme en dehors de l'hypothèse de rationalité, pour les nouveaux classiques, le raisonnement économique perd toute valeur.

2 - M. Friedman souhaite dépasser la dichotomie de Knight en s'en remettant à une démarche baysienne, celle qui oppose probabilités *a priori* et probabilités *a posteriori*. Les probabilités auxquelles se réfèrent les agents économiques pour leurs prévisions sont subjectives. Cet adjectif est utilisé dans le sens que lui donne le théorème de Bayes. En écartant toute objectivité — la probabilité d'un évènement ne s'assimile pas forcément à sa fréquence —, les monétaristes admettent que tout jugement s'appuie sur une base personnelle en termes d'information. M. Friedman insiste sur la difficulté qu'il y a à transformer des jugements subjectifs en une donnée macroéconomique, d'où l'accent mis sur des anticipations adaptatives. Un autre monétariste, D. Laidler, va même jusqu'à prôner la supériorité de cette dernière démarche en comparaison de l'hypothèse de Lucas (*cf.* B. Snowdon et alii, *op.cit.*, p. 207).

B - Risque, incertitude, court et long terme

1 - Le choix monétariste va plus loin que la simple référence au risque. En l'occurrence, dans la critique de la courbe de Phillips, l'asymétrie d'information entre salariés et entrepreneurs — les premiers sont victimes d'illusion monétaire alors que les autres en sont préservés — ne se justifie pas par des distributions objectives de probabilité mais par un état de fait, une incertitude qu'il faut intégrer dans l'analyse. À court terme, l'asymétrie est la règle du jeu mais à long terme entrepreneurs et salariés se retrouvent dans une absence commune d'illusion monétaire. Si la période de temps est suffisamment longue, vingt ans par exemple, les erreurs de prévision n'ont pas de raison d'être corrélées. On retrouve alors la perspective d'une information imparfaite assimilée à un risque. Par contre, sur une courte période l'auto-corrélation des erreurs d'anticipation est envisageable. Elle peut conduire à un résultat parfaitement impossible à entrevoir par l'analyse des prévisions, donc... incertain ! Dans leur *Histoire monétaire des États-Unis*, M. Friedman et A. Schwartz illustrent cela par l'épisode du retour d'un étalon-argent dans les années 1890. Les anticipations inflationnistes sont à cette époque, selon l'auteur, reflétées dans les taux d'intérêt élevés (relation de Fisher) alors que l'inflation réalisée se retrouve dans la chute de son taux. Les agents commettent donc des erreurs de prévision auto-corrélées mais, que ces échecs de prévision correspondent ou non à une distribution objective de probabilités est impossible à vérifier car il s'agit d'un fait historique non reproductible par une expérience aléatoire. Que les États-Unis aillent, ou non, vers une libre frappe de l'argent n'est en aucun cas déductible du comportement sans doute rationnel des agents économiques qui anticipent sur une courte période. Donc, l'information imparfaite des monétaristes renoue avec l'incertitude en distinguant court et long terme.

2 - Inversement, les nouveaux classiques mettent toute leur confiance dans un choix walrasien. Si un modèle est correctement spécifié, l'incertitude ne reflète qu'une situation résiduelle car par principe tout est dit de l'intérieur du modèle : généralisation du comportement rationnel, théorie endogène de l'anticipation, etc. Il n'y a pas de place pour l'incertitude qui, ainsi, n'a pas d'intérêt en soi. Il est donc inutile de la prendre en compte en tant que telle. Voilà pourquoi, l'information imparfaite des nouveaux classiques s'en remet à un équivalent certain : une distribution objective de probabilités reflétant la rationalité des choix subjectifs individuels. Par là-même, les erreurs de prévision ne sont en aucun cas auto-corrélées et la distinction d'un court et d'un long terme devient inconsistante.

10

LA NOUVELLE MACROÉCONOMIE KEYNÉSIENNE

Le destin de la macroéconomie initiée par Keynes a été assez imprévisible. Dès la fin de la Seconde Guerre mondiale, l'aspect révolutionnaire de la *Théorie générale* s'estompe dans une interprétation de l'économie globale par des marchés agrégés dans laquelle l'importance des anticipations et de la monnaie est pratiquement gommée. C'est le modèle IS-LM (1937) qui a servi de support à toute la macroéconomie néokeynésienne. L'habitude est vite prise, à la suite de l'interprétation plus spécifique de F. Modigliani (1944), d'assimiler l'équilibre de sous-emploi de Keynes aux conséquences macroéconomiques des **rigidités** de prix et de salaires. Puisque dans l'économie contemporaine, les prix ne jouent plus leur rôle traditionnel, l'ajustement se fait aussi par les quantités et entraîne un **coûteux processus d'adaptation**. Le chômage massif, durable et involontaire en est l'aspect le plus criant. Mais il en découle aussi très directement que l'**intervention de l'État** est **efficace**. Elle apparaît comme le seul remède au problème du chômage dans la mesure où la politique conjoncturelle passe par l'action sur la demande globale et donc sur le volume de la production puisque les prix sont rigides.

Cette interprétation des idées de Keynes, largement répandue dans les années 60 et 70, reste paradoxale. C'est, entre autres choses, ce que montre A. Leijonhufvud (*On Keynesian Economics and the Economics of Keynes : A Study of Monetary Theory,* 1968) :

- si l'économie de Keynes se contente d'introduire des rigidités nominales dans la mécanique néoclassique, alors elle n'a pas grande signification car personne ne soutient que ce dernier modèle fonctionne efficacement dans ce cas, et donc il faut aller bien au-delà dans la compréhension d'une dynamique de marchés agrégés ;

- de plus, contrairement au projet de Keynes, qui souhaitait faire de l'économie « classique » un cas particulier — celui du plein-emploi — dans une théorie générale macroéconomique, l'économie keynésienne est devenue un cas spécifique du modèle général néoclassique, celui d'un équilibre à prix rigides et de courte période.

Ce constat sur les **dérives de l'économie keynésienne** a ouvert deux nouvelles pistes mais fondamentalement convergentes :

- d'une part, il y a celle du « déséquilibre » proprement dit. Plus qu'un vaste mécanisme d'ajustement par les marchés dans lequel on introduit des rigidités — pour fixer les idées, parlons d'équilibres contrariés —, il faut concevoir un **véritable déséquilibre global** donnant à la question du chômage massif, involontaire et durable une explication beaucoup plus adaptée à la complexité de l'époque contemporaine ;
- d'autre part, l'acceptation de rigidités entravant les marchés, sans recherche de fondements microéconomiques précis, est une limite théorique essentielle largement exploitée par la nouvelle macroéconomie classique. Ainsi, le nouveau programme keynésien de recherches oblige à relever un défi : **comment la dynamique des marchés conduit rationnellement à la production de rigidités** et comment de ce fait les **difficultés de coordination macroéconomiques** sont principalement la conséquence d'échecs de marché fonctionnant en concurrence imparfaite et en situation d'incertitude ?

BIBLIOGRAPHIE DU CHAPITRE

M. Dévoluy, *Théories macroéconomiques, fondements et controverses*, A. Colin, collection U, 1998, chapitres 5 et 7.
S. P. Hargreaves Heap, *La nouvelle macroéconomie keynésienne*, trad. fr. A. Colin, collection U, 1998.
H. Lamotte & J.-Ph. Vincent, *La nouvelle macroéconomique keynésienne*, PUF, Que sais-je ? 1998.
R. Snowdon, H. Vane & P. Wynarczyk, *La pensée économique contemporaine*, trad. fr. Ediscience-International, 1997, chapitre 7.
E. Phelps, *Seven Schools of Macroeconomic Thought*, Oxford University Press, 1990, chapitre 4.

A

LE POINT DE DÉPART

G. Mankiw (trad. fr in G. Abraham-Frois & F. Larbre, *op. cit.*, p. 171) parle d'une « réincarnation de l'économie keynésienne » tant, dans les années 70 et 80, le discours sur la mort de Keynes a été puissant aux États-Unis. Ce nouvel élan keynésien est la conjonction de deux temps forts, les équilibres à prix fixes (ou « déséquilibre ») et les limites de l'hypothèse d'anticipations rationnelles.

Déséquilibre et nouvelle macroéconomie keynésienne (NMK). L'École du « déséquilibre » est un premier renouvellement de la macroéconomie keynésienne dans les années 70. Elle rassemble d'abord des auteurs comme A. Leijonhufvud et R.W. Clower et par la suite R. Barro, H. Grossman aux États-Unis et E. Malinvaud, J.P. Benassy en France. Dans cette perspective, D. Patinkin (1955) apparaît comme un pionnier. À partir du milieu des années 70 et surtout dans les années 80 et 90, un certain nombre d'économistes comme O. Blanchard, G. Mankiw, L. Summers, J. Stiglitz, S. Fischer, J. Taylor, etc., développent une nouvelle macroéconomie keynésienne (NMK) poursuivant l'apport du déséquilibre et tirant les leçons de la NMC. Cela étant, ces nouvelles directions de l'analyse macroéconomique ne donnent pas une école keynésienne contemporaine aussi homogène que son adversaire nouveau-classique. Les résultats sont plus dispersés et ne se retrouvent pas de manière synthétique dans un modèle général de l'économie globale.

1 - L'École du « déséquilibre »

a. Un constat

cf. document proposé, p. 408

Les théories du chômage sont construites sur une opposition radicale car **chacun bâtit sur ce que l'autre ignore et inversement**. Pour les « classiques », le chômage, toujours volontaire, s'explique uniquement sur le marché du travail par un salaire réel trop élevé. L'intervention gouvernementale se ramène alors à des politiques de l'emploi visant un salaire réel plus bas. Inversement, les keynésiens voient, selon le principe de la demande effective, l'origine du chômage involontaire dans un niveau insuffisant de l'activité économique. Ils préconisent des mesures d'expansion des dépenses publiques, de diminution des prélèvements fiscaux, des incitations à la consommation et à l'investissement. Raisonnant uniquement en termes de variations de prix, les « classiques » éliminent toute éventualité où les firmes ne réussiraient pas à vendre tout ce qu'elles ont prévu : les marchés se « vident » car *l'équilibre est walrasien**. L'influence des quantités dans l'ajustement n'intervient pas, ou de manière duale. Si tel n'était pas le cas, les firmes réviseraient leurs calculs d'emploi et modifieraient nécessairement la demande de travail. D'un point de vue keynésien, la demande effective est déterminée quantitativement indépendamment de tout calcul walrasien d'offre (rentabilité du produit en fonction des prix des produits et des facteurs de production donnés par des marchés concurrentiels). Dit autrement, dans la plupart des modèles keynésiens, on raisonne sur des flux monétaires (c'est-à-dire des prix et

Équilibre walrasien : un équilibre est walrasien quand chaque marché qui compose l'économie nationale tend lui-même vers l'équilibre. Soit D^e_i la demande excédentaire sur le marché i, alors $\Sigma_i D^e_i = 0$ avec $D^e_i = 0\ \forall i$.

des quantités) où les prix sont le plus souvent exogènes, ou réintroduits par le biais d'une courbe de Phillips. En allant à l'essentiel, le chômage « classique » repose sur un salaire réel qui est fixe, alors que la version « keynésienne » en fait pratiquement autant mais avec les prix.

cf. question de réflexion proposée n°1

L'opposition entre les « classiques » et Keynes est parfois réduite à l'idée que dans la détermination de l'équilibre, les premiers raisonnent sur des variations de prix alors que les seconds s'en remettent à des mouvements de quantités. En vérité, pour les « classiques », l'équilibre des marchés se construit sur des changements soit de prix, soit de quantités. C'est la dualité du problème. Un équilibre bâti sur des prix donne automatiquement les quantités correspondantes (Walras), mais aussi de manière équivalente un résultat appuyé sur les quantités induit *ipso facto* les prix adéquats (Marshall). Keynes introduit un ajustement par des flux monétaires (prix multipliés par des quantités). Ainsi, les positions en présence sont : premièrement, des prix ou (exclusif) des quantités pour les « classiques » et deuxièmement des prix et des quantités pour les keynésiens. Comme point de départ, l'école du « déséquilibre » commence par examiner des situations extrêmes où les prix sont fixes et où tout l'ajustement passe par les quantités, quitte à assouplir l'hypothèse première en introduisant par la suite différents degrés de flexibilité des prix, voire des conditions de concurrence imparfaite dans des modèles beaucoup plus élaborés.

Le modèle de P. Benassy (*Macroéconomie et théorie du déséquilibre*, Dunod, 1984, chapitre 3). Soit une économie nationale donnée par trois agents représentatifs (une firme, un ménage et l'État), trois produits (un bien de consommation, le travail et la monnaie) et deux marchés (le bien de consommation est échangé contre de la monnaie au prix P et le travail s'échange contre de la monnaie au salaire W. Soit T et G les recettes et les dépenses de l'État, C la quantité du bien consommée par le ménage, $\bar{M}$ la monnaie qu'il détient et Y le niveau du produit global (ou revenu national). Donc, C dépend du revenu disponible et du montant réel des encaisses monétaires. Soit, si par simplification, la relation est linéaire :

$$C = \alpha(Y - T) + \beta(\bar{M}/P)$$

Pour l'économie tout entière, l'égalité ressources/emplois est nécessairement vraie, donc :

$$C + G = Y \text{ ou encore } \alpha(Y - T) + \beta(\bar{M}/P) + G = Y.$$

Étudions deux éventualités :

Dans le cas « classique », l'équilibre global détermine P pour Y fixé, car Y est donné grâce à la loi de Say et dépend de l'équilibre du marché du travail. Donc :

$P = (\beta\bar{M})/[Y(1 - \alpha) + \alpha T - G]$ ou, pour retrouver l'équation quantitative, $P[Y(1 - \alpha) + \alpha T - G] = \beta\bar{M}$

Puisque Y est déterminé sur le marché du travail et si f est une fonction de production, alors l'équilibre sur ce marché s'écrit : $f'^{-1}(W/P) = L^*$ et $W/P = f'(L^*)$ où L^*, l'emploi à l'équilibre, est en même temps le plein-emploi. Pour qu'un chômage volontaire, ou classique, apparaisse, il faut que $W/P > f'(L^*)$.

Dans le cas « keynésien », l'équilibre global détermine Y pour P fixé, soit :

$Y = [1/(1-\alpha)]\{(\beta\bar{M})/P - [\alpha/(1-\alpha)]T + [1/(1-\alpha)]G\}$

Les multiplicateurs keynésiens sont bien là : premièrement $1/(1-\alpha)$ pour l'activité économique privée ; deuxièmement $\alpha/(1-\alpha)$ pour le multiplicateur fiscal ; et troisièmement $1/(1-\alpha)$ pour le multiplicateur des dépenses publiques. Alors l'emploi L est : 1) déterminé par Y et non l'inverse ; et 2) n'a pas de raison particulière, pour P et W donnés, de correspondre avec L^*. Il existe bien, pour $L < L^*$, un chômage involontaire ou « keynésien ».

Ainsi, chacun (« classiques » et keynésiens) développe sa théorie du chômage à partir de ce que l'autre écarte *a priori*. De ce constat, il s'en suit que, pour dépasser l'impasse des deux chômages (alors dit « classique » et « keynésien »), il faut développer une **perspective unifiante**, une théorie englobante, de l'équilibre à prix fixes, exagérément qualifiée de déséquilibre.

Si l'on reste dans le cadre du modèle précédent, deux marchés agrégés, et qu'on admet maintenant la possibilité *a priori* de déséquilibres, ils ne représentent rien d'autre que des équilibres s'établissant avec des prix fixés (de « faux » prix), c'est-à-dire d'autres prix que ceux que retiendrait le strict équilibre concurrentiel de la théorie habituelle des marchés.

Équilibre non walrasien : il suffit d'écrire que $\Sigma_i D^e_i = 0$ avec $D^e_i \neq 0$ $\forall i$ pour i marchés composant l'économie.

On appelle, avec R.W. Clower, « **notionnelles** » les offres et les demandes exprimées par un agent, pour un prix donné, s'il n'est soumis à aucune contrainte de quantité. Inversement, les offres et les demandes « **effectives** » sont les quantités concrètement échangées à un prix donné par un agent qui subit des contraintes de quantité. Dans un équilibre « à la Walras », les grandeurs notionnelles et effectives, pour tous les agents, correspondent parfaitement. En dehors de cet *équilibre* (dit *non walrasien**), il y a un écart entre les quantités notionnelles et effectives et les agents sont à même d'échanger. Alors, la possibilité d'une différence implique la *décision duale**. L'agent doit envisager ses plans de dépenses en fonction de la réalisation de ses recettes. En ce sens, il y a effet de report (ou **processus de rationnement**) entre les différents marchés. Les déséquilibres rencontrés par les agents se répercutent au niveau des marchés agrégés (*cf.* fig.1).

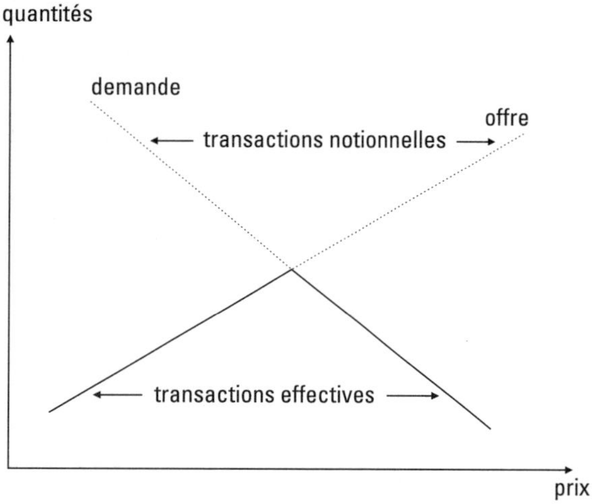

Fig. 1 : le "déséquilibre"

b. Les régimes de chômage

L'ajustement macroéconomique devient donc une dynamique de marchés agrégés dans laquelle on intègre des « *effets de report** ». Le déséquilibre global signifie que l'excès d'offre ou de demande sur un marché s'articule avec un excès d'offre ou de demande sur un autre marché. Il y a alors quatre cas de figure à envisager, chacun correspondant à un équilibre à prix fixes :

Décision duale : les économistes du « déséquilibre » dissocient la contrainte de dépense de celle du revenu alors même qu'elles sont identiques dans l'analyse de Walras.

– un excès d'offre sur les deux marchés (produits et travail) en même temps (**chômage keynésien [K]**) ;

– un excès d'offre de travail et un excès de demande de produits (**chômage classique [CL]**) ;

– un excès de demande sur les deux marchés (**hors sujet**) ;

– un excès d'offre de produits et un excès de demande de travail (**vide**).

Comme on se limite au cas du chômage, la troisième possibilité n'est pas ici pertinente (hors sujet) car elle décrit une situation de plein-emploi tandis que la quatrième, acceptable sur le plan logique, n'a pas grande consistance économique (vide) : pourquoi les firmes demanderaient-elles plus de travail pour fabriquer un produit qu'à l'évidence elles écoulent difficilement ? Donc, seules deux éventualités importent particulièrement : le chômage keynésien et le chômage classique.

Effet de report : il existe quand un agent, contraint à échanger moins qu'il ne le voudrait sur un marché par suite de rationnement, modifie ses demandes sur d'autres marchés.

1 - Le chômage keynésien. Si l'équilibre à prix fixes s'accompagne d'un excès d'offre sur les deux marchés, l'équilibre global est totalement déterminé par la demande quand on admet une *règle dite du côté court**. C'est le côté de la demande s'il y a excès d'offre, le côté de l'offre s'il y a excès de demande.

Sur le marché des produits, l'équilibre ressources/emplois s'établit au niveau de la demande effective totale. Soit, en reprenant les notations de P. Benassy :

$$Y = c(Y, P, T) + G$$

Règle dite du côté court : le côté « court » d'un marché est celui où le volume global des transactions désirées est le plus faible. L'autre côté est naturellement dit côté « long ».

La solution d'équilibre [$Y^* = Y_k$] donne le niveau de l'activité économique dans des conditions que l'on identifie maintenant comme « keynésiennes », autrement dit le principe de la demande effective. Le montant de l'emploi est lui aussi totalement déterminé par la demande puisque, effet de report oblige, contraint par l'excès d'offre sur le marché des produits, l'emploi d'équilibre est celui qui est juste nécessaire pour obtenir Y_k. Autrement dit, en reprenant l'idée keynésienne d'une fonction de l'emploi : $L^* = L_k = f^{-1}(Y_k)$. Au total, le chômage « keynésien » n'est qu'un état (ou « régime ») dans un équilibre à prix fixes, celui où il y a excès d'offre sur les marchés de produits et du travail.

2 - Le chômage classique. S'il y a excès d'offre de travail et excès de demande de produits, les ménages sont contraints sur les deux marchés alors que les firmes ne le sont sur aucun. Elles peuvent donc aller jusqu'au bout de leur objectif « notionnel », ou ce qu'elles prévoient dans les conditions microéconomiques habituelles, et réaliser leur plan d'emploi et de production. Il suffit d'écrire la solution d'équilibre : $L^* = L_c = f'^{-1}(W/P)$ et $Y^* = Y_c = f(L_c)$.

Dans ce cas, seule une réduction du salaire réel est à même de limiter le chômage en augmentant la production. Ce résultat n'est que le diagnostic « classique » sur le chômage, lequel apparaît maintenant comme un autre état (ou « régime ») du modèle de l'équilibre à prix fixes.

Les régimes de chômage. Tout cela peut se retrouver de manière graphique (S.P .Hargreaves Heap, *op. cit*, p. 40-41).

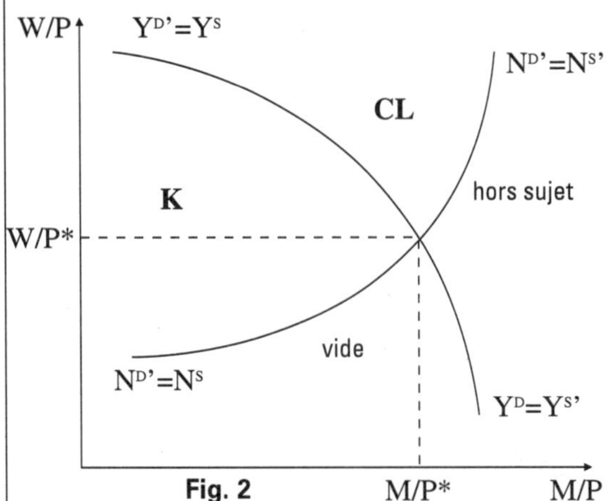

Fig. 2

Pour une offre nominale de monnaie donnée, chaque vecteur de prix et de salaires représente un point du plan (offre réelle de monnaie, salaire réel). L'équilibre walrasien est donné par exemple au point (M/P*, W/P*). Pour un salaire réel plus faible (W/P < W/P*), la demande effective de travail peut être équilibrée avec l'offre notionnelle de travail ($N^{D'}=N^S$). Et au-dessous de ce taux, le marché du travail fera que ce sont les demandeurs qui sont contraints. Ainsi, des combinaisons plus faibles de salaire réel et d'offre réelle de monnaie préservent l'équilibre du marché du travail. D'où la courbe qui part du point (M/P*,W/P*) dans la direction sud-ouest. De la même façon, des combinaisons de salaire réel plus élevé et d'offre réelle de monnaie plus faible préservent l'équilibre sur le marché des produits. En accord avec cela, la région où les offreurs sont contraints sur les deux marchés à la fois donne le régime keynésien (**K**). Il suffit alors de recommencer l'analyse et de construire la partition du plan pour toutes les éventualités.

La conclusion de l'École du déséquilibre est importante car la conjonction des deux régimes de chômage dans l'agrégat observé du chômage prive la politique conjoncturelle de son efficacité traditionnelle. Un diagnostic de chômage keynésien conduit vers un objectif de relance, donc d'une façon ou d'une autre vers une augmentation du salaire réel, alors que le constat inverse, celui du chômage classique, pousse à préconiser plutôt un effort de baisse du salaire réel. **La politique macroéconomique est** ainsi **placée devant une contradiction majeure**. Pour bon nombre d'auteurs, voilà pourquoi l'alternance relance/austérité n'est plus de mise et pourquoi les objectifs de l'intervention de l'État sur la demande globale doivent être constitués sur un moyen terme à partir de normes de progression du salaire réel. Dans la théorie de la politique économique, l'École du déséquilibre rejoint une conclusion aujourd'hui largement admise : les politiques conjoncturelles reposent difficilement sur des choix discrétionnaires et fonctionnent plutôt à partir de règles de moyen terme.

2 - L'HYPOTHÈSE DES ANTICIPATIONS RATIONNELLES, LA FLEXIBILITÉ ET LES RIGIDITÉS NOMINALES

cf. question proposée n°2

Les anticipations rationnelles ne sont pas directement observables, mais on peut supposer que la rapidité plus ou moins grande des ajustements nominaux observés confirme ou infirme leur existence. Apparemment, donc, l'hypothèse d'anticipations rationnelles (HAR) redonne un argument essentiel à l'idée de marchés qui se « vident » instantanément ; elle entre en contradiction avec la thèse des conséquences macroéconomiques des rigidités et freine le développement de l'École du *déséquilibre**. L'économie keynésienne, une nouvelle fois, semble en difficulté face aux résurgences classiques.

Déséquilibre et NMC : d'un point de vue chronologique, la théorie du déséquilibre est antérieure à la vague des anticipations rationnelles.

a. L'HAR n'exclut pas la possibilité de rigidités nominales

cf. exercice corrigé 10.1

L'HAR est à première vue d'une grande exigence en termes d'information puisqu'elle admet implicitement que les agents économiques disposent de toute la théorie économique en vigueur. Une possible défense contre cette critique tourne autour de la vraisemblance d'une division du travail entre l'acquisition et la production de l'information. Une autre défense éventuelle tourne autour de l'idée que les prix sur les marchés sont influencés par l'information privée avec pour conséquence que le **système de prix lui-même devient un instrument d'agrégation et de transmission entre les individus qui n'ont pas fait l'investissement dans l'acquisition privée d'information**. Pour apprécier ces deux arguments, utilisons l'exemple des marchés financiers en admettant que l'on peut aisément étendre leur dynamique à l'ensemble du processus de formation des anticipations.

Un exemple financier (S.P. Hargreaves Heap). Soit un individu i dont la fonction d'utilité dépend de sa richesse (W), par exemple sous une forme telle que $U(W_i) = -e^{(-k_i W_i)}$. Toutes les fonctions d'utilité sont identiques pour tous les individus et ne diffèrent que par la valeur du coefficient k, qui traduit l'aversion absolue pour le risque, et le montant de la richesse initiale W_0. On admet ensuite qu'il n'y a que deux actifs, l'un sans risque et rémunéré par un taux r et l'autre risqué pouvant être acheté au prix P. Le rendement R de l'actif risqué n'est pas connu par avance et fait donc l'objet d'une anticipation rationnelle, soit $E(R/I)$. De plus X_i indique le nombre d'unités du titre risqué acquis par l'agent i. La richesse détenue se partage entre les deux actifs sous la forme :

$$W_i = [R - P(1 + r)]X_i + W_{io}(1 + r)$$

Quand la richesse est normalement distribuée, l'utilité anticipée est :

$$E[U(W_i)] = -\exp\{-k_i[E(W_i) - 1/2k_i \mathrm{var}(W_i)]\}$$

Cette expression est maximale quand la partie entre parenthèses est maximale. Puisque var(W) dépend de var(R) et du nombre d'unités d'actifs risqués, X, il s'en suit les conditions de premier ordre de la maximisation de la demande d'actifs risqués :

$$X_i = [1/k_i \mathrm{var}(R)][E(R) - P(1 + r)]$$

En sommant pour tous les individus, on obtient la demande au marché d'actifs risqués S, ce qui conduit à une relation implicite, à l'équilibre du marché, entre le prix de l'actif P et son rendement attendu E(R) :

$$\Sigma_i[1/k_i \mathrm{var}(R)][E(R) - P(1 + r)] = S$$

La relation d'équilibre à anticipations rationnelles entre le prix et le rendement attendu est donnée en substituant *E(R/I)* dans la relation précédente :

$$E(R/I) = \Sigma_i \mathrm{var}(R)/\Sigma_i[1/k_i] + (1 + r)P$$

ou, en simplifiant l'écriture si $a^* = \Sigma_i \mathrm{var}(R)/\Sigma_i[1/k_i]$ et $b^* = (1 + r)$:

$E(R/I) = a^* + b^*P$ qu'il suffit d'interpréter.

Dans un équilibre à anticipations rationnelles, un individu qui n'a pas accès à l'information I, ou qui n'a pas fait l'investissement dans I, peut néanmoins former une anticipation rationnelle de R. Il suffit d'admettre que cette anticipation, appuyée sur l'information disponible publiquement, a un prix P. L'individu non informé peut se contenter d'utiliser l'équation E(R/I) = a^* + b^*P, dès lors qu'il connaît a^* et b^*. Quelle est la portée de ce résultat ? **Dans l'équilibre à anticipations rationnelles, il y a une parfaite transmission de l'information privée vers les individus non informés via les prix**. Autrement dit, les prix sont d'extraordinaires vecteurs d'approvisionnement en information.

On se heurte pourtant à une **énigme** : si l'on peut faire aussi bien avec ou sans information, alors pourquoi s'ennuyer à la collecter ? Mais, si personne n'acquiert d'information, pourquoi devrions-nous obtenir un équilibre à anticipations rationnelles ? Il faut préciser ce paradoxe de la transmission parfaite. Des incitations de départ sont nécessaires pour que quelqu'un acquière de l'information et qu'il y ait un équilibre à anticipations rationnelles. Alors seulement, apparaît l'opportunité d'une transmission d'information, de ceux qui sont informés vers ceux qui ne le sont pas. Donc, l'anticipation rationnelle de ceux qui ne savent pas doit être plus précise que celle qui est uniquement conditionnée par les prix. De ce fait, la **transmission** est, à un certain degré, **imparfaite**. Autrement dit, les prix véhiculent l'information nécessaire à l'élaboration d'anticipations rationnelles mais cette circulation n'est jamais totalement efficace. Car, pour tendre vers l'équilibre, il doit y avoir une incitation à ce que certains acquièrent l'information avant sa diffusion par les prix. Or, elle est coûteuse à obtenir. Quelle conséquence tirer du résultat précédent quand on revient sur le processus de l'ajustement macroéconomique ?

b. La nouvelle macroéconomie keynésienne restaure la distinction du court terme et long terme

Keynes réglait ce problème par une boutade : « À long terme nous serons tous morts ! ». La macroéconomie néokeynésienne (le modèle IS-LM et la courbe de Phillips) en a déduit l'idée qu'il fallait se situer dans un court terme défini comme la période de retour à l'équilibre après que ce dernier ait été perturbé. C'est ce que l'on envisage en étudiant les effets d'une relance budgétaire par exemple. Le court terme correspond au délai pendant lequel les multiplicateurs budgétaires agissent jusqu'au moment où le point d'équilibre visé est atteint. De ce point de vue, le long terme perd grandement, sinon totalement de sa signification puisqu'il peut être proche du court terme quand l'ajustement est très rapide. De même, avec la nouvelle macroéconomie classique, l'opposition court et long terme n'a pas grand intérêt puisque les ajustements se font immédiatement et nécessairement. Mais, en associant le paradoxe de l'anticipation rationnelle et la piste ouverte par les rigidités, la nouvelle macroéconomie keynésienne restaure l'importance, tant du point de vue de l'offre globale (OG) que de la demande globale (DG), de la distinction entre court et long terme dans la gestion macroéconomique des rigidités.

Le programme de recherches de la nouvelle macroéconomie keynésienne est maintenant établi :

- les anticipations rationnelles sont incorporées dans un modèle keynésien ;
- les rigidités nominales et réelles existent : les prix ne sont pas parfaitement flexibles et les salaires ne s'ajustent pas immédiatement aux prix.

Les nouvelles macroéconomies classique et keynésienne : une comparaison. Dans la NMC, l'économie globale tend spontanément vers un niveau stable d'activité (autrement dit un taux de chômage naturel). Un choc de demande à court terme ($DG_{ct} \rightarrow DG_{ct}'$), sous l'influence d'une politique conjoncturelle par exemple, provoque *ipso facto*, du fait de la flexibilité des prix et de l'HAR, une réaction de l'offre globale à court terme ($OG_{ct} \rightarrow OG_{ct}'$) de telle sorte que l'économie retourne nécessairement à son niveau Y_n. Donc, ce dernier n'est modifié que par la transformation des comportements sur le marché du travail (substitution travail-loisir, etc). Avec la NMK, la réaction induite de l'offre globale à court terme est lente, à cause de la rigidité des prix, si bien que l'équilibre final (Y_n') peut s'avérer relativement différent de la situation de départ, et cela pour des raisons purement macroéconomiques qu'on nommera plus loin effets d'hystérèse.

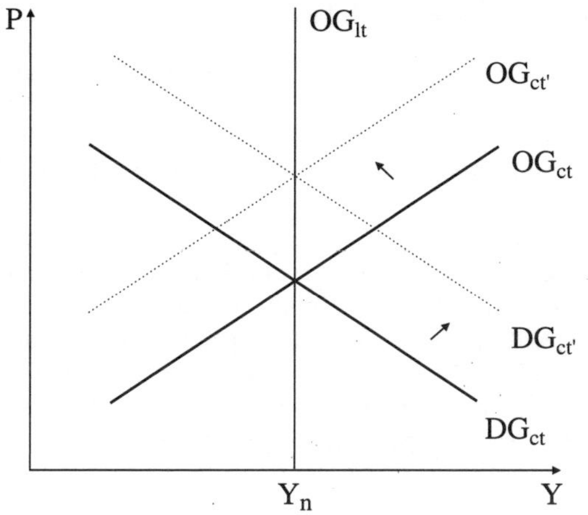

Fig. 3 - NMC : prix flexibles et HAR

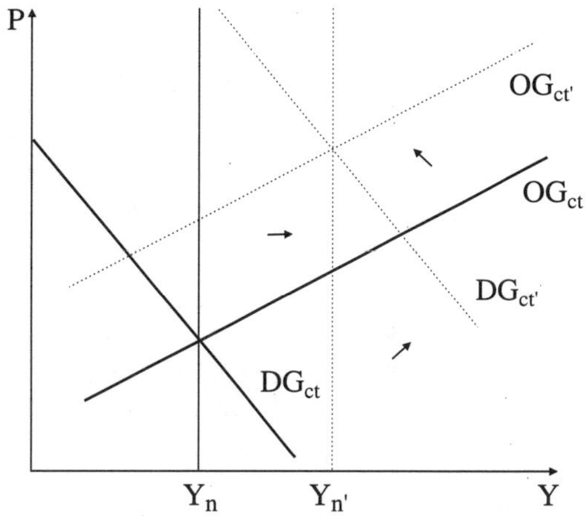

Fig. 4 - NMC : prix rigides et HAR

B

L'ANALYSE ÉCONOMIQUE DES RIGIDITÉS

cf. **document commenté, p. 405**

En mettant l'accent sur l'importance de prix fixes et d'effets de report dans la constitution de l'équilibre macroéconomique, l'École du déséquilibre se contente d'admettre l'existence de rigidités. Elles sont nécessaire à la compréhension des différents régimes de chômage dans un modèle englobant. Mais il y a peu d'éléments pour éviter la critique de l'hypothèse *ad hoc* de rigidités. Donc, sauf à y répondre, l'apport du déséquilibre est assez vite limité. C'est ce défi que relève la nouvelle macroéconomie keynésienne : **même si les agents économiques ont systématiquement un comportement d'optimisation** — par exemple en intégrant des anticipations rationnelles — **il n'en résulte pas *ipso facto* un équilibre macroéconomique optimal, car la mise en place de rigidités est la réponse du marché lui-même à l'incertitude**. Afin d'établir cette proposition capitale, la NMK oppose *deux types de rigidités, nominales et réelles** (*cf.* exercice corrigé 10.2).

Rigidités nominales et réelles : pour O. Blanchard, il y a rigidités réelles quand, pour des coûts de facteurs donnés, les prix ne répondent pas vraiment aux variations de la demande ; et il y a rigidités nominales si la plupart des prix ne sont pas fixés en continu mais avec retard, eu égard aux causes qui les déterminent (in G. Mankiw (Ed.), *Monetary Policy*, The University of Chicago Press, 1994, p. 151)

1 - Les rigidités nominales

À l'évidence, les prix ne s'ajustent pas simplement et immédiatement aux variations de l'activité économique. Donc, il faut réconcilier la théorie microéconomique des marchés et des prix avec l'existence effective de ces mêmes rigidités.

Pourquoi les prix sont-ils rigides ? Pour A. Blinder (« On Sticky Price : Academic Theories meet the Real World », in G. Mankiw (Ed.), *Monetary Policy*, The University of Chicago Press, 1994, p. 122] au moins douze réponses à cette question sont acceptables :

1 - des contrats nominaux existent justement parce que la fixation des prix se fait par de tels contrats ;
2 - les firmes se mettent tacitement d'accord pour stabiliser les prix à l'écart d'une certaine « loyauté » envers les consommateurs, donc il y a des contrats implicites (Okun) ;
3 - la qualité est évaluée par le prix car les firmes craignent que les consommateurs interprètent une baisse de prix comme une moindre qualité des produits (Allen) ;
4 - des effets de seuil subsistent puisque certains prix ont une signification psychologique, par exemple 399,99 FRF (Kashyap) ;
5 - comme les courbes de demande deviennent moins élastiques en même temps qu'elles se déplacent, l'élasticité est pro-cyclique (Bils, Shapiro) ;
6 - les prix sont fixés à partir des coûts mais avec retard parce que l'augmentation des coûts se répercutent sur les prix compte tenu d'un certain délai (Gordon, Blanchard) ;
7 - le coût marginal est constant car la courbe de coût marginal est horizontale et le comportement de marge ne varie pas (Hall) ;
8 - des coûts dans l'ajustement des prix persistent puisque les firmes incluent dans leur calcul les coûts de variation des prix (Rotemberg, Mankiw) ;
9 - du fait que leur organisation freine les décisions, il y a un ordonnancement des délais ;
10 - chaque firme attend que ce soit l'autre qui déclenche le mouvement de hausse des prix et des échecs de la coordination apparaissent (Ball, Romer) ;
11 - les stocks ont leur importance car les firmes ont plutôt recours à des variations de quantités qu'à des modifications de prix (Blinder) ;
12 - les firmes préfèrent d'autres instruments d'ajustement que l'action immédiate et directe sur les prix : des délais de livraison, un service après-vente, etc. (Carlton).**(*cf.* question proposée n° 1)**

a. La viscosité des prix provient des coûts de menu et de processus d'échelonnement

Nous ne reprenons que le huitième et le dixième cas du classement de A. Blinder, dans la présentation qu'en donne G. Mankiw (*Macroeconomics*, Worth Publishers, 1997, p. 395 et suivantes). Ils ont l'avantage d'articuler simplement fondements micréconomiques et conséquences macroéconomiques.

Supposons que les prix ne s'ajustent pas immédiatement à court terme parce qu'il y a des coûts à cette adaptation. Pour modifier ses prix, une entreprise a besoin d'expédier un nouveau catalogue à ses clients, distribuer de nouvelles listes de prix à ses vendeurs, etc. ; ou, dans le cas du restaurant qui reste l'exemple canonique, il faut imprimer de nouveaux menus. Ces coûts sont dits **coûts de menu** et conduisent les firmes à **ajuster leurs prix de façon intermittente plutôt qu'en continu**. Autrement dit, des prix sont rigides, ou à évolution lente, simplement parce que les coûts de l'ajustement excèdent le bénéfice anticipé de la nouvelle structure des prix.

Cela étant, quelle place tiennent vraiment ces coûts de menu dans l'explication de la rigidité des prix à court terme ? Ils sont certainement faibles, voire même négligeables par rapport à la totalité des coûts supportés par la firme. Comment, dans ces conditions, de **faibles coûts de menu** rendent-ils compte des difficultés d'ajustement macroéconomique et dans le cas extrême de récessions ? G. Mankiw soutient, dans un article important et fondateur (« Small Menu Costs and Large Business Cycles : A Macro Model of Monopoly », *Quarterly Journal of Economics*, 1985) que de faibles coûts de menu, même négligeables en eux-mêmes, n'impliquent pas que leur existence microéconomique et leur conséquence macroéconomique le soient aussi. Rien n'empêche, sur le plan logique, ces faibles coûts de menu d'avoir de larges effets sur l'économie globale. Pour l'expliquer, il faut reprendre la notion d'*effet externe**.

Admettons que si les prix s'adaptent lentement, des **externalités liées aux ajustements de prix** apparaissent : la réduction d'un prix par une firme bénéficie à d'autres firmes dans l'économie. Quand un producteur réduit son prix, il diminue légèrement la moyenne de tous les prix et provoque, par exemple, un *effet d'encaisses réelles**. L'expansion qui en résulte élève à son tour la demande de produits pour toutes les firmes. Cet impact macroéconomique est repéré par la formule : **externalités de demande globale**.

Supposons qu'au départ une firme fixe son prix à un niveau trop élevé et que plus tard elle soit amenée à se demander si elle doit le réduire. La firme prend sa décision en comparant le bénéfice d'une baisse du prix — en l'occurrence des ventes et des profits plus élevés — au coût d'ajustement du prix. À cause des externalités de demande, il se peut que le bénéfice pour l'économie globale d'une diminution du prix dépasse l'avantage perçu par la firme. Elle-même ignore cette externalité globale quand elle prend sa décision. Aussi, elle peut quand même décider de ne pas payer ces coûts de menu et ne réduit pas son prix alors que la diminution serait globalement souhaitable. De ce fait, des prix rigides sont optimaux du point de vue de ceux qui les fixent, bien qu'ils soient indésirables pour l'économie tout entière.

De plus, tous les prix ne sont pas déterminés en même temps et l'**ajustement des prix à travers l'économie est étalé sur une certaine période**. (*cf.* exercice corrigé 10.3). Cet échelonnement fait que le niveau général des prix s'adapte lentement, même quand les prix individuels changent fréquemment.

Effets externes (positif ou négatif, pécuniaire ou non) : ils existent quand la décision d'un agent économique a des conséquences ni prévues ni intégrées dans son calcul mais qui modifient la situation d'autres agents.

Effet d'encaisses réelles : l'augmentation du pouvoir d'achat des encaisses monétaires accroît le revenu global ; dans le modèle IS-LM, la courbe LM se déplace vers la gauche (*cf.* exercice corrigé 10.1).

Soit le modèle suivant proposé par G. Mankiw (*Macroeconomics*, *op. cit*, p. 396).

- Si la fixation des prix est synchronisée, chaque firme ajuste son prix le premier jour de chaque mois. Si l'offre de monnaie et la demande globale s'accroissent le 10 mai, le produit augmente du 10 mai au 1er juin : les prix sont fixes durant cet intervalle. Mais le 1er juin, toutes les firmes élèvent leurs prix en réponse à une demande plus forte et donc l'expansion se termine.
- Supposons maintenant que la fixation du prix soit échelonnée. La moitié des firmes fixent leur prix le premier de chaque mois et l'autre moitié le 15. Si l'offre de monnaie s'élève le 10 mai, alors seulement la moitié des firmes augmenteront leur prix le 15 ; mais certainement d'un faible pourcentage. Comme seulement la moitié des firmes accroissent leur prix le 15, un prix qui augmente pour une firme n'accroîtra que le prix relatif de cette firme, entraînant ainsi une diminution de ses clients. Inversement, si toutes les firmes étaient synchronisées, elles gonfleraient leur prix en même temps et les prix relatifs seraient inchangés. Donc, si le 15 mai, ceux qui décident des prix ne procèdent qu'à un faible ajustement, alors les autres firmes n'opéreront vraisemblablement qu'un faible ajustement quand leur tour viendra c'est-à-dire le 1er juin. Elles souhaitent aussi éviter les variations de prix relatifs. Et ainsi de suite. Alors le niveau des prix s'élève lentement comme conséquence de petites augmentations le 1er et le 15 de chaque mois. Au total, l'échelonnement dans le temps rend le niveau des prix « visqueux » car aucune firme ne veut être la première à lancer le jeu de l'augmentation des prix.

b. L'échelonnement affecte aussi les salaires nominaux

Les contrats salariaux. « [Ils] sont une caractéristique notable de toutes les grandes économies industrielles de marché. Cependant, la durée des contrats et le degré de régularité des négociations diffèrent selon les pays. Par exemple, au Japon, l'ensemble des contrats nominaux de salaires durent généralement un an, et sont ensuite renégociés. La renégociation synchronisé des contrats au Japon (le système *shunto*) s'accompagne d'une plus grande stabilité macroéconomique que dans le cas de l'économie américaine. Aux États-Unis, le système de négociation n'est pas synchronisée, permettant ainsi un chevauchement (et un échelonnement irrégulier) des contrats dont la durée est en général de trois ans. Au Royaume-Uni, les contrats se chevauchent mais durent moins longtemps qu'aux États-Unis, généralement un an. Quand les contrats sont négociés à intervalles irréguliers, les salaires nominaux ont une plus grande inertie face aux chocs que si les contrats existants étaient renégociés de façon synchronique pour tenir compte de nouvelles informations. [...] Taylor a montré que la réaction des salaires aux conditions d'offre et de demande était bien plus importante au Japon qu'aux États-Unis, au Canada et dans les autres principaux pays européens, ce qui peut expliquer la plus grande stabilité macroéconomique du Japon depuis le début des années 70. » (in B. Snowdon et alii, *La pensée économique moderne, op. cit.*, p. 319-320. (*cf.* exercice corrigé 10.2)

Le modèle de G. Mankiw (*Macroeconomics*, ibid.) s'applique aussi au salaire nominal. Une offre de monnaie plus faible freine la demande globale, et requiert une diminution proportionnelle du salaire nominal pour maintenir le plein-emploi. Un travailleur accepterait un salaire nominal plus bas si tous les autres salaires diminuaient dans la même proportion. Mais sans autre garantie, chacun est réticent à être le premier à subir la baisse, sachant que cela signifie, au moins temporairement, une réduction de son **salaire relatif**. Dès que la fixation des salaires est étalée dans le temps, la réticence individuelle à voir sa propre rémunération diminuer fait que le **niveau du salaire dans l'économie** répond lentement aux variations de la demande globale. En d'autres termes, l'échelonnement dans le temps de la fixation des salaires individuels rend donc le salaire moyen plutôt rigide.

Mais il y a une **objection** : pourquoi les contrats salariaux sont-ils négociés à long terme puisqu'à l'évidence cela accroît l'instabilité globale ? Il faut en revenir aux déterminations microéconomiques telles qu'analysées par E. Phelps (*op. cit*, p. 59-63) :

- Les négociations salariales engendrent des **coûts** dits **de transaction** (structure des salaires relatifs, évolution de variables clés comme la productivité, l'inflation, la demande, les profits, etc.). Plus la durée des contrats est longue, moins ces coûts se répètent et une fois le contrat établi, sa stabilité est considérée comme une plate-forme pour des négociations futures.

- La multiplication de négociations, donc la réduction de la durée des contrats salariaux, augmente le risque de rupture (par des grèves par exemple). Le **coût des conflits**, sans aucun doute élevé, doit être supporté par tous les acteurs du jeu.

- Enfin, l'**ajustement immédiat** à un choc de demande **n'est optimal que si les autres entreprises en font autant**. Celles qui se retrouvent avec un salaire relatif plus bas du fait de l'adaptation subiront une élévation du *taux de rotation** de leur main-d'œuvre.

Taux de rotation : pourcentage de salariés quittant volontairement leur entreprise pour une autre.

Dans l'ensemble, l'indexation des salaires aux prix n'est pas une bonne chose pour les entreprises. En effet, une adaptation immédiate suite à un choc n'est pas systématiquement justifiée car tous les chocs ne proviennent pas de la demande. L'indexation du salaire sur les prix, en cas de chocs d'offre (les chocs pétroliers par exemple) élève les coûts salariaux et rend d'autant plus délicate la variation des salaires réels nécessaire à l'ajustement des entreprises aux nouvelles conditions de l'offre. En situation d'incertitude, l'évolution effective des salaires nominaux est une source d'informations supplémentaires sur les changements économiques en cours. Donc, **une variabilité, systématique et conséquente, des salaires nominaux accroît l'instabilité et fait des rigidités nominales la conséquence d'un comportement rationnel dans une économie de marché**.

2 - Les rigidités réelles

Une rigidité est réelle lorsqu'elle empêche le salaire réel de varier afin de retrouver l'équilibre du marché du travail (*cf.* exercice proposé 10.2).

a. Le salaire réel, le chômage volontaire et involontaire

Le chapitre 2 de la *Théorie générale* rejette le *chômage volontaire** en refusant les fondements microéconomiques de l'offre de travail : l'égalisation de la désutilité marginale du travail et du salaire réel. Keynes suggère que le chômage, maintenant forcément involontaire, est relié à l'explication d'un équilibre global (ou principe de la demande effective). Pour l'essentiel, le chômage observé ne provient pas de décisions individuelles erronées mais renvoie à un **défaut global du système économique**. Tout est-il dit ?

Chômage volontaire et involontaire : le chômage est volontaire quand il provient d'un salaire réel trop élevé et qui ne baisse pas spontanément ; le chômage est involontaire quand il résulte d'un niveau trop faible de la demande effective quel que soit le niveau du salaire nominal. Autrement dit, le chômage est volontaire quand il trouve fondamentalement sa source dans l'offre de travail. Inversement, il est involontaire si l'équilibre du marché du travail dépend essentiellement des décisions des entrepreneurs (la demande de travail).

Il y a **plusieurs objections** et nous reprenons ici la présentation de M. De Vroey (« Le concept de chômage involontaire, de Keynes aux nouveaux keynésiens », *Revue économique*, 1997). Dans la théorie néoclassique, le comportement d'optimisation conduit à égaliser le taux de substitution travail/loisir de l'individu avec le salaire réel. Si la transaction n'a pas lieu, cela signifie que le salaire réel sur lequel se ferme la relation de travail est inférieur au **salaire de réservation** (ou *prix d'offre du travail)** : le salaire réel minimum à partir duquel l'individu n'accepte plus de vendre son travail. Le chômage involontaire n'existe qu'en dehors de ce principe, c'est-à-dire si le salaire réel sur le marché est supérieur au salaire de réservation.

Prix d'offre ou salaire de réservation : le prix d'offre du travail est une formule proposée par Marshall. Aujourd'hui, on parle plutôt de salaire de réservation, c'est-à-dire le prix « normal » auquel le salarié pense devoir vendre son travail.

Cela signifie que les agents sont incapables de réaliser leurs plans optimaux. Ils sont, d'une certaine façon, dans un état de loisir « forcé » plutôt que « choisi ». Ce n'est possible que s'il y a rationnement par le côté court du marché du travail, par la demande de travail : le chômage involontaire est un processus de rationnement. Mais il faut quand même distinguer entre un **problème de rationnement** qui naîtrait sur un marché particulier (et par effet de report se répercute sur le marché du travail) et un **problème de recherche d'emploi proprement dit** qui concerne uniquement le marché du travail. À titre de simple illustration, il est possible qu'un agent soit rationné involontairement sur un marché et qu'il refuse volontairement un emploi sur le marché du travail. L'un n'entraîne pas automatiquement l'autre.

Ces complications ne sont pas prises en compte par Keynes qui évacue la difficulté en associant chômage involontaire et équilibre de sous-emploi (ou déficience de la demande effective). Mais subrepticement la nature du problème se transforme puisque la référence cesse d'être le chômage involontaire pour devenir le *plein-emploi**. L'équivalence introduite par le chapitre 3 de la *Théorie générale*, entre chômage involontaire et déficience de la demande effective, élimine toute possibilité de **justification microéconomique** de ce chômage involontaire par des comportements d'optimisation et des décisions individuelles, c'est-à-dire par la rationalité habituelle du comportement économique.

Chômage involontaire et plein-emploi : quand le plein-emploi existe, il n'y a plus de chômage involontaire puisqu'il est impossible d'accroître encore le niveau de l'emploi.

Le chômage involontaire chez les néokeynésiens. Les positions ne sont pas fondamentalement éloignées de celles de Keynes. Par exemple, F. Modigliani (1944) représente l'offre de travail (L^O) par un L inversé. L^D donne la demande de travail, W/P le salaire réel, L* le point d'équilibre du marché du travail et L^{PE} l'équivalent au plein-emploi. Le point (B) montre le moment où le chômage involontaire ne réagit plus à un accroissement de la demande effective.

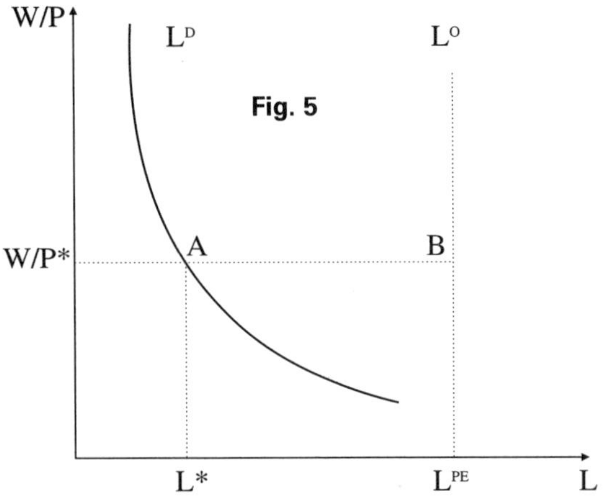

Fig. 5

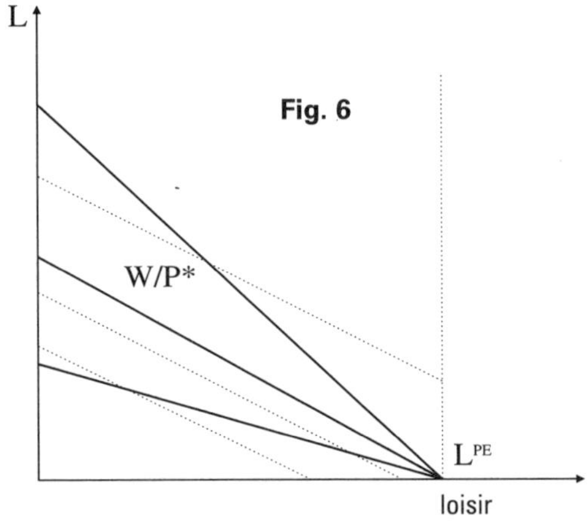

Fig. 6

« Cette conclusion ne résiste pas à la réflexion critique. Demandons-nous quel type de préférence sous-tend cette courbe d'offre ? La réponse à cette question est simple mais sa conséquence est dévastatrice. Comme [la figure 6] le montre, les préférences de l'agent représentatif, exhibant une telle fonction d'offre, manifestent une parfaite substitution entre le loisir et la consommation du revenu salarial. Ses courbes d'indifférence sont des droites. Le salaire réel auquel correspond la section horizontale de la courbe d'offre est égal à la valeur absolue de la pente des lignes d'indifférences. À ce titre, tous les niveaux d'emploi lui sont indifférents. Bref, si l'emploi peut être accru, ceci n'a pas d'effet sur l'utilité. Ce qui est appelé chômage involontaire n'est en fait que du sous-emploi d'équilibre efficient ! » (M. De Vroey, *op. cit*, p. 1 390-1 391).

Dans la même veine, l'analyse néokeynésienne de la courbe de Phillips se limite, en dehors de tout fondement microéconomique, à une réflexion sur le plein-emploi. Il est maintenant défini comme un taux de chômage incompressible par une progression de la demande effective au risque de développer un processus inflationniste : NAIRU.

Voilà pourquoi les nouveaux classiques, en particulier R. Lucas (« Unemployment Policy », *American Economic Review*, 1978), rejettent le chômage involontaire qui est, selon eux, impossible à justifier par des fondements microéconomiques (ou rationnels) adéquats.

b. Le salaire réel et le niveau du chômage involontaire

La nouvelle macroéconomie keynésienne relève le défi de l'existence d'un chômage involontaire dans un cadre d'équilibre partiel. Nous ne donnerons ici que les grands traits de nouvelles théories du marché du travail qui, pour l'essentiel, s'organisent autour d'un *salaire d'efficience**.

Salaire d'efficience : la baisse du salaire réel, en provoquant une diminution de la motivation des travailleurs, entraîne une réduction de la productivité du travail qui empêche le retour à l'équilibre du marché du travail.

Le contrat implicite (M.N. Bailey, C. Azariadis). Avant le salaire d'efficience, c'est la première réponse aux critiques de la NMC du chômage involontaire. Le comportement optimisant de l'agent économique est dissocié de la proposition selon laquelle les marchés se « vident » systématiquement. Comment ? Les salariés éprouvent une véritable aversion pour le risque. En même temps, les entreprises traitent cette frustration par une offre d'assurance contre les fluctuations du salaire réel et de l'emploi. Il suffit, pour le justifier, de reprendre l'asymétrie d'information entre entreprises et travailleurs conformément au modèle du chômage naturel de M. Friedman. Tout se passe comme si les salariés échangeaient, dans le cadre d'un contrat implicite, la stabilité de leur rémunération effective contre la non-réalisation de leur salaire de réservation. D'où l'existence d'un loisir « forcé » plutôt que « choisi ».

Si une nouvelle voie est inaugurée, elle se heurte vite à des critiques majeures : 1) À l'évidence, le salaire effectif doit être en moyenne inférieur au salaire d'équilibre (coût de l'assurance), comment dans ces conditions un chômage involontaire existe-t-il ? 2) Le contrat implicite est une notion particulièrement floue (« une poignée de main invisible » selon Okun) ; à la limite est-elle réfutable ? 3) Qu'est-ce qui suggère, qu'une fois conclu, le contrat implicite sera respecté par les participants ? 4) Plutôt que d'accepter un contrat implicite, pourquoi les entreprises ne préfèrent-elles pas une flexibilité du salaire réel et de l'emploi en même temps que l'indemnisation du chômage ? etc.

En réalité, l'approche par le contrat implicite explique surtout le consensus entre salariés et entrepreneurs sur un ajustement par le licenciement (les quantités) plutôt que par le salaire (les prix). Cette procédure rend plutôt compte de la stabilité du salaire et de la rigidité de l'emploi qu'elle explique les fondements microéconomiques du chômage involontaire.

Pourquoi, quand le chômage se développe, le salaire ne descend-il pas à un niveau compatible avec l'équilibre du marché du travail ? Tous les modèles du salaire d'efficience se ramènent à la même intuition : **le salaire, en modifiant le coût d'usage du travail, a des effets sur la productivité**. Au départ (1957), H. Leibenstein étudie la croissance des pays en voie de développement et montre que le salaire accroît la qualité de l'alimentation et augmente la productivité du travail. Pour les pays développés, l'augmentation du salaire incite à l'effort, ce qui se répercute sur la productivité. Il faut opposer une conception microéconomique standard où le salaire s'aligne sur la productivité du travail et une approche renouvelée où au coût anticipé s'ajoute maintenant l'efficacité anticipée du travail. **L'effort**, au sens le plus large, **est un point de passage obligé de la relation entre le salaire et la productivité** (*cf.* encadré page suivante). Le salaire d'efficience, par opposition au salaire d'équilibre walrasien (ou notionnel) est donc celui qui, compte tenu du double effet (coût, efficacité), maximise le profit de la firme.

Le fondement de la relation d'effort. Pourquoi l'effort du travailleur serait-il relié au salaire réel ? La littérature sur le salaire d'efficience retient un faisceau de justifications.

La sélection adverse (A. Weiss). L'information dont dispose les contractants est asymétrique. Le travailleur est mieux renseigné que l'employeur sur l'effort qu'il est prêt à fournir. Il est tenté d'en profiter en émettant des signaux dans ce sens : degré de formation, expérience, prétention salariale, etc. Parallèlement, l'employeur veut réduire les coûts de recrutement et éventuellement de licenciement en cas d'erreur sur la personne. Il répond au signal en proposant sur le marché du travail un salaire plus élevé que la moyenne des autres propositions. Il pense ainsi attirer les meilleurs. Autrement dit, puisque l'effort du travailleur est en rapport avec son salaire de réservation, seuls les plus productifs se sentiront concernés. L'argument vaut aussi une fois que l'embauche est réalisée car la baisse du salaire réel, en réponse à une variation conjoncturelle, risque d'entraîner le départ des meilleurs.

La rotation d'emplois (E. Phelps, S.C. Salop). Les entreprises, sur la base d'un raisonnement similaire, offrent un salaire d'efficience pour réduire la rotation de la main-d'œuvre (ou départs volontaires). Le taux de rotation est sans aucun doute en relation inverse avec le salaire réel qui de ce fait suit l'évolution du cycle d'affaires. Il augmente en phase d'expansion et diminue avec le ralentissement de l'activité économique.

Le tire-au-flanc (C. Shapiro, J. Stiglitz). Dans quelle mesure le salarié est-il tenté de tricher avec l'accord qu'il a conclu ? Le risque provient de l'incomplétude du contrat de travail et de la difficulté inhérente à l'appréciation par l'employeur de la productivité effectivement réalisée par le salarié. Un salaire d'efficience, ou supérieur au taux moyen, accroît le coût de la tricherie car en cas de licenciement la probabilité de retrouver une situation identique est faible. Si toutes les entreprises s'en remettent à la logique du salaire d'efficience, le salaire réel qui émerge donne naissance à un volant de chômage permanent puisque le salaire d'efficience est supérieur au salaire d'équilibre ou de plein-emploi. Donc, du point de vue du travailleur, l'existence de cette « armée de réserve » rend encore plus délicate le retour à l'emploi. L'état de chômeur est maintenant nécessairement une situation durable. Le risque que les « tricheurs » font courir aux autres travailleurs éloigne du plein-emploi.

L'équité (G. Akerlof, J. Yellen). Certains s'inspirent de l'analyse sociologique et mettent l'accent sur la dimension symbolique de la relation de travail. Les travailleurs échangent un « don », c'est-à-dire la confiance que l'entreprise met en eux, contre un effort ou « contre-don ». L'écart entre le salaire d'efficience et le salaire d'équilibre mesure ce que les travailleurs considèrent comme équitable. L'entreprise est d'autant plus incitée à accepter cette condition d'équité qu'elle accorde de l'importance à sa réputation sur le marché du travail. D'une façon très générale, l'analyse de la contrainte d'équité a surtout pour but d'interpréter le marché du travail, et le chômage involontaire, autrement que dans un cadre où le travail-marchandise s'échange comme n'importe quel autre produit. La relation de travail est vue comme la réalisation par les deux acteurs, employeur et salarié, d'une norme de production implicite directement influencée par l'équité. En offrant aux travailleurs le cadeau d'un salaire d'efficience, l'entreprise bénéficie d'une plus grande productivité en échange d'un salaire plus élevé.

Les insiders et les outsiders (A. Lindbeck, D.J. Snower). Pourquoi l'entreprise n'engagent-elles pas des chômeurs (outsiders) à un salaire réel inférieur à celui des travailleurs qu'elle a déjà embauchés (insiders) ? Pour écarter le paradoxe, il suffit d'introduire une variable nouvelle : le pouvoir de négociation du salaire qui appartient seulement aux insiders. Seuls ces derniers sont à même d'imposer à l'entreprise des démissions volontaires auxquelles il faut associer d'autres coûts de recherche, de publicité, de sélection, de formation spécifique, de licenciement, etc. De ce fait, il n'y a qu'une partie de l'offre de travail qui participe à la négociation salariale. Le salaire d'efficience, essentiellement fixé par les insiders, est alors systématiquement plus élevé que dans le cas où la totalité des travailleurs serait impliquée dans la négociation (le salaire d'équilibre). Même si l'entreprise passait outre et engageait des outsiders à un salaire plus bas, elle prendrait le risque d'une non-coopération dans l'effort entre anciens et nouveaux insiders. Il y a tout lieu de penser que les pertes subies compenseraient largement le bénéfice éventuellement tiré de l'embauche de nouveaux travailleurs à moindre salaire.

Soit une économie ramenée à une firme représentative. Q est une fonction de production qui, dans une forme très élémentaire, s'écrit : $Q = aL$. Q donne la production en valeur, a correspond à des conditions technologiques spécifiques et L est la disponibilité en travail. En fonction de ce qui précède, L s'écrit : $L = E \times D$; E représente la relation d'effort et D la durée du travail ; E dépend de w puisque le salaire a un rôle incitatif.

$$Q = aE(W)D$$

Soit Π le profit. Alors $\Pi = aE(W)D - WD$ et Π doit être maximum pour W et D (double dimension de la relation d'emploi). Donc :

$$\delta\Pi/\delta w = aDE'(W) - D = 0 \text{ et } \delta\Pi/\delta D = aE(W) - W = 0$$

De ces deux équations, il vient $aE'(W) = 1$ et $aE(W) = W$; et leur rapport permet d'écrire,

$$E'(w)/E(W) = 1/W$$

ou encore $$E'(W)[w/E(W)] = 1.$$

Rappel : si $y = f(x)$ alors $y'(x/y)$ donne l'élasticité de y au point x.

Il suffit de conclure : **le salaire d'efficience W_f est atteint au niveau de salaire pour lequel l'élasticité de la relation d'effort est égale à 1 (condition dite de Solow)**. On observe que le salaire d'efficience :
- est unique et donne un autre point d'équilibre du marché du travail ;
- est indépendant des conditions de la production (a, D) et résulte seulement du salaire et de la relation d'effort.

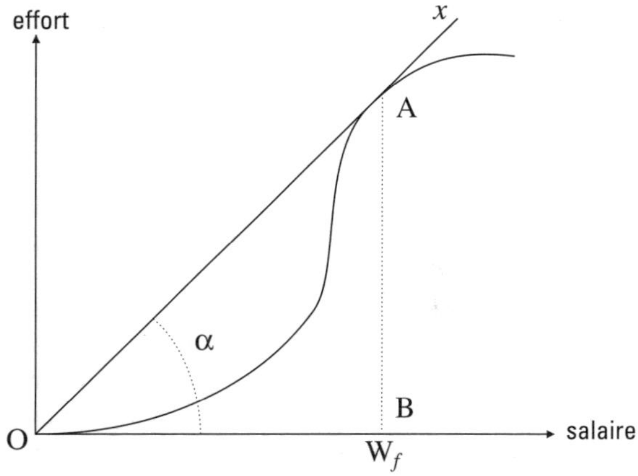

Fig. 7

Soit E(W) la relation d'effort. On admet que $E'(W) > 0$ et $E''(W) < 0$.
Le salaire d'efficience est donné pour $E'(W)[W/E(W)] = 1$. De plus $tg\alpha = AB/OB = E(W)/W$. Comme Max (a) ⇔ Max tgα, alors $[E(W)/W]' = 0$ donc, tous calculs faits, $E'(W)[W/E(W)] = 1$. Le salaire d'efficience est nécessairement donné au point de tangence A entre la droite Ox et la relation d'effort.

Si W_f est déterminé, encore faut-il le comparer à W*, le salaire notionnel car le chômage n'existe que si $W^* < W_f$. Soit les deux temps suivants :
• Tout d'abord, rien ne garantit que les salariés réaliseront bien l'effort pour lequel ils ont été engagés au salaire W_f. L'entreprise est donc nécessairement amenée à organiser une surveillance qui a un coût. Il est facile de voir que plus le coût de la surveillance de la main-d'œuvre est élevé et le gain correspondant est faible, plus il est de l'intérêt de l'entreprise de pratiquer des salaires élevés. Donc **W_f doit être supérieur à w^*** et l'écart ($W_f - W^*$) génère un chômage involontaire. Mais il faut distinguer deux cas de figure. Si toutes les entreprises sont homogènes, elles choisiront toutes $W_f > W^*$ dans la même proportion. L'avantage global disparaît. Pour maintenir la thèse d'un salaire d'efficience, il suffit de dire que **le chômage pèse sur les décisions des salariés et mesure le coût social de la surveillance**. D'une certaine façon, c'est l'argument de Marx : l'armée industrielle de réserve. Si les entreprises sont hétérogènes, l'écart ($W_f - W^*$) se justifie par la concurrence imparfaite et le coût social de la surveillance repose maintenant sur des comparaisons de salaire (ou **salaire relatif**). Cette seconde perspective ramène au point de vue initial de Keynes.

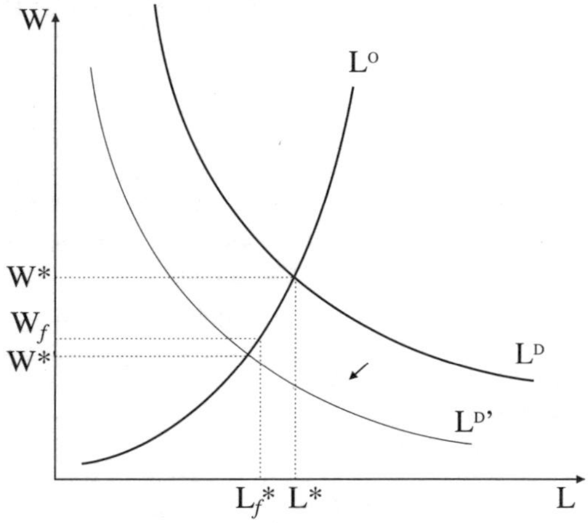

Fig. 8

• Ensuite, partons d'un marché du travail en situation d'équilibre walrasien (L*, W*) et postulons l'existence d'un choc de demande (fig. 8). L^D se déplace vers le bas. Le nouvel équilibre walrasien impliquerait que W* passe à W*'. Mais s'il en est bien ainsi, les entreprises enregistrent une baisse de la productivité marginale du travail. La diminution du salaire réduit l'effort. L'ajustement au choc est purement nominal. Or, les entreprises ont intérêt, en termes de productivité marginale, à tirer partie de l'adaptation du marché en organisant une moindre baisse du salaire. Elles visent un salaire d'efficience W_f et provoquent la **rigidité réelle du salaire** ; « réelle » car elle correspond à un choix rationnel préférable à l'équilibre notionnel.

c. Le salaire réel et l'effet d'hystérèse sur le chômage

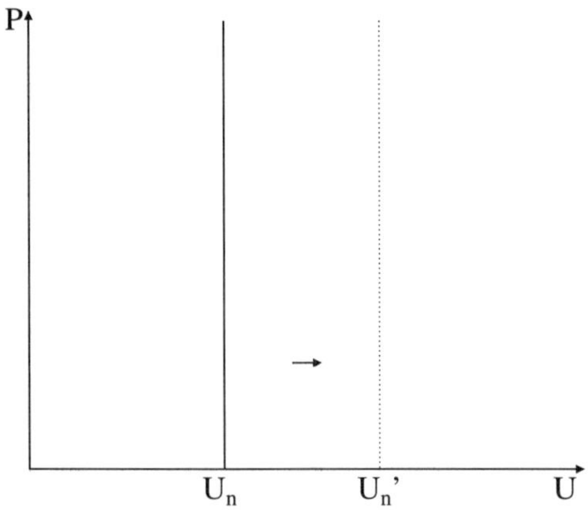

Fig. 9

La compréhension de rigidités réelles par la mise en évidence d'un salaire d'efficience n'explique, pour le moment, que l'existence permanente d'un chômage involontaire. Il faut rapprocher ce résultat du chômage naturel auquel se réfèrent les monétaristes et les nouveaux classiques. De par l'hypothèse d'anticipations rationnelles et avec des prix flexibles, toute perturbation ramène l'offre globale de long terme à son niveau naturel mesuré par un taux de chômage (U_n). Que représente U_n si l'on considère la croissance régulière jusqu'à ces dernières années du chômage observée dans les économies occidentales et japonaise ? Faut-il en conclure à une progression du chômage naturel lui-même sous l'influence de chocs d'offre qui se succéderaient régulièrement dans le temps ? C'est peu probable (fig. 9).

Plutôt que d'admettre l'alignement du chômage observé sur le chômage naturel, la nouvelle macroéconomie keynésienne, sous l'influence principalement de O. Blanchard et L. Summers (« Chômage et effet d'hystérèse » (1987), trad. fr. in G. Abraham-Frois & F. Larbre, *op. cit.*, p. 178-188) développe la proposition inverse. À cause de rigidités réelles, **le chômage naturel s'ajuste systématiquement sur le chômage observé**.

Comme cette courbe est verticale, son déplacement à droite ne dépend que du chômage naturel initial (U_n) et de la variation du chômage observé ($U - U_n$). Soit selon S.P. Hargreaves Heap :

$$U_{n'} = U_n + a(U - U_n)$$

ou encore :

$$U_{n'} - U_n = a(U - U_n)$$

Cette équation signifie que **le chômage naturel**, caractéristique d'une époque donnée, **ne s'explique que par son histoire** : le chômage entraîne le chômage. Autrement dit :

– le chômage naturel est d'autant plus élevé que le taux de chômage effectif de la période précédente est supérieur à son seuil naturel à cette même époque. Donc, plus l'écart ($U > U_n$) est grand au départ, plus le chômage naturel à l'arrivée ($U_{n'}$) est élevé ;

– il y a un effet d'*hystérèse** — l'expression a été proposée par E. Phelps — dans la mesure où « la » cause initiale du chômage n'apparaît plus en tant que telle

Hystérèse (ou hysteresis) : d'une façon générale, on parle d'effet d'hystérèse quand un phénomène se poursuit de manière autonome alors que sa cause a disparu.

dans l'explication et que le chômage se développe à partir d'une dynamique autonome : le chômage entraîne le chômage c'est-à-dire que le taux naturel s'aligne sur le taux observé.

Quelles raisons peuvent fonder cet effet d'hystérèse ? Dans l'état actuel de l'analyse, les auteurs concernés s'en remettent à deux éventualités dont l'action est assurément conjointe. Tout d'abord, le chômage comme donnée permanente (ou *structurelle**) provoque une dépréciation mesurée en termes d'actifs humains (par exemple les qualifications et leur impact en termes d'effort). L'accroissement de la **durée du chômage** fait apparaître un problème d'employabilité déplaçant vers la droite le seuil naturel. Ensuite, le salaire d'efficience W_f résultant du **pouvoir de négociation des insiders** s'écarte de W* avec l'augmentation du nombre des outsiders et donc développe le chômage involontaire ($W_f > W^*$).

École « structuraliste » : à partir d'un résultat comme l'effet d'hystérèse, E. Phelps distingue un courant autonome dans la pensée macroéconomique contemporaine. Voir E. Phelps, *Seven Schools*, *op. cit.*, p.94-107.

Au total, l'analyse économique des rigidités fait ressortir deux propositions principales :

- bien qu'il faille opposer « réelles » et « nominales », c'est l'**action conjointe** de ces deux types de rigidités qui fondent les effets macroéconomiques émergents ;
- les **équilibres** globaux qui en résultent sont, dans la tradition keynésienne, **sous-optimaux** en comparaison des équilibres à anticipations rationnelles et à prix flexibles des nouveaux classiques. C'est cette dernière proposition qu'il faut préciser maintenant.

C

LES ÉCHECS DE LA COORDINATION

Nous poserons simplement le problème en reprenant la présentation introductive de G. Mankiw (*op. cit.*, p. 397). Personne individuellement n'est gagnant à une récession. Des travailleurs sont au chômage et des entreprises voient leur activité et leurs profits diminuer. Globalement, cette situation est négative, or elle existe bel et bien ! Parallèlement, il est possible d'imaginer une alternative dans laquelle chacun est partie prenante, qui est préférable et donc à l'évidence qui devrait être recherchée par tous. Un niveau élevé d'activité économique et d'emploi, comme dans les Trente Glorieuses, est clairement préférable à la situation des années 80 et 90. Quand l'économie globale ne réussit pas à atteindre l'objectif désiré individuellement par tous, alors les nouveaux keynésiens parlent d'un *échec de la coordination des actions et des décisions**.

Échec de la coordination : sur ce thème, le texte de référence est celui de R. Cooper & A. John, « Remédier aux défaillances de coordination dans les modèles keynésiens » ; trad. fr. in G. Abraham-Frois & F. Larbre, *op. cit*, p. 155-169.

Il peut y avoir échec dans la coordination des prix et des salaires car **les actions des autres décideurs** doivent être anticipées. Des leaders syndicaux, négociant les salaires sont concernés par les concessions que d'autres syndicats sont susceptibles d'accepter. En fixant leurs prix, les firmes ont une idée *a priori* des prix que les autres entreprises pourraient retenir.

Comment un échec de la coordination se transforme-t-il en véritable récession ? L'économie est constituée de deux firmes. Face à une politique monétaire soudainement plus restrictive, chaque firme peut décider (ou non) de réduire son prix, eu égard à son objectif de maximisation du profit.

		Firme 1	
		baisse	*maintien*
Firme 2	*baisse*	30$ 30$	5$ 15$
	maintien	15$ 5$	15$ 15$

Mais le résultat effectif ne dépend pas seulement de sa propre décision mais aussi de la croyance en celle de l'autre entreprise. Les choix possibles pour les deux firmes sont rassemblés dans le tableau ci-contre où le gain de gauche renvoie à la firme 2 et inversement. Il montre comment le profit des deux firmes résulte directement de **leur interdépendance sociale,** selon la formule de S.P. Hargreaves Heap.

Soit l'exemple simple de G. Mankiw (*op. cit.*, 1997, p. 397). Si aucune firme ne réduit son prix alors l'effet d'encaisses réelles est faible, la récession s'étend car il n'y a pas d'ajustement, et chaque entreprise fait un profit de seulement 15 $. Si chaque firme diminue son prix, l'effet d'encaisses réelles est fort, la récession est évitée, et chacune réalise un profit de 30 $. Bien qu'individuellement tout le monde préfère éviter la récession, personne ne souhaite prendre à son compte l'initiative de la baisse du prix. Alors la récession intervient effectivement. La firme qui se risque à baisser son prix réalise seulement 5 $ de profit quand l'autre obtient 15 $. Si chaque firme pense que l'autre va réduire son prix, alors elle diminue son prix, et en conséquence il est possible que le résultat souhaité se produise (chacune gagne 30 $).

Mais si chaque firme imagine que l'autre maintient son prix, chacune garde sa position et il en découle une solution inférieure pour tout le monde (15 $ par firme). Comme tous ces résultats sont envisageables, le résultat inférieur, celui qui réduit à 15 $ le profit de chaque entreprise, montre un échec de la coordination qu'il faut bien considérer comme un élément à part entière de la logique du marché. Il est alors question d'**équilibres multiples** (*cf.* encadré ci-dessous) même avec des anticipations rationnelles.

L'équilibre de Nash. D'un point de vue technique, pour approfondir la logique des équilibres multiples, on fait appel à la théorie des jeux et en particulier la notion d'équilibre telle qu'elle a été proposée en 1950 par J. Nash (prix Nobel 1994). Soit l'exemple simplifié de deux acteurs (A et B) avec deux stratégies (T1, T2) et (S1, S2). Les cases contiennent les gains envisageables par les joueurs (B. Guerrien, *La théorie des jeux*, Economica, 1995, p.36). Ce jeu ne comporte pas d'équilibre. On vérifie facilement que quel que soit le couple de stratégie (Si, Tj), l'un des deux joueurs aurait obtenu plus s'il avait modifié son choix ; le choix de l'autre restant inchangé. Il y a donc plusieurs issues possibles. La notion d'équilibre selon Nash s'interprète comme une situation où chaque joueur maximise ses gains compte tenu du choix de l'autre. De manière plus précise : *« un équilibre de Nash est une combinaison de stratégies — une par joueur — telle que personne n'aurait pu augmenter strictement son gain en retenant une stratégie différente de celle que lui attribue cette combinaison, compte tenu des stratégies des autres joueurs qui y figurent. »* (B. Guerrien, *op. cit.*, p.34-35).

		B	
		S1	*S2*
A	*T1*	1,0	0,1
	T2	0,1	1,0

La croyance et **l'interdépendance sociale** se retrouvent donc au cœur du problème macroéconomique. L'échec de la coordination permet d'introduire le rôle des conventions et d'établir un lien avec la théorie sociale en général.

Les conventions. «... dès que la croyance est largement ancrée elle produit un résultat qui confirme cette croyance. Dans ces circonstances, les croyances cessent d'être fixées à l'intérieur du modèle en faisant appel au concept pertinent d'équilibre, parce qu'apparaissent alors plusieurs possibilités d'équilibre. Aussi, le choix de la croyance implique un acte additionnel de coordination — dès que la croyance d'un acteur quelconque sera confirmée, elle fournit aux autres une justification ; la ruse dans la formation de la croyance est de coordonner son choix avec celui des autres. Cette coordination sera terminée quand les individus conditionnent leurs croyances au même dispositif « exogène » d'information ; et par ce biais un équilibre sera sélectionné dans de nombreux cas. Par définition, l'information utilisée doit être étrangère au modèle parce que le modèle lui-même génère de multiples équilibres ; et le fait de dépendre du même ensemble d'informations extérieures révèle l'origine de la coordination. Cette utilisation de sources exogènes d'informations partagées se rapproche de la procédure de la convention. En conséquence, une façon d'exprimer la critique théorique formulée par la NMK est que la NMC passe à côté du rôle nécessairement joué par les conventions dans la vie économique » (S.P. Hargreaves Heap, *La nouvelle macroéconomie keynésienne, op. cit.*, p. 4).

Questions à choix multiples

(Il peut y avoir aucune, une ou plusieurs réponses vraies)

1 - La « réincarnation » (G. Mankiw) de la macroéconomie keynésienne dans les années 80 et 90 trouve-t-elle son origine dans :
a. une relecture attentive de l'œuvre de Keynes.
b. un prolongement du modèle IS-LM utilisant des anticipations rationnelles.
c. un approfondissement de la signification et de la place des rigidités dans l'équilibre macroéconomique.

2 - L'objectif théorique de l'École du « déséquilibre » est :
a. de construire une théorie générale de la dynamique économique.
b. de concilier équilibres de marchés et prix fixes.
c. de rendre compatibles les différents régimes de chômage.

3 - Dans un équilibre non-walrasien :
a. les offres et les demandes notionnelles et effectives diffèrent.
b. les effets de report n'existent pas.

4 - Un régime de chômage est dit :
a. « classique » quand il y a conjointement une offre excédentaire de produits et une offre excédentaire de travail.
b. « keynésien » quand il y a conjointement une demande excédentaire de produits et une demande excédentaire de travail.

5 - Dans l'hypothèse d'anticipations rationnelles :
a. les prix sont des vecteurs parfaits de l'information.
b. les équilibres multiples n'existent pas.

6 - Une rigidité est dite :
a. nominale quand elle ne concerne que les prix.
b. réelle quand elle ne concerne que les salaires.

7 - L'existence de rigidités justifie :
a. de revenir à la distinction entre court et long terme.
b. de n'envisager que des points d'équilibre à court terme.
c. de s'en remettre au cadre microéconomique de la concurrence imparfaite.

8 - De faibles coûts de menu :
a. expliquent le processus d'échelonnement des prix.
b. sont à la base d'échecs de la coordination.

9 - Dans la logique d'un marché du travail, le salaire d'efficience :
a. justifie que l'ajustement passe par le licenciement plutôt que le salaire.
b. explique la nécessaire flexibilité du salaire réel.
c. détache la productivité marginale du salaire réel.

10 - Un échec de la coordination :
a. signifie que l'équilibre macroéconomique n'existe pas.
b. oblige à considérer des équilibres multiples.
c. annule toute influence des conventions sur le choix d'un équilibre global.

(Les réponses se trouvent en fin d'ouvrage, page 413.)

EXERCICE CORRIGÉ 10.1

L'équilibre macroéconomique (A,2,a)

Appelons demande globale (DG), dite aussi quasi-demande, une relation décroissante entre l'activité économique (Y) et le niveau général des prix (P). Inversement, l'offre globale (OG), ou quasi-offre, correspond à une relation croissante entre ces deux mêmes variables.

1 - Montrer que la courbe de Phillips, dans son interprétation monétariste, a aussi le sens d'une offre globale.

2 - Depuis le début des années 80, tout le monde s'accorde sur la naissance de nouvelles macroéconomies, qu'elles soient classiques ou keynésiennes. De manière synthétique, pourquoi distinguer entre anciennes et nouvelles macroéconomies ?

3 - L'équilibre macroéconomique est défini systématiquement comme le point d'intersection entre une offre et une demande globales (OG et DG), avec en abscisse l'activité économique (Y) et en ordonnée le niveau général des prix (P). Représenter par un graphique les différentes versions de l'équilibre global en fonction des points de vue macroéconomiques suivants :

– les « classiques » (la loi de Say) face à la *Théorie générale* de Keynes ;

– les néokeynésiens face aux monétaristes ;

– les nouveaux classiques face aux nouveaux keynésiens.

CORRIGÉ

1 - Soit l'équation d'une courbe de Phillips dans son interprétation monétariste :

$$\dot{P}_t = \dot{P}^a_t - \beta(U_t - U_n)$$

où $\dot{P}$ est le taux d'inflation, $\dot{P}^a$ le taux anticipé, U le taux de chômage et U_n le taux naturel.

Puisqu'à chaque niveau du chômage correspond un seul niveau de l'activité économique, l'équation précédente devient :

$$\dot{P}_t = \dot{P}^a_t - \beta(Y_t - Y_n)$$

Si l'inflation s'exprime comme l'écart de prix par rapport à la période précédente, alors :

$$P_t - P_{t-1} = P^a_t - P_{t-1} - \beta(Y_t - Y_n)$$

$$\text{ou : } P_t = P^a_t - \beta(Y_t - Y_n) \quad \forall t$$

D'une façon générale :

$$Y = Y_n + \alpha(P - P^a) \text{ si } \alpha = 1/\beta$$

qui a bien le sens d'une offre globale puisqu'on obtient une relation croissante entre Y et P :

– si $P \neq P^a$, alors l'équation donne l'offre globale à court terme (OG_{ct}) ;

– si $P = P^a$, alors l'équation représente l'offre globale à long terme (OG_{lt}) soit $Y = Y_n$.

En fonction de l'hypothèse de prix, flexibles ou rigides, on retrouve les nouvelles interprétations classique et keynésienne.

2 - Comment distinguer les anciennes des nouvelles macroéconomies ? La redécouverte du rôle macroéconomique des anticipations, à partir de M. Friedman, a une conséquence inattendue mais cruciale pour la suite du débat

Jusqu'à M. Friedman, toutes les anciennes macroéconomies, d'inspiration keynésienne (IS-LM, la spirale inflationniste, l'arbitrage inflation-chômage), s'appuient sur le rôle décisif de la demande globale à court terme dans la détermination de l'équilibre macroéconomique. L'offre globale est neutralisée par une simple référence à l'activité de plein-emploi (ou PNB potentiel).

En un certain sens, toutes les nouvelles macroéconomies, tant classique que keynésienne, ajoutent au rôle de la demande globale à court terme une théorie conséquente de l'offre globale. Au mécanisme d'une activité économique déterminée fondamentalement par la demande globale à court terme (anciennes macroéconomies), il faut substituer dans un schéma plus large, interaction entre DG et OG, le rôle maintenant dominant de l'offre globale (nouvelles macroéconomies).

3 - Les représentations graphiques

– Les « classiques » et Keynes

Les premiers s'en remettent à la loi de Say pour qui l'offre crée sa propre demande. Donc, dans les termes de l'exercice, offre globale et demande globale sont confondues. En même temps, il y a dichotomie réel-monétaire car le niveau général des prix est déterminé par la quantité de monnaie en circulation, indépendamment du niveau réel du produit global lui-même toujours fixé au seuil du plein-emploi. OG et DG sont donc des droites verticales confondues au point Y_{PE} (*cf.* fig. 10).

Au contraire pour Keynes, même si le niveau général des prix reste exogène, l'offre et la demande globales sont distinctes. OG est identifiée par le produit au niveau du plein-emploi de la population active (Y_{PE}) alors que DG ressort du calcul d'anticipation des entrepreneurs ($Y^a = Y^*$), ou principe de la demande effective. Ainsi, la demande de travail ne coïncide plus exactement avec l'offre et il y a chômage involontaire (*cf.* fig. 11).

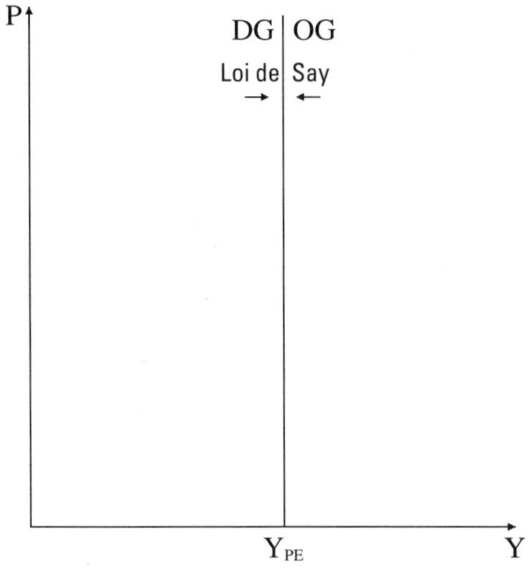

Fig. 10 : Les « classiques »

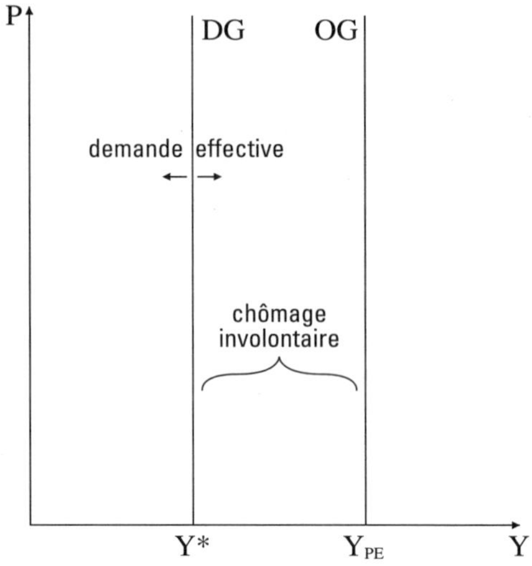

Fig. 11 : Keynes

– Les néokeynésiens et les monétaristes.

Les prix sont maintenant endogènes. Dans le schéma de la spirale inflationniste, les néokeynésiens, grâce à l'effet d'encaisses réelles, construisent une courbe de quasi-demande. Pour un salaire nominal donné, une augmentation du niveau général des prix réduit le salaire réel, donc accroît le produit global… jusqu'au niveau du plein-emploi où l'on retrouve l'écart inflationniste. Le revenu d'équilibre, c'est-à-dire Y_1, Y_2, Y_3, etc., jusqu'à Y_{PE}, se déplace en fonction des mouvements de OG et de DG. Observons l'évolution. OG et DG sont mis sur un pied d'égalité, ce qui n'est pas le cas dans le principe de la demande effective de Keynes (*cf.* fig. 12).

Dans le schéma monétariste, OG et DG se déduisent directement des courbes de Phillips à court et à long terme. Fait important : le chômage naturel se substitue au plein-emploi keynésien comme une référence de long terme. De manière catégorique, l'offre globale est la détermination en dernier ressort de l'activité économique (*cf.* fig. 13).

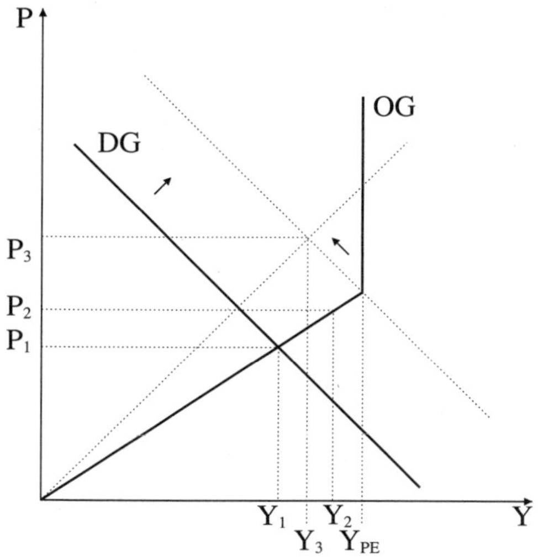

Fig. 12 : Les néo-keynésiens

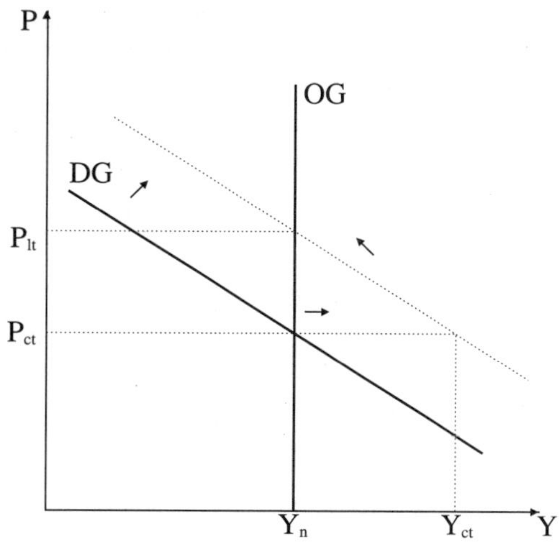

Fig. 13 : Les monétaristes

– Les nouveaux classiques et les nouveaux keynésiens

Maintenant, pour tout le monde, l'existence d'une offre globale à long terme est un fait acquis. Les divergences n'existent que sur la possibilité de distinguer véritablement le court du long terme.

Grâce à une hypothèse de prix flexibles, les nouveaux classiques maintiennent qu'un mouvement de DG à court terme, un choc de demande, par l'influence de politiques conjoncturelles discrétionnaires, est immédiatement suivi d'un ajustement par OG à cause d'anticipations rationnelles. Il n'y a qu'une seule issue possible : le retour à OG_{lt}, c'est-à-dire l'activité économique au niveau du chômage naturel (*cf.* fig. 14).

Les nouveaux keynésiens s'intéressent à des prix rigides. Donc, malgré des anticipations rationnelles, le retour sur OG_{lt} est nécessairement plus lent, plus compliqué à cause des coûts de menu, d'un ajustement échelonné des prix, etc. Des effets d'hystérèse sont envisageables et déplacent durablement la courbe OG_{lt} en même temps que l'état final de Y reste assez indéterminé (échec de la coordination et équilibre de Nash) (*cf.* fig. 15).

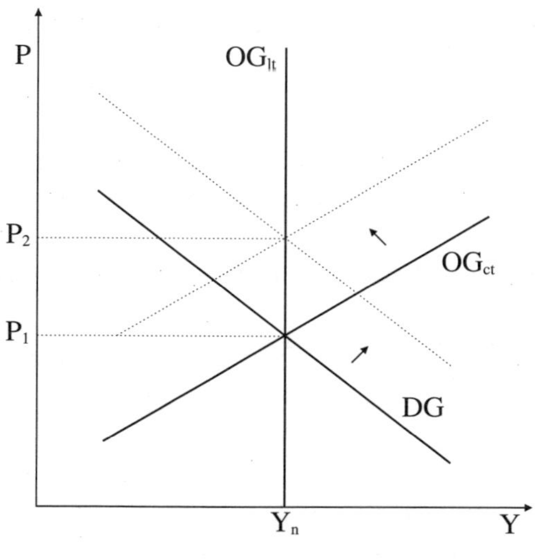

Fig. 14 : Les nouveaux classiques

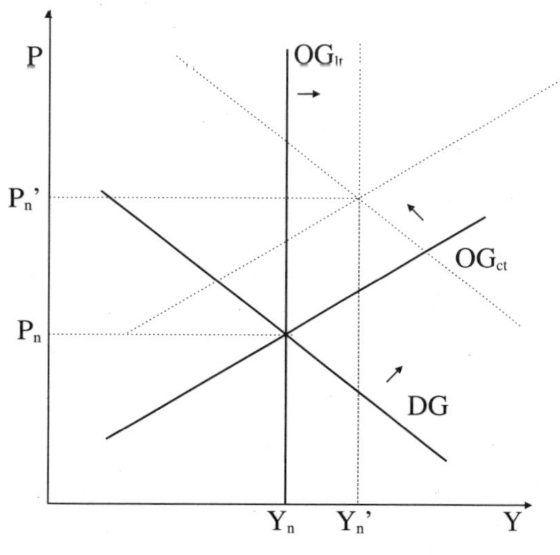

Fig. 15 : Les nouveaux keynésiens

EXERCICE CORRIGÉ 10.2

Rigidités nominales et réelles (B,2)

Soit une économie caractérisée par :

– une fonction de production, $Y = (25/2)N^{1/2}$;

– une offre de travail, $N^o = 4(W/P)^2$;

où Y désigne le niveau du produit global, N l'emploi, W le salaire nominal et P les prix nominaux ou niveau général des prix.

1 - Si prix et salaires nominaux sont parfaitement flexibles :

a. calculer le salaire réel et le produit global à l'équilibre dans ces conditions ;

b. si, pour des raisons monétaires, les prix nominaux s'alignent sur le niveau 2 (P = 2), quel est le salaire nominal qui permet d'atteindre le plein-emploi ?

2 - Si, maintenant, le salaire nominal est rigide à la baisse (à la limite fixe, W = 4) mais que P reste parfaitement flexible :

a. quel niveau de P est compatible avec le plein-emploi ?

b. déterminer le niveau du produit quand il y a maintenant rationnement sur le marché du travail.

3 - À quoi correspondraient des rigidités réelles ? Justifier votre réponse.

CORRIGÉ

1-a : Quand l'équilibre sur le marché du travail est walrasien (ou à prix flexibles), l'offre et la demande de travail sont exactement égales. N^O est donnée, il faut donc calculer N^D en admettant que les entreprises égalisent la productivité marginale du travail et le salaire réel. Donc :

$$Y'_n = W/P$$

$$Y'_n = (25/4)N^{-1/2} = W/P$$

$$\text{Donc : } N^D = (25P/4W)^2$$

À l'équilibre walrasien, $N^O = N^D$, donc

- $4(W/P)^2 = (25P/4W)^2 \Rightarrow (W/P)^* = 1{,}8$
- $4(1{,}8)^2 = N^* \approx 13$
- $25/2(13)^{1/2} = Y^* \approx 45$

1-b : Puisque P = 2, il suffit d'écrire que (W/2) = 1,8 et donc W = 3,6.

2-a : Le plein-emploi est obtenu pour un salaire réel $W/P \approx 1{,}8$. Or, le salaire nominal est maintenant fixe (W = 4). Donc, W/P = 4/P ou 1,8 = 4/P d'où P = 2,2 est le niveau des prix compatible avec le plein-emploi.

Cela signifie qu'à partir de $Y^* = 45$, toute pression à la hausse sur le produit global est inflationniste.

2-b Le processus de rationnement sur le marché du travail n'intervient que si $P < 2{,}2$, alors $N^O > N^D$. Il y a rationnement par la demande de travail.
Alors $N^* = N^D = 25P^2/4W$, donc : $N^* = 25\times(2{,}2)^2/4\times4 \approx 7{,}6$ et le produit global à l'équilibre non walrasien est :

$$Y^* = 25/2(7{,}6)^{1/2} \approx 34{,}5$$

Dans les termes de l'exercice, sans doute faut-il conclure en estimant que le chômage qui existe dans cette économie est de nature « classique ». Il provient d'une insuffisance de rentabilité de la production dans la mesure où P est à un niveau insuffisant.

3 - Des rigidités réelles correspondraient ici à un salaire réel fixé au-dessus de son niveau de plein-emploi. Donc $W/P > 1,8$. Une telle situation se justifierait par l'existence d'un salaire d'efficience. Pour des raisons tenant à la relation d'effort, le salaire (effectif) auquel se concluent les contrats de travail doit être supérieur au simple niveau d'équilibre (ou notionnel). Alors la productivité marginale du travail s'aligne sur le niveau du salaire réel et non l'inverse.

EXERCICE CORRIGÉ 10.3

Prix flexibles et prix rigides (B,1,a)

Une économie nationale est caractérisée par deux types d'entreprises : à prix flexibles et à prix rigides. Soit P_f le niveau des prix flexibles, P_r celui des prix rigides, P le niveau général des prix pour toute l'économie, M la masse monétaire. On admet que :

$\dot{P}_f = (1 - \alpha)\dot{P} + \alpha\dot{M}$; $\dot{P}_r = (1 - \alpha)E(\dot{P}) + \alpha E(\dot{M})$ et $\dot{P} = q\dot{P}_r + (1 - q)\dot{P}_f$

E désigne l'espérance mathématique et q donne le pourcentage d'entreprises à prix rigides dans l'ensemble des entreprises.

1 - Donner une interprétation des trois équations : $\dot{P}_f$, $\dot{P}_r$ et $\dot{P}$

2 - Calculer P_f en fonction de $\dot{M}$ et de $\dot{P}_r$. Interpréter le résultat.

3 - Calculer P_r et interpréter le résultat.

4 - Si l'on admet l'équation $Y\dot{P} = \dot{M}$ où Y désigne le niveau de l'activité économique, comment Y est-il influencé par :

– des variations anticipées de $\dot{M}$;

– des variations non anticipées de $\dot{M}$.

(d'après D. Romer, *Macroéconomie approfondie*, Édiscience-International, 1997, p. 338-39).

CORRIGÉ

1 - $\dot{\mathbf{P}}_f = (1 - \alpha)\dot{\mathbf{P}} + \alpha\dot{\mathbf{M}}$

Cette équation traduit les conditions dans lesquelles les entreprises à prix flexibles adaptent leurs prix. Soit P_f la réaction des entreprises à prix flexibles, mesurée par un taux de croissance. Il suffit de se souvenir que, d'une façon générale, $\text{LogU} \Rightarrow (\text{LogU})' = U'/U$ que l'on peut approximativement associer au taux de croissance de U, soit $\dot{U}$.

$\dot{P}_f$ comprend une composante monétaire, $\dot{M}$, et une composante non monétaire, donc réelle, $\dot{P}$. Autrement dit, les entreprises à prix flexibles répercutent les variations monétaires et transforment leurs décisions de prix directement à partir de l'observation des variables $\dot{P}$ et $\dot{M}$.

Il faut tenir compte d'un coefficient α représentant ici la facilité avec laquelle l'information est prise en compte. Si α est faible, on admettra une faible rigidité réelle dans les termes de la nouvelle macroéconomie keynésienne.

$\dot{\mathbf{P}}_r = (1 - \alpha)E(\dot{\mathbf{P}}) + \alpha E(\dot{\mathbf{M}})$

La différence entre adaptation par des prix flexibles et par des prix rigides se trouve dans le fait que dans $\dot{P}_f$, c'est le mouvement effectif des variables qui est pris en compte. Alors qu'avec des prix rigides, l'ajustement se fait sur l'anticipation (représentée par une espérance mathématique) de ces mêmes variables. Ainsi :

– adaptation par des prix flexibles ⇔ $\dot{P} = E(\dot{P})$ et $\dot{M} = E(\dot{M})$;

– adaptation par des prix rigides ⇔ $P \neq E(\dot{P})$ et $M \neq E(\dot{M})$.

$\mathbf{\dot{P} = q\dot{P}_r + (1 - q)\dot{P}_f}$

Si q donne le pourcentage d'entreprises à prix rigides alors $\dot{P}$, l'adaptation finale du niveau général des prix, n'est qu'une moyenne pondérée des deux types d'ajustement.

2 - Pour calculer $\dot{P}_f$, il faut remplacer $\dot{P}$ par sa définition dans l'équation de $\dot{P}_f$ (pour la totalité des calculs, voir J. Rohaly, *Macroéconomie approfondie-corrigé*, Édisciences-International, 1997, p. 152-153). Le résultat final est :

$$\dot{P}_f = \dot{P}_r + \{\alpha/[\alpha + (1 - \alpha)q]\}(\dot{M} - \dot{P}_r)$$

Il existe une relation entre comportement à prix flexibles et à prix rigides et le passage de l'un à l'autre implique l'intervention des variations monétaires $\dot{M}$ et des coefficients α et q.

3 - D'après l'équation $\dot{P}_r = (1 - \alpha)E(\dot{P}) + \alpha E(\dot{M})$:

– il faut tout d'abord calculer $E(\dot{P})$ d'après l'équation de $\dot{P}$;

– $E(\dot{P}_f)$ est obtenu à partir du résultat de la deuxième question car les entreprises à prix rigides savent comment les entreprises à prix flexibles déterminent leurs prix, soit :

$$E(\dot{P}_f) = \dot{P}_r + \{\alpha/[\alpha + (1 - \alpha)q]\}[E(\dot{M}) - \dot{P}_r]$$

– tous calculs faits (voir J. Rohaly, *op. cit.*, p. 153-154), il ne reste plus que :

$$\dot{M}_r = E(\dot{M})$$

Autrement dit, la rigidité des prix est directement la conséquence des anticipations des variations monétaires en partant du fait que $E(\dot{M}) \neq \dot{M}$

4 - Si YP = M alors, avec les mêmes notations que ce qui précède, $\dot{Y} = \dot{M} - \dot{P}$

Il faut calculer $\dot{P}$ en fonction des résultats précédants sur $\dot{P}_r$ et $\dot{P}_f$. Il vient (voir J. Rohaly, *op. cit.*, p. 154) :

$$\dot{Y} = \{q/[\alpha + (1 - \alpha)q]\}[\dot{M} - E(\dot{M})]$$

Variations anticipées de M

Alors $\dot{M} = E(\dot{M})$ et $\dot{Y}$ n'est pas affectée par la variation monétaire. Tout $\dot{M}$ se répercute sur $\dot{P}$ et laisse telle quelle la production réelle. Autrement dit, si $\dot{M} = E(\dot{M})$, les entreprises à prix rigides connaissent la variation de $\dot{M}$ et en tiennent compte dans leur adaptation de prix.

Variations non anticipées de M

Maintenant $\dot{M} \neq E(\dot{M})$, donc supposons $E(\dot{M})$ donnée. Plus $\dot{M}$ est élevée, plus $\dot{Y}$ augmente puisque $\{q/[\alpha + (1 - \alpha)q]\} > 0$.

En outre, l'influence des variations monétaires non anticipées sur $\dot{Y}$ dépend aussi de α et de q. Pour en rendre compte, il faut calculer $\delta\dot{Y}/\delta\alpha$ et $\delta\dot{Y}/\delta q$ (voir J. Rohaly, *ibid*) :

- $\delta\dot{Y}/\delta\alpha = \{-(1 - q)q/[\alpha + (1 - \alpha)q]^2\}[\dot{M} - E(\dot{M})]$ donc $\delta\dot{Y}/\delta\alpha < 0$. Il en résulte que plus α est faible, c'est-à-dire plus le degré de rigidité réelle est élevé, plus le niveau du produit est grand pour une variation positive de m donnée, $E(\dot{M})$ et q étant fixées.
- $\delta\dot{Y}/\delta q = \{\alpha/[\alpha + (1 - \alpha)q]^2\}[\dot{M} - E(\dot{M})]$ donc $\delta\dot{Y}/\delta q > 0$. Plus la part des entreprises à prix rigides est élevée, plus la réaction de $\dot{Y}$ à une variation monétaire non anticipée est forte pour $E(\dot{M})$ et *a* données.

Document commenté

Un exemple de coût de menu (B,1)

« Vers la monnaie unique ; au programme la baisse des prix »

« À la question banale de la conversion des prix en euros, la réponse est également banale, répétée dans tous les ouvrages et dans toutes les brochures : les prix ne varieront pas du fait de l'euro. À vrai dire, personne n'en sait rien. D'abord, parce que l'arrondi de la somme n'étant pas égal à la somme des arrondis, nul ne peut exclure que le passage à l'euro soit l'occasion de quelques manipulations. Ensuite, et surtout, parce que l'euro, plus qu'une nouvelle monnaie, est le passage à un marché plus large, sur lequel des offres plus nombreuses rencontreront des demandes multipliées et diversifiées. L'indice des prix devrait en conséquence subir une nouvelle et notable pression à la baisse, pour le plus grand bénéfice du client final. Pour qui en doute, il est intéressant de considérer la stratégie de la grande distribution dans son passage à l'euro.

Le premier facteur pris en considération par les distributeurs dans leur scénario de passage à l'euro est psychologique. Comment éviter que le consommateur, perplexe devant des prix en euros, avec ou sans conversion en francs, s'en reparte avec le chariot vide ? L'incertitude, la perception d'un risque, tuent l'achat. Et c'est le premier écueil auquel ont prévu de se heurter les grands de la distribution quand ils voudront basculer leur référentiel de prix du franc en euro : briser le cocon douillet dans lequel est enveloppé le client, provoquer une perte de repères, une perturbation psychologique, qui pourrait réduire la consommation de quelques pour cent — dans un secteur dont les marges sont réduites au minimum, le sinistre fait trembler.

Dans sa sagesse intéressée, la grande distribution a donc entrepris d'aménager le passage de ce cap. Par l'information préventive d'abord : ce n'est pas un hasard si se multiplient les références de prix en euros et les campagnes d'information, sans que d'ailleurs les effets parasitaires de ces annonces sans bénéfice pour le client soient toujours bien maîtrisés.

En s'efforçant de rassurer ensuite : les grandes marques — Nutella, la moutarde Maille ou les collants Dior — bénéficieront du désir de sécurité suscité chez les clients par la valse des valeurs et des référentiels.

Par les prix, enfin et surtout. Pour briser l'inquiétude ou la réticence, pour accélérer l'apprentissage de nouvelles échelles de valeurs et de prix, quoi de mieux que de coupler le basculement des prix en euros à une opération promotion qui stimule l'appétit, aiguise le désir et remplisse les chariots ? Tous les grands distributeurs étudient l'opération qui fera de l'entrée dans L'Euroland un enchantement pour le client, bercé par le chant des étiquettes qui baissent. Moyen magique pour éviter ou limiter la période de rétention d'achat, moyen puissant pour maintenir les volumes — et préserver les marges ; ne rêvons pas, les promotions seront surtout payées par les industriels.

Le second élément est plus structurel, et promet d'exercer durablement ses effets. Les distributeurs étudient les moyens d'engranger les bénéfices mécaniques de la réorganisation européenne. Supprimer des directions régionales au profit d'une direction européenne ; coordonner ou regrouper les centrales d'achat ; concentrer les enseignes et accélérer l'implantation dans chacun des pays de l'Union ; ces exercices obligés ont révélé à quel point les marchés européens de la grande consommation, et notamment de l'alimentaire, demeuraient des marchés nationaux, voire locaux, et à quel point la proximité demeurait la clé de la distribution. Multiplicité des fournisseurs ; écarts de prix substantiels d'un pays à l'autre, parfois de 30 % à 40 % sur le même article à l'intérieur de l'Union ; très petit nombre de références communes d'un pays à l'autre de l'Union, souvent pas plus de quelques dizaines sur 1 000 ou 1 500 références : l'Europe de la consommation demeure, et demeurera sans doute longtemps, un puzzle, et qui dit puzzle dit complexité, coûts de structure et de gestion, viscosité et lenteur.

Les plus visionnaires, les plus audacieux aussi, ont fait leurs comptes, et constaté ce qu'ils pouvaient retirer d'une intégration européenne. Pour un réseau de distribution ayant planté ses enseignes dans plusieurs pays de l'Union, les bénéfices sont assurément multiples. Une centrale d'achat européenne, ou une politique d'achat coordonnée, est une force de négociation accrue face aux industriels. Une politique d'achat élargie à des fournisseurs de pays encore peu ou mal intégrés au marché unique, c'est la possibilité à la fois de marges accrues et de gains de parts de marché grâce à la baisse des prix publics. Une extension progressive des références communes à tous les magasins de l'enseigne, dans tous les pays de l'Union devraient permettre une baisse significative des prix à la consommation en vertu du principe selon lequel chaque acteur doit, tôt ou tard, s'aligner sur le moins-disant, s'il veut maintenir ou faire progresser ses volumes.

S'il est bien imprudent de la chiffrer, voilà enfin une promesse concrète et forte de l'euro ; la baisse des prix à la consommation. La perspective est propre à enchanter la ménagère, le comptable national, et à nourrir la croissance. Voilà aussi un aiguillon à l'intégration ; l'exemple de Wal Mart, premier distributeur mondial, acquérant une enseigne allemande, Wertkauf, est sans doute moins significatif que les opérations de Carrefour, de Métro, de Promodès, d'Intermarché ou de Kingfisher à travers l'Europe, qui ont déjà bâti des enseignes européennes. Voilà enfin un secteur dans lequel les groupes français disposent d'atouts certains, d'un savoir-faire éprouvé, et d'une longueur d'avance sur leurs concurrents internationaux.

Trois questions restent cependant en suspens aux portes du paradis européen promis au consommateur. La logistique et le système d'information, tout d'abord. Le casse-tête que signifie un achat en masse au Portugal, d'un produit destiné à toute l'Europe, sous marque unique mais avec prix, marketing et conditionnement différents, prépare des accidents majeurs, et le moindre raté dans un scénario complexe fait perdre les bénéfices de l'intégration péniblement construite.

La déflation, ensuite. Si le mouvement de baisse des prix s'engage, se poursuit, voire s'amplifie, quels seront les facteurs susceptibles de provoquer la décision d'acheter maintenant, aujourd'hui, tout de suite ? Et s'il faut compter sur le choc de l'offre pour suppléer la crainte d'une hausse des prix, comment maintenir et renouveler dans le temps l'étonnement du client ?

Le dernier sujet de préoccupation est d'une autre portée. Est-il souhaitable, est-il acceptable, que les écarts de prix à l'intérieur de l'Union ne soient pas liés à la performance des industriels et des distributeurs, mais dépendent pour l'essentiel de la qualité ou de la non-qualité de la gestion des dépenses publiques, telles que les traduit le niveau des prélèvements directs et surtout indirects ? Il serait dommage que le contribuable européen perde ce que le consommateur va gagner à l'euro.

Hervé Juquin, *Le Monde*, 2 nov. 1998

PRÉSENTER LE DOCUMENT

Quelles sont les conséquences du passage à l'euro sur les ajustements de prix ? Si, comme dans la tradition classique, la monnaie n'est qu'un voile, le changement d'étiquettes n'a pas d'importance car la fixation des prix relatifs est fondamentalement un problème réel. Pour les consommateurs, l'opération devrait être « blanche ». Puisque, apparemment, seule l'unité de compte est modifiée, il ne faut pas s'attendre à des variations de prix.

Est-ce aussi sûr si l'on retient, comme le font les nouveaux keynésiens, des fondements microéconomiques de concurrence imparfaite et donc des prix plutôt rigides ? Dans ces conditions, il y a un coût de l'ajustement des prix sur les différents marchés. Alors, du fait du passage à l'euro, il devrait y avoir plutôt une baisse du niveau général des prix.

ANALYSER LE DOCUMENT

Il faut tout d'abord tenir compte des coûts de menu repérables autour de deux points :

– la question de l'arrondi (« l'arrondi de la somme n'est pas la somme des arrondis »), autrement dit les erreurs ne s'annulent pas nécessairement entre elles et la possibilité d'un biais systématique est tout à fait envisageable. Cela étant, rien n'indique clairement le sens (à la hausse ou à la baisse) de l'approximation finale du niveau général des prix calculé en euros. De plus, l'auteur le suggère, les tentatives de manipulation sont possibles et elles ont, d'un strict point de vue économique, la signification d'un coût d'opportunité : les circonstances obligent à un ajustement monétaire, pourquoi ne pas saisir l'occasion d'autant plus que le repérage systématique d'une suradaptation des prix n'est pas facilement mis en place ;

- le passage à l'euro suppose un ajustement monétaire mais, pour les agents économiques, affecte-t-il seulement les prix nominaux ou a-t-il des conséquences sur la structure des prix relatifs ? Le coût de menu réside dans la difficulté qu'il y a à deviner l'interprétation moyenne (ou dominante) et à ajuster les anticipations sur ce résultat.

Le texte de H. Juquin suggère que l'essentiel du problème du passage à l'euro se trouve dans les externalités de demande. La fixation des prix doit être perçue dans le cadre d'un marché beaucoup plus large. Quelles sont les externalités auxquelles l'auteur fait allusion ?

- Il envisage tout d'abord une contraction de la demande en rapport avec l'affaiblissement des repères traditionnels (« l'incertitude tue l'achat »). Mais il y a des remèdes aisément mis en place : campagnes d'information, confiance apportée par les marques, promotions, etc.

- Les marchés de biens de consommation sont plutôt des marchés morcelés ou éclatés. Dans quelles conditions vont-ils acquérir une dimension européenne ? Autrement dit, comment les diverses demandes nationales, voire régionales ou même locales se transforment-elles en une demande européenne en fonction de la réaction des entrepreneurs : politiques d'achat dans l'espace intégré, références qualitatives communes, réorganisations à la nouvelle échelle, etc.

- Enfin, l'externalité de demande n'est pas indépendante des anticipations. Si, comme le dicte l'analyse précédente, apparemment la baisse des prix est un résultat probable, alors pourquoi les consommateurs « rationnels » se précipiteraient-ils plutôt que de reporter leurs achats à plus tard ? Ils pourraient, dans ces conditions, bénéficier de prix encore plus bas. Si tel était le cas, il y aurait un risque de déflation à intégrer dans le choix des politiques macroéconomiques. Autrement dit, comment intervient la substitution intertemporelle (provisoire, permanent, revenu, richesse) d'autant plus que les anticipations se construisent à travers la très grande hétérogénéité fiscale en Europe ?

COMMENTER LE DOCUMENT

Le document est surtout intéressant dans la mesure où il permet, à partir d'un cas concret c'est-à-dire le passage à l'euro, de retrouver deux notions importantes de la nouvelle macroéconomie keynésienne : les coûts de menu et les externalités de demande.

Cela étant, il permet aussi d'entrevoir la principale critique adressée à ce courant d'analyse dans la mesure où les différents éléments pris en compte n'apportent aucune information sur leur ordre de grandeur. Par exemple, si du fait d'anticipations rationnelles le risque de déflation est possible d'un point de vue simplement logique, est-il effectivement envisageable ou n'est-il qu'une curiosité sans grande conséquence si l'on suppose qu'il est négligeable ? On peut dire la même chose pour les autres arguments de l'auteur. Bref, de faibles coûts de menu sont-ils susceptibles d'avoir des conséquences macroéconomiques aussi significatives ? D'une façon générale, il faudrait approfondir la question de la réfutation de l'argument nouveau keynésien dans la mesure où il s'appuie sur des catégories difficilement mesurables.

DOCUMENT PROPOSÉ

Équilibre partiel, équilibre général et déséquilibre (A,1,a)

« La plupart des théories microéconomiques traditionnelles sont fondées sur l'hypothèse d'équilibre des marchés. L'idée de base que l'on trouve derrière ces théories est que les prix s'ajustent de façon à équilibrer offre et demande sur chaque marché et qu'ils sont donc des signaux suffisants pour guider efficacement l'allocation des ressources dans une économie décentralisée. Un modèle d'équilibre typique aura un ensemble de courbes d'offre et de demande dépendant de signaux prix. La condition d'égalité entre l'offre et la demande totales déterminera à la fois le prix d'équilibre et les quantités échangées sur chaque marché. [...]

L'équilibre partiel

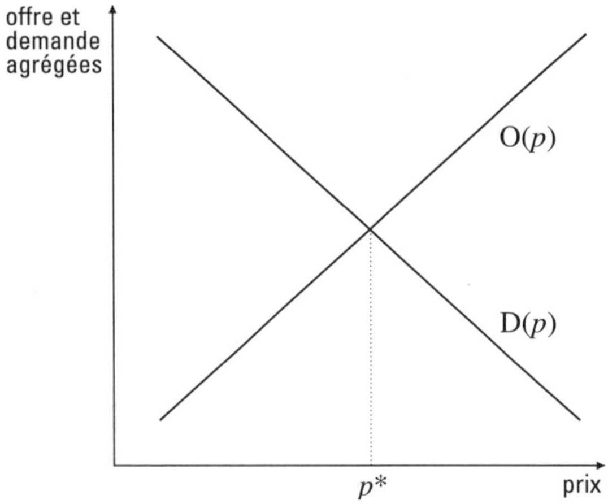

Dans la tradition de l'équilibre partiel, souvent associée au nom de Marshall, on étudie chaque marché séparément, en supposant que les variables relatives aux autres marchés restent constantes. Soit donc un de ces marchés sur lequel un bien particulier est échangé contre de la monnaie au prix p. Sur ce marché se trouvent des demandeurs et des offreurs, que nous indexons par $i = 1, \ldots n$. Ils expriment en fonction du prix p des demandes et des offres que nous représenterons par les fonctions $d_i(p)$ et $o_i(p)$. Ces fonctions d'offre et de demande sont construites sous l'hypothèse que chaque agent peut acheter ou vendre autant qu'il le désire au prix annoncé. À partir de ces fonctions d'offre et de demande individuelles, on peut construire par sommation les courbes d'offre et de demande agrégées :

$$\mathrm{D}(p) = \Sigma d_i(p) \text{ et } \mathrm{O}(p) = \Sigma o_i(p) \qquad \forall\, i = 1, \ldots n$$

Le prix d'équilibre p^* est déterminé par la condition d'égalité entre offre et demande agrégées. Les transactions réalisées par chaque agent seront égales aux offres ou demandes au prix d'équilibre, $o_i(p^*)$ et $d_i(p^*)$ respectivement. À l'équilibre, chaque agent échange effectivement autant qu'il le désire.

L'équilibre général

Contrairement à la tradition de l'équilibre partiel, la tradition walrasienne de l'équilibre général introduit explicitement une interdépendance entre les marchés. Les agents déterminent simultanément leurs échanges pour tous les biens en fonction de l'ensemble des prix. Les propositions d'échanges des agents seront donc interprétées par des vecteurs ayant autant de composantes qu'il y a de biens à échanger.

Soit une économie où l biens indexés par $h = 1, \ldots l$, sont échangés dans la période considérée. Ces biens peuvent être échangés les uns contre les autres à des taux donnés par un vecteur p aux composantes p_h ($\forall\, h = 1,\ldots,l$). Les échanges désirés par chaque agent seront fonction du vecteur de prix p. On aura donc des vecteurs d'offres et de demandes notés $d_i(p)$ et $o_i(p)$. Les composantes $d_{ih}(p)$ et $o_{ih}(p)$ représentent respectivement la quantité h demandée ou offerte par l'agent i. Ces fonctions sont construites sous l'hypothèse que chaque agent peut réaliser les échanges qu'il désire pour tous les biens. En additionnant les fonctions de demande et d'offre pour les n agents, on obtient la demande et l'offre agrégées pour chaque bien h :

$$\mathrm{D}_h(p) = \Sigma d_{ih}(p) \text{ et } O_h(p) = \Sigma o_{ih}(p)$$

Un vecteur de prix d'équilibre walrasien p* est tel que l'offre et la demande agrégées soient égales pour tous les biens, c'est-à-dire : $\mathrm{D}_h(p^*) = \mathrm{O}_h(p^*)$ pour $\forall\, h = 1, \ldots l$.

Les transactions sur le bien h réalisées par l'agent i sont égales à $d_{ih}(p^*)$ ou $o_h(p^*)$ suivant qu'il est demandeur ou offreur. À l'équilibre walrasien, chaque agent échange donc autant de chaque bien qu'il le désire. [...]

Le déséquilibre

Plaçons-nous d'abord dans le cadre d'équilibre partiel et considérons un prix différent du prix d'équilibre p^*. Quelles seront les transactions réalisées à ce prix ? On ne trouve pas dans la littérature de réponse au niveau microéconomique sur les transactions réalisées par chaque agent. Mais on trouve souvent au niveau agrégé la règle suivant laquelle les transactions globales s'établiront au minimum de l'offre et de la demande totales, hypothèse qui est implicite dans de nombreux modèles keynésiens.

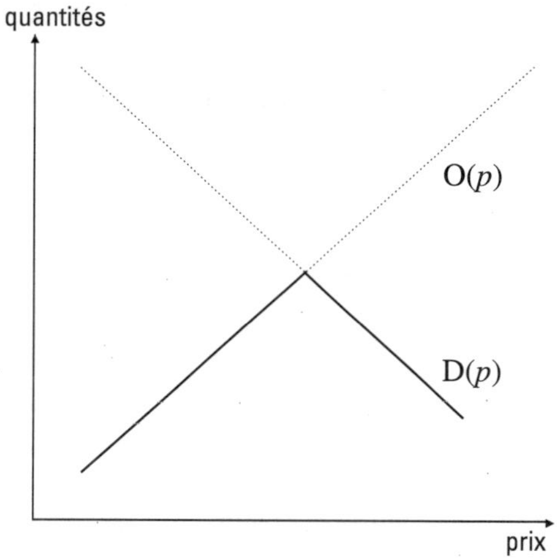

Avec cette règle, les agents du côté court du marché réaliseront leurs transactions désirées, tandis que des agents du côté long seront rationnés. Cette règle du côté court satisfait les propriétés d'échange volontaire (personne n'est obligé d'échanger plus qu'il ne le veut) et d'efficacité (aucun échange supplémentaire ne serait bénéfique à la fois aux demandeurs et aux offreurs).

Si nous passons maintenant à un modèle à plusieurs marchés, nous pourrions être tentés d'appliquer la règle ci-dessus aux vecteurs d'offre et de demande walrasiennes, en prenant les transactions agrégées pour chaque bien égales au minimum de l'offre et de la demande globale. On peut cependant construire facilement des exemples montrant qu'une telle règle conduirait à des résultats incohérents [sauf si l'on admet la possibilité d'effets de report].

Considérons par exemple une firme et supposons que les marchés de ses inputs et de ses outputs soient dans une situation de demande excédentaire. Puisqu'il y a excès de demande sur le marché des inputs, la firme est rationnée et achètera moins d'inputs que sa demande walrasienne. Par contre, puisqu'il y a excès de demande sur le marché des outputs, elle pourra vendre son offre walrasienne. L'application de la règle du côté court voudrait donc que la firme produise la quantité walrasienne d'outputs avec moins d'inputs que leur niveau walrasien, ce qui correspond à une situation technologiquement impossible. Des exemples semblables pourraient être multipliés à l'infini, et leur conclusion est claire : la règle du côté court ne fonctionne pas si aux offres et aux demandes walrasiennes [...] [(ou « notionnelles ») on n'ajoute pas la réalité du rationnement et des effets de report, c'est-à-dire les offres et les demandes effectives] ».

J.-P. Benassy, *Macroéconomie et théorie du déséquilibre*, Dunod, 1984, p. 1-3 et 4-5.

PRÉSENTER LE DOCUMENT

Il propose un bilan de l'utilisation de l'équilibre par les économistes à partir des notions de marché, d'offre, de demande, d'agrégation et de prix.

Il situe le déséquilibre comme une forme particulière de l'équilibre et dans le prolongement de la réflexion microéconomique traditionnelle.

ANALYSER LE DOCUMENT

Trois étapes sont nécessaires pour passer de l'équilibre au déséquilibre :
– l'équilibre partiel : l'équilibre est étudié sous l'hypothèse « toutes choses égales par ailleurs » ;
– l'équilibre général : l'équilibre est étudié sous l'hypothèse d'une interdépendance entre les marchés ;
– le déséquilibre : il est étudié comme la conséquence logique des deux cas précédents ; les transactions ont lieu *a priori* en un point qui n'est pas celui de l'équilibre.

COMMENTER LE DOCUMENT

Le déséquilibre est envisagé de manière étroite, voire restrictive, puisqu'il ne correspond qu'à la détermination d'un « autre » point d'équilibre dans des conditions particulières (rationnement).

Le déséquilibre étant un point et non un processus, il ne s'envisage qu'en comparant systématiquement offres et demandes notionnelles et effectives.

QUESTION DE RÉFLEXION PROPOSÉE N° 1

Les rigidités : innovation conceptuelle majeure ou simple truisme ? (A,1 ; B,1)

ANALYSER LA QUESTION

Il existe un consensus sur la question des rigidités : quel que soit le point de vue, elles privent l'économie d'un équilibre global optimal.

Cela étant, on oscille toujours entre la référence conceptuelle et la simple évidence. Tout le monde n'y voit pas la même chose. Pour les uns, il s'agit principalement d'obstacles institutionnels ou comportementaux (réglementation, coalitions, imperfection de l'information, etc.) nuisant à la réalisation des conditions de la concurrence pure et parfaite. Mais, si la parfaite flexibilité des prix et des salaires est irréaliste, elle n'est pas irréalisable et se justifie comme la règle optimale d'une économie de marché. Pour d'autres, il ne peut en être autrement. Les rigidités sont là, elles vont de soi et il faut composer avec elles. La réponse à ces « imperfections » du marché est, d'une certaine façon, l'intervention de l'État.

RECENSER LES ASPECTS À ÉTUDIER

Pour répondre à ce qui est demandé, il convient d'interpréter les rigidités d'un point de vue instrumental. Quel est leur rôle dans l'analyse macroéconomique ?

DÉFINIR LES ARTICULATIONS

I. Pour les néoclassiques au sens le plus large possible, il y a deux attitudes contradictoires :

– d'une part, les rigidités servent à condamner des comportements non conformes à l'idéal concurrentiel : par exemple l'interprétation la plus fréquente du fonctionnement du marché du travail et les suggestions qui sont faites pour des politiques de l'emploi développant la flexibilité ;

– d'autre part, les rigidités ont pour fonction d'approfondir le modèle concurrentiel en cherchant à le rendre plus adéquat avec le monde réel. Par exemple, pour la théorie du capital humain (G. Becker), les individus font des investissements spécifiques en formation. Mais, les possibilités de redéploiement du capital humain ainsi accumulé sont plus faibles pour les salariés que pour les entreprises dans la gestion de leur capital physique. D'où l'accent qui est mis sur la portée d'un temps de recherche d'emplois, et par extension l'existence de contrats implicites voire du salaire d'efficience.

II. Pour les keynésiens au sens large, les rigidités comme donnée immédiate — elles existent ! — font que la flexibilité n'est pas souhaitable car les individus s'y opposent. Il faut gérer des rigidités et non imaginer qu'elles puissent disparaître. Pourquoi ?

– elles sont une réponse rationnelle dans la mécanique normale des marchés. C'est tout l'intérêt de la prise en compte de micro-fondements de concurrence imparfaite (rigidités nominales et réelles) ;

– elles sont à l'origine des échecs de la coordination et de l'existence d'équilibres macroéconomiques sous-optimaux et multiples ; d'où la réintroduction dans le raisonnement des caractéristiques *a priori* non économiques : les institutions, les conventions, la croyance, etc.

QUESTION DE RÉFLEXION PROPOSÉE N° 2

En contrepoint de l'analyse néoclassique, que recouvre la théorie keynésienne des anticipations ? (A,2)

ANALYSER LA QUESTION

Il faut rechercher le fondement totalement différent de la théorie keynésienne des anticipations si on la compare au cas néoclassique (monétariste et nouveau-classique).

En même temps, il faut montrer que, si Keynes est justement le premier auteur à avoir insisté largement sur le rôle que jouent les anticipations dans la compréhension de l'économie globale, la question est devenue, dans la suite du raisonnement macroéconomique, principalement l'affaire des néoclassiques.

RECENSER LES ASPECTS À ÉTUDIER

Il faut distinguer entre la théorie de Keynes et l'utilisation néokeynésienne des anticipations dans le modèle IS-LM ou dans l'introduction de rigidités.

Pour Keynes, les anticipations fondent le principe de la demande effective dans le cadre d'une théorie générale de l'incertitude (voir L. Orio & J.-J.Quiles, *L'économie keynésienne*, Nathan, collection Circa, 1993, première partie). Est introduite une distinction entre :

– un futur probabilisable où l'information est suffisante pour calculer des probabilités ;

– un futur non probabilisable où aucune référence fiable n'existe.

La *Théorie générale* (chapitre 5) suggère que, dans le premier cas, la prévision s'effectue dans le court terme et concerne des variables comme par exemple la consommation. Cela justifie une propension à consommer stable pour toute l'économie et permet le phénomène du multiplicateur. Inversement, le futur non probabilisable oblige à des anticipations en dehors de tout point d'appui convenable, donc sur le long terme, G.L.S. Shackle parle d'imagination, rendant ainsi plus forte une projection quasi irrationnelle dans le futur. D'où, par exemple, l'expression d'« esprits animaux » sous la plume de Keynes.

Curieusement, le modèle IS-LM accorde une place très réduite aux anticipations dans la détermination de l'équilibre macroéconomique. Elles apparaissent à deux niveaux :

– la courbe IS est construite avec une efficacité marginale du capital donnée, donc les anticipations sont exogènes sur le marché des biens et des services ;

– la courbe LM intègre la préférence pour la liquidité mais le rôle des anticipations est implicite et peu clair : structuration des encaisses, détermination du taux d'intérêt, etc.

Parallèlement, les anticipations sont assimilées à une information imparfaite dont la conséquence se retrouve dans les rigidités de prix et de salaires avec une justification plutôt divergente : comportement conventionnel pour les post-keynésiens, hypothèse *ad hoc* pour de nombreux néokeynésiens.

DÉFINIR LES ARTICULATIONS

L'inconvénient de la notion keynésienne d'anticipation est double.

I. Dans la mesure où son origine se trouve principalement dans l'analyse du fonctionnement des marchés financiers et dans les comportements concrets (irrationalité apparente, mimétisme, etc.) qui s'y expriment, nombreux sont les auteurs qui critiquent le point de vue de Keynes en le réduisant au pire à un psychologisme de circonstance ou au mieux à une hypothèse *ad hoc*. Car, pour l'essentiel, l'explication de l'anticipation se trouve en dehors du champ économique et donc échappe à l'analyse macroéconomique. Du point de vue néoclassique, il y a là un obstacle de méthode et voilà pourquoi IS-LM, tout autant que la perspective des rigidités échouent à intégrer les anticipations dans leurs modèles. Disons qu'elles les neutralisent plutôt qu'elles ne les insèrent dans leurs développements.

II. Reposant sur des bases extra-économiques et des caractéristiques principalement qualitatives, l'analyse keynésienne des anticipations se prête très difficilement, sinon pas du tout, à une formalisation permettant d'approfondir ses propriétés d'un point de vue logique. La référence à un comportement idiosyncratique est sans doute préférable sur un plan méthodologique. L'anticipation néoclassique, qu'elle soit adaptative ou rationnelle, offre de ce point de vue un instrument beaucoup plus manipulable dans les conditions courantes de l'analyse macroéconomique d'aujourd'hui. L'envers de la médaille est que pour certains, elle n'est que cela…

RÉPONSES AUX QCM

Chapitre 1

1 : a, b – **2 :** a, c – **3 :** a – **4 :** c – **5 :** a, b – **6 :** a, c – **7 :** a, b – **8 :** a – **9 :** b – **10 :** b

Chapitre 2

1 : d – **2 :** a – **3 :** b – **4 :** d – **5 :** a – **6 :** c– **7 :** a – **8 :** d – **9 :** d – **10 :** b

Chapitre 3

1 : d – **2 :** c – **3 :** a – **4 :** b – **5 :** b – **6 :** b – **7 :** d – **8 :** c – **9 :** d – **10 :** a

Chapitre 4

1 : c – **2 :** d – **3 :** c – **4 :** b – **5 :** c – **6 :** d – **7 :** b – **8 :** a – **9 :** a – **10 :** b

Chapitre 5

1 : b, c – **2 :** a – **3 :** c – **4 :** c – **5 :** a, c – **6 :** a, c – **7 :** a, d – **8 :** b – **9 :** c – **10 :** a,d

Chapitre 6

1 : b – **2 :** c – **3 :** c, d – **4 :** b, c – **5 :** b – **6 :** d – **7 :** a, d – **8 :** a, d – **9 :** b – **10 :** a, c, d

Chapitre 7

1 : c – **2 :** d – **3 :** a,d – **4 :** c – **5 :** a,c – **6 :** a – **7 :** d – **8 :** b – **9 :** c – **10 :** d

Chapitre 8

1 : a – **2 :** a – **3 :** a – **4 :** a,c – **5 :** b – **6 :** b,c – **7 :** a – **8 :** a,c – **9 :** b – **10 :** a

Chapitre 9

1 : c – **2 :** aucune – **3 :** a,b – **4 :** b – **5 :** b – **6 :** a,b,c – **7 :** b – **8 :** aucune – **9 :** b,d– **10 :** aucune

Chapitre 10

1 : c – **2 :** b,c – **3 :** a – **4 :** a, b – **5 :** aucune – **6 :** aucune – **7 :** a, c – **8 :** a, b – **9 :** aucune – **10 :** b

INDEX

Imprimé en France par I.M.E. 25110 Baume-les-Dames
N° imprimeur : 13612